SV

Isabella M. Weber

DAS GESPENST DER INFLATION

Wie China der Schocktherapie entkam

Aus dem Englischen von Stephan Gebauer

Suhrkamp

Die englische Originalausgabe erschien 2021 unter dem Titel
How China Escaped Shock Therapy. The Market Reform Debate bei Routledge
(London und New York).

Für Gregor

Klimaneutral
Druckprodukt
ClimatePartner.com/14438-2110-1001

Erste Auflage 2023
Deutsche Erstausgabe

Satz: Satz-Offizin Hümmer GmbH, Waldbüttelbrunn
Druck: GGP Media GmbH, Pößneck
Printed in Germany
ISBN 978-3-518-43127-6

www.suhrkamp.de

Inhalt

Vorwort zur deutschen Ausgabe

Als ich dieses Buch schrieb, konnte ich nicht ahnen, welche wirtschaftspolitische Relevanz es kurz nach seiner Veröffentlichung bekommen sollte. Die englische Originalausgabe erschien im Mai 2021. Große Teile der Welt befanden sich wegen der Covid-19-Pandemie immer noch im Lockdown. Europäische Staaten und die USA griffen auf lange nicht gekannte Art und Weise in die Wirtschaft ein. Nachdem die Weltgesundheitsorganisation im Frühjahr 2020 den Ausbruch einer Pandemie erklärt hatte, plädierten renommierte US-Ökonomen gar für eine Rückkehr zu einer Art Kriegswirtschaft. Eine solche Planwirtschaft wurde nicht von heute auf morgen eingeführt. Aber Regierungsentscheidungen und die Launen des Virus machten dem Markt als Herren der Wirtschaft ernst zu nehmende Konkurrenz. Staaten entschieden, wer zur Arbeit gehen durfte und wer zu Hause bleiben musste und welche Unternehmen ihre Produktion fortsetzen und welche sie vorübergehend einstellen mussten. Praktisch über Nacht veränderten die Konsumenten ihr Verhalten. Sie wollten nun Küchenmaschinen statt Mahlzeiten in Restaurants; Tulpenzwiebeln statt Flugtickets; Fahrräder statt Bahnfahrten usw. Es kam zu plötzlichen Verschiebungen entlang der vielen Wertschöpfungsketten in der globalisierten Wirtschaft. Inputs fehlten, weil Fabriken auf der anderen Seite des Planeten geschlossen wurden oder Chaos an den Häfen zu scheinbar endlosen Verzögerungen führte. Die Überflussgesellschaften, die daran gewöhnt waren, dass die Waren der Welt nur einen Klick entfernt waren, sahen sich auf einmal mit der Gleichzeitigkeit von Knappheit und Überangebot konfrontiert.

Mit einem Mal war Sand im Getriebe des globalen Produktionsnetzwerks, das noch vor Kurzem wie ein Uhrwerk funktioniert hatte. Das führte zu weitreichenden Verwerfungen, die der Preismechanismus nicht auf die Schnelle korrigieren konnte: Auch mit Preissenkungen konnte man die Menschen nicht in die Restaurants oder an die

Flughäfen zurücklocken, solange Zusammenkünfte in geschlossenen Räumen untersagt waren oder die Kunden aus Angst um ihre Gesundheit und ihr Leben fernblieben. Preissteigerungen wurden hingegen dort zur Norm, wo Unternehmen ihr begrenztes Inventar mit unsicheren Aussichten auf Neulieferungen zu höheren Preisen verkauften. Handelte es sich um die Preise verzichtbarer Luxusgüter, bescherten die Preissteigerungen so manchem Unternehmen gute Gewinne. Gesamtwirtschaftlich betrachtet, waren sie indes ohne größere Konsequenz. Als jedoch die Preise essenzieller Produktionsinputs wie Chemikalien, Öl, Gas, Nahrungsmittel und Rohstoffe sowie essenzieller Dienstleistungen etwa in der Logistik in die Höhe schnellten, kam es zu einem Kostendruck, der bald gesamte Volkswirtschaften erfasste und zur Rückkehr der Inflation beitrug.

Die meisten Ökonomen in Europa und den USA hatten sich lange Zeit nicht mehr mit dem Thema Inflation auseinandergesetzt. Ein galoppierender Preisanstieg war in den reichen Ländern zuletzt in den siebziger Jahren ein Problem gewesen. In den Jahrzehnten der Globalisierung hatte man sich an stabile Preise gewöhnt. Manche konservativen Ökonomen warnten dennoch, die großen Rettungspakete, die zur Bekämpfung der durch die Pandemie ausgelösten wirtschaftlichen Schwierigkeiten verabschiedet worden waren, würden Inflationsdruck zur Folge haben. Die Zentralbanken, so forderten sie, sollten umgehend die Zinsen erhöhen. Viele progressive und liberale Ökonomen hielten dagegen: Es bestehe kein Handlungsbedarf, weil die punktuellen Preisanstiege keine wirkliche Inflationsgefahr darstellten. Auch gebe es keinen hinreichenden Nachfrageüberhang.

Die Forschungen, die diesem Buch zugrunde liegen, werfen ein anderes Licht auf die Dinge. Chinas Marktreformen in den achtziger Jahren bilden den historischen Fokus der folgenden Kapitel. Thematisch steht die Inflationsgefahr in schnellen Umbruchsprozessen wie dem Übergang von einer Kriegs- zu einer Nachkriegswirtschaft und von einer Plan- zu einer Marktwirtschaft im Zentrum. Während der Reformen in China, die durch Vermarktlichung einen rasanten Strukturwandel einleiten sollten, war eine aufgrund knapper Vorprodukte ausgelöste Inflation eine drohende Gefahr – ein Gespenst, das diesen Prozess von Anfang an begleitete. Als die Wirtschaft infolge der Pandemie in den Lockdown ging und anschließend »wiedereröffnet« wurde, ergaben sich Herausforderungen für die Preisstabilität, die denen in der Volksrepublik während der achtziger Jahre erstaunlicherweise durchaus ähnlich waren, auch wenn es in institutioneller und politischer Hinsicht radikale Unterschiede gibt. Ich erwartete, dass mit der plötzlichen Angebotsverknappung bei Vorprodukten aufgrund von Lieferkettenengpässen Preisanstiege einhergehen würden. Eine ähnliche Situation war auch in den USA nach dem Zweiten Weltkrieg eingetreten. Damals kam es zu Engpässen und Preisschüben, da die Umstellung der Produktion Zeit kostete. Wie ich in diesem Buch darlege, hatten damals führende amerikanische Ökonomen verschiedenster Denkschulen dafür plädiert, selektive Preiskontrollen zu nutzen, um einer Inflation vorzubeugen. Nur die radikalsten Anhänger des freien Marktes waren unmittelbar nach dem Krieg gegen einen solchen strategischen Einsatz von Preiskontrollen.

Im November 2021 gab der White House Council of Economic Advisors ein Memo heraus, in dem er Parallelen zwischen der Pandemie und dem Übergang von der Kriegs- zur Friedenswirtschaft nach dem Zweiten Weltkrieg darlegte. Kurz darauf veröffentlichte ich einen Artikel in der britischen Zeitung *The Guardian*. Ich verwies auf Präsident Bidens Wirtschaftsberater und darauf, dass einige der wichtigsten Ökonomen des 20. Jahrhunderts in der unmittelbaren Nachkriegszeit für selektive Preiskontrollen plädiert hatten. Preiskontrollen sind ein äußerst kontroverses wirtschaftspolitisches Werkzeug und nur unter ganz bestimmten Umständen ein Mittel der Wahl. Weder argumentierte ich für eine unmittelbare Umsetzung solcher Kontrollen noch für ein umfassendes Preiskontrollregime. Ich versuchte lediglich darzulegen, dass die dominante Sicht auf die Inflationsbekämpfung wichtige historische Erfahrungen und Argumente ausblendete. Die Geschichte zeige, dass es neben Zinserhöhungen, die eine Rezession zur Folge haben können, und schlichtem Nichtstun noch eine dritte Möglichkeit gibt: Maßnahmen, um Preisschocks dort abzufedern, wo sie auftreten, anstatt ihre Wirkungen das gesamte Wirtschaftssystem infizieren zu lassen. Es sei an der Zeit, so argumentierte ich, darüber nachzudenken, wie eine solche Preispolitik aussehen könnte.

Ich hatte mich um vorsichtige Formulierungen bemüht. Aber es stellte sich heraus, dass das Stichwort »Preiskontrollen« ausreichte, um in den sozialen Medien einen Sturm der Empörung auszulösen. Nicht zuletzt, um mit den extremen Anfeindungen fertigzuwerden, nahm ich mich selbst beim Wort und fing an, darüber nachzudenken, wie die von mir ins Spiel gebrachte Preispolitik aussehen könnte. Ich fokussierte mich auf Deutschland und den Gaspreis, denn dieser hatte schon vor dem russischen Einmarsch in die Ukraine am 24. Februar 2022 ein für viele Verbraucher problematisches Niveau erreicht. Ausgehend von den Einsichten in diesem Buch, kam ich zu dem Schluss, dass eine Preispolitik so angelegt sein müsse, dass sie den Preis dort stabilisieren würde, wo in kurzer Zeit keine ausreichende Angebots- oder Nachfrageanpassungen möglich waren, und gleichzeitig den Marktpreis dort wirken ließe, wo Sparpotenzial bestand. Gemeinsam mit Sebastian Dullien, dem Direktor des Instituts für Makroökonomie und Konjunkturforschung in Düsseldorf, entwickelte ich diese Idee weiter, bis wir schließlich gemeinsam unseren Vorschlag für einen Gaspreisdeckel am 12. Februar 2022 in der *Süddeutschen Zeitung* veröffentlichten.

Der russische Krieg in der Ukraine, Putins Exportstopps und der Versuch der westlichen Staaten, dem Krieg durch Sanktionen Einhalt zu gebieten, bedeuteten für den Energiesektor, dass der Markt in seiner Funktion als Mechanismus zur Allokation von Gütern und Dienstleistungen noch größere Konkurrenz bekam als während der Pandemie. Ein beträchtlicher Teil des internationalen Öl- und Gasangebotes wurde nun von geostrategischem Kalkül und nicht von den Gesetzen des Marktes bestimmt. Das Ergebnis einer politisch erzeugten Knappheit war, dass die bereits vor dem Krieg schnell steigenden Energiepreise in Europa explodierten, insbesondere bei Gas und Strom. Dieser Preisexplosion folgte nicht unmittelbar eine ausreichende Anpassung des Angebots. Die Regierungen europäischer Staaten unternahmen enorme diplomatische Anstrengungen, um neue Versorgungsquellen aufzutun. In der Zwischenzeit trieb der Preisschock die Inflation weiter in die Höhe. Für viele Haushalte in Deutschland und anderen europäischen Ländern hieß das ganz konkret: unbezahlbare Gasrechnungen. Erfolgreiche Unternehmen in energieintensiven Branchen sahen ihre internationale Wettbewerbsfähigkeit plötzlich gefährdet.

Im Verlauf des Frühjahrs und Sommers schlossen sich mehr und mehr Interessengruppen und Parteien, die normalerweise entgegengesetzte Positionen vertreten, unserem Vorschlag für einen Preisdeckel an: Mieter- und Vermieterverbände, Verbraucherschützer und Vertreter des Einzel- und Großhandels, CDU/CSU und Die Linke. Schließlich entschied sich die Regierungskoalition im September, eine Expertenkommission einzusetzen, um einen Vorschlag für eine Gaspreisbremse zu entwickeln. Ich wurde als Mitglied in die Kommission berufen. In den Diskussionen mit anderen Ökonomen tauchten viele der Argumente auf, die ich in diesem Buch nachzeichne.

Es bleibt abzuwarten, wie sich die Gaspreisbremse in der Praxis macht. Erste Anzeichen deuten darauf hin, dass sie bereits zu einer signifikanten Senkung der Inflation beiträgt. Eine der Lektionen dieses Buches lautet, dass eine Zeitenwende radikale Unsicherheit bedeutet. In einer solchen Situation geht es darum, »nach Steinen tastend den Fluss zu überqueren«. Es gibt keine letztgültigen Antworten; nur den Versuch, den richtigen nächsten Schritt zu finden, und bei Fehlern den Mut zur Korrektur aufzubringen. Das erfordert eine Diskussionskultur, die unterschiedliche Positionen und konstruktiven Austausch über verschiedene Lager hinweg zulässt.

Dieses Buch wurde in einer Zeit geschrieben, in der die Beziehungen zwischen China und dem Westen noch wesentlich entspannter waren als heute. Als ich in den Jahren 2016 und 2017 Teilnehmer an der chinesischen Reformdebatte interviewte, verwiesen einige meiner Gesprächspartner darauf, dass die Offenheit der achtziger Jahre lange der Vergangenheit angehöre und der hier geschilderte Ideenaustausch mit den mächtigsten Mitgliedern der politischen Führung in dieser Form inzwischen nicht mehr möglich wäre. Doch die Haltung gegenüber dem Ausland war noch nicht so konfrontativ wie gegenwärtig, und die Herrschaft einer Fraktion im Inland war noch nicht so gefestigt. In Anbetracht der dramatischen Umbrüche während der letzten Jahre könnte man meinen, dieses Buch stamme aus einer anderen Zeit. Die in ihm aufgearbeitete Geschichte macht das nicht weniger relevant. Es geht um die intellektuellen Grundlagen von Chinas wirtschaftlichem Aufstieg. In der Gleichzeitigkeit von Aufstieg und ausgebliebener institutioneller und politischer Assimilation an den Westen liegt eine der Ursachen für die heutigen Spannungen.

Das Gespenst der Inflation ist ein wenig beachteter Verknüpfungspunkt in der Geschichte Chinas und Deutschlands. Beide Länder haben im 20. Jahrhundert extreme Erfahrungen mit Hyperinflation gemacht, die zu fundamentalen politischen Umbrüchen beitrugen, wenn auch in entgegengesetzte politische Richtungen: in Deutschland die Machtergreifung der Nationalsozialisten, in China die kommunistische Revolution. In beiden Ländern herrscht daher ein akutes Bewusstsein für das politisch explosive Potenzial der Inflation. In China spielte die Angst vor der Inflation eine große Rolle bei der Entscheidung der politischen Führung gegen eine Schocktherapie, auch wenn dieser Schritt immer wieder sehr ernsthaft in Erwägung gezogen wurde. In der chinesischen Marktreformdebatte kamen wiederholt auch deutsche Ökonomen zu Wort. Auf Chinas Suche nach dem richtigen Reformansatz wurde die Interpretation der Preis- und Währungsreform unter Ludwig Erhard zu einem hart umkämpften Thema. Hoffentlich kann dieses Buch ein neues Licht auf die unwahrscheinlichen Verbindungen in der deutsch-chinesischen Inflationsgeschichte werfen und durch die Auseinandersetzung mit der Vergangenheit zu unseren heutigen Bemühungen beitragen, Inflation auch in Zeiten sich überlappender Krisen zu vermeiden.

Los Angeles, 22. Januar 2023

Vorwort

Ich wuchs in den neunziger Jahren in einer Stadt auf, die eine gute Fahrstunde von der ehemaligen innerdeutschen Grenze entfernt liegt, die wenige Jahre vorher noch als der Eiserne Vorhang bezeichnet worden war. In meiner Jugend war der Eindruck des kapitalistischen Triumphs ebenso ein allgegenwärtiges, subtiles Thema wie die tiefe soziale Kluft zwischen dem Osten und dem Westen Deutschlands. Die sozialistische Vergangenheit großer Teile der Welt lebte in den Erzählungen von Verwandten und Bekannten weiter.

Im Jahr 1987, meinem Geburtsjahr, reisten meine Großeltern nach China. Wenige Monate nachdem auf einem Ausflugsschiff auf dem Jangtse die berühmte internationale Bashan-Wirtschaftskonferenz stattgefunden hatte, fuhren sie den gewaltigen Strom hinunter. Sie erinnerten sich gerne an einen chinesischen Studenten, der sie als Dolmetscher begleitet hatte. Er hatte ihnen über eine kulturelle Öffnung und weitreichende Debatten berichtet, aber auch die Befürchtung geäußert, dass diese Entwicklung ein plötzliches Ende finden werde. Einige Wochen nach der Einreichung meiner Doktorarbeit, auf der dieses Buch beruht, starb meine Großmutter. In ihrem Haus fand ich zu meiner Verblüffung zahlreiche Fotos und Zeitungsausschnitte über das China der achtziger Jahre, darunter Materialien über einige der bekannten Reformökonomen, mit deren Beiträgen ich mich in diesem Buch beschäftige.

Ich begann mein Bachelor-Studium in Berlin im Jahr 2008 während der globalen Finanzkrise. So wie viele andere Studierende war ich schockiert darüber, dass unsere Volkswirtschaftsprofessoren so wenig über die tieferen Ursachen der Krise zu sagen hatten. Im Jahr darauf ging ich nach Peking, um mein Studium dort fortzusetzen. Unzufrieden mit der Wirtschaftswissenschaft in den Lehrbüchern und neugierig auf die chinesische Wirtschaft, besuchte ich Vorlesungen in einem der angesehensten Management- und Volkswirtschaftsprogramme des

Landes. Obwohl das chinesische Wirtschaftssystem offenkundig anders funktionierte als das westliche, stellte ich verwundert fest, dass dort die Wirtschaftswissenschaft aus den gleichen amerikanischen Lehrbüchern unterrichtet wurde, die ich an der Universität in Berlin studiert hatte. Diese Beobachtung führte mich zu folgender Frage: Wie hatte sich die chinesische Ökonomik seit maoistischer Zeit dem globalen Mainstream angepasst? Nach meiner Rückkehr nach Berlin arbeitete ich mit Kollegen aus der ehemaligen DDR zusammen, deren Leben sich infolge des Mauerfalls grundlegend verändert hatte. Ihre Lebensgeschichten bewegten mich dazu, eine zweite Frage zu stellen: Warum war die Geschichte Ostdeutschlands anders verlaufen als die Chinas? In diesem Buch versuche ich, zur Beantwortung dieser beiden Fragen beizutragen.

Auf der Suche nach einer Pluralität von Wirtschaftstheorien nahm ich nach meinem Bachelor-Abschluss ein Studium an der New School of Social Research in New York auf, wo ich später promovierte. Um mich auch mit China zu beschäftigen, ging ich an die Universität Cambridge für eine zweite Promotion. Hier begann meine Suche nach einer Antwort auf die zentrale Frage dieses Buchs: Welches waren die intellektuellen Grundlagen dafür, dass China in den achtziger Jahren der Schocktherapie entkam? Für meine Forschung habe ich zahlreiche chinesische und internationale Beteiligte und Beobachter der erbittert geführten chinesischen Reformdebatte der achtziger Jahre interviewt. Auf ihren Geschichten beruht dieses Buch.

Einleitung

Das heutige China ist fest in den globalen Kapitalismus integriert. Doch die verblüffende wirtschaftliche Entwicklung der Volksrepublik über die letzten Jahrzehnte hat nicht zu einer umfassenden institutionellen Anpassung an den Neoliberalismus geführt[1] – im Widerspruch zu der nach dem Ende des Kalten Kriegs verbreiteten Ansicht, die einen »völligen Sieg der wirtschaftlichen und politischen Freiheit« in aller Welt vorhersagte.[2] Das Zeitalter der Revolutionen endete im Jahr 1989, aber wider Erwarten war die Folge nicht der universelle Siegeszug des »westlichen« Wirtschaftsmodells.[3] Wie sich herausgestellt hat, ermöglichte die graduelle Vermarktlichung Chinas wirtschaftlichen Erfolg, ohne gleichzeitige völlige Anpassung. Die Spannung zwischen dem Aufstieg der Volksrepublik und ihrer lediglich partiellen Assimilierung prägt unsere Zeit. Ihren Ursprung hat sie im chinesischen Ansatz zur Marktreform.

Die Literatur zum chinesischen Reformprozess ist umfangreich und vielgestaltig. Die Wirtschaftspolitik, die das Land bei der Lösung vom Staatssozialismus verfolgte, ist gut erforscht. Dabei wurde jedoch weitgehend außer Acht gelassen, dass die graduelle, vom Staat geleitete Transformation der chinesischen Volkswirtschaft keineswegs von vornherein feststand oder aufgrund des chinesischen Exzeptionalismus die »natürliche« Wahl war. Im ersten Jahrzehnt der »Reform- und Öffnungspolitik« unter Deng Xiaoping (1978-1988) wurde um den künftigen wirtschaftspolitischen Weg in einer erbittert geführten Debatte gerungen. Befürworter einer Liberalisierung mittels Schocktherapie stritten mit Ökonomen, die eine von den Rändern des Wirtschaftssystems ausgehende graduelle Vermarktlichung empfahlen. Bei zwei Gelegenheiten wurden die Weichen für einen »Big Bang« in der Preisreform gestellt. Beide Male nahm die chinesische Führung schließlich Abstand von dieser Lösung.

Was in der Debatte über die Marktreform auf dem Spiel stand, wird deutlich, wenn man den Aufstieg Chinas mit dem Zusammenbruch Russlands vergleicht.[4] In Russland, dem anderen ehemaligen Riesen des Staatssozialismus, wurde die Schocktherapie angewandt, die *das* neoliberale Rezept schlechthin war.[5] Mit dramatischen Folgen: Der Wirtschaftsnobelpreisträger Joseph Stiglitz sieht einen »Kausalzusammenhang zwischen der von Russland verfolgten Politik und dem schlechten wirtschaftlichen Abschneiden des Landes«.[6] Russland und China haben mittlerweile ihre Positionen in der Weltwirtschaft getauscht. Russlands Anteil am globalen Bruttoinlandsprodukt schrumpfte zwischen 1990 und 2017 um fast die Hälfte von 3,7 auf 2 Prozent, während der chinesische Anteil im selben Zeitraum von lediglich 2,2 Prozent um das Sechsfache auf etwa ein Achtel der globalen Wirtschaftsleistung wuchs (siehe Schaubild 0.1). Russland erlebte eine dramatische Deindustrialisierung, während China zur sprichwörtlichen Werkbank des globalen Kapitalismus wurde.[7] Das durchschnittliche Realeinkommen von 99 Prozent der Russen war im Jahr 2015 niedriger als im Jahr 1991, während es sich in China im selben Zeitraum trotz rasant zunehmender Ungleichheit mehr als vervierfachte und im Jahr 2013 das russische Durchschnittseinkommen überstieg (siehe Schaubild 0.2).[8] Infolge der Schocktherapie erhöhte sich die Sterblichkeit in Russland in einem Maß, das nie zuvor in Friedenszeiten in einem industrialisierten Land beobachtet worden war.[9]

In Anbetracht des verglichen mit Russland niedrigen Entwicklungsstands Chinas zu Beginn der Reformära hätte eine Schocktherapie wahrscheinlich ein noch größeres Maß an menschlichem Leid verursacht. Sie hätte auch das Fundament des wirtschaftlichen Aufstiegs der Volksrepublik untergraben, wenn nicht sogar zerstört. Es ist schwer vorstellbar, wie der globale Kapitalismus heute aussehen würde, hätte China denselben Weg wie Russland eingeschlagen.

Trotz ihrer weitreichenden Konsequenzen hat die wichtige Rolle der chinesischen Debatte über den Reformkurs kaum Beachtung gefunden. Der bekannte Entwicklungsökonom Dani Rodrik von der Universität Harvard spricht für die Mehrheit der Volkswirte, wenn er auf die Frage, ob »irgendjemand die (westlichen) Ökonomen oder

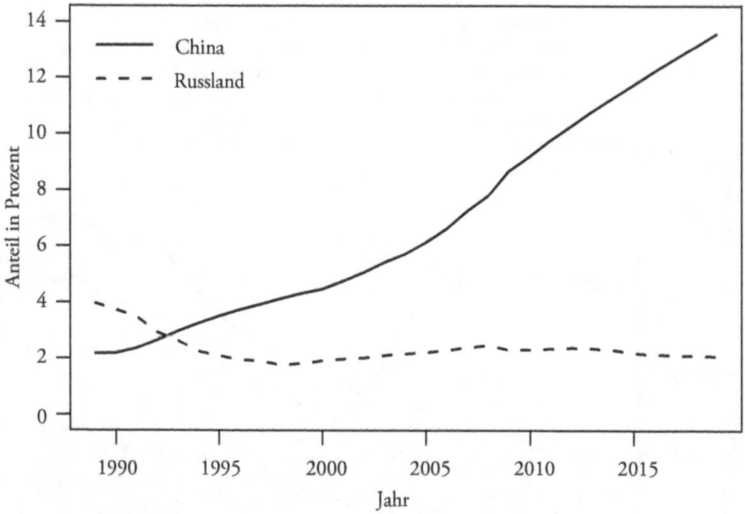

Schaubild 0.1: Anteil Chinas und Russlands am globalen BIP, 1990-2017. Quelle: World Bank 2019b.

die Forschungsarbeiten benennen« könne, »die eine wichtige Rolle in den chinesischen Reformen spielten«, die Antwort gibt, die Wirtschaftsforschung habe »zumindest in ihrer herkömmlichen Form« in diesem Prozess keine »nennenswerte Rolle« gespielt.[10]

In den folgenden Kapiteln werden wir in die achtziger Jahre zurückkehren und uns mit der Frage beschäftigen, welches die intellektuellen Grundlagen dafür waren, dass China der Schocktherapie entkam. Die Angst vor einer Rückkehr der Inflation, die im chinesischen Bürgerkrieg der vierziger Jahre eine wichtige Rolle für die Niederlage der Kuomintang, der Nationalen Volkspartei Chinas unter Führung von Chiang Kai-shek, spielte, spukte dabei wie ein Gespenst im Hintergrund. Die Auseinandersetzung mit der chinesischen Debatte über die Marktreform liefert Aufschlüsse über die wirtschaftlichen Gründe für den Aufstieg des Landes und die Ursprünge der heutigen Beziehung zwischen Staat und Markt.

China weicht im Wesentlichen nicht durch die Größe seines Staatsapparats im Verhältnis zur Volkswirtschaft, sondern durch die Art der

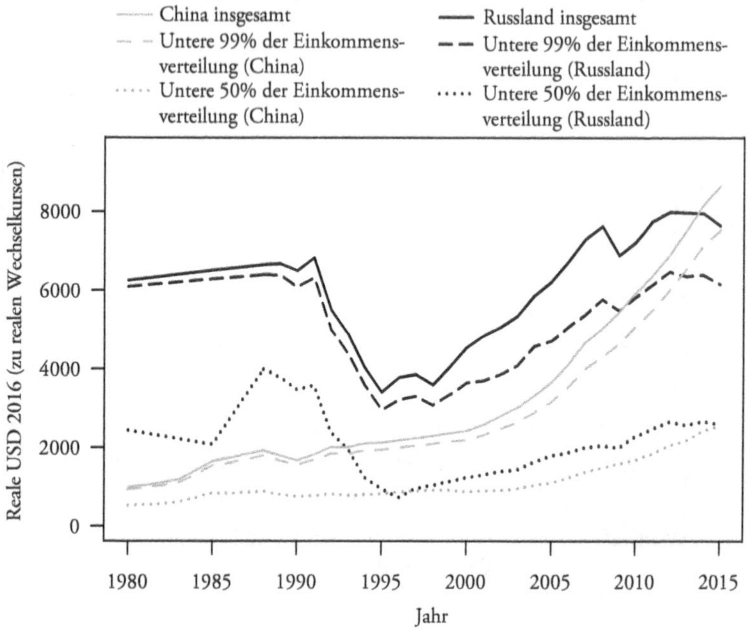

Schaubild 0.2: Durchschnittseinkommen in China und Russland nach Bevölkerungsquantilen, 1980-2015. Quelle: Alvaredo et al. 2017.

wirtschaftlichen Lenkung vom neoliberalen Ideal ab. Der neoliberale Staat ist weder klein noch schwach, sondern vielmehr stark.[11] Sein Zweck besteht darin, die Unabhängigkeit des Marktes zu verteidigen. Auf einer grundlegenden Ebene bedeutet dies, dass er freie Preise als unverzichtbare Voraussetzung für das Funktionieren der Wirtschaft schützen muss. Im Gegensatz dazu setzt der chinesische Staat den Markt als Werkzeug ein, um seine übergeordneten Entwicklungsziele zu erreichen. So wahrt er ein gewisses Maß an wirtschaftlicher Souveränität, welche die chinesische Wirtschaft bis zu einem bestimmten Grad von Schwankungen an den globalen Märkten entkoppeln kann – wie die Asienkrise von 1997 und die globale Finanzkrise im Jahr 2008 deutlich gezeigt haben. Die Beseitigung einer solchen »wirtschaftlichen Abschottung« war lange ein Ziel der Neoliberalen, und die gegenwärtige globale Ordnung wurde so gestaltet, dass sie dem Schutz nationaler Volkswirtschaften vor dem globalen Markt ein Ende machte.[12] Indem es der Volksrepublik gelang, der Schocktherapie zu entkommen, bewahrte sich der chinesische Staat die Fähigkeit, die für die wirtschaftliche Stabilität und das Wachstum wichtigsten Sektoren zu lenken, während die chinesische Volkswirtschaft in den globalen Kapitalismus integriert wurde.

Der Grundgedanke der Schocktherapie

Die Schocktherapie stand im Mittelpunkt der im Washington-Konsens festgeschriebenen »Doktrin des Übergangs«,[13] welche die Bretton-Woods-Institutionen, also die Weltbank und der Internationale Währungsfonds, vielen Entwicklungsländern, den Staaten Mittel- und Osteuropas sowie Russland nahelegten.[14] Bei oberflächlicher Betrachtung handelte es sich um ein umfassendes Maßnahmenpaket, das auf einen Schlag umgesetzt werden sollte, um die Planwirtschaft durch einen Schock in eine Marktwirtschaft umzuwandeln.[15] Das Paket umfasste (1) die schlagartige Freigabe sämtlicher Preise, (2) die Privatisierung der Staatsunternehmen, (3) die Liberalisierung des Handels und (4) die Stabilisierung der Wirtschaft durch eine strikte Geld- und Haushaltspolitik.

Diese vier Bestandteile der Schocktherapie sollten gleichzeitig umgesetzt werden und bildeten theoretisch ein umfassendes Paket. Eine genauere Analyse zeigt, dass tatsächlich nur ein Teil des Maßnahmenpakets auf einen Schlag umgesetzt werden konnte, nämlich eine Kombination der Bestandteile (1) und (4): Preisliberalisierung und strenge Sparpolitik.

Die beiden US-amerikanischen Ökonomen David Lipton und Jeffrey Sachs sprachen für die Befürworter der Schocktherapie, als sie einräumten, dass eine schnelle Privatisierung in der Praxis schwierig sei.[16] Ihnen war bewusst, dass die Privatisierung in einer Volkswirtschaft, die in erster Linie auf dem Staatseigentum beruhte, eine gewaltige

Aufgabe war. Sie setzten die große Zahl von Staatsbetrieben in den sozialistischen Ländern in Beziehung zu den Privatisierungsbemühungen in Großbritannien und erklärten, dass Margaret Thatcher, die »weltweit führende Vorkämpferin der Privatisierung«, im Lauf der achtziger Jahre lediglich den Übergang von einigen Dutzend Staatsunternehmen in private Hände durchgesetzt hatte.[17] »Die große Vexierfrage lautet, wie eine Vielzahl von Firmen auf eine Art privatisiert werden kann, die gerecht, schnell und politisch durchsetzbar ist und wahrscheinlich eine effektive Struktur für die Unternehmensleitung hervorbringen wird.«[18] Ihre einigermaßen unbestimmte Empfehlung lautete: »Zur Privatisierung sollten *wahrscheinlich* zahlreiche verschiedene Mittel eingesetzt werden«, und sie müsse »rasch, aber nicht unbedacht« durchgeführt werden.[19] Die Autoren des im Jahr 1990 von Internationalem Währungsfonds, Weltbank, OECD und Europäischer Bank für Wiederaufbau und Entwicklung gemeinsam erstellten Berichts *The Economy of the USSR* warnten ebenfalls davor, die Privatisierung zu schnell voranzutreiben, solange »die relativen Preise noch nicht gefunden sind«.[20] Die Freigabe der Preise auf dem Binnenmarkt war nach Einschätzung der Befürworter der Schocktherapie auch eine Vorbedingung für die Handelsliberalisierung.[21] Ein »Urknall« in der Preisliberalisierung wurde so zur Voraussetzung sowohl der Privatisierung als auch der Handelsliberalisierung erklärt und stellt den »Schock« in der Schocktherapie dar.

Was als umfassendes Reformpaket präsentiert wurde, erwies sich als ein Vorgehen, das zunächst auf ein einziges Element der Marktwirtschaft fixiert war: die Preisbildung auf dem Markt. Und diese Einseitigkeit beruhte nicht einfach darauf, was machbar war. Der tiefere Grund für die Fixierung auf die Preisliberalisierung liegt in der neoklassischen Vorstellung vom Markt als Preismechanismus, unabhängig von den institutionellen Realitäten.[22] Die Neoliberalen sehen im reinen Markt den einzigen Mechanismus, der geeignet ist, die Wirtschaft rational zu organisieren, und seine Funktionstüchtigkeit hängt von freien Preisen ab.[23]

Entsprechend der Logik der Schocktherapie, wie man sie beispielsweise in den Arbeiten von David Lipton und Jeffrey Sachs findet, würde die Freigabe aller Preise »auf einen Schlag« die Verzerrung der *relativen* Preise korrigieren, die als Vermächtnis der Planwirtschaft zu niedrig für Erzeugnisse der Schwerindustrie und Anlagegüter und zu hoch für Produkte der Leichtindustrie, Dienstleistungen und Konsumgüter waren.[24] Auch in dem Bericht *The Economy of the USSR* wurde gefordert:

> Nichts wird wichtiger für einen erfolgreichen Übergang zu einer Marktwirtschaft sein als die Freigabe der Preise, um die Ressourcenzuteilung regulieren zu können. Eine frühe und umfassende Aufhebung der Preiskontrollen ist unverzichtbar, um sowohl den Mangel als auch die makroökonomischen Ungleichgewichte, welche die Volkswirtschaft zunehmend beeinträchtigen, zu beseitigen.[25]

Eine solche umfassende Preisliberalisierung musste mit Stabilisierungsmaßnahmen kombiniert werden, um das *allgemeine* Preisniveau unter Kontrolle zu bringen.[26] Sofern ergänzende Makromaßnahmen ergriffen wurden, konnte die Preisliberalisierung nach Einschätzung der Verfechter der Schocktherapie zwar »zu einem einmaligen sprunghaften Preisanstieg, aber nicht zu anhaltender Inflation führen«.[27] Als tatsächliche Gründe für die anhaltende Inflation in den staatssozialistischen Volkswirtschaften identifizierten sie den Nachfrageüberhang infolge hoher Budgetdefizite, die »schwachen Budgetbeschränkungen«, die lockere Geldpolitik und Lohnerhöhungen infolge der Politik, keinerlei Arbeitslosigkeit zuzulassen.[28] Nach Einschätzung der Schocktherapeuten konnten diese Probleme mit einer »hohen Dosis makroökonomischer Sparsamkeit« unter Kontrolle gebracht werden, da sie im Wesentlichen keine strukturellen Ursachen hatten, sondern auf die Geldpolitik zurückzuführen waren.[29]

Den »einmaligen sprunghaften Preisanstieg«, mit dem die Neoliberalen nach einer umfassenden Preisliberalisierung rechneten, begrüßten sie, weil er »die überschüssige Liquidität absorbieren« und dadurch die Sparpolitik festigen würde.[30] Mit anderen Worten, ein Anstieg des allgemeinen Preisniveaus würde den Wert der Ersparnisse mindern und dadurch den chronischen Nachfrageüberhang in den sozialistischen Volkswirtschaften verringern. Der dafür zu zahlende Preis – der darin bestand, dass den Bürgern der bescheidene Wohlstand entzogen wurde, den sie in den ersten Reformjahren erworben hatten – wurde als notwendiges Opfer betrachtet.[31] Tatsächlich handelte es sich um eine regressive Umverteilung, die den Eliten zugutekam, die Zugang zu nichtmonetäre Vermögenswerte hatten. Die Umverteilung von unten nach oben war seit der westdeutschen Preis- und Währungsreform unter Ludwig Erhard nach dem Zweiten Weltkrieg ein Bestandteil der Schocktherapie.[32] Um der Gesellschaft über Nacht Marktbeziehungen aufzuerlegen, musste die Ungleichheit vergrößert werden.

Der Natur und Struktur der Institutionen, aus denen die neue Marktwirtschaft bestehen würde, schenkten die Anhänger der Schocktherapie nur geringe Aufmerksamkeit. Das von Lipton, Sachs und vielen anderen einschließlich von Ökonomen in sozialistischen Ländern empfohlene Reformpaket »erschuf« keine Marktwirtschaft, wie ihre einflussreiche Studie über Polen nahelegte.[33] Stattdessen war die Hoffnung, dass die Zerstörung der Planwirtschaft automatisch eine Marktwirtschaft hervorbringen werde.[34] Die Schocktherapie ist kein Rezept für den Aufbau, sondern für Zerstörung. War die Planwirtschaft erst einmal dem Schock zum Opfer gefallen, so würde die »unsichtbare Hand« eingreifen und auf wundersame Weise die Entstehung einer funktionierenden Marktwirtschaft ermöglichen.

Dies war eine Verdrehung von Adam Smiths berühmter Metapher. Smith, ein scharfsinniger Beobachter der industriellen Revolution, die sich vor seinen Augen entfaltete, sah in der »natürlichen Neigung des Menschen, zu handeln und Dinge gegeneinander auszutauschen«, den Ursprung der Arbeitsteilung,[35] wobei er jedoch darauf hinwies, dass »die Marktgröße den Umfang der Arbeitsteilung begrenz[t]«.[36] Der Markt entfaltete sich Smith zufolge langsam, während die Institutionen entstanden, die den Güteraustausch ermöglichten.[37] Im Verlauf dieses Prozesses konnten die unsichtbare Hand und mit ihr der Preismechanismus nur Schritt für Schritt ihre Wirkung entfalten. Im Gegensatz dazu besagt das Konzept der Schocktherapie, ein Land könne »zur Marktwirtschaft springen«.[38]

Die bei der Schocktherapie verschriebene Zerstörung beschränkt sich nicht auf das Wirtschaftssystem. Eine weitere Bedingung muss erfüllt werden: eine »revolutionäre Veränderung des Staatssystems«.[39] Oder wie es Lipton und Sachs ausdrückten: »Der Zusammenbruch der kommunistischen Einparteienherrschaft war die unabdingbare Voraussetzung für den effektiven Übergang zu einer Marktwirtschaft.«[40] Tatsächlich mussten erst der sowjetische Staat und die kommunistische Einparteienherrschaft zusammenbrechen (Dezember 1991), damit eine Urknall-Reform stattfinden konnte. Am 2. Januar 1992 schaffte der russische Präsident Boris Jelzin fast alle Preiskontrollen ab. Eine radikale Preisreform war unter Parteichef Michail Gorbatschow seit 1987 mehrfach ins Auge gefasst, aber nie durchgeführt worden, da die russische Bevölkerung dagegen protestierte und die Experten vor Unruhen warnten. Gorbatschow versuchte es auch mit einem graduellen Zugang wie in China, der jedoch scheiterte.[41]

Mit dem Versprechen des langfristigen Nutzens versuchten die Verfechter der Urknall-Reform, kurzfristige Schäden wie eine hohe Inflation als auch die augenblicklichen Auswirkungen auf die Interessen von Arbeitskräften und Unternehmen sowie auf die staatlichen Behörden zu rechtfertigen. Die radikale Preisliberalisierung wurde in Russland erst nach der Auflösung des sowjetischen Staats möglich. Der »Zusammenbruch der kommunistischen Einparteienherrschaft« erwies sich tatsächlich als »unabdingbare Voraussetzung« für die radikale Preisfreigabe, aber diese ermöglichte keinen Sprung in eine funktionierende Marktwirtschaft. Statt des vorhergesagten einmaligen Anstiegs des Preisniveaus trat Russland in eine lang andauernde Hochinflationsphase ein, die mit einem Produktionseinbruch und folglich niedrigen Wachstumsraten einherging (siehe Schaubild 0.3).[42] Viele postsozialistischen Länder, die eine Art von Schocktherapie anwandten, erlebten eine tiefe und mehrjährige Rezession und galoppierende Inflation.[43] Abgesehen von der Verwüstung, die in den Wirtschaftsindikatoren zum Ausdruck kommt, schrumpften die Kennzahlen für das Wohlergehen der Bevölkerung, darunter Zugang zu Bildung, Abwesenheit von Armut sowie Volksgesundheit.[44]

Die intellektuellen Grundlagen von Chinas gradueller Vermarktlichung und die Abkehr von der Schocktherapie

Das makroökonomische Ergebnis der chinesischen Reformpolitik war dem der russischen diametral entgegengesetzt: Die Inflation war gering oder bewegte sich in erträglichen Grenzen, während die Produktion rasant wuchs (siehe Schaubild 0.4). Anstatt das bestehende Preisbestimmungs- und Planungssystem in der Hoffnung zu zerstören, »aus den Ruinen« werde eine Marktwirtschaft auferstehen, wählte China einen experimentellen Zugang und nutzte die institutionellen Gegebenheiten, um ein neues Wirtschaftssystem mit einer zentralen Rolle des Marktes zu errichten. Der Staat schuf schrittweise Märkte an den Rändern des alten Systems. Wie ich zeigen werde, war der chinesische Reformprozess graduell, und zwar nicht einfach in Bezug auf die Geschwindigkeit, sondern was das Vorgehen von den Rändern des alten Industriesystems zu seinem Zentrum anbelangt. Die graduelle Vermarktlichung setzte eine Dynamik von Wachstum und Reindustrialisierung in Gang, die schließlich in kurzer Zeit die gesamte politische Ökonomie verwandelte, wobei der Staat die Kontrolle über die Schlüsselpositionen in der entstehenden kapitalistischen Wirtschaft wahrte. Das wichtigste Element der chinesischen Reformmethode ist das zweigleisige Preissystem, das Gegenteil der Schocktherapie. Anstatt alle Preise auf einen Schlag freizugeben, plante der Staat anfangs weiterhin die Aktivität des industriellen Kerns der Volkswirtschaft und setzte die Preise grundlegender Güter fest, während die Preise der Überschussproduktion sowie der nicht grundlegenden Güter sukzessive freigegeben wurden. Das Resultat war, dass der Markt schrittweise die Preisfindung übernahm (siehe Schaubilder 0.5, 0.6 und 0.7). So konnte nicht zuletzt eine galoppierende Inflation vermieden werden.

Das zweigleisige System war nicht einfach eine Preispolitik, sondern ein Prozess der Markterrichtung und -regulierung durch staatliche Beteiligung. Vor der Reform war die gesamte Industrieökonomie als eine einzige Fabrik mit untergeordneten Produktionseinheiten

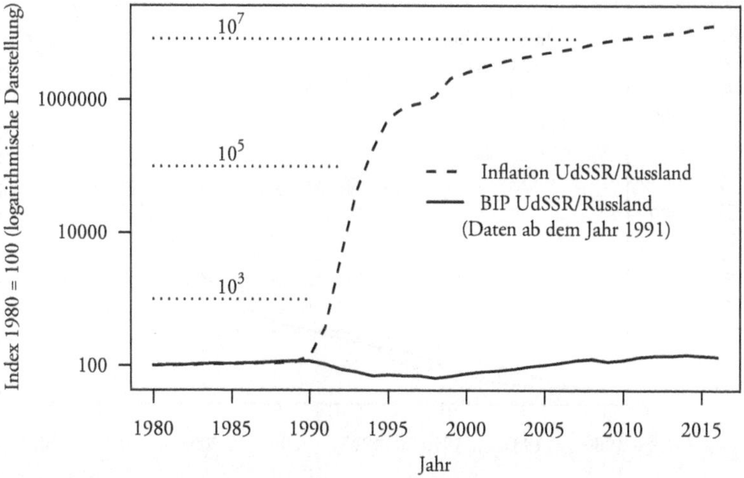

Schaubild 0.3: Verbraucherpreisindex und reales BIP in der UdSSR und (ab 1990) Russland, 1980-2016. Quellen: VPI UdSSR, 1971-1990 (IWF et al. 1991: 100); VPI Russland, 1991 (Filatochev et al. 1992: 746), 1992 (Sachs 1994: 70), 1993-2016 (IWF 2017); BIP (Alvaredo et al. 2017).

konzipiert. Das zweigleisige Preissystem verwandelte sozialistische Produktionseinheiten in gewinnorientierte Unternehmen und schuf Raum für expandierende Marktbeziehungen samt all ihrer Auswirkungen auf die Gesellschaft und die Umwelt. Die Umwandlung des Wirtschaftssystems wurde in jeder Phase vom Staat gelenkt. Im Gegensatz dazu führte die schlagartige Preisliberalisierung im Rahmen der Schocktherapie zu einer Desorganisation der vorhandenen Produktionsbeziehungen, ohne sie in der kurzen Frist durch effektive Marktbeziehungen zu ersetzen. In diesem Schwebezustand funktionierten weder die alten Befehlsstrukturen der Planwirtschaft noch der Markt richtig.[45]

Ende der siebziger Jahre hatte Chinas Führung die revolutionären Bestrebungen des maoistischen Regimes weitestgehend aufgegeben. In den achtziger Jahren lautete die zentrale Frage nicht einfach nur, *ob* die Wirtschaft reformiert werden sollte, wie eine übliche Verengung auf einen Gegensatz zwischen Konservativen und Reformern na-

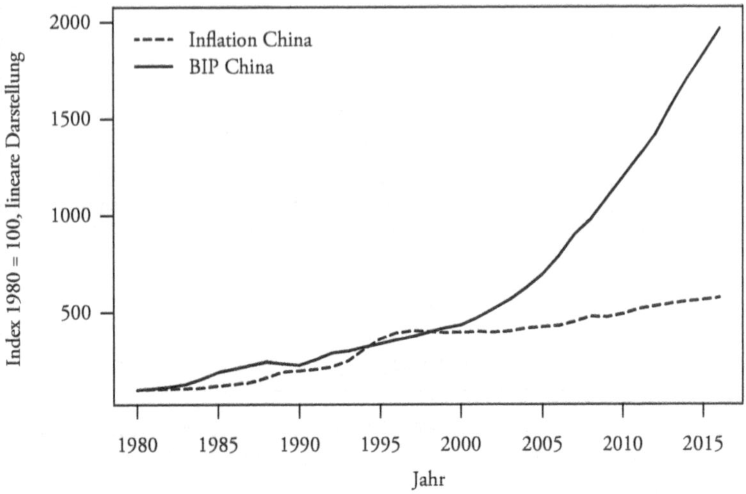

Schaubild 0.4: Verbraucherpreisindex und reales BIP in China, 1980-2016. Quellen: VPI (IWF 2017); BIP (Alvaredo et al. 2017).

helegt. Vielmehr war eine hart umkämpfte Frage, *wie* die Wirtschaft reformiert werden konnte: Sollte man das alte System zerstören oder als Fundament nutzen, auf dem das neue errichtet werden konnte?

Um eine Metapher zu verwenden: Während die Schocktherapie vorsah, das ganze Haus abzureißen und an seiner Stelle ein neues zu errichten, funktionierte die chinesische Reform wie das Jenga-Spiel: Es wurden nur jene Bausteine entfernt, die flexibel neu angeordnet werden konnten, ohne die Stabilität der gesamten Konstruktion zu gefährden. Trotzdem wurde das Gebäude in diesem Prozess grundlegend verändert. Wie jeder, der schon einmal Jenga gespielt hat, weiß, können bestimmte Bausteine nicht entfernt werden, ohne dass der Turm einstürzt.

China hätte beinahe eine zerstörerische Methode angewandt und stand im entscheidenden ersten Jahrzehnt der Reformen (1978-1988) kurz davor, die Preise essenzieller Güter schlagartig freizugeben. Aber letzten Endes nahm die Führung davon Abstand, nicht zuletzt aufgrund der Angst vor dem Gespenst der Inflation. Dieses Gespenst

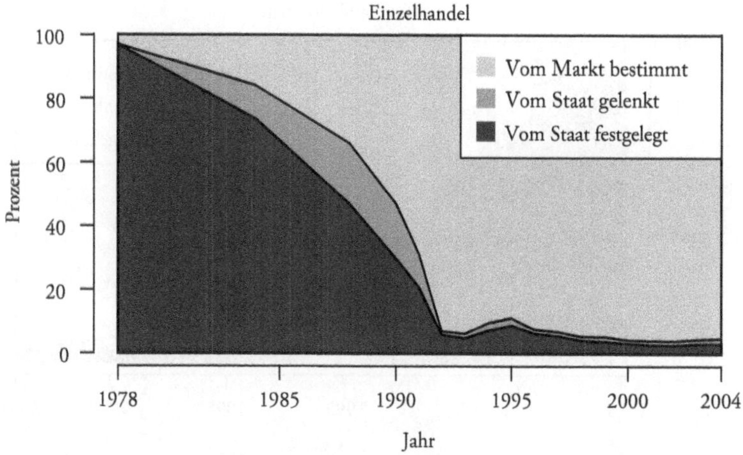

Schaubild 0.5: Änderung der Methode zur Bestimmung der Einzelhandelspreise, 1978-2004.

war seit der Hyperinflation der vierziger Jahre, die der Revolution den Weg bereiten half, von großer Bedeutung für die Kalküle führender Kommunisten. Selbst in den häufig chaotischen wirtschaftlichen Verhältnissen der Mao-Jahre war Preisstabilität ein oberstes Gebot. Um einen Kontrollverlust zu vermeiden, entschieden sich die Reformer für einen experimentellen Gradualismus. Die graduelle Reformmethode, die China in die Lage versetzte, wirtschaftlich aufzuholen, seine Industrie aufzubauen und sich in den globalen Kapitalismus zu integrieren, sorgte auch dafür, dass die institutionelle Konvergenz zwischen China und der neoliberalen Ausprägung des Kapitalismus unvollständig blieb. Wie im Jenga-Spiel wurde der neue Turm von der Struktur des alten geprägt. Es war also sowohl für den wirtschaftlichen Aufstieg des Landes als auch für seine nur partielle institutionelle Assimilierung entscheidend, dass sich das Land der Schocktherapie entzog.

Die Schocktherapie beruht auf der neoklassischen Ökonomie, die den intellektuellen Brückenschlag zwischen maßgeblichen westlichen Wirtschaftswissenschaftlern und Marktsozialisten im Osten ermöglichte.[46] Hingegen wissen wir wenig über die Theorien und Ideen, die

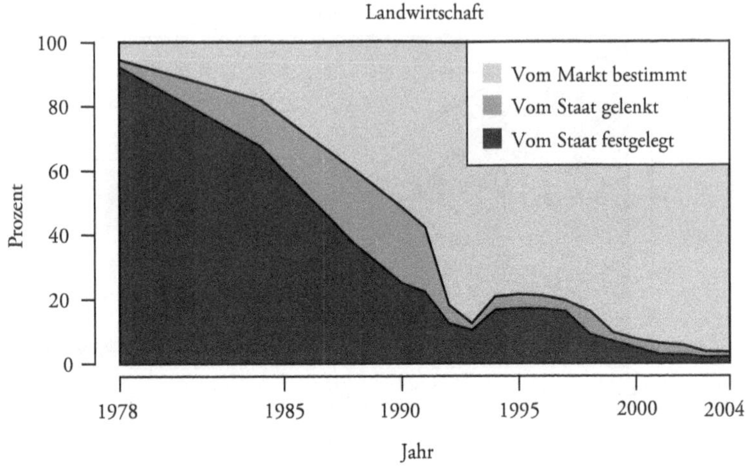

Schaubild 0.6: Änderung der Methode zur Bestimmung der Preise von Agrarerzeugnissen, 1978-2004.

China vor der Schocktherapie bewahrten – die Ökonomie der graduellen Vermarktlichung. In diesem Buch unterziehe ich die chinesische Marktreform der achtziger Jahre einer historischen Analyse und untersuche, wie das zweigleisige Preissystem theoretisch entworfen, angefochten und gegen die Schocktherapie verteidigt wurde. Dabei spielt die Herausforderung, Preisstabilität durch einen wirtschaftlichen Umbruch hinweg zu wahren, eine wichtige Rolle.

In diesem Buch analysiere ich die verschiedenen chinesischen Reformperspektiven und setze mich eingehend mit dem Gehalt, den Ursprüngen und der zugrunde liegenden Logik der ökonomischen Argumente auseinander, die von den konkurrierenden Fraktionen von Reformökonomen vorgebracht wurden. Gleichzeitig will ich diese Argumente in den jeweiligen Kontext einordnen. Ich konzentriere mich auf eine zentrale Frage im Reformprozess, nämlich die der Preisreform und damit des Marktaufbaus. Doch die Analyse der verschiedenen Standpunkte in Bezug auf diesen zentralen Aspekt der Wirtschaftsreform fördert einen umfassenderen Konflikt zwischen fundamental widersprüchlichen Ansätzen in Fragen der Wirtschaftspolitik und der

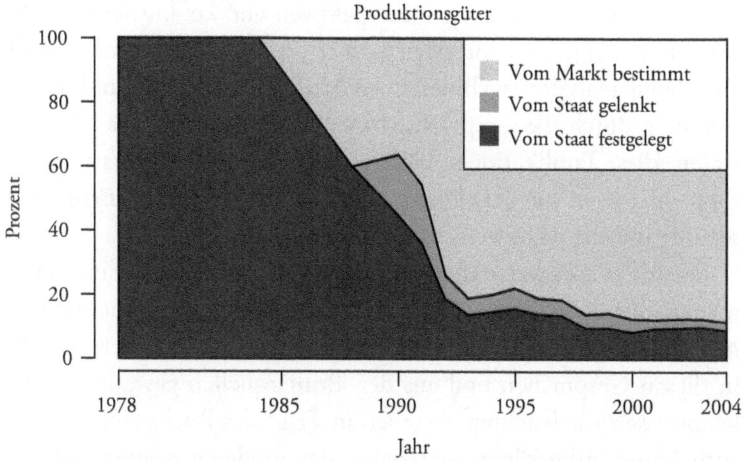

Schaubild 0.7: Änderung der Methode zur Bestimmung der Preise von Produktionsgütern, 1978-2004. Quelle: Cheng Zhiping 2006: 163.

Wirtschaftswissenschaft zutage. Hier handelt es sich nicht um die Darstellung einer Teilnehmerin an der chinesischen Marktreformdebatte, sondern um die Analyse einer Außenstehenden. Das unterscheidet mein Buch von den Darstellungen aus erster Hand.[47]

Dieses Buch beruht auf einer Vielzahl veröffentlichter und unveröffentlichter chinesischer Primärquellen und Oral-History-Interviews mit Ökonomen, die in den achtziger Jahren an der chinesischen Debatte über die Marktreform teilnahmen oder Zeugen davon wurden. Ich stellte ergebnisoffene Fragen, die auf die spezifischen Positionen meiner Gesprächspartner und auf ihre Beiträge zur Reformpolitik zielten. Ich wollte mir ein Bild von ihrer Einschätzung des Verlaufs der Reformen machen, anstatt ihnen eine vorgefertigte Struktur vorzulegen. Die meisten Interviews führte ich in chinesischer Sprache. Meine Gesprächspartner stellten mir Dokumente und Publikationen zur Verfügung, die sich als wichtige Quellen erwiesen. Ich identifizierte und kontaktierte die Interviewpartner anhand des Schneeballsystems. Abgesehen von direkten Bezugnahmen auf diese Interviews im Buch, wurde meine Einschätzung des ersten Reformjahrzehnts in

China von den vielgestaltigen Perspektiven und konkurrierenden Interpretationen meiner Interviewpartner geprägt. Die in diesem Buch eingehend analysierten chinesischen Artikel wurden aufgrund der Beurteilung durch die Gesprächspartner ausgewählt, die der Meinung waren, diese Publikationen hätten die Richtung der Debatte beeinflusst oder seien von der chinesischen Führung bei ihrer Auseinandersetzung mit der Marktreform berücksichtigt worden.

Die Interviews waren die wichtigsten Ereignisse im Lauf meiner intellektuellen Reise auf der Suche nach einer Erklärung dafür, wie China der Schocktherapie entkam. Um die übergeordnete Relevanz der in diesen Gesprächen und aus den Primärquellen gewonnenen Erkenntnisse zu beleuchten, trete ich in Teil I des Buchs einen Schritt zurück und ordne dieses Material in den größeren Kontext der relevanten historischen Methoden der Marktentwicklung ein.

Um die im zweigleisigen Preissystem entstehende Beziehung zwischen Staat und Markt konzeptuell zu erfassen, nehme ich eine langfristige Perspektive ein, die Chinas eigentümlichem institutionellen Vermächtnis der Preisregulierung mittels staatlicher Beteiligung am Markt Rechnung trägt (Kapitel 1). In der vorwiegend landwirtschaftlich geprägten Wirtschaft des antiken Chinas und der Kaiserzeit waren Preisschwankungen aufgrund von Wetterbedingungen eine andauernde Herausforderung, und die Inflation wurde mit dem Verfall einer Dynastie assoziiert. Ich beabsichtige nicht, irgendeine monolithische Kontinuität oder sogar eine lineare Entwicklung von der Antike bis zum Wendepunkt in den achtziger Jahren zu konstruieren. Stattdessen verwende ich diese traditionellen Konzepte der Preisstabilisierung und des Marktaufbaus, um die Debatte der achtziger Jahre in einer neuartigen analytischen Perspektive zu betrachten. Weit davon entfernt zu behaupten, die chinesische Marktreform sei im Wesentlichen von der Natur der Gesellschaft oder der Kultur des Landes bestimmt worden, zeige ich, dass die gewählte Reformmethode das Ergebnis einer intensiven intellektuellen und politischen Auseinandersetzung war. In diesem Schlagabtausch klangen Debatten über den richtigen Umgang mit dem Markt durch den Staat und der Herausforderung der Preisstabilität an, die sich im Lauf der chinesischen Geschichte wiederholt hatten.

Ich habe nicht vor, China dem Westen oder die chinesische Ökonomie der westlichen entgegenzusetzen. Stattdessen werde ich zeigen, dass sich ein erbittert umkämpftes Verständnis der Ökonomie, das induktiver, institutioneller und pragmatischer war als das neoklassische, am entscheidenden Wendepunkt im ersten Jahrzehnt der chinesischen Wirtschaftsreformen als beherrschend herausstellte. Diese Ökonomie ist keineswegs eine chinesische Besonderheit. Das zeige ich in Kapitel 2 anhand einer Analyse der Debatten über die Inflationsgefahr und den Marktaufbau nach dem Zweiten Weltkrieg in den Vereinigten Staaten, Großbritannien und der Bundesrepublik Deutschland. Meine chinesischen Gesprächspartner nahmen wiederholt auf die Erfahrungen dieser Länder nach dem Krieg Bezug. Der Übergang von einer Kriegswirtschaft zu einer Marktwirtschaft war mit Herausforderungen verbunden, die denen ähnelten, die später beim Übergang von der sozialistischen Planwirtschaft zur Marktwirtschaft bewältigt werden mussten. Amerikanische und europäische Ökonomen stritten nach dem Krieg erbittert über die Frage, wie die Preise dereguliert und die Märkte wieder aufgebaut werden konnten, ohne wie nach dem Ersten Weltkrieg in eine Inflation abzurutschen. Das sogenannte deutsche Wirtschaftswunder, das auf die umfassende Preisliberalisierung in Westdeutschland folgte, lieferte den Befürwortern der Schocktherapie in der chinesischen Reformdebatte einen wichtigen Referenzpunkt für ihr Argument.[48] Einige prominente institutionalistische Ökonomen, darunter John Kenneth Galbraith in den Vereinigten Staaten und Alec Cairncross in Großbritannien, sprachen sich für eine graduelle Aufgabe der Preiskontrollen aus, die eine gewisse Ähnlichkeit mit den später in China ergriffenen Reformmaßnahmen hatte. Die Thesen von Cairncross und Galbraith wurden zu Bezugspunkten für die Befürworter gradueller Reformen in China.

In Kapitel 3 untersuche ich die Bemühungen der chinesischen Kommunisten um Preisstabilisierung in den vierziger Jahren. Diese Erfahrungen wirkten sich unmittelbarer auf die Reformdebatte der achtziger Jahre aus. Anders als die uralten Konzepte der Preisregulierung durch Marktbeteiligung wirkte sich die Erfahrung der vierziger Jahre direkt und explizit darauf aus, wie die chinesischen Ökonomen und Reformer in den achtziger Jahren über den Marktaufbau dachten. Viele der bekanntesten Reformpolitiker und Ökonomen hatten seinerzeit am Revolutionskrieg teilgenommen. Die Überwindung der Hyperinflation und die Reintegration der Wirtschaft waren unverzichtbar, um die materiellen Grundlagen für einen Erfolg der Revolution zu schaffen. Die Kommunisten wandten im chinesischen Bürgerkrieg eine Strategie der wirtschaftlichen Kriegführung an, die darauf beruhte, mittels staatlich gelenkter Handelsbeziehungen die Märkte und den Geldwert wiederherzustellen. Die Techniken der wirtschaftlichen Kriegführung hatten Ähnlichkeit mit Elementen der traditionellen Praxis der Preisstabilisierung und wurden in der Frühphase der Wirtschaftsreformen in den achtziger Jahren im Rahmen der Bemühungen um eine graduelle Vermarktlichung wieder aufgegriffen.

Ausgehend von meiner Auseinandersetzung mit den Methoden des Marktaufbaus, der Herausforderung der Inflation und der Preisstabilisierung, widme ich mich im zweiten Teil des Buchs einer detaillierten Analyse der chinesischen Marktreformdebatte in den achtziger Jahren. Im Anschluss an einen Überblick über das maoistische Entwicklungsmodell und Preissystem zeige ich, wie schwierig es war, Marktmechanismen einzuführen und eine Inflation zu vermeiden. Um den Ausgangspunkt für die Debatte nachvollziehbar zu machen, untersuche ich, warum sich die chinesische Führung Ende der siebziger Jahre zu Reformen entschloss. Ich erkläre, wie eine Abkehr vom spätmaoistischen Ideal der permanenten Revolution und eine Hinwendung zum wirtschaftlichen Fortschritt als allem übergeordneten Ziel der Reformen dazu führte, dass die Wirtschaftswissenschaft als Forschungsdisziplin wiederhergestellt wurde, nachdem sie in der Kulturrevolution als bürgerliches Projekt verboten gewesen war (Kapitel 4).

In Kapitel 5 untersuche ich die Frühphase der Debatte über die Marktreform. Ich spüre den intellektuellen Ursprüngen des Konzepts der umfassenden Preisliberalisierung nach, die ich im Gedankenaustausch zwischen den etablierten chinesischen Wirtschaftswissenschaftlern und osteuropäischen Exilökonomen, der Weltbank und anderen ausländischen Besuchern einschließlich dem Vordenker des Monetarismus, Milton Friedman, finde. Dieses Reformkonzept hatte große Ähnlichkeit mit der Schocktherapie und wurde in der chinesischen Debatte als »Paketreform« bezeichnet. Wie in anderen Kontexten beruhte es auf der neoklassischen Ökonomie sowohl neoliberaler als auch sozialistischer Prägung.

In Kapitel 6 stelle ich der Paketreform die Denkweise jener jungen Intellektuellen und älteren Parteikader gegenüber, die im gemeinsamen Bemühen um die Reform des ländlichen Raums ein Bündnis schlossen. Diese Allianz trug entscheidend zur Erforschung, theoretischen Begründung und Verteidigung einer von den Rändern ausgehenden graduellen Vermarktlichung der Volkswirtschaft bei, die auf praktischen Experimenten beruhen sollte. Diese Methode stützte sich auf eine interdisziplinäre, institutionalistische und induktive Ökonomik, die sich sozialwissenschaftlicher Methoden bediente.

In den Kapiteln 7 und 8 zeige ich, wie diese beiden Reformansätze – umfassende Liberalisierung auf der einen, Vermarktlichung von den Rändern her auf der anderen Seite – aufeinanderprallten, als China der Schocktherapie entkam. Im Jahr 1986 ließ sich Ministerpräsident Zhao Ziyang von den Ökonomen, die eine Urknall-Reform ablehnten und stattdessen eine graduelle Vorgehensweise empfahlen, dazu bewegen, das Vorhaben einer umfassenden Preisfreigabe aufzugeben. Diese Ökonomen hatten gewarnt, dass eine schlagartige Freigabe der Preise zu einer galoppierenden Inflation führen könnte. Zhao Ziyang war letztlich nicht bereit, dieses Risiko einzugehen. Im Jahr darauf forderte Deng Xiaoping persönlich eine umfassende Urknall-Reform. Dieses Vorhaben scheiterte, als im Sommer 1988 zum ersten Mal seit den vierziger Jahren die Inflation in China außer Kontrolle geriet. Deng war bereit, die umfassende Vermarktlichung voranzutreiben – allerdings nur so lange, wie dies die Kontrolle des Staates über die Gesellschaft und die Wirtschaft nicht untergrub. Die Inflation war ausschlaggebend für eine 180-Grad-Wende hin zu einem zwischenzeitlichen Einfrieren der Reformen.

Im Jahr 1988 entkam China ein weiteres Mal der Schocktherapie. An diesem Punkt hatten die Marktreformen bereits eine rasche Zunahme der Ungleichheit und die Ausbreitung der Korruption ermöglicht. Das »goldene Reformzeitalter« der ersten Jahre, als anscheinend alle Chinesen gleichermaßen von der wirtschaftlichen Öffnung profitierten, ging zu Ende. Die Aussicht auf eine weitere Radikalisierung der Marktreformen erschütterte die Fundamente der chinesischen Gesellschaft. Die Forderungen nach einer neuen Ordnung wurden von der Führung abgeschmettert. Die soziale Bewegung des Jahres 1989 wurde auf dem Platz des Himmlischen Friedens niedergeschlagen. Der Reformprozess kam zeitweilig zum Stillstand. Als China im Jahr 1992 die Vermarktlichung wieder in Gang setzte, war das Vorhaben der Schocktherapie keineswegs zu den Akten gelegt worden. Im Gegenteil, in den neunziger Jahren errangen die Neoliberalen in China bedeutende Siege. Viele der Vordenker des Gradualismus, die in diesem Buch besprochen werden, verschwanden von der Bildfläche. Doch in den achtziger Jahren war die Grundlage für eine Vermarktlichung geschaffen worden, die die staatliche Kontrolle über essenzielle Bereiche der Wirtschaft sicherte. Obwohl die Methode des experimentellen Gradualismus in den folgenden Jahrzehnten neu ausgehandelt, in Frage gestellt und abgewandelt wurde, wurde sie nicht aufgegeben.

TEIL I

INFLATION UND PREISSTABILISIERUNG ZWISCHEN MARKT UND STAAT

1

Der Staat als Marktteilnehmer

Das *Guanzi* und die *Debatte über Salz und Eisen*

> Wenn es ein Gut im Überfluss gibt, ist es billig; wenn es knapp ist, ist es teuer. […] In diesem Wissen beobachtet der Fürst Überschüsse und Knappheit im Land und steuert den Wohlstand und die Güter. Ist das Getreide billig, tauscht der Fürst Geld gegen Nahrung. […] Er achtet auf den relativen Wert (*qingzhong*) der Dinge und steuert ihre Verteilung, um die Preise stabil zu halten. So können das Teure und das Billige in Einklang gebracht werden, und der Fürst erntet den Gewinn.
>
> Guanzi *nach Rickett 1998: 384*

> Eine unter den westlichen Ökonomen allgemein akzeptierte Annahme lautet, dass im Bereich der antiken Wirtschaftstheorien nur die Griechen und Römer etwas entwickelten, das des Studiums wert ist. […] So ist die chinesische Geschichte sehr schwer zu verstehen.
>
> *Hu 2009: i*

Als Ende der siebziger Jahre in China die ersten Wirtschaftsreformen angestoßen wurden, stieg dort die Zahl der Publikationen zu antiken ökonomischen Konzepten. Dazu zählten Artikel über das *Guanzi* (管子) und die *Debatte über Salz und Eisen* (盐铁论), zwei klassische Texte zu Fragen der Preisregulierung und Marktsteuerung.[1] Das neu erwachte Interesse an diesen Klassikern hing offenkundig mit Forschungen zu möglichen Wirtschaftsreformen zusammen. Beispielsweise wandten sich einige junge Reformintellektuelle wie etwa Bai Nanfeng Anfang der achtziger Jahre der Frage der ländlichen Entwicklung zu und beschäftigten sich mit dem, was sie als vergleichende Zivilisationsstudien bezeichneten. Um praktische Erkenntnisse über geeignete Maßnahmen zur Reform der Landwirtschaft zu gewinnen, so glaubten sie, müsse man die Geschichte und die intellektuellen Traditionen Chinas studieren und mit den europäischen Erfahrungen vergleichen.[2] Wirtschaftliche Entwicklung ist aus dieser Sicht nicht einfach eine technokratische Herausforderung, sondern der Versuch, im Wissen der Geschichte verwurzelt die Zukunft zu gestalten.

Die traditionelle chinesische Bezeichnung für die Auseinandersetzung mit wirtschaftlichen Fragen lautet »Studium der Wege, um das Land reich zu machen« (富国学).[3] Die Regierungspraxis wird üblicherweise unter dem Begriff der »Staatskunst« (经世) zusammengefasst, aber eine bessere Übersetzung wäre »die Welt ordnen«.[4] Die »richtige Handhabung« der Preise durch den Staat nimmt einen zentralen Platz in diesen Bemühungen ein. In der modernen Volkswirtschaftslehre sind die Preise eine quintessenzielle wirtschaftliche Variable und gehören ausschließlich in die Sphäre des Marktes. Im Gegensatz dazu kreist die traditionelle chinesische Debatte über die Preisbildung um die Beziehungen zwischen den spontanen Aktivitäten der Menschen, ihren Bedürfnissen und Wünschen, den Marktkräften, der politischen Macht und der staatlichen Ordnungspolitik.

Die Konfrontation zwischen Ideen eines freien Marktes auf der einen Seite und der aktiven Lenkung von Märkten durch den Staat auf der anderen wird heute häufig mit dem Gegensatz zwischen Keynesianismus und Neoliberalismus in Verbindung gebracht. Im chinesischen Kontext geht dieser Wettstreit der Ideen auf die *Debatte über Salz und Eisen* im 1. Jahrhundert v. Chr. zurück.[5] Kaufleute, die im Dienst des Staates tätig waren, versuchten, den Herrscher davon zu überzeugen, dass der Staat ein Monopol auf die Produktion von und den Handel mit strategischen Gütern wie Salz und Eisen haben sollte. Sie wurden jedoch von Intellektuellen scharf kritisiert, die dagegenhielten, der Staat habe sich aus den Angelegenheiten des Marktes rauszuhalten und solle sich besser auf eine Rückkehr zu einer moralischen Ordnung besinnen. Es handelt sich bei dieser Debatte um eine klassische Formulierung von zwei alternativen Vorstellungen bezüglich der Angemessenheit staatlicher Eingriffe in die Marktkräfte sowie der konkreten Funktion von Preisen.

Beide Argumentationslinien waren jedoch schon damals nicht neu. Das *Guanzi* liefert wichtige Hinweise zu den antiken chinesischen Vorstellungen von der Stabilisierung der Preise. Der Ansatz des *Guanzi* zur Preisregulierung kommt in den »Leicht-Schwer«-Prinzipien (轻重, *qingzhong*) zum Ausdruck, wobei »schwer« für wichtig, wesentlich oder teuer und »leicht« für unwichtig, unwesentlich oder billig steht. Der Schlüssel zur Preisstabilisierung liegt darin, diese beiden Elemente zu unterscheiden. Im gesamten Buch stütze ich mich auf mein Verständnis des *Guanzi* und der *Debatte über Salz und Eisen*, um die Auseinandersetzungen und Praktiken in den chinesischen Marktreformen in jüngerer Zeit in einem neuen Licht zu betrachten. Die Beamten des chinesischen Kaiserreichs entwickelten schon vor langer Zeit ein eigenes Verständnis der Marktkräfte. Eine Hinwendung zum Markt, wie sie in der Reformära seit den achtziger Jahren stattfand, ist daher nicht einfach ein aus dem Westen importierter Trend.[6] Die chinesischen Debatten über marktwirtschaftliche Reformen sind nicht einfach eine »Verwestlichung«, sondern Teil eines komplexen Wettstreits alternativer Vorstellungen von Märkten und Preisen, der in China und im Westen gleichermaßen stattfindet.

Es ist üblich, die chinesischen Reformschritte und das ökonomische Denken seit den achtziger Jahren anhand von Konzepten der zeitgenössischen Wirtschaftswissenschaft zu analysieren, die ihren Ursprung in der westlichen politischen Ökonomie des 19. Jahrhunderts hat. Ich versuche hingegen, klassisch-chinesische Diskussionen über Preisregulierung und Marktbildung durch den Staat als einen weiteren konzeptuellen Bezugspunkt hinzuzufügen. Wie die beiden Historiker Pierre-Étienne Will und R. Bin Wong in ihrer Studie zum System staatlicher Getreidespeicher in China feststellen: »Dass der Preisstabilisierung [in China] so große Bedeutung beigemessen wird, ist Ausdruck einer frühen Auseinandersetzung der Chinesen mit den potenziellen Auswirkungen von Marktaktivitäten und der Überzeugung, dass der Staat die Bedingungen von Angebot und Nachfrage gestalten sollte.«[7] Diese Vorstellung der Preisregulierung durch eine Beteiligung der Verwaltung am Wirtschaftsleben steht im Gegensatz zu der in den meisten Bereichen der modernen Wirtschaftswissenschaft vorherrschenden Annahme, Staat und Markt seien separate Einheiten. Der Staat gilt ihr zufolge als ein Gebilde, das in eine autonome Wirtschaft oder einen Markt eingreift. Demgegenüber bedeutet die Preisregulierung durch staatliche Marktteilnahme, dass Markt und Wirtschaft durch die Interaktion von privaten und bürokratischen Akteuren gemeinsam erzeugt werden. Diese alternative Betrachtungsweise verändert unser Verständnis der Beziehung zwischen Plan und Markt, der Neugestaltung dieser Beziehung in der Reformdebatte der achtziger Jahre und der Inflationsbekämpfung.

Die »Leicht-Schwer«-Prinzipien der Preisregulierung im Guanzi

Der historische Kontext

Die Zeit der Frühlings- und Herbstannalen (772-476 v. Chr.)[8] sowie die der Streitenden Reiche (475-221 v. Chr.) werden allgemein als das »goldene Zeitalter der chinesischen Kultur« betrachtet.[9] Gleichzeitig waren sie »eine ungewöhnliche Zeit [...], in der sich orthodoxe Vorstellungen aufgelöst hatten, ohne durch neue ersetzt worden zu sein«.[10] Es war die »Ära der ›hundert Schulen‹«.[11] Im Zeitalter der Streitenden Reiche gewannen wirtschaftliche Überlegungen an Bedeutung für die Staatstheorie. Mit Blick auf die finanziellen Erfordernisse in einem ständigen Kriegszustand erlangte das Wirtschaftswachstum größte Bedeutung für die Herrscher.[12]

Diese Ära schuf in mehrerlei Hinsicht die Grundlage für die chinesische Philosophie sowie für dauerhafte soziale, wirtschaftliche und politische Praktiken. Damit ist nicht gesagt, dass auf diese Zeit eine wie immer geartete Form von Stagnation oder Kontinuität folgte. Aber in dieser Ära wurden die Weichen für die intellektuelle und institutionelle Entwicklung Chinas gestellt. Was die wirtschaftlichen Fragen anbelangt, so versammelt das sogenannte *Guanzi* (管子) die wichtigsten antiken Beiträge aus dieser Epoche.[13] Das *Guanzi*, das zu den umfangreichsten altchinesischen Texten zählt,[14] wird von einigen Forschern als die repräsentativste Schriftensammlung zur entstehenden politischen Ökonomie der Periode der Streitenden Reiche betrachtet.[15]

Historiker haben zeigen können, dass das *Guanzi* von mehreren anonymen Autoren verfasst wurde, bei denen es sich vermutlich um staatliche Planer und Wirtschaftsberater handelte.[16] Die genaue Entstehungszeit ist in der Forschung umstritten.[17] Aber wir können davon ausgehen, dass das *Guanzi* in einer turbulenten Zeit nach dem Zusammenbruch der westlichen Zhou-Dynastie und vor dem Aufstieg der Qin-Dynastie entstand, die das chinesische Territorium erstmals in einem einzigen Reich vereinte. Die Auseinandersetzung mit wirtschaftlichen Themen kreiste um die Frage, wie der Wandel im Kontext des Übergangs zu einem neuartigen Wirtschaftssystem gelenkt werden konnte.

Der Großteil des *Guanzi* hat die Form von Dialogen zwischen Huan (桓公, 685-643 v. Chr.), dem Herrscher von Qi, und seinem Berater Guan Zhong (管仲, ca. 710-645 v. Chr.), der die bohrenden Fragen des Fürsten beantwortet.[18] Guan Zhong, der dem *Guanzi* zwar seinen Namen gibt, aber nicht zu den Autoren zählte, gilt als »einer der angesehensten und einflussreichsten Staatsmänner im alten China«.[19] Die Verfasser legten Guan Zhong ihre Vorstellungen davon in den Mund, wie seine Wirtschaftspolitik während des Aufstiegs des Staates Qi ausgesehen haben mochte, um diese Konzepte einem Herrscher in der Zeit der Frühlings- und Herbstannalen nahezubringen.[20]

Die Jahre zwischen dem Niedergang der westlichen Zhou-Dynastie und dem Aufstieg der Qin-Dynastie waren »eine Zeit des rasanten und einschneidenden gesellschaftlichen Wandels«, die nach Ansicht einiger Historiker »in der chinesischen Geschichte bis zum gegenwärtigen [20.] Jahrhundert einzigartig war«.[21] In der westlichen Zhou-Dynastie hatte eine »rituelle Ordnung« geherrscht, »in der Ränge, Ämter und Vermögen abhängig von der Nähe der Verwandtschaft zum König verliehen wurden«.[22] Im Gegensatz dazu waren die Zeit der Frühlings- und Herbstannalen sowie die Epoche der Streitenden Reiche von Chaos und Krieg geprägt. Neue militärische und wirtschaftliche Kräfte wurden freigesetzt, als »große Fische kleine Fische fraßen«.[23] Mehrere hundert agrarisch geprägte Stadtstaaten wurden zu sieben Territorialstaaten verschmolzen.[24] Der Wettbewerb zwischen diesen Staaten stieß soziale und wirtschaftliche Reformen an, die zentralisierte bürokratische Staaten hervorbrachten.[25] Schritt für Schritt entwickelten sich Institutionen, die das Fundament für ein geeintes chinesisches Großreich schufen und die zukünftige Staatsführung prägten.[26] Den Kern des Staates bildeten ein mächtiger Monarch und eine Verwaltung, die von Beamten geführt wurde, die ihre Posten weniger einer aristokratischen Herkunft als ihren Verdiensten oder Erfahrungen im Handel verdankten.[27]

Parallel zu diesem Prozess, in dem aus Krieg und Chaos eine neue politische Ordnung hervorging, kam es zu einschneidenden Veränderungen der Produktionsmethoden. In der Vergangenheit hatte der Adel Grund und Boden kontrolliert, doch jetzt gewährte der Staat den Bauern Eigentumsrechte am Boden.[28] So verwandelte sich der Familienhof in die grundlegende Produktionseinheit.[29] Gleichzeitig ermöglichte die Eisenrevolution die Entwicklung von Produktionsmethoden unter Einsatz neuartiger Metallwerkzeuge.[30] Infolgedessen stieg die Produktivität der Landwirtschaft deutlich, und das wiederum regte die Ausweitung der handwerklichen Aktivitäten in den Haushalten an und führte schließlich zu einer besseren funktionalen und regionalen Arbeitsteilung.[31]

Diese Verwandlung der Produktion löste einen tiefgreifenden Wandel der Organisation des Handels aus und machte eine Neugestaltung der Beziehungen zwischen Staat und Markt erforderlich. In der Zeit der westlichen Zhou-Dynastie waren die Märkte einer strikten und direkten staatlichen Kontrolle unterworfen.[32] Der Staat entschied darüber, welche Güter auf dem Markt gehandelt werden durften. Ein als »Herr der Preise« bezeichneter Regierungsbeamter legte die Preise fest, zu denen diese Güter verkauft werden durften. Nur auf den Dorfmärkten waren uneingeschränkte Preisfluktuationen erlaubt.[33]

Der Zusammenbruch der staatlichen Lenkungsinstitutionen der

westlichen Zhou-Dynastie und die Transformation der Produktionsabläufe weckten das Bedürfnis nach einem freien Handel mit Gütern.[34] Die Erfindung der Münzprägung und die Verbreitung der Währung durch den Staat erleichterten den Handel über große Entfernungen hinweg. Der Handel blühte auf, und eine neue Klasse privater Kaufleute setzte sich durch.[35] Die Herrscher der Streitenden Reiche stützten sich auf diese Händlerklasse, um ein neuartiges System der Kontrolle über die Wirtschaft zu errichten.[36] Mit Blick auf diesen historischen Kontext gaben die Autoren des *Guanzi* ihre bemerkenswerten Empfehlungen ab, um die freigesetzten Marktkräfte in den Dienst des Staates zu stellen. Im Mittelpunkt ihres Programms stand eine auf den Leicht-Schwer-Prinzipien beruhende Regulierung der Preise (轻重).

Das Leichte und das Schwere

Im erbitterten zwischenstaatlichen Wettbewerb in der Epoche der Frühlings- und Herbstannalen »hatten alle von Fürsten geführten Staaten versucht, die Kunst zu vervollkommnen, ›den Staat reich und die Armee mächtig zu machen‹«.[37] Die Leicht-Schwer-Prinzipien wurden mit dem Ziel entwickelt, Staat und Armee zu stärken.[38] Der erste Schritt besteht darin, das Land reicher zu machen: »Ein Herrscher, der sich darauf versteht, den Staat zu führen, muss sein Volk zuerst reicher machen und dann regieren.«[39] Wie der US-amerikanische Historiker W. Allyn Rickett in der Einleitung zu seiner Übersetzung des *Guanzi* erklärt: »Qing (轻) bedeutet ›leicht‹ und damit ›unwichtig‹, ›irrelevant‹ oder ›billig‹. Als Verb bedeutet es, einem Ding geringen oder überhaupt keinen Wert beizumessen. Zhong (重) bedeutet ›schwer‹ und folglich ›wichtig‹, ›relevant‹ oder ›teuer‹. In Verbform bedeutet es, etwas einen Wert beizumessen. Gemeinsam werden die beiden Schriftzeichen normalerweise als ›Gewicht‹ verstanden.«[40]

Gestützt auf diese buchstäbliche Bedeutung ist die Übersetzung als »Abwägung und Ausgleich der wirtschaftlichen Kräfte« passend.[41] Aus dieser Perspektive kann man wirtschaftliche Phänomene ausschließlich in ihrer Beziehung zueinander verstehen: Dinge können nur in Relation zu anderen Dingen schwer oder leicht sein. Schwere Güter werden als unverzichtbar für die Schaffung von Wohlstand betrachtet, leichte Güter gelten als unwesentlich. Aber welches Produkt genau als schwer oder leicht eingestuft wird, ändert sich unablässig abhängig von Jahreszeit, Produktionsverfahren, Marktdynamik und anderen Faktoren. Aufgabe der Wirtschaftspolitik ist es, abzuwägen und auszugleichen, das Schwere zu finden und das Leichte damit aufzuwiegen. In den Worten des *Guanzi*: »Der Einsatz des ›schweren‹ Dings, um auf das ›leichte‹ Ding einzuwirken, der Einsatz des Billigen, um das Teure zu verbilligen – dies sind die großen Vorteile, die aus der Anwendung der ›Leicht-Schwer‹-Lehre gezogen werden können.«[42]

Der Staat soll also nicht die in Wirtschaft, Gesellschaft und der Natur wirkenden spontanen Kräfte bekämpfen; vielmehr soll er sie nutzen, um das Volk erst reich zu machen und dann zu regieren, um Einnahmen für den Staat zu erzielen. Die staatlichen Eingriffe müssen auf der genauen Kenntnis der tatsächlichen Bedingungen und ihrer Veränderung beruhen. Zu diesem Zweck wurden im *Guanzi* umfangreiche empirische Studien und der Einsatz von Statistiken und Berechnungen empfohlen.[43] Der Staat muss die in den Preisbewegungen manifeste Entwicklung des Marktes sowie Grundbedingungen wie Bevölkerungsentwicklung, natürliche Ressourcen, jahreszeitlich bedingte Schwankungen und regionale Besonderheiten beobachten. Was die Preise bestimmter Güter anbelangt, so müssen die Herrscher in der Lage sein, anhand des folgenden Prinzips zu bestimmen, was »schwer« oder wertvoll und was »leicht« oder billig ist: »Gibt es etwas im Überfluss, so wird es billig sein; ist es knapp, so wird es teuer sein.«[44]

In moderner Lesart besagt dieses Prinzip, dass der Preis eines Guts davon abhängt, wie knapp das Angebot ist. Aber die Preise werden laut *Guanzi* auch noch von einem weiteren Prinzip beeinflusst: »Konzentrierte Güter sind ›schwer‹, aber werden sie verstreut, so werden sie ›leicht‹.«[45] Das deutet darauf hin, dass der Preis unter anderem von der Marktstruktur abhängt. Wenn sich die Güter in den Händen weniger befinden (wenn also ein Monopol besteht), dann werden sie teuer sein. Wenn viele Produzenten die gleichen Güter anbieten, dann werden diese billig sein. Mit anderen Worten: Der Grad der Knappheit hängt nicht einfach von der absoluten Menge an Gütern auf dem Markt, sondern auch von ihrer Verteilung unter den Produzenten ab. Sind Güter in wenigen Händen konzentriert, so können diejenigen, die das Angebot kontrollieren, künstliche Knappheit erzeugen, um höhere Preise zu erzielen. Im *Guanzi* wird das Konzept der Monopolpreise vorweggenommen.

Darüber hinaus wirkt sich die Begehrlichkeit eines Gutes auf den Preis aus: »Lohnt es sich, Güter zu horten, so werden sie ›schwer‹, und umgekehrt werden sie ›leicht‹ [, wenn es sich nicht lohnt, sie zu horten]. Gehortete Güter werden ›schwer‹, nicht gehortete ›leicht‹.«[46] Der Preis von Gütern, die als Wertspeicher betrachtet werden, anstatt der Befriedigung eines unmittelbaren Bedürfnisses zu dienen, wird also steigen, wenn die Menschen versuchen, ihr Vermögen in einer physischen, nichtmonetären Form zu bewahren. Beginnt ein Ansturm auf solche Güter und werden sie vom Markt genommen, so werden sie knapp und verteuern sich.

Schließlich wirkt sich laut *Guanzi* auch die staatliche Steuerpolitik auf den Preis aus: »Ein Erlass, Steuern in Form von bestimmten Gütern zu erheben, wird diese Güter ›schwer‹ machen, während ein Dekret, keine solchen Steuern zu erheben, die Güter ›leicht‹ machen wird.«[47] Was die Besteuerung anbelangt, so betrachten die Autoren des *Guanzi* die Zeit als ausschlaggebenden Faktor: Müssen die Menschen eilig ein bestimmtes Gut als Steuer an den Staat abführen, so wird sein Preis in die Höhe schießen. Haben sie hingegen Zeit, die erforderlichen Güter zu besorgen, so wird das nicht geschehen. Heute bezeichnen wir das zugrunde liegende Phänomen als »Nachfrageschock«.

Diese Prinzipien beruhen allesamt auf der Vorstellung, dass der relative Wert eines Guts von Angebot und Nachfrage abhängt. Anstatt sich wie die neoklassische Ökonomie auf das Gleichgewicht zwischen Angebot und Nachfrage zu konzentrieren, beschäftigt sich das *Guanzi* jedoch mit den Gründen für Veränderungen. Die Autoren des *Guanzi* nehmen an, dass sämtliche Bedingungen, die sich auf die Preise auswirken, abhängig von den konkreten Umständen variieren: Nichts ist immer »schwer« oder »leicht«. Der Zustand der Dinge ändert sich vielmehr abhängig vom Kontext, der einer dynamischen Analyse unterzogen wird, die über eine einfache Beurteilung einer gegebenen Konstellation von Angebot und Nachfrage hinausgeht: »Es gibt keine feststehende Kunst des Umgangs mit ›Leicht‹ und ›Schwer‹. Es gilt, auf alle Anzeichen des Kommenden zu reagieren und alle neuen Nachrichten zu nutzen.«[48] Folglich erfordert die Staatskunst Flexibilität: »Der wahre König weiß die Situation zu seinem Vorteil zu nutzen, und der Weise nutzt die Prinzipien des Wandels.«[49]

Es wäre jedoch ein Fehler, daraus zu schließen, dass die *Qingzhong*-Prinzipien auf die Marktbewegungen beschränkt sind. Ziel der Wirtschaftspolitik gemäß *qingzhong* ist es, das Gewinnstreben und den Eigennutz des Einzelnen zur Bereicherung des Staates zu nutzen, die Ungleichgewichte in der Wirtschaft zu beseitigen und die wirtschaftliche Integration voranzutreiben. Wenn die Menschen einem Gut großen Wert beimessen, wird es »schwer«; halten sie es nicht für wertvoll, so verwandelt es sich in ein »leichtes« Gut. Doch der gesellschaftliche Wohlstand wird nicht am subjektiven Wert, sondern am grundlegenden materiellen Wohlstand gemessen. In einer Agrargesellschaft hängt dieser Wohlstand im Wesentlichen von der Fähigkeit ab, den Boden möglichst ertragreich zu bewirtschaften. Arbeitskraft und Boden sind die eigentlichen Quellen des Wohlstands, und da das Überleben der Bevölkerung vom Getreide abhängt, wird dieses im *Guanzi* als grundlegendes Gut betrachtet: »Ein Mensch kann nicht essen ohne Getreide, Getreide kann nicht wachsen ohne Land, Land kann ohne Menschen kein Getreide produzieren, und Menschen können ohne Arbeit nicht reich werden.«[50] Da es die Grundlage des Wohlstands ist, nimmt das Getreide die zentrale Stellung unter allen Wirtschaftsgütern ein und ist von größter Bedeutung in der Wirtschaftspolitik gemäß der *Qingzhong*-Prinzipien. Vom Getreide hängt der Preis aller anderen Güter ab, darunter der des Geldes: »Die Preise von Gütern werden gemeinsam mit dem Wert des Geldes steigen oder fallen, und allein das Getreide entscheidet darüber, ob sie billig oder teuer sind. […] Wenn das Getreide teuer ist, sind alle anderen Dinge billig, wenn das Getreide billig ist, sind alle anderen Dinge teuer.«[51]

Das bedeutet, dass sich der Geldwert in entgegengesetzte Richtungen entwickelt. Der Getreidepreis wirkt sich auf die gesamte Bevölkerung aus, da das allgemeine Preisniveau von ihm abhängt. Gleichzeitig wirkt er sich unterschiedlich auf die ländliche und städtische Bevölkerung aus. Schon vor der Entstehung des *Guanzi* schrieb Li Kui, der Wirtschaftsberater des Fürsten Wen:[52] »Wenn das Korn […] sehr teuer war, tat dies den Menschen (mit Ausnahme der Bauern) weh; wenn es sehr billig war, tat dies den Bauern weh. […] Gleichgültig ob [der Preis] sehr hoch oder sehr niedrig war, war die Verletzung also dieselbe.«[53] Im *Guanzi* wird diese Vorstellung weiterentwickelt. Die Regulierung des Getreidepreises rückt in den Mittelpunkt der »Kunst der geplanten Haushaltsführung«,[54] einer auf die *Qingzhong*-Prinzipien gestützten Staatskunst, deren Ziel Stabilität und Wohlstand des Staates sind.

Stabilisierung des Getreidepreises

Neben der Erkenntnis, dass das Getreide der »Herr über das Schicksal des Volkes« ist,[55] ist die Jahreszeitenfolge ein Ausgangspunkt der an den *Qingzhong*-Prinzipien ausgerichteten Wirtschaftspolitik. Im *Guanzi* lesen wir, dass die »klimatischen Veränderungen in den vier Jahreszeiten und das Wechselspiel von Tag und Nacht objektive Gesetze sind. Sie können weder durch ein Überangebot verringert noch durch ein Unterangebot erhöht werden.«[56] Daraus ergibt sich folgendes Problem: Den *Qingzhong*-Prinzipien zufolge hängt der Preis davon ab, ob ein hohes oder geringes Angebot an einem Gut besteht. Abhängig von der Jahreszeit gibt es ein Überangebot (zur Erntezeit) oder ein Unterangebot (im Frühjahr) an Getreide. Die Folge ist, dass der Preis schwankt – was sowohl für die Bauern als auch für die Verbraucher in den Städten schlecht ist. Daher muss der Herrscher die Frage beantworten, wie der Getreidepreis im Jahresverlauf ausgeglichen werden kann.

Gemäß *Guanzi* handeln Staaten, »die einem wahren König gehorchen, in Einklang mit den Jahreszeiten«:[57] Der Staat muss im Allgemeinen das nutzen, »was als wertvoll betrachtet wird, um zu erwerben, was als wertlos betrachtet wird«. Umgekehrt muss er das, was billig erworben wurde, nutzen, »um den Preis dessen zu senken, was zu teuer geworden ist«.[58] Und »wenn der Fürst Münzen prägt, um das Geldangebot zu erhöhen, erkennen alle Menschen sie als Zahlungsmittel an«.[59] Der Fürst kann also Geld in Umlauf bringen. »Daher steuern jene, die sich auf das Regieren verstehen, die Zahlungsmittel, um die Herren des Schicksals zu kontrollieren.«[60] Die Regierung muss den Getreidepreis stabilisieren, um das allgemeine Preisniveau und den Geldwert zu stabilisieren und so eine Inflation zu vermeiden.

In Anwendung dieses Prinzips kaufte der Staat den Bauern im Herbst zur Erntezeit, wenn ein Überangebot bestand und der Preis niedrig war, ihre Getreideüberschüsse ab – zu diesem Zeitpunkt war das Getreide »leicht« und das Geld »schwer«. Da der Staat relativ große Mengen kaufte, trieb er den Getreidepreis in die Höhe. Dadurch glich er die relative Geld- und Getreidemenge auf dem Markt aus, verhinderte einen Preisverfall und bewahrte die Bauern davor, ihr Getreide zu allzu niedrigen Preisen an private Händler verkaufen zu müssen. Überall wurden staatliche Getreidespeicher eingerichtet. Im Frühjahr, wenn die Bauern pflügten und säten, und im Sommer, wenn sie jäteten, schrumpften die Getreidereserven. Aufgrund des geringen Angebots stieg der Preis des Getreides. Zu dieser Zeit setzte der Staat einen Teil des gespeicherten Getreides ein, um das Angebot auf dem Markt zu erhöhen. So glich er den Preisanstieg aus und schützte die Bauern davor, Saatgut und Städter Getreide zu sehr hohen Preisen von privaten Händlern kaufen zu müssen.[61]

Auf diese Art sollten sowohl der Getreidepreis als auch das allgemeine Preisniveau stabilisiert werden. Laut *Guanzi* hängen die Preise sämtlicher Güter von dem des Getreides ab. Zweitens passt der Staat durch die Teilnahme am Getreidemarkt die Geldmenge an. Da der

Geldwert so wie der Wert aller anderen Güter von der verfügbaren Menge abhängt, wirkt sich eine Veränderung des Geldangebots auf den Wert des Geldes in Beziehung zu allen anderen Gütern aus. Mit anderen Worten: Das allgemeine Preisniveau ändert sich.[62] Im *Guanzi* heißt es dazu: »Ist das Getreide billig, so tauscht der Fürst Geld gegen Nahrung ein.«[63] In dieser Situation ist das Geld »schwer«, so dass man eine relativ große Menge Getreide damit kaufen kann, da das Preisniveau niedrig ist. Wenn der Staat große Mengen Getreide kauft, steigt dessen Preis, aber gleichzeitig verliert das Geld an Wert, wodurch die deflationäre Tendenz ausgeglichen wird. Das Gegenteil geschieht im Frühjahr und Sommer, wenn das Getreide teuer ist und Inflationsdruck entsteht. Der Staat gleicht den Getreidepreis in Geld und den Preis des Geldes in Getreide aus, indem er die Mengen des in Umlauf befindlichen Geldes und Getreides beeinflusst. So soll der Staat dem *Guanzi* zufolge »die Zahlungsmittel steuern, um die Herren des Schicksals unter Kontrolle zu bringen«.[64] Über die unmittelbare Wirkung auf die Preise hinaus wirkte sich dieses System zum Ausgleichen des Getreidepreises dank der kontrazyklischen Eingriffe erheblich auf Staatseinnahmen und Ungleichheit aus und half bei der Vermeidung von Hungersnöten.

Obwohl der Staat die Preisbewegungen ausgleichen soll, ist das Ziel nicht ein konstantes Gleichgewicht: »Wenn der Wasserspiegel vollkommen eben ist, wird das Wasser nicht fließen.«[65] Im Herbst kostet das Getreide weiterhin mehr als im Frühjahr und Sommer; aber der Preisunterschied ist geringer als ohne staatliche Eingriffe in den Markt. Aufgrund der Preisschwankungen erzielt der Staat mit der Beteiligung am Getreidemarkt Einnahmen. Er muss keine direkten Steuern erheben: »Wenn man die staatlichen Eingriffe nutzt, um Güter und Geld hin und her zu bewegen, ist es nicht nötig, Forderungen an das Volk in Form von besonderen Steuern und Abgaben zu richten.«[66] Die westliche Zhou-Dynastie hatte die Preise per Dekret festgeschrieben und mittels direkter Steuern Überschüsse aus der Bevölkerung herausgepresst. Im Gegensatz dazu sollte die neue Staatskunst darin bestehen, Preisschwankungen zu nutzen, um den Reichtum des Landes zu erhöhen, ohne die Bauern zu demoralisieren. Diese neue »Kunst eines geplanten Staatshaushaltes« diente nicht dazu, »den Groll des Volkes zu wecken oder seine Bestrebungen zu unterdrücken«.[67] Anstatt der Bevölkerung Abgaben aufzuzwingen, verkauft der Staat den Menschen Getreide, wenn sie es brauchen, wodurch er den Preis senkt, und kauft ihnen Getreide ab, wenn sie es verkaufen müssen, wodurch er den Preis erhöht. Anstatt einer direkten Besteuerung unterworfen zu werden, sieht sich die Bevölkerung einem wohlwollenden Staat gegenüber. Im Großen und Ganzen soll dieses Vorgehen für »Stabilität [sorgen] ähnlich der eines quadratischen Gegenstands, der auf den Boden gestellt wird«.[68]

Darüber hinaus soll die Stabilisierung der Getreidepreise extreme Ungleichheit verhindern, ohne alle Menschen gleich zu machen.[69] Zu jener Zeit entstand eine Klasse von Kaufleuten. Tatsächlich lernte der Staat die Techniken der Marktbeteiligung von diesen privaten Kaufleuten. Da die Preise nicht länger direkt vom Staat kontrolliert wurden, zeigte sich, dass »das Getreide teuer oder billig sein wird, je nachdem, ob die Ernte gut oder schlecht ist«.[70] Wenn der Staat diese Preisbewegungen nicht nutzt, um Gewinne zu erzielen, tun es die privaten Kaufleute: »Wenn der Fürst nicht imstande ist, die Situation zu beherrschen, werden große Kaufleute die Märkte absuchen und den Mangel des Volkes an Dingen nutzen, um ihr Kapital um das Hundertfache zu erhöhen.«[71]

Das Gewinnstreben wird im *Guanzi* nicht verurteilt, sondern als Tatsache hingenommen: »Es liegt in der Natur des Menschen, dass er nicht anders kann, als dem Gewinn nachzujagen, wenn er ihn für möglich hält.«[72] Die Aufgabe des Herrschers besteht daher nicht darin, an die Moralität des Volkes zu appellieren; stattdessen muss er die bestehenden Interessen nutzen und »die Gewinne der Menschen regulieren«.[73] Um das zu bewerkstelligen, soll der Staat »die Politik steuern, die sich auf die Preise auswirkt«.[74] Bodenreformen genügen nicht, um Ungleichheit zu verhindern: »Selbst wenn das Land gleichmäßig verteilt wurde, wird es den Starken gelingen, es unter Kontrolle zu bringen; selbst wenn der Reichtum gleichmäßig verteilt wurde, wird es den Schlauen gelingen, mehr anzuhäufen.«[75] Wenn es dem Staat nicht gelingt, den Getreidepreis zu stabilisieren, »wird das nur dazu führen, dass die Untertanen einander versklaven«. Wenn »große Ungleichheit zwischen Reich und Arm herrscht«, wird »die Volksmenge nicht gut regiert«.[76] »Sollte der Fürst keine Kontrolle über die Maßnahmen haben, die sich auf die Preise auswirken, [...] so verliert die Wirtschaftspolitik des Staates ihren Sinn.«[77]

Entscheidend ist, dass der Staat dank seiner Beteiligung am Getreidemarkt an jedem Ort Getreide akkumulieren und die Bevölkerung vor den Auswirkungen von Naturkatastrophen bewahren kann. Ein komplexes System der Hungervermeidung und eine kontrazyklische Finanzpolitik sollten einander ergänzen. Die Aufgabe des Staates ist es, die Bevölkerung vor jahreszeitlichen Klimaschwankungen und dem Auf und Ab des Marktes zu schützen und zu gewährleisten, dass die Menschen jederzeit Zugang zu den Gütern des täglichen Bedarfs haben. Der Staat gibt den Menschen in den Zeiten Arbeit, in denen sie nicht auf dem Feld arbeiten müssen. Auf diese Art verhindert er, dass die Quelle des Wohlstands versiegt. Der Herrscher muss in normalen Zeiten Sparsamkeit an den Tag legen, damit die Menschen nicht zu lange davon abgehalten werden, ihrer grundlegenden Beschäftigung in der Landwirtschaft nachzugehen. Doch »in einer besonderen Situation ist Verschwendung angebracht«.[78] Wenn Menschen aufgrund einer Naturkatastrophe ihre Lebensgrundlage einbüßen und ihre Felder nicht bestellen können, soll ihnen der Staat eine Beschäftigung anbieten. In solchen Zeiten soll er auch die Reichen anhalten, Arbeitsplätze zu schaffen – indem er sie beispielsweise zu verschwenderischen Begräbnisfeiern ermutigt.[79] Alles in allem, heißt es im *Guanzi*, müssen jene, »die sich auf die Führung eines Staates verstehen, ihre Forderungen abhängig von der Situation verringern oder erhöhen«.[80]

Das Salz- und Eisenmonopol

> Mit der Anordnung »Ich werde alle Erwachsenen und Kinder mit einer Sondersteuer belegen« werdet Ihr, Herr, großes Gebrüll und Gejammer auslösen. Aber wenn Ihr die Anweisung gebt, den Salzplan anzuwenden, dann hätten die Menschen keine Möglichkeit, ihm zu entgehen, selbst wenn der Betrag, der Eurer Regierung zuflösse, das Hundertfache ausmachte. Dies wären die unvermeidlichen Ergebnisse.
>
> Guanzi *nach Rickett 1998: 374*

Das Grundprinzip des *Guanzi* war das einer steuernden Politikgestaltung, aber wie Hu Jichuang in seiner Geschichte des ökonomischen Denkens in China bemerkt, kann die Politik »abhängig von den verschiedenen Bedingungen der einzelnen Wirtschaftszweige unterschiedliche Formen annehmen, wobei es kein in sämtlichen Situationen geeignetes Vorgehen gibt«.[81] Als Ergänzung zur indirekten Regulierung der Getreidepreise durch staatliche Beteiligung an Angebot und Nachfrage auf dem Markt wird im *Guanzi* ein partielles Staatsmonopol auf Salz und Eisen vorgeschlagen.[82] Auf die Frage des Fürsten, welche Art von Steuer er einführen solle, antwortete Guan Zhong, jede Art von Sondersteuer auf eine wirtschaftliche Aktivität oder auf den Besitz werde die Menschen dazu bewegen, diese Aktivität einzuschränken oder ihren Besitz zu verbergen.[83] Der Staat solle stattdessen Einnahmen erzielen, indem er »die Berge und Meere bewirtschaftet«, das heißt: indem er Salz und Eisen seiner Kontrolle unterwirft.[84]

Diese politische Empfehlung beruhte auf der Erkenntnis, dass sowohl Salz als auch Eisen essenzielle Güter und als solche »schwer« waren. Wie Esson M. Gale – der in den Jahren 1914-1927 ein Mitarbeiter der Salzadministration der chinesischen Regierung war und die erste englischsprachige Übersetzung der *Debatte über Salz und Eisen* anfertigte[85] – feststellt: »Salz und Eisen waren im alten chinesischen Commonwealth nach dem Getreide die beiden universellsten essenzieller Güter.«[86] Ohne Salz kann ein Mensch nicht leben, und die Werkzeuge für jede Art von Arbeit – zum Beispiel Nadeln, Scheren, Pflüge und Äxte – enthielten Eisen.[87] »Ohne diese Werkzeuge kann niemand in der Welt erfolgreich sein«.[88] Folglich war die Nachfrage nach Salz und Eisen unelastisch. Wenn der Staat das Angebot an diesen beiden Gütern kontrollierte, konnte er einen hohen Preis dafür verlangen und große Einnahmen erzielen. Die dank der Kontrolle über die Preise und den Handel mit diesen Gütern erzielten Einnahmen würden sehr viel höher sein als die mit einer Sondersteuer erzielbaren. Aber selbst wenn sich der Staat mit dem Verkauf von Salz und Eisen Einnahmen sicherte, die hundertmal höher waren als die aus einer Sondersteuer, »hätten die Menschen keine Möglichkeit, diese Abgabe zu vermeiden«.[89] Die Menschen würden sich gegen diese Zusatzbelastung auch nicht wehren wie gegen direkte Steuern, was die politische Stabilität erhöhen würde.[90]

Bei der Bewirtschaftung sowohl von Salz als auch von Eisen soll der Staat die Charakteristika der Produktion der beiden Güter berücksichtigen. Bei Salz sieht das *Guanzi* ein Teilmonopol auf Produktion und Vermarktung vor,[91] das »unter Nutzung der Jahreszeit« zu errichten ist.[92] In Zeiten, in denen die Menschen nicht vollauf mit ihrer landwirtschaftlichen Arbeit beschäftigt sind, soll der Staat zahlreiche Arbeitskräfte »für das Erhitzen von Salzwasser« einsetzen.[93] »Wenn im Frühjahr die Arbeit auf den Feldern beginnt«, soll der Herrscher verbieten, dass die Leute »Arbeitskräfte einstellen, um Salz zu kochen«.[94] Auf diese Art soll das Angebot verringert und der Preis in die Höhe getrieben werden.[95] Der Staat würde nicht die gesamte Produktion und Vermarktung von Salz monopolisieren. Aber durch die Begrenzung des Angebots kann er den Preis steuern, und dank eines hohen Anteils an der Salzproduktion würde er hohe Gewinne erzielen.

Salz kann aus Salzwasser gewonnen werden, das in der Natur im Überfluss vorhanden ist, während die begrenzten Vorkommen an Metallerzen nur in bestimmten Gebirgsregionen zu finden sind. Das *Guanzi* schlägt eine strikte Kontrolle dieser mineralischen Ressourcen durch den Staat vor.[96] Das Monopol auf die Gewinnung dieser Ressourcen würde dem Staat die Kontrolle über den wichtigsten Input für die Produktion geben. Aber anders als die Erzgewinnung soll die

Eisenschmelze laut *Guanzi* nicht der direkten Kontrolle durch den Staat unterworfen werden. Die Arbeit in einer Schmelze sei so hart, dass die Menschen »ihrem Herrn grollen« würden, sollte sie ihnen aufgezwungen werden, was zu einer »Niederlage von innen heraus« führen werde.[97] Anstatt eine direkte Kontrolle auszuüben, solle der Staat die Eisenverhüttung daher den Menschen überlassen und nur einen Teil ihres Gewinns für sich beanspruchen.[98] Diese Regelung würde die Menschen dazu bewegen, »zur Arbeit zu eilen und Gefangene eurer Regierung zu werden«.[99]

Dem Staat wird im *Guanzi* eine Schlüsselrolle bei der Lenkung der freigesetzten Marktkräfte zugewiesen. Die konkreten staatlichen Eingriffe hängen vom Kontext ab, sind Veränderungen der Umstände unterworfen und sollen der Natur der Produktion und den wesentlichen Charakteristika wichtiger Güter angepasst werden. In der Getreideproduktion sollen die Bauern ihre privaten Felder bestellen und ihre Erzeugnisse auf dem Markt verkaufen. Sowohl die Produktion als auch der Güterkreislauf sollen also teilweise vom Staat kontrolliert werden, der auch das Gesamtangebot und damit den Preis steuert, indem er zu bestimmten Jahreszeiten die Produktion verbietet. Beim Eisen solle sich der Staat ein Monopol auf die Erzgewinnung aneignen, während die Schmelze in privaten Händen verbleibt. Der Staat reguliert den Preis, indem er das Rohstoffangebot kontrolliert und am Markt für Eisenerzeugnisse teilnimmt. Dies deutet auf eine Vorstellung von einer politischen Ökonomie hin, in der das für den Konsum benötigte Einkommen privat erwirtschaftet wird, während Sparen (Aufbewahrung von Getreide und Geld) und Investitionen (Erzeugung der Produktionsmittel) sowohl in den Händen des Staates als auch der Privatunternehmen liegen.

Eine Wirtschaftspolitik, die der im *Guanzi* beschriebenen ähnelte, wurde in der Prä-Han-Zeit eingeführt und unter Kaiser Wudi (reg. 141-87 v. Chr.) wiederbelebt, aber kurz nach seinem Tod begann eine Kontroverse über die richtige Haltung des Staats gegenüber der Wirtschaft.[100] Diese Auseinandersetzung ist das Thema von Huan Kuans klassischem Werk *Die Debatte über Salz und Eisen* (盐铁论) aus dem ersten vorchristlichen Jahrhundert. Dabei handelt es sich um eine Darstellung zweier konkurrierender Vorstellungen vom geeigneten Vorgehen des Staates in wirtschaftlichen Fragen.

Die Debatte über Salz und Eisen

Der historische Kontext

Als Kaiser Wudi etwa ein halbes Jahrhundert nach Beginn der Han-Dynastie den Thron bestieg, befand sich sein Land in einer tiefen Krise. Sowohl die finanzielle als auch die politische Integrität des Staates waren gefährdet.[101] Die Auseinandersetzung mit inneren Bedrohungen und der militärische Expansionismus verursachten hohe Kosten. Das Han-Reich litt unter einem chronischen Haushaltsdefizit, weshalb dringend die Staatseinnahmen erhöht werden mussten.[102]

Wudi lehnte die von Wendi (reg. 180-157 v. Chr.) verfolgte Strategie ab, das staatliche Engagement in Industrie und Handel zu verringern.[103] In seiner Darstellung der Wirtschaftsgeschichte Chinas geht der US-amerikanische Historiker Richard Von Glahn sogar so weit, Wendis Politik als eine Politik des »schlanken Staates« zu bezeichnen.[104] Die Qin-Dynastie hatte ein System zur umfassenden staatlichen Verwaltung von Schlüsselindustrien entsprechend den im *Guanzi* dargelegten Prinzipien errichtet, aber unter Wendi »erhielt das Volk die Erlaubnis, Münzen zu prägen, Eisen zu schmelzen und Salz zu kochen«.[105] Die Folge war, dass mächtige private Monopole entstanden, die den Staat in einer Revolte herausforderten.[106] Wudi wandte sich an einen Zusammenschluss von Kaufleuten und Industriellen, um einen Staatsbankrott abzuwenden und die Inflation unter Kontrolle zu bringen.[107] Aber anstatt sich Geld bei diesen Wirtschaftseliten zu leihen, beförderte Wudi sie in Spitzenpositionen, damit sie ihm bei der Reorganisation des Staatshaushaltes und der Wiederherstellung der Stabilität halfen.[108]

In Anlehnung an die wirtschaftspolitischen Konzepte im *Guanzi*[109] errichtete Wudi erneut ein staatliches Monopol auf die Produktion und den Verkauf von Eisen[110] und Salz sowie von Spirituosen. Er vereinheitlichte und standardisierte die Währung und errichtete ein System des gleichmäßigen Verkehrs (均输).[111] Das so entstehende System wurde als »ausgleichende Vermarktung« bezeichnet.[112] Dieses hatte Ähnlichkeit mit der im *Guanzi* beschriebenen Stabilisierung des Getreidepreises, umfasste jedoch eine größere Zahl von Gütern und eine überregionale Preisstabilisierung.

Sang Hongyang (152-80 v.Chr.), der einer vermögenden Kaufmannsfamilie angehörte, hatte großen Anteil an der Errichtung eines staatlichen Monopols auf Salz und Eisen und an der Einführung der ausgleichenden Vermarktung. Sang, der für sein herausragendes rechnerisches Können bekannt war, stieg zu einem der wichtigsten Wirtschaftsberater von Kaiser Wudi auf.[113] Später verschmolz Sang das System der ausgleichenden Vermarktung mit den Salz- und Eisenmonopolen, um den sogenannten »ausgewogenen Standard« (平准) einzuführen.[114] Im ganzen Land wurden mit Staatsgeldern Produkte an Orten gekauft, an denen sie billig waren, um sie andernorts teurer zu verkaufen.[115] Auf diese Art wurden die Preisniveaus angeglichen, und der Staat sicherte sich Gewinne, während er Märkte schuf und integrierte.

Dem im *Guanzi* beschriebenen Ansatz folgend, wurden die Staatsmonopole den konkreten Produktionsbedingungen angepasst. Beim Salz kontrollierte der Staat die Produktionsmittel, insbesondere die eiserne Salzpfanne, während die Produktion selbst von privaten Unternehmern übernommen wurde und die Vermarktung zu einem vom Staat festgelegten Preis erfolgte.[116] Neue Produktionstechnologien ermöglichten eine erhebliche Ausweitung der Produktion, und die Eisenproduktion[117] sowie der gesamte Vertrieb zu festgesetzten Preisen fielen unter das staatliche Monopol.[118] Dank der völligen Kontrolle über die Produktion und die Vermarktung des Eisens konnte indirekt auch die Salzproduktion kontrolliert werden, da das wichtigste Produktionsmittel – die Salzpfanne – nur vom Staat erzeugt werden konnte.[119] Ein Weinmonopol umfasste lediglich die Produktion, nicht jedoch die Vermarktung, die privaten Kaufleuten überlassen wurde.[120] Die Ausgestaltung des Staatsmonopols wurde also den physischen Produktionsbedingungen und den Vermarktungsstrukturen angepasst.

Dank der von Sang entwickelten Wirtschaftspolitik gelang es, das Haushaltsdefizit zu beseitigen, das Preisniveau zu stabilisieren, die öffentlichen Getreidespeicher zu füllen und die Armee auszurüsten.[121] Doch in der Bevölkerung regte sich Unmut über den hohen Salzpreis und die geringe Qualität der vom Staat bereitgestellten Eisenwaren.[122] Vertreter einer traditionellen Landwirtschaft und Philosophen kritisierten von Anfang an Sangs politischen Aktivismus.[123] Als Kaiser Wudi im Jahr 81 v. Chr. nach einer Regierungszeit von 54 Jahren starb, begann eine »Große Untersuchung«, um das Vermächtnis seiner Politik und die anhaltende Unzufriedenheit zur Debatte zu stellen.[124] Der neue Kaiser Zhao war noch ein Kind; der tatsächliche Machthaber war General Huo Guang.[125] »Unter dem Vorwand einer Umfrage begann ein politischer Kampf gegen Sang Hongyang«.[126] So kam es zur berühmten *Debatte über Salz und Eisen* (盐铁论).

Auf der einen Seite standen die Literaten – die »gelehrten Männer« oder »klassischen Gelehrten« (文学) und die »Ehrenhaften« (贤良).[127] Gale beschreibt sie als »Intellektuelle ohne Ämter«, die »bestimmte auf Konfuzius und seinen Nachfolger zurückgehende Vorstellungen verfochten«.[128] Den Literaten werden im Text der *Debatte über Salz und Eisen* »konfuzianische« Positionen zugeschrieben, und Übersetzer etikettieren sie oft so.[129] Aber Gale warnt, dass das, was in Huan Kuans Darstellung als »konfuzianisch« bezeichnet wird, nicht den Vorstellungen der späteren konfuzianischen Schule entspricht, geschweige denn dem, was dieser Begriff in moderner Deutung meint.[130] Ich bezeichne sie daher als »Literaten«, weil ihr wesentliches Kennzeichen darin bestand, dass sie sich in ihrer Argumentation nicht auf empirische Studien, sondern auf die Auslegung klassischer Texte stützten (darunter unter anderem Konfuzius).

Auf der anderen Seite stand der »kaiserliche Berater« (大夫) Sang Hongyang, der seine Wirtschaftspolitik gegen »einen bösartigen Angriff der gelehrten Männer« verteidigte.[131] Ihm zur Seite standen die »Verwaltungsbeamten, die Verantwortlichen, die bestimmte Regierungsmethoden verteidigten« und Erfahrung in Handel und Industrie hatten. Während der Regierungszeit Wudis hatten sie dank ihrer finanztechnischen Kenntnisse »beim Herrscher Gehör gefunden«.[132]

Die wichtigste Quelle zur *Debatte über Salz und Eisen* ist Huan Kuans im 1. Jahrhundert v. Chr. verfasste und posthum erschienene Chronik.[133] Der Autor neigt offenkundig der Position der Literaten zu. Der britische Sinologe Michael Loewe vermutet, der Text sei »eine Übung in politischer Propaganda« gewesen.[134] Huan Kuans Darstellung wird auch als »belletristisches Werk in Dialogform zu einem historischen Thema« bezeichnet.[135] Wie das *Guanzi* und andere klassische Texte hat auch der von Huan Kuan die Form eines Dialogs, hier jedoch nicht in der Form einer Beratung, sondern einer Debatte. Er stützt sich auf im Kontext der tatsächlichen historischen Debatte entstandene Essays, bereichert die Darstellung aber durch ergänzendes Material und nicht nachgewiesene Zitate aus dem *Guanzi*.[136] Die Motivation des Autors war möglicherweise eine Auswertung der Beseitigung des Staatsmonopols – und der umfassenden Verringerung der staatlichen Eingriffe – in den Jahren 44-41 v. Chr.[137]

Obwohl nicht klar ist, inwieweit die Darstellung historisch zutreffend ist, liefert Huan Kuans Bericht wesentliche Erkenntnisse über die gegensätzlichen Vorstellungen von der politischen Ökonomie seiner Zeit. Das Werk wurde in späteren Debatten – sogar in der jüngeren Geschichte – häufig zitiert.[138] In der *Debatte über Salz und Eisen* kommen Spannungen innerhalb der politischen Ökonomie des chinesischen Kaiserreichs zum Ausdruck, die in den folgenden Jahrhunderten immer wieder aufflammten.

Idealismus oder Pragmatismus

Sang Hongyang hielt sich an die im *Guanzi* formulierten politischen Prinzipien. In seinen Augen sollten »praktische Erwägungen Vorrang haben«; »die Staatskunst [solle sich] an den Erfordernissen der jeweiligen Situation und nicht am Streben nach einer vollkommenen Gesellschaft« orientieren.[139] Sang nahm eine pragmatische Haltung ein und erklärte, an moralischen Prinzipien könne man sich erst orientieren, wenn materieller Wohlstand erreicht sei.[140]

Die idealistischen Literaten griffen Sang an, weil sie es ablehnten, dass »grundlegende Prinzipien«, die ihrer Meinung nach von einer Änderung der Bedingungen unberührt blieben, »ausschließlich materiellen Erwägungen« unterworfen wurden.[141] Ausdruck dieser Prinzipien waren die idealisierte rituelle Ordnung des vergangenen Reichs der westlichen Zhou-Dynastie und die minimalistische Wirtschaftspolitik von Kaiser Wendi. Die Verwandlung in eine Geldwirtschaft und eine auf dem Handel beruhende Gesellschaft in den vorausgegangenen Jahrhunderten war in ihren Augen eine Form von Degeneration. Sie strebten die Rückkehr zum früheren Leben an, das von der agrarischen Subsistenzwirtschaft, vom Tauschhandel und einer Besteuerung in Sachleistungen geprägt gewesen war.[142]

Sang und die staatlichen Kaufleute betrachteten die einschneidende soziale und wirtschaftliche Transformation als Realität, mit der sich der Staat abfinden müsse. Um die materiellen Bedürfnisse der Bevölkerung erfüllen und die Sicherheit des Landes vor einer Invasion gewährleisten zu können, müsse der Staat in die Wirtschaft eingreifen und die vorherrschenden Bedingungen nutzen, um Gewinne zu erzielen.

Die Literaten lehnten diesen Zugang ab und erklärten, ein Staat, der eine solche kommerzielle Politik verfolge, bereite den Boden für moralische Degeneration und Korruption. Anstatt Moral und Wohlstand zu fördern, werde die Politik der ausgleichenden Vermarktung und des ausgewogenen Standards die Menschen dazu bewegen, sich von der Feldarbeit abzuwenden und ihre Energie in Vermarktung und Gewinnstreben zu investieren.[143] Zudem werde die Anzahl der Beamten übermäßig wachsen und der grundlegenden Landwirtschaft noch mehr Arbeitskräfte entziehen.[144] Was die Ungleichheit anbelangte, so sahen die Literaten das Problem offenbar in der Verteilung einer gegebenen Menge von Ressourcen und damit in der Abwägung zwischen verschiedenen Einsatzbereichen. Die vorrangige Sorge eines Herrschers bestand nach Einschätzung der Literaten »nicht im Mangel an Wohlstand, sondern in der Ungleichheit seiner Verteilung, nicht in der Armut, sondern in der Unruhe«.[145]

Die Vision der Literaten beruhte auf einem statischen Weltbild. Sie lehnten den gesellschaftlichen und technologischen Wandel – wie zum Beispiel die Eisenrevolution – ab, wie in der Debatte zum Ausdruck kommt. In dem idealisierten »früheren Leben«, in dem jedermann »mit seiner Stellung zufrieden war« und das von der Subsistenzwirtschaft geprägt war, dürfte das wirtschaftliche Wachstum gering gewesen sein.[146] Die »Wertschätzung der Sparsamkeit und die Ablehnung der Verschwendung« sind die fast logische Konsequenz.[147] Ohne nennenswertes Wachstum in einer Subsistenzwirtschaft – in der es jedoch auch keine Konjunkturzyklen mit wiederkehrenden Zusammenbrüchen gibt – ist kein Platz für kontrazyklische Staatsausgaben. Aber wenn die Ressourcen ausschließlich von der Produktivität der Landwirtschaft abhängen, werden verschwenderische Ausgaben des Herrschers auf Kosten der Bauern gehen.

Im Gegensatz zu den Literaten betrachteten Sang und andere Staatsbeamte die grundlegenden wirtschaftlichen, sozialen und technologischen Veränderungen ihrer Zeit als gegebene Realität und als Voraussetzungen für wachsenden Wohlstand, wobei sie durchaus die Bedeutung der Landwirtschaft betonten.[148] Ungleichheit lehnten sie ebenfalls ab.[149] Ihre Verringerung hofften sie durch Wachstum und eine staatliche Kontrolle über Schlüsselbereiche des wirtschaftlichen Fortschritts zu erreichen: die Produktion strategischer Güter, den Handel und das Geld. Diese Kontrolle werde es dem Staat ermöglichen, Preise und Güterangebot im gesamten Reich auszugleichen,[150] das Land auf Hungersnöte und Naturkatastrophen vorzubereiten und gleichzeitig Gewinne abzuschöpfen. Durch die Förderung des materiellen Wohlstands werde der Staat letztendlich die Ungleichheit verringern.

Die Errichtung eines staatlichen Monopols auf Wein, vor allem aber auf die Produktion von Salz und Eisen, war Teil von Sangs umfassenderer Wirtschaftspolitik. In einer frühen Formulierung der Theorie des natürlichen Monopols erklärte Sang, die Vorkommen an Bodenschätzen befänden sich »normalerweise an abgelegenen Orten. Würde man sie Privatpersonen zugänglich machen, so würden wahrscheinlich Magnaten die Kontrolle darüber erlangen, was zur Folge hätte, dass die Menschen keinen Zugang zu ihren Quellen und ihrem wirtschaftlichen Nutzen hätten.«[151] Die eigentliche Frage laute also nicht, ob die Gewinnung geografisch konzentrierter Ressourcen von einer Monopolmacht kontrolliert wird, sondern ob das Monopol privat oder öffentlich ist. Daher, so Sang, müsse »die Nutzung von Bergen und Wasserressourcen durch Privatpersonen verboten« werden, denn so könne der Staat in die Lage versetzt werden, »ein Gleichgewicht zwischen denen, die mehr als genug haben, und den Bedürftigen herzustellen und deren Not zu lindern«.[152]

Die Literaten sahen in der Aneignung von Monopolen und in einem korrupten Staat im Allgemeinen das Ergebnis eines »Zusammenbruchs von Riten und Rechtschaffenheit«.[153] Darüber hinaus wiesen sie darauf hin, dass die Erzeugnisse des staatlichen Eisenmonopols minderwertig und von begrenzter Vielfalt seien, den Bauern oft nicht in ausreichendem Maß zur Verfügung gestellt und zu überhöhten Preisen verkauft würden.[154] Salz sei unter dem staatlichen Monopol ebenfalls überteuert.[155] Alles in allem waren die Monopole nach Ansicht der Literaten schädlich für die mehrheitlich bäuerliche Bevölkerung. Daher forderten sie eine Beseitigung der Staatsmonopole und eine Rückkehr zu »kleinen Familienbetrieben«, die »bessere Geräte erzeugten, weil sie stolz auf die Handwerkskunst und den Anwendern näher waren«.[156] Sang Hongyang antwortete mit der vielleicht »frühesten Darlegung der Überlegenheit der Massenproduktion gegenüber der Erzeugung in kleinem Maßstab in der chinesischen Geschichte«.[157] Die Monopole würden Sang zufolge die Vorteile von »reichlich Kapital, vollständiger Ausrüstung [...] und handwerklichem Können« haben.[158]

Ergebnis und Vermächtnis der *Debatte über Salz und Eisen* und der Logik des *Guanzi*

Am Ende setzte sich im Wesentlichen die von Sang Hongyang verfochtene Politik durch. Das Weinmonopol wurde abgeschafft, aber an den wichtigeren Salz- und Eisenmonopolen sowie an der von Sang eingeführten Politik der Preisstabilisierung wurde festgehalten.[159] Obwohl er sich in der Debatte durchsetzte, wurde Sang Hongyang im Jahr 80 v. Chr. im Verlauf einer Verschwörung gegen General Huo Guang hingerichtet und später im *Han Shu*, einem im 2. Jahrhundert fertig gestellten Geschichtswerk, das die Zeit der westlichen Han-Dynastie behandelt, als Verräter dargestellt.[160] Aber sein trauriges Ende änderte nichts daran, dass seine Wirtschaftspolitik Bestand hatte.[161] Gleichzeitig mit Huan Kuans Dokumentation der *Debatte über Salz und Eisen* wurden die Staatsmonopole im Jahr 44 v. Chr. aufgelöst, drei Jahre später jedoch wiederhergestellt.[162] Der Sinologe und Wissenschaftshistoriker Donald B. Wagner erklärt in seinem Band der von Joseph Needham herausgegebenen monumentalen Buchreihe *Science and Civilisation in China*: Eine große, technologisch komplexe Industrie könne »nicht schlagartig privatisiert werden, ohne dass das Auswirkungen auf die gesamte Wirtschaft hätte«.[163] Wahrscheinlich traten »innerhalb kurzer Zeit gravierende Probleme auf, und die Regierung hielt es für nötig, zu den früheren Regelungen zurückzukehren«.[164] Doch irgendwann begann ein Niedergang der Monopole, der indes nicht das Ergebnis eines auf theoretischen Argumenten beruhenden Verzichts, sondern der schwindenden Effektivität der kaiserlichen Verwaltung war.[165]

Die Leicht-Schwer-Prinzipien und die von Sang Hongyang aufgebauten Institutionen hinterließen ein Vermächtnis, und im Lauf der Jahrhunderte kehrten die staatlichen Monopole immer wieder zurück, was jedes Mal erbitterte Debatten auslöste. Ein bekanntes Beispiel aus den sechziger Jahren des 11. Jahrhunderts ist die Antwort des Staatsmanns Wang Anshi auf eine Defizitkrise. Als es nicht gelang, das Defizit durch Sparmaßnahmen in den Griff zu bekommen, setzte Wang Wirtschaftsreformen durch, die als »Neue Politik« bezeichnet wurden.[166] Dazu gehörten eine Wiedererrichtung staatlicher Monopole sowie Eingriffe zur Stabilisierung des Getreidepreises mittels Krediten für Kleinbauern.[167] Wang Anshi verteidigte seine Politik in der berühmten *Denkschrift für den Thron in zehntausend Zeichen* (万言书, 1058) gegen Sima Guang und andere Kritiker, die eine ähnliche Position einnahmen wie die Literaten in der *Debatte über Salz und Eisen*.[168] Auf die *Denkschrift* wurde jüngst im Jahr 1996 in einer Kritik an Privatisierungsmaßnahmen Bezug genommen.[169] Wie Paul Smith in seiner scharfsinnigen Analyse der Debatte zwischen Wang und Sima sowie des mit der »Neuen Politik« eingeleiteten Aktivismus erklärt, sah Wang »keine legitime Trennung zwischen öffentlichem und privatem Sektor: Privathaushalte, Staatsfinanzen und Ressourcen der natürlichen Wirtschaft waren miteinander verknüpft, weshalb sie alle reicher gemacht werden mussten, wenn ein Sektor reicher gemacht werden sollte.«[170]

Um Wohlstand zu schaffen, erklärte Wang Anshi, müssten die Institutionen und Techniken zur Lenkung der Beziehung zwischen »schwer« und »leicht« und zur Eintreibung und Verteilung von Gütern und Geld in der Wirtschaft als ganzer einer guten Regierungspraxis unterworfen werden.[171] Um das zu erreichen, wollte er private Monopole, die Gewinne abschöpften, durch von unternehmerisch denkenden Beamten geführte Staatsmonopole ersetzen.

Wie frühere Gelehrte maß Wang der Landwirtschaft zentrale Bedeutung bei. Um eine Krise im Getreidespeichersystem zu überwinden, schlug er vor, das staatliche Angebot von Getreide für Geld und die Nachfrage durch die Bereitstellung saisonaler Darlehen zu ergänzen. Diese Institution wird gemeinhin als »Ausgleichsspeicher« (常平仓) bezeichnet, aber eine zutreffendere Übersetzung ist »Getreidespeicher [zur Wahrung] einer dauerhaften [Preis-]Stabilität«.[172] Mit Wangs Grüne-Sprossen-Darlehen wurden die öffentlichen Getreidereserven in einen Kreditfonds umgewandelt, der den Bauern im Frühjahr Darlehen gab, die sie im folgenden Herbst zurückzahlen mussten. Statt einer direkten Marktbeteiligung wurden nun staatliche Kredite eingesetzt, um die jahreszeitlichen Schwankungen des Stroms von Geld und Getreide auf dem Markt auszugleichen. Dieser Eingriff diente auch dazu, Grundherren und Geldverleiher aus der ländlichen Wirtschaft hinauszudrängen.[173] Die Grüne-Sprossen-Darlehen waren eine finanzialisierte Verkörperung des *Guanzi*-Preisgleichgewichts durch staatliche Marktbeteiligung, die mit dem Aufstieg des Fiat-Geldes zu jener Zeit einherging.[174] Während die Stabilisierung des Getreidepreises weiterhin eine wichtige Wohlfahrtsdimension hatte, war ein Staatsmonopol auf bestimmte nicht grundlegende Güter wie Tee in Wangs System einfach ein Werkzeug, um Geld für den Staatshaushalt zu beschaffen.[175]

Wenn wir in die hohe Qing-Zeit (1644-1840) springen, sehen wir, dass die kommerziellen Aktivitäten des Staates erneut zum Thema heftiger Debatten zwischen Gelehrten und Beamten wurden.[176] Beide Seiten brachten viele der klassischen Argumente vor.[177] Unser Verständnis dieser wirtschaftspolitischen Debatten zwischen den Intellektuellen unter der letzten kaiserlichen Dynastie Chinas wurde in jüngster Zeit durch eine Reihe wichtiger Beiträge erheblich erweitert.[178]

Die australische Sinologin Helen Dunstan erklärt, einige der in diesen Debatten vorgebrachten Argumente erinnerten an die *Debatte über Salz und Eisen*, während die Argumente für eine Stabilisierung der Preise durch staatliche Handelsaktivitäten bis zum *Guanzi* zurückverfolgt werden könnten.[179] Auf Seiten der Verfechter der aktivistischen Tradition beinhalteten diese Argumente beispielsweise eine Betonung der Notwendigkeit, die konkreten wirtschaftlichen Beziehungen zu studieren und mit politischen Maßnahmen zu experimentieren, um sie den Gegebenheiten anzupassen. Dazu kamen die Auseinandersetzung mit Kostenstrukturen und Marktdynamik, die Befürwortung kommerzieller Aktivitäten des Staates und einer sozial verantwortlichen Stabilisierung des Getreidepreises, um die Konzentration in privaten Händen zu verhindern und die Währungsstabilität zu gewährleisten.[180]

Auf dem Höhepunkt der Qing-Dynastie erzielte die staatliche Verwaltung einen »beinahe beispiellosen Erfolg im Bemühen um die Bewältigung der großen Probleme mit der Nahrungsversorgung und den Lebensmittelpreisen«.[181] Der in Köln lehrende Sinologe Felix Wemheuer ist sogar der Meinung, die Qing-Dynastie habe »das fortschrittlichste System zur Bekämpfung von Hungersnöten in der Geschichte der Menschheit errichtet, das auf staatlichen und lokalen Getreidespeichern beruhte, die in Zeiten der Knappheit genutzt wurden, um die Lebensmittelpreise zu stabilisieren und die Armen in den Städten und auf dem Land zu unterstützen«.[182] Ermöglicht wurde dieser Erfolg durch eine Änderung des Verwaltungsstils: Man rückte von der Konzentration auf moralische Werte und die persönliche Vorbildfunktion ab, wählte den pragmatischen Zugang, »aus den Fakten die Wahrheit zu lernen«,[183] und bediente sich im Streben nach Wohlstand und Macht einer technokratischen Regierungspraxis.

In den vierziger Jahren des 18. Jahrhunderts löste eine Ausweitung des staatlichen Speichersystems eine Debatte über die Frage aus, wie der Staat eigene Getreidevorräte anlegen konnte, ohne den Preis übermäßig in die Höhe zu treiben. Das führte zu einer Wiederbesinnung auf die Prinzipien und Praktiken der Ausgleichsspeicher. Befürworter einer Laisser-faire-Politik kritisierten die staatliche Bevorratung. Die Betreiber der staatlichen Getreidespeicher wurden als antisoziale Hamsterer bezeichnet, welche die Preise in die Höhe trieben, Verbraucher und Kaufleute schädigten und den Beamten unzulässige Gewinne sicherten.[184] Aber obwohl die Debatte der Gelehrten in den vierziger Jahren zu einem pessimistischen Urteil über den politischen Aktivismus führte und die Verfechter der aktivistischen Position in der zweiten Hälfte des 18. Jahrhunderts ins Hintertreffen gerieten, hatten die Institutionen der staatlichen Marktbeteiligung und Preisstabilisierung Bestand und wurden in der Praxis sogar ausgeweitet.[185]

Im 19. Jahrhundert trugen die Zweifel am Nutzen der zivilen Getreidespeicher und die imperialistische Bedrohung zum Niedergang des Systems bei.[186] Die Modernisierer, die sich gegen Ende der Qing-Zeit für die »Selbststärkung« Chinas einsetzten, hatten wenig Interesse am Speichersystem. Sie waren der Meinung, der Staat solle stattdessen in die Modernisierung des Landes und Mechanisierung der Wirtschaft investieren, um den militärischen und wirtschaftlichen Fortschritt voranzutreiben und auf diese Art Armut und Nahrungsmittelknappheit dauerhaft zu überwinden.[187] Britische Handelsvertreter in China empfahlen der Regierung, auf westliche Wissenschaft und Modernisierung zu vertrauen. Sie führten Armut und Hunger auf staatliche Eingriffe zurück und legten den Chinesen eine Laisser-faire-Politik nahe.[188]

Nach der Revolution von 1911, welche die letzte Kaiserdynastie Chinas zu Fall gebracht und zur Errichtung einer Republik geführt hatte, bestand eine der ersten Amtshandlungen der neuen Regierung darin, das System staatlicher Getreidespeicher abzuschaffen und damit den Mechanismus zur Preisstabilisierung zu beseitigen.[189] Chen Huanchang, der in China zum Beamten und in den Vereinigten Staaten zum Ökonomen ausgebildet worden war, stellte in seinen Schriften noch im Jahr 1910 fest, dass die Grundprinzipien von staatlicher Getreidebevorratung, Preisstabilisierungsmechanismen und Vermeidung von Hungersnöten weiterhin angewandt wurden.[190]

Doch die neuere Forschung hat gezeigt, dass die Hungerbekämpfung im von regionalen Kriegsherren beherrschten China der zwanziger Jahre trotz der Zerschlagung des Systems der Getreidespeicher größere Ähnlichkeit mit den traditionellen Stabilisierungssystemen hatte als früher angenommen.[191] Noch in den vierziger Jahren wandten einige lokale Regierungen unter den Nationalisten das Prinzip der Ausgleichsspeicher an, um die Nahrungsmittelpreise zu regulieren.[192] Es gibt Interpretationsspielraum bezüglich der Frage, wie verbreitet diese traditionellen Praktiken in der ersten Hälfte des 20. Jahrhunderts waren. Doch in Anbetracht der Tatsache, dass sie im Lauf der Jahrtausende immer wieder eine Rolle gespielt haben, können wir das Grundkonzept der staatlichen Marktbeteiligung zur Stabilisierung der Getreidepreise als ein wichtiges Vermächtnis für die chinesische Wirtschaftspolitik betrachten.

Neben den Getreidespeichern, die zur Preisstabilisierung eingesetzt wurden, waren die Salz- und Eisenmonopole dauerhafte Institutionen, die wiederholt Gegenstand von Debatten zwischen den Verfechtern einer aktivistischen staatlichen Marktbeteiligung und den Anhängern einer minimalistischeren Wirtschaftspolitik waren. Donald Wagner erklärt, dass die Qing-Regierung ein staatliches Lizenzsystem betrieb, in dem privaten Industriellen Monopolrechte auf Eisen und Salz zugestanden wurden.[193] Dieses System wurde von den Briten angegriffen, denn es war eine »unerschütterliche Ideologie, ja sogar eine fixe Idee der britischen Kaufleute in Guangzhou, dass jegliche staatliche Regulierung und alle Monopole schädlich seien«.[194] Im ersten der ungleichen Verträge, die China nach seiner Niederlage im ersten Opiumkrieg (1839-1842) mit Großbritannien unterzeichnete, sah sich die chinesische Regierung gezwungen, das Monopolsystem abzuschaffen;[195] Wagner sieht darin den Beginn des Niedergangs der chinesischen Eisenindustrie.[196]

In seiner Studie zur Geldpolitik in China in der zweiten Häfte des 19. Jahrhunderts hat Frank King darauf hingewiesen, dass das Salzmonopol zu jener Zeit weiterhin eine wichtige Einnahmequelle für den chinesischen Staat war.[197] Esson Gale berichtete darüber, wie die Ausländer einmal mehr die chinesischen Staatsmonopole angriffen und die Verwaltung des Salzmonopols als Vorbedingung für die Gewährung ausländischer Kredite reorganisierten. In Gales Augen änderten sie damit »Praktiken und Verfahren, die sich über Jahrhunderte hinweg bewährt hatten«.[198] Noch in den dreißiger Jahren waren die Gewinne des Salzmonopols für die nationalistische Regierung eine wichtige Quelle von Staatseinnahmen. Beispielsweise machten die Erträge aus dem Salzverkauf in der Provinz Shandong fast ein Fünftel der Staatseinnahmen aus.[199]

In einer maßgeblichen Studie über das zivile Getreidespeichersystem in der späten Kaiserzeit heißt es: »Ein Großteil der chinesischen Kritik an den Getreidespeichern im 18. Jahrhundert findet einen Widerhall in den Argumenten, die im 20. Jahrhundert im Westen gegen umfassendere staatliche Eingriffe in die Märkte vorgebracht wurden.«[200] Ähnliche Argumente wurden auch im Bemühen um eine radikale Preisliberalisierung in der jüngsten Debatte über marktwirtschaftliche Reformen vorgebracht. Darüber hinaus können uns einige

Prinzipien der Wirtschaftspolitik im Allgemeinen und der Preispolitik im Besonderen, die aus dem antiken China stammen, dabei helfen, Licht auf das Vorgehen der Kommunisten in der wirtschaftlichen Kriegführung während des Bürgerkriegs zu werfen. Und sie helfen uns auch nachzuvollziehen, auf welcher Denkweise Deng Xiaopings Marktreformen beruhten.

Aber ich beabsichtige keine sinozentrische Darstellung der chinesischen Wirtschaftsreformen, in der die achtziger Jahre einfach als Rückgriff auf alte Traditionen verstanden werden. Vielmehr will ich verschiedene wirtschaftspolitische Erfahrungen nachverfolgen, die den Reformen der achtziger Jahre als Wissensquellen dienten. Hier sind das chinesische Verständnis der Beziehung zwischen Markt und Staat und die darauf beruhende Praxis bedeutsam. Dasselbe gilt für die staatlich geplante Kriegswirtschaft und die Rückkehr zur Marktwirtschaft im Zweiten Weltkrieg.

In den achtziger Jahren war die chinesische Führung bemüht, aus den internationalen Erfahrungen und von ausländischen Volkswirtschaften zu lernen. Für viele chinesische und ausländische Ökonomen waren die Praktiken von Preiskontrolle und -freigabe in Kriegszeiten ein wichtiger Bezugspunkt für die Analyse der Aufgaben, die China bei der Reform seines Wirtschaftssystems zu bewältigen hatte. Abgesehen vom Zusammenhang, den die Teilnehmer an der Reformdebatte der achtziger Jahre zum Übergang von der Kriegs- zur Friedenswirtschaft herstellten, ermöglicht ein Blick auf die Debatte über das richtige Vorgehen bei der Stabilisierung der Preise während des Zweiten Weltkriegs und ihrer Freigabe in der Zeit danach aufschlussreiche Vergleiche. An ihr beteiligten sich einige der einflussreichsten Ökonomen des 20. Jahrhunderts, die sich mit einer Frage beschäftigten, die ähnlich problematisch war wie jene der Marktreformen.

2
Von der Marktwirtschaft zur Kriegswirtschaft und zurück
Preiskontrollen und Inflationsdruck in den USA im Zweiten Weltkrieg und in der Nachkriegszeit

> Nach dem letzten Krieg [dem Ersten Weltkrieg] stand unsere Nation vor einem ganz ähnlichen Problem. Damals hoben wir einfach einige während des Kriegs eingeführte Kontrollen auf und überließen die Dinge ihrem natürlichen Lauf. Das Resultat sollte uns allen eine Lehre sein. Eine rasante Aufwärtsspirale von Löhnen und Lebenshaltungskosten endete mit dem Zusammenbruch von 1920 – einem Zusammenbruch, der im ganzen Land zu Bankrotten, Zwangspfändungen und Arbeitslosigkeit führte.
>
> *Radioansprache von Präsident Harry S. Truman, 30. Oktober, Truman 1945a*

Wie im alten China hängt auch in Europa und den Vereinigten Staaten die wirtschaftswissenschaftliche Auseinandersetzung mit Preiskontrollen eng mit dem Krieg zusammen. Theorie und Praxis der Preiskontrolle erlangten in den beiden Weltkriegen und in den Nachkriegsjahren große Bedeutung im Umgang mit dem Inflationsdruck. Tatsächlich lässt sich vor diesem Hintergrund eine Konfrontation zwischen den Erkenntnissen praktischer »Preissetzer« und wirtschaftlichen Theoretikern erkennen, die gewisse Parallelen zu der im vorhergehenden Kapitel behandelten *Debatte über Salz und Eisen* zwischen für den Staat tätigen Kaufleuten und »Literaten« aufweist.

Gleichzeitig nimmt die abrupte und weitreichende Preisfreigabe im Übergang von der Kriegs- zur Nachkriegswirtschaft gewissermaßen die Urknall-Reform vorweg, die beim Übergang vom Sozialismus zur Marktwirtschaft von einem Teil der Experten befürwortet wurde, so auch in China. Die amerikanische Debatte über die Preiskontrolle und -freigabe in und nach den Weltkriegen ist dabei von besonderem Interesse. Selbst im Land der freien Marktwirtschaft gab es sehr breite Unterstützung für eine Fortführung von ausgewählten Preiskontrollen, um die Gefahr einer Inflation einzudämmen. Obwohl China auf eine lange Tradition der Preisregulierung zurückblicken kann, zeigt dieser Vergleich, dass an staatlicher Preisregulierung nichts spezifisch Chinesisches, Traditionelles oder Vormodernes ist. Dennoch spielt, wie wir sehen werden, die Praxis der Preisstabilisierung durch eine Beteiligung des Staates am Markt in Chinas Geschichte eine besonders wichtige Rolle.

Frank William Taussig (1859-1940), »der ein halbes Jahrhundert lang zu den bedeutendsten amerikanischen Ökonomen zählte« und von Joseph Schumpeter als »der amerikanische Marshall« – nach Alfred Marshal, dem führenden Kopf der Neoklassik – gepriesen wurde,[1] fasste seine Erfahrung als Mitglied des Price-Fixing Committee im Ersten Weltkrieg so zusammen: »Die staatliche Preissetzung im Krieg diente keinen einheitlichen Zielen und orientierte sich nicht an irgendwelchen Prinzipien oder politischen Vorhaben. Sie war im Wesentlichen von Gelegenheiten gelenkt und tastete sich von Fall zu Fall vor. […] Es gab lediglich eine graduelle und tentative Bemühung, ein wie immer geartetes Prinzip auf das Vorgehen anzuwenden.«[2]

Taussig stellte fest, dass die begrenzten Preiskontrollen im Ersten Weltkrieg dabei halfen, heftige Preisausschläge bei grundlegenden Gütern wie Lebensmitteln und Treibstoff abzuschwächen.[3] In Taussigs Augen versuchten die Ökonomen, »Angebot und Nachfrage« und »Gesetze der Geldwirtschaft« mit einer »scheinbar mathematischen Präzision« zu formulieren.[4] Doch es gebe »in jeder konkreten Anwendung reichlich Spielraum für ein Maß an hemmenden und gezielten Eingriffen«.[5] Die reine Theorie lege nahe, dass die Bestimmung der Preise vollkommen dem freien Wechselspiel von Angebot und Nachfrage überlassen werden müsse. Aber in der politischen Praxis könne eine Preiskontrolle durch den Staat »vorteilhaft für ein Land« sein. Preiskontrollen könnten sich jedoch nicht an präzisen Gesetzen orientieren, sondern müssten im Ermessen der für die Preisfixierung zuständigen Beamten liegen.[6]

In klarem Widerspruch zu den praktischen Lehren, die einer der führenden amerikanischen »Price-Fixer« gezogen hatte, versuchten marxistische und libertäre Theoretiker in der Debatte über die Wirtschaftsrechnung im Sozialismus der Zwischenkriegszeit herauszufinden, ob die rationale Preiskontrolle durch einen zentralen Planer *im Prinzip* möglich war.[7] Es ging um die abstrakte Möglichkeit einer mathematisch präzisen Planung von Preisen, nicht die praktische Herausforderung der Preisstabilisierung in Zeiten von enormem Inflationsdruck wie während des Kriegs. In Anbetracht der Erfahrungen der Kriegswirtschaft, der Oktoberrevolution und der verbreiteten Einschätzung, dass der Sozialismus auf dem Vormarsch war, fragten die Teilnehmer auf der linken und der rechten Seite der Debatte, ob eine idealtypische Planwirtschaft theoretisch ebenso gut wie ein idealtypischer Markt in der Lage war, Gleichgewichtspreise zu bestimmen.[8] Diese Frage beschäftigte einige der brillantesten theoretischen Ökonomen der dreißiger Jahre. Im Rahmen der sozialistischen Reformversuche wurde sie wieder aufgegriffen, beispielsweise in Polen und China in den fünfziger beziehungsweise achtziger Jahren.

Die Debatte über die Wirtschaftsrechnung im Sozialismus ist bei der Lösung des praktischen Problems von Preiskontrolle und -freigabe nur von begrenztem Nutzen. Der britische marxistische Wirtschaftswissenschaftler Maurice Dobb beobachtete, dass beide Seiten in dieser Debatte die Ökonomik »als eine nicht normative Gleichgewichtstheorie« betrachteten.[9] Ihr Verständnis der Disziplin entsprach der Definition des britischen Ökonomen Lionel Robbins, neben Hayek einer der wichtigen Gegenspieler zu Keynes. Laut diesem Verständnis ist sie die Wissenschaft, »die das menschliche Verhalten als eine Beziehung zwischen Zwecken und knappen Mitteln untersucht, für die es verschiedene Einsatzmöglichkeiten gibt«.[10] Dobb sah in diesem Selbstverständnis den Grund, dass die Ökonomik nicht länger »eine Sammlung von Empfehlungen an den Souverän [liefern], sondern eine formale Technik«, die »eine formale Beziehung zwischen bestimmten Mengen postuliert«.[11] Unter diesem Gesichtspunkt »beschäftigt sich die Ökonomik nicht mit Normen und Zwecken, sondern ausschließlich mit der Entwicklung von Mustern für die angemessene Anpassung knapper Mittel an gegebene Zwecke«.[12] Eine so definierte Wirtschaftswissenschaft ist kaum geeignet, dringende praktische Probleme der Wirtschaftspolitik zu lösen, darunter das der Preissetzung in Kriegszeiten und anderen wirtschaftlichen Notsituationen.

Tatsächlich hatte die von Robbins beschriebene Art von Wirtschaftswissenschaft, die der Debatte über die Wirtschaftsrechnung im Sozialismus zugrunde lag, im Zweiten Weltkrieg kaum Bedeutung in der Praxis der Preissetzung. In diesem Krieg führten alle großen Länder mit Ausnahme Chinas sehr viel umfassendere Preis- und Lohnbremsen als im Ersten Weltkrieg ein: »Die Kontrolle über Preise und Löhne war die Regel; der Verzicht auf eine solche Regulierung war die Ausnahme.«[13] Im Zweiten Weltkrieg beteiligten sich einige der bedeutendsten Ökonomen des 20. Jahrhunderts an den Bemühungen zur Stabilisierung der Volkswirtschaften. Trotz der Verbreitung von Preiskontrollen beruhten die Maßnahmen nicht auf einem ausgefeilten theoretischen Prinzip, sondern auf der Methode, die Taussig als »Vortasten von Fall zu Fall« bezeichnete.[14] John Kenneth Galbraith, der amerikanische Preiszar im Zweiten Weltkrieg, beschrieb die Preissetzung als einen evolutionären Prozess »in dem Sinne, dass die endgültige Struktur weniger das Ergebnis eines übergeordneten Plans war, sondern vielmehr aus einer Reihe individueller Entscheidungen hervorging«.[15]

Im China der achtziger Jahre bildete sich ein dem Taussig'schen Diktum ähnliches Reformmotto heraus: Man müsse sich im Umgang mit Preisen und bei der Markterschaffung vorantasten, wie wenn man beim Waten durch einen Fluss nach Steinen fühlt, weil der Grund nicht sichtbar ist.

How to Pay for the War: Nachdenken über Preiskontrollen

> Die einhellige Zustimmung der Ökonomen zu [Keynes'] Vorschlag [*How to Pay for the War*] und die Tatsache, dass weder eine ernsthafte Kritik am Grundgedanken noch eine wirkliche Alternative dazu vorgebracht wurden, sind ein bemerkenswerter Tribut der Kollegen an den Autor [...]. Was die Grundzüge von Keynes' Vorschlag anbelangt, so war die Einhelligkeit beinahe vollkommen.
>
> *Hayek 1940: 321f.*

John Maynard Keynes' Buch *How to Pay for the War* gab den Ton für die Auseinandersetzung der Ökonomen mit den Fragen von Kriegsfinanzen und Preisstabilisierung vor.[16] Das musste sogar Friedrich Hayek, der oft als einer der erbittertsten Widersacher von Keynes bezeichnet wird und aus dessen Rezension des Buches das obige Zitat stammt, anerkennen. Keynes definierte die grundlegenden Parameter sowohl des Problems als auch der Lösung. In seiner Auseinandersetzung mit der Kriegswirtschaft löste sich Keynes vollkommen vom Prinzip der effektiven Nachfrage – jenem Konzept, das ihn als Ökonomen zu einer Ikone gemacht hatte und das heute wie kein anderes für den Keynesianismus steht.[17] Die Idee ist, dass der Staat durch seine Ausgaben Wachstum erzeugen kann, solange die gesamtwirtschaftliche, effektive Nachfrage nicht ausreicht, um alle Arbeit und Kapitalgüter produktiv zu beschäftigen. In seiner *Allgemeine[n] Theorie der Beschäftigung, des Zinses und des Geldes* hatte Keynes die Bedeutung der effektiven Nachfrage für den *allgemeinen* Fall der Friedenszeiten erklärt, aber er glaubte nicht, dass diese Theorie auch auf die besonderen Erfordernisse der Kriegswirtschaft anwendbar sei. In der Weltwirtschaftskrise habe sich die Welt »an ein Produktionsniveau gewöhnt, das unter der Kapazität lag«.[18] Unter solchen Bedingungen, erklärte er, rege eine Erhöhung der Ausgaben einen Anstieg der Produktion und schließlich des Angebots für den Konsum an. Doch in Kriegszeiten galt das seiner Meinung nach nicht. »In Kriegszeiten ist die Größe des Kuchens unveränderlich. Wenn wir härter arbeiten, können wir besser kämpfen. Aber wir dürfen nicht mehr konsumieren.«[19] Die amerikanische Erfahrung im Zweiten Weltkrieg bewies das Gegenteil. Nach Einschätzung von Keynes war der Grund für diesen Unterschied, dass in Kriegszeiten die gesamte Ausweitung der Produktion dazu diente, die für den Krieg benötigten Güter bereitzustellen: »Die Kriegsanstrengung besteht darin, den Krieg zu bezahlen; es ist unmöglich, obendrein einen erhöhten Konsum zu ermöglichen.«[20] Daher glaubte Keynes, dass wir in Kriegszeiten in die Welt der neoklassischen Ökonomen zurückversetzt würden,[21] ins »Zeitalter der Knappheit« der »›orthodoxen‹ Ökonomen«.[22] Unter diesen Umständen »seien sämtliche Aspekte des wirtschaftlichen Problems unzertrennlich. Kein Problem konnte isoliert gelöst werden. Jeder Ressourceneinsatz geht auf Kosten eines alternativen Einsatzes.«[23]

Unter den Bedingungen der Kriegswirtschaft, erklärte Keynes, müsse der Staat seine Ausgaben erhöhen, und bevor Vollbeschäftigung und eine vollständige Kapazitätsauslastung erreicht würden, würden die Konsumgüter knapp, da die Nachfrage das Angebot überschreite. Der Grund dafür sei, dass »selbst wenn die Geldlöhne nicht steigen, die gesamten Geldeinkommen deutlich steigen«.[24] Keynes erklärte, zuvor arbeitslose Personen und solche, die keiner Erwerbstätigkeit nachgingen, würden für den Kriegsdienst oder die zivile Kriegsproduktion herangezogen und erhielten folglich einen Geldlohn. Die gesamte Lohnsumme steige, während die verfügbare Menge an Konsumgütern im Wesentlichen dem Angebot vor dem Wachstum der Lohnsumme entspreche. Anders ausgedrückt, musste man, um »den Krieg bezahlen zu können«, nach Keynes' Einschätzung die Frage beantworten, wie möglichst viele Menschen im Dienst der Kriegsproduktion in Beschäftigung gebracht werden konnten, ohne dass sie als Gegenleistung umgehend Zugang zu mehr Konsumgütern erhielten.

Im Prinzip sah Keynes zwei mögliche Alternativen zu seinem eigenen Plan für die Lösung dieses Problems. Die erste beruhte auf der Annahme, die in Friedenszeiten betriebene Wirtschaftspolitik und Besteuerung seien im Wesentlichen geeignet, um die Kriegswirtschaft zu tragen, und müssten lediglich durch Propaganda ergänzt werden, um die Bevölkerung zum freiwilligen Sparen anzuhalten.[25] Das erschien Keynes jedoch als eine sehr ungerechte Lösung. Er hielt es für sehr unwahrscheinlich, dass freiwilliges Sparen genügen würde, um die Nachfrage auf das beschränkte Konsumangebot zu begrenzen und gleichzeitig genug Geld für die Kriegsanstrengung bereitzustellen.[26] Das wäre eine Wiederholung des Vorgehens im Ersten Weltkrieg, das mit einem »ausreichenden Maß an Inflation« verbunden war, um »den Ertrag von Steuern und freiwilligen Ersparnissen zu erhöhen«.[27] Aber das wäre kein wirklich *freiwilliges* Sparen. Vielmehr handle es sich um »*erzwungenes* Sparen, das den Teil der Ersparnisse des Arbeiters, die *er* nicht freiwillig spart, in freiwillige Ersparnisse (und eine Steuerzahlung) des Unternehmers umwandelt«.[28]

Keynes warnte vor einer Spirale von Preis- und Lohnerhöhungen, welche die Inflation antreiben werde. Wenn sich die Wirtschaft der Vollbeschäftigung nähere und die Lohnsumme steige, würden auch die Preise steigen. Entschädige man die Arbeiter für die Preisanstiege, so werde dies die Preise weiter in die Höhe treiben.[29] Aufgrund der beschleunigten Inflation würden die Arbeiter jedoch ihre Ersparnisse einbüßen und keinen erhöhten Konsum genießen können. Die Kapitalisten auf der anderen Seite würden von den Preisanstiegen profitieren und sich in Gläubiger des Staates verwandeln. Keynes warnte, nach dem Krieg werde der Staat sehr hohe Schulden bei wenigen Mächtigen und Reichen haben. Die Arbeiter hingegen würden mit ihrer Arbeit den Krieg bezahlen, am Ende jedoch mit leeren Händen dastehen.

Während Keynes' erste Alternative am Laisser-faire-Ende des Spektrums politischer Optionen angesiedelt war, war die zweite am entgegengesetzten Ende zu finden. Diese Alternative bestand darin, »die Lebenshaltungskosten mit einer Kombination von Rationierung und Preisbremsen unter Kontrolle zu halten«.[30] Keynes sah diesen Ansatz ebenso kritisch wie den ersten. Ein solches Vorgehen könne zwar »eine wertvolle Ergänzung« zu seinem Vorschlag sein, aber es wäre »eine gefährliche Illusion anzunehmen, mit diesen Maßnahmen allein könne ein Gleichgewicht hergestellt werden«.[31]

Nach Einschätzung von Keynes waren Preiskontrollen nicht geeignet, den Kaufkraftüberschuss, der infolge der aus der vom Krieg erzeugten Ausweitung der Beschäftigung entstehen würde, wirksam zu begrenzen. »Es wäre in der Praxis unmöglich, für jeden erdenklichen Artikel Rationierungsmarken auszugeben«, und genauso wenig könne man sämtliche Preise kontrollieren.[32] Daher argumentierte Keynes, dass die Kaufkraft auf jene Güter gelenkt würde, deren Preise nicht kontrolliert wurden, weil sie nur eine geringe Nachfrage anlockten. Die Konsumenten würden das »am wenigsten Wünschenswerte« bekommen, während ein allgemeiner Nachfrageüberhang bestehen bleiben und die Preise dieser nicht kontrollierten Massengüter in die Höhe treiben würde.[33]

Aber selbst wenn »die Methode [der Preiskontrollen] durch ein Wunder deutliche Erfolge zeitigt und der Konsum vollkommen kontrolliert« werden könne, so dass die Konsumenten »einen beträchtlichen Teil ihres Einkommens nicht ausgeben können«, würde es nach Ansicht von Keynes dennoch zu »erheblicher Verschwendung« kommen, da die Konsumenten der Wahlfreiheit beraubt würden:[34] »Die Beseitigung der Wahlfreiheit des Konsumenten zugunsten der universellen Rationierung ist ein typisches Ergebnis dieses manchmal als Bolschewismus bezeichneten Angriffs auf die Unterschiede zwischen den Menschen, die das Dasein bereichern.«[35]

Alles in allem hielt Keynes allgemeine Preiskontrolle und Rationierung kaum für geeignet, um den Kaufkraftüberhang zu verringern. Sollten diese Eingriffe entgegen seiner Vorhersage doch wirksam sein, so werde das Resultat eine unerwünschte Zuteilung des begrenzten Angebots an Konsumgütern sein.

Keynes warb für eine dritte Alternative, nämlich einen »Plan für verzögerte Zahlungen«, den er »mit Blick auf die Psychologie der Öffentlichkeit, die soziale Gerechtigkeit und die administrative Abwicklung« vorteilhafter fand als die anderen beiden Alternativen.[36] Die überschüssige Kaufkraft der Lohnempfänger sollte in Kriegszeiten durch erzwungene Spareinlagen bei einer staatlichen Bank abgeschöpft werden. Auf diese Art würden die Arbeitnehmer nach dem Krieg mit einem »Anteil an den zukünftigen Erträgen belohnt, die ansonsten den Unternehmern gehören würden«.[37] Keynes glaubte, durch die auf diese Art erreichte zeitweilige Verringerung der Gesamtnachfrage könne die Inflation eingedämmt werden. Dasselbe könne man mit Steuern erreichen, aber in diesem Fall werde dem Lohnempfänger ein individueller Anspruch auf zukünftigen Wohlstand vorenthalten.

Die verzögerte Ausschüttung sollte durch gezielte Preiskontrollen und Rationierungen ergänzt werden, die dazu dienen würden, »den Konsum möglichst fair von einem Artikel wegzulenken, dessen Angebot aus besonderen Gründen«, zum Beispiel aufgrund einer Unterbrechung des Außenhandels, »eingeschränkt werden muss«.[38] Selbst unter diesen Bedingungen sollte eine solche Umlenkung der Nachfrage nach Einschätzung von Keynes nur dann mittels Rationierung oder Preiskontrolle erfolgen, »wenn dieser Artikel unverzichtbar [für die Konsumenten] ist, weshalb ein deutlicher Anstieg seines Preises nicht wünschenswert wäre«.[39] Bei allen anderen Gütern sollte die Nachfrage anhand der »natürlichen Methode« beschränkt werden, das heißt durch den Preisanstieg infolge eines begrenzten Angebots.[40]

Keynes' Plan für eine verzögerte Entlohnung war nicht nur in Großbritannien, sondern auch in den Vereinigten Staaten der herausragende theoretische Beitrag zur Frage der Kriegsfinanzierung.[41] Einen weiteren wichtigen Beitrag, der auf die spezifischen Bedingungen der Vereinigten Staaten zugeschnitten war, leistete der Institutionalist Alvin Hansen, einer der führenden amerikanischen Vertreter des Keynesianismus, der die Theorie seines englischen Kollegen an der Universität Harvard unterrichtete.[42]

In seiner Einschätzung der Preiskontrolle entfernte sich Hansen jedoch bis zu einem gewissen Grad von Keynes.[43] »Bis wir uns der Vollbeschäftigung annähern«, erklärte Hansen, »geht die größte Inflationsgefahr von Angebotsengpässen aus.«[44] Deshalb musste die Inflationsbekämpfung in seinen Augen in erster Linie diese Engpässe in Angriff nehmen. Hansen empfahl, die Waffe spezifischer Preiserhöhungen nur dort gegen Engpässe einzusetzen, wo »die Bereitstellung ausreichender Anlagen und Ausrüstungen« sowie »ein angemessenes Angebot gut ausgebildeter Mechaniker« unmittelbar gewährleistet sei.[45] Sollten hingegen nicht genug Kapazitäten und Arbeitskräfte zur Verfügung stehen, um einen bestimmten Angebotsengpass zu beseitigen, so könnten eine direkte Preiskontrolle und Rationierung helfen, eine Inflation zu verhindern.[46] Den gefährlichsten Engpass sah Hansen beim Stahl.[47] Hansen wich also insofern von Keynes ab, als er die Aufmerksamkeit von der Kontrolle der Preise essenzieller Konsumgüter auf die Preise von Produktionsgütern verlagerte. Während der Plan von Keynes fast zur Gänze auf den Beziehungen zwischen als homogen betrachteten Gesamtwerten wie der gesamtwirtschaftlichen Nachfrage beruhte, berücksichtigte Hansen erhebliche Asymmetrien zwischen sektoralen Produktionskapazitäten und Nachfragedruck.

In Reaktion auf Hansen hob Galbraith die Analyse dieser Heterogenität in Form der parallelen Existenz von Mangel und Überangebot auf eine neue Ebene.[48] Auch Galbraith sah die Notwendigkeit, die Inflation zu vermeiden. Die Inflation infolge des Ersten Weltkriegs hatte katastrophale soziale Konsequenzen verursacht. 1940/41 hatten diese Erfahrungen »beinahe paranoische Sorgen« ausgelöst.[49] Aber in seinen Augen waren weder Hansens auf Friedenszeiten bezogene Beschreibung von Engpässen an einigen wenigen, isolierten Orten noch Keynes' Beschäftigung mit rein makroökonomischen Beziehungen geeignet, um dem dramatischen Wandel der Erfordernisse im Krieg Rechnung zu tragen und das Problem der Inflation in einer Kriegswirtschaft zu verstehen. Für Galbraith war das Problem der Kriegswirtschaft noch einmal schwieriger, als diese beiden Vorstellungen nahelegten, und betraf nichts weniger als eine Neuorganisation der Ressourcen in der gesamten Volkswirtschaft, die auf institutionelle und technische Widerstände stoßen würde. Unter den Bedingungen einer solchen Umstrukturierung werde man »eine stetig wachsende Zahl von Industrien mit einer unelastischen Angebotsfunktion finden«. Aufgrund einer verlangsamten Angebotsanpassung, erklärte Galbraith, werde es sofort zu Preiserhöhungen kommen, und »die Vollbeschäftigung wird kaum oder überhaupt nicht in Beziehung zur Inflation stehen«.[50]

Dennoch war Galbraith zuversichtlich, dass eine umfassende Ressourcennutzung für den Krieg »ohne schwere Inflation« möglich sei.

Aber im Gegensatz zu Keynes hielt es Galbraith für unmöglich, dies zur Gänze oder auch nur weitgehend mit Maßnahmen zu erreichen, die »das allgemeine Ausgabenvolumen in der Wirtschaft verringern«.[51] Eine solche Verringerung der Gesamtnachfrage müsse mit direkten Maßnahmen zur Erleichterung der industriellen Reorganisation kombiniert werden. Diese Maßnahmen mussten nach Ansicht von Galbraith zwei wichtige Eingriffe beinhalten: Zunächst müssten Kapazitäten, Kenntnisse und heimische Materialquellen entwickelt werden, um die Ausweitung erwarteter Problembereiche abzufedern. Zweitens wären »in den Bereichen, in denen sich Widerstand regt, [...] spezifische Preiskontrollen oder Preissetzungsmaßnahmen« in Kombination mit einem gewissen Maß an Rationierung erforderlich. Galbraith erwartete nicht, dass diese Kontrollen vollkommen effektiv sein würden, aber sie würden »die Inflation in Schach halten, ohne [...] den Güterkonsum oder die Nutzung von im Überfluss vorhandenen Diensten einzuschränken«.[52] Galbraith glaubte also gewissermaßen, dass Keynes' effektive Nachfrage auch in Kriegszeiten eine Funktion habe, während Keynes selbst seine Theorie in diesem Sonderfall nicht für anwendbar hielt.

In seinen später veröffentlichten Memoiren fasste Galbraith die Essenz seines vor seiner Beteiligung an der praktischen Preissetzung entworfenen Plans wie folgt zusammen: Dieser Plan erforderte »wesentlich mehr Kontrollen« als jene von Keynes oder Hansen.[53] Als solcher war er »ein wenig ketzerischer«, stützte sich jedoch immer noch im Wesentlichen auf einen Ausgleich zwischen Nachfrage und Angebot mittels Besteuerung und Ersparnissen, während nur partielle und unterstützende Preiskontrollen vorgesehen waren. Galbraith verortete seinen Plan innerhalb der keynesianischen Orthodoxie. Mit seinem Manuskript forderte der junge kanadische Ökonom, der in Agrarökonomie geschult war, seinen angesehenen Harvard-Kollegen Hansen heraus. Die Arbeit weckte großes Interesse in Washington.

Zu jener Zeit leitete Leon Henderson das neu gegründete Office of Price Administration and Civilian Supply, das kurze Zeit später in Office of Price Administration (OPA) umbenannt wurde.[54] Henderson war ein prominenter Volkswirt des New Deal, der die Roosevelt-Regierung beriet und unter anderem für die US-Börsenaufsichtsbehörde tätig war. Sein Ansatz zur Wirtschaftspolitik wies »die für den New Deal charakteristischen Eigenschaften von staatlichem Engagement, ungestümer Experimentierfreude und aggressivem Rationalismus« auf.[55] Henderson hatte erstmals mit Preisstabilisierungen zu tun, als nach der deutschen Invasion Polens die Preise von Rohmaterialien und Industriegütern rasant gestiegen waren; er glaubte, diese Preisanstiege würden die Erholung der amerikanischen Wirtschaft verhindern, die immer noch unter den Nachwirkungen der Weltwirtschaftskrise litt.[56] Als die Vereinigten Staaten im Dezember 1941 in den Zweiten Weltkrieg eintraten, drängte Henderson auf weitreichende Kontrollen, um die Preise während des Kriegs zu stabilisieren und einen Zyklus von Wirtschaftsblüte und Zusammenbruch nach Kriegsende zu verhindern.[57] Henderson war wie andere in Washington auf Galbraiths Arbeit aufmerksam geworden und entschloss sich, dem jungen Ökonomen den »einflussreichsten zivilen Posten in der Leitung der Kriegswirtschaft« anzubieten, der lediglich seiner eigenen Position untergeordnet war.[58] Galbraith wurde mit der Aufsicht über sämtliche Preise in den Vereinigten Staaten betraut.

Die Praxis der Preiskontrollen in den Vereinigten Staaten

> Die besten, elegantesten und in den höchsten Tönen gelobten Pläne können fehlschlagen. [...] [Z]u Beginn des Frühjahrs 1942 [erwies sich] das außerordentlich logische Modell der Kriegswirtschaftslenkung, dem ich beträchtlichen – und mir nicht unwillkommenen – Einfluß verdanke, als Katastrophe. Die Tatsache, daß es die Unterstützung der gewieftesten Volkswirtschaftler der Zeit gewonnen hatte, konnte darüber nicht hinwegtäuschen; sie bedeutete lediglich, daß ich mich während des Debakels in bester Gesellschaft befand.
>
> *Galbraith 1982: 167*

Als Galbraith im April 1941 seine Tätigkeit als stellvertretender Preisverwalter in der OPA aufnahm, schlüpfte er in eine Führungsrolle im

»längsten und umfassendsten Versuch [mit Preiskontrollen] in der amerikanischen Geschichte«.[59] Die totalitären Mächte Italien und Deutschland hatten bereits im Jahr 1936 umfassende Preiskontrollen eingeführt.[60] Die Vereinigten Staaten begannen im Mai 1940 mit partiellen Kontrollen, die im Lauf der Zeit ausgeweitet wurden.[61] Diese Eingriffe führten zur Entwicklung eines zunehmend komplexen Systems von produktspezifischen Preisplänen, als mehr und mehr Produktionsbereiche unter hohen Nachfragedruck gerieten.[62]

Die amerikanischen Preisverwalter mussten ihre selektiven Preispläne an mehreren Fronten gegen Angriffe verteidigen. Sie mussten mit einflussreichen Ökonomen debattieren, die theoretische Einwände erhoben. Sie mussten sich in erbitterten Auseinandersetzungen mit Industriellen behaupten und im Kongress um die nötigen rechtlichen Befugnisse kämpfen. Zur Überraschung der Preissetzer wurden bei jenen Gütern, für die sie spezifische Preispläne veröffentlichten, die Preisdeckel respektiert, noch bevor Geldbußen verhängt werden konnten.[63] Im Herbst 1941 waren etwa vierzig Prozent der Großhandelspreise durch inoffizielle Preisdeckel beschränkt.[64] Aber wie sich herausstellte, war es unmöglich, spezifische Preise für alle relevanten Produkte festzulegen und zugleich eine flexible Preisanpassung zu ermöglichen.

Die Preisverwalter sahen sich mit der Komplexität der Input-Output-Beziehungen konfrontiert, und »zum ersten Mal wurde ihnen bewusst, was für eine unzumutbare Vielzahl von Produkten und Preisen es in der amerikanischen Wirtschaft gab«.[65] Dazu kam, dass sie die Gefahr der Lohn-Preis-Inflation unterschätzt hatten, das heißt, dass »steigende Löhne die Preise in die Höhe trieben«.[66] In Einklang mit der Philosophie des New Deal hatte die Preisbehörde das Wohl von Armen, Arbeitern und Bauern im Sinn und versuchte anfangs, auf Lohnbremsen und strenge Preiskontrollen bei landwirtschaftlichen Erzeugnissen zu verzichten. Das Beschäftigungswachstum trieb Lohnanstiege und in der Folge die Preissteigerungen bei Agrar- und Industrieprodukten an. Dies erschwerte die Bemühungen um eine Preisstabilisierung erheblich.[67]

Doch eine Politik, die an das chinesische System der Ausgleichsspeicher erinnerte, trug zu einer gewissen Stabilisierung der Agrarpreise bei, als sich reguläre Preiskontrollen aufgrund der Vielzahl weit verstreuter Produzenten und des politischen Drucks als undurchführbar erwiesen. Seit dem New Deal hatten die Vereinigten Staaten unter der Leitung des langjährigen Landwirtschaftsministers Henry A. Wallace ein öffentliches Bevorratungssystem für Getreide und Baumwolle errichtet, um Überschüsse zu absorbieren und umzuverteilen – ein System, das von der seit der chinesischen Antike bekannten Praxis von Ausgleichsspeichern inspiriert wurde.[68] Die staatlichen Vorräte an Weizen, Mais und Baumwolle wurden Anfang des Jahres 1942 auf den Markt geworfen, um die Agrarpreise zu stabilisieren und den Lohndruck zu verringern.[69] Aber diese auf grundlegende landwirtschaftliche Erzeugnisse beschränkte Politik hing von der Verfügbarkeit staatlicher Vorräte ab und wurde von landwirtschaftlichen Interessengruppen heftig attackiert.

Es wurde offenkundig, dass der Versuch, einzelne Preise festzulegen und de facto auf eine Begrenzung der Lohnanstiege zu verzichten, nicht geeignet war, um das Preisniveau in der Kriegswirtschaft ausreichend zu stabilisieren.[70] Trotz der Bemühungen der OPA stiegen die Verbraucherpreise im Lauf des ersten Jahres des Bestehens der Behörde – zwischen April 1941 und April 1942 – um 11,9 Prozent und die Großhandelspreise um 17,2 Prozent.[71] Der Inflationsdruck war unmittelbar nach dem amerikanischen Kriegseintritt sehr viel höher als von den meisten Ökonomen erwartet.[72] Und wie sich Galbraith später erinnerte: »Das wunderschöne Keynes'sche Gleichgewicht zwischen Kaufkraftmenge und Menge der verfügbaren Güter und Dienstleistungen war wie ein Regenbogen: deutlich zu sehen, doch niemals zu erreichen.«[73] In dieser Situation freundeten sich die Preisbehörde und Galbraith mit den Ideen von Bernard Baruch an.

Baruchs Position unterschied sich deutlich von jener der meisten Ökonomen. Der 1870 geborene Baruch hatte als junger Mann an der Wall Street ein Vermögen gemacht und als politischer Berater von Präsident Woodrow Wilson Einfluss erlangt. Im Ersten Weltkrieg wurde er zum Vorsitzenden des War Industries Board ernannt und gehörte in dieser Funktion auch dem Preisverwaltungskomitee an. Baruch sammelte aus erster Hand Erfahrungen mit den Problemen der Inflationskontrolle.[74] Im Zweiten Weltkrieg sprach er sich für eine allgemeine Preisbremse aus. Er schlug vor, statt selektiver Preiskontrollen sämtliche Preise auf ihrem gegenwärtigen Niveau einzufrieren. Dies wurde als »Baruch-Plan« bekannt.[75]

Henderson, Galbraith und ihr Team, dem sich angesehene Ökonomen wie dem Vordenker des Monetarismus, Irving Fisher, angeschlossen hatten, hatten Baruchs Vorhaben anfangs abgelehnt. Aber nachdem Galbraith etwa ein Jahr in der Preisbehörde gearbeitet hatte, mussten sie zugeben, dass ihr eigener Versuch einer wissenschaftlichen Preisfixierung einen raschen Preisanstieg nicht hatte verhindern können.[76] Am 28. April 1942 wurde die unter der Führung der OPA entwickelte General Maximum Price Regulation eingeführt:[77] Alle »Preise, über die wir legal bestimmen konnten«, wurden gedeckelt, wobei die Obergrenze dem höchsten Preis entsprach, »den ein Verkäufer im März für bestimmte Waren bei Käufern derselben Kategorie erzielt hatte«, erinnerte sich Galbraith.[78] Die Löhne wurden der staatlichen Aufsicht unterstellt.[79] Diese »Allgemeine Höchstpreis-Verordnung«, bekannte Galbraith, sei »sehr viel weniger elegant als die Ideen, die sie ersetzte«, aber sie war ein deutlicher Fortschritt gegenüber den selektiven Kontrollen.[80] Die neue Politik beruhte nicht auf einem Versuch, den richtigen Preis jedes Produkts theoretisch herzuleiten, sondern auf den in einem bestimmten Zeitraum auf dem Markt beobachteten Preisen. Indem die Preisbehörde zunächst den Großteil des Preissystems unter Kontrolle brachte, konnte sie graduelle und partielle Preisfluktuationen zulassen, sofern konkrete wirtschaftliche Bedingungen in einem Sektor eine Aufwärts- oder Abwärtskorrektur erforderlich machten.

Die Inflation aller Konsumpreise verlangsamte sich im Jahr nach der Einführung der General Maximum Price Regulation auf 7,5 Prozent (siehe Schaubild 2.1).[81] Der Anstieg der anhand des Preisregulierungsmechanismus kontrollierten Preise fiel in den ersten Monaten nach der Umsetzung mit 0,5 bis 1 Prozent sehr gering aus. Aber der Kongress weigerte sich zunächst, den Weg für Kontrollen der Agrarpreise freizumachen, was zur Folge hatte, dass die General Maximum Price Regulation nicht auf die Preise grundlegender Konsumgüter wie Mehl, Fleisch, Eier und Gemüse angewandt wurde. Diese Preise stiegen weiterhin rasant, nämlich im Schnitt um 15,9 Prozent in den ersten fünf Monaten.[82] Dennoch zeigten Umfragen, dass die Preisbremse ungeachtet dieser Mängel bei der Bevölkerung Zustimmung fand.[83]

Obwohl die General Maximum Price Regulation wirksamer war als selektive Kontrollen, war sie ebenfalls nicht geeignet, das allgemeine Preisniveau nachhaltig zu stabilisieren. Der Grund dafür war, dass weder die Löhne noch die landwirtschaftlichen Erzeugerpreise ausreichend unter Kontrolle gebracht wurden. Auf Hendersons Anregung sicherte sich Roosevelt im September 1942 schließlich die Zustimmung des Kongresses zum Einfrieren der Agrarpreise unter Wahrung der Preisparität und zur Stabilisierung der Löhne.[84] Diese Maßnahmen stießen auf Ablehnung bei der Arbeiterschaft und den Landwirten und führten dazu, dass die Demokraten bei den Kongresswahlen schwere Verluste hinnehmen mussten. Gerade als endlich die erforderlichen gesetzlichen Grundlagen für eine koordinierte Preisstabilisierung geschaffen waren,[85] wurde Henderson im Dezember 1942 zum Rücktritt gezwungen.[86] Am 8. April 1943 erließ Roosevelt ein Präsidialdekret, um eine wirksame allgemeine Preisbremse durchzusetzen. Diese Maßnahme wurde als »Die Front halten« bezeichnet und sorgte dafür, dass »weitere Preisanstiege, die sich auf die Lebenshaltungskosten auswirken, oder weitere Anstiege des allgemeinen Lohn- und Gehaltsniveaus« nicht zugelassen wurden; Ausnahmen sollten nur gemacht werden, sofern sie »offenkundig notwendig sind, um inakzeptable Lebensumstände zu korrigieren«.[87]

Mit Rückendeckung des Dekrets »Die Front halten« – und dank einer großen Aufklärungskampagne, mit der Verkäufer und Konsumenten auf Dollar und Cent genau über die Preisobergrenzen informiert wurden – gelang es der Preisbehörde unter Hendersons Nachfolgern Prentiss Brown und Chester Bowles schließlich, der Inflation

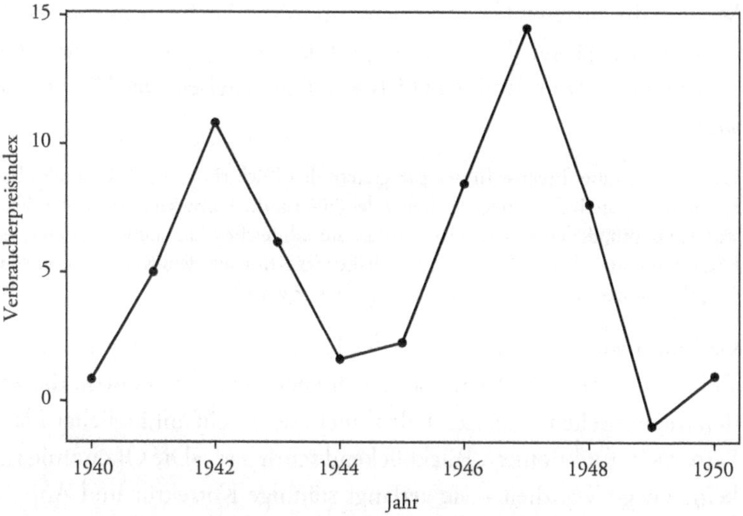

Schaubild 2.1: Verbraucherpreisinflation, 1940-1950.
Quelle: *Economic Report of the President* (1958: 160); Berechnungen der Autorin.

Einhalt zu gebieten. Der vom Bureau of Labor Statistics veröffentlichte Index der Lebenshaltungskosten stieg zwischen dem Frühjahr 1943 und April 1945 um weniger als zwei Prozent, was weniger als einem Sechstel des Anstiegs in den beiden vorangegangenen Jahren entsprach. Ein von dem Mitbegründer des National Bureau of Economic Statistics Wesley Mitchell geleitetes Komitee stellte fest, dass einige verborgene Faktoren wie Qualitätseinbußen und Schwarzmarktpreise im amtlichen Preisindex nicht berücksichtigt waren. Aber die Diskrepanz war gering, und insgesamt war die Preisstabilisierung ein beeindruckender Erfolg der Inflationsbekämpfung.[88]

Trotz dieser Erfolgsbilanz mussten sich die Preisverwalter der Reihe nach politischem Druck beugen. Obwohl die Preisbremse in der Bevölkerung sehr beliebt war, sahen sich die OPA – und Galbraith persönlich – heftigen Angriffen seitens der Wirtschaft ausgesetzt, da vielen Unternehmen große Gewinnchancen entgingen, als der Preisanstieg zum Stillstand kam.[89] In einer Kongressanhörung warfen führende

Wirtschaftsvertreter Galbraith »kommunistische Neigungen« vor.[90] Ende Mai 1943 war der Druck so groß geworden, dass Galbraith entlassen wurde. Am 1. Juni 1943 hieß es auf der Titelseite der *Washington Post*:

> Der Preisverwalter Prentiss Brown gab gestern den Rücktritt von J. K. Galbraith bekannt, der als stellvertretender Verwalter der OPA für die Preissektion verantwortlich war. Galbraith, der entscheidenden Einfluss auf zahlreiche Maßnahmen der Preisbehörde genommen hat, ist heftiger und anhaltender Kritik aus dem Kongress und von Mitgliedern des Wirtschaftsverbands ausgesetzt gewesen.[91]

Galbraith war in seiner Analyse der Inflationsbekämpfung im Krieg vielleicht weniger im Irrtum als andere bekannte Ökonomen, die an den theoretischen Debatten teilnahmen, doch sein anfänglicher Plan hatte nicht funktioniert. Rückblickend schrieb er: »Die Ökonomie ist keine ewige Wahrheit – sie verlangt ständige Korrektur und Anpassung. Fast alle ihre Fehler gehen auf Leute zurück, die ihre Meinung nicht ändern können.«[92] Galbraiths wichtigster Beitrag zur Preisstabilisierung im Zweiten Weltkrieg bestand darin, dass er seinen Fehler eingestand und einen pragmatischen Plan, den er zuvor kritisiert hatte, energisch umsetzte. Es gibt eine Parallele zu Sang Hongyangs Schicksal: Die von Galbraith durchgesetzten Maßnahmen zur Preisstabilisierung blieben in Kraft, nachdem er zum Rückzug aus dem politischen Entscheidungszentrum gezwungen worden war.[93]

Das Ziel der Arbeit der OPA waren stabilere Preise und ein höheres Produktionswachstum als im Ersten Weltkrieg. Jährliche Vergleiche zwischen den makroökonomischen Ergebnissen im Ersten und Zweiten Weltkrieg wurden regelmäßig zur Beurteilung des Erfolgs der Preiskontrollen und dazu herangezogen, der amerikanischen Öffentlichkeit die Wirksamkeit der Preisbremse zu demonstrieren.[94] Nach Kriegsende führte der Harvard-Ökonom Seymour Harris eine sorgfältige empirische Analyse der Funktionsweise der Preiskontrollen in den Vereinigten Staaten durch und dokumentierte die gegenüber dem Ersten Weltkrieg verbesserten Stabilisierungsergebnisse.[95] Harris erklärte, der wichtigste Maßstab für den Erfolg eines Preiskontrollprogramms sei »seine Wirkung auf die Produktion« (siehe Schaubild 2.2).[96] Die zö-

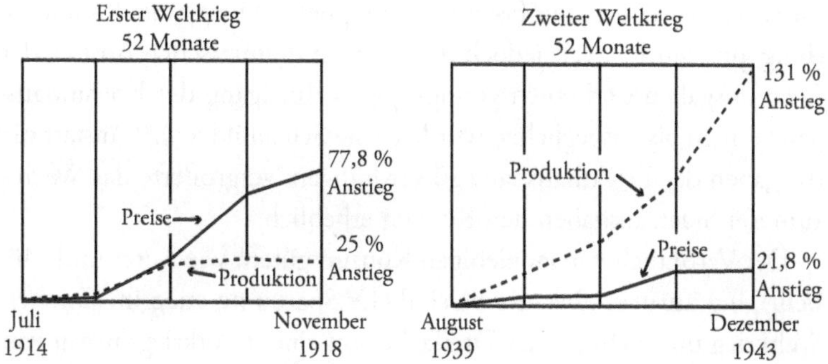

Schaubild 2.2: Industrieproduktion und Preise von Industrieprodukten in zwei Weltkriegen. Quelle: Harris (1945: 34); Daten des Office of Price Administration.

gerlichen partiellen Preiskontrollen in den letzten Jahren des Ersten Weltkriegs hatten dazu beigetragen, einen weiteren Anstieg der Inflation zu verhindern. Doch bis dahin war die Inflation kaum mit Preiskontrollen bekämpft worden, und die Produktion hatte stagniert. Im Zweiten Weltkrieg hingegen wurden strikte Kontrollen durchgesetzt. Die Preise stiegen kaum, und die Produktionszuwächse nahmen fast unvorstellbare Ausmaße an.[97] Dieses Bild ähnelt den unterschiedlichen Erfahrungen Russlands und Chinas in den neunziger Jahren: In Russland ging eine umfassende Preisliberalisierung mit einer Hyperinflation und einer tiefen Rezession einher, während in China eine Regulierung der Preise essenzieller Güter die Preisstabilität gewährleistete und ein rasches Produktionswachstum ermöglichte.

Auch die renommierte Cowles Commission for Research in Economics in Yale gelangte in einer Untersuchung der Wirksamkeit von Preiskontrollen im Zweiten Weltkrieg gestützt auf eine Fallstudie im Großraum Chicago zu dem Schluss, dass es mit den Preiskontrollen gelungen war, die Preise niedrig zu halten. Der Autor der Studie fand »keinen Beleg für die These, dass die zivile Produktion insgesamt durch die Preiskontrolle nennenswert verringert« worden war.[98] Im Widerspruch zu der Annahme von Keynes, in Kriegszeiten mache eine feststehende »Größe des Kuchens« eine Ökonomie der Knappheit erforderlich, stieg das Bruttoinlandsprodukt (BIP) der Vereinigten Staaten zwischen 1940 und 1944 fast auf das Doppelte: Die private Kapitalbildung ging zurück, was jedoch durch einen dramatischen Anstieg der Staatsausgaben und einen geringfügigen Rückgang der Konsumausgaben mehr als ausgeglichen wurde (siehe Schaubild 2.3).[99] Anstatt die Ausgaben der Privathaushalte zu verdrängen, vergrößerte das Wachstum der Staatsausgaben den Kuchen erheblich.

Der Verbrauch von langlebigen Konsumgütern wie Autos und Möbeln ging zurück, aber die persönliche Sparquote stieg im Zweiten Weltkrieg um mehr als das Dreifache von einem Vorkriegsniveau von rund 6 Prozent des BIP auf mehr als 20 Prozent des BIP in den Jahren 1942-1944.[100] Die persönlichen Ersparnisse, die im Jahr 1945 einen Höchstwert von 30 Milliarden Dollar erreichten, trugen entscheidend dazu bei, die Lücke zwischen der steigenden Kaufkraft und dem Angebot von Konsumgütern zu schließen.[101] Aufgrund des wachsenden Angebots an Konsumgütern, der effektiven Rationierung knapper Güter und der extrem hohen Sparquoten wuchsen die Schwarzmärkte bei Weitem nicht so stark wie von vielen Experten vorhergesagt, und die Qualitätseinbußen waren auf wenige Produkte beschränkt.[102] Die Unternehmensgewinne stiegen nicht so deutlich wie von manchen Managern erhofft, und die Profitrate sank im Krieg.[103] Trotzdem wuchsen die jährlichen Gewinne nach Steuern zwischen 1939 und 1943 infolge des raschen Anstiegs des BIP auf mehr als das Doppelte von 4 Milliarden auf 8,5 Milliarden Dollar.[104]

Im Jahr 1952 erläuterte Galbraith seine theoretischen Überlegungen zur Funktionsweise von Preiskontrollen in dem Buch *A Theory of Price Control*.[105] Im Wesentlichen hielt er an den »Lessons from the First Phase« fest, einer Arbeit, in der er erklärt hatte:

> Die Strategie der Kontrolle muss zwei Bestandteile aufweisen. Neben der Kontrolle des Einkommenswachstums durch Besteuerung und Ersparnisse bedarf es einer direkten Kontrolle des Marktes. Auf dieser Seite erfüllt die Preiskontrolle an sich eine strategische Funktion. Sie wird die Inflation nicht besser bremsen als von Ökonomen erwartet. Aber sie schafft die Grundlage für die Entwicklung von Maßnahmen, die sie bremsen können, und verschafft uns die Zeit, die erforderlich ist, damit diese Maßnahmen ihre Wirkung entfalten können.[106]

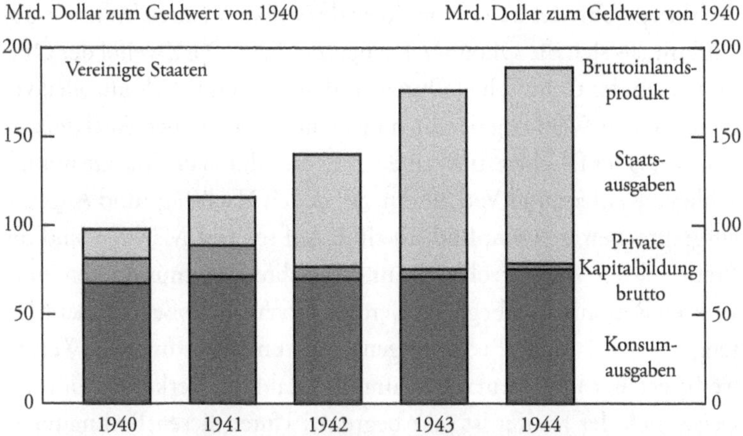

Schaubild 2.3: Bruttoinlandsprodukt der Vereinigten Staaten, 1940-1944 (in Mrd. US-Dollar zum Geldwert von 1940). Quelle: War Records Section Bureau of the Budget (1946: 509).

Wie wir im vorhergehenden Kapitel gesehen haben, besagte die pragmatische Tradition der chinesischen Wirtschaftstheorie, dass die Wirtschaftspolitik nicht von einem Idealzustand, sondern von den gegebenen Bedingungen ausgehen müsse. Beispielsweise erklärte Sang Hongyang in der *Debatte über Salz und Eisen*, dass Eisen aufgrund der spezifischen Produktionstechniken einem Monopol und folglich Monopolpreisen unterliegen werde. Die Frage sei nicht, ob ein Monopol entstehen werde, sondern vielmehr, ob es ein privates oder öffentliches Monopol sein werde. Galbraith argumentierte ähnlich. Er erklärte, auch ohne Rationierung funktionierten Preiskontrollen bei zahlreichen Produkten, weil es »relativ einfach ist, Preise festzusetzen, die bereits fixiert sind«.[107] Wie in Sang Hongyangs Auseinandersetzung mit der Eisenproduktion lautete die Frage hier also nicht, ob der Staat oder der freie Markt die Preise bestimmt, sondern, ob diese vom Staat anhand von Preiskontrollen oder von privaten Produzenten dank einer dominierenden Marktstellung festgelegt werden.

Nach Einschätzung von Galbraith war die vorherrschende Industriestruktur im amerikanischen Kapitalismus zu Beginn des Zweiten

Weltkriegs sehr viel weiter vom Ideal des vollkommenen Wettbewerbs entfernt, als sich die Ökonomen eingestanden: »Die Zweifel der Ökonomen an der technischen Durchführbarkeit von Preiskontrollen vor dem Zweiten Weltkrieg beruhten nicht auf einer falschen Analyse, sondern auf einer falschen Annahme.«[108] Es gibt durchaus Märkte mit unzähligen Käufern und Verkäufern, auf denen Nachfrage und Angebot ausgesprochen preisempfindlich sind. Auf solchen Märkten sind die Preise schwer zu kontrollieren, und Preisbremsen müssen von einer strikten Rationierung begleitet werden. Doch ein großer Teil der Massengüter wird unter Bedingungen eines unvollkommenen Wettbewerbs erzeugt und vermarktet, und die Zahl der Verkäufer und teilweise auch der Käufer ist sehr begrenzt. Unter diesen Bedingungen setzen die Anbieter die Preise fest und rationieren die Güter, die sie ihren Abnehmern zuteilen. Daher ist es für den Preisverwalter relativ einfach, Preisbremsen einzuführen und durchzusetzen und dem Anbieter die Rationierung zu überlassen.[109] Beispielsweise kontrollierte die OPA die Preise der Erzeugnisse von Stahlwerken »mit sehr viel geringerem Personalaufwand und weniger Mühe als jene von Stahlschrott, der einen sehr viel geringeren Geldwert hat«.[110]

In Anlehnung an Keynes beschrieb Galbraith die Kriegswirtschaft als ein »Ungleichgewichtssystem«, in dem die Gesamtnachfrage das Angebot übersteige.[111] Unter diesen Bedingungen werde die friktionelle Arbeitslosigkeit beseitigt, und »rund die Hälfte des realen Wachstums des Bruttoinlandsprodukts zwischen 1940 und 1944 ist auf die Produktion von Arbeitskräften, die normalerweise nicht auf dem Arbeitsmarkt sind, sowie auf die Verlängerung der durchschnittlichen Wochenarbeitszeit zurückzuführen«.[112] Preisbremsen und Rationierung trügen dazu bei, den Nachfragedruck, der vom daraus resultierenden Wachstum der individuellen Einkommen ausgehe, nicht nur umzuverteilen, sondern zu begrenzen. Dies sei der Fall, weil die Preiskontrollen den Geldwert stabilisierten und so eine wesentliche Bedingung für die Bereitschaft der Bevölkerung zum Sparen schüfen. Der Zugang zu bestimmten Gütern – insbesondere zu langlebigen Konsumgütern – sei beschränkt, was zur Folge habe, dass »Haushalte und

Unternehmen, die nicht beabsichtigten, Ersparnisse anzuhäufen, unfreiwillig zu Inhabern von Bargeld oder vergleichbaren Werten wurden«.[113] Doch das Sparen bewege weder Arbeitskräfte noch Unternehmen dazu, den Dienst einzustellen, sofern die Öffentlichkeit darauf vertraue, dass Ersparnisse in Zukunft einen hohen Wert für den Kauf von Gütern oder als Garanten der persönlichen Sicherheit haben würden.[114] Und um dieses Vertrauen zu wahren, sei es unverzichtbar, die Preisstabilität mit Preiskontrollen zu gewährleisten. Aufgrund des Vertrauens in den Wert ihrer Ersparnisse würden die Menschen Geld zurücklegen, anstatt Güter zu horten, was den Nachfragedruck verringere.

Tatsächlich wuchsen die persönlichen Ersparnisse in den USA im Zweiten Weltkrieg deutlich. Diese Ersparnisse begründeten während des Kriegs angesammelte Ansprüche auf zivile Güter.[115] Die Preisverwalter der OPA hatten aus der Erfahrung im Ersten Weltkrieg gelernt, dass der größte Inflationsdruck nach dem Krieg entstand, und entwarfen bereits im Jahr 1944 Pläne für den Übergang zur Friedenswirtschaft.[116] Wie der polnische Ökonom Michał Kalecki, der unabhängig von Keynes den Keynesianismus erfand, feststellte, bestand eine der Herausforderungen beim Übergang zu einer Friedenswirtschaft darin, herauszufinden, wie man die im Krieg in Form von Ersparnissen aufgestaute Nachfrage kanalisieren konnte.[117]

Galbraith erklärte, eine Wirtschaft, »die in Kriegszeiten das Ungleichgewichtssystem anwendet«, könne nach Kriegsende »nicht direkt zu einem freien Markt übergehen«, ohne dabei einen großen Inflationsschub zu gefährden.[118] Der Wirtschaft müsse Zeit gegeben werden, damit sie von der Kriegsstruktur wieder zur Produktion ziviler Güter übergehen könne; das Angebot müsse langsam der aufgestauten Nachfrage angepasst werden. Aus diesem Grund, erklärte Galbraith, »müssen die Kontrollen, insbesondere die Preiskontrollen, welche die Konsumausgaben im Krieg bremsten und zur Akkumulation von Vermögenswerten führten, nach dem Ende dieser Akkumulation für eine Weile aufrechterhalten werden«.[119] Hebe man die Kontrollen abrupt auf, so werde die aufgestaute Konsumnachfrage auf ein immer noch begrenztes Angebot an zivilen Produkten stoßen, was zu Inflation führen werde. So würden die Lohnempfänger am Ende doch noch ihres legitimen Anspruchs auf Produkte im Gegenzug für ihre Beiträge zur Kriegsanstrengung beraubt.

Der Übergang zur Friedenswirtschaft und die Lehren aus der Kriegswirtschaft

Am 15. August 1945 kapitulierte Japan. Am 18. August erließ der neue amerikanische Präsident Harry Truman ein Präsidialdekret über die »geordnete Modifizierung der im Krieg eingeführten Kontrollen«.[120] Das erklärte Ziel des Dekrets war, »möglichst rasch die Kontrollen von Preisen, Löhnen, Produktion und anderem zu beseitigen und die Tarifverhandlungen und den freien Markt wiederherzustellen, ohne die wirtschaftliche Stabilität zu gefährden«.[121] Zu den in diesem Dekret vorgesehenen Maßnahmen zählte die Aufhebung direkter Lohnkontrollen.[122] Truman war sich der Gefahr bewusst, dass die Aufhebung der Kontrollen zu Inflation führen konnte, hoffte jedoch, dass es gelingen würde, die Kontrollen zu lockern und dank der Kooperation von Wirtschaftsführung und Gewerkschaften trotzdem »die Front zu halten«.[123] Doch wie sich herausstellte, funktionierte die freiwillige Zusammenarbeit nicht. Dennoch setzte Truman seine Politik der Lockerung im Oktober 1945 fort. Aber im Dezember gelangte er zu dem Schluss, dass seine Politik der Preisfreigabe zum Scheitern verurteilt war. In seinen Memoiren erinnerte er sich, dass ihm an diesem Punkt klar gewesen sei, »dass die Aufhebung der Preiskontrollen nicht funktionieren würde, zumindest nicht, solange die Notlage so bedrohlich war. […] Die Wirtschaft würde zweifellos noch eine beträchtliche Zeit von der im Krieg entstandenen Knappheit geplagt werden, und ich drängte auf weitere gesetzliche Maßnahmen für den Zeitraum ab Juni 1946.«[124]

Unterstützung in dem Bemühen, die Geltungsdauer der verpflichtenden Preiskontrollen zu verlängern und diese nur in kleinen Schritten aufzuheben, erhielt Truman von der Preisbehörde.[125] Auch Baruch sprach sich in einer Stellungnahme vor einem Kongressausschuss dafür aus, in der Übergangszeit an den Preiskontrollen festzuhalten.[126]

54 Ökonomen, darunter elf ehemalige Präsidenten der American Economic Association und einige der prominentesten amerikanischen Wirtschaftswissenschaftler des 20. Jahrhunderts – etwa Arthur Burns, Edward Chamberlin, Irving Fisher, Alvin Hansen, Frank Knight, Simon Kuznets, Abba Lerner, Wesley Mitchell, Hans Neisser, Paul Samuelson, Henry Simons, Alan Sweezy und Paul Sweezy – veröffentlichten am 9. April 1946 einen offenen Brief in der *New York Times*. Dieser Brief nahm die Debatte über die Preisreform vorweg, die in den achtziger Jahren in China entbrennen sollte:

> Wir fordern den Kongress auf, die Geltungsdauer des Price Control Act um ein Jahr zu verlängern, ohne das Gesetz durch ergänzende Bestimmungen zu verstümmeln. [...] Die Preise steigen in Reaktion auf eine überschüssige Nachfrage und ein zu geringes Angebot. Die Nachfrage wird aufgrund des Kaufkraftüberhangs wahrscheinlich auf ein ungekanntes Niveau steigen. [...] Das Angebot an Rohmaterialien und Konsumgütern wird bei der gegenwärtigen Nachfrage nicht genügen, um eine schwere Inflation im kommenden Jahr zu verhindern, wenn die Preiskontrollen nicht ohne verstümmelnde Änderungen aufrechterhalten werden. In den kommenden sechs Monaten müssen zahlreiche Engpässe in der Versorgung mit Rohmaterialien, Bauteilen und Arbeitskräften überwunden werden. Und es wird ein Jahr dauern, bis der Strom der Konsumgüter auf vielen Märkten einen Höhepunkt erreicht. [...] Sobald bei wichtigen Gütern wieder ein Gleichgewicht zwischen Angebot und Nachfrage zu gedeckelten Preisen erreicht ist, können die Preiskontrollen ausgesetzt und anschließend aufgehoben werden. Die Preisobergrenzen bei unwichtigen Gütern sollten beseitigt werden, sobald keine Gefahr mehr besteht, dass knappe Rohmaterialien oder Arbeitskräfte von der Produktion wichtiger Güter weggelenkt werden.[127]

Meinungsumfragen zeigten, dass die breite Öffentlichkeit die Forderung der Ökonomen unterstützte.[128] Aber es sollte anders kommen. Das Gesetz zur Verlängerung der Preiskontrollen enthielt derart viele »verstümmelnde Änderungen«, dass Truman am 29. Juni sein Veto dagegen einlegte. Er hoffte auf die Verabschiedung eines Gesetzes, das es ermöglichen würde, die Preis- und Lohnkontrollen besser durchzusetzen.[129] In einer Radioansprache am selben Tag erklärte der Präsident: »Ich wollte ein Preiskontrollengesetz unterzeichnen. Ich habe die Gesetzesvorlage lange und sorgfältig studiert. Ich bin zu dem Schluss gelangt, dass die Gesetzesvorlage, die mir der Kongress übermittelt hat, überhaupt kein Gesetz zur Kontrolle der Preise ist. Es schützt die Amerikaner nicht vor unablässig steigenden Preisen.«[130] Das verstümmelte Gesetz trat nicht in Kraft, aber es wurde auch nie eine wirksamere Fassung verabschiedet. Also liefen die im Krieg angewandten Preiskontrollen plötzlich aus.[131] Truman selbst schrieb dieses Debakel den »obstruktiven Taktiken von Gruppen mit Sonderinteressen« zu, die derart großen Druck ausgeübt und so viel Lobbying betrieben hätten, dass der Kongress den Price Control Act nicht verlängert habe.[132]

Die unvermittelte Aufhebung fast aller Preiskontrollen löste die inflationären Preisanstiege aus, die der Präsident, die Preisbehörde und die Ökonomen in ihrem Brief vorausgesagt hatten (siehe Schaubild 2.1).[133] Die Preise einiger wichtiger Inputgüter wie Stahlschrott, Kupfer, Zinn und Gummi wurden weiterhin vom Staat festgelegt, und Mieten, Zucker und Reis wurden weiterhin kontrolliert.[134] Doch ungeachtet dessen begann nach dem Scheitern der Versuche, das Preiskontrollgesetz zu verlängern, ein rasanter Preisanstieg. Auf dem »Höhepunkt der Kontrollen«,[135] im Zeitraum zwischen April 1943 und Juni 1946, der die heißeste Phase des Kriegs einschließt, waren die Preise lediglich um durchschnittlich 2,3 Prozent pro Jahr gestiegen. Hingegen stieg der Preisindex für 28 wichtige Güter innerhalb der ersten sechs Tage des Juli 1946 um sage und schreibe 35 Prozent.[136] Insgesamt stiegen die Güterpreise im ersten Monat nach Aufhebung der Preiskontrollen mit einer Geschwindigkeit, die hochgerechnet auf das Gesamtjahr einem Anstieg um 67,4 Prozent entsprach. In den folgenden Monaten wurden mehrere erfolglose Versuche unternommen, die Preise wieder unter Kontrolle zu bringen, und einzelne Preisbremsen wurden vorübergehend wieder eingeführt, jedoch kurze Zeit später wieder abgeschafft.[137] Die jährliche Inflation betrug im Jahr 1947 über 10 Prozent, die Verbraucherpreise stiegen um 14,5 Prozent (siehe Schaubild 2.1).[138]

Michał Kalecki unterzog im Auftrag der Wirtschaftsabteilung der Vereinten Nationen die inflationären Entwicklungen in den Vereinigten Staaten und anderen Ländern einer Analyse.[139] Er wies nach, dass insbesondere die Preise essenzieller Rohmaterialien und Lebensmittel, bei denen die Nachfrage von Produzenten beziehungsweise Konsumenten unelastisch ist, in die Höhe schossen.[140] Die Lohnerhöhungen genügten nicht, um den Anstieg der Lebenshaltungskosten wettzumachen, weshalb das Ende der Preiskontrollen die Realeinkommen der Arbeitskräfte verringerte. Die realen Arbeitseinkommen sanken in der ersten Jahreshälfte 1947 um 8 Prozent gegenüber der ersten Jahreshälfte des Vorjahres.[141] Gleichzeitig stiegen die Gewinnmargen der Unternehmen, und die Bruttoeinkommen verschoben sich von der Arbeit zum Kapital. Im Lauf des Kriegs hatte sich der Lohnanteil am Bruttoeinkommen der Volkswirtschaft erhöht. In der ersten Jahreshälfte lag der Lohnanteil noch bei 61,5 Prozent, doch bis Mitte des folgenden Jahres sank er auf 58,8 Prozent. Umgekehrt stieg die Bruttogewinnmarge der Unternehmen im selben Zeitraum von 11,6 Prozent auf 14,0 Prozent.[142] Die Kaufkrafteinbußen der Lohnabhängigen, die Einkommensumverteilung und die Entwertung der im Krieg angehäuften Ersparnisse lösten die größte Streikwelle der Nachkriegszeit in den Vereinigten Staaten aus.[143] Der Umfang der Streiks im Jahr 1946 war etwa dreimal so hoch wie in vorangegangenen großen Streikwellen während der Weltwirtschaftskrise.[144]

In den unmittelbaren Nachkriegsjahren waren ein kurzzeitiges Aufflammen der Inflation, Arbeiterproteste sowie ein deutlicher Wirtschaftsabschwung zu beobachten. Es gelang den Vereinigten Staaten nicht, sich dem von Truman befürchteten Zyklus von Aufschwung und Rezession zu entziehen.[145] Im November 1948 erreichte die amerikanische Wirtschaft »den Höhepunkt der Inflationswelle«[146] und trat daraufhin in eine elf Monate dauernde Rezession ein.[147] Die partielle Mobilisierung für den Kalten Krieg half der amerikanischen Wirtschaft, der von Truman und der amerikanischen Öffentlichkeit gefürchteten Finanzkrise und Depression zu entgehen.

Ein kurzer Vergleich mit Großbritannien zeigt, dass die Inflation, der Zyklus von Aufschwung und Rezession und die gesellschaftlichen Verwerfungen in den Vereinigten Staaten *nicht* unvermeidlich waren. Anders als die Vereinigten Staaten wählte Großbritannien beim Übergang zur Friedenswirtschaft einen graduellen Ansatz. Der Ökonom Alec Cairncross, der unmittelbar nach dem Krieg an der Wirtschaftslenkung beteiligt war und im Jahr 1985 an der chinesischen Debatte über die Preisreform teilnahm, erklärte zusammenfassend: »An fast allen im Lauf des Kriegs eingeführten wirtschaftlichen Kontrollmaßnahmen wurde nach Kriegsende festgehalten.«[148] Alle Grundnahrungsmittel sowie knappe Konsumgüter wie Kleidung und Möbel blieben rationiert.[149] Konservative, Liberale und die Labour Party waren sich darin einig, dass im Übergang von der Kriegs- zur Nachkriegswirtschaft ein gewisses Maß an Kontrollen unverzichtbar war.[150] Bei Kriegsende waren die Preiskontrollen in Großbritannien nicht so umfassend wie in den Vereinigten Staaten, aber »bis 1949/50, als einige wenig wirksame Teile der Preiskontrollen beseitigt wurden«, verzichteten die Briten auch auf eine nennenswerte Lockerung.[151] Rationierung und Preiskontrollen wurden aufgehoben, als ein Wachstum des Angebots die Engpässe bei bestimmten Gütern beseitigte.[152] Im Jahr 1960 waren praktisch keine Kontrollen mehr in Kraft,[153] aber sie waren in kleinen Schritten aufgehoben worden.[154]

Cairncross erklärte, dieser Übergang habe der sich wandelnden Rolle des Staates in Friedenszeiten entsprochen. Während des Kriegs hatte der Staat Ressourcen direkt zugeteilt und die Kriegsproduktion geplant und koordiniert. Nach dem Krieg begannen sich die Produktionsentscheidungen wieder primär an der Nachfrage der Konsumenten zu orientieren.[155] So wurde die »staatliche Wirtschaftsplanung zwangsläufig durch das Bestreben beschränkt, spezifische makroökonomische Ziele wie die Stabilität von Beschäftigung und Preisen zu erreichen, sofern sich die Regierung nicht entschied, ihre eigene Vorstellung von den gesellschaftlichen Prioritäten durchzusetzen«.[156] Cairncross begründete das Festhalten an den Kontrollen in der Übergangszeit ähnlich wie Galbraith:

Solange gemessen an den laufenden Preisen ein erhebliches Ungleichgewicht zwischen Angebot und Nachfrage bestand und ein deutlicher Preisanstieg erforderlich gewesen wäre, um das Gleichgewicht wiederherzustellen, war es angebracht, die Kontrollen aufrechtzuerhalten, um die Inflationsgefahr zu verringern. Das Argument war noch überzeugender, wenn Aussicht auf eine graduelle Erholung des Angebots zum bestehenden Preis bestand, womit die Kontrolle Schritt für Schritt gelockert werden konnte, bis sie schließlich überflüssig wurde.[157]

Da die britische Wirtschaft nach dem Krieg am Boden lag und das Land unter einem hohen Zahlungsbilanzdefizit litt, war der Inflationsdruck in Großbritannien höher als in den Vereinigten Staaten. So wie in den USA hatte sich auch in Großbritannien eine beträchtliche Nachfrage in Form von Ersparnissen aufgestaut, während ein akuter Mangel an bestimmten Grundnahrungsmitteln herrschte.[158] »In Ermangelung der Kontrollen hätten diese Faktoren zu einer offenen Inflation geführt«, so Kalecki.[159] Aber die Verbraucherpreisinflation überstieg in den vierziger Jahren nie die Marke von acht Prozent,[160] und der Anteil der Lohnempfänger am Bruttoeinkommen sank nur geringfügig.[161] Es gelang Großbritannien, einen rasanten Preisanstieg infolge der plötzlichen Abschaffung der Preiskontrollen wie in den Vereinigten Staaten zu vermeiden. Es kam nur zu einer moderaten Inflation. Die Folge war, dass in Großbritannien die Umverteilung von Löhnen zu Profiten im Wesentlichen ausblieb und Streiks verglichen mit anderen Ländern, die nach Kriegsende von großen Streikwellen erschüttert wurden, und gemessen an der historischen Erfahrung Großbritanniens, das in der Weltwirtschaftskrise und später gegen Ende der sechziger Jahre große Arbeitskämpfe erlebte, selten waren.[162]

Der britische Fall zeigt, dass ein gradueller Übergang zur Friedenswirtschaft der Preisstabilität und dem gesellschaftlichen Zusammenhalt dienlich sein kann. Hingegen wird der Fall Deutschlands, genauer gesagt der Währungs- und Preisreform Ludwig Erhards, von neo- und ordoliberalen Ökonomen oft als Beleg für die Wirksamkeit einer schlagartigen Preisliberalisierung von der Art ins Feld geführt, die in den Vereinigten Staaten zu einem Zyklus von Auf- und Abschwung führte.[163] Das von Ludwig Erhard herbeigeführte deutsche Wirtschaftswunder beweist in den Augen dieser Ökonomen, dass eine

Urknall-Reform Wunder wirken kann. Im Ludwig Erhard Zentrum in Fürth wird diese Interpretation als Lichtschaltereffekt vorgeführt: Der Besucher drückt auf einen Knopf und wumms – sind die vorher leeren Ladenfenster auf einmal gefüllt mit nostalgieweckenden Nachkriegswaren. Führende Politiker wie der damalige polnische Finanzminister Leszek Balcerowicz und Helmut Kohl sowie prominente Ökonomen wie Milton Friedman und Jeffrey Sachs beriefen sich in den Transformationsdebatten in Osteuropa, Deutschland, Russland und China auf das deutsche Wirtschaftswunder als das Ergebnis eines solchen Urknalls.[164]

Aber neuere, vor allem deutsche Forschungsarbeiten, insbesondere Uwe Fuhrmanns detaillierte Studie zu den unmittelbaren Auswirkungen der Preisliberalisierung, wecken Zweifel an der Darstellung, die Wunderkräfte des Marktes hätten einen augenblicklichen Erfolg bewirkt.[165] Stattdessen ähnelten die Auswirkungen der Preisliberalisierung in Deutschland auf das Preisniveau und auf den gesellschaftlichen Zusammenhalt jenen in den Vereinigten Staaten. Fuhrmann dokumentiert, wie Erhards schlagartige Preisreform – obwohl viele grundlegende Konsum- und Industriegüter sowie die Mieten davon ausgenommen waren – im Juni 1948 eine deutliche Beschleunigung der Inflation auslöste. Die Folge war ein Generalstreik, der zur Abkehr von der freien Marktwirtschaft und zur Errichtung einer sozialen Marktwirtschaft beitrug.[166]

Um die Wirtschaft wieder unter Kontrolle zu bringen, wurde die Produktion freigegebener grundlegender Konsumgüter, darunter Schuhe und Textilien, sowie von landwirtschaftlichen Maschinen Ende 1948 in das sogenannte »Jedermann-Programm« einbezogen. Im Rahmen dieses Programms wurden wirtschaftliche Kernaktivitäten zentral geplant. Der Staat teilte den Privatunternehmen Vorprodukte zu, und die im Jedermann-Programm erzeugten Güter wurden von privaten Kaufleuten zu vom Staat festgesetzten Preisen verkauft. Abseits der Produktion im Rahmen dieses Programms mussten die Unternehmen ihre Vorprodukte zu Marktpreisen erwerben und konnten sie zu Marktpreisen an die Konsumenten verkaufen.[167] Im Wesentlichen beruhte der Übergang zur Marktwirtschaft in Westdeutschland einem zweigleisigen System mit einer geplanten Kernwirtschaft und einer vom Markt koordinierten Peripherie.[168] Obwohl das deutsche Programm gemessen an Dauer und Umfang sehr viel kleiner war, hatte es überraschende Ähnlichkeit mit dem zweigleisigen Preissystem, das sich im Verlauf des chinesischen Reformprozesses herausbildete.

Der Angriff auf die Preiskontrollen

So wie in anderen Ländern wurde der Kampf um die Preiskontrollen in den Vereinigten Staaten zwischen Wirtschaftsverbänden wie der National Association of Manufacturers und den Preisverwaltern nicht nur im Kongress und in Sitzungen hinter verschlossener Tür, sondern auch in den Medien ausgetragen.[169] Auf einer grundsätzlicheren Ebene ging es um die Frage, wie die wirtschaftliche Nachkriegsordnung aussehen sollte. Wirtschaftsvertreter, die »mit großer Freude von den Arbeiten Friedrich Hayeks und Ludwig von Mises erfuhren, [...] halfen beim Aufbau eines Unterstützungsnetzwerkes für die österreichischen Denker in Amerika« und beteiligten sich im Jahr 1947 an der Gründung der Mont Pèlerin Society, deren langfristiges Ziel es war, den akademischen und öffentlichen Diskurs zugunsten des freien Marktes zu verschieben.[170]

Noch vor Kriegsende hatte Hayek *Der Weg zur Knechtschaft* veröffentlicht, ein Buch, das in den folgenden Jahrzehnten zu einem wichtigen Bezugspunkt für Neoliberale in aller Welt werden sollte.[171] Hayek hatte Keynes' Plan zur Finanzierung des Kriegs unterstützt, der ein beträchtliches Maß an zentraler Planung in der Produktion und selektive Preiskontrollen erforderte. Doch in einer freien Gesellschaft in Friedenszeiten dürften solche Eingriffe seiner Meinung nach keine Rolle spielen.[172] Nicht nur, dass die zentrale Planung zwangsläufig in den Faschismus münde – jedes Zugeständnis an eine zentrale Lenkung der Wirtschaft werde die Gesellschaft auf diesen Weg führen:

Vor dem Gedanken einer völligen Zentralisierung der Wirtschaftssteuerung schrecken die meisten Menschen immer noch zurück, nicht nur, weil die Aufgabe so ungeheuer schwer ist, sondern weit mehr noch aus dem Grunde, weil sie die Vorstellung verabscheuen, daß alles und jedes von einem einzigen Zentrum aus gelenkt werden soll. Wenn wir trotzdem rasch einem solchen Zustand zutreiben, so zum großen Teil deswegen, weil die meisten Leute immer noch glauben, es müsse möglich sein, irgendeinen »Mittelweg« zwischen »atomistischem« Wettbewerb und zentraler Steuerung zu finden.[173]

Nach Hayek gibt es also nur zwei Möglichkeiten, Wirtschaft und Gesellschaft zu organisieren: entweder die zentrale Planung, die zwangsläufig zum Totalitarismus führt, oder eine freie Gesellschaft mit universell freiem Wettbewerb. Ein Mittelweg existiert nicht, wir haben nur die Wahl zwischen einem guten und einem schlechten Idealtypus. In einem Brief an Hayek schrieb Keynes (der Hayeks *Weg zur Knechtschaft* in Teilen sehr zu schätzen wusste): »Ausgehend von meinen Vorstellungen habe ich den Eindruck, dass Sie die Durchführbarkeit des *Mittelwegs* erheblich unterschätzen. [...] Sie versuchen, uns davon zu überzeugen, dass man, sobald man sich auch nur einen Zoll in Richtung der Planwirtschaft bewegt, zwangsläufig auf die *rutschige Bahn* gerät, die schließlich in den Abgrund führt.«[174]

Für Hayek erfordert der »Wettbewerb als Ordnungsprinzip der Gesellschaft« zunächst, dass »die Wirtschaftspartner zu jedem Preis kaufen und verkaufen dürfen, zu dem sie einen Kontrahenten finden, und daß, wenn irgendetwas überhaupt produziert, verkauft oder gekauft werden darf, dies jedermann erlaubt sein muß«.[175] Da der Preismechanismus im Mittelpunkt des Wettbewerbs steht, würde eine staatliche Regulierung der Preise das Fundament der gesellschaftlichen Organisation untergraben: »Jeder Versuch, die Preise und Mengen bestimmter Produkte zu regulieren, vereitelt eine befriedigende Abstimmung der Wirtschaftsakte der Individuen durch den Wettbewerb, da Preisänderungen dann nicht mehr alle wesentlichen Veränderungen registrieren und den einzelnen keinen zuverlässigen Anhaltspunkt für ihre Wirtschaftsakte liefern.«[176] Eine Kontrolle der Preise beraube demnach eine freie Gesellschaft des Mechanismus der wirtschaftlichen Koordinierung. Dies sei der Weg in die Knechtschaft: »Wenige Schlagworte haben so viel Unheil angerichtet wie das Ideal einer ›Stabilisierung‹ bestimmter Preise (oder Löhne).«[177]

Hayek sah durchaus die Tendenz zur Entstehung von Monopolen. Aber im Gegensatz zu Galbraith oder Sang Hongyang betrachtete er die meisten Monopole als Schöpfungen des Staates, der den natürlichen Wettbewerb beschränke – damit vertrat er eine ähnliche Position wie die »Literaten« in der *Debatte über Salz und Eisen.*[178] Wenn die Monopolpreise feststünden, so liege das folglich daran, dass der Staat eine wirksame Regulierung durch den Preismechanismus verhindere, indem er bestimmte Unternehmen und Sektoren gegen den Wettbewerb abschirme. In den wenigen Fällen, in denen Monopole nach Einschätzung von Hayek unvermeidlich seien, etwa im Eisenbahnverkehr, spreche mehr dafür, die vielen verschiedenen Industriemonopole »in den Händen verschiedener Privatleute zu lassen, als dafür, sie unter der alleinigen Kontrolle des Staates zu vereinigen«.[179]

Im Dezember 1945 bezog Ludwig von Mises, ein weiterer österreichischer Ökonom, der kurz zuvor in die Vereinigten Staaten ausgewandert war und die Debatte über die Wirtschaftsrechnung im Sozialismus angestoßen hatte, Stellung zur Frage der Preiskontrollen. Der in Auburn im US-Bundesstaat Alabama ansässige libertäre Thinktank Mises Institute betrachtet seinen Beitrag als »entscheidend [...] in der öffentlichen Debatte über die Frage, ob und in welchem Umfang diese Kontrollen nach Kriegsende eingeschränkt werden sollten«.[180] Von Mises verfocht eine idealisierte Vision des freien Wettbewerbs,[181] die Ähnlichkeit mit der Hayeks hatte,[182] und wendete Hayeks Argument der »rutschigen Bahn« auf jegliche selektive Preiskontrolle an. Vom Staat auferlegte Preisbremsen für ein bestimmtes Produkt würden lediglich das Angebot begrenzen und damit den Absichten der Konsumenten zuwiderlaufen, die den Preis in die Höhe getrieben hätten, indem sie mehr von diesem Produkt nachfragten als gegenwärtig verfügbar. Aber wenn »diese unangenehme Erfahrung die Behörden nicht lehrt, dass Preiskontrollen zum Scheitern verurteilt sind und dass die beste Politik darin bestünde, vollkommen auf Versuche zur Preiskontrolle zu verzichten«,[183] so von Mises, müssten die Kontrollen zwangsläufig auf die gesamte Wirtschaft ausgeweitet werden:

> Das Angebot an jenen Produktionsfaktoren, deren Preise begrenzt werden, schrumpft. Dann muss der Staat erneut die Sphäre der Preisbremsen ausweiten. Er muss die Preise der sekundären Produktionsfaktoren festlegen, die für die Produktion dieser primären Faktoren benötigt werden. Und so muss der Staat weiter und weiter gehen. Er muss die Preise aller Konsumgüter und Produktionsfaktoren festsetzen, sowohl von Material als auch von Arbeit.[184]

Daher führte nach von Mises sowie nach Einschätzung Hayeks eine »Politik des mittleren Weges« zum Sozialismus und in die Knechtschaft. Schon die staatliche Kontrolle beispielsweise über den Milchpreis genügte in Mises' Augen, um ein Abrutschen in die zentrale Planung auszulösen und den freien Wettbewerb zu zerstören.[185] Ironischerweise ist der Milchpreis in den USA bis heute politisch reguliert.

Trotz derart heftiger theoretischer Angriffe wurden Preiskontrollen in den Vereinigten Staaten in den folgenden Jahrzehnten mehr oder weniger erfolgreich wiederholt angewandt. Die Preise wurden während des Koreakriegs und unter Präsident Nixon in den Jahren von 1971 bis 1973 im Kontext des Vietnamkriegs kontrolliert. Im Euroraum sind heute 13 Prozent aller Preise sogenannte administrierte Preise aufgrund des staatlichen Einfluss auf die Preissetzung.[186]

Der wohl bekannteste neoliberale Ökonom, Milton Friedman, kritisierte das Fortbestehen der Preiskontrollen in zahlreichen Publikationen.[187] Während Hayek die Notwendigkeit von Preiskontrollen in Kriegszeiten einräumte, erklärte Friedman, dass mindestens seit dem römischen Kaiser Diokletian (ca. 236-312) das Resultat direkter Preiskontrollen im Verlauf der Geschichte stets dasselbe gewesen sei: »Ein vollkommener Fehlschlag.«[188] Inflation sei »immer und überall ein monetäres Phänomen, sie beruht auf einem Wachstum der Geldmenge in Relation zur Produktion und geht mit diesem Wachstum einher«.[189] Den einzigen Weg, um die Inflation zu stoppen, sah Friedman daher darin, das Wachstum der Geldmenge zu verhindern. Die Menschen seien »so stur in Bezug auf die Menge an Geld, die sie einbehalten«, dass sie bei einem Anstieg der Geldmenge einfach den Mehrbetrag ausgeben, anstatt ihr Geldvermögen zu erhöhen.[190] Daher stiegen die Preise, und es komme zu Inflation. Kontrolliere der Staat unter diesen Bedingungen des Geldüberschusses den Preis eines Guts – zum Beispiel den von Stahl –, so steige lediglich der Nachfragedruck auf andere Güter. Das Angebot an Stahl werde schrumpfen, weil es sich die Hersteller aufgrund des künstlich verringerten Preises nicht leisten könnten, mehr zu produzieren. Jene, die ihren Bedarf an Stahl nicht befriedigen könnten, würden sich Ersatzmaterialien zuwenden.[191]

Diesen Gedankengang focht Galbraith in seiner Analyse der Erfahrung des Zweiten Weltkriegs an.[192] Galbraith zeigte, dass die Produzenten auf hochgradig konzentrierten Märkten wie dem für Stahl das Angebot angesichts von Preisbremsen nicht begrenzten, sondern rationierten, um die Beziehungen zu langjährigen Kunden aufrechtzuerhalten. Gleichzeitig kann Stahl in einigen Einsatzbereichen kurzfristig nicht durch andere Materialien ersetzt werden. Und wie wir gesehen haben, erhöhten die Konsumenten ihre jährlichen Ersparnisse in den Kriegsjahren um mehr als das Zehnfache, anstatt ihre finanziellen Rücklagen konstant zu halten. Sie entschlossen sich also, einen Großteil ihrer Konsumnachfrage einzufrieren, anstatt die gesamte Nachfrage auf Ersatzgüter zu verlagern.

Zur Veranschaulichung seiner Thesen bediente sich Friedman einer Analogie zu einem überhitzten Ofen. Wir können diese Analogie heranziehen, um den grundlegenden Unterschied zwischen Galbraiths und Friedmans Denkweise zu verdeutlichen:

> Wenn man die Hitze in einem Raum begrenzt, indem man die Heizkörper in diesem Raum abdreht, wird es in den anderen Räumen noch wärmer. Dreht man alle Heizkörper ab, so steigt der Druck im Heizkessel, womit die Gefahr einer Explosion größer wird. Einzelne Heizkörper zu schließen oder zu öffnen ist eine gute Methode, um die relative Hitze in den verschiedenen Räumen anzupassen, aber es ist keine gute Methode, um eine übermäßige Brennstoffversorgung des Ofens zu korrigieren.[193]

Sei der Ofen einmal überhitzt, so sei es besser, das ganze Haus zu überhitzen, anstatt die Hitze zu unterdrücken: »Eine unterdrückte Inflation ist schlimmer als eine offene Inflation.«[194] Eine Unterdrückung der Inflation sei nicht nur wirkungslos, sondern die Auferlegung von Preiskontrollen führe – darin war sich Friedman mit Mises und Hayek einig – zwangsläufig zur zentralen Planung. Habe sich infolge von Preiskontrollen einmal eine unterdrückte Inflation aufgebaut, so sei es unvermeidlich, einen Zyklus von Aufschwung und Rezession zu durchlaufen. Nachdem sich das ganze Haus übermäßig aufgeheizt habe, müsse man das ganze Haus abkühlen: »Wirksame Maßnahmen zur Inflationsbekämpfung sind schmerzhaft. Ist die Inflation einmal in Gang gesetzt, so gibt es einfach keinen anderen Weg zu ihrer Beendigung als eine Drosselung der Wirtschaft und wahrscheinlich eine Rezession.«[195]

Im Gegensatz dazu erklärte Galbraith, wir sollten nicht warten, bis das ganze Haus zuerst überhitzt wird und sich anschließend in einen Eispalast verwandelt, was für die Bewohner mit großem Leid verbunden sein wird. Stattdessen sollten wir die Wärmeströme und die Struktur des Hauses sorgfältig studieren. Möglicherweise können wir in einzelnen Räumen die Fenster öffnen. Wir können die Heizkörper in diesen Räumen bis zum Anschlag aufdrehen, um den Druck zu verringern, und in den Räumen, in denen kein Fenster geöffnet werden kann, die Temperatur drosseln. Das wird das Problem im Ofen nicht beheben, aber eine erträgliche Temperatur im Haus aufrechterhalten, während wir nach einem Weg suchen, den Ofen zu reparieren.

Galbraith appellierte an den gesunden Menschenverstand. Friedman hingegen sprach dem Laien die Fähigkeit zur vernünftigen Beurteilung der Situation ab: »Sieht man von studierten Volkswirten ab, so sind die meisten Leute zur Verzweiflung jedes Ökonomen anscheinend unfähig zu verstehen, wie ein Preissystem funktioniert.«[196] Friedman bezeichnete Galbraith wiederholt als »Sozialisten oder Schlimmeres«[197] und machte sich sogar die Mühe, ein ganzes Buch zu schreiben, um die Popularität von Galbraiths wirtschaftlichen Vorstellungen zu bekämpfen.[198] In den Regierungsjahren von Margaret Thatcher in Großbritannien und Ronald Reagan in den Vereinigten Staaten gelang es Friedman, Experten und Öffentlichkeit davon zu überzeugen, dass Preiskontrollen nie einen Nutzen hätten. Zu einer Zeit, als die von Friedman vertretene Wirtschaftstheorie unmittelbar nach dem Zusammenbruch der Sowjetunion ihren Zenit erreichte, rief Galbraith der Welt den zutiefst unethischen Charakter dieses wirtschaftlichen Denkens in Erinnerung. Friedmans Ansatz zur Wirtschaftspolitik beruhe auf der

> gelassenen Hinnahme von – oder sogar einem Bekenntnis zu – Knappheit, Arbeitslosigkeit, Inflation und katastrophal verringerten Lebensstandards. Das wird sogar als unverzichtbare Therapie betrachtet: Die Erfahrung von Arbeitslosigkeit und Hunger werde eine neue und stärkere Arbeitsethik und Arbeitskräfte hervorbringen, die sich bereitwillig der Disziplin des freien Unternehmertums unterwerfen.[199]

Genau das ist die Logik der Schocktherapie.

Vor dem Hintergrund der scharfen ideologischen Konfrontation zwischen dem Labour-Politiker Tony Benn und der wohl bedeutendsten Vorreiterin einer neoliberalen politischen Wende, Premierministerin Margaret Thatcher, legte der deutschstämmige britische Ökonom Frank Hahn 1981 ein Paper mit dem Titel »Reflections on the Invisible Hand« vor. Sowohl jene, die von der Allmacht der sichtbaren Hand überzeugt seien, erklärte er darin, als auch jene, die an die Macht der unsichtbaren Hand glaubten, gingen davon aus, »dass es irgendwo eine Theorie, das heißt ein Gefüge von logisch miteinander verbundenen Aussagen gibt, das auf nicht vollkommen mit den Tatsachen unvereinbaren Postulaten beruht und die von ihnen verfochtene Politik unterstützt«.[200] Dieselbe Annahme lag beiden entgegengesetzten Positionen in der Debatte über die Wirtschaftsrechnung im Sozialismus der Zwischenkriegszeit und der wirtschaftlichen Orthodoxie jener Zeit zugrunde. Doch im Zweiten Weltkrieg wählten sogar die Vereinigten Staaten, die sich als Vorreiter des freien Unternehmertums betrachteten, im Umgang mit der unsichtbaren Hand einen pragmatischen Ansatz und kontrollierten die meisten Preise und Löhne, um den Krieg zu finanzieren und die Inflation niedrig zu halten. Während das Ideal der unfehlbaren unsichtbaren Hand aufgegeben worden war, hatte man gleichzeitig auch eingestanden, dass es kein »Gefüge von logisch miteinander verbundenen Aussagen« gab, das geeignet gewesen wäre, um einen umfassenden Plan für die Wirtschaftspolitik zu entwerfen. Stattdessen musste man von Fall zu Fall einen »unbestimmten, schrittweisen Ansatz« wählen, den Hahn als »einzig vernünftigen in der Wirtschaftspolitik« empfahl.[201]

Wie Galbraith beobachtete, hatte dieser Einstellungswandel in Friedenszeiten keinen Bestand:

> Obwohl die Erfahrung im Zweiten Weltkrieg im Allgemeinen in mehrerlei Hinsicht unerwartet erfolgreich war, fand sie bei den Ökonomen kaum Beachtung. Obwohl viele von ihnen daran beteiligt waren, kehrten die meisten nach dem Krieg erleichtert nicht nur zu ihren Kollegen und an die Universitäten, sondern auch zur Lehrbuchökonomie und zu den unkontrollierten Märkten zurück, die anscheinend die Norm in Friedenszeiten waren.[202]

Die Wirtschaftsverbände warben im Jahr 1946 erfolgreich für ein rasches Ende der Preiskontrollen und verbündeten sich mit Ökonomen, die erneut für das ungestörte Wirken der unsichtbaren Hand eintraten. Von Mises, Hayek, Friedman und andere beharrten darauf, dass jede Art von direkter Preiskontrolle auf die rutschige Bahn zur zentralen Planung und zum Ende der Freiheit führen werde. In den achtziger Jahren setzte sich dieser Glaube an den reinen Wettbewerb, der seinen Ausdruck im Zauber des Preismechanismus fand, in der öffentlichen Debatte vielerorts durch. Aber selbst dann wurde an bestimmten Preiskontrollen – zum Beispiel bei Energie, landwirtschaftlichen Erzeugnissen, Mieten und Mindestlöhnen – in vielen Ländern festgehalten.

Als sich angesichts der Krise der sozialistischen Kommandowirtschaft in den achtziger Jahren die Frage stellte, wie dieses System reformiert werden konnte, erklärten jene, die überzeugt waren, die sichtbare und unsichtbare Hand könnten nicht zusammenwirken, man könne nur zwischen dem guten Idealtyp des freien Marktes und dem schlechten Idealtyp der zentralen Planung wählen. Die Geschichte habe bewiesen, dass die zentrale Planung ein Irrtum sei. Also gebe es nur »die Wahl keiner Wahl«. Wie seit Jahrzehnten verkündet, werde jegliches Zugeständnis an Preiskontrollen – und sei es nur für einzelne Güter – wieder zur zentralen Planung führen. Daher bestehe die einzige Möglichkeit zur Reform des sozialistischen Wirtschaftssystems darin, auf einen Schlag alle Preise freizugeben. Genau das geschah in der früheren Sowjetunion und vielen osteuropäischen Ländern. China entkam einer solchen Urknall-Reform, indem der Staat die spontanen Marktkräfte nutzte. Diese Eingriffe können mit Blick auf eine lange Tradition der chinesischen Staatskunst analysiert werden.

Mit anderen Worten: *Die unsichtbare Hand wurde unter Anleitung der sichtbaren Hand eingeführt.*

3
Sieg über die Hyperinflation

Kommunistische Revolution, Markterschaffung und Preisstabilisierung

> Das neue China unter der Führung der Kommunistischen Partei brachte innerhalb eines Jahres die seit zwölf Jahren galoppierende Inflation, die von der alten Gesellschaft hinterlassen worden war, unter Kontrolle. [...] Die Lage war so überzeugend, dass die Bourgeoisie keine andere Wahl hatte, als sich zu unterwerfen.
>
> *Liu und Wu 1986: 37f.*

> Die Regierung des kommunistischen China bringt die Preise erfolgreich unter Kontrolle. [...] Die Kontrolle der Preise von Gütern des täglichen Bedarfs, Rohstoffen und Treibstoff wird bewerkstelligt, indem bei sinkenden Preisen gekauft und bei steigenden Preisen verkauft wird. Auf diese Art wird ein Marktgleichgewicht hergestellt.
>
> *CIA-Bericht über China, 1952*

Friedrich Hayeks Argument der rutschigen Bahn hat zumindest einen großen Vorteil: Es ist von überschaubarer Komplexität. Preiskontrollen, so Hayek, führen zwangsläufig zum Totalitarismus. Allerdings zeigen zumindest zwei historische Erfahrungen, dass nicht Preiskontrollen, sondern eine galoppierende Inflation zu fundamentalen politischen Brüchen führte. Sowohl dem Aufstieg der deutschen Faschisten als auch dem Sieg der chinesischen Kommunisten ging ein Verlust der Kontrolle über das Preis- und Währungssystem voraus, was zu Hyperinflation führte.[1] Lionel Robbins bemerkte dazu einmal: »Die Abwertung der Mark in den Jahren 1914-23 [...] ist eine der wichtigsten Episoden in der Geschichte des 20. Jahrhunderts. Nicht nur aufgrund des Ausmaßes, sondern auch wegen ihrer Auswirkungen ist sie von großer Bedeutung für uns. [...] Hitler ist das Ziehkind der Inflation.«[2]

In seiner klassischen Studie *The Chinese Inflation 1937-1949* aus dem Jahr 1963 verweist der damals an der University of Pittsburgh lehrende Ökonom Chou Shun-hsin auf ähnlich dramatische politische Konsequenzen der Hyperinflation in China.[3] Chou und andere Beobachter gelangten unabhängig von ihrer politischen Ausrichtung zu dem Schluss, die Inflation sei »einer der Hauptgründe für den Zusammenbruch der nationalistischen Regierung und den Aufstieg des Kommunismus in Festland-China« gewesen.[4]

So wie die Inflation zum Sturz der Nationalisten beitrug, verlieh der Erfolg im Bemühen um Preisstabilität wenige Monate nach der Machtübernahme der Kommunistischen Partei Chinas (KPCh) deren Herrschaft Legitimität.[5] Dass es den Kommunisten derart schnell gelang, die Hyperinflation in den Griff zu bekommen, entkräftete die pessimistischen Prognosen der kapitalistischen Mächte, die nach dem Zweiten Weltkrieg selbst Mühe hatten, das Preisniveau zu stabilisieren.[6]

In der langen Geschichte Chinas gingen die dynastischen Zyklen häufig mit den Zyklen der Währungsstabilität einher.[7] In den Zeiten des Kaiserreichs wurde einem Herrscher, der die Währung unter Kontrolle brachte, zugestanden, dass er ein »Mandat des Himmels« habe und die Macht rechtmäßig im Namen der himmlischen Kräfte ausübe, um seine moralische Verpflichtung zu erfüllen und dem Volk zu dienen. Als Chen Yun, zu jener Zeit Vorsitzender der Finanz- und Wirtschaftskommission der kommunistischen Regierung und der wichtigste Wirtschaftspolitiker der Partei, anlässlich des dreißigsten Jahrestags der Gründung der KPCh im Jahr 1951 eine Bilanz der wirtschaftlichen Leistungen der Kommunisten zog, bezeichnete er die Stabilisierung des Geldwerts als ihren größten Erfolg.[8] Zweifellos festigte der Sieg über die Hyperinflation die Herrschaft der Kommunisten und hatte symbolische Bedeutung für ihren Machtanspruch.

Ein Schlüsselelement des Erfolgs der KPCh im Kampf gegen die Hyperinflation Ende der vierziger und Anfang der fünfziger Jahre war die Wiedererschaffung und Integration der Märkte unter Einsatz staatlicher Handelsagenturen. Die Wiederherstellung von Handelsnetzen zur Verteilung grundlegender Güter diente dazu, die Produktion wiederzubeleben, die städtische und ländliche Wirtschaft wieder miteinander zu integrieren und schließlich den Geldwert zu stabilisieren. Dabei stützten sich die Kommunisten auf Techniken der Wirtschaftslenkung und Preisregulierung mittels einer staatlichen Marktbeteiligung, die eine auffällige Ähnlichkeit mit den Methoden hatte, die Teil der in Kapitel 1 behandelten Tradition der Staatskunst waren.

Die Politik der Kommunisten in den vierziger Jahren wurde nicht zwangsläufig direkt von den alten Texten beeinflusst. Aber es steht außer Zweifel, dass sie die traditionellen Techniken zur Wirtschaftsregulierung, das System der Getreidespeicher und das staatliche Salzmonopol kannten. Der »wirtschaftlichen Kriegführung« der vierziger Jahre lagen ganz ähnliche Prinzipien wie jene zugrunde, die im *Guanzi*, in der *Debatte über Salz und Eisen* und in späteren Schriften zur Staatskunst formuliert worden waren, um insbesondere in Kriegszeiten und Finanzkrisen die Herausforderungen der Finanzpolitik und der Preisstabilität zu bewältigen. Das deutet darauf hin, dass die wirtschaftliche Kriegführung der kommunistischen Revolutionäre tiefe historische Wurzeln hatte. Einige Forscher haben angeführt, grundlegende Merkmale der Guerillapolitik der Kommunistischen Partei entsprächen »alten und einflussreichen traditionellen Vorstellungen, denen zufolge flexible, dialektische und taktische Methoden angewandt werden sollten, um allgegenwärtige Spannungen und Widersprüche zu beherrschen«.[9] Dasselbe gilt auch für die Wirtschaftspolitik.

Die entscheidende Frage, welche die Reformer Ende der siebziger Jahre des 20. Jahrhunderts und im folgenden Jahrzehnt beantworten mussten, lautete: *Wie* konnten die Wirtschaft und die Märkte (wieder)aufgebaut werden? In der Auseinandersetzung mit dieser Frage blickten die Gestalter der Politik auf die Erfahrungen der »wirtschaftlichen Kriegführung« im Bürgerkrieg und die Reintegration des nationalen Markts nach der Revolution zurück, die als institutionelles Vermächtnis für Experimente herangezogen wurden. Die Erfahrung der wirtschaftlichen Stabilisierung und des Marktaufbaus ist unverzichtbar für das Verständnis der chinesischen Reformstrategie. Einige Autoren behaupten gar, dass die in den Kriegsjahren angewandten Methoden einen prägenden Einfluss auf das heutige China gehabt haben.[10] Bei seiner zweigleisigen Reform stützte sich China teilweise auf die Erfahrungen altgedienter Revolutionäre und lokaler Parteifunktionäre mit dem Marktaufbau. Nachdem die Kommunistische Partei Chinas die im Bürgerkrieg angewandten finanztechnischen und wirtschaftlichen Taktiken jahrzehntelang weitgehend geheim gehalten hatte, erschienen in den achtziger Jahren zahlreiche Publikationen zur »wirtschaftlichen Kriegführung«.[11] Ein früher Beitrag zu dieser Diskussion war Xue Muqiaos *Wirtschaftliche Arbeit in den befreiten Gebieten von Shandong während des Antijapanischen Kriegs und des Befreiungskriegs.*[12] Xue zählte zu den maßgeblichen Architekten sowohl der »wirtschaftlichen Kriegführung« in den vierziger Jahren als auch der vierzig Jahre später durchgeführten Wirtschaftsreformen. Zu Beginn der Reformära, erklärte Xue im Vorwort seines Buchs, musste »ein Großteil der Erfahrungen mit unserer wirtschaftlichen Arbeit während des revolutionären Kampfs für unsere Gegenwart erneut herangezogen werden«.

Hyperinflation und gescheiterte Bemühungen um Preiskontrolle

Die nationalistische Regierung verlor die Kontrolle über die Inflation, weil es ihr nicht gelang, die Volkswirtschaft unter Kriegsbedingungen zu kontrollieren. Die Inflation begann mit dem Ausbruch des Japanisch-Chinesischen Kriegs im Jahr 1937 und entwickelte sich bis Mitte der vierziger Jahre zu einer chronischen Hyperinflation. Die Geschwindigkeit der Geldentwertung beschleunigte sich, da die Preise schneller stiegen als die Geldmenge.[13]

Das grundlegende Problem der Kriegsfinanzen wurde im Fall Chinas dadurch erheblich vergrößert, dass es dem Staat nicht gelang, seine Einnahmequellen wiederherzustellen. Die unzureichenden Staatseinnahmen und die hohen Kriegskosten brachten die Nationalisten in eine ausweglose Lage, als die Amerikaner einen ausgeglichenen Staatshaushalt zur Vorbedingung für zusätzliche Kredite machten. Die nationalistische Regierung griff auf die nach Keynes' Einschätzung unvorteilhafteste Methode zur Finanzierung des Kriegs zurück: Sie warf die Geldpresse an, um das Haushaltsdefizit zu finanzieren.[14] Die Inflationsspirale beschleunigte sich, und bald stiegen die Preise schneller, als die Geldmenge erhöht werden konnte.[15]

Der Ökonom Ronald Hsia sah zwei Ursachen für die Hyperinflation.[16] Zum einen »ein vollkommen unzureichendes Angebot an Produkten des täglichen Bedarfs in den Städten« und zum anderen »ein stetig wachsender Geldzufluss«, was dazu führte, dass eine unablässig wachsende Geldmenge auf eine unzureichende Menge an Gütern traf, die notwendig gewesen wären, um die Grundbedürfnisse der Bevölkerung zu erfüllen.[17] Beide Faktoren hatten ihren Ursprung in der japanischen Eroberung der produktivsten Gebiete Chinas. Dies schnitt das Land von wichtigen Lieferungen ab und beraubte den Staat unverzichtbarer Einnahmequellen einschließlich der Salzindustrie.[18]

Der Mangel an grundlegenden Gütern wurde durch zwei Faktoren verschärft. Da war zunächst der *Zusammenbruch des integrierten Marktes*: Solomon Adler, der von 1941 bis 1947 für das amerikanische Finanzministerium in China arbeitete, beobachtete, dass »die Integration zwischen lokalen und regionalen Märkten und zwischen diesen und dem nationalen Markt extrem ungleichmäßig war«.[19] Der Güterverkehr insbesondere auf der Schiene und auf den Wasserstraßen litt unter japanischen Blockaden, Krieg und Missmanagement.[20] Die Beschlagnahmung von Karren durch das Militär beraubte die Bauern der Transportmittel, die sie brauchten, um die Ernte zu den lokalen Märkten zu bringen.[21] Die Desintegration des nationalen Marktes kam auch in erheblichen regionalen Schwankungen der Getreidepreise und des allgemeinen Preisniveaus zum Ausdruck.[22] Abgesehen vom Zusammenbruch der Logistik litt der Handel unter dem Fehlen einer einheitlichen und stabilen nationalen Währung, da Nationalisten, Kommunisten und japanische Besatzer jeweils eigene Währungen in Umlauf brachten.[23]

Der zweite Faktor, der den Mangel an grundlegenden Gütern verschlimmerte, war *ein dramatischer Rückgang der heimischen landwirt-*

schaftlichen Produktion, der mit einem Einbruch der Importe einherging. Die zentralen Wasserspeicherungs- und Bewässerungssysteme wurden nicht angemessen gewartet, was das Land anfällig für Überschwemmungen und Dürre machte. Der Anstieg der Löhne in den Städten und die Einberufung von Soldaten in den Kriegsdienst verursachten einen Arbeitskräftemangel auf dem Land. Da sie von den Lieferkanälen abgeschnitten waren, gingen viele Bauern zur Subsistenzwirtschaft über: Sie zogen sich vom kollabierenden nationalen Markt zurück und gaben den Anbau von Cash Crops auf, um sich auf Getreide für die Selbstversorgung zu beschränken.[24] Dem Ökonomen Ramon Myers zufolge erreichte der Kollaps des Vertriebssystems für Getreide unter der Herrschaft der Nationalisten ein in der Kaiserzeit ungekanntes Ausmaß.[25] Die Folge war, dass die Getreidepreise in den Städten so stark stiegen, dass es sich rentierte, Getreide aus dem Ausland zu importieren. Die nun von Importen abhängigen Regionen wurden in den vierziger Jahren durch japanische Blockaden vom internationalen Handel abgeschnitten und hatten Schwierigkeiten, ihre Bevölkerung zu ernähren. Die Getreideknappheit löste Panik und Hamsterkäufe aus, was den Mangel weiter verschärfte.[26]

Ein dritter Faktor, der die Inflation befeuerte, war, dass *Spekulation und Hamsterkäufe sehr viel rentabler waren als die Industrieproduktion.* Kapitalisten strebten zunehmend nach kurzfristigen Gewinnen durch Spekulation auf Güterpreise, um die Erträge in Gold und ausländischen Währungen anzulegen und ins Ausland zu schaffen, anstatt sie in die heimische Produktion zu investieren. Im Jahr 1943 trat China in eine industrielle Depression ein.[27] Die Preise von Energie und Grundstoffen stiegen, während die Produktion schrumpfte. Die Transportkosten stiegen rasant. Die eskalierende Inflation löste große Streiks aus. Die Regierung versuchte, die Streikenden zu beschwichtigen, indem sie die Löhne an die Preisentwicklung koppelte. Das Resultat war eine Preis-Lohn-Spirale, welche die Preise weiter in die Höhe trieb.[28] Lohnempfänger wollten das rasch von der Inflation aufgefressene Geld so schnell wie möglich loswerden und horteten Konsumgüter, um ihren Lebensunterhalt zu sichern.[29]

Die Nationalisten verschärften die Rentabilitätskrise in der Industrie mit ihrer Strategie zur Sicherung der Staatseinnahmen. Vor dem Kriegsausbruch hatte sich Chiang Kai-shek in der Stadt Lushan mit einigen der führenden Ökonomen Chinas zusammengesetzt, um über die Frage der Kriegsfinanzen zu sprechen. Ein prominenter Berater war Ma Yinchu. Ma ist vor allem wegen seiner Malthus'schen Ökonomie bekannt, auf der Chinas Ein-Kind-Politik in den achtziger Jahren beruhte. Er hatte Wirtschaftswissenschaft an der Columbia University studiert und sich insbesondere mit den Finanzen der Stadt New York beschäftigt.[30] Nach seiner Heimkehr warb Ma in China für eine Nachahmung westlicher Institutionen und Praktiken und konzentrierte sich auf Geldpolitik, Bankenwesen und Steuerpolitik.[31] In Lushan wurde beschlossen, statt der ländlichen Wirtschaft Gehälter und Grundbesitz in den Städten zu besteuern, Schulden aufzunehmen und Geld zu drucken.[32]

Die nationalistische Regierung unternahm mehrere erfolglose Versuche, den Geldwert zu stabilisieren, darunter die Einführung neuer Währungen und zwei (gescheiterte) Anläufe in den Jahren 1942 und 1943, eine allgemeine Preisbremse nach amerikanischem Vorbild durchzusetzen. Leon Henderson, der ehemalige Leiter des amerikanischen Office of Price Administration, wurde als Berater beigezogen.[33] Weitere mit einer Währungsreform einhergehende Versuche, die Preise unter Kontrolle zu bringen, wurden 1947 und 1948 unternommen.[34] Doch es gelang Henderson und der nationalistischen Regierung nicht, den Erfolg der Vereinigten Staaten beim Einfrieren der Preise zu wiederholen.

Die Hauptgründe für das Scheitern der chinesischen Bemühungen entsprachen just denen, die Galbraith als Gründe für den Erfolg derselben Politik in den Vereinigten Staaten identifizierte. Aufgrund der geringen Konzentration der agrarisch geprägten chinesischen Volkswirtschaft, in der die Industrie schrumpfte und die Wechselkurse abstürzten, fand keine selbstverwaltete Rationierung der Lieferanten zu stabilen Preisen statt, was in der hochgradig konzentrierten amerikanischen Industriewirtschaft (nach Einschätzung Galbraiths) sehr wohl der Fall war. Stattdessen zogen die chinesischen Kaufleute ihre regelmäßigen Lieferungen zurück und spekulierten mit ihren Vorräten. Sogar produktive Unternehmen gingen von der Erzeugung neuer Güter zur Spekulation mit ihren Vorräten über. Desinvestition und Kapitalflucht untergruben die Produktionskapazitäten weiter.[35]

Nach vierjähriger Inflation hatte die chinesische Bevölkerung den Glauben an den Wert des Geldes verloren. Die Menschen waren nicht länger bereit, einen großen Teil ihres Einkommens zu sparen wie die Amerikaner während des Zweiten Weltkriegs. Im Gegenteil: Die Chinesen versuchten, sich ihres Bargelds so rasch wie möglich zu entledigen, womit sie die Geldentwertung beschleunigten und den Nachfragedruck erhöhten.[36] Im Gegensatz zu den Vereinigten Staaten, deren Produktion im Zweiten Weltkrieg stieg, war die chinesische Wirtschaft nicht in der Lage, Konsumgüter bereitzustellen.

Zwei weitere wichtige Gründe für das Scheitern der Preiskontrolle waren die ausgeprägten regionalen und lokalen Preisunterschiede, die eine Folge der Desintegration des Marktes waren, sowie die ungleichmäßige staatliche Kontrolle, die im Wesentlichen auf die Städte beschränkt war. Unter diesen Bedingungen mieden die Kaufleute jene Orte (normalerweise Städte), an denen die Preiskontrollen wirksam durchgesetzt wurden, was die örtliche Knappheit und den Preisdruck verschärfte.[37] Die in städtischen und ländlichen Gebieten uneinheitlichen Preiskontrollen führten auch dazu, dass die Preise in den Städten niedriger waren, was zur Folge hatte, dass Getreide aufs Land zurückgebracht wurde. Die Regierung war nicht in der Lage, die Rationen an Grundnahrungsmitteln zu garantieren, die sie als Teil der Preisbremse eingeführt hatte, und ging stattdessen wieder zu Geldsubventionen über. Der Zusammenbruch des Getreidemarkts löste Unruhen aus, die das System der Preiskontrollen untergruben.[38]

Ein umfassendes staatliches Salzmonopol, das in China seit Jahrtausenden immer wieder Bestand hatte, war eine mögliche Ergänzung zur allgemeinen Preisbremse im Bemühen, die Krise der Staatsfinanzen und des Geldwerts zu bekämpfen. Die Nationalisten dachten über die Wiedereinführung eines solchen Monopols nach, von dem sie sich einen Beitrag zur Preisstabilität und eine Einnahmequelle für den Staat versprachen. Doch nachdem die nationalistische Regierung im Dezember 1940 Anstalten gemacht hatte, das Salzmonopol wiederherzustellen, gab sie dieses Vorhaben auf Druck der amerikanischen Berater letztlich auf. Die Regierung hatte vorgehabt, die gesamte Salzproduktion aufzukaufen und zu befördern, um sie an Händler zu verkaufen, die das Salz anschließend zu einem Festpreis anbieten sollten.[39] Die für das Monopol vorgebrachten Argumente entsprechen denen, die Sang Hongyang in der *Debatte über Salz und Eisen* sowie die Befürworter eines Salzmonopols in der Kaiserzeit verfochten hatten: Auf diese Art könne die Steuerhinterziehung vermieden werden; die Gewinne würden statt in die Schatztruhen der Mittelsmänner in die Staatskasse fließen; und den Versuchen von Kaufleuten, die Preise durch Spekulation in die Höhe zu treiben, werde ein Riegel vorgeschoben. Zudem werde eine Erhöhung der Monopolpreise bei der Bevölkerung auf geringeren Widerstand stoßen als Steuererhöhungen.[40]

Als der amerikanische General Lockhart, der als stellvertretender Leiter der chinesischen Salzverwaltung fungierte, von dem geplanten Monopol erfuhr, »konfrontierte er Finanzminister H. H. Kung sofort mit ernsten Einwänden gegen das Vorhaben«.[41] Arthur N. Young, ein Ökonom von der Princeton University und ehemaliger Wirtschaftsexperte im amerikanischen Außenministerium, der zu jener Zeit als Finanzberater der nationalistischen Regierung und der chinesischen Zentralbank tätig war, schloss sich Lockharts Widerstand gegen ein staatliches Salzmonopol an.[42] Young hatte keine hohe Meinung von der Qualität der chinesischen Wirtschaftsführung und hielt die chinesischen Verwaltungsbeamten für »ökonomisch im Wesentlichen ungebildet«.[43] Er brachte die üblichen Argumente gegen Staatsmonopole vor, die in der modernen Volkswirtschaftslehre allgemein bekannt sind, und betonte, der Plan verstoße gegen die Zusagen, die den ausländischen Anleihekäufern gegeben worden seien.[44]

Trotz des Widerstands prominenter amerikanischer Berater führte die nationalistische Regierung im Januar 1942 eine überarbeitete Version des Salzmonopols ein, das jedoch deutlich begrenzter war als ursprünglich geplant. Trotz ihrer skeptischen Haltung gegenüber dem Monopol mussten sowohl Chang als auch Young erkennen, dass die Einnahmen aus dem Salzhandel und die Salzsteuer zu einer wichtigen Geldquelle für den Staat wurden und lediglich von den Einnahmen aus der in natura eingehobenen Getreidesteuer übertroffen wurden.[45] Wäre es gelungen, ein umfassendes Salzmonopol zu errichten, so hätte sich die nationalistische Regierung möglicherweise einen Einnahmestrom sichern können, der ihre Abhängigkeit von der Geldpresse verringert hätte.

Schließlich hatte die im Vergleich zu anderen Eingriffen der Nationalisten erfolgreichste, aber letzten Endes ebenfalls wirkungslose Maßnahme zur Kontrolle der Preise eine auffällige Ähnlichkeit mit der Stabilisierung des Getreidepreises durch die Ausgleichsspeicher und mit der in der *Debatte über Salz und Eisen* beschriebenen Politik der »Gleichmäßigkeit«.[46] Ende des Jahres 1938 rief die nationalistische Regierung ein »Amt für den Kauf von Gütern des täglichen Bedarfs zwecks Wiederverkauf zu fairen Preisen« ins Leben. Diese Behörde kaufte bestimmte Güter in großen Mengen ein und verkaufte sie anschließend auf den örtlichen Märkten unter dem Marktpreis, womit sie die privaten Anbieter unter Druck setzte, damit sie ihre Preise ebenfalls senkten. Gegenstand des Programms waren essenzielle Güter wie Reis, Salz, Speiseöl, Treibstoff, Baumwolle, Baumwollgarn und -stoffe, Papier, Zucker, Streichhölzer und Tabak.[47] Doch es gelang dem Staat nicht, einen ausreichend großen Anteil am Angebot zu kaufen, und korrupte Beamte spekulierten mit den staatlichen Vorräten. Daher blieb die Wirkung dieses Programms sehr begrenzt.

Die Unfähigkeit der nationalistischen Regierung, die Wirtschaftslage unter Kontrolle zu bringen, trug zu ihrem Sturz bei. Bei der Eintreibung der Landwirtschaftssteuern war Missbrauch verbreitet, was erbitterten Widerstand unter den Bauern auslöste. Von der Inflation am schwersten getroffen wurden die städtischen Lohnempfänger einschließlich von Intellektuellen und Staatsbediensteten. Auch den Industriellen machte die Inflation schwer zu schaffen. Infolge der Desintegration der ländlichen und städtischen Wirtschaft wurden grundlegende Konsumgüter in den Städten knapp, während Industrieprodukte auf dem Land keine Abnehmer fanden. Die Kaufkraft von Staatsbediensteten und das Nahrungsmittelangebot für die Armee schrumpften; die Korruption breitete sich aus. Politischen Rückhalt genossen die Nationalisten fast nur noch bei den Handels- und Finanzkapitalisten und Grundherren, die von der galoppierenden Inflation profitierten. Die Nationalisten verloren de facto die Kontrolle über die Armee und die Bürokratie; Intellektuelle und große Teile der städtischen Bevölkerung entzogen ihnen ihre Unterstützung.[48] Solomon Adler stellte fest: »Ende des Jahres 1948, wenn nicht schon früher, war das alte Regime moralisch, politisch und wirtschaftlich bankrott. Um den traditionellen chinesischen Ausdruck zu verwenden: Es hatte das Mandat des Himmels verloren.«[49]

Die kommunistische Preisstabilisierung durch »wirtschaftliche Kriegführung«

> In den letzten fünf Jahren seit 1938 haben die öffentlichen Unternehmen gewaltige Fortschritte gemacht. Dieser Erfolg ist von unschätzbarem Wert für uns sowie für unsere Nation. Er bedeutet, dass wir ein neues Modell der Staatswirtschaft entwickelt haben.
>
> *Mao Zedong, 1942, nach Xue 1960: 24*

Die Wirtschaftsstrategie, auf die sich die Kommunisten bei ihrem Staatsbildungsprojekt während des chinesischen Widerstands- und Befreiungskriegs stützten, beruhte auf Techniken, die Ähnlichkeit mit den traditionellen Methoden zur Preisstabilisierung und Markterschaffung mittels ausgleichender Eingriffe staatlicher Handelseinrichtungen hatten. Die Entscheidung für diese Techniken fiel jedoch keineswegs augenblicklich, und sie waren nicht die erste Wahl der Kommunisten. Vielmehr gingen der Entscheidung eine umfassende Debatte über die Natur des Geldes und der Währungspolitik, monetäre Experimente in den von den Revolutionären kontrollierten Gebieten und eine Auseinandersetzung mit verschiedenen politischen Konzepten voraus, die in den zwanziger, dreißiger und frühen vierziger Jahren in der Feldforschung ausgearbeitet worden waren.[50]

Die Entwicklung einer funktionierenden Wirtschaftsstrategie war ein wesentlicher Bestandteil des flexiblen und anpassungsfähigen Guerillakriegs der Kommunisten. Anfangs hatten sie nur eine sehr begrenzte Kontrolle über kleine Märkte. Wie die Nationalisten versuchten die Kommunisten ohne Erfolg, den Wert ihrer Währung – und damit das Preisniveau – mit Preiskontrollen und Verboten zu stabilisieren (beispielsweise wurden die als *fabi* bezeichneten Banknoten der nationalistischen Regierung für illegal erklärt). Erst die Verknüpfung der Maßnahmen in den Bereichen Währung, Handel, Gewerbe und Produktion in einer einheitlichen Kampagne der »wirtschaftlichen Kriegführung« im Herbst 1943, die einem Amt für Industrie und Handel übertragen wurde, ermöglichte die Errichtung eines stabilen Währungsregimes.[51]

Ein wichtiger Vertreter der »wirtschaftlichen Kriegführung« der Kommunisten war Chen Yun. Heute ist er vor allem als einer der Architekten der Wirtschaftsreformen der späten siebziger und frühen achtziger Jahre bekannt, aber um seine Reformpolitik einordnen zu können, müssen wir seine Beiträge zur Ökonomie des Guerillakriegs verstehen. Das Konzept der »wirtschaftlichen Kriegführung« zeigt, dass die Kommunisten das Bemühen, das Wirtschaftsleben in den befreiten Gebieten mit wirtschaftlichen Mitteln wiederzubeleben, als zentralen Aspekt des revolutionären Kampfes betrachteten. Chen leitete Mitte der vierziger Jahre den Finanzausschuss des Nordwestlichen Revolutionären Basisgebiets. In einem Vortrag vor örtlichen Parteikadern fasste er die Prämissen für die Koordinierung der wirtschaftlichen Maßnahmen im Befreiungskampf zusammen. Er hob die Bedeutung von Handel und Güterzirkulation für Produktion und wirtschaftliche Entwicklung hervor. Chen warnte, ohne Möglichkeiten zum wirtschaftlichen Güteraustausch werde die Produktion zum Stillstand kommen, und erklärte, der wirtschaftliche Fortschritt sei entscheidend für den Erfolg der Revolution: »Nur wenn wir das Problem lösen, wie die Massen ernährt und gekleidet werden können, werden wir uns in die

Führer der Massen verwandeln. Daher ist ein revolutionärer Geschäftsmann ein wahrer Revolutionär.«[52]

Wenn die Kommunisten den Handel und damit die Produktion wieder in Gang bringen wollten, mussten sie die Hyperinflation unter Kontrolle bringen und das gesetzliche Zahlungsmittel der nationalistischen Regierung, den *fabi*, verdrängen und durch die Währungen der revolutionären Basisgebiete ersetzen.[53] Auf der Nordwestlichen Finanzkonferenz im Jahr 1944 erläuterte Chen den Zusammenhang zwischen wirtschaftlichen und politischen Maßnahmen. Anstatt sich auf Verbot und Kontrolle zu verlassen, mussten die Kommunisten den Kampf gegen den *fabi* seiner Meinung nach mit wirtschaftlichen Mitteln führen, die durch politische Maßnahmen ergänzt werden sollten. Chen erklärte, bisher habe sich die Parteiführung im wirtschaftlichen Kampf auf Anordnungen und Preiskontrollen konzentriert. Stattdessen sollte sie sich bemühen, den Wert der konkurrierenden Währungen zu regulieren. Hier komme dem Handel mit grundlegenden Gütern entscheidende Bedeutung zu. Die Kontrolle über den Salzhandel sei ausschlaggebend. Als weitere wichtige Güter bezeichnete Chen Getreide und Kleidung.[54]

Xue Muqiao: Revolutionärer Ökonom und Architekt der Wirtschaftsreformen

Die von Chen Yun im Jahr 1944 befürwortete Strategie war in den befreiten Gebieten von Shandong mit großem Erfolg angewandt worden und verwandelte die weitgehend von den Japanern besetzte nordöstliche Provinz in eine Finanzquelle für die kommunistische Revolution. Xue Muqiao, der in den achtziger Jahren einer der führenden Reformer werden sollte, trug wesentlich zur Planung der wirtschaftlichen Kriegführung in Shandong bei.[55] Xue ist einer der bekanntesten und einflussreichsten chinesischen Ökonomen des 20. Jahrhunderts. Wie bei vielen anderen späteren Reformarchitekten seiner Generation wurden seine wirtschaftlichen Vorstellungen wesentlich von den Erfahrungen geprägt, die er bei der Gestaltung der materiellen Grundlagen des Wirtschaftslebens im Befreiungskrieg sammelte.

Xue entstammte einer gebildeten Familie aus der östlichen Provinz Jiangsu, die einem ehemals wohlhabenden Clan angehörte, der jedoch einen wirtschaftlichen und sozialen Niedergang erlebt hatte. Als Kind verlor Xue seinen Vater. Er beging angesichts der Schulden seiner Familie Selbstmord.[56] Mit 23 Jahren trat Xue in die Kommunistische Partei ein. Als junger Mann wurde er von den Nationalisten ins Gefängnis gesteckt und studierte heimlich Marxismus, Ökonomie, Philosophie und Geschichte.[57] Intellektuellen Einfluss erlangte Xue erstmals, als er sich an einer Studie über die ländliche Wirtschaft beteiligte, die Chen Hansheng leitete, einer der produktivsten marxistischen Historiker Chinas und ein verdeckter Agent der Komintern. Die beiden wollten die Frage klären, an welchem Punkt seiner historischen Entwicklung sich China befand, das heißt, inwieweit China halbfeudal und halbkolonial war. Zu diesem Zweck sammelten Chen und sein Team eine große Menge an Daten.

Xue untersuchte seine Heimatstadt. Er dokumentierte das hohe Niveau der landwirtschaftlichen Produktion, des Fern- und Einzelhandels und der Bankaktivitäten seines Clans auf dem Höhepunkt seiner Macht während der Herrschaft des Kaisers Jiaqing (reg. 1796-1820) und verglich dies mit dem gegenwärtigen erbärmlichen Zustand, in dem die verbreitete Opium- und Spielsucht mit einer exzessiven Abschöpfung wirtschaftlicher Renten finanziert wurde. In einem weiteren Beitrag, in dem er die ausbeuterische Natur der ländlichen Wirtschaft Chinas untersuchte, stellte Xue fest, dass zehn Prozent der Landbevölkerung siebzig Prozent des Bodens besaßen, weshalb der Großteil der Landbevölkerung der Gnade feudaler Grundherren und reicher Bauern ausgeliefert war. Zweifellos war Xue mit der historischen Entwicklung und empirischen Realität der ländlichen politischen Ökonomie Chinas vertraut. Dieses Wissen nutzte er in der ausgesprochen theoretischen Debatte über den Entwicklungsstand Chinas und die sozialen Beziehungen im Land.[58]

Anfang des Jahres 1943 begann Xue, sich an der Wirtschaftsplanung der Kommunisten in Shandong zu beteiligen. Einige Monate früher hatten die Kommunisten erstmals versucht, die nationalistische Währung *fabi* zu verdrängen und ihr Papiergeld *beipiao* in den befreiten Gebieten zur einzigen Währung zu machen. Der Wert des *fabi* sank nach dem japanischen Angriff auf Pearl Harbor rasch, was zu einem Güterabfluss aus Shandong führte, der die Bemühungen der Kommunisten um eine Wiederbelebung der örtlichen Wirtschaft untergrub. In seiner Analyse des Scheiterns dieses ersten Versuchs wies Li Yu, der Sekretär des Provinzkomitees der Partei von Shandong, darauf hin, dass es ein Fehler gewesen sei, sich auf administrative Mittel zu verlassen und die Wechselkurse zwischen den Währungen willkürlich festzusetzen. Man müsse die Marktkräfte studieren und nutzen, anstatt Anordnungen zu geben, die den unsichtbaren Marktkräften widersprächen.

Nach monatelanger Diskussion gelangte die Parteiführung von Shandong zu der Entscheidung, die Auseinandersetzung um die Währung müsse mit dem Getreideversorgungssystem, der Sicherung von Einnahmen – insbesondere aus dem Salzhandel – und der Förderung und Regulierung des Handels verknüpft werden. Diese drei Maßnahmen mussten also monetarisiert werden, anstatt auf dem Tauschhandel zu beruhen. Die wirtschaftlichen Anstrengungen konnten nur erfolgreich sein, wenn man Finanzpolitik, Güterproduktion und Verteilung der Produkte mit der Währungsfrage verknüpfte. Den Handel zu fördern bedeutete, dass die Wirtschaftsstrategie der Kommunisten über die Grenzen der befreiten Gebiete hinausreichen musste. Anstatt durch Steuern »vom Volk zu nehmen« oder durch Sparmaßnahmen »von sich selbst zu nehmen«, bestand die beste Strategie darin, »vom Feind zu nehmen«. Dazu musste man den Feind mit wirtschaftlichen Mitteln schwächen. Xue Muqiao war der führende Kopf hinter der erfolgreichen Umsetzung dieser Strategie in den fünfjährigen Bemühungen in Shandong.[59]

In einem Dokument mit dem Titel »Richtlinien zu Untersuchung und Forschung« fasste Xue seine Vorstellungen von einer wirksamen Politik zusammen. Er forderte seine Parteigenossen auf, sich ein Bild von den konkreten Bedingungen und praktischen Resultaten politischer Maßnahmen zu machen, und erklärte, das sei nur durch ein eingehendes Studium typischer Fälle möglich. Nur das Verständnis repräsentativer Fälle ermögliche eine umfassende Kenntnis der allgemeinen Situation. In Xues Augen musste die Forschung eine große Zahl örtlicher Kader und Studenten in kollektive Studien einbinden. Gestützt auf diesen Forschungsansatz, übernahm Xue die Führung bei der Gestaltung von Maßnahmen zur Errichtung eines stabilen Währungssystems. Die Maßnahmen, die entscheidend dazu beitrugen, die wirtschaftliche Grundlage für den Erfolg der Kommunisten in Shandong zu schaffen, dienten als Muster für das Vorgehen in anderen revolutionären Basisgebieten und schließlich in ganz China.[60] So wiederholte die KPCh bewusst oder unbewusst Praktiken, die schon in der Kaiserzeit zur Preisregulierung angewandt worden waren.

Xues grundlegende Erkenntnis deckte sich mit der Li Yus und der Partei von Shandong und erinnert an einige der Grundprinzipien des *Guanzi*: Die politische Führung sollte die Marktkräfte im Streben nach ihren wirtschaftlichen Zielen nutzen und manipulieren, anstatt gravierende Verluste zu riskieren, indem sie gegen diese Kräfte ankämpfte. Aus diesem Grundprinzip zog Xue konkrete Lehren. Der bullionistischen Vorstellung, das kommunistische Papiergeld *beipiao* müsse mit einer Edelmetallreserve besichert werden, hielt Xue Muqiao entgegen, dass die KPCh stattdessen Vorräte an grundlegenden Gütern wie Getreide, Baumwolle, Erdnussöl und Salz anlegen sollte, um den Wert der Währung abzusichern.[61] Der Geldwert werde gewährleistet sein, wenn die Bevölkerung darauf vertrauen könne, dass die Währung geeignet war, um die essenziellen Güter zu erwerben. Xue drückte es so aus: »In einer Zeit materieller Knappheit sind Nahrungsmittel und Baumwolle wertvoller als Gold und Silber, die keine Mägen füllen und nicht gegen die Kälte schützen können.«[62] Daher müsse die KPCh ihr System für Handel und Getreideversorgung einsetzen, um den Geldwert zu garantieren, indem sie die ländliche und städtische Wirtschaft wieder miteinander integrierte. Im Vorfeld der Reformen in den achtziger Jahren[63] beschrieb Xue Muqiao gestützt auf seine Erfahrung in Shandong die Kernstrategie für die wirtschaftliche Kriegführung der KPCh:

> In den Revolutionskriegen gründeten wir überall in den ländlichen Basisgebieten Liefer- und Vermarktungskooperativen, die den Bauern ihre Produkte abkauften und sie mit Fertigerzeugnissen versorgten. Auf diese Art brachten wir die landwirtschaftliche Produktion wieder in Gang, unterstützten den Kriegseinsatz und versammelten die Bauern um uns, während wir ihre Bindung an die Bourgeoisie schwächten.[64]

Gleichzeitig, erklärte Xue, müsse der *beipiao* auf dem Markt konvertibel werden, um den *fabi* auszustechen. Zudem müsse die Kommunistische Partei den grenzüberschreitenden Handel nutzen, um den *fabi* zu verdrängen, indem sie die Marktkräfte für sich arbeiten ließ. Zu diesem Zweck musste die Partei Xue zufolge Reserven der konkurrierenden Währungen anhäufen, um deren Wert manipulieren zu können. Der Schlüssel zum Aufbau von Vorräten an grundlegenden Gütern und konkurrierenden Währungen war der Salzhandel.

Die Salzindustrie von Shandong war seit Jahrhunderten eine wichtige Einnahmequelle für den chinesischen Zentralstaat. Die Einnahmen aus dem Salzhandel in Shandong waren auch für die Nationalisten unverzichtbar, hatten diese Erträge doch einen Anteil von rund zwanzig Prozent an den gesamten Staatseinnahmen.[65] Die japanische Invasion schnitt die nationalistische Regierung von diesem großen Einnahmestrom ab. Nach der Übernahme der Salzfelder machten sich die Japaner daran, die Salzgewinnung zu modernisieren. Sie legten mittels administrativer Maßnahmen eine niedrige Preisobergrenze fest, um den Anstoß zu Kostensenkungen und in der Folge zum technischen Fortschritt zu geben. Allerdings drängten sie zahlreiche Salzbauern aus dem Markt und lösten einen Preisanstieg aus, was den Kommunisten eine Chance zur wirtschaftlichen Kriegführung gab.

Die KPCh öffnete den traditionellen »Salzkanal« wieder. Ähnlich wie bei den institutionellen Regelungen, die Jahrhunderte früher im *Guanzi* und in der *Debatte über Salz und Eisen* untersucht worden waren, nutzte der Staat den »Salzkanal«, um das Recht auf Beteiligung an der Salzgewinnung an Privatbetriebe zu verkaufen, welche die Salzfelder an Bauern verpachteten, bei denen es sich im Normalfall um arme Bauern handelte, die nicht allein von der Landwirtschaft leben konnten. Anstatt den Preis durch direkte administrative Maßnahmen zu kontrollieren, wurde mit dem »Salzkanal« die Zahl der Lizenzen für die Ausbeutung von Salzfeldern begrenzt. Alle Salzbauern, die bereit waren, mit der Kommunistischen Partei zusammenzuarbeiten, erhielten Lizenzen. So brachten die Kommunisten Schritt für Schritt einen Großteil der Salzgewinnung in Shandong unter ihre Kontrolle und steigerten ihren politischen Einfluss. Gleichzeitig übernahm die KPCh das Kommando über die Routen für den Salzhandel. Dieser war ausgesprochen rentabel und lieferte Einnahmen, mit denen der Kampf der Kommunisten finanziert wurde. Gemeinsam mit der Bevorratung mit Getreide versetzte er die Partei auch in die Lage, den Wert ihrer Währung *beipiao* abzusichern und den Kampf um die Währungshoheit in Shandong für sich zu entscheiden.[66]

Die Strategie, die unter Xus Leitung in Shandong entworfen wurde, wurde von der Partei in anderen Basisgebieten übernommen. Chen Yun, der damalige Vorsitzende der Finanz- und Wirtschaftskommission, erklärte, die wichtigste Maßnahme zur Stabilisierung von Marktkräften und Preisen bestehe darin, dem Zentralstaat genug Getreide und Baumwolle zu überlassen.[67] Das eigentliche Ziel war die Errichtung eines »organisierten sozialistischen Marktes«, der die Bestandteile der nationalen Wirtschaft wieder miteinander verbinden und schließlich den chaotischen kapitalistischen Markt überflügeln sollte.[68]

Revolution und Sieg über die Hyperinflation

Nach Chiang Kai-sheks Niederlage im Bürgerkrieg gründete Mao Zedong die Volksrepublik China. Am 21. September 1949 verkündete Mao vor der Politischen Konsultativkonferenz des chinesischen Volkes: »Wir schließen uns zusammen, schlagen mit Hilfe des Volksbefreiungskrieges und der großen Volksrevolution die Unterdrücker von innen und außen und verkünden die Gründung der Volksrepublik China.«[69]

Der Sieg über die Inflation war die dringendste wirtschaftliche Aufgabe der neuen Regierung.[70] Die Politische Konsultativkonferenz formulierte die Grundlinien der Wirtschaftspolitik für die neue Republik in einem »Gemeinsamen Programm«.[71] In enger Anlehnung an die Maßnahmen während der monetären Auseinandersetzungen in der Provinz Shandong hieß es in Artikel 37: »Staatliche Handelsorganisationen werden die Verantwortung dafür übernehmen, Angebot und Nachfrage anzupassen, die Güterpreise zu stabilisieren und die Volkskooperativen zu unterstützen.«[72] Solange der Krieg andauerte, mussten hohe Militärausgaben bewältigt werden, weshalb die Wiederherstellung der Produktion und die Sanierung der Staatsfinanzen nur langsam vorankamen. Die grundlegende Herausforderung von Nachfrageüberhang und Haushaltsdefizit konnte erst im Lauf der Zeit bewältigt werden. Wie die Ökonomen Richard Burdekin und Fang Wang gezeigt haben, gelang es der kommunistischen Regierung gegen alle Erwartungen, das Preisniveau zu stabilisieren, bevor das Budgetdefizit unter Kontrolle gebracht werden konnte.[73] Widerlegt war damit der Ansatz der Amerikaner, die neue Kredite für die Nationalisten von einer Haushaltssanierung abhängig gemacht hatten. Auch mit den Postulaten prominenter neoklassischer Ökonomen, zum Beispiel jenen des Nobelpreisträgers Thomas Sargent, war das nicht zu vereinbaren.[74]

In einem vertraulichen Bericht der CIA aus dem Jahr 1952 heißt es, die von den chinesischen Kommunisten zur Preisstabilisierung angewandte Methode weise auffällige Ähnlichkeit mit traditionellen chinesischen Prinzipien der Staatskunst auf. Der amerikanische Auslandsgeheimdienst hob hervor, dass die Kommunisten zuerst die Märkte für lebensnotwendige Güter unter Kontrolle brächten, und erklärte, dass die KPCh Privatunternehmen einsetzte und das dynamische Wechselspiel von Angebot und Nachfrage nutzte, um die Preise zu stabilisieren und Produktion und Vertrieb unter Kontrolle zu bringen. Die Strategie der kommunistischen Regierung bestand darin, die Preise für essenzielle Konsumgüter festzulegen.[75] Anstatt politischen Druck auszuüben und sich auf die Ordnungsmacht zu stützen, um die Marktpreise direkt vorzuschreiben und die Marktkräfte zu unterdrücken, wandten die Kommunisten die indirekte Methode der Preisführerschaft an und schafften es, die Marktkräfte wieder anzuregen und für ihre Zwecke zu kanalisieren. Die staatlichen Handelsorganisationen gaben Listenpreise vor, die den privaten Anbietern jedoch nicht einfach aufgezwungen wurden.[76] Diese Preise setzten sich erst durch, als der Staat die Preisführerschaft errungen hatte. In der Zwischenzeit existierten Listenpreise und Marktpreise nebeneinander – diese Praxis nahm das zweigleisige Preissystem der achtziger Jahre gewissermaßen vorweg.

Die staatlichen Handelsagenturen kann man als die Armee bezeichnen, die der kommunistische Staat in seinem Wirtschaftskrieg mobilisierte.[77] Ihre Gütervorräte legten diese Organisationen dank der Steuer in Naturalien, darunter insbesondere Getreide, in der Produktion der staatlichen Fertigungsindustrie und eines umfassenden Salzmonopols an; außerdem wurden Güter wie Baumwolle und Textilien bei Privatbetrieben und Bauern gekauft.[78] Als es den Kommunisten gelungen war, sich die Kontrolle über fast alle ländlichen Gebiete und strategischen Industriestädte – die sogenannten »Lebensadern« (*mingmai*) – zu sichern, konnten die staatlichen Handelsagenturen ihren Marktanteil bei grundlegenden Konsumgütern und Inputs rasch erhöhen.[79] Die Kommunisten stellten die Verkehrs- und Kommunikationsnetze wieder her und verknüpften damit erneut landesweit die städtische und ländliche Wirtschaft. Dank ihrer nationalen Netze konnten die staatlichen Handelsagenturen Güter dort kaufen, wo sie billig waren, um sie an Orten zu verkaufen, an denen sie begehrt waren.[80] Dabei orientierten sie sich an denselben Konzepten, die Sang Hongyangs »ausgleichender Vermarktung« zugrunde gelegen hatten. Auf diese Art wurde die ländliche Wirtschaft, die in großen Teilen des Landes zu einer der Selbstversorgung dienenden Tauschwirtschaft abgeglitten war, in die Geldwirtschaft zurückgeholt.[81]

Doch die Wiederherstellung des nationalen Marktes gab auch Spekulanten die Möglichkeit, den Kauf großer Mengen an essenziellen Gütern wie Getreide, Baumwollgarn und Textilien zu koordinieren.[82] Die staatlichen Handelsagenturen nutzten dieses Verhalten, um Kapitalisten in den Bankrott zu treiben: Zunächst schlossen sie sich der spekulativen Attacke auf ein bestimmtes Massengut an und kauften große Mengen an, womit sie den Preisanstieg beschleunigten. In dem Moment, da der Preis des betreffenden Massenguts ein sehr hohes Niveau erreichte, gaben die Handelsagenturen unvermittelt ihre Vorräte frei und überfluteten den Markt, was zur Folge hatte, dass die Preise abstürzten. Viele Spekulanten, die zu sehr viel niedrigeren Preisen verkaufen mussten, als sie gekauft hatten, konnten ihre Schulden nicht mehr bedienen und gingen bankrott. Zumindest wurde ihnen klar, dass sie keine sicheren Gewinne infolge von Preisanstiegen mehr erwarten durften. Die staatlichen Handelsagenturen hingegen sicherten sich schrittweise die Kontrolle über Märkte und Preise der wichtigsten Güter.[83]

Neben ihren Angriffen auf die professionellen Spekulanten brachten die Handelsagenturen essenzielle Konsumgüter über die staatlichen Einzelhandelsorganisationen direkt zu Listenpreisen auf den Markt.[84] Als die Chinesen sahen, dass sie nach jahrelanger Hyperinflation die Artikel des täglichen Bedarfs mit der neuen Währung Renminbi (RMB, »Volksgeld«) zu Listenpreisen kaufen konnten, gaben sie es im Lauf der Zeit auf, auf dem privaten Markt zu höheren Preisen erworbene Güter zu horten, und gewannen das Vertrauen in den Wert des Geldes zurück. Infolge der sukzessiven Angriffe auf die Spekulation und der Befriedigung der unmittelbaren Konsumnachfrage näherten sich die Marktpreise langsam den Listenpreisen der staatlichen Handelsagenturen an, die ihre Preisführerschaft festigten.[85] Die duale Struktur von staatlichen Listenpreisen und Schwarzmarktpreisen verschwand schrittweise, und das Preisniveau stabilisierte sich.

Abgesehen davon, dass er die Preisanstiege bei grundlegenden Gütern eindämmte, bemühte sich der kommunistische Staat in seinen ersten Jahren, ein Gleichgewicht zwischen Angebot und Nachfrage herzustellen. Um das zu erreichen, brachte er die Produktion wieder in Gang und verringerte die überschüssige Kaufkraft.[86] Der Staat sicherte sich Einnahmen, indem er ein effektives Steuereintreibungssystem einrichtete und Anleihen verkaufte. Gleichzeitig konnten die Militär- und Verwaltungsausgaben gesenkt werden, da sich der Krieg seinem Ende näherte und die Bürokratie gestrafft wurde.[87] Die Ersparnisse der Privathaushalte, die aufgrund der Hyperinflation eingebrochen waren, wurden erhöht, indem das im *Guanzi* formulierte und von Xue aufgegriffene Grundprinzip angewandt wurde: In einer im Wesentlichen agrarisch geprägten Volkswirtschaft hängt der Wert des Geldes davon ab, welche Menge der für den Lebensunterhalt essenziellen Güter damit erworben werden kann. Wie der niederländische Politikwissenschaftler und Historiker Otto van der Sprenkel mit eigenen Augen sah,[88] wurde das »gravierende psychologische Problem des tiefen Misstrauens gegenüber jeglichem Papiergeld« überwunden, indem die Spareinlagen in den neu verstaatlichten Banken und die Löhne an den Großhandelspreis von Getreide und Baumwolle gekoppelt wurden.[89] Als es gelang, den Preis dieser Güter zu stabilisieren, pendelte sich auch der Geldwert ein.

Die Stabilisierung verlief nicht reibungslos und ging mit einem Zyklus von Inflation und Deflation einher.[90] Doch letzten Endes war sie erfolgreich. Wie Daten der CIA zeigen,[91] wich die Hyperinflation im April 1950 einem allgemeinen Preisrückgang, auf den nach dem Ausbruch des Koreakriegs im Juni desselben Jahres eine erneute, aber weniger hohe Inflation folgte.[92] Die allgemeine Preisentwicklung deckte sich weitgehend mit jener bei Kleidung und Nahrungsmitteln, was seinen Grund darin hatte, dass sich die KPCh bei der Preisstabilisierung auf grundlegende Güter konzentrierte. Die Bemühungen waren nicht darauf beschränkt, den Anstieg des allgemeinen Preisniveaus zu verringern. Man versuchte darüber hinaus, ein Gleichgewicht zwischen den *relativen* Preisen grundlegender Güter herzustellen, um eine auf unterschiedlichen Preisniveaus beruhende Umverteilung zwischen städtischer und ländlicher Wirtschaft zu vermeiden. Sind die industriellen Güter zu teuer, leiden die Bauern auf dem Land und die Städter profitieren. Das Gegenteil gilt bei einem zu hohen Preis für landwirtschaftliche Erzeugnisse. Als einige Regionen im Jahr 1950 eine Rekordmenge an Weizen ernteten, gewährleisteten die staatlichen Handelsagenturen in Zusammenarbeit mit staatlichen und privaten Getreidehändlern eine ausreichende Nachfrage, um den Weizenpreis zu stützen. Sie legten auch Vorräte im Wert von Hunderten Milliar-

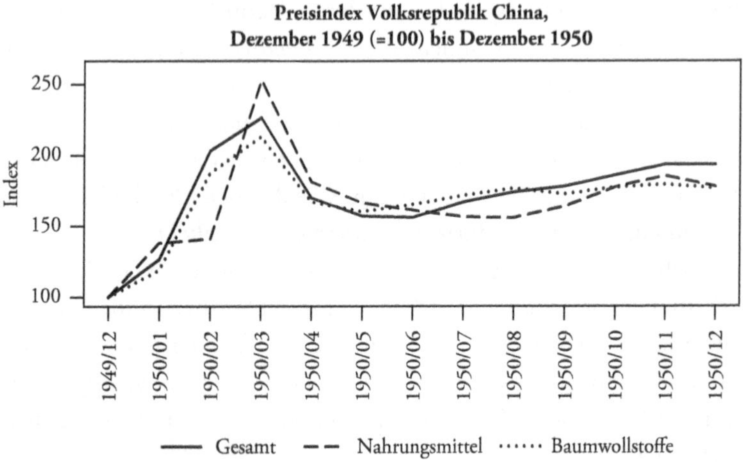

Schaubild 3.1: Preisindex Volksrepublik China, Dezember 1949 (=100) bis Dezember 1950. Quelle: CIA 1952.

den RMB an Kleidung, Kohle, Salz, Seife, Streichhölzern und anderen Gütern des täglichen Bedarfs an, um die Nachfrage der Landbevölkerung nach diesen Industrieerzeugnissen zu niedrigen Preisen erfüllen zu können. So wurden die relativen Preise durch gezielte Bemühungen um eine Kanalisierung von Angebot und Nachfrage stabilisiert.

Den Kommunisten gelang es, die Volkswirtschaft wiederherzustellen und die Hyperinflation zu überwinden, nachdem die Nationalisten an dieser Aufgabe gescheitert waren. Die beiden Ökonomen Liu Suinian und Wu Qungan haben diese Entwicklung aus Sicht der siegreichen Kommunisten zusammengefasst. Ihre Darstellung zeigt, wie wichtig die wirtschaftlich erfolgreiche Preisstabilisierung für die neuen Machthaber war: »Die Führungen einiger Länder und der Kuomintang behaupteten, diese finanziellen und wirtschaftlichen Schwierigkeiten seien unüberwindlich. […] Doch unter der Führung der Partei und der Volksregierung nahm das chinesische Volk die historische Aufgabe in Angriff, die ökonomischen Schwierigkeiten zu überwinden und die nationale Wirtschaft wiederherzustellen.«[93]

Auch einige andere Autoren messen dieser politischen Maßnahme große Bedeutung im Rahmen umfassenderer Anstrengungen bei. Ling Tseng und Lei Han haben hervorgehoben, dass die Einführung einer stabilen Währung mittels Wiederbelebung des geordneten Geldumlaufs nicht allein mittels geldpolitischer Eingriffe möglich gewesen wäre: Die Preisstabilität »konnte nicht allein durch die Bemühungen der Volksbank hergestellt werden. Sie war das Ergebnis der gemeinsamen Bemühungen von Finanzorganen, staatlichen Handelseinrichtungen, Bankinstituten und sämtlichen Unternehmen des sozialistischen Sektors der Volkswirtschaft.«[94] Ähnlich äußerte sich Wu Yuanli: Die Inflationsspirale sei »in erster Linie durch die Offenmarktgeschäfte des Staates auf Gütermärkten durchbrochen worden«.[95] Richard Burdekin und Fang Wang stimmen Wu in ihrer Analyse des »Endes der großen Inflation in China im Jahr 1950« zu und erklären, das Vorgehen der staatlichen Handelsagenturen habe entscheidend zur Stabilisierung des monetären Systems beigetragen.[96] Die Kommunisten setzten traditionelle politische Werkzeuge wie die staatliche Beteiligung von Gütermärkten in ihrer erfolgreichen Revolution ein, deren Ziel es war, eine neue Gesellschaft zu errichten und China von den Überresten des Halbfeudalismus und Halbkolonialismus zu befreien.

»[D]ie Eignung der mobilen Guerillakriegführung, in einer ausgesprochen ungewissen und gefährlichen Umgebung unerwartete Gewinne zu erzielen«, so die Einschätzung der Politikwissenschaftler Sebastian Heilmann und Elizabeth Perry, »hatte eine bleibende Wirkung auf die Gestalter der chinesischen Politik, die an der Revolution teilnahmen (darunter die Altersgenossen von Mao, Deng Xiaoping und Hu Yaobang, welche die chinesische Politik mindestens bis in die frühen neunziger Jahre prägten)«.[97]

Die kommunistischen Revolutionäre griffen in ihrem wirtschaftlichen Guerillakrieg auf traditionelle Techniken der Wirtschaftslenkung zurück und wandten Strategien an, die später die Grundlage für die Wirtschaftsreform unter Deng Xiaoping werden sollten. Führende Wirtschaftspolitiker wie Chen Yun, Xue Muqiao und andere, die in den achtziger Jahren an der Gestaltung der Reformen teilnahmen, hatten im Krieg gelernt, angesichts der wirtschaftlichen Desintegration unter schwierigsten Bedingungen die Marktkräfte zu nutzen. Beim Neuaufbau der chinesischen Wirtschaft während des Bürgerkriegs und in den ersten Jahren der Volksrepublik bedienten sich die Kommunisten gezielt der Marktdynamik. Die Erfahrungen der Generation der Revolutionäre beim Aufbau der Märkte im Krieg trugen entscheidend dazu bei, dass es China am Scheideweg in den achtziger Jahren gelang, einer Schocktherapie zu entkommen. Die Erfahrungen während des Bürgerkriegs dienten der Orientierung auf der Suche nach einem alternativen Weg zur Marktreform.

TEIL II

CHINAS RÜCKKEHR ZUM MARKT

4

Ausbruch aus der alten Ordnung

Preise in der maoistischen Wirtschaft und die Notwendigkeit von Reformen

> Seit der Gründung der Volksrepublik China sind fast dreißig Jahre vergangen, aber es gibt immer noch Bettler: Wie kann das sein? [...] Wenn das Problem [des Nahrungsmangels] nicht gelöst wird, könnten sich die Bauern erheben und unter der Führung örtlicher Parteiführer in die Städte marschieren, um Lebensmittel zu fordern.
>
> *Chen Yun auf einer Arbeitskonferenz der KPCh im Jahr 1978; Chen 1999: 238*

> In seinem Bericht über einen Besuch im Ausland sagte [Deng Liqun] mit einem emotionalen Seufzer, dass die westlichen Länder mittlerweile blühend, reich, zivilisiert und höflich seien: »Es gibt nicht den geringsten Hinweis auf eine Revolution.«
>
> *Hua et al. 1993: 23*

Am Vorabend der Revolution zählte China zu den ärmsten Ländern der Welt.[1] Im Jahr 1950 war der Anteil Chinas am globalen Bruttoinlandsprodukt, der im Jahr 1820 noch bei etwa einem Drittel gelegen hatte, auf unter fünf Prozent geschrumpft.[2] Die politischen Bestrebungen der kommunistischen Revolutionäre gingen über die wirtschaftliche Entwicklung hinaus: Sie wollten eine neue Gesellschaft errichten, in der es keine feudalistische Unterdrückung und keine kapitalistische Ausbeutung mehr geben würde. Doch eine ihrer vorrangigen Aufgaben bestand von Anfang an darin, das Land von furchtbarer Armut zu befreien. In einem Bericht des Parteiorgans *Volkstageszeitung* (人民日报) vom 2. Oktober 1949 über die Feiern anlässlich der Gründung der Volksrepublik auf dem Tiananmen-Platz heißt es, eines der Ziele der neuen Regierung sei es, »dieses rückständige agrarisch geprägte Land schrittweise in ein zivilisiertes und fortschrittliches Industrieland zu verwandeln«.

Weit davon entfernt, die materielle Lage der Massen zu verbessern, kam es zehn Jahre nach der kommunistischen Machtergreifung zur »furchtbarsten Hungersnot in der Menschheitsgeschichte«.[3] Als Mao Zedong am 9. September 1976 starb, hatte sich China längst vom »Großen Hunger« erholt und bemerkenswerte Fortschritte im Gesundheitswesen, in der Bildung, im Bereich der grünen Revolution[4] und der Industrialisierung erzielt.[5] Arm war das Land aber nach wie vor.

Es gibt sehr unterschiedliche Schätzungen zum durchschnittlichen Pro-Kopf-Wachstum der chinesischen Wirtschaft zwischen den fünfziger Jahren und dem Beginn der Reform- und Öffnungspolitik 1978. Dem einflussreichen Ökonom Angus Maddison zufolge stieg das Pro-Kopf-BIP in diesem Zeitraum jährlich um 2,3 Prozent.[6] Paul Johnson und Chris Papageorgiou zählen China zu den zehn Ländern mit dem geringsten Wirtschaftswachstum in den sechziger Jahren und gehen von einem Rückgang des Pro-Kopf-BIP von 0,32 Prozent in diesem Zeitraum aus.[7] Die Weltbank kam in ihrem ersten einschlägigen Bericht zur chinesischen Wirtschaft dagegen auf ein durchschnittliches Wachstum von 2,7 Prozent.[8] Damit hätte China das Wachstum anderer einkommensschwacher Länder übertroffen, aber läge etwas über dem durchschnittlichen globalen BIP-Wachstum von 2,6 Prozent.

Welches auch immer die exakte Wachstumsrate gewesen sein mag, die Wirtschaft wuchs zu langsam, um gegenüber der entwickelten Welt aufzuholen, was das erklärte Ziel der Revolutionäre war. Der Anteil Chinas am globalen BIP hatte sich zum Zeitpunkt von Maos Tod kaum gegenüber dem Zustand zur Zeit der Revolution verändert.[9] Das Wirtschaftswachstum beruhte im Wesentlichen auf hohen Investitionen in die städtische Industrie, die auf Kosten des Konsums insbesondere der ländlichen Bevölkerung gingen.[10] Zieht man die amtliche chinesische Armutsgrenze heran, so lebte ein Drittel der ländlichen Bevölkerung Chinas, rund 260 Millionen Menschen, in absoluter Armut, und der an der Pro-Kopf-Getreideproduktion gemessene Lebensstandard stagnierte auf einem niedrigen Niveau.[11] Ende der siebziger

Jahre wurden Reformen in China ein immer dringlicheres Anliegen, nicht zuletzt um die Armut auf dem Land zu besiegen.

Das maoistische China konnte einen imponierenden Erfolg in einer unerwarteten wirtschaftlichen Dimension vorweisen: Es hatte Preisstabilität hergestellt. Stabile Preise sind normalerweise ein Merkmal einer sehr konservativen Wirtschaftspolitik. Nach den Jahren des Wiederaufbaus und der Konsolidierung (1950-1952) stiegen die Preise in China – mit wesentlichen Ausnahmen während des Großen Sprungs nach vorn und dem Großen Hunger (1958-1962) – zwischen den fünfziger und siebziger Jahren nur geringfügig. Die Volksrepublik hatte eine der stabilsten Fiat-Währungen, und das nach den Jahren der Hyperinflation.[12] In den ersten Jahrzehnten nach der Revolution stand die Preisstabilität in China auch in deutlichem Kontrast zur hohen Inflation in der jungen Sowjetunion zwischen 1928 und 1940.[13]

Auffällig ist, dass die Preise trotz der radikalen politischen Kurswechsel während der Mao-Ära und der quälenden Suche nach einem funktionierenden Wirtschaftsmodell stabil blieben. Manche dürften in der verblüffenden Preisstabilität einen Beweis für ein gutes makroökonomisches Management sehen, vor allem verglichen mit dem Scheitern der Nationalisten vor der Revolution. Doch diese Stabilität wurde teuer erkauft, denn sie wurde erreicht, indem »die Bauern ausgepresst wurden«.[14] Die Inflationskontrolle mit dem Ziel eines raschen Wirtschaftswachstums und einer beschleunigten Industrialisierung wurde in einer von Armut gekennzeichneten agrarischen Volkswirtschaft teilweise erreicht, indem die Konsumbedürfnisse der mehrheitlich bäuerlichen Bevölkerung Chinas unterdrückt wurden.

Zu Beginn der Reformen erklärte Xue Muqiao, China habe »weltweit die stabilsten Preise«.[15] Gleichzeitig warnte er jedoch, die Preisstabilisierung sei unter kommunistischer Herrschaft »fälschlich mit Preisbremsen gleichgesetzt worden, wobei nicht verstanden wurde, dass Preisanstiege und -rückgänge oft für die wirtschaftliche Entwicklung notwendig sind«.[16] Xue forderte ein Entwicklungsmodell, das die Bauern weniger belasten würde. Wie für viele andere reformwillige chinesische Ökonomen begannen die Reformbemühungen Ende der siebziger Jahre für Xue mit dem Wunsch, die Armut auf dem Land zu beseitigen. Und um dieses Problem zu lösen, musste man seiner Ansicht nach die Furcht überwinden, die Kontrolle über die Preise zu verlieren.

Auf den folgenden Seiten beschreibe ich die Ursprünge und grundlegenden Mechanismen des Preissystems und der Funktion der Preise in der maoistischen Wirtschaft (1952-1976) und ihre Rolle im Streben nach wirtschaftlichem Fortschritt. Diese Informationen sind nötig, um die Debatte über die Marktreform in den achtziger Jahren zu verstehen. Aus Sicht der chinesischen Reformer war die Notwendigkeit von Wirtschaftsreformen in den späten siebziger Jahren zwangsläufig mit der Frage der Preisreform verknüpft. Natürlich muss man bei der skizzenhaften Darstellung im Hinterkopf behalten, dass das maoistische China »kein Monolith war« und ich keineswegs versuche, die politische Ökonomie der Mao-Zeit in ihrer Komplexität abzubilden.[17]

Industrialisierung, Kluft zwischen Stadt und Land, Preisstabilität

Die Industrialisierung war eine große Herausforderung für die neu gegründete Volksrepublik, denn die chinesische Wirtschaft war vorwiegend agrarisch und von niedrigen Realeinkommen geprägt. Die wirtschaftliche Unabhängigkeit vom Ausland war dabei ein wichtiges Prinzip. Ähnlich wie in der Kriegswirtschaft war die große Frage, wie die Ressourcen zum Aufbau eines Industriesektors aufgebracht werden konnten. Die Arbeiter, die zum Beispiel Stahlwerke bauen, leisten einen wichtigen Beitrag zur industriellen Entwicklung, aber zunächst nicht zum täglichen Brot. In den ersten Jahren nach der Revolution beschränkten sich die Kommunisten darauf, zuvor private Industriebetriebe wieder aufzubauen und unter ihre Kontrolle zu bringen.[18] Aber auf lange Sicht wurden die für die Industrialisierung benötigten Mittel den Bauern abgepresst.[19] Ihre ursprüngliche Industrialisierungsmethode schauten sich die chinesischen Kommunisten bei den sowjetischen Genossen ab. Diese Methode beruhte auf der Entwicklung der Schwerindustrie und folgte im Wesentlichen dem (stalinistischen) Feldman-Preobraschenski-Paradigma.[20] Trotz sprunghafter Änderungen der politischen Paradigmen während der Mao-Jahre hielt die chinesische Führung an der Industrialisierung und der Extraktion landwirtschaftlicher Ressourcen fest.[21] Oder wie der US-amerikanische Historiker Jacob Eyferth etwas zynisch erklärt: »In der maoistischen Idealvorstellung von der ländlichen Wirtschaft erzeugte ein autarkes, isoliertes Kollektiv Getreideüberschüsse und andere Inputs für die Städte, brauchte seinerseits jedoch nichts von den städtischen Wirtschaftssektoren.«[22] In der Praxis bedeutete das, dass sich der Staat einen Großteil der landwirtschaftlichen Produktion aneignete.

Wenige Jahre nach der Revolution hörte die kommunistische Regierung auf, die staatlichen Handelsagenturen auf den Offenmärkten einzusetzen. Im Jahr 1953 folgte die politische Führung Chinas Stalins Beispiel und kombinierte die Kollektivierung mit einem staatlichen Monopol auf die Beschaffung und Verteilung grundlegender landwirtschaftlicher Güter in einem »einheitlichen System für Kauf und Verkauf« (统购统销). Dieses System diente dazu, aus der ländlichen Wirtschaft Ressourcen herauszuholen, die für die Industrialisierung benötigt wurden.[23] Wie gezeigt, blickte China in den fünfziger Jahren auf eine lange Geschichte des staatlichen Engagements im Handel mit landwirtschaftlichen Erzeugnissen zurück.[24] Doch in der Volksrepublik erreichten Vereinheitlichung und Zentralisierung ein bis dahin ungekanntes Maß, wodurch sich die Natur des Systems änderte. Der Staat sicherte sich ein Monopol auf die Beschaffung der auf dem Land erzeugten Güter und auf ihren Verkauf an die Städte sowie auf den Handel zwischen den Regionen und den Export.[25]

Das neue System für Kauf und Verkauf von Getreide wurde in Reaktion auf eine Beschaffungskrise auf dem Land im Jahr 1953 eingeführt.[26] Infolge der wirtschaftlichen Erholung nach dem Krieg war die Getreideproduktion zwischen 1949 und 1952 deutlich gestiegen. Aber die Landreform, welche die Bauern von der Herrschaft der Grundherren befreit hatte, erhöhte auch die Nachfrage nach Getreide auf dem Land. Insbesondere die ärmsten Bauern waren nicht bereit, die

Überschüsse, die sie in der Vergangenheit an die Grundherren hatten abtreten müssen, dem Staat zu überlassen. Stattdessen legten sie Getreidevorräte für Konsum, Tierfutter und die nächste Aussaat an. Zur selben Zeit wuchs infolge der von der Partei vorangetriebenen Industrialisierung die städtische Bevölkerung, weshalb in den Städten mehr Getreide benötigt wurde. Die Folge war ein schwelender Konflikt zwischen Bauern und Staat. Als es dem Staat nicht gelang, genug Nahrungsmittel für die städtische Bevölkerung zu beschaffen, untersagte die Partei jeglichen privaten Handel und errichtete ein staatliches Handelsmonopol auf alle grundlegenden landwirtschaftlichen Erzeugnisse. Dieses System hatte bis zu den Reformen der achtziger Jahre Bestand.[27]

Nach Einschätzung des Harvard-Ökonomen Dwight Perkins führten die Kommunisten das einheitliche System für Kauf und Verkauf nicht ein, um sämtliche Märkte zu ersetzen, sondern um sich ein Monopol auf den Handel mit den grundlegenden landwirtschaftlichen Erzeugnissen zu sichern.[28] Aber wie sich herausstellte, unterdrückten die zunehmenden zentralisierten Kontrollen rasch den lokalen Marktaustausch. Es kam zu einem dramatischen Rückgang der landwirtschaftlichen »Nebenproduktion«, wie zum Beispiel der Haltung von Hühnern zur Erzeugung von Eiern für die lokalen Märkte,[29] der zu einem wichtigen Diskussionsthema auf dem VIII. Parteitag der KPCh wurde.[30] Nach dem Parteitag stiegen die Preise für Nebenprodukte, aber »die Produktion von jeder Nutzpflanze, deren Preis angehoben wurde, schrumpfte«.[31] Perkins gelangte daher zu dem Schluss, das Ausbleiben einer Reaktion der Kader auf die Preisänderungen zeige, dass »die zentralisierte Kontrolle im kommunistischen China in der Praxis den Marktmechanismus und die Preiskontrollen nicht ergänzt, sondern ersetzt hatte«.[32]

Die Einführung des einheitlichen Systems für Kauf und Verkauf erhöhte die Spannungen zwischen Staat und Bauernschaft, und die anfängliche Begeisterung über die Kollektivierung der Landwirtschaft wich lokalen Protesten. Die Bauern beklagten sich über zu hohe Quoten und zu niedrige Preise für ihre Erzeugnisse, die sie verglichen mit der Bevölkerung in den Städten in eine deutlich schlechtere Lage brachten und oft ein Leben am Rand der Subsistenzwirtschaft bedeutete. Die Partei beschuldigte die Bauern, falsche Angaben über ihre Ernteerträge zu machen, und bezeichnete ihren Widerstand als antisozialistisch.[33] Die Landbevölkerung, die neben den Vorprodukten für die städtische Industrie auch Lebensmittel und Getreide für den Export lieferte, sah keine Chance, von der Industrialisierung zu profitieren.[34]

Mao unterzog die auf die Industrialisierung fixierte Entwicklungsstrategie einer Neubewertung und räumte die Probleme in seiner Geheimrede »Zu den zehn großen Beziehungen« aus dem Jahr 1956 ein.[35] Er sah zwei Wege zur Entwicklung der Schwerindustrie: »Durch eine geringere Förderung der Leichtindustrie und Landwirtschaft die Schwerindustrie zu entwickeln ist die eine Methode, durch eine größere Förderung der Leichtindustrie und Landwirtschaft die Schwerindustrie zu entwickeln die andere.«[36] Er gelangte zu folgendem Schluss: »Die zweite Methode entwickelt die Schwerindustrie auf der Grundlage einer Befriedigung der Lebensbedürfnisse des Volkes, so dass die Grundlage ihrer Entwicklung noch solider ist und die Schwerindustrie schließlich stärker und besser entwickelt werden kann.«[37] Dennoch wurde eine solche Verlagerung zu einer auf Leichtindustrie und Landwirtschaft zielenden Entwicklungsstrategie zu jener Zeit nicht realisiert.[38]

Der Große Sprung nach vorn, der im Jahr 1958 begann, schien einen anderen Ausweg aus dem Konflikt zwischen Stadt und Land zu eröffnen. Geplant war eine große Anstrengung zur Industrialisierung der ländlichen Wirtschaft, getragen von den Volkskommunen, die mit öffentlichen Speisesälen, öffentlichen Arbeitsprojekten und Fertigungsinitiativen sämtliche Aspekte der Wohlfahrt organisierten. Anstatt dem Land Ressourcen zuzuteilen, wurde eine Massenmobilisierung angestrebt, um ein rasches Wachstum der lokalen Wirtschaft in Gang zu setzen. Private Parzellen wurden abgeschafft, sämtliche Felder sollten kollektiv bewirtschaftet werden.[39] Dieses Vorgehen war keineswegs unumstritten. Insbesondere Chen Yun, der in den ersten Jahren nach der Revolution den Aufbau der sozialistischen Planwirtschaft geleitet hatte,[40] warnte 1957 davor, dass »die Kollektivierung lediglich die Bedingungen für die landwirtschaftliche Entwicklung« schaffe, das grundlegende Problem der ländlichen Entwicklung jedoch alleine nicht lösen könne.[41]

In der utopischen Atmosphäre des Großen Sprungs wurden unrealistische Prognosen zur landwirtschaftlichen Produktion angestellt. Die Nettoextraktion durch den Staat stieg auf ein untragbares Niveau. In den Jahren 1953-1957 schöpfte der Staat im Durchschnitt netto 18,3 Prozent der landwirtschaftlichen Produktion ab; im Jahr 1959 stieg der Anteil, den die Volkskommunen abtreten mussten, unter dem Druck eines anhaltenden Wachstums der städtischen Bevölkerung auf 28 Prozent.[42] Von 1957 bis 1959 stieg die Zahl der städtischen Arbeitskräfte um 25,8 Millionen.[43] Als die Ernte im Jahr 1959 zu gering ausfiel, um die überhöhten staatlichen Beschaffungsquoten erfüllen zu können, hatten die politischen Kampagnen gegen die Bauern, die dem Staat Getreide vorenthielten, bereits vielerorts zu einem Zusammenbruch der Kommunikation zwischen Parteiapparat und ländlichen Gemeinden geführt. Da der Staat die Preise festgesetzt und den privaten Handel abgeschafft hatte, blieben Preissignale ebenfalls aus, die auf eine Knappheit hätten hindeuten können – was in einem marktorientierten öffentlichen Speichersystem geschehen wäre. Der Staat war nicht vorbereitet und reagierte nicht; die Getreideexporte wurden fortgesetzt. Die Volkskommunen hatten ihre Vorräte erschöpft, und die bäuerlichen Haushalte hatten kein Getreide zurücklegen können. Das Resultat war eine Hungersnot. Die Angaben zu den Opferzahlen schwanken immer noch erheblich. Mindestens 16 Millionen und möglicherweise mehr als 40 Millionen Bauern verhungerten.[44]

Auf die Katastrophe des Großen Sprungs folgte eine kurze Entwicklungsphase, in der sich die Partei in erster Linie auf die Leichtindustrie und die Landwirtschaft konzentrierte. Chen Yun wurde mit der wirtschaftlichen Entwicklung betraut.[45] Die Regierung führte vorübergehend wieder ländliche Märkte und private Parzellen ein, und die bäuerlichen Haushalte wurden bis zu einem gewissen Grad zur Grundeinheit der Produktion gemacht – dieses Vorgehen sollte sich später als wichtiger Referenzpunkt für die Marktreformen der späten siebziger Jahre erweisen. Bedeutsam ist ebenso, dass die vom Staat eingetriebene Nettomenge an Getreide deutlich gesenkt wurde und bis zum Ende der Mao-Zeit weiter sank. Der Verkauf von Getreide durch den Staat an Bauern in Not trug wesentlich zur Eindämmung des Hungers bei.[46] Der Druck auf die nationalen Getreidereserven wurde dabei durch Nettoimporte verringert.[47]

Die zeitweilige Abwandlung des Wirtschaftsmodells löste in den sechziger Jahren eine Debatte über den richtigen Entwicklungspfad aus. Diese Auseinandersetzung hatte einen Vorläufer in einer Debatte, die in den Jahren 1956/57 etwa zur Zeit von Maos Rede über die »zehn großen Beziehungen« stattgefunden hatte. Daran beteiligt waren mehrere Protagonisten der Reformdebatte der achtziger Jahre. Beispielsweise sprach sich der in der Sowjetunion ausgebildete Ökonom Liu Guoguang, der sich später in einen radikalen Marktreformer verwandeln sollte, Ende der fünfziger Jahre für eine auf die Schwerindustrie konzentrierte, stalinistische Entwicklungsstrategie aus. Im Gegensatz dazu war Xu Dixin – der in den vierziger Jahren in Shanghai wichtige Beiträge zur Preisstabilisierung im Wirtschaftskrieg geleistet hatte und in den achtziger Jahren Vizepräsident der Chinesischen Akademie für Sozialwissenschaften wurde – der Meinung, dass die Entwicklung Chinas auf der Landwirtschaft beruhen müsse.[48] Die vorherrschende Entwicklungsstrategie der Mao-Zeit fokussierte auf die Schwerindustrie, insbesondere die Stahlerzeugung.[49] Die Führung war darauf angewiesen, landwirtschaftliche Produktion abzuschöpfen, um die Industrialisierung zu finanzieren, während die meisten Bauern mehr oder weniger am Subsistenzminimum lebten.[50]

Trotz geringer Ressourcen blieben Fortschritte in der landwirtschaftlichen Produktion nicht aus. Eine Strategie zur Mobilisierung von Arbeitskräften erreichte in den Kommunen eine beeindruckende Ausweitung der bewässerten Flächen und des Anbaus verschiedener Pflanzen, um so die Produktivität zu erhöhen, sowie ein gewisses Maß an ländlicher Industrialisierung. In großem Maßstab wurden Projekte zur Erschließung von Nutzflächen und zur Verbesserung der Wasserwirtschaft sowie Experimente mit der wissenschaftlichen Entwicklung der Landwirtschaft durchgeführt.[51] Aber die landwirtschaftliche Produktion wuchs anfangs nur langsam und stagnierte später.[52] Höhere staatliche Investitionen ab Mitte der sechziger Jahre ermöglichten eine beschränkte, auf bestimmte Regionen zielende Mechanisierung der Landwirtschaft und ein Wachstum unterstützender Industrien wie der Produktion chemischer Düngemittel.[53]

Doch an der klaren Bevorzugung der Kapitalakkumulation in der Industrie änderte sich bis zum Ende von Maos Herrschaft nichts.[54] Dies kam darin zum Ausdruck, dass Leichtindustrie und Landwirtschaft verglichen mit der Schwerindustrie langsam wuchsen.[55] Die Bevorzugung der Städte zeigte sich auch in der Zuteilung staatlicher Investitionen: Während der gesamten Mao-Zeit lebten mehr als 80 Prozent der Bevölkerung auf dem Land, und mehr als 73 Prozent der Chinesen arbeiteten in der Landwirtschaft. Doch nur etwa 10 Prozent der staatlichen Investitionen flossen in diesen Sektor. Bis Mitte der sechziger Jahre investierte der Staat weniger in die ländliche Wirtschaft, als ihm an Steuern aus dem Sektor zuflossen.[56]

Die Abflüsse wurden durch die niedrigen Preise von Agrarprodukten und die hohen Preise von Industriegütern noch vergrößert. Dies war die sogenannte »Preisschere«: Hohe Preise für Industriegüter und niedrige Preise für landwirtschaftliche Erzeugnisse gingen auseinander wie die Klingen einer geöffneten Schere.[57] Das Preissystem war ein wichtiger Hebel, um aus dem ländlichen Raum Ressourcen für die städtische Industrialisierung abzuführen. Wie der US-amerikanische Ökonom Nicholas Lardy in seiner klassischen Studie zur chinesischen Landwirtschaft feststellte: »In der Volksrepublik wurden die Preise von den frühen fünfziger bis zu den frühen achtziger Jahren im Wesentlichen mit Blick auf die Verteilung der Ressourcen zwischen Individuen und Staat, zwischen Industrie und Landwirtschaft und zwischen den verschiedenen Regionen festgesetzt.«[58] Die Kaufpreise für landwirtschaftliche Erzeugnisse wurden unter ihrem Wert gehalten, so dass die Bauern mit derselben Arbeitszeit wie städtische Arbeitskräfte einen niedrigeren Lebensstandard erreichten. Die Volkskommunen mussten gleichzeitig einen hohen Preis für vom Staat bereitgestellte Industriegüter zahlen.[59]

Zwischen 1952 und 1975 stiegen die Preise landwirtschaftlicher Erzeugnisse im Durchschnitt schneller als die von Industriegütern. Das war jedoch in erster Linie auf deutliche Preisanstiege vor 1953 und auf die Anpassung der relativen Preise Anfang der sechziger Jahre zurückzuführen, als sich das Land von der Hungersnot erholte.[60] Beispielsweise wurden die Preise wichtiger landwirtschaftlicher Erzeugnisse wie Reis, Weizen und Mais zwischen 1966 und dem Beginn der Ära Deng Xiaopings im Jahr 1978 nicht erhöht. Trotz wiederholter Preisanstiege blieben die staatlichen Einkaufspreise für landwirtschaftliche Erzeugnisse in der gesamten Mao-Zeit verglichen mit denen von Industriegütern niedrig. Dieser ungleiche Austausch war ein zentraler Streitpunkt zwischen Partei und Bauernschaft und führte dazu, dass die Bauern einen Teil ihrer Ernteerträge verschwiegen und ein Schwarzmarkt für Agrarerzeugnisse entstand.[61]

Der Einsatz der »Preisschere«, um Ressourcen aus der Landwirtschaft zu saugen, wurde wiederholt von chinesischen Ökonomen kritisiert. In der Debatte über das Wirtschaftsmodell, die nach dem »Großen Hunger« ausbrach, war das marxistische Wertgesetz ein besonders umstrittenes Thema. Es gibt viele Auslegungen dieses Gesetzes, aber grob gesagt geht es darum, dass Preise die Werte der Produkte widerspiegeln, was im Kapitalismus nach Marx aufgrund des Wettbewerbs der Fall ist. Die chinesischen Ökonomen waren geteilter Meinung darüber, ob das Gesetz auf die chinesische Wirtschaft anwendbar war und ob es zur Preissetzung herangezogen werden sollte.[62] Eine zentrale Frage lautete, ob die Preise für Agrarerzeugnisse approximative Werte – die gestützt auf die Arbeitswerttheorie festgelegt werden sollten – sein oder unter ihrem tatsächlichen Wert liegen sollten. Wenn der Preis dem Wert entsprach, würde man den Bauern eine Steuer auferlegen müssen, um die landwirtschaftlichen Überschüsse zugunsten der Industrie abzuschöpfen.[63]

Jene, die sich in den sechziger Jahren für eine Preisgestaltung im Dienst der Umverteilung aussprachen, verwiesen explizit auf Chinas lange Geschichte der Preisregulierung als Werkzeug der Finanzpolitik. Insbesondere erklärten sie, die Bauern würden eine direkte Besteuerung entschieden ablehnen; eine redistributive Preisgestaltung sei dagegen eine seit Langem übliche Praxis in China. Eine Anpassung der Preise an den Wert der Güter werde zu häufigen Preisänderungen führen, was nach Ansicht der Skeptiker nicht nur die Preisstabilität, sondern auch den gesellschaftlichen Frieden bedrohen würde. Und schließlich würden sich die Staatseinnahmen und die Bereitstellung von Getreide automatisch an die Ernteerträge anpassen, wenn der Staat seine Finanzpolitik nicht auf Steuern, sondern auf die Preise stütze, so wie es auch im System der Ausgleichsspeicher der Fall gewesen war.[64]

In Anbetracht der Spannungen zwischen der Landbevölkerung und dem Staat Anfang der sechziger Jahre gelangte die Parteiführung zu der Überzeugung, dass eine direktere Ressourcenextraktion aus der ländlichen Wirtschaft nicht praktikabel sei. China bediente sich noch lange nach der Debatte der sechziger Jahre der redistributiven Preissetzung. Zu Beginn der Wirtschaftsreformen brachte Sun Yefang, einer der wichtigsten Teilnehmer an der Debatte der sechziger Jahre und ein führender Reformökonom, erneut den Vorschlag ins Spiel, redistributive Preise durch eine direkte Besteuerung zu ersetzen.[65]

Das Festhalten an der Preisschere muss im Kontext ihres Beitrags zur Preisstabilität betrachtet werden. Die Preisstabilität war während der gesamten Mao-Ära das maßgebliche Prinzip der Preispolitik.[66] Tatsächlich folgte auf das Preisstabilisierungsprogramm der Jahre 1949-1952 eine überraschend lange Phase der Preisstabilität in den ersten drei Jahrzehnten der Volksrepublik.[67] Doch die Gefahr eines Nachfrageüberhangs und damit eines wachsenden Inflationsdrucks blieb im Kontext der großen Beanspruchung knapper Ressourcen bestehen.

John Maynard Keynes hatte argumentiert, dass die Gesamtnachfrage in Kriegszeiten, wenn die Menschen arbeiten, um statt für den Konsum für den Kriegseinsatz zu produzieren, das Angebot übersteigt, weshalb die Preise steigen.[68] Dasselbe gilt für eine auf der Schwerindustrie beruhende Entwicklungsstrategie in einer geschlossenen Volkswirtschaft.[69] Viele Investitionen in die Industrialisierung werfen erst nach langer Zeit Erträge ab. Die Folge ist, dass der Lohnfonds mehr wächst als das verfügbare Angebot von Konsumgütern, weshalb die Nachfrage nach solchen Gütern das Angebot übersteigt.

In der Mao-Zeit bestand die Strategie zur Bewältigung dieser Tendenz zu Nachfrageüberhang und Inflation darin, das monetäre Einkommen der Bauern durch niedrige Beschaffungspreise für landwirtschaftliche Erzeugnisse zu drücken, wodurch die Last der Produktion notwendiger verarbeiteter Güter wie Kleidung oft weiblichen Arbeitskräften in den ländlichen Haushalten aufgebürdet wurde.[70] Der Anteil der Bevölkerung, die städtische Löhne bezog, war gemessen an der ländlichen Bevölkerung gering.[71] Die Löhne in den Städten waren höher als jene auf dem Land, wurden jedoch ebenfalls auf einem niedrigen Niveau gehalten. Die niedrigen Preise für rationierte Agrarerzeugnisse, auf die der Großteil des Konsums in den Städten entfiel,[72] sorgten gemeinsam mit den niedrigen Mieten für die vom Staat zugewiesenen Wohnungen dafür, dass der Anstieg der städtischen Löhne geringer ausfiel als der Produktivitätszuwachs.[73] Zudem wurde der Druck zu Lohnerhöhungen durch die begrenzte Verwendung von Geld gemindert. Viele Konsumgüter wurden mit Kupons als Rationen oder Belohnungen zugeteilt und konnten nicht einfach mit Bargeld gekauft werden.[74] Ein weiterer Faktor, der dazu beitrug, die städtischen Löhne niedrig zu halten, war die Tatsache, dass es in China, anders als in der Sowjetunion, ein Überangebot an Arbeitskräften gab. Die Unternehmen lieferten sich keinen Wettbewerb um Arbeitskräfte, und die Löhne hatten kaum Einfluss auf die Zuteilung der Arbeit.[75]

Die Preisstabilität in China beruhte auf einer »dualen Gesellschaft« (二元社会). Ein Teil der Bevölkerung lebte in der subventionierten urbanen Sphäre, der andere in der ländlichen Sphäre, die Ressourcen an die städtische Wirtschaft abgeben musste, ihrerseits jedoch auf ihre eigenen Ressourcen angewiesen war, um ihre Subsistenz und Entwicklung zu finanzieren.[76] Um dieses Ungleichgewicht aufrechtzuerhalten, wurden die Landbewohner daran gehindert, sich dauerhaft in den Städten anzusiedeln; sie wurden mit behördlichen Maßnahmen wie der Ausgabe von Aufenthaltsgenehmigungen für die Städte und örtlichen Rationierungskarten vom städtischen Lohnsystem ferngehalten. Im 1955 eingeführten Haushaltsregistrierungssystem (户口) wurden die Bürger entweder als Stadt- oder als Landbewohner eingestuft. Dieses System war unverzichtbar, um die soziale Stratifizierung aufrechtzuerhalten.[77]

Dass die Einkommen auf dem Land niedrig gehalten und der Handel monopolisiert wurde, führte auch zu einer weitgehenden Demonetarisierung des ländlichen Raums.[78] Das hatte erhebliche Auswirkungen auf die Preisstabilität auf dem Land. Zu der Zeit, als der private Handel mit Getreide verbreitet gewesen war, hatten die Getreidekäufe der staatlichen Handelsagenturen dabei geholfen, die Marktpreise über die Jahreszeiten und Regionen hinweg auszugleichen. Aber nachdem sich der Staat mit der Einführung des einheitlichen Beschaffungssystems in einen monopolistischen Käufer verwandelt hatte, führte die staatliche Beschaffung in der Erntezeit zu einem plötzlichen Zufluss von Bargeld in die ländliche Wirtschaft. Dies förderte die Spekulation und die Entstehung von Schwarzmärkten.[79]

Ein grundlegendes Problem der Preisstabilität in der ländlichen Wirtschaft war, dass die Nachfrage nach Konsumgütern über das Jahr verteilt war, während Geld nur zur Erntezeit zufloss. Um den abrupten Bargeldzufluss nach der Ernte zu absorbieren, waren in den fünfziger Jahren Kreditkooperativen gegründet worden. Sie lenkten das überschüssige Bargeld auf Bankkonten um und brachten den Geldfluss ins Gleichgewicht. Im Frühjahr ermöglichten die Kreditkooperativen auch Vorauszahlungen für die staatliche Getreidebeschaffung, was ebenfalls zur Normalisierung des Geldflusses in der ländlichen Wirtschaft beitrug.[80] Die preisstabilisierende Aktivität der Kreditkooperativen unterlag derselben grundlegenden Logik wie die Darlehen für Kleinbauern im Kaiserreich. Aber im Gegensatz zu jener alten Institution bestand die Funktion der Kreditkooperativen nicht darin, den Bauern hohe Zinsen aufzuerlegen.[81]

Die neuere Forschung hat gezeigt, dass eine weitere übliche Praxis zur Bewältigung des Problems des Bargeldüberschusses in der ländlichen Wirtschaft in *huilong* (回笼) bestand, in der sogenannten »Rückkehr in den Käfig«. Dieser Begriff hatte eine lange Tradition in der chinesischen Geldpolitik. Im Kaiserreich war das Papiergeld zeitweilig in Silber konvertierbar gewesen. Die Bank zog überschüssiges Papiergeld aus dem Verkehr, indem sie es in den »Käfig« (*huilong*) zurückbrachte, also gegen Silber tauschte.[82] Während der Mao-Zeit konnte der Staat überschüssiges Bargeld aus dem Verkehr ziehen, indem er »Luxusgüter« zu hohen Preisen anbot. Chen Yun bezeichnete dies in einer Rede im Jahr 1961, als nach dem Großen Sprung eine Inflation drohte, als »Gebäckfrage«:[83] Nicht rationierte »Luxusgüter« wie Gebäck, die auf einem freien Markt gehandelt wurden, erfüllten in der chinesischen Volkswirtschaft die unverzichtbare Funktion, überschüssige Liquidität zu absorbieren und damit die Preise zu stabilisieren.[84] Obwohl das zur Preisstabilität beitrug, drückten die hohen Preise für solche nicht rationierten Güter den Lebensstandard auf dem Land weiter.[85]

Die »Gebäckfrage« wirft ein Licht auf ein tiefer liegendes Problem der Preisstabilisierung in der Mao-Zeit. Die redistributive Preisgestaltung war ein Balanceakt. Sie sollte Ressourcen für die Industrialisierung aus der ländlichen Wirtschaft herausholen, aber die Transferrate durfte ein bestimmtes Niveau nicht überschreiten, das hatte der »Große Hunger« mit entsetzlicher Deutlichkeit gezeigt. Hohe Preise für nicht essenzielle Güter trugen zur Ausbalancierung der Geldflüsse bei, aber wenn die Preise zu hoch angesetzt wurden, brach die Nachfrage ein und das Ziel konnte nicht erreicht werden.

Das maoistische Preissetzungssystem

Nach der Revolution wurde keine spezifische Formel angewandt, um das Preissystem als ganzes neu zu strukturieren. Vielmehr wurden die Preise einzeln gestützt auf empirische Beobachtungen und mit Blick auf die allgemeine Preisstabilität angepasst. Charakteristisch für das Preissystem der Mao-Zeit waren eine »Verteilung der Verantwortung für die Preissetzung«, eine »Unbestimmtheit der Regelungen« und eine »noch größere Flexibilität in der Praxis«.[86] Wie Nicholas Lardy beobachtete: »Die allgemeinen Prinzipien der Preisbildung sind bekannt, aber derart unbestimmt, dass sie kaum dem Verständnis der zentralen Preisentscheidungen dienen.«[87] Im möglicherweise bis heute systematischsten englischsprachigen Beitrag über die theoretischen Grundlagen der Preisgestaltung warnte der Ökonom Chen Nai-ruenn, der unter anderem an der Cornell University und in Berkeley lehrte, die chinesische Praxis der Preissetzung könne »nicht leicht auf ein einziges allgemeingültiges theoretisches Prinzip zurückgeführt werden«.[88] Dieser Mangel an axiomatischen Preisbildungsprinzipien war Ausdruck einer Preissetzung, die ein ständiger Drahtseilakt war.

Neben dem Ressourcentransfer von der ländlichen zur städtischen Wirtschaft trugen die Bemühungen um niedrige und stabile Preise für unverzichtbare Rohstoffe und Konsumgüter in den Städten entscheidend zur Preisstabilität bei.[89] Dazu gehörten Subventionen und Rationierungsmaßnahmen. Im Gegensatz dazu wurden die Preise für nicht essenzielle Güter flexibel angepasst und oft künstlich hoch angesetzt, um überschüssigen Geldumlauf zu absorbieren. Wir können diese Politik durch die Linse der in Kapitel 1 aus dem *Guanzi* abgeleiteten Prinzipien betrachten. In der Sprache des *Guanzi* zielte die kommunistische Preispolitik auf die »schweren« Güter. Die Stabilität der Preise essenzieller Güter für Konsum und Produktion in den Städten war das erste Ziel der Preissetzung. Diese essenziellen Güter wurden auch herangezogen, um die Kaufkraft des Renminbi zu messen und damit den Geldwert zu bestimmen.[90] Bei allen anderen Gütern folgte die Preissetzung weniger strikten Regeln und hing von der jeweiligen Situation ab.

Es ist klar, dass sich die chinesische Wirtschaftspolitik in maoistischer Zeit in scharfem Gegensatz zum Ideal im *Guanzi* vor allem auf Anordnungen statt auf eine staatliche Marktbeteiligung stützte. Die ausgeprägte Preisstabilität hing auch mit der relativ geringen Rolle zusammen, welche die Preise als Instrument der Wirtschaftslenkung spielten, nachdem sich die chinesische Wirtschaft zu einer Kommandowirtschaft entwickelt hatte. Abgesehen von ihrer zentralen Funktion als Umverteilungswerkzeug spielten die Preise in den Produktionsentscheidungen der Unternehmen, wenn überhaupt eine untergeordnete Rolle, und die Konsumentscheidungen hingen stark von der Rationierung ab.

Güterklassifizierung und Typen von Preisen

Im maoistischen System zur Preissetzung wurden die Güter abhängig von ihrer relativen Bedeutung für das tägliche Leben, für die landwirtschaftliche und Industrieproduktion und für den Außenhandel in drei Kategorien unterteilt. Die Güter der ersten Kategorie wurden als essenziell eingestuft und wurden vom Staat strenger kontrolliert als die Güter der zweiten und dritten Kategorie. Die konkrete Klassifizierung bestimmter Güter änderte sich im Lauf der Zeit, aber der Grundgedanke, die Preise anhand dieser dreischichtigen Hierarchie der Bedeutung zu regulieren, hatte Bestand.[91]

Zu den Gütern in der ersten Kategorie zählten ursprünglich Getreide für den menschlichen Verzehr, Speiseöle, Rohbaumwolle, Baumwollgarn und -textilien. Später kamen Zucker, Salz, Tabak, Erdöl sowie die wichtigsten Exportgüter dazu, darunter Tee.[92] Diese essenziellen Konsumgüter und industriellen Inputs unterlagen dem »einheitlichen System von Kauf und Verkauf«.[93] Die Beschaffung und Bereitstellung dieser Güter wurde vom Staatsrat, der vollziehenden Behörde des Nationalen Volkskongresses und dem höchsten Verwaltungsorgan, direkt mittels Lieferquoten und Rationierung kontrolliert. Die Güter der zweiten Kategorie wurden im Rahmen der »festgelegten Beschaffung« von spezialisierten Ministerien kontrolliert. In diese Kategorie, die mehr als hundert Güter umfasste, fielen landwirtschaftliche Erzeugnisse wie Chinagras, Hanf, Seidenkokons, Eier, Schweinefleisch, Tierhäute, Tee und eine Reihe von Exportartikeln.[94] Die Preise der meisten dieser Güter legte ebenfalls der Staat fest.[95] Alle übrigen Güter wurden der dritten Kategorie zugeschlagen, für die im Allgemeinen die lokalen Behörden verantwortlich waren. Manchmal unterlagen sie spezifischen Regelungen.

Die staatlichen Handelsagenturen hatten das exklusive Recht auf den Kauf von Gütern der ersten und zweiten Kategorie. Im Prinzip war jeglicher direkte Handel zwischen Produzenten oder ein Verkauf von Produzenten an Konsumenten untersagt. Die Preise dieser essenziellen Güter sollten von den Marktkräften isoliert werden. Hingegen wurden einige Produkte, die in die dritte Kategorie fielen, zeitweise auf ländlichen Märkten gehandelt, wobei der Staat oft die Preise festsetzte. Die ländliche Marktaktivität schwankte im Lauf der Zeit und von Region zu Region erheblich, aber wichtige Güter der ersten Kategorie wie Baumwolle und Getreide durften auf diesen Märkten nie gehandelt werden.[96] Güter der zweiten Kategorie durften auf dem Markt angeboten werden, sobald die Quote für die »festgelegte Beschaffung« erfüllt war. Aber um diese Güter zu kaufen, brauchte man Rationierungskupons.

Die wichtigsten Produktionsmittel, darunter Stahl, Eisen, Kohle und Maschinen, waren nicht Bestandteil dieses dreischichtigen Systems. Sie waren essenziell für die Industrialisierung und standen unter direkter Aufsicht des Zentralstaats, der diese Produktionsinputs unter Umgehung der staatlichen Handelsorganisationen direkt den großen Produzenten und Provinzbehörden zuteilte.[97]

Anfang der fünfziger Jahre führte China das sowjetische Kosten-Plus-Prinzip (Mark-Up-Pricing) ein. Die Preise wurden nun festgelegt, indem den Produktionskosten einfach ein Gewinn oder Überschuss hinzugerechnet wurde.[98] Die zuständigen Behörden sollten fünf Arten von Preisen festlegen. Theoretisch – und nur theoretisch – galten bei der Kosten-Plus-Preissetzung die folgenden Grundsätze:

- Erstens wurden die *werkseitigen Preise der Rohmaterialien* anhand einer einfachen Formel festgelegt, um den geschätzten Produktionskosten Steuern und politische Anpassungen sowie beschränkte qualitätsbezogene Korrekturen hinzuzurechnen.[99]
- Zweitens wurden *Beschaffungspreise für landwirtschaftliche Erzeugnisse* festgelegt, um den Transfer vom Land in die Städte zu ermöglichen. Diese Preise beruhten im Wesentlichen auf den historischen

Preisen. Die relativen Preise verschiedener landwirtschaftlicher Erzeugnisse wurden mit dem Ziel festgelegt, Anreize zur Produktion bestimmter Feldfrüchte zu geben.

- Drittens beruhten die *Großhandelspreise* auf den werkseitigen und landwirtschaftlichen Beschaffungspreisen, denen Vertriebskosten und Gewinne hinzugerechnet wurden.
- Viertens wurden die von *den Konsumenten an die Einzelhändler zu zahlenden Preise* festgelegt, indem den Großhandelspreisen Einzelhandelskosten, Gewinne und Steuern hinzugerechnet wurden.
- Fünftens wurde den staatlichen Produktionsbetrieben ein *jährlich festgesetzter Zuteilungspreis* für ihre rationierten Inputs in Rechnung gestellt, der sich aus dem werkseitigen oder landwirtschaftlichen Beschaffungspreis und den Vertriebskosten zusammensetzte. In einigen Fällen erhielten Kooperativen und Kommunen die Erlaubnis, zum Zuteilungspreis zu kaufen, aber im Allgemeinen mussten sie den im Normalfall höheren Großhandelspreis bezahlen.[100]

Allerdings ist hier Vorsicht angebracht. Die Prinzipienliste erweckt den Eindruck von strenger Präzision, aber in Wahrheit wurden diese allgemeinen Regeln flexibel angewandt; auf strikte Formeln wurde verzichtet.[101] Viele Preise wurden stattdessen gestützt auf empirische Informationen über frühere Preisbildungen oder basierend auf der Untersuchung konkreter Fallbeispiele festgesetzt. Die Preisbestimmung beruhte auf der Übersetzung der vorrevolutionärer Kostenrechnungen in die marxistischen Kategorien des konstanten und variablen Kapitals. Manchmal wurden historische Daten aus dem Zeitraum 1930-1936, der als eine Phase relativ normaler wirtschaftlicher Bedingungen galt, als Orientierungshilfe für die Bestimmung der relativen Preise verwendet.[102]

Eine weitere häufig angewandte empirische Methode zur Festlegung der Preise bestimmter Güter bestand darin, Modellunternehmen zu identifizieren, die unter mehr oder weniger durchschnittlichen Bedingungen arbeiteten, um die Kosten gestützt auf die gegenwärtigen Produktionsverfahren dieser Unternehmen zu berechnen.[103] Es wurden große regionale Unterschiede bei Technologie und Managementpraktiken und damit bei den Kosten berücksichtigt, indem regional spezifische Modellfirmen ausfindig gemacht und interregionale Preisunterschiede zugelassen wurden.[104] Die Frage, wie der Mehrwert – der gemäß marxistischer Preisberechnung dem konstanten und variablen Kapital hinzugerechnet werden muss – bestimmt werden sollte, war Anfang der sechziger Jahre Gegenstand einer weiteren wichtigen Debatte.[105] Die theoretische Bestimmung des Mehrwertes im Sozialismus blieb jedoch letztlich ungeklärt und wurde in der Praxis flexibel gehandhabt, um politische Prioritäten wie die Notwendigkeit zu berücksichtigen, Geld aus Teilen der Wirtschaft abzuziehen (*huilong*) und Ressourcen zwischen Regionen, zwischen Stadt und Land sowie zwischen Staat und Gesellschaft umzuverteilen.[106]

Wie strikt die allgemeinen Preisbildungsprinzipien angewandt wurden, hing auch davon ab, wie wichtig ein Gut für das Leben der Bürger oder für die Industrialisierung war. Sieht man von den wichtigsten Gütern ab, so gestanden die zentralen Planer den für die Preissetzung zuständigen Behörden auf den unteren Ebenen innerhalb der feststehenden Prinzipien und Leitlinien einen gewissen Spielraum zu, damit sie saisonale Bedingungen, Qualitätsunterschiede und Ähnliches berücksichtigen konnten. Die Preise essenzieller Güter wurden stabil gehalten, während jene nicht essenzieller Produkte häufiger angepasst wurden, und zwar im Normalfall in kleinen Schritten.[107] Die Einzelhandelspreise für Güter, die in die erste Kategorie fielen, blieben in der gesamten Mao-Zeit weitgehend unverändert, während sie für die urbanen Konsumenten rationiert waren.[108] Der Staat unternahm besonders große Anstrengungen, um den Getreidepreis in den Städten stabil zu halten.[109]

Die Kosten-Plus-Preisbildung war nicht leicht umzusetzen, weil das Planungssystem das sektorenübergreifende Gleichgewicht nur unzureichend gewährleisten konnte. Obwohl die Frage nach der richtigen Berechnungsmethode in den fünfziger und sechziger Jahren nicht geklärt wurde, wurde mit der Kosten-Plus-Methode versucht, die

Preise dem Wert der Güter anzugleichen. Aber diese Angleichung ist nur in einem Gleichgewichtszustand zu erwarten. Ausgehend von der Annahme, das Angebot in einer Planwirtschaft entspreche der Nachfrage, wurde die Kosten-Plus-Preisbildung nicht so ausgerichtet, dass sie Knappheitsbeziehungen berücksichtigte. Daher war die Methode ungeeignet, um die wiederkehrenden Planungsfehler und das Missverhältnis zwischen geplanten Inputs und Outputs auszugleichen.

Im Gegensatz dazu zwang die in China angewandte empirische Methode der Preisbestimmung die Kader, bei der Festsetzung der Preise die vorherrschenden Angebots- und Nachfragebedingungen zu berücksichtigen. Wenn das Angebot eines Konsumguts knapp war, sollte sein Preis nicht gesenkt, aber auch nicht wahllos angehoben werden. Gab es ein Überangebot eines Guts, so sollte sein Preis gesenkt werden, um die Anhäufung unnötiger Vorräte zu vermeiden.[110] Es sollten also die örtlichen und produktspezifischen Kräfte von Angebot und Nachfrage berücksichtigt werden, ohne dass es zu starken Preisanstiegen kam. Die Sorge um die Preisstabilität hinderte die Führung daran, alle Preise anhand einer axiomatischen Formel festzulegen.[111]

Staatsbetriebe, Planung und Preise

Das urbane Industriesystem war im Wesentlichen dem sowjetischen Vorbild nachempfunden: Die Unternehmen im Staatsbesitz hatten nur sehr begrenzten Einfluss auf das Wachstum ihres Betriebs. Sie waren Produktionseinheiten, die in einem von den zentralen Planungsstellen festgelegten Rahmen arbeiteten. Die Planer gaben den Unternehmen Produktionsziele vor und teilten ihnen die benötigten Rohmaterialien und Maschinen zu.[112] In diesem System musste das Planungsbüro alle Inputs und Outputs über die Produktionseinheiten hinweg ins Gleichgewicht bringen. Das System zur finanziellen Kontrolle beruhte auf diesem materiellen Ausgleichssystem. Die finanziellen Vorgaben sollten die materiellen Ziele auf eine solidere Grundlage stellen und gaben allgemeine Hinweise auf Parameter, die nicht leicht zu definieren waren. Beispielsweise wurde den Staatsbetrieben eine Grenze für ihre

Lohnsumme vorgegeben, anstatt die Löhne und Gehälter für sämtliche Positionen und Ränge zu spezifizieren.[113]

In diesem zentralisierten Kommandosystem hatten die staatseigenen Unternehmen keine Kontrolle über ihre finanziellen Mittel. Über den Umfang der nationalen Investitionen entschieden im Wesentlichen die zentralen Planungsbehörden. Ein Großteil der Verkaufseinnahmen der Staatsbetriebe floss in Form von Umsatz- und Gewinnsteuern in die Staatskasse. Die Entscheidung darüber, ob diese Gelder wieder an die Unternehmen zurückfließen sollten, lag bei den Planern. Nur ein sehr kleiner Teil der Investitionen konnte mit einbehaltenen Gewinnen finanziert werden. Das Betriebskapital wurde per Budgetzuteilung oder in Form von Krediten der Chinesischen Volksbank bereitgestellt.[114] Die Betriebe mussten sogar eine Genehmigung der Bank einholen, um auf ihre eigenen Einlagen zurückgreifen zu können.[115] Eine strikte Kontrolle über die Finanzen der Betriebe war wichtig, um den Staatshaushalt abzusichern, der zumeist ausgeglichen war.[116] Über neunzig Prozent der Staatseinnahmen wurden von den Staatsbetrieben in Form von Gewinnen, Steuern, Wertminderungszahlungen und kleineren Belastungen bestritten.[117] Der Zentralstaat konnte die Ausgaben abrupt und drastisch kürzen, indem er Vorhaben für einen Anlagenbau stoppte, wenn er das für nötig hielt, um die Preisstabilität zu wahren.[118]

Da der Zentralstaat die finanziellen Mittel der Staatsbetriebe kontrollierte, wirkten sich die Preise nicht direkt auf diese Unternehmen aus. Ein Großteil ihrer Einnahmen und Gewinne standen ihnen nicht zur Verfügung; sie waren auf staatliche Transferzahlungen angewiesen, um ihre Betriebskosten zu decken.[119]

Es wäre jedoch ein Fehler, daraus zu schließen, die Preise hätten überhaupt keine Rolle gespielt. Auch im urbanen Industriesektor wurden die relativen Preise zur Umverteilung genutzt. Einige Produktionseinheiten arbeiteten planmäßig mit Verlust, und diese Verluste wurden mit hohen Gewinnen aus dem Verkauf anderer Produkte subventioniert. Beispielsweise wurden die Preise für Kohle und Holz, die »Nahrung der Industrie«,[120] die sich »auf die Produktionskosten der meisten Unternehmen und letzten Endes auf den Lebensunterhalt der Bevölkerung auswirkten«, niedrig gehalten.[121] Kleine Kohlegruben hielten trotz hoher Stückkosten den Betrieb aufrecht, weil Energie für die Industrialisierung entscheidend war.[122] Nachgelagerte Investitionsgüter wie Maschinen wurden zu relativ hohen Preisen und mit hohen Gewinnen verkauft. Im Konsumgütersektor wurden die Preise von grundlegenden Gütern (die normalerweise in die erste Güterkategorie fielen) sehr niedrig gehalten; wie bereits erwähnt, waren die Preise für sogenannte Luxusgüter im Verhältnis zu denen von grundlegenden Gütern und zu den Haushaltseinkommen hoch.[123]

Bei der Festlegung der Preise von essenziellen und nicht essenziellen Konsumgütern wurden ebenfalls unterschiedliche Grundsätze angewandt. Beispielsweise wurden Kostensteigerungen bei nicht grundlegenden Gütern infolge von steigenden Produktionskosten nach der Logik der Kosten-Plus-Formel an die Konsumenten weitergegeben. Hingegen wurden Kostensteigerungen bei essenziellen Gütern durch die Anpassung von Steuern, Subventionen und Gewinnen der Handelsorganisationen ausgeglichen.[124] So wurden Anstiege des Beschaffungspreises von Getreide durch staatliche Subventionen kompensiert, um den Verkaufspreis niedrig zu halten. Auch bei nicht essenziellen Gütern wurde die Kosten-Plus-Formel nicht mechanisch angewandt; vielmehr hing die Praxis von verschiedenen politischen Überlegungen und den Bedingungen von Produktion und Vermarktung eines bestimmten Produkts ab.[125]

Aus der Tatsache, dass die materiellen Planziele und die Ressourcenzuteilung Vorrang hatten, wird manchmal geschlossen, dass die Chinesische Volksbank »aufgrund der systemischen Unterordnung der Finanzen unter den Plan eine marginale und beschränkte Rolle spielte«.[126] Audrey Donnithorne, eine britisch-chinesische Ökonomin, Missionarin und Bekannte der Philosophin G. E. M. Anscombe, für die sie hin und wieder als Babysitterin einsprang, bemerkte hingegen 1978, die Volksbank sei »das mächtigste Wirtschaftsorgan Chinas« und habe »den am weitesten reichenden Einfluss«.[127] Die zentrale Planung der gesamten chinesischen Wirtschaft war eine kaum zu stemmende Mammutaufgabe. Sämtliche physischen Aktivitäten der staatseigenen Unternehmen zu verfolgen war an sich schon eine riesige Herausforderung. Möglich war das nur durch eine Kontrolle der finanziellen Transaktionen, weshalb die Chinesische Volksbank nach Donnithornes Einschätzung unverzichtbar war, um ein gewisses Maß an zentraler Steuerung aufrechtzuerhalten.

Das Problem bestand indes darin, dass die finanziellen Vorschriften »zu den von der Zentralregierung erlassenen Rechtsvorschriften zählten, die am wenigsten befolgt wurden«.[128] Insbesondere in Zeiten von Massenkampagnen und -bewegungen fiel es den Finanzbehörden sehr schwer, Planungsvorgaben durchzusetzen.[129] Der Zentralstaat hatte Mühe, die Unternehmen davon abzuhalten, sich untereinander direkt Kredite zu geben.[130] Diese Praxis mochte gelegentlich die Planerfüllung ermöglichen, aber sie untergrub die finanzielle Kontrolle. Auch verwendeten die Unternehmen ihre finanziellen Mittel oft für Zwecke, die nicht im Plan vorgesehen waren, und lenkten beispielsweise Betriebskapital in den Anlagenbau um.[131] Aufgrund der im Wesentlichen wirkungslosen Finanzkontrolle neigten die Fabrikmanager dazu, die begrenzten Preisanreize zu ignorieren, die der Zentralstaat einzusetzen versuchte.[132]

Die praktischen Schwierigkeiten in dem Bemühen, die Staatsbetriebe zu finanzieller Disziplin anzuhalten, schränkten die Fähigkeit des Staates ein, die Umsetzung des Plans zu überwachen. Gleichzeitig untergrub der Mangel an finanzieller Disziplin die Versuche, mit Preisanreizen eine indirekte Kontrolle auszuüben. Aufgrund der beschränkten Wirksamkeit sowohl der direkten als auch der indirekten Steuerungsmechanismen fiel es dem Zentralstaat trotz der intensiven Ausbeutung des ländlichen Raums ausgesprochen schwer, diese große, vorwiegend agrarische Volkswirtschaft zu koordinieren und eine rasche Industrialisierung voranzutreiben. Die Folge war, dass die chinesische Wirtschaft anarchischer war, als man von einer »Planwirtschaft« erwarten würde. In der Endphase des Maoismus während der Kulturrevolution gab die Partei die Versuche, die Wirtschaft mit wirtschaftlichen Mitteln zu steuern, weitgehend auf und ging zu politischen

Kampagnen über, um die Bevölkerung für ihre wirtschaftlichen Vorhaben zu mobilisieren. Ökonomische Anreize wurden als Instrumente der Bourgeoisie abgelehnt, und die Preise wurden weitgehend eingefroren.[133]

Reformdruck und Rolle der Preise

Das Jahr 1976 war ein Wendepunkt in der modernen Geschichte Chinas: Die revolutionäre Ära ging zu Ende. Kurz vor Jahresbeginn war Kang Sheng gestorben, der berüchtigte Chef des inneren Sicherheitsapparats. Im Januar 1976 starb Zhou Enlai, der seit der Gründung der Volksrepublik Ministerpräsident Chinas gewesen war. Im Sommer starb Zhu De, der Gründer der Roten Armee, die mit der Revolution 1949 in Volksbefreiungsarmee umbenannt worden war. Und schließlich endete im September das Leben des Parteivorsitzenden Mao.[134]

Ich habe Gesprächen mit zahlreichen chinesischen und internationalen Reformökonomen und am Reformprozess der achtziger Jahre beteiligten Beamten geführt, und in einem Punkt bestand Konsens: Der Wandel Ende der siebziger Jahre war nicht das Resultat theoretischer Erkenntnisse oder ideologischer Auseinandersetzungen. Er war ein wirtschaftlicher Imperativ. Wie es der chinesische Ökonom Zhao Renwei ausdrückt: »In den Jahren 1978 und 1979 konnte China nicht an seinem Kurs festhalten. Nichts zu verändern war keine Option. Reformen waren unumgänglich. Aber *wie* konnten wir das Land reformieren? Das war nicht klar.«[135]

In ihrem ersten Bericht über China, in dem sie die Entwicklung in der Mao-Zeit beurteilte, gelangte die Weltbank zu einer positiven Einschätzung.[136] Adrian Wood, der für den eingangs zitierten und 1983 veröffentlichten Report federführende Volkswirt, erinnert sich daran, dass die zentrale Botschaft lautete, die »vergangenen dreißig bis vierzig Jahre der chinesischen Entwicklung [seien] bemerkenswert erfolgreich« gewesen:

> Es war China gelungen, ein rasches Wirtschaftswachstum mit einer raschen Industrialisierung zu kombinieren. Gemessen an den chinesischen Wachstumsraten nach 1980 hatte sich das Land [in den Mao-Jahren] nicht rasch entwickelt, aber verglichen mit anderen Entwicklungsländern sehr wohl. Die schlimmsten Auswüchse der Armut waren nahezu beseitigt worden. [...] Die andere Botschaft [des Berichts] lautete, dass es Spielraum für Verbesserungen gab.[137]

Der Bericht wurde im Zuge der Aufnahme Chinas in das Kreditprogramm der Weltbank für Entwicklungsländer verfasst und markierte den Anfang einer langen Zusammenarbeit. Es sollte festgestellt werden, ob China ein Entwicklungsland mit Kreditanspruch war, aber auch politisch der Zugang für die Bank geebnet werden. Die relativ positive Beurteilung der sozialistischen Entwicklung hatte somit auch ein gewisses taktisches Element.

Viele chinesische Reformer schätzten die Lage sehr viel kritischer ein. Ein Beispiel ist ein berühmter Bericht von Hu Qiaomu an den Staatsrat aus dem Juli 1978 mit dem Titel »Im Einklang mit den wirtschaftlichen Gesetzmäßigkeiten handeln«.[138] Hu, ein Mitglied des Politischen Forschungsbüros von Deng Xiaoping und später erster Präsident der 1977 gegründeten Chinesischen Akademie der Sozialwissenschaften, wies darauf hin, dass die Lage der Bauern weiterhin miserabel sei. In seinen Augen war das Einzige, was man in den mehr als zwei Jahrzehnten seit 1955 erreicht habe, dass die Getreideproduktion mit dem Bevölkerungswachstum Schritt gehalten habe.[139] Tatsächlich war die Lage möglicherweise noch bedrückender. Nicholas Lardy gelangte 1983 gar zu dem Ergebnis, dass der nationale Verbrauch von grundlegenden Gütern wie Getreide, Baumwollstoffen und Pflanzenöl zwischen 1957 und 1978 gesunken war.[140] Die Bürde musste im Wesentlichen die Landbevölkerung tragen.

Weng Yongxi war einer der »vier Gentlemen der Reform« (改革四君子), die zu den ersten jungen Intellektuellen zählten, die in den frühen Reformjahren einen Dialog mit der Parteiführung begannen.[141] Weng zufolge wurden die Veränderungen in den siebziger Jahren durch ein umfassendes Scheitern erzwungen. Die erste Generation der Revolutionäre war weiterhin an der Macht. Die Partei, so Weng, habe sich sehr bemüht, die Gesellschaft zu revolutionieren und das Leben der Massen zu verbessern. Aber nach fast dreißig Jahren sei das grundlegende Problem, wie der Lebensunterhalt der Chinesen gesichert werden konnte, weiterhin nicht gelöst gewesen. Auf der Suche nach einem besseren Leben flohen Bauern aus der Volksrepublik in die britische Kronkolonie Hongkong oder teilten das kollektivierte Land der Kommunen heimlich untereinander auf, um ihre Lebensbedingungen zu verbessern. Tang Zongkun, ein prominenter Reformökonom an der Akademie der Sozialwissenschaften, hat das Scheitern quantifiziert:[142] Für ein Viertel der 800 Millionen Bauern war das Problem einer unzureichenden Versorgung mit Kleidung und Nahrung (温饱问题) nicht gelöst worden. Zehn Prozent der Bauern hungerten seiner Einschätzung nach immer noch.

In der wirtschaftlichen Sphäre hatte die Bestrebung der chinesischen Revolutionäre nicht einfach darin bestanden, in den Worten des Weltbank-Ökonoms, die »schlimmsten Auswüchse der Armut« zu beseitigen: Sie wollten die Armut vollkommen überwinden und eine wohlhabende sozialistische Gesellschaft errichten. In einer Rede im Jahr 1978 rief Deng Xiaoping seinen Zuhörern seine Interpretation der ursprünglichen Ziele der Kommunisten in Erinnerung: Sie wollten »das Land von Armut und Rückständigkeit befreien« und die entwickelten Länder »einholen« oder sogar »überholen«.[143] Die Wiederbelebung eines wirtschaftlichen Modernisierungsprojekts nach Jahren der Kommandowirtschaft auf dem Höhepunkt der Kulturrevolution hatte bereits vor Deng Xiaopings Reformen begonnen. Mao hatte erste Schritte unternommen, um China wieder gegenüber dem Westen zu öffnen; ein Symbol für diese Öffnung war der Besuch des amerikanischen Präsidenten Richard Nixon im Jahr 1972. Etwa zur selben Zeit erhöhte China seine Importe von ausländischen Investitionsgütern und Technologie deutlich.[144] Das führte rasch zur Entstehung eines Zahlungsbilanzdefizits.[145] Im Jahr 1975 betraute Mao Deng mit der wirtschaftlichen Modernisierung, die sich im Wesentlichen darauf beschränken sollte, nach Jahren politischer Massenkampagnen und den Auseinandersetzungen in der Kulturrevolution die Ordnung in der planwirtschaftlichen Bürokratie wiederherzustellen.[146] Doch kurz danach änderte Mao den Kurs wieder: Er war der Meinung, Deng gehe in dem Bemühen, die Auswirkungen der Kulturrevolution rückgängig zu machen, zu weit. In seinem letzten Lebensjahr nutzte Mao daher die Zahlungsbilanzkrise als Begründung, um Deng aus allen Ämtern zu entfernen. Deng war als nächster Staats- und Parteichef in Position gebracht worden, aber jetzt ernannte der Vorsitzende stattdessen Hua Guofeng zum Ministerpräsidenten und zu seinem Nachfolger an der Parteispitze. Deng wurde jedoch nicht aus der Partei ausgeschlossen. Das ließ die Tür für seine Rückkehr ins Machtzentrum offen.[147]

Unter Maos designiertem Nachfolger Hua Guofeng wurde Chinas Annäherung an die kapitalistische Welt im ersten Jahr nach Maos Tod beschleunigt.[148] Dies war Huas möglicherweise unbeabsichtigter, aber entscheidender Beitrag zur Marktreform.[149] Chinesische Delegationen wurden in alle Welt entsandt, und der Austausch mit anderen Ländern nahm rasch zu. Parteiführung und Intellektuelle begriffen, wie weit China wirtschaftlich hinter den Westen und die ostasiatischen Nachbarländer zurückgefallen war.[150] Die Auslandsreisen leiteten auch Chinas neue Öffnung zum Kapitalismus ein. Das Land zeigte sich aufgeschlossen für den Westen und verabschiedete sich vom alten sozialistischen Internationalismus und dem Third Worldism. Diese Neuausrichtung wurde mit der Aufnahme diplomatischer Beziehungen zu den Vereinigten Staaten im Jahr 1979 bekräftigt und gewaltsam demonstriert, als China im selben Jahr dem sozialistischen Vietnam den Krieg erklärte.[151]

Das Vermächtnis Hua Guofengs wird oft auf seinen Slogan »Zwei-was-auch-immer« reduziert: Er wollte sich »an alle politischen Vorgaben des Vorsitzenden Mao halten, welche auch immer es sein mögen, und die Anweisungen des Vorsitzenden Mao befolgen, was auch immer sie sein mögen«. Neuere Studien haben diese Karikatur überzeugend entkräftet.[152] Auch mehrere meiner Gesprächspartner verwiesen auf die wichtige Rolle, die Hua Guofeng beim Übergang vom späten Maoismus zu den Wirtschaftsreformen spielte. Hua verfocht die »Wasimmer«-Politik im Jahr nach Maos Tod, aber dasselbe tat auch Chen Yun, der sich gemeinsam mit Deng Xiaoping gegen Hua durchsetzte.[153] Hua war nicht der Einzige, der Mao im Jahr nach seinem Tod Tribut zollte.

Unter Hua Guofeng brach die Parteiführung mit der ideologischen Ausrichtung der Kulturrevolution sowie mit der bisherigen Strategie für Entwicklung und internationale Wirtschaftsbeziehungen. Gleichzeitig griff Hua Deng Xiaopings Vorhaben aus dem Jahr 1975 wieder auf. Kurz nach Maos Tod kritisierte Hua, dass die Kulturrevolution die Konzentration auf die Entwicklung der Produktivkräfte ablehnte und das Primat der permanenten Revolution der wirtschaftlichen Entwicklung überordnete. Hua definierte die Revolution neu als die »Befreiung der Produktivkräfte«. Die wirtschaftliche Entwicklung des Landes hatte absoluten Vorrang für ihn.[154] Das deckte sich vollkommen mit der Auffassung, die Deng Xiaoping während seiner kurzen Zeit an der Spitze der Reformbemühungen im Jahr 1975 vertreten hatte: »Nur wer an Märchen glaubt, teilt die Vorstellung, die Produktion werde natürlich und mühelos wachsen, sobald die Revolution gelungen sei.«[155] Indem Hua die wirtschaftliche Entwicklung zum vorrangigen revolutionären Prinzip erhob, ebnete er den Weg für die Reformen der Deng-Zeit. Bemerkenswert ist, dass diese einschneidende Veränderung unter einem Parteiführer stattfand, der oft als relativ farbloser Gefolgsmann Maos beschrieben wird.[156]

Huas neue Linie bedeutete eine radikale Abwendung von den spätmaoistischen Prinzipien der Kulturrevolution, aber nicht vom Kern des sowjetischen Wirtschaftsmodells. Er versuchte, eine energische Industrialisierung nach sowjetischem Vorbild mit einer Öffnung gegenüber der kapitalistischen Welt zu verbinden. Unter seiner Ägide wurde die erste Sonderwirtschaftszone eingerichtet, und die chinesische Führung unternahm große Anstrengungen, um ausländische Direktinvestitionen anzulocken.[157] China sollte einmal mehr voranstürmen, diesmal mit einem Zehnjahresplan, der übermäßig optimistische Zielsetzungen enthielt und die Schwerindustrie in den Mittelpunkt rückte.[158] Näher als mit dem Zehnjahresplan, so die Einschätzung des US-amerikanischen Ökonomen Barry Naughton, sei China der »ausdrücklichen Übernahme der stalinistischen Entwicklungsprioritäten« nach den fünfziger Jahren nie gekommen.[159] Die Produktivität der Landwirtschaft sollte durch Investitionen in Bauvorhaben, eine umfassende Mechanisierung und den Einsatz von Düngemitteln erhöht werden. Synthetische Ersatzstoffe zum Beispiel für Baumwolle sollten den durch den wachsenden Bedarf an Kleidung entstandenen Druck auf die ländliche Wirtschaft verringern. Diesmal sollten die essenziellen Inputs für die Entwicklung der Landwirtschaft und für Großprojekte in der Schwerindustrie nicht von den Bauern kommen, sondern importiert werden. Diese Einfuhren wollte die chinesische Führung mit Erdölexporten finanzieren. Die Erdölindustrie war einer der wenigen Sektoren, die gegen Ende der Mao-Ära schnell wuchsen.[160]

Die »Erdölgruppe« um Generalleutnant Yu Qiuli, deren Mitglieder in der Erdölindustrie Karriere gemacht hatten, wurde unter Hua mit der nationalen Wirtschaftsplanung betraut.[161] Doch als die erwartete Entdeckung von Ölvorkommen ausblieb, musste die chinesische Führung feststellen, dass die Deviseneinnahmen, die man sich vom Erdölexport erhofft hatte, nicht ins Land flossen. Der Import der geplanten Inputs für die wirtschaftliche Entwicklung geschah also vor dem Hintergrund einer Abwertung der chinesischen Währung. Erschwerend kam hinzu, dass sich die zentralen Planungsstellen noch nicht von der Kulturrevolution erholt hatten. Die finanzielle Disziplin war gering, und die Unternehmen ließen sich auf ein Wettbieten um wachsende Importe ein.[162] Hua wurde für seinen »vom Westen angeführten Sprung nach vorn« kritisiert.[163] Nach dem dramatischen Scheitern des ersten Großen Sprungs nach vorn war diese Politik letztlich ein weiterer vergeblicher Versuch, einen wirtschaftlichen Entwicklungssprung zu erzwingen.

Während der Zehnjahresplan in eine Krise schlitterte, wuchs Ende des Jahres 1978 rund um den Tiananmen-Platz eine Demokratiebewegung.[164] In der 3. Plenarsitzung des 11. Zentralkomitees der KPCh im Dezember jenes Jahres wurde ein entscheidender Kurswechsel eingeleitet, der sowohl in China als auch im Westen allgemein als Beginn der Deng-Ära betrachtet wird.[165] Deng Xiaoping löste Hua Guofeng ab und übernahm de facto die Kontrolle über das Zentralkomitee und das Politbüro.[166]

Ein noch deutlicherer Hinweis auf eine wirtschaftspolitische Neuausrichtung war die Aufnahme Chen Yuns in den Ständigen Ausschuss des Politbüros.[167] Deng Xiaoping hatte während seiner kurzen Rückkehr an die Macht im Jahr 1973 mit der Erdölgruppe zusammengearbeitet.[168] Chen hingegen hatte seit den fünfziger Jahren beharrlich die von dieser Gruppe verfochtene einseitige Fixierung auf die Schwerindustrie kritisiert. Er hatte für einen alternativen Entwicklungspfad geworben und wollte mehr Ressourcen in die Landwirtschaft und die Leichtindustrie lenken, was den Vorstellungen entsprach, die Mao in der Rede über die »zehn großen Beziehungen« geäußert hatte. Chen war ein Veteran der Revolution und hatte die Finanz- und Wirtschaftspolitik in der entscheidenden Stabilisierungsphase nach 1949 geleitet. Als die chinesische Wirtschaft Anfang der sechziger Jahre nach dem »Großen Hunger« in eine extrem schwierige Lage geraten war und einmal mehr die Marktkräfte als Regulierungsinstrument genutzt werden mussten, war Chen erneut mit der Leitung der Wirtschaftspolitik betraut worden.[169] Mitte der sechziger Jahre übernahm die Erdölgruppe die Leitung der Wirtschaftspolitik von Chen.[170] Jetzt lenkte einmal mehr Chen Yun die Wirtschaft.

In dem Bemühen, die Wirtschaft zu reformieren, griff die neue Führung auf den Erfolg in den frühen Jahren der Volksrepublik zurück.[171] Um eine sozialistische Modernisierung zu bewerkstelligen und die großen Herausforderungen der Reform zu bewältigen, machte Deng das Motto »Die Wahrheit in den Fakten suchen« (实事求是) zum Leitprinzip.[172] Die Suche nach der Wahrheit in den Fakten war im 18. Jahrhundert auch ein Schlüsselprinzip der pragmatischen »Schule für empirische Forschung« gewesen. Nach Einschätzung Chen Yuns hatte dieses Prinzip Maos Denken im Bürgerkrieg beeinflusst.[173] Im Communiqué der 3. ZK-Plenarsitzung von 1978 heißt es, das Motto »Die Wahrheit in den Fakten suchen« gehe von der Realität aus und »verknüpfe Theorie und Praxis«.[174] Der Slogan war nicht nur ein Angriff auf Hua Guofeng, der zusehends von politischen Gegnern auf die »Zwei-was-auch-immer«-Rhetorik beschränkt war, sondern diente anfangs auch als Aufforderung, doktrinäre Vorstellungen abzulehnen.[175] Deng warnte:

> Hat sich das Denken der Menschen einmal verfestigt, so wird die realitätsfremde Verehrung für die Bücher zu einer schweren Krankheit. Jene, die daran leiden, wagen es nicht, ein Wort zu äußern oder einen Schritt zu tun, der nicht in Büchern, Dokumenten oder den Reden der Führer erwähnt ist: Alles muss kopiert werden. [...] Wenn alles wie vorgeschrieben getan werden muss, wenn sich das Denken verfestigt und blinder Glaube die Mode ist, wird der Fortschritt für eine Partei oder Nation unmöglich. Ihr Leben wird aufhören, und diese Nation oder Partei wird untergehen.[176]

Deng rief die Partei auf, »durch Praxis, aus Büchern und aus den Erfahrungen anderer sowie aus unserer eigenen« zu lernen, seien diese positiv oder negativ.[177]

Was die politische Methode und den Zugang zur Entwicklungsstrategie anbelangte, so griffen die Reformer auf die ersten Jahre nach der Revolution zurück. Entsprechend den von Chen Yun vorgegebenen Prioritäten wurden im Communiqué der 3. ZK-Plenarsitzung Maos »zehn große Beziehungen« als wirtschaftspolitische Leitlinie herangezogen.[178] Der Text der Rede war Huas Anweisungen entsprechend nachgedruckt worden.[179] Die erwünschte Entwicklungsmethode bestand nunmehr darin, die Schwerindustrie zu entwickeln, indem Leichtindustrie und Landwirtschaft zuerst gefördert wurden.[180] In dem Communiqué wurde insbesondere die Notwendigkeit einer Entwicklung der Landwirtschaft hervorgehoben, die als »Grundlage für die nationale Wirtschaft« bezeichnet wurde, die »schwer beschädigt« sei.[181] Anstatt dem Vorschlag der Erdölgruppe zu folgen und in die kollektive Mechanisierung zu investieren, sollte der Fortschritt der Landwirtschaft mithilfe von Preisanpassungen bewerkstelligt werden, die man durch eine Wiederbelebung wirtschaftlicher Anreize erreichen wollte. Der Egalitarismus sollte durch das Prinzip der Entlohnung »Jeder entsprechend seiner Arbeitsleistung« ersetzt werden. Das bedeutete die Abkehr von einem sozialistischen Kernprinzip. Voraussetzung dafür war, dass die Bezahlung »der Menge und Qualität der geleisteten Arbeit« angepasst wurde.[182]

Im Einklang mit dieser Neuausrichtung der Entwicklungsstrategie bestand das wichtigste Ziel der Preisanpassung darin, die »Preisschere« zu beseitigen: Um die Ungleichheit der Preise von Industrie- und Agrarprodukten zu verringern, »schlägt die Plenarsitzung dem Staatsrat vor, den Beschaffungspreis für Getreide ab dem Jahr 1979[183] um 20 Prozent [...] und den Preis für die über die Quote hinaus beschaffte Menge um weitere 50 Prozent zu erhöhen, [...] während die Preise für Fertigerzeugnisse für den Einsatz in der Landwirtschaft um 10 bis 15 Prozent gesenkt werden sollten«.[184]

Das war ein entscheidender Schritt, um den Ressourcentransfer vom Land zu den Städten durch einen ungleichen Güteraustausch zu beenden. Die Bauern würden mehr Geld für ihre Produkte erhalten und weniger für ihre Produktionsinputs bezahlen. Aber in dem Communiqué war keine Rede davon, die städtischen Preise für Agrarerzeugnisse zu ändern. Von dem alten Prinzip, den Einzelhandelspreis von Getreide für die städtische Bevölkerung niedrig und stabil zu halten, wurde nicht abgerückt. In dem Communiqué heißt es, der Marktpreis von für den Verzehr bestimmtem Getreide werde unverändert bleiben. Das bedeutete, dass »die Verbraucher angemessene Subventionen erhalten« mussten.[185] Damit setzte sich ein Trend fort, der zu jenem Zeitpunkt bereits seit einigen Jahren zu beobachten war: Der Staat machte im Handel mit Getreide Verluste, weil er beträchtliche Subventionen an die städtischen Verbraucher zahlte.[186] Das Problem, wie die landwirtschaftlichen Erzeugerpreise angehoben werden konnten, ohne zugleich die städtischen Einzelhandelspreise zu erhöhen, blieb während der gesamten achtziger Jahre bestehen und trug gegen Ende des ersten Reformjahrzehnts zum Anstieg des Haushaltsdefizits bei.

In dem ZK-Communiqué von 1978 wurde auch die private Produktion der Mitglieder der Volkskommunen als mit dem Sozialismus vereinbar bezeichnet, sofern sie im kleinen Maßstab blieb: »Kleine Parzellen für die private Nutzung durch die Mitglieder der Kommunen, deren häuslichen Nebenbeschäftigungen und Dorfmärkte sind notwendige Ergänzungen der sozialistischen Wirtschaft und dürfen nicht unterbunden werden«.[187] Die Preise der privaten Erzeugnisse sollten »abhängig von den konkreten Bedingungen Schritt für Schritt angehoben werden«.[188] Dies war ein kleiner, aber bedeutsamer Schritt zur Dekollektivierung und ebnete den Weg zur Auflösung der Volkskommunen.

Insgesamt bedeuteten die Reformen eine radikale Abkehr vom späten Maoismus, der sich auf politische Begeisterung, Egalitarismus, kollektive Anstrengungen und Kommandowirtschaft gestützt hatte. Die eng definierten materiellen Interessen von Bevölkerung und Parteikadern sollten jetzt die neue Antriebskraft werden.[189] In seiner wegweisenden Rede »Im Einklang mit den wirtschaftlichen Gesetzmäßigkeiten handeln« beschrieb Hu Qiaomu den Bruch.[190] Nach Einschätzung Hus hatte die »Viererbande« – deren Mitglieder Jiang Qing (Mao Zedongs Ehefrau), Zhang Chunqiao, Yao Wenyuan und Wang Hongwen kurz nach Maos Tod im September 1976 verhaftet und für alle Auswüchse der Kulturrevolution verantwortlich gemacht worden waren – versucht, in der Geschichte nach vorn zu springen, indem sie das Bewusstsein der Massen weckte und die Produktionsbeziehungen revolutionierte. Doch der historische Materialismus lehre, dass der historische Fortschritt von der wirtschaftlichen Entwicklung abhänge. Daher müsse China als rückständiges Land alle Kräfte darauf verwenden, seine Produktivkräfte zu stärken.

Bei der Vorbereitung der 3. ZK-Plenarsitzung stellte Deng Xiaoping klar, was diese Paradigmenverschiebung für die neuen Kriterien bedeutete, an denen die Wirtschaftspolitik von nun an gemessen werden musste: »Die Qualität der Führung [...] einer Wirtschaftseinheit sollte vor allem daran gemessen werden, ob die Einheit fortschrittliche Managementmethoden anwendet, ob ihre technische Innovation vorankommt und in welchem Maß ihre Arbeitsproduktivität, ihre Gewinne, das Einkommen ihrer Arbeiter und ihr kollektiver Nutzen wachsen.«[191] Deng erklärte, um solche leistungsabhängigen Bewertungen zu ermöglichen, müssten die Zuständigkeiten klar definiert werden: »Theoretisch bestand kollektive Verantwortung. In der Praxis bedeutete das, dass niemand verantwortlich war.«[192]

Ein grundlegendes Problem bei einer solchen Verschiebung hin zu einem auf der Verantwortung beruhenden System war, dass die Preisstruktur nicht so angelegt war, dass sie den einzelnen Produktionseinheiten Leistungsanreize gab. Stattdessen diente das System der bewussten Umverteilung zwischen den und innerhalb der Wirtschaftssektoren. Wie wir gesehen haben, sollten manche Einheiten hohe Gewinne erzielen, während andere dafür bestimmt waren, mit Verlust zu arbeiten. Um dieses Problem zu überwinden, sollten die Preise nun mit dem marxistischen Wertgesetz in Einklang gebracht werden:[193] Sie sollten auf der Grundlage der durchschnittlichen Arbeitsstunden festgelegt werden, die erforderlich waren, um ein Produkt zu erzeugen – das heißt aufgrund der gesellschaftlich notwendigen Arbeitszeit.[194] Doch die Anpassung der Preise an das Wertgesetz stellte an sich ein großes Problem dar. Wie erwähnt, beruhte die herrschende Preisstruktur nicht auf einer strikten Anwendung eines Kosten-Plus-Prinzips oder irgendeiner anderen Formel. Es war eine gewaltige, wenn nicht unmögliche Aufgabe, die gesellschaftlich notwendige Arbeitszeit für die Erzeugung sämtlicher Produkte zu bestimmen. Außerdem war unklar, wie eine solche umfassende Preisanpassung bewerkstelligt werden sollte. Schließlich waren die Preise nie von Grund auf neu festgelegt worden.

Selbst wenn die Preise mit den Werten in Einklang gebracht werden konnten, hatten die Produktionseinheiten aufgrund der sehr unterschiedlichen Produktionsbedingungen an verschiedenen Orten sehr ungleiche Aussichten auf Belohnungen. Deng Xiaoping warb dafür, dass »manche Regionen und Unternehmen und manche Arbeiter und Bauern mehr verdienen und früher als andere größere Erträge erzielen« sollten.[195] Das war eine dramatische Abkehr vom maoistischen Ideal des Egalitarismus. Aber diese Erträge, so Dengs meritokratische Vision, sollten »ihrer harten Arbeit und ihren größeren Beiträgen zur Gesellschaft entsprechen« und nicht das Resultat von Umweltbedingungen oder historischen Privilegien sein.

Schon zu Beginn der Reformen tauchte ein weiteres Problem auf, das die Reformer während der gesamten achtziger Jahre begleitete:

Die Preisanpassungen kollidierten mit dem Ziel, die Verbraucher- und Inputpreise stabil zu halten. Mit der Rückkehr zum Markt trat auch das Gespenst der Inflation wieder auf den Plan. Um zu verhindern, dass Preisanstiege weitergegeben wurden, mussten Anpassungen der Beschaffungspreise durch hohe Subventionen der Verbraucherpreise kompensiert werden, was den Staatshaushalt belastete. Xue Muqiao argumentierte daher, die Preisanpassungen seien letzten Endes eine Frage der Verteilung in der Wirtschaft.[196] In seinen Augen konnte dieses Problem nur »im Lauf des Wachstums von Industrie und Landwirtschaft« gelöst werden, und die Verteilung sollte »so durchgeführt werden, dass sie die Landwirtschaft fördert«. Die Frage, wie genau das in der Praxis bewerkstelligt werden sollte, wurde in den achtziger Jahren zum Thema einer intensiven Debatte.

5
Der Markt tritt auf den Plan
Chinesische Ökonomen, die Weltbank, deutsche und osteuropäische Besucher

> Die Reformen der achtziger Jahre kamen voran, weil sie nicht auf der Theorie beruhten. Hätten die Reformen theoretischen Vorgaben folgen müssen, so hätte es keine Fortschritte gegeben. Zhao Ziyang war kein Gelehrter. [...] Die alte Generation kommunistischer Kader hatte wenig Interesse an Diskussionen über theoretische Fragen.
>
> *Li Xianglu, Zhao Ziyangs Privatsekretär, 2016*

Über weite Strecken der Kulturrevolution hatten die politischen Prinzipien Vorrang vor den Erkenntnissen der Wirtschaftswissenschaft.[1] Die Auseinandersetzung mit dem Wechselspiel der Produktivkräfte, etwa mit Effizienz und technologischem Wandel, die von den sozialen Beziehungen in der Produktion unabhängig waren, wurde als »Ökonomismus« abgelehnt.[2] Im Rahmen der Bemühungen, die Disziplin wiederzubeleben, wurde 1977 die Chinesische Akademie der Sozialwissenschaften gegründet, die Erkenntnisse für die Gestaltung der nationalen Politik liefern sollte. Im Jahr 2016 traf ich mich in Peking zu einem Gespräch mit Tang Zongkun, einem hochrangigen Volkswirt am Wirtschaftsforschungsinstitut der Akademie, das zu diesem Zeitpunkt immer noch in seinem ursprünglichen schlichten Gebäude im sozialistischen Stil untergebracht war. »In den zehn Jahren der Kulturrevolution von 1966 bis 1976«, erklärte Tang, »war die Wirtschaftswissenschaft praktisch tot.« Deng Xiaoping leitete mit seiner Forderung, die wirtschaftlichen Abläufe zu erforschen, um ihre Lenkung zu verbessern, einen radikalen Kurswechsel ein. Die chinesischen Reformer begannen mit einer »Wiederherstellung der Ökonomie«.[3] In der Kulturrevolution geschlossene Forschungsinstitute wurden wiedereröffnet, und es entstanden neue Einrichtungen.[4] An den chinesischen Universitäten durfte wieder Wirtschaftswissenschaft studiert werden.

Die Wiederbelebung der Wirtschaftsforschung im Rahmen des Reformprozesses muss im Kontext der verzweifelten wirtschaftlichen Lage Chinas Ende der siebziger Jahre betrachtet werden. Aber die Ausrichtung der Wirtschaftspolitik an der Wissenschaft war mehr als eine pragmatische Antwort auf die Herausforderungen der wirtschaftlichen Entwicklung. Sie ging mit einer grundlegenden ideologischen Verschiebung und einer Neubewertung der Frage historischen Fortschritts durch die Parteiführung einher. Das Reformparadigma stellte den Maoismus auf den Kopf und bedeutete eine Rückkehr zu einer orthodoxeren Version des sowjetischen historischen Materialismus. Mao hatte Lenins These, der Übergang vom Kapitalismus zum Sozialismus werde rückständigen Ländern schwerer fallen, abgelehnt. Mao erklärte: »Tatsächlich ist der Übergang umso einfacher, je rückständiger eine Wirtschaft ist.«[5] Die neue Reformdoktrin übernahm die leninistische Vorstellung: Der führende Parteiintellektuelle Su Shaozhi erklärte, je weniger entwickelt ein Land sei, »desto schwieriger wird sein Übergang vom Kapitalismus zum Sozialismus«.[6]

Mao hatte geglaubt, der Fortschritt sei nur mit politischen Mitteln zu erreichen. In den Augen der Befürworter von Reformen konnte Fortschritt nur durch wirtschaftliche Entwicklung errungen werden. Wie Deng im Jahr 1975 erklärt hatte, waren die wahren Feinde nicht die »kapitalistischen Wegbereiter« – Deng selbst wurde beschuldigt, einer von ihnen zu sein –, sondern jene, die »weiterhin die Metaphysik benutzen« und »nur über Politik, aber nicht über Wirtschaft, nur über die Revolution, aber nicht über die Produktion sprechen«.[7] In den Deng-Jahren sollten in dem Bemühen, dank Reformen wirtschaftlich aufzuholen, »verpasste Lektionen nachgeholt« werden (补课). Mit diesen verpassten Lektionen waren sowohl die osteuropäischen Reformtheorien als auch die zuvor als »kapitalistisches Gift« bezeichnete bürgerliche Ökonomie gemeint. Als die chinesischen Ökonomen in die Forschungsstätten und ins politische Entscheidungszentrum in Peking zurückkehrten, wurden jedoch auch die heimischen Reformvorschläge und -debatten der fünfziger und sechziger Jahre wieder aufgegriffen.

Während der Kulturrevolution hatte die Partei die These verfochten, dass »das Wertgesetz zwangsläufig zum Kapitalismus führt«.[8] In deutlichem Gegensatz dazu griffen bekannte Ökonomen zu Beginn der Reformära auf ihre Debatten der fünfziger und sechziger Jahre zurück, in denen sie sich mit der Frage beschäftigt hatten, wie das Wertgesetz angewandt werden sollte, um die chinesische Wirtschaft und insbesondere das Preissystem zu reformieren.[9] Zu den bekannten Stimmen zählten der in der Sowjetunion ausgebildete Sun Yefang, der von 1968 bis 1975 im Gefängnis gesessen hatte, sowie Xue Muqiao, der 1969 aufs Land geschickt worden war, wo er »durch Arbeit umerzogen« werden sollte (劳动改造). In den fünfziger Jahren hatte Sun Yefang erklärt, das Wertgesetz sei kein Merkmal des Kapitalismus, sondern »eine universelle ökonomische Regel«.[10] Ermutigt durch Hu Qiaomus Rede »Im Einklang mit den wirtschaftlichen Gesetzmäßigkeiten handeln« aus dem Jahr 1978, in der Hu erklärt hatte, es sei »notwendig, dem Wertgesetz zu gehorchen«, denn der Preis eines Gutes hänge von seinem Wert ab,[11] diskutierten die Wissenschaftler in der frühen Phase der Reformära Ende der siebziger Jahre intensiv über das Wertgesetz. Der Höhepunkt dieser Diskussionen war die Konferenz von Wuxi im April 1979.[12]

Tang Zongkun erinnert sich daran, dass die Konferenz in Wuxi mit mehr als 300 Teilnehmern das größte Wirtschaftsforum seit Beginn der Kulturrevolution war.[13] Diese mit bürokratischen Konsultationen sorgfältig vorbereitete Konferenz brachte Parteikader und angesehene Intellektuelle zusammen. Unter den Teilnehmern waren Vertreter einiger der mächtigsten Institutionen des Landes, darunter mehrerer Ministerien, die dem Staatsrat und der Staatlichen Preisbehörde unterstanden. Chen Yun gab der Konferenz in einem Brief an das ZK der KPCh seinen Segen.[14] Chen definierte das Thema der Konferenz mit der Feststellung, die Planwirtschaft sei vorrangig und der Markt sei ihr untergeordnet. Er erklärte: »Der Plan ist jedoch zu unflexibel, und er umfasst zu viel. Das unvermeidliche Resultat ist das Fehlen eines Elements der spontanen Marktregulierung.«[15]

Auf der Konferenz von Wuxi herrschte eine bemerkenswert offene Atmosphäre. Es wurden sehr unterschiedliche Auffassungen vertreten. Einige Teilnehmer gingen so weit, Zweifel an der Vorstellung zu äußern, ohne zentrale Planwirtschaft könne es keinen Sozialismus geben.[16] In einem der kühneren Beiträge definierten zwei Ökonomen mittleren Alters vom Wirtschaftsforschungsinstitut der Akademie der Sozialwissenschaften, Liu Guoguang und Zhao Renwei, die »Beziehung zwischen Planung und Markt im Sozialismus« neu.[17] In ihren Augen hatten die sozialistischen Länder die Wirtschaftsplanung und den Markt in der Vergangenheit als unvereinbar betrachtet, »so als hätte der Markt in einer Planwirtschaft keinen Platz«, aber diese Vorstellung habe der chinesischen Wirtschaft »eine Reihe von Katastrophen« beschert.[18] Sie schlugen stattdessen vor, den Wettbewerb zu fördern und die Preise innerhalb bestimmter Grenzen durch Angebot und Nachfrage zu regulieren, damit sich der Marktmechanismus in das wichtigste Instrument zur Zuteilung von Arbeitskräften, Materialien und Kapital verwandeln könne.[19] Gleichzeitig dürfe China jedoch nicht zulassen, dass die von Adam Smith beschriebene unsichtbare Hand des Marktes das sozialistische System zerschlage.[20] Die planwirtschaftliche Lenkung werde Anarchie auf dem Markt verhindern.

Als wir 2016 in seiner einfachen Wohnung in Peking über die achtziger Jahre sprachen, erklärte Zhao Renwei stolz, der Konferenzbeitrag habe sofort Lob von Hu Yaobang erhalten, der zu jener Zeit dem ZK angehörte und zu den führenden Köpfen der Reformpolitik zählte. Einige Monate später gab Deng Xiaoping der dogmatischen Wende auf der Konferenz von Wuxi seinen Segen und erklärte im Gespräch mit einem ausländischen Journalisten:

> Es ist falsch zu behaupten, eine Marktwirtschaft existiere nur in der kapitalistischen Gesellschaft und es könne nur eine »kapitalistische« Marktwirtschaft geben. Warum können wir nicht im Sozialismus eine Marktwirtschaft entwickeln? Eine Marktwirtschaft zu entwickeln, bedeutet nicht, den Kapitalismus zu praktizieren. Wir halten an der Planwirtschaft als Hauptbestandteil unseres Wirtschaftssystems fest, führen je-

doch zugleich eine Marktwirtschaft ein. Aber es ist eine sozialistische Marktwirtschaft.[21]

Theoretische Debatten wie jene auf der Konferenz von Wuxi waren wichtig, weil sie die radikale ideologische Abkehr vom späten Maoismus bekräftigten und den Weg zu einer offenen Debatte über die Wirtschaftspolitik ebneten.[22] Aber es gab weiterhin eine Kluft zwischen dem Bestreben, die Wirtschaftsführung zu verbessern, und der theoretischen Arbeit. Deutlich zum Ausdruck kam dies in einer Rede, die Deng Liqun, der damalige Leiter des Politischen Forschungsbüros des ZK und Vizepräsident der Akademie der Sozialwissenschaften, im Juni 1979 vor Ökonomen hielt:[23]

In der Vergangenheit waren wir daran gewöhnt, von Begriff zu Begriff und von Zitat zu Zitat zu gehen; das muss sich ändern. Früher gehörten relativ viele der gelehrten Gruppe [*jingyuan pai*] an und gaben Kommentare zu den […] [marxistischen und maoistischen] Klassikern ab. […] Die Genossen, die praktische Arbeit leisten, haben den Eindruck, dass es keinen Unterschied macht, ob diese Forschungsarbeit geleistet wird oder nicht, oder sie haben sogar das Gefühl, dass diese Arbeit lästig [*mafan*] ist.[24]

Deng Liqun ging in seiner Kritik an der Arbeit der Ökonomen so weit zu erklären, dass die Gelehrten von den Beamten mehr lernen könnten als umgekehrt: »Wenn sich die verantwortlichen Genossen [aus der Verwaltung] nicht persönlich beteiligen, wenn nur die Theoretiker Forschung betreiben, können wir lange Zeit [*ban tian*] forschen, ohne viel zu erreichen.«[25]

Im Januar 1980 äußerte sich Deng Xiaoping in seiner Rede »Die gegenwärtige Situation und unsere kommenden Aufgaben« ähnlich skeptisch: »Zahlreiche Genossen, die viele Jahre an den Rand gedrängt waren und erst vor kurzer Zeit auf ihre ursprünglichen Posten zurückgekehrt sind, haben den Bezug zur Realität verloren; selbst jene, die die ganze Zeit auf ihren Posten blieben, sind mit neuen Problemen konfrontiert, die sie nur mit Mühe auf Anhieb verstehen können.«[26] Es dauerte einige Zeit, die Wirtschaftswissenschaft wiederherzustellen beziehungsweise neu zu erfinden. Bis es so weit war, nutzten Kader auf allen Ebenen den neuen politischen Freiraum, um wirtschaftspolitische Experimente zu starten, darunter den Einsatz von Marktmechanismen und flexiblere Methoden zur Bestimmung der Preise. In einer Situation, in der sie im Grunde keine Wahl hatten, fiel die Wahl (没有选择的选择) der Reformer auf das chinesische Sprichwort »nach Steinen tastend den Fluss überqueren« (摸着石头过河). Chen Yun hatte den Slogan vom Durchqueren des Flusses erstmals in den fünfziger Jahren ins Spiel gebracht, als er nach der Revolution für den Wiederaufbau der chinesischen Wirtschaft verantwortlich war, um die beste Methode zur Preisstabilisierung zu beschreiben: »Steigende Preise sind nicht gut, und fallende Preise sind ebenfalls nicht gut für die Produktion. Es ist besser, nach Steinen tastend den Fluss mit stetem Schritt zu überqueren.«[27] Auf der Zentralen Arbeitskonferenz im Jahr 1980, wo das Reformkonzept entworfen wurde, rief Chen der Partei diese Volksweisheit erneut in Erinnerung:

> Wir brauchen Reformen, aber unsere Schritte müssen stetig sein. Da der Gegenstand unserer Reform kompliziert ist, dürfen wir nicht übermäßig ungeduldig sein. Es stimmt, dass sich die Reform auf eine solide Theorie, wirtschaftliche Statistiken und Prognosen stützen muss, aber wichtiger ist es, mit Experimenten an ausgewählten Punkten zu beginnen und zum richtigen Zeitpunkt Lehren aus der Erfahrung zu ziehen. Das bedeutet, nach Steinen tastend den Fluss zu überqueren. Anfangs müssen die Schritte klein und langsam sein.[28]

Deng Xiaoping stimmte der Einschätzung Chen Yuns in seinem Schlusswort zu der Konferenz zu: Chens Erkenntnisse würden der Partei lange Zeit als Orientierung dienen.[29] Tatsächlich dominierte Chens Ansatz in den ersten Jahrzehnten der Reformen, obwohl er wiederholt heftig kritisiert wurde.

Erste Schritte zur Änderung des Preissystems

Die im Dezember 1978 in der 3. Plenarsitzung des 11. ZK beschlossene Anpassung der Beschaffungspreise für Getreide und der Verkaufspreise für landwirtschaftliche Inputs war der erste Schritt zur Reform der chinesischen Preisstruktur. Es folgte Li Xiannians Ankündigung im Namen der Regierung im April 1979, dass »unter der Bedingung, dass das durchschnittliche Preisniveau stabil bleibt, notwendige Anpassungen an bestimmten Preisen vorgenommen werden«.[30] Li Xiannian, ein Mitglied des Ständigen Ausschusses des Politbüros, hatte während der Kulturrevolution die Wirtschaftspolitik geleitet. Die Regierung wollte auch »allgemeine Änderungen an der Preisstruktur vornehmen und die Situation verbessern, da gegenwärtig viele Produkte unangemessene Preise haben«.[31] Über diese »allgemeinen Änderungen an der Preisstruktur« wurde in den folgenden Jahren intensiv debattiert. Aber Anpassungen einzelner Preise wurden mehr oder weniger unverzüglich vorgenommen. Dazu wurde den Verantwortlichen zunächst *innerhalb des bestehenden Systems* größerer Spielraum bei der Preissetzung zugestanden. So wurde schrittweise die gesamte Preisstruktur korrigiert.

Grundprinzipien der Preisreform

Xue Muqiaos im Original 1979 erschienenes Buch *Chinas sozialistische Wirtschaft* ist als »der systematischste und einflussreichste Versuch zur Formulierung einer Theorie der sozialistischen Ökonomie zur Untermauerung der sich entfaltenden Reformen Dengs« in den frühen Jahren beschrieben worden.[32] In Deutschland wurde es unter dem Titel *Sozialismus in China* veröffentlicht. Der ordoliberale Ökonom Armin Gutowski, von dem später noch die Rede sein wird, steuerte ein Vorwort bei.

Das Wertgesetz besagt, der Wert eines Guts werde »von der Menge der für die Erzeugung des Produkts aufgewandten gesellschaftlich notwendigen Arbeitszeit bestimmt, und Güter müssen ihrem Wert entsprechend ausgetauscht werden«. Xue bezeichnete diese Definition als unvollständig.[33] In seinen Augen ist »die Entsprechung zwischen Preis und Wert nur ein momentaner Zustand, weil oft ein Ungleichgewicht zwischen Angebot und Nachfrage herrscht, während der Unterschied zwischen ihnen absolut und häufig ist«.[34] Anstatt auf der Grundlage des Arbeitswertgesetzes eine statische Operation durchzuführen, um die gesellschaftlich notwendige Arbeitszeit zu berechnen, vertrat Xue die Auffassung, das Wertgesetz reguliere »die Preise spontan, um ein relatives Gleichgewicht zwischen Angebot und Nachfrage herzustellen. Ermöglicht wird dieses relative Gleichgewicht durch eine ständige Zerstörung des Gleichgewichts [...] oder eine ständige Fluktuation.«[35]

Xues Interpretation dieses marxistischen Prinzips – das Gleichgewicht zwischen Angebot und Nachfrage wird durch die Fluktuation hergestellt – führte ihn zu einer Definition, in der die angemessene Rolle des Staates darin besteht, die Preise mit Eingriffen zu regulieren, die an die Logik des *Guanzi* erinnern: mit der bewussten Nutzung der spontanen Marktkräfte durch den Staat. Im Sozialismus, erklärte Xue, wende der Staat das Wertgesetz »oft in dem bewussten Bemühen an, die Produktion zu regulieren. In seiner Preispolitik wendet der Staat das Wertgesetz an, um die Produktion und Vermarktung sämtlicher Produkte zu regulieren.«[36] In Xues Augen sollte der Staat das Wertgesetz anwenden und gleichzeitig die spontane Wirkung des Gesetzes beschränken, um die Menschen vor extremen Preisschwankungen zu schützen.

Xue bediente sich nicht der traditionellen Sprache des *Guanzi*, aber für seinen Entwurf einer staatlichen Preispolitik bei bestimmten Arten von Gütern folgte er durchweg den Prinzipien von »Leicht und Schwer«. Seinen Grundgedanken kann man wie folgt zusammenfassen: Der Staat muss die Anwendung des Wertgesetzes auf Dinge beschränken, die »schwer« sind – auf Güter, die knapp oder für den Lebensunterhalt der Bevölkerung und für die Produktion unverzichtbar sind. Hingegen kann er die Bestimmung der Preise von Dingen, die »leicht« sind – Güter, die im Überfluss vorhanden oder nicht essenziell sind –, den spontanen Marktkräften überlassen, um durch Ungleichgewicht ein Gleichgewicht herzustellen. Xue war darüber hinaus der Meinung, der Staat müsse »einige essenzielle Konsumgüter« rationieren und ihre Preise festsetzen, »um zu gewährleisten, dass sich ein Preisanstieg infolge einer Knappheit solcher Güter nicht auf den Lebensunterhalt der Menschen auswirkt«.[37]

Wenn die von den Produzenten bereitgestellte Menge an solchen Gütern die staatliche Quote übersteige, sollten die Unternehmen die Möglichkeit haben, auf dem Markt »zu höheren als den staatlich vorgegebenen Preisen« zu verkaufen.[38] Während die bereitgestellte Mindestmenge »schwer« sei, wenn sie sich unmittelbar auf die existenziellen Bedürfnisse der Menschen auswirkt, sei die Überschussproduktion nicht essenziell oder »leicht« und könne daher den Marktkräften ausgesetzt werden. Dies war der Grundgedanke, auf dem später das zweigleisige Preissystem beruhen würde. Xue empfahl auch, die Preise nicht essenzieller Güter »innerhalb einer von den lokalen Regierungen und Preiskontrollbehörden vorgegebenen Bandbreite« flexibel anzupassen.[39] Im Fall der landwirtschaftlichen Produktion, die vom Wetter abhängt und daher schwankungsanfällig ist, sollte der Staat Xue zufolge mit einem Eingriff, der an Sang Hongyangs »ausgleichende Vermarktung« und Wang Anshis Reformen mehrere Jahrhunderte früher erinnert, dafür sorgen, dass die Preise innerhalb dieser Bandbreite blieben: »Wenn die Preise [landwirtschaftlicher Erzeugnisse] zu hoch sind, kann der Staat sie stabilisieren und die Interessen der Konsumenten schützen, indem er mehr Produkte aus anderen Landesteilen herbeischafft. Wenn die Preise zu niedrig sind, kann der Staat den Beschaffungspreis anheben und die Überschussproduktion an andere Orte schicken, um die Interessen der Bauern zu schützen.«[40]

Xue Muqiaos Interpretation des Wertgesetzes als Regulierung durch Abweichung, als Ausgleich durch Ungleichgewicht, ging auf seine Beiträge in den Debatten mit seinem Freund Sun Yefang zurück und war bis zu einem gewissen Grad originell im chinesischen Kontext. Aber die von Xue beschriebenen spezifischen politischen Prinzipien für die Überwindung der Inflexibilität des chinesischen Preissystems können keinem einzelnen Theoretiker zugeschrieben werden. Tatsächlich war auch Xues berühmtes Buch *Chinas sozialistische Wirtschaft* »nicht das Produkt einer einzelnen Person«, sondern das Resultat der Diskussionen zwischen Xue und seinen Kollegen.[41] Darüber hinaus standen diese Prinzipien im Zentrum der bürokratischen Praxis der Preisregulierung. Diese waren schon im Kaiserreich, aber auch nach der kommunistischen Revolution zur Preisstabilisierung angewandt worden und waren bis zur Kulturrevolution ein wichtiger Bestandteil der Wirtschaftspolitik.

Chinesische Funktionäre erklären der Weltbank die Preisreform und die Rückkehr des Gespensts der Inflation

Die Volksrepublik trat 1980 der Weltbank-Gruppe bei. Im Oktober desselben Jahres traf die erste Delegation der Organisation ein, um herauszufinden, ob China für Kredite der Internationalen Entwicklungsorganisation in Frage kam. Die Feldforschung der Weltbank floss in den bereits erwähnten Bericht ein, der allerdings aus politischen Gründen erst drei Jahre später veröffentlicht wurde. In den Gesprächen mit der Weltbank erläuterten Vertreter der Zentral- und Provinzbehörden den Gästen die Praxis der Preisregulierung und den Stand der Reformen. Ihre Darstellung entsprach durchweg den von Xue skizzierten Prinzipien.[42]

In seinem Haus unweit der Südküste Englands erzählte mir Adrian Wood von der Zusammenarbeit mit der chinesischen Verwaltung zu jener Zeit:

> Die Chinesen achteten sehr darauf, zwischen der Einschätzung der Weltbank und ihrer eigenen zu unterscheiden. Sie zogen stets eine klare Trennlinie: Das seid ihr, und das sind wir. [...] Die Beziehung zwischen der Weltbank und dem chinesischen Staat war eine im Himmel geschlossene Ehe. Es waren zwei große, bürokratische, ausgesprochen professionelle, sehr engagierte Organisationen, die perfekt zueinanderpassten. Obwohl die chinesischen Kommunisten auf einem anderen ideologischen Planeten als die Weltbank lebten, wussten sie genau, wie sie die Beziehung handhaben mussten. Die Beziehung war sehr freundlich und kooperativ, aber mit gebührendem Abstand.[43]

Wood führte minutiöse Aufzeichnungen über die Treffen im Rahmen dieses ersten Austauschs mit den Vertretern der Weltbank. Die Delegation traf sich mit der Zentralen Preisbehörde, den Preisbehörden von Gansu und Sichuan, dem Finanzministerium, der Staatlichen Planungskommission, dem Handelsministerium und der Behörde für Materialbeschaffung. Wood hielt gewissenhaft fest, wann er die Einschätzung der chinesischen Gesprächspartner und wann er seine eigene dokumentierte. Seine Notizen eröffnen einen Einblick in den Stand der Experimente mit der Preisreform im Jahr 1980, als noch kein umfassendes Reformprogramm in Kraft war, und zeigen, wie die Chine-

Abbildung 1: Adrian Wood während der ersten Forschungen der Weltbank im ländlichen China, Oktober 1980.

sen diese Reform im Gespräch mit ausländischen Experten darstellten.[44] Sie umreißen den Ausgangspunkt für das, was zu einem Dialog über Preisreformen zwischen chinesischen Ökonomen und ausländischen Experten werden sollte.

In der Forschungsabteilung der Staatlichen Preisbehörde lernte die Weltbank-Delegation die Grundhaltung der Chinesen in Bezug auf die Entwicklung ihrer Preispolitik und die Herausforderungen der Marktreform kennen. Die Besucher erfuhren, dass das chinesische Preissystem ein »Vermächtnis« der Vergangenheit war und dass die Kommunisten »nie alle Preise von Grund auf neu festgelegt hatten«. Dem sowjetischen Beispiel folgend, setzte man generell niedrige Preise und Gewinne für Produktionsmittel und hohe Preise für Erzeugnisse der Leichtindustrie fest, insbesondere für nicht grundlegende Konsumgüter wie Zigaretten, Wein und Armbanduhren. Ein Grundprinzip, an dem stets festgehalten wurde, bestand darin, dass die Preise für Güter des täglichen Bedarfs stabil gehalten werden mussten. Mit Blick auf die Mao-Ära erklärten die Beamten der Preisbehörde, sie hätten in den ersten Jahrzehnten bei nicht essenziellen Gütern kleine Preiskorrekturen vorgenommen, um Änderungen der Preise von Inputs sowie den Beziehungen zwischen Angebot und Nachfrage Rechnung zu tragen. Aber von 1969 bis 1978 wurde die Arbeit der Preisbehörde weitestgehend eingestellt, die Preise wurden eingefroren.[45] Die Mitarbeiter der Behörde erklärten, das Ausbleiben der Preisanpassungen habe zu einer widersinnigen Preisstruktur geführt. Anpassungen waren unumgänglich, aber die Behörde warnte, die »in dreißig Jahren angehäuften Probleme« könnten nicht über Nacht gelöst werden. Die Feldforschung der Weltbank über die an der Preisgestaltung beteiligten Institutionen zeigt, dass die chinesische Führung keine kategorische Lösung anstrebte, sondern die Kontrolle über die Güterpreise nutzte, um beginnend bei nicht grundlegenden Gütern mit flexiblen Preisen zu experimentieren.

Die Präsentationen für die Weltbank-Delegation lassen erahnen, dass die chinesischen Verantwortlichen in zahlreichen bürokratischen Einheiten auf verschiedenen Ebenen die grundlegende Herausforderung der Preisreform verstanden und wussten, wie die Reform in der Praxis in Angriff genommen werden konnte. Sie pochten auf Preisstabilität und ein behutsames Vorgehen und wollten die vorhandene Struktur des Handels und der Preispolitik als Ausgangspunkt nutzen. Aus Woods Aufzeichnungen geht hervor, dass die relative Bedeutung der Güter nicht ausschließlich aufgrund ihrer physischen Eigenschaften bestimmt wurde. Obwohl die verschiedenen Güter in einer Hierarchie, die ihre physischen Eigenschaften widerspiegelte, abhängig von ihrer Bedeutung für den Lebensunterhalt der Bevölkerung und für die nationale Produktion eingestuft wurden, war nicht jedes Produkt zu allen Zeiten und überall gleich wichtig. Stattdessen zeigen die Gespräche zwischen der Weltbank und den für die Preissetzung Verantwortlichen, dass ein Preis von mindestens vier Kriterien abhing:

1. *Die Bedeutung eines Produkts hing davon ab, ob der Lieferant ein großer Produzent war und für den nationalen Plan produzierte oder ob*

er nur den örtlichen Bedarf deckte. Bei kleineren Produzenten wurde die Preissetzung den örtlichen Behörden oder abhängig von der Bedeutung des Erzeugnisses für die örtliche Wirtschaft dem Unternehmen überlassen. Beispielsweise erfuhr die Weltbank-Delegation, dass in der Provinz Gansu große Zementfabriken zu »zentralen Preisen« an den Staat verkaufen mussten, während lokale Zementfabriken und andere Hersteller von Baumaterial, die den lokalen Bedarf deckten, zu Preisen verkaufen mussten, die von den örtlichen Behörden vorgegeben wurden. Die Provinz Sichuan spielte eine Vorreiterrolle in der Unternehmensreform. Vertreter der Provinzregierung schlugen vor, die Festlegung der Preise kleinerer Güter, die für den örtlichen Konsum bestimmt waren – darunter Knöpfe, kleine Spiegel und Stifte – und deren Preise früher vom Bezirk kontrolliert worden waren, den Unternehmen zu überlassen. Die Preise dieser nicht essenziellen Konsumgüter waren bis dahin hoch gewesen, obwohl ihre Produktion leicht ausgeweitet werden konnte. Die Lockerung der Kontrolle führte also zu einem Preisrückgang bei solchen Gütern. Sie waren nicht nur nicht essenziell, sondern auch »leicht« in dem Sinn, dass eher ein Überangebot bestand.

2. *Ein Produkt konnte abhängig davon, ob es der Planerfüllung diente, selbst dann, wenn es von ein und demselben Unternehmen erzeugt wurde, zu einem Zeitpunkt als wichtiger und zu einem anderen als weniger wichtig behandelt werden.* Die Volkswirte der Weltbank erfuhren, dass für alle Konsumgüter mit Ausnahme von unverzichtbarer Baumwoll- und Wollkleidung, die ständig knapp war, eine Regel der »freien Verfügung über Überschüsse« galt: Die Produktion, die über die vorgegebene Quote hinausging, konnte das Unternehmen nach seinem Gutdünken zu anderen Preisen und über andere Kanäle verkaufen. Das Resultat dieser Regel war ein mehrstufiges Preissystem. In einem neuen System, das den Unternehmen erlaubte, einen Teil ihrer Gewinne für Anlagenbau, technologische Weiterentwicklung, Bonuszahlungen und Sozialleistungen für die Belegschaft einzubehalten, hatten die Unternehmen beträchtliche Anreize, über die Quote hinaus zu produzieren – und ihre Erzeugnisse mit Gewinn zu verkaufen.

Die Pioniere der Unternehmensreform in Sichuan beschrieben ein erhellendes Beispiel aus dem Jahr 1979: Eine Handtuchfabrik in Chengdu musste eine staatliche Quote von 840 000 Stück erfüllen, hatte jedoch Kapazitäten für die Produktion von einer Million Stück. Das Unternehmen nutzte seinen Spielraum, um ein neues Handtuch mit einem neuen Design zu entwickeln, von dem es insgesamt 1,07 Millionen Stück produzieren konnte. Das neue Design ermöglichte sowohl Kostensenkungen als auch eine Erhöhung der Nachfrage nach den Produkten des Unternehmens. Doch die Regel der »freien Verfügung über Überschüsse« hatte nur eine begrenzte Wirkung, wenn die Unternehmen keine Möglichkeit hatten, die relevanten Märkte effektiv zu beliefern. Hier kam den staatlichen Handelsagenturen eine Schlüsselrolle zu. Sie durften ebenfalls frei über ihre überschüssigen kommerziellen Dienste verfügen. Die Handelsagentur vermarktete also für eine Gebühr das neue Handtuch zu einem Preis, den sie mit dem Hersteller aushandelte. Dieser verkaufte das neue Produkt auch zu einem Marktpreis auf der Straße. Aber der überregionale Markt für das Produkt, der es dem Unternehmen ermöglichte, die Grenzen der örtlichen Nachfrage zu sprengen, wurde von den staatlichen Handelsagenturen erschlossen.

3. *Die Regel der »freien Verfügung über Überschüsse« wurde durch staatliche Marktbeteiligung auch in der Landwirtschaft und in der Preisstabilisierung angewandt.* Als die Weltbank-Delegation im Jahr 1980 durch China reiste, unterlag die landwirtschaftliche Nebenproduktion im Allgemeinen nicht mehr den Quotenregeln, und die Erzeugnisse durften auf ländlichen und städtischen Märkten verkauft werden. Aber auch alle anderen Güter (mit Ausnahme von Baumwolle) konnten auf dem Markt verkauft werden, sobald die Quoten erfüllt waren. Zu diesen Gütern zählten wichtige Produkte wie Speiseöl, das seit 1949 rationiert war. Die Preise auf diesen Märkten waren im Allgemeinen »frei«, aber die Preisstabilisierung durch Marktbeteiligung der staatlichen Handelsagenturen war ein wichtiger Regulierungsmechanismus. Chinesische Beamte erklärten den Weltbank-Ökonomen bei mehreren Gelegenheiten, dass

die staatlichen Handelsagenturen abhängig von den vorherrschenden Marktbedingungen bestimmte Güter anboten oder nachfragten, um Preisschwankungen zu verhindern. Um erhebliche Preisfluktuationen zu verhindern, wurden gleichzeitig die Staatsbetriebe angewiesen, auf dem Markt keine großen Transaktionen durchzuführen. Der Staat stabilisierte die Preise landwirtschaftlicher Erzeugnisse zudem, indem er die Nachfrage zu einem bestimmten Preis garantierte. Die Bauern konnten ihre über die Quote hinausgehende Produktion mit einem Aufschlag auf den im Plan vorgesehenen Preis an den Staat verkaufen. Dieser Preis stellte de facto die Untergrenze für den Marktpreis dar. Wann immer der Marktpreis unter den staatlichen Beschaffungspreis für die über die Quote hinausgehende Produktion stieg, konnten sich die Bauern an den Staat wenden. In Sichuan berichteten Beamte der Preisbehörde, dass die Marktpreise dank des steigenden Angebots so stark gesunken waren, dass die Bauern begonnen hatten, sich an den Staat zu wenden, um ihre Erzeugnisse zu verkaufen.

4. *Während die Preisfindung bei Produktionsmitteln im Allgemeinen nicht dem Markt überlassen wurde, erlaubte die Parteiführung, dass die Preise bestimmter Fertigerzeugnisse für die Produktion bei einem Überangebot bis zu zwanzig Prozent unter das im Plan festgelegte Niveau sinken durften.* Beispiele für solche Produkte waren einige Traktoren und Maschinen und bestimmte Arten von Glas und Elektroausrüstung. Die nach dem Scheitern von Hua Guofengs übermäßig ambitionierten Plänen unternommenen Versuche zur Wiederherstellung des Gleichgewichts in der Wirtschaft führten dazu, dass die staatlichen Investitionen in den Jahren 1979/80 erheblich verringert wurden, wodurch ein Überangebot an diesen Produktionsmitteln entstand.[46] Beamte der Preisbehörde von Gansu erklärten der Weltbank-Delegation, dass einige Preise bereits die Untergrenze der zulässigen zwanzigprozentigen Abwärtsabweichung vom im Plan festgelegten Preis erreichten. Ein Vertreter der Preisbehörde von Sichuan klärte die Weltbank-Experten darüber auf, dass mittlerweile untersucht werde, ob in einem weiteren Reform-

> schritt Aufwärtsabweichungen der Preise knapper Produktionsmittel zugelassen werden sollten. Bis dahin waren Preisbewegungen nur erlaubt gewesen, um einen Angebotsüberhang durch Preissenkungen zu beseitigen.

Diese Prinzipien für den Umgang mit dem, was wichtig oder »schwer« war, und mit dem, was weniger wichtig oder »leicht« war und daher flexibler gesteuert werden konnte, indem man dem Markt eine Funktion in der Preisbildung zugestand, wurden nicht mechanisch angewandt. Vielmehr wurden sie in Experimenten mit einzelnen Gütern, an einzelnen Orten oder in einzelnen Unternehmen ausprobiert, so dass spezifischer situationsbedingter Preisdruck wie ein lokales Überangebot berücksichtigt werden konnte. Die staatlichen Handelsagenturen spielten eine zentrale Rolle beim Aufbau von Märkten und bei der Aushandlung von Preisen sowie bei der Stabilisierung der Agrarpreise durch Marktbeteiligung. Es wurden fünf Arten von Preisbestimmungsmechanismen angewandt – und das manchmal auf ein und dasselbe Erzeugnis: (1) *im Plan festgelegte Preise* für die wichtigsten Güter, (2) *variable Preise* für bestimmte Güter, bei denen es ein Überangebot gab, (3) *ausgehandelte Preise* für die über die Quote hinausgehende Produktion von Gütern, für die ansonsten die im Plan vorgegebenen Preise galten (diese Preise konnten zwischen Unternehmen, zwischen Unternehmen und Handelsagenturen oder zwischen Regionen ausgehandelt werden), (4) *Marktpreise* für weniger wichtige Güter und (5) *mittels staatlicher Marktbeteiligung stabilisierte Marktpreise* für Überschüsse an wichtigen Agrarprodukten wie Getreide.

Vor diesem Hintergrund bestand die größte Herausforderung in der Preisreform darin, den richtigen Weg für den Umgang mit wichtigen Gütern zu finden, die knapp waren und nicht nur vor der Reform niedrige Preise gehabt hatten, sondern weiterhin zu diesen niedrigen, *im Plan vorgesehenen Preisen* verkauft wurden. Zu den Beispielen zählten Baumwolle, Kohle und andere Rohmaterialien. Das Beispiel Kohle zeigt, wie groß die Herausforderung war. Von der staatlichen Preisbehörde erfuhren die Vertreter der Weltbank, dass der Kohlepreis trotz einer Erhöhung im Jahr 1979 immer noch zu niedrig war – er lag unter den Produktionskosten vieler Kohlegruben und spiegelte nicht die allgemeine Energieknappheit wider. Die Preisbehörde erklärte den Besuchern, dass sie gestützt auf verschiedene Preispläne eine Vielzahl theoretischer Preise berechnete, um die Preise von Rohstoffen anzupassen.

Die Beamten der Preisbehörde beschrieben das grundlegende Problem der Preisanpassung: Es bestand die Möglichkeit, dass ein Anstieg der Preise wichtiger Produktionsmittel eine Kettenreaktion auslösen würde. Bei oberflächlicher Betrachtung, erklärten sie, würden sich die Preiserhöhungen nur auf die Gewinne auswirken, aber tatsächlich würden sie aufgrund von »Welleneffekten« die gesamte Volkswirtschaft erfassen. Die Beamten hielten eine Erhöhung der Preise von Gütern des täglichen Bedarfs nicht für eine Option. Die Inflation würde bereits ohne eine solche Preisanpassung steigen, und weitere Preiserhöhungen, die sich auf die Lebenshaltungskosten auswirken würden, mussten durch staatliche Subventionen ausgeglichen werden. Doch die Staatliche Planungskommission meldete 1979 trotz einer großen Verringerung der Investitionen ein beachtliches Haushaltsdefizit. Dieses Defizit war zu einem beträchtlichen Teil auf die Subventionen zurückzuführen, die nötig geworden waren, um die im Jahr davor beschlossenen Preiserhöhungen zu kompensieren, insbesondere jene bei Getreide.[47] Angesichts dieser Haushaltsbelastungen sahen die chinesischen Kader keine Möglichkeit, Preiserhöhungen durch weitere Subventionen auszugleichen. Daher blieb die Frage ungeklärt, wie man mit den geplanten Preisen für essenzielle Güter umgehen sollte.

Die Furcht vor einer Inflation im Jahr 1980 war groß und keineswegs auf die Kader beschränkt, die der Weltbank-Delegation die Fortschritte der Reformen erklärten. Auch die führenden Reformpolitiker waren in Sorge, die Preisanstiege könnten die wirtschaftliche und politische Stabilität gefährden. Viele dieser Personen hatten wie Chen Yun in den vierziger Jahren Schlüsselrollen im Bemühen um Preisstabilität gespielt. Das Gespenst der Inflation spukte seit den ersten Tagen der Reformen durch die Volksrepublik. Im Dezember 1980 erklärte Chen Yun auf der Zentralen Arbeitskonferenz, zwar sei die gegenwärtige Wirtschaftsentwicklung »so günstig wie selten seit der Befreiung«, aber er ermahnte die Partei, den Preisanstieg aufmerksam zu beobachten: »Mit Ausnahme jener Preise, die vom Staat festgelegt werden und nicht steigen können, steigen viele andere Preise. [...] Wenn wir dem nicht Einhalt gebieten, werden die Menschen sehr unglücklich werden. Wirtschaftliche Instabilität kann zu politischer Instabilität führen.«[48]

Die Inflation war ein wichtiger Grund für die Niederlage der Nationalisten. Die von steigenden Preisen ausgehende politische und soziale Gefahr war der Generation der Revolutionäre also vollkommen bewusst. Um dieser Gefahr zu begegnen, schlug Chen vor, sich bei den Reformbemühungen auf Anpassungen, auf die Beseitigung von Ungleichgewichten zwischen Sektoren und auf Kürzungen von Investitionen und Haushaltsausgaben zu konzentrieren.[49]

Zhao Ziyang hatte als Parteisekretär von Sichuan Reformen für die Landwirtschaft und die Unternehmen vorangetrieben und war in den Ständigen Ausschuss des Politbüros aufgenommen worden.[50] Im Jahr 1980 wurde er Ministerpräsident. Zhao teilte Chens Sorge bezüglich der Inflation. Beispielsweise warnte er bei einem Treffen mit Kadern aus dem Handelsministerium und der Preisbehörde im November 1981, die »grundlegende Stabilität der Preise« müsse erhalten werden. Er erklärte, bis zu diesem Zeitpunkt sei die Preisreform »weitgehend reibungslos verlaufen«, aber sie habe auch »einige Stürme auf dem Markt ausgelöst, und mancherorts waren diese Stürme nicht klein«.[51] Insbesondere habe die Partei die Reaktionen auf die Anhebung der Preise von Zigaretten und Alkohol unterschätzt.[52] Darüber hinaus, erklärte Zhao, seien die Menschen mancherorts angesichts der Preisänderungen »so besorgt, dass sie eilig Getreide, Baumwolle, Kleidung, Zucker, Wollkleidung und Streichhölzer horten«.[53] Das Vertrauen in die Austauschbarkeit des Geldes war erschüttert. Zhao wiederholte Chens Warnung: »Wir müssen diese Probleme sehr ernst nehmen. Die Menschen sind sehr preisempfindlich. Wenn wir nicht aufmerksam sind, werden wir ein Problem bekommen. Preisschwankungen können politische Probleme heraufbeschwören.«[54]

Im Austausch mit ausländischen Ökonomen: Die Idee des Big Bang kommt nach China

Parallel zu den laufenden Änderungen an der Preisstruktur und zur graduellen Anpassung des Systems der Preissetzung untersuchten Chinas Wirtschaftswissenschaftler, inwieweit die Reformen von der internationalen wirtschaftlichen Sachkenntnis profitieren konnten. Sie interessierten sich insbesondere für die Reformversuche und theoretischen Ansätze der sozialistischen Länder Osteuropas. Zhao Renwei erinnert sich: »Die Osteuropäer hatten im Jahr 1956 mit Reformen begonnen. Die Sprache, die sie verwendeten, die Ökonomik, die sie studierten, und ihr Ausgangssystem hatten große Ähnlichkeit mit unseren. Daher waren ihre Erfahrungen sehr wertvoll für uns.«[55]

Doch der Gedankenaustausch zwischen den chinesischen Ökonomen und ihren ausländischen Kollegen war Ende der siebziger Jahre keineswegs auf Ausländer beschränkt, die sich eines sozialistischen Vokabulars bedienten.[56] Die erste Delegation amerikanischer Ökonomen, die im Jahr 1972 kurz nach Nixons Besuch nach China reiste, war eine Gruppe, die mit der linken Union of Radical Political Economics verbunden war. Diese Ökonomen wurden zumindest teilweise deshalb eingeladen, weil sie dem maoistischen China mit Sympathie begegneten. Eine Ironie der Geschichte wollte es, dass die »radikalen Ökonomen« den Anstoß zu einer erneuten Auseinandersetzung chinesischer Wirtschaftswissenschaftler mit der amerikanischen Forschungsdisziplin gaben. Von da an kamen immer mehr Wirtschaftswissenschaftler nach China, die keine radikalen Vorstellungen hatten. Die zweite amerikanische Delegation, die kurze Zeit später zu Besuch war, wurde von John Kenneth Galbraith geleitet, dem damaligen Präsidenten der American Economic Association; begleitet wurde er von zwei angesehenen Amtsvorgängern und späteren Nobelpreisträgern: dem Erfinder der Input-Output-Analyse Wassily Leontief und dem Neokeynesianer James Tobin.[57] Zu Beginn der Reformen wollten die chinesischen Ökonomen unabhängig von der ideologischen Ausrichtung

»entgangene Lektionen« über die Entwicklung der Wirtschaft in der kapitalistischen Welt nachholen. Was die Preisreform anbelangte, so zählten die desillusionierten ehemaligen sozialistischen Reformer Włodzimierz Brus und Ota Šik sowie der weltberühmte Neoliberale Milton Friedman zu den einflussreichsten frühen Besuchern.

Reform als Systemwechsel: Brus

Der erste osteuropäische Ökonom, der bei den chinesischen Reformökonomen einen tiefen Eindruck hinterließ, war Włodzimierz Brus.[58] Brus hatte seine Forschungskarriere mit einer Doktorarbeit über das Wertgesetz im Sozialismus begonnen. Anders als einige chinesische Reformökonomen, die durch ihre Kritik an Stalins Buch *Ökonomische Probleme des Sozialismus in der UdSSR* berühmt geworden waren, hatte Brus – so wie Oskar Lange im Jahr 1952 – das Buch gelobt, weil Stalin an der Existenz objektiver wirtschaftlicher Gesetzmäßigkeiten festhielt, die unabhängig vom politischen System gelten sollten.[59] Brus unterstützte Lange später sowohl in der Auseinandersetzung mit der stalinistischen Position als auch im Streit mit Michał Kalecki in der polnischen Reformdebatte Ende der fünfziger Jahre. Kalecki, der sich mit Preisliberalisierung und Inflation nach dem Zweiten Weltkrieg beschäftigt hatte, bezweifelte die Anwendbarkeit des Grenzwertprinzips sowohl auf den Kapitalismus als auch auf den Sozialismus und damit auch die Möglichkeit, allein durch den Preismechanismus ein wirtschaftliches Gleichgewicht herzustellen. Stattdessen hob er die Bedeutung von Investitionen hervor. Er erklärte anhand des Beispiels von gewalztem Stahl, dass Preisanpassungen sehr langsam vorgenommen werden müssten, wenn sie zur Herstellung eines Gleichgewichts zwischen Angebot und Nachfrage beitragen sollten. Im Gegensatz dazu griff Brus auf Beiträge von Oskar Lange zur Debatte über die Wirtschaftsrechnung im Sozialismus aus den zwanziger Jahren zurück. In der von Ludwig von Mises angestoßenen Debatte ging es im Kern um die Frage, ob so etwas wie eine Planwirtschaft funktionieren könne oder ob sie aufgrund des fehlenden Marktmechanismus und dementsprechend fehlender Preissignale niemals rational sein könnte. Ausgehend von Langes Entgegnungen auf Mises schlug Brus die Entwicklung eines Marktsozialismus vor, in dem eine mittels geeigneter Preisvorgaben kanalisierte Autonomie der Unternehmen zu »rationalen wirtschaftlichen Entscheidungen« führen würde.[60]

Die Konzentration auf die Preise findet man auch in Brus' bekannteren Arbeiten über den Marktsozialismus, etwa in seinem 1972 erschienenen Buch *Wirtschaftsplanung: Für ein Konzept der politischen Ökonomie*. Ende der sechziger Jahre sprach sich Brus offen für demokratische Reformen aus, doch im Jahr 1968 verlor er seinen Lehrstuhl für politische Ökonomie an der Universität Warschau.[61] Im Jahr 1972 nahm er eine Tätigkeit an der Universität Oxford auf, die ihm eine Zuflucht gab, »obwohl sie ein Ort des Exils blieb«.[62]

In Oxford hatte Brus zwei Doktoranden;[63] einer von ihnen war Anders Åslund, ein entschiedener Befürworter einer Urknall-Politik. Gemeinsam mit den in der Einleitung erwähnten Ökonomen David Lipton und Jeffrey Sachs beriet Åslund die russische Regierung während der entscheidenden Reformphase der Jahre 1991 bis 1994.[64] Der andere Doktorand von Brus war Cyril Lim, der Bruder von Edwin Lim, dem ersten Chief of Mission der Weltbank in China. Lim führte im Jahr 1978 in China für seine Dissertation Feldstudien zum »Wiederaufbau der Wirtschaftswissenschaft« durch.[65] Er stellte fest, dass die Reformvorschläge seines Lehrers große Ähnlichkeit mit denen von Sun Yefang hatten.[66]

Im Gegensatz zu Xue Muqiao, der erklärte, das Wertgesetz bedinge Gleichgewicht nur durch Ungleichgewicht, erforderte das Gesetz nach Ansicht von Sun, »dass sich der Preis dem Wert annähert, anstatt davon abzuweichen«.[67] Der Vorteil eines sozialistischen Wirtschaftssystems sei laut Sun, dass der Wert nicht auf dem Umweg über den Güteraustausch ausgedrückt werden müsse, der zu einer Abweichung vom Wert führe, sondern direkt berechnet werden könne. Sun definierte den Wert gestützt auf Engels als »das Verhältnis zwischen Produktionskosten (das heißt der gesellschaftlich notwendigen Arbeitskraft) und Nutzen«.[68] Das war eine recht neoklassische Interpretation dieses marxistischen Schlüsselbegriffs. Nach Meinung von Sun sollten die Preise so berechnet werden, dass Produkte, die denselben Arbeitsaufwand erforderten, auch denselben Nutzen für die Konsumenten hätten. Sun wurde offenkundig von der mikroökonomischen Theorie inspiriert und muss mit der Debatte über die Wirtschaftsrechnung im Sozialismus und Oskar Langes Argumentation über die Möglichkeit eines Marktsozialismus vertraut gewesen sein.[69]

Sowohl Brus als auch Sun maßen den Preisen eine Schlüsselrolle in den Reformbemühungen bei. Das entsprach in etwa der von Oskar Lange vertretenen Vision vom Marktsozialismus.[70] Um die sozialistische Wirtschaft rationaler zu gestalten, mussten Suns und Brus' Vorschlägen zufolge die zentralen Planer Preise festsetzen, die dem Wert entsprachen. Sie müssten zulassen, dass sich die Staatsbetriebe einen freien Wettbewerb lieferten und innerhalb der Grenzen der einfachen Reproduktion und mit der Orientierungshilfe unverbindlicher staatlicher Finanzziele Gewinne anstrebten. Zugleich würde der Staat durch die Kontrolle der Banken über das Investitionskapital die Investitionsentscheidungen kontrollieren, die über eine indirekte Ersetzung des vorhandenen Anlagekapitals hinausgingen. Die erweiterte Reproduktion würde also mit finanziellen Mitteln reguliert. So sollte eine verhältnismäßige Entwicklung erreicht werden. In logischer Konsequenz bedeutete dies, dass die Planung nicht länger im Rückgriff auf physische Größen geschehen würde. Im alten System, das die Grundlage des Materialausgleichssystems bildete, waren die konkreten Input-Output-Beziehungen Gegenstand der Planung gewesen. Wenn beispielsweise hundert Traktoren bei einem Hersteller bestellt wurden, wurde der für diese Traktoren benötigte Stahl bei einem Stahlwerk bestellt und dem Traktorenhersteller zugeteilt. Die Pläne waren darauf ausgerichtet, den physischen Produktionsprozess zu koordinieren. Hingegen schwebte den Reformern vor, dass die Inputs nicht mehr vom Zentrum den Unternehmen zugeteilt werden sollten, sondern dass die Betriebe selbst auf dem Markt aktiv werden und ihre Produktionsmittel bei anderen Unternehmen einkaufen sollten. Der Traktorenhersteller würde seinen Bedarf an Stahl dann decken, indem er direkt einen Vertrag mit dem Stahlwerk schließen würde, anstatt den Stahl im Rahmen des Plans zugeteilt zu bekommen. Dazu bedurfte es einer radikalen Anpassung der Preise, das heißt einer vollkommenen Neubestimmung sämtlicher Preise – etwas, das in der Volksrepublik noch nie getan worden war.

Dong Fureng, der stellvertretende Leiter des Wirtschaftsforschungsinstituts der Akademie der Sozialwissenschaften, war ein in der Sowjetunion ausgebildeter Ökonom, der sich Anfang der sechziger Jahre Chen Yuns Kritik an der auf die Schwerindustrie fixierten Entwicklungsstrategie angeschlossen hatte. In einem Artikel sprach er sich für eine radikale Reform der Eigentumsverhältnisse aus. Im Juli 1979 besuchte Dong Oxford und lud Brus nach China ein.[71] Brus nahm die Einladung an und reiste von Dezember 1979 bis Januar 1980 in die Volksrepublik. In Vorträgen vor den Ökonomen der Akademie der Sozialwissenschaften analysierte er die Erfahrungen der sozialistischen Länder mit Wirtschaftsreformen und stellte seine Vision einer Reform vor.[72]

Brus klärte seine chinesischen Zuhörer darüber auf, dass es wichtig sei, zuerst ein Modell für die anzustrebende Reform zu wählen. Sein Modell sei am besten geeignet, um Marktwirtschaft und zentrale Planwirtschaft miteinander zu kombinieren.[73] Anstatt mit verschiedenen wirtschaftspolitischen Systemen zu experimentieren, müssten die Chinesen begreifen, dass eine Wirtschaftsreform bedeute, vom alten zu einem neuen System überzugehen. Die Reform müsse also »als ein Paket« (一揽子) durchgeführt werden; in Brus' Augen würde eine partielle Reform nicht zum Ziel führen.[74] Ungarn und Jugoslawien hätten ihre Reformen erfolgreich auf einen Schlag durchgeführt, während die Sowjetunion und verschiedene osteuropäische Länder, die nur Teile des Wirtschaftssystems in Angriff genommen hatten, in ihren Reformbemühungen gescheitert seien.[75] Der Schlüssel zum Erfolg bestand in Brus' Augen darin, nach einer sorgfältigen Vorbereitung rasch entschlossene Maßnahmen zu ergreifen, um die makroökonomische Stabilität zu wahren und einen Käufermarkt zu errichten.[76] Über Erfolg oder Scheitern der Wirtschaftsreform werde die Preisreform entscheiden, und sollte diese ins Stocken geraten, bestehe keine Hoffnung auf eine Erneuerung des Wirtschaftssystems.[77] Darüber hinaus, erklärte Brus, seien sich die osteuropäischen Ökonomen darin einig, dass nur eine Änderung des politischen Systems gewährleisten könne, dass die Wirtschaftsreform nicht rückgängig gemacht und das alte System wiederhergestellt würde.[78] Politische Veränderungen müssten Teil des Pakets sein. In seinen Vorträgen in China gab Brus Hinweise auf viele Schlüsselelemente dessen, was später als Schocktherapie bekannt werden sollte, aber es gab einen wesentlichen Unterschied: So wie Lange und Sun Yefang hielt Brus es für möglich, dass der Staat rationale Preise festlegte.[79] In der Preisreform sollte es daher in erster Linie um eine »rationale Gestaltung« der Preisstruktur gehen. Zhao Renwei verfasste einen Bericht über Brus' Vorträge, der in den höchsten Organen von Partei und Staat herumgereicht wurde.[80] Brus traf sich mit dem stellvertretenden Ministerpräsidenten Bo Yibo, um über die Wirtschaftsreform zu sprechen, aber Ministerpräsident Zhao Ziyang empfing ihn nicht, weil Brus aus Sicht der chinesischen Führung trotz allem ein Dissident war.[81]

Brus lernte Sun Yefang kennen, sein intellektueller Peer in China. Sun lag zu jener Zeit aufgrund seines schlechten Gesundheitszustands im Krankenhaus. Nach diesem Treffen lud Brus auf Suns Empfehlung Zhao Renwei nach Oxford ein.[82] Zhao studierte von 1982 bis 1984 bei Brus und informierte sich »über die neuesten Entwicklungen in den internationalen wissenschaftlichen Debatten über den Marktsozialismus«.[83] Zwischen den Wirtschaftstheorien von Sun und Brus gab es auffallende Ähnlichkeiten, aber ihre Vorstellungen unterschieden sich in einem fundamentalen Punkt voneinander: Brus hatte die Hoffnung aufgegeben, dass Wirtschaftsreformen unter dem Sozialismus möglich waren.[84] Sun hingegen blieb bis zu seinem Tod im Februar 1983 ein überzeugter Kommunist, obwohl er zu der Überzeugung gelangt war, dass die Sozialisten von der kapitalistischen Ökonomie lernen sollten. Im April 1983 schrieb Sun in einem Brief an Zhao Renwei:

Ich glaube, dass wir die kapitalistische Wirtschaftswissenschaft studieren müssen, und zwar nicht nur um des Wissenserwerbs willen, sondern auch, um uns konkrete Forschungswerkzeuge und Methoden anzueignen. Aber ich [...] glaube auch, dass es nicht richtig ist, Gymnasiasten in westliche Wirtschaftsuniversitäten zu schicken, denn würden wir auf diese Art nicht ihre Schüler heranziehen, gleichgültig, ob sie Keynesianer oder Anhänger Friedmans wären?[85]

Werben für das deutsche Wirtschaftswunder in China: deutsche Ordoliberale und Friedman[86]

Wie sich herausstellte, konnten nicht nur »Gymnasiasten« Anhänger Friedmans werden. Wu Jinglian, einer der im Westen bekanntesten Reformökonomen und damals ein Kollege von Zhao Renwei im Wirtschaftsforschungsinstitut, erklärte mir während unseres Interviews an einer privaten Business School, an der Wu nun lehrte, Milton Friedmans Chinabesuch von September bis Oktober 1980 habe sich zwar nicht unmittelbar auf die chinesische Reformpolitik ausgewirkt, aber Friedman habe seine eigenen Vorstellungen von der Rolle der Preise geprägt.[87] Wu Jinglian hat im Lauf seiner Karriere bemerkenswert viele Richtungswechsel vollzogen. Anfang der sechziger Jahre war er ein »überzeugter« und »rigider« Linker gewesen und hatte Sun Yefang bekämpft, der damals als Leiter des Wirtschaftsforschungsinstituts Reformen anstieß. Doch Mitte der siebziger Jahre hatte Wu den Glauben an den Sozialismus verloren.[88] Als die Reformjahre begannen, war Wu Jinglians Enttäuschung vollkommen, und er musste »neue Fähigkeiten erwerben und ein neues Weltverständnis entwickeln«.[89] Er tat Abbitte bei seinem ehemaligen Vorgesetzten Sun und schloss sich den Reformökonomen an.[90] Die ausländischen Besucher versorgten Wu in den achtziger Jahren mit dem neuen Weltbild und den Werkzeugen, nach denen er gesucht hatte.[91] Mitte der achtziger Jahre verwandelte er sich in einen der wichtigsten Befürworter einer radikalen Preisliberalisierung. Aufgrund seines Einsatzes für den Marktliberalismus ist Wu in China heute als »Markt Wu« bekannt.

Wu hörte sich Friedmans Vortrag an der Akademie der Sozialwissenschaften an und erfuhr von der Preisliberalisierung in Deutschland nach dem Zweiten Weltkrieg.[92] Vor Friedman hatten schon deutsche Ordoliberale Vorträge über die ökonomischen Umbrüche in Westdeutschland nach dem Krieg gehalten. Einer von ihnen war der bereits erwähnte Direktor des Hamburgischen Welt-Wirtschafts-Archiv und ehemalige Wirtschaftsweise Armin Gutowski. Ein weiterer war Wolfram Engels, ein Nachfahre des Bruders von Friedrich Engels. Wie Gutowski war Engels Mitbegründer des Kronberger Kreises und auch der Stiftung Marktwirtschaft, beides Institutionen, die in Deutschland die Rückkehr des Ordoliberalismus vorantrieben.[93] Gutowski und Engels gehörten zu den frühesten westlichen Chinareisenden der wissenschaftlichen Zunft.

Eine Regierungsdelegation unter der Leitung des stellvertretenden Ministerpräsidenten Gu Mu, die noch während der Präsidentschaft Hua Guofengs im Jahr 1978 in die Bundesrepublik reiste, interessierte sich besonders für den Übergang von der nationalsozialistischen Kriegswirtschaft zur Nachkriegswirtschaft unter Ludwig Erhard. Der damalige deutsche Botschafter in China, Erwin Wickert, ein ehemaliges Mitglied der SA und der NSDAP, der schon für Hitler kurze Zeit als Botschafter in Shanghai gedient hatte, wurde gebeten, einen Austausch mit deutschen Ökonomen zur Erhard'schen Preis- und Währungsreform zu organisieren. Wolfram Engels reiste im Jahr 1979 in die Volksrepublik, um über die Transformation der Kriegswirtschaft und die Politik Erhards zu sprechen. Sein Vortrag stieß auf so großes Interesse, dass er zu einer Audienz beim stellvertretenden Ministerpräsidenten eingeladen wurde. Wickert schickte ein Telegramm in die Bundesrepublik, in dem er Kanzler Helmut Schmidt über den Austausch zwischen Gu und Engels berichtete. Gu hatte Engels gegenüber dargelegt, dass China das gegenwärtige System mit einer Marktwirtschaft verbinden müsste. Die Frage war jedoch, wie das gelingen könnte, da das Prinzip des öffentlichen Eigentums nicht angetastet werden durfte. Engels bestärkte Gu und betonte, dass das durchaus möglich sei. Das deutsche Wirtschaftswunder, so Engels' Botschaft an seine chinesischen Gastgeber, könne repliziert werden. Man müsse eine den Reformen von Erhard gleichende Politik umsetzen: strikte

Austerität und Kontrolle der Geldmenge gefolgt von einer vollkommenen Preisliberalisierung über Nacht. Den Inflationsschub und die sozialen Herausforderungen, die mit Erhards Preisliberalisierung anfänglich einhergegangen waren und zum Jedermann-Programm geführt hatten, erwähnte Engels nicht.

Armin Gutowski knüpfte an die Ausführungen von Engels an, doch gelang es ihm, die Aussicht auf ein mit Preisliberalisierungen herbeigeführtes chinesisches Erhard-Wunder noch besser an den chinesischen Kontext anzupassen. In einer in der Zeitschrift *Weltwirtschaft* (世界经济) veröffentlichten Rede beschrieb Gutowski die Situation im Nachkriegsdeutschland, und zwar so, dass sie dieselben Herausforderungen umfasste, mit denen die Volksrepublik seit den Industrialisierungsbemühungen in der Mao-Ära zu kämpfen hatte: Es gab einen Nachfrageüberhang, da die Produktion auf den Krieg und nicht die Konsumption ausgerichtet war; die Rolle des Geldes war aufgrund von Rationierung begrenzt. Die Kommandowirtschaft war nach dem Krieg implodiert, aber der Markt war noch nicht wiederhergestellt. Wie Engels, aber auch Lange, Sun und Brus, argumentierte Gutowski, dass Wettbewerb mit öffentlichem Eigentum vereinbar sei – aber wohl eher aus taktischen Gründen. Gutowski fand in bestimmten Reformkreisen eine derart große Resonanz, dass er als einer der ersten westlichen Ökonomen zum Berater der chinesischen Regierung ernannt wurde.

Bemühten sich die deutschen Besucher noch um eine wenn auch etwas einseitige Kontextualisierung der deutschen Nachkriegswirtschaft, hatten sich Ludwig Erhards Maßnahmen in Milton Friedmans Interpretation in eine Art »Zauberstab« für den Aufbau einer Marktwirtschaft verwandelt. Friedman erklärte seinen chinesischen Zuhörern: »Das sogenannte Wirtschaftswunder, das Ludwig Erhard im Jahr 1948 einleitete, war tatsächlich etwas ganz Einfaches. Er schaffte alle Preis- und Lohnkontrollen ab und ließ das freie Spiel der Marktkräfte zu, wobei er die Geldmenge streng begrenzte.«[94] Nach Aussage von Friedman zeigten die Erfahrungen zahlreicher Länder, dass Preiskontrollen lediglich die Symptome der Inflation unterdrückten. Früher oder später würde der aufgestaute Druck unkontrollierbar: »Die Inflation erreichte immer neue Höhen, und Preis- und Lohnbremsen mussten aufgegeben werden«.[95] Friedman bestritt die Gültigkeit der Theorien zur Kosteninflation. In seinen Augen war die einzige Ursache für Inflation eine relative Veränderung der Geldmenge. Wenn man die Geldmenge kontrollierte, musste ein Anstieg des Preises eines Guts stets durch eine entsprechende Verringerung anderer Preise kompensiert werden, weshalb dieser Preisanstieg vernachlässigt werden konnte.

Eine derart ablehnende Haltung gegenüber Preiskontrollen konnte in den Ohren der meisten chinesischen Kader zu jener Zeit nicht überzeugend klingen. Sie betrachteten ihre erfolgreichen Bemühungen um Preisstabilität seit der Revolution als große Leistung, und die Preiskontrolle hatte sich in China als wichtiges Werkzeug erwiesen.[96] Dass Friedman die Bedeutung von Preisanstiegen bei bestimmten Gütern im Gegensatz zu einem allgemeinen Preisanstieg nicht anerkannte, war unvereinbar mit der Empfindlichkeit der chinesischen Führung für die Auswirkungen von Preisanstiegen bei spezifischen Gütern. Der wichtige Reformer Zhao Ziyang machte sich sogar Gedanken über die Preise scheinbar nicht grundlegender Güter wie Zigaretten, weil sich Preisanstiege bei solchen Erzeugnissen auf die wirtschaftliche und gesellschaftliche Stabilität auswirken konnten.

Im Gegensatz zu Friedmans Interpretation, der Erhards Reform als Deus ex Machina betrachtete, ist die deutsche Preisliberalisierung tatsächlich ein Beispiel für die weitreichenden politischen Auswirkungen von Preisänderungen. Die Liberalisierung löste eine hohe Inflation und einen Generalstreik aus, das heißt genau die Art von politischer und sozialer Instabilität, welche die chinesische Führung unbedingt vermeiden wollte.[97] Dennoch wurde das »Erhard-Wunder« (艾哈德奇迹) ein symbolisches Fallbeispiel, das in den erbitterten Auseinandersetzungen über die Preisreform von Wu und anderen wiederholt ins Feld geführt wurde.

Preisliberalisierung als Ziel, Preisberechnung als Methode: Šik

Ota Šik besuchte China von März bis April 1981 auf Einladung der Akademie der Sozialwissenschaften. Es war sein erster Besuch in einem sozialistischen Land seit seiner Emigration aus der Tschechoslowakei 1969.[98] Der Architekt der Wirtschaftsreformen des Prager Frühlings hoffte,[99] die chinesische Führung werde sich von seinem Modell des Marktsozialismus inspirieren lassen, das in der Tschechoslowakei im Jahr 1968 brutal zerschlagen worden war.[100] Anders als einige ältere chinesische Reformer – darunter Chen Yun, der das stalinistische Industrialisierungskonzept von Anfang an kritisierte –, hatte Šik wie Brus bis Ende der fünfziger Jahre die stalinistische Wirtschaftsorthodoxie vertreten, obwohl er gleichzeitig in der Tschechoslowakei einen *demokratischen* Sozialismus unterstützte.[101]

Nach seiner Hinwendung zu wirtschaftlichen Reformtheorien entwarf Šik ein Reformvorhaben, das auf einem »umfassenden« Plan beruhte.[102] Gemäß Šiks Ansatz beinhaltete die Reform in der Tschechoslowakei Veränderungen, die »alle wichtigen Aspekte des Systems betrafen und gleichzeitig und über Nacht eingeführt wurden«.[103] Dazu gehörten die Abschaffung des Systems der verpflichtenden Planung und eine weitreichende Freigabe der Preise.[104] Als die Truppen des Warschauer Pakts im August 1968 in Prag einmarschierten und die Reformpläne brutal unterdrückten, war Šik gerade im Urlaub in Jugoslawien. Da er in der Heimat politische Verfolgung befürchten musste, kehrte er nie wieder in die Tschechoslowakei zurück. Er fand Aufnahme in der Schweiz, wo er Wirtschaftsprofessor an der Universität St. Gallen wurde.[105]

Liu Guoguang, der damalige stellvertretende Leiter des Wirtschaftsforschungsinstituts der Akademie der Sozialwissenschaften, hatte als Erster vorgeschlagen, sich Brus' Ideen anzuhören, und im Jahr 1981 lud er Šik nach China ein.[106] Zur Vorbereitung des Besuchs publizierte die von der Akademie herausgegebene Zeitschrift *Themen und Angelegenheiten in der Sowjetunion und in Osteuropa* eine Besprechung von Šiks 1976 im Original auf Deutsch erschienenen Buchs *Das kom-*

munistische Machtsystem. Aus der Rezension ging hervor, dass Šiks Kritik am sozialistischen System weit über die der chinesischen Reformer jener Zeit hinausging:[107] In seinen Augen waren die Sowjetunion und die osteuropäischen Länder »nicht sozialistisch«; die Kommunisten hätten vielmehr ein System der »Parteibürokratie« mit einem »Staatsmonopol« errichtet.[108]

Wu Jinglian hatte in Brus' Theorien Teile des neuen Weltbilds gefunden, nach dem er gesucht hatte. In unserem Gespräch im Jahr 2016 erklärte mir Wu, dass er während Šiks Besuch im Jahr 1981 für dessen Betreuung verantwortlich gewesen sei. Wu reiste mit Šik nach Shanghai, Suzhou – dem Venedig des Ostens – und an andere Orte.[109] Nach jedem Vortrag Šiks schrieb Wu einen Bericht für Ma Hong, der diese Informationen an die Parteiführung weiterleitete. Ma war ein hochrangiger Ökonom sowie Gründer und Direktor des Forschungszentrum für Technologie des Staatsrates sowie des Instituts für Industrieökonomie der Akademie der Sozialwissenschaften.[110]

Die Reformideen, die Šik seinem chinesischen Publikum präsentierte, wurden in einer kleinen Broschüre dokumentiert. Die chinesische Zensur verhinderte seinerzeit eine Veröffentlichung, aber ich bin in den Besitz eines Exemplars gelangt. Šiks Grundkonzepte hatten Ähnlichkeit mit denen von Brus. Wie dieser betrachtete Šik die Reform als einen Systemwechsel, der ein neues wirtschaftliches und politisches Modell und einen detaillierten Plan für simultane Maßnahmen für den Übergang zum neuen System erforderte. In seinen Augen mussten strikte makroökonomische Kontrollen eingeführt werden, und das Reformpaket musste rasch umgesetzt werden. Aber der wesentliche Unterschied zwischen den Vorstellungen von Brus und denen von Šik war, dass Brus vorschlug, der Staat solle das Preissystem als Werkzeug in der Planung einsetzen, während Šik für eine völlige Preisliberalisierung eintrat. Šik war überzeugt, die Planwirtschaft müsse durch eine Marktwirtschaft ersetzt werden, denn weder seien die zentralen Planer in der Lage, das Informationsproblem zu lösen, noch könnten sie den Widerspruch zwischen den Interessen der einzelnen Unternehmen und denen der Gesellschaft beseitigen.[111] In Šiks Augen konnte es ohne freien Markt keinen Sozialismus geben.

In dem von Šik angestrebten Modell würde der Staat autonome Unternehmen nur mit makroökonomischen Mitteln lenken.[112] Während die Unternehmen in Schlüsselindustrien Staatseigentum bleiben würden, würden sämtliche untergeordneten wirtschaftlichen Aktivitäten in private Hände übergehen. Die Überlegenheit des Sozialismus gegenüber dem Kapitalismus würde durch die Herstellung eines vollkommenen Marktwettbewerbs erreicht. Im Kapitalismus beherrschten Monopole bestimmte Industrien und verzerrten die Marktkräfte, was Widersprüche zwischen privaten und gesellschaftlichen Interessen verursache. Im Sozialismus hingegen könne der Staat alle Monopole zerschlagen und einen vollkommenen Wettbewerb gewährleisten.[113] Unter diesen Bedingungen würden freie Marktpreise das beste Werkzeug sein, um dafür zu sorgen, dass eigennützige Entscheidungen von Unternehmen den Interessen der Gesellschaft dienten.[114]

Šik war der Meinung, die Investitionsentscheidungen, die nach Ansicht der meisten Befürworter des Marktsozialismus der Staat zentral kontrollieren sollte, sollten ebenfalls den Unternehmen überlassen werden.[115] In Šiks Modell würden Markteintritte und -austritte zwischen verschiedenen Sektoren auf der Suche nach Gewinnen ein Gleichgewicht zwischen Angebot und Nachfrage herstellen und die Produktionsstruktur den gesellschaftlichen Bedürfnissen anpassen. Šik wollte das alte Planungssystem durch ein Marktsystem *ersetzen.*[116] »Manche fragen sich, ob der Markt mit dem alten System der planwirtschaftlichen Lenkung kombiniert werden könnte«, sagte Šik seinen chinesischen Zuhörern. »Ich halte das alte planwirtschaftliche System für unvereinbar mit dem Marktsystem; daher ist es unmöglich, an der zentralen Planung und Lenkung festzuhalten, wenn man eine Marktregulierung vornimmt.«[117] Das bedeutete, dass die Reformen eine Abschaffung der verpflichtenden Planung, eine Zerschlagung der Monopole und eine Liberalisierung der Preise beinhalten mussten.

Wie Brus maß auch Šik der Reform der Preisbildung besondere Bedeutung bei: »Die wichtigste Voraussetzung dafür, dass der Marktmechanismus seine Funktion erfüllen kann, besteht darin, die alte Preisstruktur zu ändern.«[118] Ausgehend vom tschechoslowakischen

Beispiel entwarf Šik einen detaillierten Plan für die Preisreform, der im Jahr 1986 im Bemühen um eine Urknall-Reform herangezogen werden sollte. Die Reform, die Šik vorschwebte, sollte aus zwei großen Schritten bestehen: Erstens sollten anhand von Input-Output-Analysen Preise für alle Produkte berechnet werden, um die Profitraten für alle Produkte anzugleichen.[119] Es sollten Daten zu sämtlichen Gütern erhoben werden, um die durchschnittliche Profitrate und alle Preise bestimmen zu können. Im zweiten Schritt sollte zur freien Preisbildung auf dem Markt übergegangen werden.[120] Der erste Schritt sollte dafür sorgen, dass der zweite sicher sein würde. Šik verwies auf das jugoslawische Beispiel, um diesen Punkt zu veranschaulichen. In seinen Augen hatte Jugoslawien einen »großen Fehler« begangen, indem es die Preise freigegeben hatte, ohne sie zuvor gestützt auf eine sorgfältige Berechnung anzupassen.[121] Unter den herrschenden Bedingungen – Käufermarkt und Monopole – hatte dies zu einer hohen Inflation geführt.[122] Šik sprach auch die damit einhergehende politische Gefahr an und erklärte, Jugoslawien habe trotz der durch diesen Fehler verursachten langfristigen wirtschaftlichen Schwierigkeiten am sozialistischen System festhalten können.[123] Die chinesischen Ökonomen, die eine Schocktherapie ablehnten, verwiesen im Jahr 1986 auf den Fall Jugoslawiens, um die enormen Risiken zu veranschaulichen, die mit einem Reformprogramm der Šik'schen Art verknüpft waren.

Šiks wesentliche Botschaft lautete, dass auf sorgfältiger Kalkulation beruhende Preisanpassungen die Gefahren einer radikalen Liberalisierung beseitigen würden. Doch angesichts der Bedingungen in China brachte er verschiedene Anpassungen an seinem ursprünglichen Plan ins Spiel. Dieser sah höhere Gewinne der Schwerindustrie vor, die eine höhere Kapitalintensität hatte als die Leichtindustrie. Das widersprach Chinas Ziel, das Verhältnis zwischen Schwer- und Leichtindustrie zugunsten der zweiten auszubalancieren. Daher schlug Šik vor, die Profitrate des fixen Kapitals solle etwas niedriger sein als die des zirkulierenden Kapitals. So wollte er verhindern, dass der höhere Anteil an fixem Kapital in der Schwerindustrie zu einer höheren Profitrate führte als in der Leichtindustrie. Šiks Vorschlag, alle Preise anzupassen, um die Profitraten auf ein Durchschnittsniveau zu bringen, mochte schlüssig wirken, aber mit dieser Korrektur begab er sich auf das Terrain der Faustregeln. Hier trat sein grundlegender logischer Fehler zutage, der darin bestand, dass er die Kapitalintensität außer Acht gelassen hatte, und er konnte nur willkürliche Anpassungen anbieten, um diesen Fehler zu korrigieren. Es gibt keinen Grund zu der Annahme, dass eine Anpassung der Preise an Werte, die anhand willkürlich festgelegter Profitraten berechnet wurden, die katastrophale Entwicklung verhindert hätte, die Šik anhand des jugoslawischen Beispiels beschrieben hatte.[124]

Bezüglich des zweiten Schritts – des Übergangs zur Preisbildung auf dem Markt – waren Šiks Empfehlungen sehr viel zurückhaltender, als man angesichts der Logik seines übergeordneten Plans hätte erwarten können. Anstatt alle Preise zu liberalisieren, schlug Šik vor, alle Güter zur Preisbestimmung in drei Kategorien zu unterteilen: (1) staatlich geplante Preise, (2) Preise, die sich innerhalb staatlich vorgegebener Grenzen bewegen konnten, und (3) frei vom Markt gefundene Preise. Anfangs sollten die Preise grundlegender Konsumgüter, die sich unmittelbar auf das Leben der Menschen auswirkten, weiterhin vom Staat festgelegt werden – denn ein Anstieg dieser Preise würde zu politischer Instabilität führen. Grundlegende Investitionsgüter, die sehr knapp waren, darunter Energie und bestimmte Rohmaterialien, würden ebenfalls in die erste Kategorie fallen. Eine Preisfluktuation sollte bei Gütern möglich sein, deren Angebot jahreszeitlichen Schwankungen unterlag. Die einzigen Güter, bei denen die Preisbildung in Šiks Augen vollkommen dem Markt überlassen werden sollte, waren Luxusgüter und bestimmte Industriemaschinen.[125]

Nachdem er ein komplexes Programm für eine schwierige Datenerhebung und umfangreiche Berechnungen entworfen hatte, griff Šik also auf Faustregeln zurück. Obendrein beruhten seine Empfehlungen zur Güterklassifizierung in erster Linie auf den physischen Charakteristika der Güter. Daher war sein Plan weniger als die seinerzeitige chinesische Praxis geeignet, die staatliche Regulierung der Preise durch die Marktdynamik zu ergänzen. Tatsächlich konnte Šik, der zugeben musste, dass eine umfassende Preisliberalisierung selbst nach auf komplexen Berechnungen beruhenden Anpassungen zu gefährlich wäre, keine schlüssige Empfehlung dazu abgeben, wie die staatliche Kontrolle über die Preise der Güter, die er der ersten Kategorie zugeordnet hatte, durch das freie Spiel der Marktkräfte ersetzt werden sollte. Und die Frage, wie man mit diesen Gütern umgehen sollte, stand im Mittelpunkt der Überlegungen der chinesischen Reformer.

Trotz dieser Mängel lohnte es sich in den Augen der chinesischen Führung, eine in der Tschechoslowakei getestete Methode genauer in den Blick zu nehmen, die geeignet schien, alle Preise entsprechend dem Wert der Güter zu bestimmen. Schließlich hatten sich die Chinesen seit den Debatten über das Wertgesetz in den fünfziger und sechziger Jahren wiederholt mit der Frage beschäftigt, wie die Preise dem Wert angepasst werden konnten. Wu Jinglian erinnerte sich, dass Zhao Ziyang empfohlen hatte, Šik zum ersten ausländischen Berater der Akademie der Sozialwissenschaften zu machen und jährlich nach China einzuladen. Zhao wollte auch ein Treffen mit den für die Wirtschaftsreformen verantwortlichen Personen in der Parteiführung arrangieren. Dieses Treffen fand am letzten Tag von Šiks Besuch statt. Unter den Teilnehmern waren Xue Muqiao, Liao Jili, Ma Hong und Bai Meiqing (Zhao Ziyangs für Wirtschaftsfragen zuständiger Privatsekretär). Šik legte der Gruppe sein Programm für eine Preisreform nach tschechoslowakischem Vorbild vor. Xue Muqiao ergriff das Wort und wies darauf hin, dass es sehr schwierig sei, die Preise zu berechnen: Sie beeinflussten einander unentwegt und seien wechselseitig Ursache und Wirkung.[126] Šik erwiderte, es sei tatsächlich unmöglich, die richtigen Marktpreise präzise zu bestimmen, aber die Berechnungen könnten unter Einsatz von Input-Output-Analysen und modernen Computern durchaus eine Annäherung an korrekte Marktpreise ermöglichen. Die entsprechenden Anpassungen würden das Ausmaß des Schocks bei der folgenden Preisfreigabe verringern.[127]

Die Anwendung von Input-Output-Analysen zur Planung der Preise war den chinesischen Forschern ebenso bekannt wie die Idee, diese Methode auf die Preisreform anzuwenden. Zum Zeitpunkt von

Šiks erstem Besuch in China arbeitete die Forschungsabteilung der Staatlichen Preisbehörde bereits an der Berechnung theoretischer Preise, wobei sie sich auf theoretische und empirische Input-Output-Studien aus den fünfziger Jahren stützte.[128] Šiks Vorträge über die Erfahrungen der Tschechoslowakei erhöhten das Interesse der chinesischen Führung an dieser Forschung weiter, und im Juli beschloss der Staatsrat, ein Preisforschungszentrum unter der Leitung von Xue Muqiao und Ma Hong einzurichten. Diese Einrichtung sollte den Staatsrat und die Zentrale finanzielle und ökonomische Führungsgruppe zu Preisen und Reformplänen beraten.[129]

Das Preisforschungszentrum untersuchte Šiks Reformvorschlag und ließ sich von Jiří Skolka beraten. Skolka hatte unter Šiks Leitung am Tschechoslowakischen Wirtschaftsforschungsinstitut faktorbezogene Preisforschung betrieben und seine Studien im Exil in Österreich fortgesetzt. Šik hatte ihn den Chinesen als Berater empfohlen.[130]

Doch kurz nach seinem Besuch wurde Šik als »antisozialistisches Element« (反社会主义分子) eingestuft. Jegliche Zusammenarbeit mit ihm sowie die Veröffentlichung seiner Vorträge wurden eingestellt.[131] Der Auslöser dieser drastischen Wendung war ein Interview Šiks mit der deutschen Wochenzeitung *Wirtschaftswoche* im Januar 1982, das dem von Deng Liqun geleiteten Forschungsbüro des Zentralkomitees zur Kenntnis gebracht worden war.[132] In dem Interview mit dem Titel »Angst vor dem Machtverlust« hatte Šik die Einschätzung geäußert, dass Wirtschaftsreformen ohne eine Änderung des politischen Systems zum Scheitern verurteilt seien:

> [Die machthabenden Politiker], die wenig oder gar nichts von der Wirtschaft verstehen und an der alten Vision von der Diktatur des Proletariats festhalten, befürchten, dass jegliche Liberalisierung und jegliche Änderung am Wirtschaftssystem mit dem Ziel von unternehmerischer Autonomie und Marktausrichtung ihre Position untergraben wird. Damit die Reform wirklich funktionieren kann, muss das Diktat der Partei über die Wirtschaft beendet werden.[133]

Offenkundig verärgerte diese Aussage Reformer wie Deng Liqun, die in ihren Positionen als Partei- und Staatsfunktionäre auf die Einführung von Marktmechanismen drängten. Das Forschungsbüro verurteilte Šik in einem Artikel mit dem Titel »Ota Šiks antimarxistische Theorie der Wirtschaftsreform«.[134] Šik kehrte nie nach China zurück, aber sein Vorschlag für die Preisreform blieb ein wichtiger Bezugspunkt für die chinesischen Reformökonomen und wurde später unter der Bezeichnung »vergleichende Wirtschaftssystemlehre« bekannt.[135]

Die Weltbank-Konferenz in Moganshan: Die Idee eines Big Bang nimmt Form an

Mehrere Ökonomen am Wirtschaftsforschungsinstitut, die an dem Austausch mit den osteuropäischen Kollegen teilgenommen hatten – unter ihnen Dong Fureng, Liu Guoguang, Wu Jinglian und Zhao Renwei –, trafen sich am 17. Oktober 1980 mit der Weltbank-Delegation, um über Fragen der Wirtschaftsreform zu diskutieren. Es war unübersehbar, dass Brus ihr Denken beeinflusst hatte. Besonders kühne Vorstellungen vertrat Wu Jinglian. Adrian Wood hielt in seinen Notizen fest, dass Wu überzeugt war, das grundlegende Problem der Reformen sei nicht wirtschaftlicher, sondern politischer Natur. Nach Ansicht von Wu konnten die Reformen nur gelingen, wenn die Macht dezentralisiert wurde.[136]

Von Brus und Šik beeindruckt, nahmen Liu Guoguang und Wu Jinglian im Jahr 1981 Kontakt zu Edwin Lim auf, dem Chief of Mission der Weltbank in China. Sie schlugen ihm vor, eine Konferenz zu organisieren, um mehr von den osteuropäischen Ökonomen zu lernen.[137] Während eines Gesprächs in seinem modernistischen Londoner Haus im Jahr 2016 erzählte mir Lim von der Konferenz. Sie wurde gemeinsam mit dem neu gegründeten Preisforschungszentrum organisiert und fand vom 11. bis 16. Juli 1982 in dem beschaulichen Urlaubsort Moganshan in den Bergen der an das Ostchinesische Meer grenzenden Provinz Zhejiang statt. Im Anschluss an die Konferenz brachen die Teilnehmer zu einer Studienreise nach Shanghai, Hangzhou und Chongqing auf.[138] In einer gemeinsam verfassten Vereinbarung über die Zielsetzungen der Konferenz, die in Woods umfangreichen Unterlagen enthalten ist, heißt es: »Wir stimmen der Einschätzung der Weltbank-Mitarbeiter zu, dass sich die Diskussionen und die Forschungsarbeit der Mission in China auf das Problem der Preisreform konzentrieren sollten.« Wood zufolge hatten sich beide Seiten angesichts der politisch angespannten Lage Ende des Jahres 1981 – vor dem Hintergrund einer ersten milden Inflation hatte Deng Xiaoping im August 1980 eine Rede gehalten, in der er den kommunistischen Parteiapparat scharf kritisiert und Hoffnungen auf eine Demokratisierung geweckt hatte, im Dezember hatte er dann eine Kehrtwende gemacht, um die Kontrolle über die politische Lage zu behalten – verpflichtet, die Gespräche vertraulich zu behandeln und keinerlei Berichte über das Treffen oder den Inhalt der Gespräche zu veröffentlichen.[139] Lim drückt es so aus: Die Konferenz habe »unter dem Radar« stattgefunden – obwohl die chinesischen Teilnehmer natürlich der Parteiführung und den für die Wirtschaftsreform verantwortlichen Organen Bericht erstatteten.[140]

Eine Delegation, die sich im Wesentlichen aus emigrierten osteuropäischen Ökonomen und Weltbank-Vertretern zusammensetzte, traf sich mit den für die Preisreform zuständigen chinesischen Ökonomen unter Leitung der führenden Köpfe des Preisforschungszentrums: Xue Muqiao, Liu Zhuofu und Liao Jili. Kurz nach Beginn des Engagements der Weltbank in China im Jahr 1980 hatte Lim Brus als Berater angeworben[141] und beauftragt, eine Delegation zusammenzustellen, die vorwiegend aus exilierten osteuropäischen Reformern bestehen sollte.[142] Neben Lim, Wood und Brus umfasste die Delegation Péter Kende,[143] einen angesehenen ungarischen Sozialwissenschaftler, der im Exil in Paris lebte, Juliusz Strumiński, den ehemaligen Leiter der polnischen Preiskommission (1953-1968), der als Journalist in der Bundesrepublik lebte, Jiří Kosta,[144] einen Kindheitsfreund Šiks, der am Tschechoslowakischen Wirtschaftsforschungsinstitut für Šik gearbeitet hatte und ebenfalls in der BRD im Exil lebte, wo er als Professor arbeitete, sowie David Granick, einen Experten für sozialistische Volkswirtschaften an der University of Wisconsin.[145]

Als ich mich in einem Pariser Café mit Péter Kende traf, trug er dieselbe Kleidung, in der er auf einem Gruppenfoto zu sehen ist, das bei der Konferenz in Moganshan aufgenommen wurde (siehe Abbildung 2). In Moganshan, erklärte er mir, sei es heiß gewesen und die osteuropäischen Konferenzteilnehmer hätten sich nicht sicher gefühlt. Die Emigranten galten in ihren sozialistischen Heimatländern als Dissidenten.[146] Eine Reise auf die andere Seite des »Eisernen Vorhangs« konnte gefährlich für sie sein. Im Rückblick auf seine Chinareise sagte Kende, da er von den ungarischen Kommunisten als politischer Feind betrachtet worden sei, habe er sich erst wieder sicher gefühlt, als er französischen Boden betreten habe.[147] In Woods Notizen zu der Konferenz fand ich einen Eintrag über ein persönliches Gespräch mit Strumiński: Der polnische Reformer warnte den Weltbank-Ökonomen, dass alle eingeladenen Experten mit einer Ausnahme trotz ihrer zahlreichen Meinungsverschiedenheiten eine wichtige Gemeinsamkeit hätten: Sie hätten allesamt den Glauben an den Sozialismus verloren. In der Vorbereitungssitzung der Delegation in Oxford sagte Strumiński: »Kende ist das einzige Mitglied der Gruppe [von Osteuropäern], das weiterhin eine Reform des sozialistischen Systems für möglich hält.« Er fügte hinzu, dass er selbst das System für bankrott halte, »weil es seine gesamten natürlichen und menschlichen Ressourcen vergeudet hat. Es ist nicht reformierbar.« Wood hielt fest, dass andere Gruppenmitglieder einschließlich seiner eigenen Person »in unterschiedlichem Maß skeptisch« waren. Die ausländischen Experten, die eingeladen worden waren, um zu einer Reform des Sozialismus beizutragen, waren mehrheitlich überzeugt, dass der Sozialismus nicht reformfähig war.

Abgesehen von der Frage des Glaubens an den Sozialismus bestand ein grundlegendes Problem in dem Bemühen, Lehren aus den Erfahrungen der osteuropäischen Länder zu ziehen, darin, dass die Osteuropäer die dortigen Reformen als gescheitert betrachteten. Und wie Kende in seinem Kommentar zu Brus' Arbeit beim Treffen in Oxford kritisierte: »Das ist ausgezeichnet, aber surrealistisch. Die tatsächlichen Bedingungen in China und Osteuropa, insbesondere die organisatorischen Rahmenbedingungen, sind sehr unterschiedlich. Dies sind wissenschaftliche Wahrheiten ohne Bezug zur Realität.«[148]

Die chinesischen Konferenzteilnehmer ihrerseits weigerten sich be-

Abbildung 2: Weltbank-Konferenz in Moganshan, 11.-16. Juli 1982. Erste Reihe von links nach rechts: Jiří Kosta, Juliusz Strumiński, Xue Muqiao, Edwin Lim, Péter Kende, Adrian Wood. Zweite Reihe: Liu Zhuofu, David Granick, unbekannt, Włodzimierz Brus, Liao Jili, Liu Moumou, Ben Chun (Sekretär von Xue).

harrlich, allgemeingültige »wissenschaftliche Wahrheiten« zu formulieren.[149] Zur Enttäuschung der wirtschaftswissenschaftlich ausgebildeten Besucher konzentrierten sich die Chinesen fast ausschließlich auf die konkreten Probleme, mit denen sie bei ihren Reformversuchen konfrontiert waren.[150] Allgemeinere Prinzipien ergaben sich nur implizit aus dem Umgang mit konkreten Problemen.

Liu Zhuofu, der frühere Direktor der Staatlichen Planungsbehörde (1979-1982), hielt die Eröffnungsrede. Liu war mit den Details der chinesischen Preisregulierung vertraut. Er hatte im entscheidenden Jahr des Bürgerkriegs und in der Zeit unmittelbar nach der kommunistischen Machtergreifung wichtige Beiträge zur Preisstabilisierung in den strategisch wichtigen Provinzen Shaanxi, Gansu und Ningxia geleistet und an den *Guanzi*-Prinzipien ausgerichtete Maßnahmen ergriffen. In der extremsten Inflationsphase der Mao-Jahre infolge der Katastrophe des Großen Sprungs nach vorn schloss sich Liu der Staatlichen Preisregulierungskommission an und unterstützte Xue Muqiao bei der Preisstabilisierung, wobei er erneut auf dieselbe Methode zurückgriff.[151] In seinem Vortrag fasste Liu für die internationalen Zuhörer den gegenwärtigen Stand der Preisregulierung zusammen. Er erläuterte im Detail verschiedene Arten von Preisen und erklärte: »Die Frage der Preise ist bei jedem einzelnen Produkt sehr komplex.«[152] Die Grundlage für Reformen musste demnach eine sorgfältige Untersuchung der spezifischen Situation jedes Produkts sein, wobei in jedem Fall die unterschiedlichen Interessen von Staat, Produzenten und Konsumenten zu berücksichtigen waren, um die wirtschaftliche Stabilität zu gewährleisten.[153]

Ausgangspunkt für Lius Argumentation war die Anhebung der Beschaffungspreise für Agrarerzeugnisse. Diese Anpassung war ein wichtiger Reformschritt, aber die Subventionen stiegen in den Jahren 1980/81 weiter, obwohl der Preis dank einer Erhöhung der landwirtschaftlichen Produktion konstant gehalten werden konnte.[154] Das belastete den Staatshaushalt erheblich. Xue Muqiao erklärte in der anschließenden Diskussion, warum die Einzelhandelspreise nicht einfach erhöht werden konnten, um den Staatshaushalt zu entlasten. Er verwies auf das Beispiel der Textilien: Synthetische Fasern waren immer noch sehr rentabel und im Überfluss vorhanden, während der Preis von Baumwolle weiterhin zu niedrig und das Angebot knapp war. Die Preisbehörde hatte vorgeschlagen, den Baumwollpreis geringfügig anzuheben und jenen von synthetischen Fasern um denselben Betrag zu senken. Aber wie sich herausstellte, war selbst diese geringfügige Korrektur politisch nicht durchzusetzen, weil die Bevölkerung einen höheren Baumwollpreis ablehnte. Die Menschen waren im Jahr 1981 bereits unzufrieden über die Preiserhöhungen und wollten keine weiteren Preisanpassungen hinnehmen. In der Theorie konnten viele relative Preisanpassungen vorgenommen werden, ohne das Preisniveau insgesamt zu verändern. Aber in der Praxis, erklärte Xue, könnten nur wenige Korrekturen durchgesetzt werden, ohne die soziale und wirtschaftliche Stabilität zu gefährden.

Liu sprach auch die bedeutsame Frage der Anpassung der Preise von Industrieinputs an. Einige der Preiserhöhungen bei Bergbauprodukten und Halbfertigwaren (z. B. Kohle, Koks, Zement und Roheisen), die während des Besuchs der Weltbank-Delegation im Jahr 1980 erwähnt worden waren, waren mittlerweile umgesetzt worden. Gleichzeitig wurden die Preise von verarbeiteten und industriellen Fertigerzeugnissen (z. B. von Maschinen) gesenkt. Aber diese Anpassung genügte nicht, um die Rentabilität über Sektoren und Produktionseinheiten hinweg zu Planungspreisen anzugleichen. Der Verkauf der Überschussproduktion an die Handelsagenturen zu höheren, zwischen Anbietern und Abnehmern ausgehandelten Preisen ermöglichte eine begrenzte Kompensation zum Beispiel für Kohlegruben.

Xue Muqiao fügte hinzu, man könne die Rentabilität der Produktion dieser grundlegenden Inputs (z. B. Stahl und Kohle) unter anderem erhöhen, indem man den Unternehmen direkte Verkäufe erlaube. Kleine Kollektivbetriebe, die keine Zuteilung aus dem Plan erhielten, würden die über die Beschaffungsquote hinausgehende Produktion zu Preisen kaufen, die noch höher wären als die ausgehandelten Preise. Das würde den Unternehmen auch einen Anreiz geben, ihre Vermarktungsmethoden weiterzuentwickeln. Zusätzlich zur Anpassung der im Plan festgelegten Preise sprach Liu noch einen weiteren Eingriff an, der sich während des Besuchs der Weltbank im Jahr 1980 angedeutet hatte: Teilweise freigegebene Preise durften sich nun auch aufwärts bewegen, und bestimmte knappe Güter wurden der Kategorie der Produkte mit beweglichen Preisen zugeschlagen. Die Preiselastizität diente also nicht länger nur dem Abbau der Überschüsse an Gütern, bei denen ein Überangebot bestand, sondern wurde auch eingesetzt, um die Produktion anzuregen.

Schließlich schätzte Liu, dass im Jahr 1980 25,3 Prozent der Einzelhandelsumsätze zu Marktpreisen erzielt wurden. Er erklärte, diese Preise seien nicht »frei« in dem Sinn, dass der Staat auf ihre Regulierung verzichte: Die staatlichen Handelsagenturen nähmen am Marktgeschehen teil und kauften und verkauften, um Preisfluktuationen auszugleichen.[155] Das werde den Staat in die Lage versetzen, sich vom Staatsmonopol auf den Handel zu lösen, ohne die Fähigkeit zur Stabilisierung der Preise einzubüßen. Der staatliche Handel schuf den Markt und regulierte die Preise mit kommerziellen Mitteln, die eine auffällige Ähnlichkeit mit der Preispolitik nach den *Guanzi*-Prinzipien hatten. In ihren Vorträgen und bei der Beantwortung von Fragen sprachen Liu und andere hochrangige chinesische Ökonomen wiederholt die Preispolitik nach der Revolution an. Wood notierte sich: »Warum antworten die Chinesen auf jede Frage, dass sie zur Politik der Befreiungszeit zurückkehren müssen?«

Xue Muqiao hielt die zweite Rede. Er beschrieb die Fortschritte und Schwierigkeiten bei der Anpassung und der Reform der chinesischen Wirtschaft und erläuterte die gegenwärtigen makroökonomischen Herausforderungen, die Teil der Erklärung für die angespannte politische Lage und die Vorsicht der Reformer waren. Xue skizzierte die großen Herausforderungen, die China in dem Bemühen bewältigen musste, das Haushaltsdefizit und die Preisanstiege unter Kontrolle zu bringen. Es gelang der Führung seit zwei Jahren nicht, das Investitionsvolumen zu verringern, weshalb im Jahr 1981 Ausgabenkürzungen erforderlich wurden. Nachdem die Investitionen endlich gesunken waren, verringerte sich das Wachstum der Industrie für eine Weile, was dazu führte, dass ein Käufermarkt für bestimmte Maschinen entstand und der Produktionsanteil von Leichtindustrie und Landwirtschaft stieg. Im Jahr 1982 stieg die Industrieproduktion erneut in einem Maß, das deutlich über den angestrebten Wert hinausging.[156] Um eine bedenkliche Energieknappheit zu vermeiden, musste die Regierung Maßnahmen ergreifen, um die Schwerindustrie in Schach zu halten. China hätte den Anstieg der Investitionen durch höhere Kapitalimporte ausgleichen können, erklärte Xue, aber das wäre zu riskant gewesen. Eine solche Fixierung auf kurzfristige Erfolge müsse vermieden werden. Die einbehaltenen Gewinne der Unternehmen[157] stiegen ebenso wie die Löhne und die Beschäftigung, was einen Anstieg der Lohnsumme zur Folge hatte, der das Wachstum der Nettoproduktion überstieg.[158] Gleichzeitig stiegen auch die Einkommen der Bauern,[159] vor allem infolge der Freigabe der Produktion von für den Verkauf bestimmter Feldfrüchte und der Nebenproduktion.[160] Xue gelangte zu dem Schluss, dass diese Faktoren in ihrer Gesamtheit die Staatseinnahmen verringerten und dass die Geldmenge im Jahr 1979 »ein wenig zu stark gewachsen« sei.[161] Daher drohe eine Inflation.

In Xues Augen mussten verschiedene Ungleichgewichte mit administrativen Mitteln beseitigt werden, bevor China weitere Reformen in Angriff nehmen konnte. Xue glaubte, die Planung müsse weiterhin eine Schlüsselrolle spielen, solle jedoch verstärkt wirtschaftliche Hebel nutzen. Beispielsweise zeige die Notwendigkeit behördlicher Korrekturen der Produktion, dass nicht gelungen sei, die Unternehmen mit der Preispolitik in die richtige Richtung zu lenken. Nach Aussage von Xue sollte die Planwirtschaft nicht geschwächt werden, aber die Produktion und Preisbildung Tausender Güter von geringerer Bedeutung sollte dem Markt überlassen werden. Liao Jili, ein Mitglied der Staatlichen Planungskommission und Leiter der früheren Behörde für Systemreform, die mittlerweile in die Systemreformkommission umgewandelt worden war, betonte später erneut, dass sich die zentrale Planung auf die wesentlichen Güter konzentrieren müsse. Liao berief sich auf Zhao Ziyang und erklärte, der Plan solle nicht mit Details überfrachtet werden, und Lenkung und verpflichtende Planung sollten der Bedeutung der Güter entsprechend kombiniert werden, anstatt eine universelle Kontrolle anzustreben.

Am Ende seines Vortrags rief Xue seinen Zuhörern in Erinnerung, dass China eine schmerzhafte Lektion gelernt habe, als es das sowjetische Modell kopiert habe. Dieser Fehler dürfe nicht wiederholt werden. Seiner Meinung nach bedurfte es keiner Änderung abstrakter Prinzipien, denn die Schlüsselfrage laute, wie man das Wirtschaftssystem in der Praxis reformieren könne. China werde die Lösungen anderer Länder nicht wahllos oder umfassend kopieren, sondern von jedem Land das Beste lernen und einen eigenen Weg finden.

Alle Mitglieder der ausländischen Delegation legten Arbeitsunterlagen vor, um ihre Einschätzung der Reformerfahrungen anderer Länder und ihren theoretischen Ansatz zum Problem der Preisbildung mit den chinesischen Kollegen zu teilen.[162] In der Frage der Preisreform waren die Beiträge von Brus, Kende, Strumiński und Wood besonders wichtig. In den Präsentationen ging es um die Lehren aus den historischen Erfahrungen, aber die Diskussion kreiste um aktuelle politische Fragen und förderte die radikalen Vorstellungen einiger Teilnehmer zutage. Lim erklärt, die osteuropäischen Experten hätten vor ihrer Chinareise nachdrücklich eine Lösung mit »einem einzigen Paket« empfohlen, um alle Sektoren gleichzeitig und so rasch wie möglich zu reformieren.[163] De facto sprachen sie sich für eine Art von Urknall-Reform aus, die später mit katastrophalen Folgen in Russland und Teilen Osteuropas angewandt werden sollte.

Strumiński begann seinen Vortrag mit der Feststellung, in allen ihm bekannten sozialistischen Ländern seien die Preissysteme mangelhaft. Das Problem sah er teilweise darin, dass es in allen sozialistischen Ländern einen Verkäufermarkt gebe, der eine administrative Zuteilung erforderlich mache, gleichzeitig aber zur Entstehung von Parallelmärkten führe, einschließlich von Schwarzmärkten und verschiedenen Formen von Korruption.[164] Die Umlenkung von Ressourcen in diese Märkte und die Aussicht auf Bestechungsgelder zögen wiederum intensivere Kontrollen nach sich und machten diese gleichzeitig wirkungslos. Das Resultat seien verzerrte Preise, die von den Weltmarktniveaus abwichen, was den Außenhandel sowie die Innovation beeinträchtige. Trotz dieser Mängel habe es im sowjetischen Preissystem seit den dreißiger Jahren keine qualitative Veränderung gegeben.

Nach dieser pessimistischen Einführung ging Strumiński zu einer Analyse über, die auf seine chinesischen Zuhörer wie ein indirekter Angriff auf ihren Reformansatz gewirkt haben muss. Er erklärte, die Sowjets hätten jahrelang versucht, einen Ausweg aus der »Preisscherenkrise« zu finden, indem sie ein dreigleisiges Preissystem für Agrarerzeugnisse einführten.[165] Es beinhaltete einen Beschaffungspreis für die Quote, einen Preis für die über die Quote hinaus produzierten Güter sowie einen Preis, der auf den ländlichen Märkten ermittelt werden sollte. Aber die Resultate waren miserabel: Ob die Bauern die willkürlich angesetzten Quoten erfüllen konnten, hing in erster Linie vom Wetter ab, und der niedrige Quotenpreis war im Grunde eine Steuer, die den Bauern auferlegt wurde. In der Diskussion pflichtete

Brus Strumińskis vernichtendem Urteil über das System bei. Brus erklärte, das mehrstufige Preissystem sei nichts weiter als eine Ausrede für schlecht festgelegte Quotenpreise. Strumiński sprach auch das Problem der Kluft zwischen Verbraucher- und Produktionspreisen an, die auf die Betonung der Stabilität der Einzelhandelspreise zurückzuführen war. Auch im sowjetischen System sei dies ein ungeklärtes fundamentales Problem. Chruschtschow habe versucht, die Verbraucherpreise anzuheben, aber er habe das Vorhaben aufgrund einer »sehr ungünstigen Reaktion der Öffentlichkeit« verschieben müssen. Anstatt sich mit der Frage zu beschäftigen, wie diese objektive Spannung zwischen Preisanpassungen und gesellschaftlicher Stabilität in Angriff genommen werden konnte, sah Strumiński den Grund für die niedrigen Preise in politischen und ideologischen Überlegungen. Die niedrigen Preise würden eingesetzt, um unzufriedene Bevölkerungsgruppen zu beschwichtigen. Aber hohe Preise für bestimmte industrielle Konsumgüter genügten nicht, um diese niedrigen Preise zu kompensieren. Die einzige Möglichkeit, um die niedrigen Verbraucherpreise aufrechtzuerhalten, bestehe daher darin, die Geldpresse anzuwerfen und eine verborgene Inflation zu erzeugen. Er machte damit dasselbe Argument wie Milton Friedman. Alle kommunistischen Parteien hätten sich verpflichtet, das Preisniveau zu kontrollieren, aber nur noch wenige osteuropäische Ökonomen hielten das für möglich. Trotz der chinesischen Erfahrung in der Mao-Zeit hielt Strumiński eine Inflation für unvermeidlich.

Obwohl Strumiński es nicht in der Öffentlichkeit sagte, war seine Botschaft klar: Das System war bankrott. Die sozialistischen Länder selbst waren mit ihrem Preissystem unzufrieden. Sie sprachen viel über eine Preisreform, aber in Strumińskis Augen verwechselten sie die erforderliche Reform der Grundlagen des Preissystems mit geringfügigen Anpassungen. Daher gelangte Strumiński zu einem Schluss, der das genaue Gegenteil von der Einschätzung Xue Muqiaos war, welcher der praktischen Anwendbarkeit Vorrang vor Prinzipien gab. In Strumińskis Augen konnten nur simultane Reformen des gesamten Systems das Problem lösen. Die Reformen sollten alle zur selben Zeit geplant werden, aber der erste Schritt würde darin bestehen, »die meisten Leute in der Preisbehörde auf die Straße zu setzen und die Arbeit den Unternehmen zu überlassen«. Das Problem sei, dass der Staat nicht auf radikale Reformen vorbereitet sei. Reformen würden stets riskant sein, aber »wie Clausewitz sagte, kann man nicht siegen, ohne Risiken einzugehen«. Der Schlüssel bestand Strumiński zufolge darin, gründliche Vorbereitungen zu treffen und große makroökonomische Ungleichgewichte zu vermeiden, bevor man koordinierte Reformen durchführte.

Der Verlauf der Diskussion auf der Konferenz zeigt deutlich, dass Strumińskis radikale Empfehlung keine Antwort auf die Frage lieferte, wie die chinesische Führung das makroökonomische Gleichgewicht herstellen konnte, das die notwendige Voraussetzung für sein Reformprogramm war. Strumiński hatte lediglich die systemischen Ursachen für den Nachfrageüberhang dargelegt. Jedoch hatte Xue gerade erklärt, dass es der chinesischen Regierung trotz ernsthafter Bemühungen bisher nicht gelungen war, die makroökonomische Situation unter Kontrolle zu bringen. Darüber hinaus deuteten der von Strumiński angesprochene sowjetische Fall sowie der Bericht über die chinesische Erfahrung darauf hin, dass bereits minimale Änderungen der Preise einzelner Güter die politische Stabilität bedrohen konnten. Strumiński sagte nichts darüber, wie die von ihm vorgeschlagene umfassende Preisreform politische Unruhe vermeiden konnte. In Anbetracht seines Eingeständnisses, dass er eine Reform des Sozialismus für unmöglich hielt, stellt sich die Frage, ob Strumiński in massiven Protesten infolge radikaler Preiserhöhungen möglicherweise einen Weg sah, um das sozialistische System politisch zu überwinden. Schließlich hoben die Osteuropäer wiederholt hervor, dass politische Veränderungen Voraussetzung für eine erfolgreiche Reform seien. Das dürfte auf die chinesischen Ökonomen und Kader irritierend gewirkt haben.

Kendes Beitrag zur Diskussion über die Erfahrungen Ungarns verdeutlichte ebenfalls die großen politischen und wirtschaftlichen Risiken, die mit einer Preisreform einhergingen. Aus Strumińskis Präsentation hatten die Konferenzteilnehmer gelernt, dass die ungarischen

Reformen auf dem von den osteuropäischen Exilökonomen bevorzugten Konzept beruht hatten: Man musste die Wirtschaft einer strikten makroökonomischen Kontrolle unterwerfen, ein Reformpaket schnüren und es auf einen Schlag umsetzen. Kende erklärte, dass in Ungarn im Jahr 1968 eine weitreichende Preisliberalisierung Teil dieses Pakets gewesen sei, wobei jedoch die Preise von grundlegenden Rohstoffen, Gütern des täglichen Bedarfs und bestimmten Produkten, die sich erheblich auf das Alltagsleben auswirkten, weiterhin nicht von den Produzenten, sondern vom Staat festgelegt wurden. Kende eröffnete den chinesischen Reformökonomen, dass das Programm trotz umfangreicher Vorbereitungen der politischen Führung und der Wirtschaftsexperten und eines Konsenses nach langen Debatten auf erbitterten Widerstand gestoßen sei, als es im Jahr 1968 umgesetzt worden sei.

Ein wichtiger Grund für diesen Widerstand war Kende zufolge die öffentliche Reaktion auf die Preisänderungen gewesen. Insbesondere die geplante Erhöhung von Mieten und Fahrtkosten im öffentlichen Nahverkehr musste durch Gehaltssubventionen kompensiert werden, was den Inflationsdruck erhöhte. Zudem verwies Kende darauf, dass in Ungarn trotz eines umfassenden Reformprogramms eine Reihe improvisierter politischer Eingriffe nötig geworden war. Ein großes Problem war, dass die Reformer die Fähigkeit der Unternehmen, ihre Produktionsentscheidungen selbst zu fällen, überschätzt hatten. Die Struktur der Unternehmen war dafür ausgelegt, Befehle von oben auszuführen, aber sie waren außerstande, eigene Pläne zu entwerfen und flexibel auf die Entwicklungen auf dem Markt zu reagieren. Das einzige Wettbewerbskonzept, das die Unternehmen verstanden, war Kende zufolge das Prinzip, dass man investieren musste, um zu expandieren. Da die Staatsbetriebe keinerlei Budgetbeschränkungen unterworfen und an eine laxe Kreditpolitik gewöhnt waren, führte dies zu einem deutlichen Anstieg der Investitionen. Gleichzeitig erklärten die Gewerkschaften, es sei unfair, »die Preise zu verwestlichen, während die Löhne veröstlicht« würden, und erzeugten öffentlichen Druck, dem sich die Regierung beugen musste. Die Lohnkontrollen wurden gelockert. Das Resultat war eine hohe Inflation, die auch nach mehr als zehn Jahren noch nicht unter Kontrolle gebracht worden war.[166]

In Reaktion auf die Präsentationen der ausländischen Gäste verwiesen die chinesischen Konferenzteilnehmer wiederholt darauf, dass der einzige gangbare Weg darin bestehe, »zu vermeiden, die Dinge ins Extrem zu treiben«. Die Preisstabilität, die seit der Revolution zur Entwicklung Chinas beigetragen habe, müsse bewahrt werden, um die gesellschaftliche Stabilität zu erhalten. Im Jahr 1979 seien sie übermäßig optimistisch gewesen und hätten die Preise für landwirtschaftliche Erzeugnisse zu stark angehoben. Liu Zhuofu versuchte einmal mehr, die Schwierigkeiten im Bemühen um makroökonomische Kontrolle zu erklären. Das Beste, was im Augenblick möglich sei, sagte er, sei eine Verringerung des Staatsdefizits.

Wood, der sich in seiner Argumentation im Wesentlichen auf die Wirtschaftstheorie stützte, stellte eine wichtige Frage: »Warum konzentrieren wir uns also nicht darauf, diese makroökonomischen Bedingungen herzustellen und anschließend die Preiskontrollen zu beseitigen, die Preisbehörde zu schließen und die Preisbildung dem Markt zu überlassen?«[167] Das entsprach dem von Friedman und den Ordoliberalen vorgeschlagenem Skript des Big Bang. Liu Zhuofu, einst Leiter der Preisbehörde, beeilte sich zu erwidern, China brauche die Behörde. Die Steuerung sämtlicher Preise könne nicht das Endziel des Staats sein, aber mit Blick auf die politischen und wirtschaftlichen Risiken warnte Liu: »Preisinstabilität lenkt die Leute von der Aufgabe der Anpassung ab und löst Gegenreaktionen von Arbeitern und Bauern aus, was sich negativ auf die Produktionsergebnisse auswirkt. Wir sind uns der Irrationalität der bestehenden Preise bewusst und sind dabei, Anpassungen vorzunehmen.«

Die eigentliche Frage, welche die chinesischen Reformer zu beantworten versuchten, lautete, in welchem Maß sie diese spezifischen Preise ändern mussten und welches die Auswirkungen auf das allgemeine Preisniveau sein würden. Die Frage, ob sie ihr gesamtes System der Preisregulierung beseitigen sollten oder nicht, war noch nicht auf der Agenda.

Als sich die Diskussion der Frage der Inflation zuwandte, sprach sich Brus einmal mehr für radikale Reformen aus und brachte Argumente vor, die denen Friedmans über die unterdrückte Inflation ähnelten. Er berief sich auf das Konzept der Mangelwirtschaft, das der ungarische Ökonom János Kornai in seinem 1980 erschienenen Buch *Economics of Shortage* entfaltet hatte. Nach Ansicht von Brus würde es in sozialistischen Ländern stets eine unterdrückte Inflation geben. Unter makroökonomischen Gesichtspunkten würden das Prinzip der vollkommenen Kapazitätsauslastung und die »Produktion-über-alles-Mentalität« zu einer sehr hohen Investitionsrate und damit dazu führen, dass ein großer Teil der Arbeiter konsumierte, aber keine Konsumgüter produzierte. Das verursache ähnliche Probleme wie eine Kriegswirtschaft. Aus systemischen Gründen könne dieses Problem nicht gelöst werden, wie Kornai in seinem Buch gezeigt habe. Im Sozialismus werde es stets schwache Budgetbeschränkungen geben, und die Unternehmen würden immer unter »Investitionshunger« leiden. Daher werde unabhängig vom Entwicklungsstand stets allgemeine Knappheit herrschen.

In Brus' Augen würden administrative Preiskontrollen verhindern, dass dieser Nachfrageüberhang die Preise in die Höhe trieb, das heißt, sie würden die Inflation unterdrücken. Bei einem Gleichgewicht von Angebot und Nachfrage sollten die Preise auf einem Niveau liegen, das es jedermann erlaube, alles zu kaufen, was er haben wolle. Doch die höheren Schwarzmarktpreise zeigten nach Einschätzung von Brus, dass der Staat die Preise unterhalb des Gleichgewichtsniveaus angesetzt hatte. Würde man die Preisbildung dem Markt überlassen, so würde die unterdrückte Inflation augenblicklich zum Vorschein kommen. Für Brus war die Inflation so wie für Friedman ein notwendiges Übel, wenn man ein Gleichgewicht herstellen wollte. »Wenn es einen geeigneten Moment gibt, um den Druck abzulassen, so sollte man nicht zu lange damit warten«, empfahl Brus. Er schloss mit einem Hinweis auf die christliche Vorstellung vom Jüngsten Gericht: »Indem man die Inflation unterdrückt, schiebt man lediglich den Tag des Jüngsten Gerichts hinaus. Das kann ratsam sein, wenn der Druck nur

Abbildung 3: Von links nach rechts: Péter Kende, David Granick, Juliusz Strumiński, Włodzimierz Brus, Xue Muqiao, Jiří Kosta und Adrian Wood bei einem Ausflug während der Moganshan-Konferenz, Juli 1982.

vorübergehend ist. Aber im Allgemeinen verschlimmert man nur die Lage, weil zu einem späteren Zeitpunkt sehr viel größere Preiserhöhungen nötig werden.«

Die Delegation kehrte nach Peking zurück, nachdem sie eine Studienreise durch Shanghai, Hangzhou und Chongqing unternommen und Betriebe sowie andere Einrichtungen in verschiedenen Industrien besucht hatte – unter anderem eine Großhandelsorganisation, ein Kaufhaus, lokale Preisbehörden und eine Kommune in einer Vorstadt. Die Kerngruppe, die aus Lim, Wood und Brus bestand, traf sich am 27. Juli 1982 erstmals mit den Initiatoren der Konferenz, Liu Guoguang und Wu Jinglian. Die beiden hatten sich vermutlich aus politischem Opportunismus entschlossen, nicht an der Konferenz teilzunehmen.[168] Bei dem Treffen hatte die Gruppe Gelegenheit, Eindrücke auszutauschen und über die weitere Vorgehensweise zu diskutieren. Die Teilnehmer waren sich darin einig, dass die Reform der Landwirtschaft große Fortschritte gemacht hatte, aber dass die Reformen jetzt in die Städte gebracht werden mussten, wo die Veränderungen »weniger beeindruckend« waren. In ihren Augen war die mangelnde Flexibilität des Preissystems das größte Hindernis für eine Reform der städtischen Wirtschaft, und das mehrstufige Preissystem schadete mehr, als es nutzte. Brus riet den Chinesen einmal mehr, sie sollten nicht warten, bis die unterdrückte Inflation zu großen Druck erzeuge.

Wood notierte sich über das Abschlusstreffen mit den Teilnehmern der Konferenz in Moganshan sowie mit Wu und Liu, die chinesische Seite habe es »abgelehnt, Kommentare abzugeben oder Fragen zu stellen, jedoch darauf beharrt, dass wir [die ausländischen Gäste] weiter sprechen«.[169] Als Leiter der Delegation gab Brus eine zusammenfassende Präsentation, in der er wenig Begeisterung für die Versuche der Chinesen zeigte, die Marktkräfte für die Reformen zu nutzen:

> Die Einstellung unserer Gesprächspartner zu Plan und Markt war unbefriedigend. Sie betrachteten beides als getrennte Dinge, die auf unterschiedlichen Ebenen funktionierten: Der Plan arbeitet mit Quoten und Zielen, während der Markt auf die Aktivität beschränkt ist, die über die Erfüllung der Quoten hinausgeht. Sie hatten keine Vorstellung davon, wie sie den Markt zur Umsetzung des Plans oder den Plan zur Beeinflussung oder Regulierung des Markts einsetzen konnten.

Die Delegation war von dem Umfang und dem Erfolg der Agrarreform beeindruckt, fällte jedoch ein vernichtendes Urteil über einen der zentralen Reformmechanismen, das zweigleisige Preissystem:

> Man stützt sich sowohl bei der Produktion als auch bei der Anbaufläche übermäßig auf Quoten für alle Produkte sämtlicher Kategorien. In Kombination mit der mehrstufigen Preisbestimmung führt dies zu unkontrollierbaren und unerwünschten Phänomenen, darunter die Durchkreuzung der Planung selbst. […] Daher schlagen wir vor, die mehrstufige Preisbestimmung zugunsten eines einheitlichen Preises aufzugeben.

Trotz dieser kritischen Beurteilung des Reformansatzes hielten die Mitglieder der Delegation, die vor allem mit gescheiterten Reformen vertraut waren, angesichts der realen Veränderungen und der Armut des Landes Demut für angebracht. Sie entschlossen sich nach der Reise durch das Land, von ihrer ursprünglichen Empfehlung einer raschen Preisreform als Voraussetzung für ein umfassendes Reformpaket abzurücken. Aber da sie die chinesischen Reformer auch gedrängt hatten, das mehrstufige Preissystem, das den Kern ihres Reformansatzes bildete, zu beseitigen, gab die Delegation tatsächlich keinerlei Empfehlung dazu ab, *wie* die Reform umgesetzt werden konnte. Die praktisch denkenden chinesischen Ökonomen glaubten nicht an »Zauberformeln«. Weder der Computer noch der Markt konnten die Probleme, die sie ihren Gästen geschildert hatten, lösen, ohne die Herrschaft der Kommunistischen Partei und den Staat zu gefährden. Sie dürften von den radikalen Thesen ihrer osteuropäischen Kollegen, die nicht mit Vorschlägen für konkrete, durchführbare Maßnahmen einhergingen, kaum beeindruckt gewesen sein. Die Tatsache, dass die Berichte bezeugten, wie in Osteuropa die Inflation bereits in einigen Ländern zu einem großen Problem geworden war, dürfte die Vorsicht der Kader eher verstärkt haben. Doch obwohl Brus, der das Konzept des »Reformpakets« eingeführt hatte, vor dessen Anwendung im chinesischen Kontext warnte, begannen einige chinesische Ökonomen, die sich mit der osteuropäischen und westlichen Ökonomik beschäftigten, in den folgenden Jahren für diese Methode zu werben.[170]

Die Konferenz in Moganshan war geprägt von unterschiedlichen, ja von unvereinbaren Herangehensweisen an die Probleme, mit denen sich die chinesische Führung Ende der siebziger, Anfang der achtziger Jahre konfrontiert sah. Auf dem Spiel stand letztlich die Zukunft der chinesischen Wirtschaft. Die verschiedenen Ansätze lassen sich anhand von Strumińskis Empfehlungen veranschaulichen. Er riet den Chinesen, auf eine schlagartige Preisreform zu verzichten und stattdessen in im Voraus festgelegten Schritten ein Programm mit einem Zieldatum für die Beseitigung der Rationierung durchzuführen. Dies könnte man als *geplanten Gradualismus* bezeichnen. Dieser Gradualismus besagt, dass man den Fluss in einem feststehenden Zeitraum mit einer festgelegten Zahl von Schritten so schnell wie möglich durchqueren sollte. Um den Brus-Schüler Anders Åslund zu zitieren: »Die wichtigste Aufgabe besteht darin, den Fluss so rasch wie möglich zu durchqueren, um das andere Ufer zu erreichen.«[171] Im Gegensatz dazu sammelten die Chinesen Steine, um den Fluss wie von Chen Yun empfohlen zu durchqueren: Sie leiteten die Reform mit den Preisen ein, deren Festlegung dem freien Markt überlassen werden konnte oder die korrigiert werden konnten, ohne die Stabilität zu gefährden. Sie taten nur dann einen Schritt, wenn sie glaubten, festen Boden unter den Füßen zu haben, und jedes Mal, wenn ein Schritt getan war, begannen sie von Neuem, über den weiteren Weg nachzudenken. Um herauszufinden, welche Preise in Angriff genommen werden sollten, wurden die spezifischen Bedingungen jedes Produkts sorgfältig beurteilt, wozu oft Experimente durchgeführt wurden. Der chinesische Ansatz kann also als *experimenteller Gradualismus* bezeichnet werden.

Der wesentliche Unterschied zwischen diesen beiden Methoden war nicht die Geschwindigkeit der Reformen, wie oft behauptet wird. Stattdessen bestand er in der Grundeinstellung zur Gestaltung der Politik. Der geplante Gradualismus definierte gestützt auf die Deduktion den gesamten Ablauf der Reformschritte, um einen Idealzustand zu erreichen. Der von den Befürwortern einer Paketreform vorgeschlagene Gradualismus bestand darin, rasch einen geplanten Weg zu gehen und nicht davon abzuweichen. Die chinesische Methode bestand darin, beim Gehen über den Weg zu entscheiden. Da sie nicht wissen konnten, welche Auswirkungen die einzelnen Reformschritte haben würden und wie das beste System aussehen sollte, tasteten sie sich voran, wobei sie unablässig Schritte ausprobierten und neu beurteilten. Sie stützten sich im Wesentlichen auf induktive Forschung und bewegten zuerst die nicht grundlegenden Teile, bevor sie die zentralen Bestandteile des Systems in Angriff nahmen.

6
Marktaufbau oder Preisfreiheit?

Landwirtschaftsreform, junge Intellektuelle und das zweigleisige Preissystem

Das Haushaltsverantwortungssystem in der landwirtschaftlichen Produktion (包产到户) ist eine Schöpfung der Bauern, die zweigleisige Preisbildung (双轨价格) existiert in China seit der Frühzeit.

Chen Yizi, Mitglied der Ländlichen Entwicklungsgruppe und Leiter des Instituts für die Erforschung der Reform des Wirtschaftssystems, 2013: 310

Die führenden chinesischen Reformtheoretiker der ersten Stunde schlossen sich zu verschiedenen Gruppen zusammen. Ihre Zusammensetzung hing bis zu einem gewissen Grad von der Generation der Mitglieder ab. Die Leben der Forscher verliefen sehr unterschiedlich, abhängig davon, in welcher Phase der turbulenten chinesischen Geschichte sie geboren wurden. Ihr geistiger Werdegang hing jedoch auch wesentlich davon ab, welche spezifischen persönlichen und intellektuellen Wege sie eingeschlagen hatten.[1] Typisch für die Grundhaltung der mittleren Generation etablierter Wissenschaftler (der Jahrgänge 1920-1939) waren ihr Optimismus und der Wunsch, ein kohärentes politisches und wirtschaftliches System zu errichten; gleichzeitig war ihre Einstellung vom Korsett der Orthodoxie der fünfziger Jahre geprägt.[2] In den achtziger Jahren schlossen sich ihnen junge Forscher der Akademie der Sozialwissenschaften und der führenden Pekinger Ingenieursfakultäten an, die in der Regel die Jahre der Kulturrevolution nicht auf dem Land verbracht hatten und den Glauben der mittleren Generation in die Macht der wissenschaftlichen Ökonomik teilten.

Hingegen war die prägende Erfahrung der älteren Generation (geboren 1900-1919) die des revolutionären Kampfes auf dem Land und der wirtschaftlichen Kriegführung. Zhao Ziyangs Sekretär Li Xianglu erklärte mir während eines Gesprächs in einem hippen Pekinger Restaurant, dass die Veteranen der Revolution, darunter Zhao und Wan Li, mit der Funktionsweise des Marktes vertraut waren. Sie verdankten ihren Erfolg im Bürgerkrieg nicht zuletzt dem überlegten Einsatz des Handels zur Stärkung der militärischen und wirtschaftlichen Leistungsfähigkeit der kommunistisch kontrollierten Gebiete. Zhao stammte zudem aus einer Bauernfamilie, die es mit ihrem geschäftlichen Geschick zu einem gewissen Wohlstand gebracht hatte.[3] Viele führende Ökonomen der Reformära, die dieser Generation angehörten, darunter Du Runsheng und Xue Muqiao, teilten diese prägende Erfahrung des revolutionären Kampfes auf dem Land. Nur die wenigsten hatten wie Sun Yefang Gelegenheit, in der Sowjetunion der zwanziger Jahre Ökonomik und Statistik zu studieren.[4]

Eine Schar junger Intellektueller (der Jahrgänge 1940-1960),[5] die während der Kulturrevolution »in die Berge und aufs Land geschickt« worden waren (上山下乡), erlangten im Verlauf der Agrarreform beträchtlichen Einfluss.[6] Wie bei den Veteranen der Revolution war ihre intellektuelle und politische Prägung eng mit der Frage der Landwirtschaft, mit der ländlichen Mehrheitsbevölkerung Chinas und deren Kampf um materiellen Wohlstand verknüpft. Diese jungen und alten Intellektuellen, die enge Beziehungen zum ländlichen Raum hatten, schlossen ein ungewöhnliches Bündnis, das in den folgenden Jahren entscheidenden Einfluss auf die chinesischen Reformen nehmen sollte. Die Zerstörung der gesellschaftlichen Ordnung durch die Kulturrevolution ermöglichte diese generationenübergreifende Zusammenarbeit.[7]

Die etablierten Wissenschaftler mittleren Alters und ihre jüngeren Kollaborateure führten theoretische Diskussionen über die Frage der Preisreform und ein ideales Zielsystem der Reformen. Währenddessen trug die Allianz von Jungen und Alten wesentlich zu einem Durchbruch in der Agrarreform bei, der weitreichende Auswirkungen auf die Lebensbedingungen der ländlichen Bevölkerungsmehrheit und den

Charakter der politischen Ökonomie Chinas hatte. Peter Nolan, Experte für die chinesische Wirtschaft an der Universität in Cambridge, erklärt: »Vor dem Jahr 1978 wurden die meisten Entscheidungen über Produktion und Verteilung landwirtschaftlicher Erzeugnisse direkt vom Staat oder indirekt von seinen Repräsentanten in den Kollektiven gefällt. Die achtziger Jahre sahen eine Explosion der unabhängigen Entscheidungsfindung durch Individuen und Gruppen.«[8] Innerhalb weniger Jahre verwandelte sich eine von Kollektiven beherrschte, zentral gelenkte Landwirtschaft in eine marktorientierte, an der sich der Staat jedoch weiterhin wesentlich beteiligte. Das Bündnis junger und alter Intellektueller führte vor Ort Reformexperimente durch, die diesen raschen Wandel förderten. Ihre Erfahrungen mit den Reformen in der Landwirtschaft erwiesen sich als unverzichtbar für die Reformen des gesamten Wirtschaftssystems.

Das chinesische Entwicklungsmodell in der Mao-Zeit beruhte auf einer strikten Trennung zwischen Stadt und Land und auf der Ausbeutung der ländlichen Ressourcen für die urbane Industrialisierung. Die Reform begann mit einer Neugestaltung dieser Beziehung, die sich im Anstieg der relativen Preise landwirtschaftlicher Erzeugnisse im Jahr 1978 niederschlug. Die tiefe Kluft zwischen Stadt und Land war schon im Zuge des Aufbaus eines modernen Nationalstaates nach der republikanischen Revolution von 1911 entstanden: »In der gesamten republikanischen Zeit repräsentierte der städtische Kosmopolitismus die Moderne, während die Landbevölkerung der Inbegriff der Rückständigkeit, wenn nicht sogar die Antithese der Moderne war.«[9] Auch während der Kulturrevolution wurde an einem Industrialisierungsmodell festgehalten, das auf der Ausbeutung der ländlichen Bevölkerung fußte. Aber die großen Kampagnen zur Umerziehung der urbanen Eliten durch Arbeit auf den Feldern ersetzten das Gefühl der Überlegenheit des urbanen Kosmopolitismus durch eine Rhetorik, die das Lernen von den Bauern in den Mittelpunkt rückte. In brutalen Kampagnen landeten viele Intellektuelle in Arbeitslagern, wo sie unter widrigsten Bedingungen überleben mussten. Doch eine historische Ironie wollte es, dass die Kulturrevolution auch neue Verbindungen zwischen urbaner und ländlicher Sphäre herstellte, die wesentlich zum Durchbruch der frühen Reformen beitrugen.

Ländliche Reformen und Aufstieg der jungen Intellektuellen

Chen Yizi stieg zum Führer der jungen Generation von Intellektuellen auf und spielte eine zentrale Rolle in dem Bemühen, enge Beziehungen zu den wichtigsten Parteikadern zu knüpfen. Chen entstammte einer Familie, die Generationen einflussreicher Intellektueller hervorgebracht hatte.[10] Er studierte zehn Jahre lang (1959-1969) an der Universität Peking Physik und Chinesische Literatur und engagierte sich im Kommunistischen Jugendverband.[11] Nachdem er in einem Brief an Mao Zedong den Mangel an Demokratie in Partei und Staat kritisiert hatte, wurde er als »antirevolutionäres Element« eingestuft und zur Umerziehung aufs Land geschickt. Er verbrachte fast ein Jahrzehnt (1969-1978) in Henan.[12] Bevor Chen Peking verließ, traf er sich mit seinen engsten Freunden, darunter sein Studienkollege He Weiling, und erklärte ihnen, da mehr als achtzig Prozent der Chinesen auf dem Land lebten, müsse man das wirkliche Leben auf dem Land kennenlernen, wenn man China verstehen wolle. Und genau das werde er tun.[13]

Chen studierte die Lebensbedingungen der Landbevölkerung, untersuchte die Opferzahlen infolge des Großen Hungers und wurde Mitglied einer landwirtschaftlichen Bildungseinrichtung in der Präfektur Chumaodian. Luo Xiaopeng, der Chen aus ihrer gemeinsamen Zeit an der Universität Peking kannte, schloss sich ihm später an.[14] An einem sonnigen Januartag im Jahr 2017 führte ich ein langes Gespräch mit Luo in seiner bescheidenen Wohnung in Hongkong. Er erinnerte sich an die gemeinsame Zeit mit Chen in Chumaodian und erklärte mir, dass es Chen gelungen war, das Vertrauen der örtlichen Parteiführer zu gewinnen. Die ländlichen Kader begegneten Intellektuellen aus der Stadt zumeist mit großer Skepsis,[15] doch Chen übertrugen sie eine Funktion in der örtlichen Parteiorganisation.[16] Als Student der Ingenieurswissenschaft war Luo nicht für eine Entsendung aufs Land vorgesehen, aber er befolgte dennoch Maos Anweisung, »von den Bauern zu lernen«.[17] Luo blickte auf diese Zeit zurück:

> Für uns ging es darum, die Kollektivierung, das Leben der Bauern und die Krise der kollektiven Landwirtschaft richtig zu verstehen. Wir begriffen, dass die Kollektivierung ein Fehlschlag war, aber wir verloren trotzdem nicht den Glauben; wir hofften immer noch, den richtigen Weg zu finden. Aber die Realität widersprach uns. Die lokale Politik wandte sich nach Lin Biaos Tod [im Jahr 1971] ebenfalls gegen uns, also [...] kehrte ich in die Stadt zurück und nahm mein Leben als Ingenieur wieder auf.[18]

Chen hingegen blieb auf dem Land. Luo brachte ihn in Kontakt mit Deng Yingtao, dem Sohn von Deng Liqun. Deng Liqun war Sekretär des ehemaligen Staatspräsidenten Liu Shaoqi gewesen, der schon früh die Notwendigkeit gesehen hatte, Systeme zur Bekämpfung der Hungersnot zu entwickeln. Liu hatte großen Anteil an den Stabilisierungsbemühungen nach der Hungersnot. Eine Maßnahme bestand in der Einführung des Haushaltsverantwortungssystems: Die Produktionseinheit schloss Verträge mit den bäuerlichen Haushalten und stellte ihnen Anbauflächen, Geräte und Inputs zur Verfügung. Im Gegenzug traten die Haushalte einen Anteil ihrer Ernte ab. Liu war der prominenteste Angehörige der Parteiführung, der während der Kulturrevolution als »kapitalistischer Wegbereiter« gebrandmarkt wurde. Er starb im Hausarrest.[19] Deng Liqun hielt Liu die Treue, fiel ebenfalls einer Säuberung zum Opfer und wurde zur Strafe zwecks Umerziehung durch Arbeit in die »Kaderschule 7. Mai« geschickt. Deng blieb in der Schule, nachdem ihm die Rückkehr nach Peking erlaubt worden war, und widmete sich dem Studium des Marxismus-Leninismus.[20] In dieser Zeit begann er zu bezweifeln, dass das landwirtschaftliche Kollektiv die beste Organisationsform war, um Chinas wirtschaftlichen Fortschritt voranzutreiben. In diesen Jahren entwickelte sich eine enge Vertrauensbeziehung zwischen Chen Yizi und Deng Liqun. Deng Liqun, Deng Yingtao und Chen Yizi diskutierten offen über die Mängel des Kommunensystems und entwickelten die Grundlagen für ihre späteren gemeinsamen Bemühungen um eine Wirtschaftsreform.[21] Deng Liqun kannte Chen Yun aus ihrer gemeinsamen Zeit im Nordwesten während der Revolution und arbeitete im Jahr 1975 in Deng

Xiaopings Forschungsbüro.[22] Deng Liqun pflegte also enge Kontakte zu den mächtigsten Männern der Wirtschaftsreformen und wurde zu einem wichtigen Förderer der jungen Reformintellektuellen.

Chen Yizi unterhielt auch eine enge Beziehung zu Hu Yaobang, den er aus dessen Zeit als Sekretär des Kommunistischen Jugendverbandes (1952-1966) kannte.[23] Hu, der aus einer Bauernfamilie der Hakka-Volksgruppe in Hunan stammte, hatte im Alter von 14 Jahren die Schule abgebrochen, um sich der Kommunistischen Partei anzuschließen und in die Rote Armee einzutreten. Er war ein Veteran des Langen Marsches und ein enger Verbündeter von Deng Xiaoping, der Hu 1980 zum ersten Generalsekretär der KPCh seit der Kulturrevolution machen sollte. Sowohl Deng als auch Hu fielen zweimal bei der Führung in Ungnade und wurden im Jahr 1975 ins Machtzentrum zurückgeholt. Hu hatte sich nach dem Großen Sprung nach vorn als kühner Reformer hervorgetan.[24] Luo Xiaopeng erinnert sich, dass er kurz vor Nixons Besuch im Jahr 1972 bei Hu zu Gast war. Hus Haus diente zu jener Zeit als Treffpunkt für junge Leute. »Wir gingen hin und brachten Freunde mit, die Tür stand offen, und Hu Yaobang war bereit, über alles zu sprechen.« Die jungen Intellektuellen nutzten die Gelegenheit, um sich über ihre Erfahrungen in Henan auszutauschen.

Wie sich herausstellte, war Hu noch radikaler als seine jungen Freunde. Als sie ihm von ihren Versuchen berichteten, die Landwirtschaftsschule zu reformieren, hielt ihnen Hu entgegen: »Vergesst das, wir brauchen jetzt einen neuen Ansatz.« Rückblickend erklärte Luo, es sei klar gewesen, dass Hu die kollektive Landwirtschaft ablehnte.[25] Natürlich war Hu vollkommen klar, wie heikel und politisch belastet diese Frage war. Als sich Deng Xiaoping gemeinsam mit Chen Yun und anderen nach der großen Hungersnot im Jahr 1962 dafür aussprach, die landwirtschaftliche Produktion den individuellen Haushalten zu überlassen, bediente er sich in einer Rede vor dem von Hu geleiteten Kommunistischen Jugendverband seiner berühmten Katzenmetapher, die zum vielzitierten Symbol des chinesischen Reformpragmatismus werden sollte. Mit Blick auf die revolutionären Kämpfe sagte Deng:

Abbildung 4: Von links nach rechts: Deng Xiaoping, Chen Yun, Chen Haosu und Hu Yaobang, 1982.

Wenn der Genosse Liu Bocheng über Kämpfe spricht, zitiert er oft ein Sprichwort aus Sichuan: »Es ist egal, ob eine Katze gelb oder schwarz ist, solange sie Mäuse fängt.« Wir besiegten Chiang Kai-shek, weil wir nicht immer auf konventionelle Art kämpften. Unser einziges Ziel ist es, zu siegen, indem wir die gegebenen Bedingungen für uns nutzen. Wenn wir die landwirtschaftliche Produktion wiederherstellen wollen, müssen wir die gegenwärtigen Bedingungen nutzen. Das bedeutet, dass wir uns nicht an eine feststehende Form der Produktionsbeziehungen klammern, sondern die Form anwenden sollten, die uns helfen kann, die Initiative der Massen zu wecken. Gegenwärtig sieht es so aus, als könnten weder die Industrie noch die Landwirtschaft Fortschritte machen, ohne zunächst einen Schritt zurück zu tun.[26]

Kurze Zeit später griff Mao persönlich ein, um die Ausbreitung des Haushaltsverantwortungssystems zu unterbinden. Deng erfuhr, dass Mao über seine Rede verärgert war, und wandte sich an seinen Vertrauten Hu, der die entsprechende Passage aus der Niederschrift des Vortrags entfernen ließ.[27]

Nachdem Deng in der 3. Plenarsitzung des ZK im Jahr 1978 an die

Macht kam, blieb die Übertragung der landwirtschaftlichen Produktion auf die bäuerlichen Haushalte fürs Erste verboten, aber örtliche Experimente wurden geduldet. Das bekannteste Beispiel war das Vorgehen der Provinz Anhui unter der Führung von Wan Li, einem langjährigen Weggenossen Dengs. Wan, der einer armen Bauernfamilie in den Bergen Shandongs entstammte, hatte sich im Bürgerkrieg mit der erfolgreichen Organisation des Getreidenachschubs für die kommunistischen Truppen einen Namen gemacht. Kurz nach der Revolution wurde Wan unter Dengs Führung zum stellvertretenden Leiter des Industrieministeriums im Südosten ernannt, wo er den Aufbau der Produktionskapazitäten leitete. Im Jahr 1975 beteiligte er sich an Dengs Modernisierungsbemühungen, und 1977 wurde er von Hua Guofeng zum ersten Parteisekretär der Provinz Anhui ernannt, die zu jener Zeit unter einer Hungerkrise litt.[28] Im Jahr 1978 beschloss Wan angesichts einer schweren Dürre in der Provinz, die Produktion den individuellen bäuerlichen Haushalten zu übertragen.[29] Das maoistische Modell sah vor, dass Produktion und Ernte kollektiv den Produktionseinheiten oblagen, die mit von den Brigaden oder Volkskommunen bereitgestellten Inputs und Maschinen arbeiteten. Ein Teil der Produktion war (auf Dorfebene) den Brigaden und Volkskommunen zu überlassen, die damit Einnahmen erzielten und die vom Zentralstaat vorgegebenen Produktionsquoten erfüllten. Im Haushaltsverantwortungssystem wurde die Produktion vom Kollektiv auf den einzelnen Haushalt übertragen.[30] Wan Lis Politik war ein Vorbote der landesweiten Dekollektivierung und ein Schritt von der politischen Organisation zu persönlichen Leistungsanreizen im Bemühen, die wirtschaftliche Entwicklung voranzutreiben. Dass Li das Haushaltsverantwortungssystem in Anhui duldete, war ein entscheidender Schritt zur späteren Zerschlagung des Kernstücks der maoistischen Landwirtschaft.

Im Oktober 1978 holte Hu Yaobang Chen Yizi nach Peking zurück, damit dieser ihm bei der Reform der Landwirtschaft half. Hu beschaffte Chen einen Posten als Forscher am Institut für ländliche Entwicklung der Akademie der Sozialwissenschaften.[31] Ein Jahr früher hatte Deng Xiaoping die Hochschulaufnahmeprüfungen wieder eingeführt, was vielen Personen, die ihr Leben auf dem Land verbracht hatten, die Rückkehr nach Peking und in andere Städte ermöglichte, wo sie eine höhere Bildung absolvieren konnten.

Auf dem Höhepunkt der Kulturrevolution hatte Mao zur Umerziehung der städtischen Jugend durch die ländliche Mehrheitsbevölkerung aufgerufen. 17 Millionen junge Menschen wurden in den Jahren 1968-1980 aus den Städten aufs Land geschickt. Ob sie es wollten oder nicht, lernten sie »eine Welt ländlicher Armut kennen, die ihnen andernfalls unbekannt geblieben wäre«.[32] Einige gingen freiwillig und voller Begeisterung; andere wurden gezwungen, ihre Familien zurückzulassen und in abgelegene Dörfer umzuziehen. Die Ankunft dieser relativ privilegierten jungen Städter in den Dörfern verursachte große Probleme. Das Zusammenleben war eine Herausforderung sowohl für die jungen Leute als auch für die ländlichen Gemeinden und Parteikader. Wie bereits dargelegt, beruhte das chinesische Entwicklungsmodell auf einer tiefen Kluft zwischen städtischer und ländlicher Gesellschaft. Die aufs Land geschickten jungen Chinesen mussten nun versuchen, diese Kluft zu überwinden. Ihre Anwesenheit verursachte zahlreiche Schwierigkeiten, aber es entstanden auch neue persönliche und bürokratische Verbindungen zwischen Dörfern und Städten.

Die Konfrontation mit der Armut auf dem Land gab den Anstoß zur Entstehung einer Bewegung junger Intellektueller, die sich nach ihrer Rückkehr in die Städte der Reform der ländlichen Wirtschaft verschrieben. Einige dieser Rückkehrer wurden einflussreiche Wissenschaftler, die in den achtziger Jahren zu den Reformbemühungen beitrugen, darunter zum Beispiel Deng Yingtao und Wang Xiaoqiang, die in Henan gewesen waren, Wang Qishan, der aus Shaanxi zurückkehrte, Bai Nanfeng, Lin Chun und Wang Xiaolu, Rückkehrer aus Shanxi; Bai Nansheng, Zhang Musheng und Weng Yongxi, die in der Inneren Mongolei gewesen waren, sowie Chen Xiwen, Zhou Qiren und Zhu Jiaming, die aus dem Nordosten heimkehrten.[33] Chen Yizi zählte zu den führenden Köpfen in dieser Gruppe junger Intellektueller.

Als ich im Jahr 2016 mit Bai Nanfeng viele Stunden über das Leben auf dem Land und die frühe Reformphase sprach, äußerte er sich über die Beweggründe und Positionen der Heimkehrer. Jene, die viele Jahre in einem armen Dorf verbracht hatten – oft von ihren Teenagerjahren bis Mitte zwanzig –, hätten sich an das Leben unter den Bauern gewöhnt und eine andere Lebenseinstellung angenommen als ihre jüngeren Studienkollegen oder jene Altersgenossen, die in den Städten geblieben waren. Das wichtigste Anliegen der Rückkehrer war die Agrarfrage. Auf dem Land hatten sie umgeben von Hunger und Armut ihre Zeit damit verbracht, zu lesen und nach einem neuen Weg für den chinesischen Sozialismus zu suchen.

Zhang Musheng war der Meinung, diese Gruppe junger städtischer Intellektueller hätte trotz all der Mühsal des ländlichen Lebens »nie wieder so viel Zeit zum Lesen gehabt wie während der Kulturrevolution«.[34] Dank ihrer familiären Verbindungen hatten sie Zugang zu offiziell veröffentlichten und unveröffentlichten Büchern und nahmen so viel Lektüre wie möglich mit in die Dörfer, wo sie sorgfältig lasen und in Lesekreisen diskutierten.[35] Zhang hatte zu denen gezählt, die auf eigene Initiative aufs Land gegangen waren. Er war im Jahr 1965 aufgebrochen, also noch vor der Kulturrevolution und vor Beginn der offiziellen Landversendung der Jugend.[36] Im Jahr 1968 schrieb er ein Pamphlet mit dem Titel »Eine Untersuchung der Bauernfrage in China« (中国农民问题学习). Diese Arbeit wurde als parteiinterne Publikation in Umlauf gebracht und fand zahlreiche Leser. Zhang erhielt Zustimmung von anderen aufs Land geschickten jungen Leuten sowie bei Hu Yaobang.[37] Zhang hatte die Debatten in der Sowjetunion während der zwanziger Jahre studiert. Nach dem Scheitern einer raschen Nationalisierung und Planung der Wirtschaft im sogenannten Kriegskommunismus hatte Lenin im Rahmen der sogenannten Neuen Ökonomischen Politik (NÖP) zwischenzeitlich die Märkte rehabilitiert, um die materielle Grundlage des kommunistischen Staates und der Menschen zu sichern. Im Zentrum der NÖP stand die Abkehr vom zentralplanerischen Quotensystem in der Landwirtschaft (*prodrazverstka*), mit dem die Bauern gezwungen wurden, große Teile ihrer Produktion an den Staat abzutreten, und das zu einem massiven

Rückgang der Produktivität geführt hatte.[38] Stattdessen wurde eine Getreidesteuer eingeführt, die Produktionsentscheidungen wurden den Bauern und dem Markt überlassen. Gemessen am sozialistischen Ideal einer Planwirtschaft bedeutete diese wirtschaftspolitische Kehrtwende freilich einen Rückschritt. In der Folge kam es zu einer Grundsatzdebatte über das Verhältnis von Plan und Markt. Nikolai Bukharin, der einst ein entschlossener Verfechter eines Sprungs in die Planwirtschaft des Kriegskommunismus gewesen war, wurde in den zwanziger Jahren zu einem der führenden Theoretiker der NÖP und zu einem Vorreiter des Marktsozialismus als Alternative zum Stalinismus. Ihm gegenüber standen Trotzki und Jewgeni Preobraschenski, die für einen schnellen Aufbau der Schwerindustrie eintraten, der – wie es später in Maos China geschah – durch die Landwirtschaft finanziert werden sollte. Nach einer gründlichen Beschäftigung mit dieser Debatte gelangte Zhang zu der Überzeugung, dass China von Bukharin lernen müsse und die landwirtschaftliche Produktion nur erhöhen könne, indem es die Produktion wieder in die Hände der bäuerlichen Haushalte lege (包产到户).[39] Das Pamphlet brachte Zhang im Jahr 1972 ins Gefängnis.[40]

Ende der siebziger Jahre kehrte Zhang nach Peking zurück, und so wie andere junge Städter, die durch die Lektüre auf dem Land zu eigenständigen Denkern geworden waren, erhielt er nun die Möglichkeit, seine Erkenntnisse zu veröffentlichen. Lin Chun (die Tochter des bekannten Ökonomen Lin Zili), die kurze Zeit später ins Forschungsbüro des Staatsrats eintrat, veröffentlichte 1977 eine Arbeit mit dem Titel »Zur Rolle der Produktivkräfte in der historischen Entwicklung«. Diese Publikation war Teil eines umfassenderen ideologischen Angriffs auf die Fraktion der Anführer der Kulturrevolution, die von den Reformern als »Viererbande« bezeichnet wurden.[41] Gestützt auf klassische Texte von Marx, Engels, Mao, Lenin und Stalin argumentierte Lin, in einer korrekten Interpretation des historischen Materialismus sei die materielle Entwicklung die entscheidende historische Kraft.

Im Jahr 2015 unterhielt ich mich in einem Kaffeezimmer in der London School of Economics mit Lin über ihre Erfahrungen in der frühen Phase der Reformen. Sie warnte, diese Denkweise führe letztlich zu einer extremen Form des wirtschaftlichen Determinismus, der den Weg für Chinas Rückkehr zum Kapitalismus bereitet habe.[42] Zu jener Zeit sei ihre Argumentation Teil des Bemühens um wirtschaftlichen Fortschritt gewesen. Rückblickend sah sie in der neuen Betonung des Vorrangs der Entwicklung der Produktivkräfte eine tiefgreifende ideologische Verschiebung, die schließlich zum Ende des Sozialismus führte.

Die Idee, China müsse zunächst in der Sozialisierung der Produktion einen großen Schritt machen, um materiellen Fortschritt zu gewährleisten, der notwendig war, um höhere Formen des Sozialismus zu erreichen, wurde in Su Shaozhis und Feng Lanruis Konzept des »sozialistischen Frühstadiums« kanonisiert. Der Artikel von Su und Feng wurde zur Zeit seines Erscheinens heftig kritisiert, aber im Jahr 1987 wurde das Konzept schließlich zur Staatsdoktrin erhoben.[43] Das Argument, China befinde sich in einem Frühstadium des Sozialismus und müsse sich daher auf die Entwicklung seiner Produktivkräfte konzentrieren, wurde zu einer Art von »Anything goes«-Paradigma, da die meisten kapitalistischen Reformen damit gerechtfertigt werden konnten, dass sie letztendlich der Errichtung des Sozialismus dienten.

Wang Xiaoqiang war in seiner Jugend aufs Land in Yan'an geschickt worden, bevor er in eine Schule für »Arbeiter, Bauern und Soldaten« (工农兵) in Luoyang eintrat. Er sollte sich in einen einflussreichen Reformintellektuellen und Mitarbeiter von Chen Yizi verwandeln. Ende der siebziger Jahre arbeitete Wang in Peking als Mechaniker in einer Nachbarschaftsfabrik. Er nutzte jede freie Minute zum Lesen.[44] Im Jahr 1979 formulierte Wang seine Gedanken in einem Essay mit dem Titel »Kritik des Agrarsozialismus«. Darin kritisierte er das während der Kulturrevolution entwickelte Modell der Landwirtschaftsorganisation unter historischen Gesichtspunkten. Dafür stützte er sich auf eine sorgfältige Lektüre der marxistischen Klassiker. Sein zentrales Argument lautete, dass der chinesische Sozialismus agrarisch sei und auf Feudalbeziehungen beruhe. Der Essay fand viel Zustimmung und machte rasch die Runde unter den Intellektuellen Pekings. Er weckte die Aufmerksamkeit von Lin Wei, der an der Akademie der Sozialwissenschaften eine Autorengruppe organisierte, welche die Viererbande theoretisch widerlegen sollte. Die Gruppe gab eine Zeitschrift mit dem Namen *Unvollendete Manuskripte* (未定稿) heraus, die zur internen Diskussion in der Parteiführung beitragen sollte. Die Zeitschrift druckte Wangs Essay ab, und mit Unterstützung von Deng Liqun wurde er eingeladen, sich dem Redaktionsteam der Akademie der Sozialwissenschaften anzuschließen.[45] So fand Wang Xiaoqiang Aufnahme in den Kreis einflussreicher Reformintellektueller.

Chen Yizi war beeindruckt von Wangs gewagter Analyse und leitete den Essay an Wang Gengjin weiter, den stellvertretenden Leiter des Instituts für ländliche Entwicklung der Akademie der Sozialwissenschaften. Wang Gengjin war Anfang der fünfziger Jahre der erste Leiter der landwirtschaftlichen Abteilung der Zentralen Planungskommission gewesen. Er zählte zu den hochrangigen Parteiführern, die zu jener Zeit über vergangene Fehler nachdachten, und wurde zu einem entschlossenen Förderer der jungen Generation von Reformern.[46] Wang Gengjin sorgte dafür, dass Wang Xiaoqiangs Arbeit offiziell in der Zeitschrift *Fragen der Agrarökonomie* veröffentlicht wurde.[47]

Forscher mittleren Alters sowie junge Intellektuelle und Studenten wie Chen Yizi, Wang Xiaoqiang, Bai Nanfeng, Luo Xiaopeng und Lin Chun bildeten einen rasch wachsenden Kreis von Freunden und Kollegen. Sie trafen sich am Wochenende in leer stehenden Büros oder in Parks, und als die Zahl der Teilnehmer wuchs, nutzten sie Vorlesungssäle an einer der Pekinger Universitäten.[48] In einer dieser Versammlungen lernte Chen Wang Xiaoqiang kennen. Wangs »originelle Ideen und einzigartigen Einschätzungen« faszinierten Chen.[49] Die beiden taten sich zusammen und wurden zur treibenden Kraft in zwei einflussreichen Forschungseinrichtungen: der Forschungsgruppe für ländliche Entwicklungsfragen (中国农村发展问题研究组, im Folgenden »Ländliche Entwicklungsgruppe« in Anlehnung an die chinesische Abkürzung 农发组) und später des Instituts für die Erforschung der Reform des chinesischen Wirtschaftssystems (中国经济体制改革研究所, im Folgenden »Systemreforminstitut« in Anlehnung an die chinesische Abkürzung 体改所). Diese Einrichtungen waren einzigartig, denn obwohl sie außerhalb der offiziellen Partei- und Staatshierarchie entstanden waren, berieten sie hochrangige Regierungsmitglieder. Das Systemreforminstitut bezeichneten mehrere meiner Gesprächspartner als erste unabhängige Denkfabrik in der sozialistischen Welt. Diese jungen Intellektuellen stiegen dank ihrer Beiträge zum Durchbruch in der Agrarreform in einflussreiche Positionen auf.

Im Jahr 1979 war eine zu geringe Getreideproduktion immer noch ein ernstes Problem, und die hohen Kosten der Getreidesubventionen infolge steigender Beschaffungspreise und niedriger Verkaufspreise wurden bereits spürbar. Chen Yun warnte im März:

> Unser Land hat mehr als 900 Millionen Einwohner, von denen achtzig Prozent Bauern sind. Die Revolution hat vor dreißig Jahren gesiegt, und die Menschen verlangen ein besseres Leben. Hat es Verbesserungen gegeben? Ja. Aber vielerorts gibt es immer noch nicht genug zu essen, das ist ein großes Problem. […] Wenn wir dieses Problem nicht lösen, werden die örtlichen Kader beginnen, die Leute in die Städte zu führen, um Nahrung zu fordern.[50]

Wenige Monate später traf Guo Chongyi, ein Mitglied der Politischen Konsultativkonferenz des chinesischen Volkes in der Provinz Anhui, mit einem Bericht in Peking ein, aus dem hervorging, dass der Bezirk Feixi, der eine Vorreiterrolle bei der Übertragung der Produktion auf die Privathaushalte spielte, die Getreideernte trotz der schweren Dürre um 150 Prozent erhöht hatte.[51] Chen Yizi erhielt eine Kopie des Berichts, die er unverzüglich Deng Liqun und Hu Yaobang vorlegte. Hu bekräftigte umgehend seine Unterstützung für den Bezirk Feixi.[52] Chen Yizi war derart begeistert über die Neuigkeit, dass er eine dreimonatige Studie (April-Juli 1980) in der Provinz Anhui arrangierte, um die Resultate der Experimente auszuwerten, in denen verschiedene Methoden angewandt worden waren, um die Produktion untergeordneten Einheiten zu übertragen, darunter Produktionsteams und bäuerlichen Haushalten; außerdem untersuchte er zum Vergleich einige nicht reformierte Kollektive.[53] Chen Yizis Bericht belegte den Erfolg der neuen Produktionsregelung beispiellos systematisch.

Mit Unterstützung von Wang Gengjin, Deng Liqun und Du Runsheng gelang es Chen Yizi und anderen jungen Forschern, die Ländliche Entwicklungsgruppe offiziell als Untereinheit des Instituts für ländliche Entwicklung der Akademie der Sozialwissenschaften zu etablieren. Du Runsheng war der stellvertretende Leiter der Staatlichen Landwirtschaftskommission und ein Veteran der Revolution, der Deng Xiaopings Truppen im Befreiungskrieg unterstützt hatte, indem er Bauernbewegungen für eine Landreform angeführt hatte, und er war ein früherer Präsident der Akademie der Wissenschaften.[54] Er beschrieb sich selbst als »Intellektuellen vom Land« und gilt als »Vater der chinesischen Agrarreform«.[55] Die Ländliche Entwicklungsgruppe verfügte über beträchtliche finanzielle Mittel, die ihr Deng Liqun beschafft hatte.[56] Ihre Mitglieder konnten ihre Forschung unabhängig organisieren; viele von ihnen waren keine Parteimitglieder, und sie hatten keinen offiziellen Vorgesetzten in der Akademie der Sozialwissenschaften, sondern unterstanden direkt Deng Liqun und Du Runsheng.[57] Chen Yizi übernahm die Leitung der Gruppe, Wang Xiaoqiang und Chens alter Freund He Weiling wurden seine Stellvertreter.[58] In der offiziellen Gründungsversammlung im Februar 1981 sagte Deng Liqun der Gruppe:

> Nach der Rückkehr in die Stadt denkt ihr weiter an das Land. […] Ihr seid Bauern gewesen, und jetzt wollt ihr euer Wissen und eure Fähigkeiten einsetzen, um das Land zu entwickeln; um eure eigenen Worte zu verwenden, wollt ihr euer Leben dieser Sache widmen. […] Wenn wir das Problem von 800 Millionen Bauern lösen, wäre das ein großer Schritt in der Geschichte Chinas und der Welt.[59]

Du Runsheng drückte der Gruppe in seiner anschließenden Rede seine volle Unterstützung aus:

> Wir sind auf dem Land gegenwärtig mit zahlreichen Fragen konfrontiert, aber unsere Forschungsspezialisten auf diesem Gebiet sind alt, wo sind die geeigneten Nachfolger! […] Wir müssen nicht nur systematisch Leute schulen, sondern müssen auch ein Umfeld schaffen, in dem sich Talente unabhängig entwickeln und entfalten können, damit wir die Sache des Sozialismus noch besser voranbringen können.[60]

Du Runsheng selbst spielte eine entscheidende Rolle bei der Schaffung eines solchen Umfelds und ermutigte, wie mir meine Gesprächspartner erzählten, junge Forscher, ihre Fähigkeiten zu entwickeln.[61]

Zhang Musheng, ein Gründungsmitglied der Ländlichen Entwicklungsgruppe, erinnert sich noch heute an Dus große intellektuelle Offenheit.[62] Du hörte sich unterschiedlichste Meinungen an und unterschied klar zwischen seiner eigenen Haltung und der anderer Personen, wobei er jedoch bereit war, selbst jenen zuzuhören, die den Sozialismus ablehnten. Er lebte den Grundsatz »Lasst hundert Blumen blühen«.[63] Aber das wichtigste seiner Prinzipien war nach Aussage Zhangs, dass man nach Möglichkeit stets eine induktive statt einer deduktiven Methode anwenden sollte. Die Aufgabe des Forschers, der nach Lösungen für soziale Probleme suche, bestehe darin, die Praktiken und Forderungen zu untersuchen, die bereits in den Massen reiften, und aus diesen Beobachtungen theoretische Prinzipien und politische Maßnahmen abzuleiten. Dabei lautete die zentrale Frage in Dus Augen nicht, ob etwas sozialistisch oder kapitalistisch war, sondern, wie man gute Innovationen der Menschen fördern konnte. Zu diesem Zweck ermutigte er die jungen Forscher, verschiedenste ausländische Methoden und Theorien zu studieren, um sie bei ihren eigenen Untersuchungen vor Ort anzuwenden.[64]

Die Arbeit der Ländlichen Entwicklungsgruppe folgte dieser Haltung von Du Runsheng. In Studiengruppen und selbst organisierten Vorträgen unterwiesen die Forscher einander, um sich ein Bild von den jüngsten Debatten in Sozialwissenschaften, Philosophie, Geschichte und Ökonomie zu machen und Werkzeuge aus der Mathematik und der Informatik einzusetzen.[65] In einem kollektiv verfassten Essay über die Strategieforschung artikulierten sie ihre Einschätzung des richtigen Ansatzes für eine Systemreform. Gestützt auf Chen Yuns berühmte Äußerung erklärten sie: »Einerseits müssen wir Steine sammeln, um den Fluss zu überqueren, indem wir unermüdlich üben und die Situation Schritt für Schritt klären; gleichzeitig müssen wir unverzüglich Struktur, Funktionen und Abläufe des zukünftigen Systems sowie die Merkmale jedes Übergangsstadiums systematisch erforschen.«[66] Der wichtigste und einflussreichste Beitrag der Gruppe ging von Chen Yizis bahnbrechenden Untersuchungen der ersten Versuche einer Agrarreform aus. Die Gruppe organisierte systematische Auswertungen

Abbildung 5: Mitglieder der Ländlichen Entwicklungsgruppe auf Forschungsreise in der Provinz Fujian, 1982. Vorne im Bild von links nach rechts: Wang Qishan, Wang Xiaoqiang und Du Runsheng.

der Resultate des Haushaltsverantwortungssystems in der Landwirtschaft und nutzte den Sommerurlaub des Jahres 1981 für eine Forschungsreise in die Provinz Anhui. Es folgten Studien in anderen Provinzen, in denen nicht nur die wirtschaftlichen, sondern auch die sozialen Auswirkungen der Übertragung der Produktion auf untergeordnete Ebenen dokumentiert wurden. Mit quantitativen Methoden wurden anhand der mit Fragebögen erhobenen Daten einfache Statistiken erstellt. Die genaue Kenntnis des bäuerlichen Lebens und die Erfahrung einiger Gruppenmitglieder als lokale Kader versetzten sie in die Lage, in den Interviews die richtigen Fragen zu stellen und offen mit den Landbewohnern zu sprechen.[67]

Das 3. ZK-Plenum im Jahr 1978 war der Wendepunkt auf dem Weg zu Reformen. Im Jahr 1980 gelang dann wichtigen Reformern der Sprung in das Machtzentrum. Hu Yaobang wurde zum Parteivorsitzenden gewählt (kurze Zeit später wurde das Amt durch das des Generalsekretärs ersetzt). Hu und Zhao Ziyang wurden Mitglieder des

Ständigen Ausschusses des Politbüros und damit der eigentlichen Schaltstelle der Macht im kommunistischen China. Zhao wurde zunächst zum stellvertretenden Ministerpräsidenten und anschließend zum Regierungschef gewählt. Wan Li wurde ins Zentralkomitee aufgenommen und zum stellvertretenden Ministerpräsidenten gemacht.[68] Diese drei waren Verbündete Deng Xiaopings und trieben die Legalisierung der Verlagerung der Produktion auf niedrigere Ebenen voran, insbesondere auf den bäuerlichen Haushalt. Anfangs war das nur ausnahmsweise in abgelegenen und besonders armen Regionen erlaubt, deren Bewohner seit Langem um den Selbsterhalt kämpften. Die intensivste politische Auseinandersetzung wurde über die Frage geführt, ob das Haushaltsverantwortungssystem auch an Orten eingeführt werden sollte, an denen die Volkskommunen relativ gut funktionierten. Jene, die darin einen ideologischen Rückschritt sahen, lehnten das ebenso ab wie die Provinzparteiführungen, die befürchteten, die Privatisierung der Produktion werde ihre mechanisierte Agrarproduktion zerstören.[69]

Ein Durchbruch in der Reform der Landwirtschaft war nur möglich, wenn es gelang, diese Gegner zu überzeugen. Die Erhebungen der Ländlichen Entwicklungsgruppe lieferten überzeugende Belege für die positiven Resultate des Haushaltsverantwortungssystems. Die Gruppe war nicht die einzige Einrichtung, welche die Experimente studierte, aber ihre Einschätzung hatte besonderes Gewicht, weil sie als relativ neutrale Gruppe außerhalb der Partei- und Staatsstrukturen galt. Dieser Vorteil sicherte der Gruppe die Unterstützung und das Vertrauen Hus, Zhaos und Wans.[70] Diese Parteiführer sahen in der »Suche nach Wahrheit in den Fakten« nicht nur ein epistemologisches Prinzip, sondern eine Staatskunst, erinnert sich Zhaos junger Sekretär Li Xianglu.[71] Sie vermieden es, sich auf Debatten über große ideologische Fragen von Kapitalismus und Sozialismus einzulassen, sondern »warteten ab, bis die Fakten sprachen«.[72] Zhao Ziyang unternahm im Jahr 1981 eine Rundreise durch Hubei, Henan, Shandong und Heilongjiang, um sich selbst ein Bild von der Entwicklung der landwirtschaftlichen Produktion zu machen.[73]

Im Jahr 1983 errang das Haushaltsverantwortungssystem seinen »totalen Sieg«, als der Widerstand der Parteiführungen von Provinzen wie Heilongjiang mithilfe von Feldstudien der Ländlichen Entwicklungsgruppe gebrochen wurde.[74] Diese Erhebungen zeigten, dass sich die Bauern gegen den Willen ihrer Provinzführung eindeutig dafür aussprachen, die Verantwortung für ihre Produktion selbst zu übernehmen.[75] Der Wunsch der Bevölkerung gab Zhaos Vorhaben wichtigen Rückhalt, denn er wollte »die Massen selbst entscheiden lassen, wie sie die Produktion organisieren wollen«.[76] Die Ländliche Entwicklungsgruppe gab dieser neuen Politik mit den Beiträgen von Wang Xiaoqiang die mittlerweile gebräuchliche Bezeichnung »System der Verantwortung der Haushalte für die Produktion« (家庭联产承包责任制).[77]

Im Haushaltsverantwortungssystem blieben der Boden und bestimmte Produktionsmittel im öffentlichen Besitz, aber für die Produktion waren von nun an die einzelnen bäuerlichen Haushalte verantwortlich. Sie mussten ihren Teil zur Erfüllung der staatlichen Beschaffungsquote beitragen, konnten jedoch selbst entscheiden, was sie auf den von ihnen gepachteten Äckern anbauten und wo sie ihre über die Quote hinausgehende Ernte verkauften.[78] Diesem Produktionssystem entsprechend gab es ein mehrstufiges Preissystem mit einem niedrigeren Preis für den zur Erfüllung der staatlichen Quote abzutretenden Anteil der Ernte, einem höheren Preis für die über die Quote hinaus vom Staat gekaufte Menge und einem Marktpreis für jene Erzeugnisse, die auf Märkten verkauft werden durften. In seiner Gesamtheit stellte dieses System eine grundlegende Transformation der chinesischen Landwirtschaft dar. In der neuen politischen Ökonomie wurde der Kollektivismus durch ein Anreizsystem für die Produzentenhaushalte ersetzt.

Nachdem sich die Versuche, ein Produktionswachstum in der Landwirtschaft anzuregen, als überwältigender Erfolg erwiesen hatten, machte sich die Ländliche Entwicklungsgruppe im Jahr 1984 auf die Suche nach neuen Bereichen, in denen dringend Reformen nötig waren. Einer davon waren die Preise. Song Guoqing, ein Bauernsohn, hatte eine Arbeitsbrigade geleitet, bevor er an der Universität Peking ein Studium der Geometrie begann. Er verband seine mathematischen Kenntnisse mit seinem Interesse an der politischen Ökonomie und studierte moderne Mikroökonomie. Song hatte sich vor Kurzem der Gruppe angeschlossen und schlug ein Experiment vor, um die Auswirkungen von zwei Arten von Preisreformen zu testen.[79] Zu diesem Zeitpunkt war Du Runsheng bereits zum Leiter des Zentrums für die Erforschung der ländlichen Entwicklung beim Staatsrat befördert worden. Er unterstützte die Idee und nahm Kontakt zu Gao Yang auf, einem Ökonomen und Veteran der Revolution, der zu jener Zeit Parteisekretär der Provinz Hebei war.[80] Gao erklärte sich bereit, den jungen Forschern jegliche Unterstützung zu gewähren, die sie brauchten, um das Experiment durchzuführen.[81]

Die Forscher führten in einem Bezirk eine zurückhaltendere und in einem anderen eine radikale Preisreform durch. Songs Vorgehensweise beruhte auf der Beobachtung, dass der im Plan festgelegte Getreidepreis für die Menge, die zur Erfüllung der staatlichen Quote diente, niedriger war als der Marktpreis. Song erklärte, dass die Lieferung der staatlichen Quote zu einem niedrigeren Preis in den Augen der Bauern eine Steuer darstellte. Song machte einen Vorschlag, der einen ähnlichen Vorstoß in den sechziger Jahren und Sun Yefangs Ideen aufgriff: Anstatt die Quote zu liefern, konnten die Bauern eine Steuer zahlen, die der Einnahmeeinbuße entsprechen würde, die sie durch den Verkauf ihrer Quote zu einem niedrigeren Preis erleiden würden.[82] Der Staat konnte die Steuereinnahmen verwenden, um Getreide auf dem Markt zu kaufen. Diese Methode wurde im Bezirk Gaocheng getestet, wo zu jener Zeit Gao Xiaomeng Parteichef war. Die radikalere Preispolitik wurde unter der Leitung von Luo Xiaopeng im Bezirk Ningjin umgesetzt.

Luo erklärte mir, dass zusätzlich zur ersten Maßnahme auch die Zuteilung der Produktionsinputs – insbesondere chemische Düngemittel und Treibstoff – zu vom Staat festgesetzten Preisen an die Bauern eingestellt wurde. Stattdessen mussten die Bauern diese Inputs jetzt auf dem Markt kaufen. Mit der Unterstützung einer örtlichen Parteiführung, die Luo rückblickend als ungewöhnlich kompetent bezeichnete, wurde eine lokale Währung eingeführt, um Einkommenswirkungen über die Grenzen des Bezirks hinaus zu vermeiden und Budgets für alle beteiligten Parteien zu erstellen. Beide Experimente scheiterten wegen des Erfolgs des Haushaltsverantwortungssystems und der Anpassung der Beschaffungspreise der Getreide an die steigende Produktion.

In seinen Erinnerungen schreibt Zhao Ziyang zum unerwarteten Anstieg der landwirtschaftlichen Produktion:

> In diesen Jahren wurde auf dem Land eine faszinierende Energie freigesetzt, die alle unsere Erwartungen überstieg. Ein Problem, das für unlösbar gehalten worden war, hatte sich innerhalb weniger Jahre von selbst gelöst. Die zuvor so schwierige Nahrungsmittelsituation hatte sich derart gewandelt, dass die Bauern im Jahr 1984 tatsächlich mehr Getreide ernteten, als sie verkaufen konnten. Die staatlichen Getreidespeicher waren nach dem jährlichen Beschaffungsprogramm randvoll.[83]

Das Getreideangebot war bis 1984 derart gestiegen, dass der im Plan vorgesehene Preis und der Preis für über die Quote hinaus beschaffte Mengen über dem Marktpreis lagen.[84] Indem die Bauern ihre Quote zum geplanten Preis an den Staat verkauften, zahlten sie also nicht länger eine Steuer, sondern bezogen eine Subvention, und der Verkauf ihrer über die Beschaffungsquote hinausgehenden Ernte an den Staat bewahrte sie davor, die gesamte Bürde des sinkenden Marktpreises tragen zu müssen. Dies förderte einen grundlegenden Unterschied zwischen Songs auf mikroökonomischen Überlegungen beruhendem Besteuerungsplan und der staatlichen Getreidebeschaffung zutage.

Die dem mehrstufigen Preissystem zugrunde liegende Logik des *Guanzi* wurde im Augenblick des großen Erfolgs des neuen Haushaltsverantwortungssystems offenkundig. Anfangs bewegte die mehrstufige Preisgestaltung die Bauern zu Produktionssteigerungen. Sie durften nun die Früchte ihrer Arbeit zu ihrem individuellen Vorteil ernten. Aber als das Getreideangebot stark stieg, was einen raschen Preisverfall auslöste, schützte die staatliche Beschaffung im Rahmen des Haushaltsverantwortungssystems die Bauern vor den Auswirkungen heftiger Preisschwankungen. Eine direkte Steuer wäre statisch gewesen.

Sie hätte auf einer Berechnung der monetären Kosten der Lieferung einer Quote an den Staat zu einem unter dem Marktniveau liegenden Preis bei einer gegebenen Preisdifferenz und Quote beruht. Aber die Menge des geernteten Getreides änderte sich rasch, und dasselbe galt für den Marktpreis. Das Haushaltsverantwortungssystem passte sich automatisch an Preisschwankungen an. Wenn der Marktpreis hoch war, verursachte es den Bauern hohe Kosten, dass sie einen Teil ihrer Ernte zu einem vom Staat festgesetzten niedrigeren Preis verkaufen mussten. Aber dank der hohen Marktpreise erzielten die Bauern auch hohe Einnahmen, weshalb sie nicht übermäßig darunter litten, dass sie einen Teil ihrer Ernte zu einem niedrigeren Preis an den Staat abtreten mussten. Wenn der Marktpreis infolge einer sehr guten Ernte unter dem staatlich vorgegebenen Niveau lag, verursachte die staatliche Beschaffungsquote den Bauern keine Kosten mehr, sondern sicherte sie gegen Schwankungen des Marktpreises ab. Wie sich herausstellte, dämpfte die staatliche Beschaffung im Rahmen des Haushaltsverantwortungssystems die Preisschwankungen – ähnlich wie es die Ausgleichsspeicher jahrhundertelang getan hatten.

Der Preisstabilisierungseffekt durch das Haushaltsverantwortungssystem war kein Zufall, sondern geplant. In unserem Gespräch erklärte mir Luo Xiaopeng, dass sich Wan Li, der allgemein als Pionier der Agrarreform gilt, dieser stabilisierenden Funktion der Lieferverträge mit den individuellen bäuerlichen Haushalten und der mehrstufigen Preisbildung vollkommen bewusst war. Als ihm einige Mitglieder der Ländlichen Entwicklungsgruppe zu einem früheren Zeitpunkt ein ähnliches Experiment vorgeschlagen hatten, hatte Wan die Idee, die staatliche Beteiligung am Getreidemarkt durch eine Besteuerung der Bauern zu ersetzen, entschieden abgelehnt. Im Jahr 1984 machte er sich erneut dafür stark, an der staatlichen Getreidebeschaffung festzuhalten, obwohl die Bedingungen für ihre Beseitigung günstig waren.[85]

Jene Mitglieder der Ländlichen Entwicklungsgruppe, die an die Möglichkeit einer schnellen und radikalen Preisreform geglaubt hatten, hatten ihre Lektion gelernt. Selbst als die Bedingungen aufgrund der Produktionsexplosion in der Landwirtschaft günstig schienen, zogen sie ein vorsichtiges Vorgehen einer schlagartigen Liberalisierung vor. Darüber hinaus hatte das Scheitern des Experiments der Ländlichen Entwicklungsgruppe gezeigt, dass die staatliche Beschaffung eine wichtige Funktion erfüllte, denn sie bescherte dem Staat nicht nur Haushaltseinnahmen und ermöglichte die Güterzirkulation über die Regionen hinweg, sondern sie stabilisierte auch die Preise und schützte damit sowohl Produzenten als auch Konsumenten vor heftigen Schwankungen. Das Experiment hatte gezeigt, dass das zweigleisige Preissystem im Widerspruch zur neoklassischen Interpretation[86] nicht einfach eine hohe Steuer auf eine anfängliche Produktionsmenge war, sondern die landwirtschaftliche Produktion durch eine staatliche Marktbeteiligung regulierte.

Von der informellen Praxis zur offiziellen Politik: Die Nachwuchskonferenz in Moganshan und das zweigleisige Preissystem

> Die gegenwärtigen Bedingungen in unserem Land unterscheiden sich grundlegend von denen der Vergangenheit. In der Vergangenheit machten wir uns Sorgen über Nahrung und Kleidung; heute machen wir uns Sorgen über ein Übermaß an Getreide und Baumwollstoffen in unseren Lagern. Auch die Vorräte an anderen Konsumgütern sind ausreichend, und es ist nicht nötig, hektisch einzukaufen.
>
> *Xue 1985*[87]

Dank des Erfolgs der ländlichen Reform und der Verkleinerung der »Schere« zwischen landwirtschaftlichen und industriellen Preisen war das Problem des Nahrungsmangels im Jahr 1984 im Wesentlichen gelöst. Gleichzeitig ermöglichte eine einmalige Preisanpassung einen Durchbruch in dem Bemühen, der Bevölkerung genug Kleidung zur Verfügung zu stellen. Die ursprünglichen Reformbemühungen waren eine Reaktion auf eine Krise gewesen, die in stagnierenden Lebensstandards und Armut zum Ausdruck kam, aber im Jahr 1984 waren zwei grundlegende Einschränkungen des materiellen Wohlergehens der Bevölkerung überwunden. Das gab den Anstoß zu einer entschlosseneren Reform des urbanen industriellen Kerns der chinesischen Wirtschaft. Auf der Weltbank-Konferenz in Moganshan im Jahr 1982 hatte Xue Muqiao noch gewarnt, dass die Bevölkerung noch nicht so weit sei, auch nur einen geringfügigen Anstieg des Baumwollpreises hinzunehmen. Einige Monate später, im Oktober 1983, lobte Zhao Ziyang, der in der Vergangenheit vor einer negativen Reaktion der Massen auf Preisänderungen bei Produkten des täglichen Bedarfs gewarnt hatte, einen von der Staatlichen Preisbehörde vorgelegten Plan, in dem eine Senkung des Einzelhandelspreises synthetischer Textilien und eine Anhebung des Preises von Baumwollstoffen empfohlen wurde, nachdem die Preise beider Arten von Textilien drei Jahrzehnte lang stabil gehalten worden waren.[88] In einem Brief an Hu Yaobang erklärte Zhao, diese Maßnahme werde den Staatshaushalt erheblich entlasten[89] und die Bevölkerung ermutigen, die knappen Baumwollstoffe durch im Überfluss vorhandene synthetische Textilien zu ersetzen. Jetzt war Zhao bereit, das Risiko einzugehen: »Diese Entscheidung wird weitreichende Auswirkungen haben und könnte einen erheblichen Schock auslösen, aber sie wäre sehr vorteilhaft für die gesamte Wirtschaft und würde einen Durchbruch auf dem Weg zu rationaleren Preisen darstellen.«[90]

Im Januar 1983 wurde aus dem Vorhaben eine staatliche Politik, und am Ende des Jahres war das Problem des Überangebots an synthetischen Textilien und der Baumwollknappheit gelöst. Die seit der Revolution bestehende Rationierung von Baumwolle wurde aufgehoben.[91] Als das Ende der Rationierung bekannt gegeben wurde, kam es vorübergehend zu einem Sturm auf Baumwolle, aber da das Angebot ausreichend war und die Preise nicht stiegen, hatte diese Reaktion der Konsumenten keinerlei politische oder wirtschaftliche Auswirkungen.[92]

Angesichts der Lösung des alten Problems der Anpassung der relativen Preise von Textilien wuchs im Jahr 1984 die Begeisterung über die Möglichkeit weiterer Preisanpassungen. Chen Yun schrieb in einem Brief vom 13. September 1984 an das 3. Plenum des 12. Zentralkomitees: »Dies ist ein geeigneter Moment für eine Preisreform, und wir sollten stetig voranschreiten. Der Preisrückgang bei synthetischen

Textilien und die Verteuerung von Baumwollstoffen haben nicht zu einem gesellschaftlichen Schock geführt. Dies ist ein Beispiel für einen Erfolg, auf dem wir aufbauen können.«[93]

Der Anstoß zur Reform der städtischen Wirtschaft gab jungen Forschern Gelegenheit, ihre Ideen beizusteuern. Unter dem Herausgeber Tang Zongkun wurde die Leitung der führenden chinesischen Wirtschaftszeitschrift *Wirtschaftsforschung* (经济研究) ausgetauscht; nun wurden junge Autoren ermutigt, ihre Arbeiten zu veröffentlichen.[94] Einer der ersten Artikel von Studenten war eine Arbeit von Lou Jiwei und Zhou Xiaochuan mit dem Titel »Über die Richtung der Reform des Preissystems und damit verbundene Modellierungsmethoden«, der 1984 erschien.[95]

Zhou Xiaochuan wurde im Jahr 2002 unter Ministerpräsident Zhu Rongji zum Gouverneur der chinesischen Zentralbank ernannt und hatte dieses Amt bis 2018 inne. Unter seiner Führung wurden Zinsen und Wechselkurse freigegeben, und Anfang des Jahrtausends galt er allgemein als Kandidat für das Amt eines stellvertretenden Ministerpräsidenten.[96] Zu der Zeit, als er den Artikel über die Preisreform schrieb, war Zhou Doktorand in wissenschaftlicher Kalkulation am Institut für Automationsforschung der Tsinghua-Universität. Anders als die jungen Intellektuellen, die sich in der Agrarreform engagierten, hatte Zhou im Jahr 1972 während der Kulturrevolution ein Studium am Pekinger Institut für Chemietechnik begonnen. Anschließend arbeitete er am Institut für Automation.[97]

Lou Jiwei war von 2013 bis 2016 Finanzminister. Zum Zeitpunkt der Veröffentlichung des gemeinsam mit Zhou verfassten Artikels absolvierte Lou ein Master-Studium in der Abteilung für Technische Ökonomie der Akademie der Sozialwissenschaften. Während der Kulturrevolution war er Marinesoldat und arbeitete anschließend am Pekinger Institut für Automation, bevor er an der Tsinghua-Universität ein Informatikstudium begann.[98]

Ihren Forschungsgebieten entsprechend suchten Lou und Zhou nach einer Lösung für die Preisanpassungen anhand einer Kombination von Input-Output-Analyse, dynamischer linearer Programmierung und allgemeinen Gleichgewichtsmodellen. Sie schlugen vor, anhand ihres Hybridmodells Gleichgewichtspreise zu berechnen und anschließend die tatsächlichen Preise in kleinen Schritten diesem Gleichgewichtsniveau anzupassen, beginnend mit den wichtigsten – und daher im alten System mit zu niedrigen Preisen versehenen – Gütern wie beispielsweise Rohmaterialien. Dieser Eingriff sollte durch Anpassungen von Steuern, Wechselkursen und Einkommenspolitik ergänzt werden. Für Lou und Zhou – sowie für Lange, Brus, Šik und neoklassische Ökonomen, darunter auch Verfechter eines Marktsozialismus[99] – war die universelle Ermittlung rationaler Preise eine unverzichtbare Voraussetzung für ein Gleichgewicht zwischen Angebot und Nachfrage. Sie gelangten zu dem optimistischen Schluss, dass dies dank der Fortschritte bei den Berechnungsmethoden möglich sei: »Obwohl es ein wenig kompliziert scheint, können wir mit den mittlerweile verfügbaren makroökonomischen Modellierungs- und Systemgestaltungstechniken ein geeignetes Programm [für Preisanpassungen] entwickeln. Dazu bedarf es lediglich eines gründlichen Studiums sowie Zeit und Energie für die Umsetzung. Es gibt keine unüberwindlichen technischen Hindernisse.«[100]

Nachdem die Ländliche Entwicklungsgruppe entscheidende Beiträge zur Agrarreform geleistet hatte, unterstützte Zhao Ziyang einen Vorschlag von An Zhiwen, einem stellvertretenden Leiter der neu gegründeten Kommission für die Reform des nationalen Wirtschaftssystems (国家经济体制改革委员会, im Folgenden »Systemreformkommission« in Anlehnung an die chinesische Abkürzung 体改委), ein Forschungsinstitut einzurichten, in dem junge Intellektuelle arbeiten sollten.[101] Zhaos jüngster Sekretär, Li Xianglu, der häufig an den Diskussionen der vom Land zurückgekehrten jungen Intellektuellen teilnahm und enge Kontakte zur Ländlichen Entwicklungsgruppe pflegte, empfahl Chen Yizi und Wang Xiaoqiang als Leiter dieses Instituts.[102] Wang Xiaoqiang war zu jener Zeit noch kein Parteimitglied und hatte keine offizielle Position außer jener in der Ländlichen Entwicklungsgruppe inne.[103] Um seine Eignung als Leiter von Chinas erster Denkfabrik für die Systemreform zu beurteilen, wurde Wang eingeladen, sich Ministerpräsident Zhao Ziyangs Informationsreise in die Provinz Anhui im September 1984 anzuschließen.[104] Als Wang an Li Xianglu herantrat, um diesen um Rat zu bitten, wie er sich vorbereiten sollte, erklärte ihm Li, die Preisreform sei die wichtigste Frage, weshalb er die Arbeit von Lou und Zhou lesen solle.[105]

In Anhui bat Zhao Wang tatsächlich um seine Einschätzung der Preisreform.[106] Mehr als dreißig Jahre später nahm Wang bei unserem Treffen in seinem hellen Büro in der Forschungsabteilung einer Bank in Hongkong ein Blatt Papier zur Hand, um ein Diagramm zu zeichnen – dasselbe wie jenes, das er für Zhao Ziyang entworfen und später in seinem Buch veröffentlicht hatte (siehe Schaubild 6.1). Das Diagramm zeigte, dass es im Grunde drei Gruppen von Gütern gab: Sie hatten eine überdurchschnittliche, durchschnittliche oder unterdurchschnittliche Profitrate.[107] Wang erklärte, dass die zu hohen Preise der Produkte in der ersten Gruppe neue dörfliche Betriebe zum Markteintritt bewegten und eine über die staatliche Quote hinausgehende Produktion durch die Staatsbetriebe förderten, da diese einen Teil ihrer Gewinne einbehalten durften. Daher hätten die ländlichen Reformen und die erhöhte Autonomie der Unternehmen bereits zu einem Überangebot in diesen Sektoren geführt. Der Wettbewerbsdruck werde zu Preisrückgängen führen. Die Unternehmen hätten so hohe Lagerbestände angehäuft, dass sie unter der Hand begännen, mit Angeboten wie »Zahl eins, nimm zwei« oder mit dem Straßenverkauf über Mittelsmänner die Preise zu senken. Typische Beispiele seien langlebige Konsumgüter wie Armbanduhren, Nähmaschinen, Fahrräder, Radios und Schwarz-Weiß-Fernsehgeräte sowie industrielle Maschinen, für die infolge der Verringerung der staatlichen Investitionen nur geringe Nachfrage bestehe.[108] Wang wies darauf hin, dass man die Preise für Produkte in dieser Kategorie freigeben könne, damit die Unternehmen sie festlegten. Das würde im Grunde bedeuten, die bestehende Praxis zu einer Politik zu machen. Die Folge wären Preisrückgänge, die zu einer Verringerung des Überangebots und zu einer Erhöhung des Lebensstandards der Bevölkerung führen würden (siehe Schaubild 6.2).

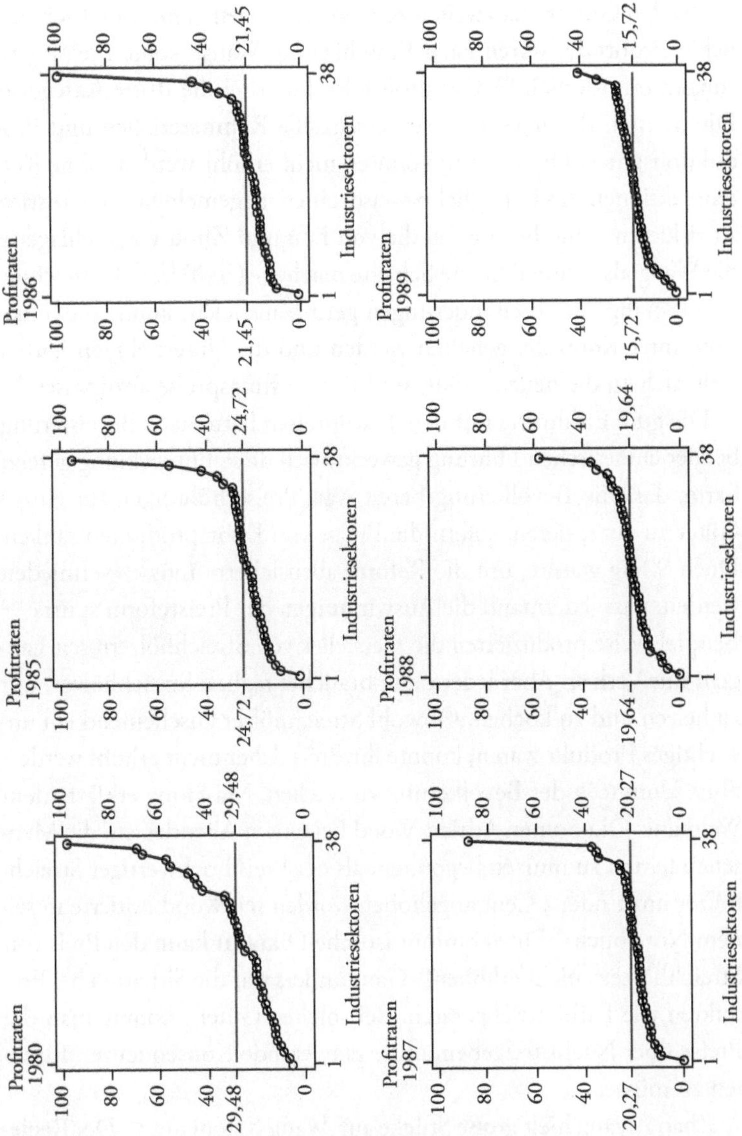

Schaubild 6.1: Profitraten nach Sektoren, 1980-1989. Quelle: Wang (1998: 11).

Bei den Gütern der zweiten Kategorie, also jenen mit durchschnittlicher Profitrate, waren nach Einschätzung Wangs keine Preisanpassungen erforderlich.[109] Das größte Problem sei die dritte Kategorie. Die meisten dieser Güter seien essenzielle Rohmaterialien und Produktionsgüter. Diese Preise könnten nicht erhöht werden, ohne Kettenreaktionen und möglicherweise einen allgemeinen Preisanstieg zu riskieren. Eine Lösung sei die von Lou und Zhou vorgeschlagene, die Wang als »schnell kleine Schritte machen« (小步快走) bezeichnete.[110] Solange die Preisänderungen gering ausfielen, könne die Situation unter Kontrolle gehalten werden und die Unternehmen hätten Zeit, sich an die neuen Input- und Beschaffungspreise anzupassen.[111]

Die gute Erfahrung mit den Textilpreisen hatte neue Begeisterung bei der chinesischen Führung geweckt, weil diese Entwicklung gezeigt hatte, dass die Bevölkerung bereit war, Preiserhöhungen für einige Güter zu akzeptieren, sofern die Preise von Ersatzprodukten sanken. Doch Wang warnte, um die Reform abzusichern, müsse »vermieden werden, dass jedermann die Auswirkungen der Preisreform spürt«.[112] Beispielsweise produzierten die Hersteller von Streichhölzern seit Langem mit Verlust. Aber jedermann brauchte täglich Streichhölzer, um zu heizen und zu kochen. Obwohl Streichhölzer anscheinend ein unwichtiges Produkt waren, konnte ihr Preis daher nicht erhöht werden, ohne Unmut in der Bevölkerung zu wecken. Ma Hong erklärte dem Weltbank-Ökonomen Adrian Wood bei einem Abendessen, die Menschen hätten zu murren begonnen, als der Preis hochwertiger Streichhölzer um 2 oder 3 Cent angehoben worden sei. Wood notierte in seinem Notizbuch: »Eine kommunistische Diktatur kann den Preis von Streichhölzern nicht erhöhen!« Ganz anders war die Situation bei Produkten wie Farbfernsehgeräten. Bei solchen Gütern konnte man die Preise über Nacht freigeben, ohne gravierende Konsequenzen fürchten zu müssen.[113]

Zhao Ziyang hielt große Stücke auf Wang Xiaoqiang.[114] Der Regierungschef lud Wang ein, sich der Preisreformgruppe beim Staatsrat anzuschließen, und kurze Zeit nach der Studienreise wurde das Systemreforminstitut gegründet. Die Leitung übernahmen Chen Yizi und

Profitrate von Investitionen der Staatsbetriebe, 1979

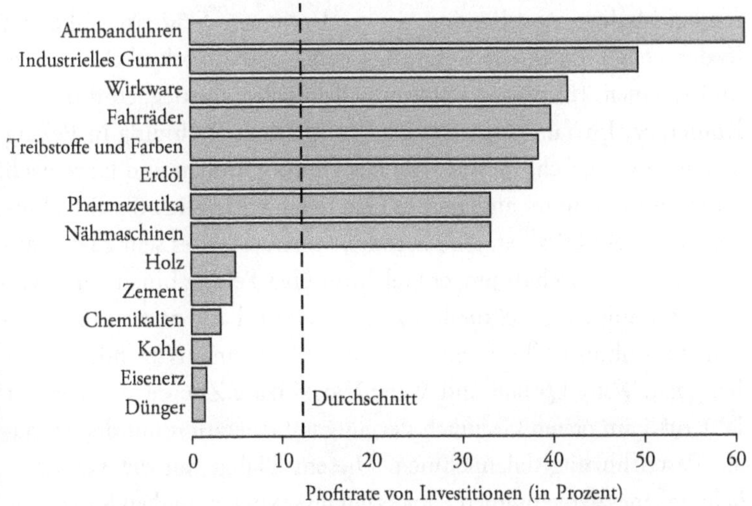

Schaubild 6.2: Profitrate von Investitionen der Staatsbetriebe, 1979.

Wang Xiaoqiang.[115] Der US-amerikanische Ökonom Bruce Reynolds, der eine englische Übersetzung der im Jahr 1985 durchgeführten umfangreichsten Studie über die Reformbemühungen veröffentlicht hatte, lieferte kurz nach der Gründung eine Beschreibung des Instituts, die zu den Eindrücken passt, die ich mehr als dreißig Jahre später in Gesprächen mit mehreren Mitarbeitern der Einrichtung gewann:

> Diese aufstrebende Einrichtung mit ihrer auffallend jungen Belegschaft (das Durchschnittsalter liegt bei 35 Jahren) untersteht direkt dem Staatsrat […] und steht unter der Schirmherrschaft von Ministerpräsident Zhao Ziyang. Die Begeisterung ihrer Mitarbeiter für entschlossene Reformen ist unübersehbar. […] Aber ihr Hang zu Reformen wird durch ein gleichermaßen starkes Bekenntnis zu Deng Xiaopings berühmten Worten »Suche die Wahrheit in den Fakten« gemildert.[116]

Parallel zu Zhao Ziyangs Besuch in Anhui in Begleitung von Wang Xiaoqiang fand vom 3. bis 10. September 1984 am Berg Mogan (Moganshan), wo zwei Jahre zuvor die Weltbank-Konferenz stattgefunden, hatte eine Konferenz junger Intellektueller und Wissenschaftler mittleren Alters statt. Unterstützt wurde die Veranstaltung von der

Akademie der Sozialwissenschaften in Zhejiang und mehreren führenden Medien. Zhu Jiaming, der zu den jungen Städtern zählte, die in den ersten Tagen der Reformära vom Land zurückgekehrt waren, und zu einem führenden Reformintellektuellen aufstieg, eröffnete die Konferenz. Im Jahr 2016 traf ich ihn in seiner Wohnung in Peking zu einem Gespräch. Er war 1989 aus China geflohen und hatte nach Jahren im Exil unter anderem in Österreich schließlich die Erlaubnis zur Heimkehr erhalten. Zhu betonte, seinerzeit sei es sein Ziel gewesen, die Gemeinschaft junger Gelehrter über Peking hinaus zu erweitern und junge Intellektuelle aus dem ganzen Land anzuwerben, denen die Zukunft Chinas am Herzen lag.[117] Gemeinsam mit Huang Jiangnan, Wang Qishan und Weng Yongxi hatte Zhu das Privileg, im Jahr 1980 am ersten Gespräch der jungen Generation mit der zentralen Parteiführung teilzunehmen. Diesem Dialog war die Veröffentlichung eines gemeinsamen Papiers vorausgegangen, in dem festgestellt wurde, dass die Krise der Planwirtschaft ihren Ursprung in der Natur dieses Wirtschaftssystems hatte und folglich kein Zufall war.[118]

Mehrere Mitglieder der Ländlichen Entwicklungsgruppe, darunter Bai Nanfeng, Luo Xiaopeng, Lu Mai und Zhou Qiren sowie Wang Xiaolu und andere Mitarbeiter der Akademie der Sozialwissenschaften, schlossen sich dem Organisationsteam der Nachwuchskonferenz von Moganshan an. In Reaktion auf die Ankündigung der Konferenz wurden mehr als 1300 Beiträge aus ganz China eingereicht, von denen 124 ausgewählt wurden – das wichtigste Auswahlkriterium war die Qualität, aber die Organisatoren versuchten auch dafür zu sorgen, dass Autoren aus dem ganzen Land an der Konferenz teilnahmen.[119] Die Konferenz von Moganshan, der erste nationale Kongress von Nachwuchsökonomen und solchen mittleren Alters seit 1949, wurde zu einem Schlüsselereignis für die Reformpolitik.[120]

Dank der Verbindungen einiger Konferenzteilnehmer zu führenden Reformern in der Partei war bekannt, dass die Preisreform die Frage war, welche die Parteiführung zu jener Zeit am meisten interessierte. Die Organisation der Konferenz beruhte nicht auf der Präsentation schriftlicher Arbeiten, sondern auf Diskussionsgruppen.[121] Die verschiedenen Gruppen beschäftigten sich mit allen wichtigen Reformfragen. Aber da die Teilnehmer unbedingt Beiträge zu den Reformbemühungen leisten wollten und der Preisreform die größte Bedeutung beimaßen, war dies das zentrale Thema der abendlichen Diskussionen in den Plenarsitzungen.[122]

Zu jener Zeit kreiste die Debatte zwischen den Preisexperten in Peking um die Frage, wie Preisanpassungen auf der Grundlage von Computerberechnungen vorgenommen werden konnten. Das Preisforschungszentrum, das einer der Organisatoren der Weltbank-Konferenz in Moganshan gewesen war, sammelte mittlerweile seit drei Jahren Daten, berechnete anhand von Input-Output-Modellen »optimale Planpreise« und suchte nach durchführbaren Lösungen.[123] Als die Delegierten der Weltbank bei ihren Studien für den zweiten Bericht im April/Mai 1984 feststellten, wie intensiv die für die Preisanpassungen beschäftigten chinesischen Experten nach den richtigen theoretischen Preisen suchten, hielt es der Weltbank-Vertreter Edwin Lim für nötig, die Systemreformkommission in einer Sitzung in Anlehnung an Hayeks Kritik an Oskar Lange zu warnen, es sei unmöglich, perfekte Preise zu finden: »Selbst mit dem größten Computer der Welt wären diese Preise im Augenblick ihrer Veröffentlichung bereits veraltet.« Er drängte die Chinesen zu handeln: »Der Schwimmer, der unbekleidet im kalten Wind am Beckenrand sitzt und sich nicht ins Wasser wagt, wird sich am Ende erkälten.«[124]

Tian Yuan, ein junger Forscher, dessen Talent Zhao Ziyang lobte,[125] vertrat auf der Konferenz das Preisforschungszentrum, von dem er später stellvertretender Leiter wurde.[126] Er war überzeugt, dass eine auf Berechnungen beruhende Lösung möglich sei.[127] Das Argument der »rechten Seite« in der Debatte über die Wirtschaftsrechnung im Sozialismus, dem zufolge zahlreiche Preise gleichzeitig berechnet werden mussten, weshalb auf der Kalkulation beruhende Preisanpassungen unmöglich waren, war in seinen Augen falsch. Der Staat könne viele weniger wichtige Güter außer Acht lassen und sei in der Lage, die Preise einer kleinen Gruppe von Schlüsselprodukten, darunter zum Beispiel Kohle und Rohöl, zu berechnen und anzupassen. Jene, die glaubten, nur freie Preise könnten wirtschaftliche Effizienz gewährleisten, ließen sich nach Tians Einschätzung von der Gleichgewichtstheorie täuschen. Er erklärte, sie übersähen, wie schädlich sich freie Preise auf die wirtschaftliche Entwicklung auswirken könnten.

Tian rief seinen Zuhörern in Erinnerung, die westliche Ökonomik erkenne mittlerweile an, dass freie Preise in »Spinnenwebzyklen« eintreten könnten, anstatt sich in einem Gleichgewicht einzupendeln. In einer solchen Situation überstiegen und unterschritten dynamische Preise das Gleichgewichtsniveau immer wieder, anstatt sich ihm anzunähern. Wenn die Preise wichtiger Güter solche Zyklen durchliefen, führe dies zu Wirtschaftskrisen, die Marx als inhärentes Charakteristikum des kapitalistischen Systems definiert hatte. Um die Bevölkerung vor heftigen Preisausschlägen zu schützen, eine Entwicklungsstrategie zu verfolgen und Wirtschaftskrisen zu vermeiden, müsse der Staat die Kontrolle über die Preise wichtiger Güter wahren.[128] Um das Problem zu niedriger Preise wichtiger Produktionsgüter zu überwinden, sollten diese Preise gestützt auf Berechnungen angepasst werden.[129]

Der Vorschlag Zhous und Lous für eine kalkulationsgestützte Preisanpassung wurde von ihrem Mitarbeiter Li Jiange vorgestellt. Li, ein Ökonomiestudent an der Akademie der Sozialwissenschaften, der über mathematische Kenntnisse verfügte, wurde später (2003-2008) stellvertretender Leiter des Entwicklungsforschungszentrums beim Staatsrat.[130] Der Grundgedanke des Reformvorhabens von Zhou und Lou ähnelte dem des Preisforschungszentrums, aber statt einer großen Preisanpassung empfahlen sie Korrekturen in kleinen Schritten.[131] Li begründete die Machbarkeit von Preisanpassungen auch anders als seine beiden Kollegen. Gestützt auf die moderne Mikroökonomie argumentierte seine Gruppe, jene, die befürchteten, Preisanpassungen würden den Staatshaushalt übermäßig belasten, übersähen die allgemeinen Effizienzgewinne dank rationaler Preise, die sich einstellen würden, sofern eine makroökonomische Beschränkung gelinge.[132]

Die kalkulationsgestützte Preisanpassung, die zu jener Zeit von der Mehrheit der Forscher in Peking befürwortet wurde, war auf der Konferenz heftigen Attacken ausgesetzt. Die Teilnehmer waren sich darin

Abbildung 6: Konferenz junger Ökonomen und Wissenschaftler mittleren Alters in Moganshan, 3.-10. September 1984. Erste Reihe von links: Zhao Ming, Cai Xiaopeng, Chen Yizi, Ding Wang, Ma Bin, Zhang Gang, Zhang Qi, Jia Chunfeng, Liu Youcheng, Zhu Jiaming, Bai Ruobing, Huang Jiangnan, Wang Qishan, Xu Jingan, Liu Jing, Ning Ke, Wei Xiaoan, Shi Shiming, Zhang Ronggao. Zweite Reihe von links: Zhang Hualong, Jiang Taiwei, Zhang Xukun, Chen Shenshen, Lu Lijun,Zuo Fang, Diao Xinshen, Ma Li, Shu Guozhen, Tao Hua, Cui Weide, Zheng Shaochang, Du Xia, Li Luoli, Chang Xiuze. Dritte Reihe von links: Tian Yuan, Lu Jian, Li Jiange, Hao Yisheng, Jin Yanshi, Ma Xiaofeng, Zheng Shiming, Luo Xiaopeng, Guo Fansheng, Yao Gang, Zhang Weiying, Li Qing, Yang Zhaohe, Fu Jianzhong. Vierte Reihe von links: Ma Kai, Jia Kang, Bai Nansheng, Jiang Yue, Wang Xiaolu, Zhou Qiren, Hua Sheng, He Jiacheng, Zhang Shaojie, Gao Liang, Xia Xiaolin. Identifizierung der Teilnehmer durch Bai Nanfeng und Wang Xiaolu.

einig, dass die Preise nicht essenzieller Güter, insbesondere wenn ein Überangebot herrschte, freigegeben werden könnten. Aber in Einklang mit Wang Xiaoqiangs Definition des Problems der Preisreform lautete die Frage, wie man mit den Preisen von Energie, Rohmaterialien und anderen wichtigen Produktionsgütern verfahren sollte, die gegenwärtig zu niedrig waren, für einen Großteil der Unternehmen jedoch Preise von unersetzlichen Inputs darstellten.

Zhang Weiying absolvierte zu jener Zeit ein Master-Studium an der Universität des Nordwestens. Während unseres Gesprächs in seinem schlichten Büro in einem im chinesischen Stil errichteten Gebäude auf dem Campus der Universität Peking im Jahr 2016 erzählte mir Zhang, wie er als Autodidakt die moderne Mikroökonomie studiert hatte und wie ihn Milton und Rose Friedmans Buch *Free to Choose* (1980, deutsch als: *Chancen, die ich meine*) beeindruckt hatte.[133] Lu Liling, ein weiterer Konferenzteilnehmer, erinnert sich daran, dass Zhang, der aus einer Bauernfamilie stammte, der Pekinger Forschergemeinschaft unbekannt war und in ihrem privilegierten Kreise wie ein Fremdkörper wirkte.[134] Zhang argumentierte mit Nachdruck, dass Preisverzerrungen ein inhärentes Merkmal der Planwirtschaft seien und nur durch eine Liberalisierung des Preissystems beseitigt werden könnten. Schließlich würden alle Preise mit Ausnahme jener der Monopolproduzenten vom Markt gefunden werden.[135] Zhang hob sich mit seiner liberalen Haltung von der Mehrheit der Konferenzteilnehmer ab, aber seine Analyse deckte sich mit der vorherrschenden Praxis. In seinen Augen war das bereits funktionierende zweigleisige Preissystem ein Mechanismus, der eine kontrollierte Preisliberalisierung ermöglichen würde und als solcher einer schlagartigen Liberalisierung überlegen war. Was das Zielmodell anbelangte, so war Zhang von Friedman beeinflusst, aber seine Einschätzung der geeigneten Reformmethode beruhte auf dem chinesischen Vorgehen in der Landwirtschaft und auf seiner direkten Erfahrung mit den sich entfaltenden Reformen auf dem Land.

Neben Zhangs prinzipieller Kritik wurden auch unter pragmatischeren Gesichtspunkten verschiedene Einwände gegen den Ansatz der Preisanpassungen vorgebracht. Die von Zhou, Lou und Li vorgeschlagenen geringfügigen Preiserhöhungen würden keine ausreichende Anreize zu einer Erhöhung des Angebots geben und jene Produzenten, die Rohstoffe einsetzten, nicht zur Einführung energieeffizienter oder rohstoffsparender Produktionstechniken bewegen.[136] Ein größerer Preisanstieg sei jedoch nicht anhand berechneter Preise zu bewältigen. Die Preisänderungen würden sich negativ auf die Interessen von Unternehmen auswirken, und jene, die darunter leiden würden, würden ihre politische Macht einsetzen, um die Realisierung eines solchen Plans zu verhindern. Überzeugen könne man sie nur mit hohen Subventionen, die den Kostenanstieg kompensieren würden, was jedoch in Anbetracht der Haushaltsbeschränkungen nicht möglich sei.[137]

Aber selbst wenn die Unternehmen einer solchen großen Preisanpassung zustimmten, sei das Risiko von Kettenreaktionen unberechenbar und ein Schock für die gesamte Wirtschaft sei unvermeidlich.[138] Das Resultat könne eine Inflation von mehr als 7 oder 8 Prozent sein.[139] Doch abgesehen von den monetären Auswirkungen würde ein großer Preisanstieg bei Produktionsgütern »das Produktionssystem vom gewohnten Weg abbringen und [...] eine komparative oder sogar absolute Verringerung von Produktionsstandards und Effizienz für einen bestimmten Zeitraum bewirken«.[140] Wenn China etwas aus den Erfahrungen der osteuropäischen Länder und der Sowjetunion lernen könne, so dies: »Es gibt tatsächlich keine einmalige Anpassung, die zu einer idealen rationalen Situation führt.«[141] Daher gelangte der Konferenzbericht zu dem Ergebnis, dass »eine ›Preisanpassung in einem großen Schritt‹« die wirtschaftliche und gesellschaftliche Stabilität gefährde, nicht zuletzt aufgrund der Inflationsgefahr, und nicht die geeignete Methode sei, um das Preisproblem zu lösen.[142] Der Plan für eine einmalige große Anpassung, die einen »Urknall« bei den geplanten Preisen auslösen würde, wurde abgelehnt.

Einer von denen, die sich besonders eloquent und nachdrücklich sowohl gegen die Preisanpassung als auch gegen die allgemeine Preisfreigabe aussprachen, war Hua Sheng. Er studierte in Nanking und war noch nicht mit den Pekinger Reformkreisen bekannt. Luo Xiaopeng betrachtete beide Ansätze aufgrund der Erfahrungen mit dem Preisliberalisierungsexperiment ebenfalls kritisch.[143] Unterstützung fanden die beiden bei He Jiacheng, Jiang Yue, Zhang Shaojie und Gao Liang. Gao war der Sohn von Gu Zhun, einem bekannten Pionier des reformistischen Denkens, der seiner Zeit voraus war und 1974 im Gefängnis starb.[144] Von da an nahmen sie großen Einfluss auf die Reformdebatte. Sie verteidigten im Wesentlichen die gegenwärtige Praxis eines zweigleisigen Preissystems und schlugen vor, es auf alle wichtigen Produktionsgüter auszuweiten und mit schrittweisen Preisanpassungen zu kombinieren. Diese Gruppe wollte ebenfalls die Marktpreise auf eine größere Zahl von Gütern ausweiten, erklärte jedoch, die Preise bestimmter wichtiger Güter – unabhängig davon, ob sie von Monopolisten produziert wurden oder nicht – sollten weiterhin vom Staat reguliert werden. Diese Methode wurde als »Deregulierung mit anschließender Anpassung sowie Anpassung begleitet von weiterer Deregulierung« bezeichnet.[145] Auf der Konferenz schlossen sich mit Chen Yizi und Wang Qishan – heute Vizepräsident der Volksrepublik – zwei einflussreiche Stimmen der Position dieser Gruppe in der Frage der Preisreform an.[146]

In der Praxis gab es bereits ein zweigleisiges Preissystem mit dem offiziellen staatlich vorgegebenen Preis auf der einen und Grau- oder Schwarzmarktpreisen auf der anderen Seite.[147] Eine Umfrage des Systemreforminstituts unter 429 Staatsunternehmen förderte im Jahr 1984 zutage, dass diese Unternehmen durchschnittlich 16,4 Prozent ihrer Rohmaterialien und anderer Inputs auf dem Markt erwarben.[148] Gleichzeitig enthielten die überall in den Dörfern aus dem Boden schießenden Betriebe keinerlei staatliche Materialzuteilungen und mussten ihre gesamten Inputs auf dem Markt beschaffen, wo sie normalerweise Preise bezahlten, die über den vom Staat festgelegten lagen. Nun wurde vorgeschlagen, diese Praxis zu legalisieren und zu fördern und die Produzenten von Rohmaterialien in die Lage zu versetzen, einen bestimmten Teil ihrer Erzeugnisse zu Marktpreisen zu verkaufen.[149] Gleichzeitig sollte die Menge zentral zugeteilter Materialien schrittweise verringert oder auf eine bestimmte Menge begrenzt werden, oder

der Staat sollte ein vorrangiges Recht auf den Kauf der über die Quote hinausgehenden Produktion erhalten. Dabei sollte stets die konkrete Angebotslage bei den spezifischen Gütern berücksichtigt werden. Die Preise einiger nicht rationierter Produktionsgüter konnten seit Mai 1984 innerhalb einer Bandbreite von zwanzig Prozent um den staatlich vorgegebenen Preis schwanken.[150] Diese Beschränkung sollte abhängig vom konkreten Produkt schrittweise oder auf einen Schlag beseitigt werden.[151]

Der Vorschlag der Konferenz von Moganshan sah vor, dass die Organisationen, die im Planungssystem für die Materialzuteilung auf allen Ebenen zuständig waren, nun die Umsetzung des zweigleisigen Preissystems übernehmen sollten. Zusätzlich zur Verwaltung des staatlichen Zuteilungssystems sollten diese Organisationen »*alle* anderen Materialien zu Marktpreisen oder beweglichen Preisen kaufen und verkaufen und ihren privilegierten Zugang zu Informationen, Finanzen und Außenhandel nutzen, um Käufer und Verkäufer zusammenzubringen«.[152] Das staatliche Zuteilungssystem sollte also nicht nur die Anweisungen des Plans umsetzen, sondern auch Marktkanäle öffnen und aktiv Markttransaktionen ermöglichen. Aber ähnlich den *Guanzi*-Prinzipien sollte die Funktion dieser staatlichen Handelsagenturen nicht auf den Marktaufbau und die Förderung von Transaktionen beschränkt sein. Sie sollten auch als dritte Partei im Namen des Staates »durch Kauf- und Verkaufsaktivitäten die Preise stabilisieren«.[153]

Sobald die Marktpreise für die grundlegenden Materialien dank der Aktivitäten der staatlichen Handelsagenturen vereinheitlicht und stabilisiert wären, könnten die im Plan vorgegebenen Preise Schritt für Schritt angepasst werden.[154] An diesem Punkt sollten die Zahl der Preise, die angepasst werden müssten, sowie der Umfang der Preisanpassungen erheblich verringert werden. Der Mangel an einigen wesentlichen Produktionsgütern würde teilweise beseitigt, da die Produzenten das Angebot in Reaktion auf die hohen Marktpreise erhöhen würden und da das Angebot dank der staatlichen Förderung von Markttransaktionen im ganzen Land besser verteilt würde. Gleichzeitig würden die stabilisierten Marktpreise gute Hinweise auf den Umfang der erforderlichen Anpassungen geben. Daher müssten die Zielpreise nicht länger anhand einer theoretisch abgeleiteten Formel berechnet werden. Stattdessen würde der Marktaufbau durch den staatlichen Handel die benötigten Referenzpreise liefern. Die Preise von Materialien, die nicht länger knapp waren, müssten nicht mehr vom Staat festgelegt werden. So könnte nach der Einführung des zweigleisigen Preissystems bei den Anpassungen ein empirisch festgelegter Kurs eingeschlagen werden, um einen wirtschaftlichen Schock zu vermeiden. Da sich die Anpassung der staatlich vorgegebenen Preise auch auf den Marktpreis auswirken würde, sollten Deregulierung und Anpassung in einem Zyklus stattfinden, bis die Lücke zwischen den beiden Preisen geschlossen wäre.[155] Doch wie die Erfahrung auf dem Land gezeigt habe, könne der Marktpreis auch unter den staatlich festgelegten Preis fallen, und um die Produzenten wichtiger Rohmaterialien zu schützen, müsse der Staat weiterhin die Preise stabilisieren.

Hua Sheng erklärte, er habe den Vorschlag dem Leiter der Staatlichen Wirtschaftskommission Zhang Jinfu vorgelegt, einem Veteranen der Revolution, der nach der Befreiung für die Wirtschaftspolitik in der östlichen Provinz Zhejiang verantwortlich gewesen war und später Finanzminister wurde.[156] Li Xianglu, der Privatsekretär des Ministerpräsidenten, erzählte mir während unseres Gesprächs in einem Café in Peking im Jahr 2016, dass er den Vorschlag anschließend Zhao vorgelegt hatte, der ihn ebenfalls unterstützte. Li sagte, Zhao Ziyang sei »kein Gelehrter« gewesen. »Die alte Generation kommunistischer Kader war nicht an der Auseinandersetzung mit theoretischen Fragen interessiert.« Der Konferenzbericht, in dem Preisanpassungen abgelehnt und stattdessen das zweigleisige Preissystem vorgeschlagen wurde, sei für die Parteiführung nicht deshalb wertvoll gewesen, weil er neue theoretische Erkenntnisse enthielt, sondern weil er der Führung eine theoretische Rechtfertigung lieferte, eine »gute Dekoration« für eine von der Verwaltung in der Praxis entwickelte Politik.[157]

Die »Entscheidung« von 1984

Am 20. Oktober 1984 verabschiedete das Zentralkomitee die »Entscheidung über die Reform der Wirtschaftsstruktur«. Dieser Beschluss war ein Durchbruch für die Reform des Wirtschaftssystems. Die chinesische Planwirtschaft verwandelte sich durch diese Neudefinition in eine »Wirtschaft mit geplantem Güteraustausch, die auf dem öffentlichen Eigentum beruht und in der das Wertgesetz bewusst befolgt und angewandt werden muss«.[158] Das bedeutete, dass die Preise nicht länger abhängig von den Wünschen der Partei festgelegt werden würden, sondern, dass die Marktbedingungen systematisch in die Preisbildung integriert werden sollten. Desgleichen sollten die meisten Güter als Handelsgüter betrachtet werden – ihr Preis sollte ihrem Tauschwert entsprechen. Mit anderen Worten, die Produktion sollte an den Bedürfnissen des Marktes ausgerichtet werden und den Tauschwerten und Rentabilitätsüberlegungen entsprechen, soweit dies unter den konkreten Bedingungen Chinas möglich war.

Um es mit den Worten des *Guanzi* zu sagen, bestand die zentrale Bestrebung darin, »festzuhalten, was schwer ist, und loszulassen, was leicht ist«:

> Die verpflichtende Planung wird auf wichtige Produkte, die große Bedeutung für die nationale Wirtschaft und das Leben der Bürger haben und vom Staat zuzuteilen und zu vertreiben sind, sowie auf wichtige wirtschaftliche Aktivitäten angewandt, die sich auf die Gesamtsituation auswirken. Die übrigen Produkte und wirtschaftlichen Aktivitäten, die sehr viel zahlreicher sind, sollten je nach den Erfordernissen des Einzelfalls entweder einer indikativen Planung unterliegen oder vollkommen den Marktkräften überlassen werden.[159]

Bezüglich des Vorgehens zur Umsetzung der Reform hieß es in dem Beschluss:

> Mit zunehmenden Entscheidungsbefugnissen der Unternehmen wird die Preisbildung wachsenden Einfluss auf ihre Produktion und ihren Betrieb haben. Das macht die Aufgabe, ein rationales System der Preisbildung zu errichten, umso dringlicher. […] Die Preisbildung ist ein sehr wirksames Regulierungsinstrument, und rationale

Preise stellen eine wichtige Voraussetzung für eine dynamische, jedoch nicht chaotische Wirtschaft dar. Daher ist die Reform des Preissystems der Schlüssel zur Reform der gesamten Wirtschaftsstruktur.[160]

Am 21. Oktober 1984 hielt Zhao Ziyang einen Vortrag vor einer Versammlung der Vertreter von Provinzen, autonomen Regionen und Gemeinden, um zu erklären, wie die Umsetzung der »Entscheidung« in der Praxis aussehen würde.[161] Er erklärte, die Preisreform sei die vorrangige Aufgabe und erfordere vier Methoden: Loslassen, Reformieren, Anpassen und Beteiligen (放, 改, 调, 参).[162] Zhao beschrieb diese vier Reformmethoden so: Das *Loslassen der Preise* werde alle »kleinen« Güter, neuen Produkte und neuen Dienstleistungen betreffen. Es sei jedoch zu beachten, dass einige Güter, die möglicherweise »klein« wirkten, tatsächlich »groß« seien. Zum Beispiel sei mancherorts der Preis von Schweinefleisch freigegeben worden, aber Schweinefleisch sei ein »großes« Produkt, weshalb dieses Vorgehen Probleme verursacht habe.[163] Zweitens beziehe sich das *Reformieren* auf die Reform des Preisgestaltungssystems, im Wesentlichen durch Dezentralisierung, das heißt auf die Übertragung der Befugnisse zur Festlegung der Preise bestimmter Güter auf niedrigere Verwaltungsebenen.[164] Drittens würden im Rahmen von *Preisanpassungen* die vom Staat festgesetzten Preise geändert. Diese Anpassungen beträfen in erster Linie Produktionsgüter. Aber dem Vorschlag von Lou und Zhou entsprechend und in Einklang mit Wangs Diskussion mit dem Ministerpräsidenten betonte Zhao, dass die Anpassungen nur in kleinen Schritten vorgenommen werden könnten, um Kettenreaktionen vorzubeugen.[165] Schließlich erfordere die *Marktbeteiligung*, dass der Staat, »nachdem er die Preise mit Leben erfüllt hat, indem er sie freigibt, am Markt teilnehmen muss, um die Preise zu regulieren«.[166]

Zhao erinnerte seine Zuhörer daran, dass diese Strategie in den ersten Jahren nach der Revolution sehr erfolgreich angewandt worden sei, als die staatlichen Handelsagenturen die Preise stabilisiert hätten. Dies sei eine wichtige Lehre. Die Preise der wichtigsten Produktionsmaterialien, darunter Kohle, Erdöl, Stahl und Chemikalien, sollten von den zuständigen Ministerien auf zwei Arten reguliert werden. Der

Teil der Produktion, der unter den staatlichen Plan fiel, sollte weiterhin zu den vom Staat festgelegten Preisen verkauft werden. Bei dem Teil, dessen Preis sich auf dem Markt bewegen konnte, solle das Ausmaß der Preisschwankungen durch eine Marktbeteiligung der staatlichen Handelsagenturen begrenzt werden. Der Staat müsse das Angebot auf dem Markt erhöhen, wenn der Preis zu stark steige, und Güter kaufen, wenn ihr Preis zu sehr sinke. Dazu bedürfe es ausreichender Vorräte. Außerdem könne der Staat in dringenden Fällen Güter importieren und auf den Markt werfen, um einen zu starken Anstieg der Marktpreise essenzieller Materialien zu verhindern.[167]

Anfang des Jahres 1985 wurde dieses Vorgehen zur offiziellen Politik. Als sich die Weltbank-Delegation am 7. März mit Zhao Ziyang traf, dankte der Ministerpräsident den ausländischen Gästen für ihren zweiten Bericht und ihre Ratschläge und teilte ihnen mit, dass China ein zweigleisiges Preissystem für Rohmaterialien und Treibstoffe einführe. Zhao erklärte, China habe in der Landwirtschaft dreißig Jahre und in der Kohleindustrie fünf Jahre Erfahrung mit der dualen Preisbildung. Er zeigte sich zuversichtlich, dass die zweigleisige Preisgestaltung »einen geringeren Schock für die Bevölkerung« bedeuten werde als alle anderen Methoden der Preisreform.

Seit dem Beginn der Reformen gab es in China zwei konkurrierende Vorstellungen davon, wie der Markt im Allgemeinen und die Preise im Besonderen reformiert werden sollten. Eine Methode, die auf der modernen mathematischen Ökonomik und früheren Reformversuchen in Osteuropa beruhte, diente dazu, das gesamte System zu beseitigen und ausgehend von idealtypischen Prinzipien neu aufzubauen. Komplexe Berechnungen erwecken den Eindruck, dieser Ansatz sei hochentwickelt, aber in Anbetracht der tatsächlichen Komplexität ist er häufig inkonsistent und läuft auf improvisierte Regeln hinaus, die in der Praxis angewandt werden. Die zweite Methode beruht auf dem Eingeständnis, dass es unmöglich ist, ein idealtypisches System zu errichten. Stattdessen geht sie von der gegebenen Situation aus und versucht, spontane Entwicklungen in den wirtschaftlichen und gesellschaftlichen Abläufen bewusst zu nutzen. Diese Methode hält an wesentlichen Bestandteilen des vorhandenen Systems zunächst fest, um die gesellschaftliche und wirtschaftliche Stabilität zu erhalten und die Bevölkerung vor schweren wirtschaftlichen Schocks zu bewahren. Sie nutzt sogar die wesentlichen Bausteine des alten Systems, um die neu auftretenden Kräfte zu regulieren; ein Beispiel ist der Einsatz des Materialzuteilungssystems der Planwirtschaft im Marktaufbau und als Marktteilnehmer mit dem Ziel der Preisstabilisierung. Aber da die Kontrolle über jene Teile des Systems, die bereits in Bewegung sind, aufgegeben wird, entfalten sich die Marktkräfte. Diese Kräfte haben das Potenzial, Bestandteile des alten Systems, die anfangs scheinbar nicht angetastet werden, schrittweise grundlegend zu verändern.

Die Metapher eines Turmbaus ist hier zur Veranschaulichung hilfreich: Die erste Methode besteht darin, den ganzen Turm abzureißen, um anhand eines ehrgeizigen Bauplans einen neuen zu errichten – gleichgültig wie schmerzhaft die Zerstörung ist. Das vorhandene System muss in einer gewaltigen Explosion zerstört werden, um Platz für das neue Utopia zu schaffen. Die zweite Methode hat Ähnlichkeit mit dem Jenga-Spiel, bei dem die Teilnehmer einen Baustein nach dem anderen aus einem Turm ziehen, wobei sie darauf achten, dass er nicht einstürzt. Es werden nur jene Bausteine entfernt, die aus dem Turm herausgezogen werden können, ohne einen Einsturz der Struktur zu riskieren, und zwar erst nachdem sorgfältig geprüft worden ist, ob sie so locker sitzen, dass der Turm seine Stabilität nicht einbüßen wird, wenn man sie entfernt. Die so gewonnenen Bausteine können verwendet werden, um den Turm weiterzubauen und Höhe, Form und schließlich seine ganze Gestalt zu verändern. Doch da die Entfernung von Bausteinen die Statik des Turms verändert, kann auch dieser schrittweise Ansatz die Gefahr eines Zusammenbruchs nicht ausräumen.

In den ersten Reformjahren in China versuchten die Ökonomen, die das Preissystem mit einem umfassenden Reformpaket erneuern wollten, den richtigen Plan für die wesentlichen Teile des Systems zu entwickeln. Aber die politische Führung gelangte zu dem Ergebnis, dass eine solche Anpassung zu gefährlich wäre und zu einer Inflation und zu einem zumindest vorübergehenden wirtschaftlichen Zusammenbruch führen könne. Deshalb sah man von diesem Vorgehen ab. Während die Forscher große Mühe auf Modellentwicklung und Berechnungen verwendeten, entwickelte sich in der Praxis langsam das mehrstufige Preissystem. Bestätigt durch den Erfolg der Reformen in der Landwirtschaft setzte sich dieser auf mehrere Methoden gestützte, mehrgleisige Ansatz durch und wurde zur offiziellen Politik. Aber einige der Reformer, die Jahre mit der Suche nach dem perfekten Reformplan verbracht hatten, waren nicht zufrieden mit der scheinbar primitiven Vorgehensweise, die nun als Schlüssel zur Reform des Systems betrachtet wurde. Sobald einige Schwächen des mehrstufigen Systems zum Vorschein kamen, gingen sie zum Gegenangriff über – und sicherten sich die Unterstützung der Parteiführung, die auf einen Erfolg der Reformen drängte.

7
Die Schocktherapie im Kreuzfeuer

Der Zusammenprall von zwei Paradigmen der Marktreform und das Gespenst der Inflation

In einem gelben Wald, da lief die Straße auseinander,
und ich, betrübt, daß ich, ein Wandrer bleibend, nicht
die beiden Wege gehen konnte, stand
und sah dem einen nach so weit es ging:
bis dorthin, wo er sich im Unterholz verlor.

Frost 1920

Mit der »Entscheidung« von 1984 wurde das zweigleisige Preissystem zur offiziellen Politik erhoben. Das Konzept der mehrstufigen Preisbildung, die dafür sorgte, dass das System funktionierte, während man an den Rändern der Volkswirtschaft die Entstehung von Märkten zuließ, hatte sich in die vorherrschende Reformmethode verwandelt. Im Januar 1985 gaben die Staatliche Preisbehörde und die Materialzuteilungsbehörde auf Anweisung des Staatsrats eine »Mitteilung über die Deregulierung der Selbstvermarktung der Überschussproduktion von industriellen Rohmaterialien« heraus.[1] Der frühere Preiskorridor von zwanzig Prozent ober- und unterhalb der im Plan vorgesehenen Preise für den Verkauf von über die staatliche Quote hinaus erzeugten Rohmaterialien wie Stahl, Holz und Zement wurde beseitigt.[2] Das mag wie ein technisches Detail wirken, aber es bedeutete, dass der Kern der chinesischen Industrie jetzt offiziell in das zweigleisige Preissystem aufgenommen worden war, womit seine Vermarktlichung begonnen hatte. Cheng Zhiping, der zu jener Zeit die Staatliche Preisbehörde leitete, erinnert sich daran, dass diese Maßnahme so wirkte, als hätte man »ein Pferd von der Leine gelassen«.[3] Sobald die wichtigsten industriellen Inputs in die Vermarktlichung einbezogen worden waren, wurde das zweigleisige Preissystem rasch auf weitere Industriegüter ausgeweitet. Der Anteil der Güter, deren Preis durch den Markt bestimmt wurde, stieg schnell, aber gleichzeitig erhöhte sich auch das allgemeine Preisniveau, da die Marktpreise für knappe Industriegüter höher waren als die Planpreise.[4]

Im Frühjahr leitete die Regierung einen weiteren wichtigen Schritt in der graduellen Preisreform ein. Am 12. April 1985 machte Cheng Zhiping im Staatsfernsehen eine öffentliche Ankündigung: »Die Hauptrichtung der Preisreform im Jahr 1985 ist: Die Anpassung wird mit Loslassen und Fortschritt in kleinen Schritten kombiniert. [...] Herzstücke der Reform werden die Freigabe der Preise von lebenden Schweinen und Schweinefleisch und die ländlichen Kauf- und Verkaufspreise von Getreide sein.«[5] Cheng Zhipings Worte klangen wie eine profane bürokratische Ankündigung. Doch seine Erklärung besiegelte das Ende der maoistischen Landwirtschaft: Das einheitliche Getreidebeschaffungssystem gehörte fortan der Vergangenheit an. Das Kernstück des Systems war die Verpflichtung der Volkskommunen gewesen, einen bestimmten Anteil ihrer Ernte zu einem zentral festgelegten Preis an den Staat abzutreten, um eine im Plan vorgegebene Quote zu erfüllen. Infolge des massiven Anstiegs der Getreideproduktion Anfang der achtziger Jahre stieß dieses Getreideverteilungssystem an seine Grenzen. Die einheitliche Getreidebeschaffung war in den fünfziger Jahren eingeführt worden, um die Knappheit zu bekämpfen und aus dem ländlichen Raum genug Getreide für die städtische Industrialisierung herauszuholen. Es gab keinen Mechanismus für die Bewältigung von Überschüssen, da eine derart hohe Getreideproduktion in der Vergangenheit undenkbar gewesen war. Der Überfluss an Getreide hatte zur Folge, dass der staatliche Beschaffungspreis plötzlich über dem Marktpreis lag und dass die Bauern mehr Getreide an den Staat verkaufen wollten, als dieser in den Silos lagern konnte.[6]

Daher wurde die einheitliche Getreidebeschaffung im Jahr 1985 vorübergehend durch ein System ersetzt, das eine gewisse Ähnlichkeit mit den Ausgleichsspeichern der Kaiserzeit hatte. Die Bauern konnten ihr Getreide direkt auf dem Markt verkaufen oder einen Vertrag mit dem Staat schließen.[7] Das bedeutete, dass der Staat, der den Bauern bisher Lieferquoten vorgeschrieben hatte, dazu überging, am Getreidemarkt teilzunehmen. Doch die staatlichen Beschaffungspreise wurden nicht den aktuellen Marktbedingungen angepasst, sondern beruhten auf einem gewichteten Durchschnitt der früheren Quotenpreise sowie der Preise, die in der Vergangenheit für über die Quote hinausgehende Lieferungen gezahlt worden waren.[8] Song Guoqing und andere einstige Mitglieder der Ländlichen Entwicklungsgruppe warnten Zhao Ziyang, eine Anwendung des gesamten gewichteten Durchschnittspreises auf sämtliche Beschaffungsverträge schade den Bauern in armen abgelegenen Gegenden. Arme Gemeinden, denen in der Vergangenheit eine niedrige Quote vorgeschrieben worden war, hatten einen großen Teil ihrer Produktion zu dem Preis, der für über die Quote hinausgehende Lieferungen bezahlt wurde, an den Staat verkauft. Für sie bedeutete die neue Preispolitik, dass der staatliche Beschaffungspreis sank. Da sich in der aufblühenden ländlichen Wirtschaft neue Chancen boten, bewegte der sinkende Getreidepreis viele Bauern dazu, ihre Felder nicht mehr zu bestellen.[9] Die Getreideproduktion begann rasch zu fallen.[10] Das sinkende Getreideangebot und die steigenden ländlichen Einkommen erhöhten den Inflationsdruck, der durch die Ausweitung des zweigleisigen Preissystems entstanden war.

Die Umwandlung der chinesischen Landwirtschaft, die Ausweitung des zweigleisigen Preissystems auf industrielle Schlüsselsektoren und das steigende Preisniveau lösten in der zweiten Hälfte der achtziger Jahre eine dramatische Auseinandersetzung zwischen Vertretern der beiden Paradigmen der Vermarktlichung aus, das heißt zwischen jenen, die für einen graduellen Marktaufbau plädierten, und den Verfechtern der Schocktherapie. Im Jahr 1985 unterlagen die Kernbereiche der chinesischen Wirtschaft – Getreide und grundlegende Industrieprodukte – dem zweigleisigen Preissystem. Dieses System ermöglichte einen Marktaufbau und ließ zugleich die staatliche Beschaffung intakt, womit sowohl eine Rückkehr zur strikten Planwirtschaft als auch eine radikalere Marktöffnung möglich waren. In jenem Jahr führte das Systemreforminstitut eine große Studie über die Fortschritte der Marktreformen durch. Das Institut suchte nach praktischen Möglichkeiten, die bestehenden Institutionen des zweigleisigen Preissystems zu verbessern, damit die chinesische Wirtschaft »in den Markt hineinwachsen«[11] konnte, während der Staat die Kontrolle über die »schweren« Güter wahrte und die Regulierung der »leichten« Güter fortsetzte.

Auf der anderen Seite sahen jene, die seit Langem ein rationales Preissystem »auf einen Schlag« einführen wollten, im beschleunigten Wachstum der Industrie im Jahr 1985[12] und im makroökonomischen Ungleichgewicht Hinweise für eine vom zweigleisigen Preissystem verursachte Überhitzung. Also starteten sie eine Kampagne, um in Vorbereitung einer »Urknall-Preisreform« eine strikte makroökonomische Kontrolle einzuführen. Ein solcher Urknall sollte der erste, entscheidende Schritt in der Schocktherapie sein. Wie in der Einleitung erklärt, war ein Urknall in der Preisliberalisierung das eigentlich »schockierende« Element der Schocktherapie. Alle anderen Maßnahmen, darunter die Liberalisierung und Privatisierung des Gewerbes, konnten selbst nach Ansicht der leidenschaftlichsten Anhänger der Schocktherapie erst im Lauf der Zeit langsam durchgesetzt werden. Die chinesischen Befürworter eines Big Bang wollten zuerst durch eine Rückkehr zu geplanten Preisen, die auf Berechnungen beruhen sollten, die Marktkomponente des zweigleisigen Preissystems beseitigen. Sobald die geplanten Preise an die vermeintlichen Gleichgewichtsniveaus angepasst worden wären, sollten sie »mit einem einzigen Schnitt des Messers« freigegeben werden.

In diesem Kapitel erzähle ich die wenig bekannte Geschichte davon, wie im Jahr 1986 beinahe eine solche Urknall-Lösung gewählt worden wäre. Ökonomen, die sich zur Vermarktlichung bekannten, aber die alternative Methode anwenden wollten, »nach Steinen tastend den Fluss zu überqueren«, widerlegten die Argumente für den Urknall und verhinderten die Anwendung dieses Maßnahmenpaketes. Das chinesische Reformprojekt hatte einen Scheideweg erreicht. Dass China im Jahr 1986 der Schocktherapie entkam, verdankte es einer erbittert geführten Debatte unter den wichtigsten Reformökonomen – und nicht zwischen konservativen Reformgegnern und Anhängern der Marktwirtschaft, wie oft behauptet wird. Nach der »Entscheidung über die Reform des Wirtschaftssystems« (关于经济体制改革的决定) im Jahr 1984 erzielte die Parteiführung einen beispiellosen politischen Konsens über die Fortsetzung der Marktreformen.[13] An diesem Punkt lautete die Frage nicht, ob die Reformen fortgesetzt werden sollten oder nicht, sondern *wie* man die Wirtschaft reformieren konnte: indem man sich bei der Vermarktlichung von den Rändern her »vortastete« oder indem man bewusst zeitweiligen Schaden durch eine plötzliche Marktöffnung des Kerns der Volkswirtschaft in Kauf nahm, um langfristig Wohlstand zu schaffen.[14] Im Jahr 1986 wurde der Plan für einen Urknall nach einer Auseinandersetzung zwischen den chinesischen Ökonomen verhindert. Im Jahr 1988 trieb die Parteiführung, die unbedingt einen raschen Durchbruch brauchte, erneut eine radikale Preisreform voran. China entkam dem Big Bang erneut, obwohl es einen hohen gesellschaftlichen und politischen Preis dafür bezahlen musste.

Die Vorbereitungen für »einen großen Schritt«

> Wenn wir keine harten Maßnahmen ergreifen, um das zweigleisige System in relativ kurzer Zeit zu beseitigen und unverzüglich einen vorläufigen Rahmen für das neue System zu schaffen, werden die Probleme größer werden.
>
> *Wu 2013b [1988]: 201*

Kaum war das zweigleisige Preissystem offiziell politisch abgesegnet worden, da wurde es von Ökonomen, die von der neoklassischen Ökonomie, dem Monetarismus und den osteuropäischen Reformern inspiriert waren, heftig angegriffen. Sie argumentierten ähnlich wie Ota Šik in seinem Vorschlag für eine Preisreform, ignorierten jedoch seine Warnungen bezüglich der Grenzen seines Ansatzes. In ihren Augen musste China eine strikte makroökonomische Sparpolitik verfolgen, die Preise berechneten Gleichgewichtswerten anpassen und schließlich alle Preise »in einem großen Schritt« freigeben. Sie sprachen sich also für die Kernbestandteile der Urknall-Lösung aus – für den ersten und entscheidenden Schritt in einer Schocktherapie

Der Boden für die schlagartige Preisreform wird bereitet

Einer der Anführer dieses Angriffs auf das zweigleisige Preissystem war Wu Jinglian. In seinen Augen war (und ist) die Methode, »nach Steinen tastend den Fluss zu überqueren«, unvermeidlich, solange es der chinesischen Führung und ihren Beratern an Kenntnissen auf dem Gebiet der modernen Ökonomik mangelte. Aber Mitte der achtziger Jahre war dieser Ansatz obsolet, denn die chinesischen Ökonomen besaßen mittlerweile dank der Unterstützung ausländischer Berater bessere wirtschaftswissenschaftliche Kenntnisse.[15] Wu selbst bemühte sich sehr, die »westliche Ökonomik« zu verstehen. Er zählte zu den ersten chinesischen Reformökonomen, die in die Vereinigten Staaten reisten, und war von Januar 1983 bis Juli 1984 Visiting Scholar an der Yale University. Dort studierte Wu vergleichende Volkswirtschaftslehre bei Michael Montias und besuchte mit Anfang fünfzig Einführungsveranstaltungen zu Makro- und Mikroökonomie.[16]

Dies war nicht Wus erste Begegnung mit führenden Wirtschaftswissenschaftlern aus der westlichen Welt. Er hatte mit der Weltbank-Delegation zusammengearbeitet, und im Jahr 1981 nahm er an einer Konferenz über »Die Ökonomie relativer Preise« teil, die von der International Economic Association in Athen organisiert worden war. Zu den prominenten Teilnehmern zählten der sowjetische Mathematiker Leonid Kantorowitsch und der Oxford-Ökonom Sir John Hicks, die beide in den siebziger Jahren mit einem Nobelpreis ausgezeichnet worden waren, sowie der Deutsche Herbert Giersch, der kurze Zeit später Präsident der neoliberalen Mont Pèlerin Society wurde.[17] Auf dieser Konferenz lernte Wu den Ungarn János Kornai kennen, der seine Vorstellungen vom wirtschaftlichen Reformprozess prägen sollte. Wu wurde Kornais wichtigster Fürsprecher in China und förderte die Übersetzung von Kornais Werken.[18] Beide Männer hatten in jüngeren

Jahren in ihren Heimatländern die Orthodoxie verfochten, verwandelten sich später jedoch in radikale Marktreformer, wobei Wu in Kornais Fußstapfen trat. Das war bevor sich Kornai der wirtschaftswissenschaftlichen Fakultät der Harvard University anschloss, aber zum Zeitpunkt der Begegnung mit Wu in Athen war er bereits eine Berühmtheit im Westen.[19] Wu hingegen war außerhalb Chinas noch ein unbeschriebenes Blatt.

Kornai hatte sich mit seinen Beiträgen zur mathematischen Ökonomik international einen Namen gemacht und kurz zuvor, im Jahr 1980, *Economics of Shortage* veröffentlicht. Das Buch, das er im Exil in Stockholm geschrieben hatte, war an die ungarische Führung gerichtet und machte Kornai in der sozialistischen Welt berühmt. In seinen Memoiren schreibt er: »In dem Buch stand nicht, dass das kommunistische System die Ursache des allgemeinen, schweren und chronischen Mangels war und dass das System geändert werden musste, damit der Mangel überwunden werden konnte. In dem Buch stand nicht, dass die wesentlichen Merkmale des Systems nicht reformierbar waren.«[20] Aber Kornai hatte seinen Text so formuliert, dass »viele Leser diese Forderung hineinlasen«. In einem Abschnitt mit dem Titel »Die Erosion des Systems beschleunigen« erörtert Kornai, wie sich seine Arbeit »auf das Denken von Intellektuellen auswirkte, die unter dem sozialistischen System lebten«.[21] Einer dieser Intellektuellen war Wu Jinglian.

Auf der Konferenz von Athen geriet Kornai mit Wladimir Chatschaturow aneinander, der zu jener Zeit Vorsitzender der Sowjetischen Ökonomischen Vereinigung war. Chatschaturow erklärte, Mangel entstehe durch Planungsfehler und könne durch eine Verbesserung der Planung überwunden werden.[22] Kornai hingegen führte den Mangel auf die Natur der sozialistischen Planwirtschaft zurück. Daraus folgt, dass in seinen Augen die einzige Möglichkeit, den Mangel zu überwinden, die Beseitigung der zentralen Planung war. Wu war aufgrund seiner Begegnungen mit Włodzimierz Brus und Ota Šik mit der Vorstellung vertraut, dass Wirtschaftsreformen in einem Systemwechsel bestanden. In Gesprächen mit Delegierten der Weltbank hatte er erklärt, dass er diese Einschätzung teile. Auf der Konferenz in Athen lernte Wu die anspruchsvollste Version dieser Vision kennen, propagiert von einem ihrer leidenschaftlichsten und kompetentesten Vertreter. Kornai erinnerte sich, dass ihm Wu nach Chatschaturows Angriff »in der Kontroverse zur Seite stand und sehr detailliert die systemischen Mängel des zentral gelenkten sozialistischen Systems erläuterte«.[23] In diesem Moment betrat Wu die Weltbühne der Ökonomik.[24]

Wu und Kornai teilten die Überzeugung, dass die Wirtschaftsreform nur mit einem Systemwechsel gelingen könne. Es gab jedoch einen wesentlichen Unterschied zwischen ihren Analysen. Kornai hatte erklärt, dass den Unternehmen im Sozialismus kaum Budgetbeschränkungen auferlegt waren.[25] Da die sozialistischen Unternehmen nicht für ihre Verluste verantwortlich seien, wären Preissignale kein wirksames Mittel, um die Produktionsentscheidungen in die richtige Richtung zu lenken. Im Sozialismus hätten die Unternehmen eine geringe »Preissensibilität«.[26] Das Fehlen von Budgetbeschränkungen wirkte nach seiner Einschätzung wie ein Beruhigungsmittel: »Die Manager kümmern sich praktisch *überhaupt nicht* um Preissignale.«[27] Die Unternehmen beschafften sich alle Inputs, deren sie habhaft werden konnten, und zwar unabhängig von den relativen Preisen oder finanziellen Einschränkungen. Das erzeuge einen Mangel von Inputs, was wiederum den Nachfrageüberhang verschlimmere. Dieser Teufelskreis von Knappheit und preisunelastischer Nachfrage mache den Mangel zu einem charakteristischen Merkmal des Sozialismus. Er sei nicht zufällig, sondern Teil des Systems.

Wu war begeistert von Kornais Arbeit.[28] Aber eine genaue Analyse der Konferenzbeiträge von Wu und Kornai zeigt, dass es einen Widerspruch zwischen ihren Vorstellungen gab. Wu forderte eine Preisreform und erklärte: »Das Preissystem ist ein Mechanismus zur Ersetzung von Bürokraten.«[29] Nach Einschätzung von Kornai hatten die Preise für die Unternehmen im Sozialismus eigentlich keine Bedeutung, während Wu der Meinung war, die Unternehmen sollten sich ausschließlich an den Preisen orientieren. In einer an Hayek erinnernden Argumentation erklärte Wu, »der Preismechanismus vereinfache die soziale Organisation. Die chinesische Wirtschaft solle der dezentralisierten Verwendung von Informationen Vorrang geben und die Bürokratie durch Entscheidungen der individuellen Unternehmen ersetzen.«[30] Aber wenn die Unternehmen, wie Kornai erklärte, nicht auf die Preise reagierten, würde eine Ersetzung bürokratischer Anweisungen durch Preissignale nicht zur Entstehung eines neuen wirtschaftlichen Mechanismus führen, sondern lediglich eine vollkommen unkoordinierte Wirtschaft hervorbringen. Eine sorgfältige Lektüre der Ergebnisse der Athener Konferenz zeigt, dass Wus Plan für eine Preisreform, wenn man Kornais Einsichten berücksichtigt, ein Rezept für eine Katastrophe war. Und tatsächlich setzten die Befürworter einer graduellen Marktentwicklung in China einige Jahre später Kornais Argument gegen Wu ein, um die Schocktherapie zu verhindern.

Wenn man wie Kornai und Wu glaubte, dass eine Wirtschaftsreform mit einem Systemwechsel einhergehen musste, so hatte es vermutlich durchaus seine Vorteile, einen solchen Zusammenbruch des wirtschaftlichen Mechanismus zu riskieren. Das chinesische Wort für »Krise« setzt sich aus zwei Schriftzeichen zusammen: 危机. Das erste, 危, bedeutet Gefahr. Das zweite, 机, bedeutet Gelegenheit. Eine Krise ist zugleich eine Gefahr und eine Chance. Genau das war nach Ansicht von Naomi Klein in zahlreichen Fällen in aller Welt das Wesen der Schockdoktrin.[31] Dem Übergang zum Neoliberalismus in Chile, Bolivien und in Großbritannien unter Margaret Thatcher ging jeweils eine tiefe gesellschaftliche Krise voraus. In Bolivien hatte diese Krise die Form einer Hyperinflation. Da eine Hyperinflation die kommunistische Machtübernahme in China ermöglicht hatte, waren sich die Reformer dort ihrer zerstörerischen Kraft zweifellos bewusst.[32] Wu Jinglians Kritiker erklärten später, die von ihm vorgeschlagene radikale Preisreform hätte die Gefahr einer Hyperinflation heraufbeschworen.

Wu ist ein prominenter Vertreter jener Gruppe chinesischer Ökonomen, die sich dem transnationalen Wissenschaftlernetz anschlossen, das sich über die im Kalten Krieg gezogenen Grenzen hinaus erstreckte und das die US-amerikanische Ökonomin Johanna Bockman als Nährboden für den Neoliberalismus in Osteuropa bezeichnet hat.[33] Aber Wu war keineswegs der Einzige, der sich mit der westlichen Wirtschaftswissenschaft beschäftigte. Aus einem Bericht der CIA geht hervor, dass Mitte der achtziger Jahre »eine zunehmende Vertrautheit mit westlichen ökonomischen Begriffen und Theorien nicht mehr auf eine einzelne Gruppe von Gelehrten oder Bürokraten beschränkt« war.[34] Die Kluft zwischen diesen Gruppen hatte ihren Ursprung nicht im Interesse oder Desinteresse an der westlichen Ökonomik, sondern darin, wie sie mit diesem neuen Wissen umgingen – als Werkzeug, das China für erfolgreiche Reformen nutzen konnte, oder als theoretische Quelle für »Reformfahrpläne«, die zu einem Systemwechsel führen sollten. Mitte der achtziger Jahre dauerten die Bemühungen zur Entwicklung eines Zielmodells, das in einem einzigen großen Schritt verwirklicht werden sollte, bereits seit mehreren Jahren an.[35]

Im Sommer 1984 kehrte Wu aus Yale nach China zurück und nahm eine Tätigkeit im Entwicklungsforschungszentrum des Staatsrats auf.[36] Er stellte fest, dass die jungen Reformintellektuellen seit seiner Abreise nach Amerika beträchtlichen Einfluss erlangt hatten. Sie warben für einen graduellen, experimentellen Ansatz und wollten »nach Steinen tastend den Fluss überqueren«. Wu hielt diese Reformmethode für ungeeignet. In seinen Augen war sie lediglich eine behelfsmäßige Lösung, auf die China hatte zurückgreifen müssen, solange ihm die »westliche Ökonomik« unbekannt gewesen war. Chen Yizi, Wang Xiaoqiang und andere junge Reformökonomen hatten ungewöhnlich großen institutionellen Einfluss erlangt. Sie waren mit der Leitung einer Einrichtung betraut worden, die manche als erste Reformdenkfabrik in der sozialistischen Welt betrachten. Das Systemreforminstitut genoss die Unterstützung Zhao Ziyangs, des wichtigsten Unterstützers von Wirtschaftsreformen in der chinesischen Führung. Mit der offiziellen Einführung des zweigleisigen Preissystems hatten die Reformer einen großen Sieg errungen. Tatsächlich hatte auch Wu, der sich des Einflusses dieser neuen Einrichtung bewusst war, nach seiner Heimkehr versucht, sich dem Systemreforminstitut anzuschließen, war jedoch abgewiesen worden, weil er als Opportunist galt.[37] Von da an bemühte sich Wu noch mehr, sein radikales Reformvorhaben durchzusetzen.

Wu Jinglian vertrat seine Einschätzung in verschiedenen akademischen und populären Publikationen. Im Mai 1985 vertiefte er die Ideen, die er in einem Artikel im Februar des Jahres in der *Volkstageszeitung* erläutert hatte, in der renommierten Zeitschrift *Wirtschaftsforschung* und beschrieb seine Vision für eine Reform auf einen Schlag.[38] Wu fasste im Grunde die Präsentationen von Włodzimierz Brus und Ota Šik, die diese während ihrer Chinareisen 1979/80 bzw. 1981 gehalten hatten, zusammen und argumentierte gestützt auf Kornais Buch *Economics of Shortage*, das Wirtschaftssystem sei ein organisches Ganzes und könne daher nur durch einen umfassenden Übergang zu einem neuen System reformiert werden.[39] Wu verglich einen graduellen Ansatz mit einer Paketlösung (一揽子), wobei er Letztere empfahl. In der Übergangsphase sei es unvermeidlich, dass Elemente des alten neben solchen des neuen Systems existierten, aber diese Dualität sollte so rasch wie möglich überwunden werden. Am wichtigsten sei jedoch, dass die Preisreform dem zweigleisigen Preissystem ein Ende machen müsse. Für sein Hauptargument berief sich Wu auf Friedmans Vortrag in China im Jahr 1981, in dem Friedman erklärt hatte, das »sogenannte Wirtschaftswunder von Ludwig Erhard im Jahr 1948« sei tatsächlich »etwas sehr Einfaches« gewesen.[40] Dem Monetarismus entsprechend und gestützt auf die Erfahrung der Bundesrepublik nach dem Zweiten Weltkrieg erklärte Wu, es sei unverzichtbar, die Geldmenge strikt zu begrenzen und dem Staat eine strenge Sparpolitik aufzuerlegen.[41] So sollte eine Inflation verhindert werden. In diesen Schritten sah Wu eine ausreichende Voraussetzung für die Durchführung einer raschen Preisreform.[42]

Um die Notwendigkeit von monetärer und Haushaltsdisziplin als Ausgangspunkt für ein nachhaltiges langfristiges Wachstum und als Bestandteil eines strukturellen Wandels zu unterstreichen, führte Wu zusätzlich zum neoliberalen Mythos vom deutschen Wirtschaftswunder die sogenannte Dodge Line ins Feld.[43] Joseph Dodge, ein Detroiter Bankier, war einer der Architekten der deutschen Währungsreform sowie des nach ihm benannten Plans zur Konsolidierung der japanischen Staatsfinanzen nach dem Zweiten Weltkrieg. Im Jahr 1985 veröffentlichte Wu einen Artikel über die Dodge Line, um den chinesischen Reformern ein zweites Beispiel für die Kombination von makroökonomischer Sparpolitik und Marktliberalisierung nahezubringen.[44]

Die chinesischen Reformer studierten die Tradition Japans nach dem Zweiten Weltkrieg seit Deng Xiaopings Staatsbesuch in Japan im Jahr 1978. Unter der Leitung von Ōkita Saburō, der eine tragende Rolle beim wirtschaftlichen Übergang Japans von der Kriegswirtschaft zur Marktwirtschaft gespielt hatte, und von Gu Mu trafen sich führende japanische und chinesische Beamte zu jährlichen Besprechungen.[45] Über diesen Gedankenaustausch hinaus wurde die Dodge Line von Befürwortern einer Paketreform zur Begründung ihres Reformvorschlags angeführt. Als ich Wu im Jahr 2016 zu einem Gespräch traf, zeigte er mir einen Ausdruck eines Wikipedia-Artikels über Joseph Dodge, um die Bedeutung der Transformation Japans nach dem Krieg für die chinesische Reformdebatte der achtziger Jahre zu unterstreichen, und wies mich auf den Abschnitt zur »Dodge Line« hin. Darin hieß es, zwei Schlüsselbestandteile von Dodges Rettungsprogramm für Japan seien der »Ausgleich des Staatshaushalts« und die »Verringerung der staatlichen Eingriffe in das Wirtschaftsleben insbesondere mittels Subventionen und Preiskontrollen« gewesen. Wu zufolge war die Botschaft klar: China hätte eine Sparpolitik mit einer schlagartigen Preisfreigabe kombinieren sollen.

Um eine Einrichtung zu schaffen, welche die von Brus, Šik, Kornai und anderen aus den osteuropäischen Erfahrungen gezogenen Lehren in China verbreiten konnte, gründeten Wu Jinglian, Zhao Renwei und Rong Jingben im Jahr 1985 eine neue Zeitschrift namens *Vergleichende Gesellschafts- und Wirtschaftssystemlehre* (经济社会体制比较).[46] Ein in der ersten Ausgabe der Zeitschrift veröffentlichter Artikel, dessen Hauptautor Guo Shuqing war, hatte augenblicklich eine politische Wirkung.

Guo Shuqing wurde später Gouverneur der industriell geprägten Provinz Shandong im Nordosten (2013-2017); gegenwärtig leitet er die chinesische Bankenaufsichtsbehörde. Zu jener Zeit war Guo ein Doktorand am Institut für Marxismus-Leninismus und Mao-Zedong-Gedanken an der Chinesischen Akademie der Sozialwissenschaften, weshalb er mit der sowjetischen Orthodoxie vertraut war. Gemeinsam mit seinen Studienkollegen und Mitautoren Liu Jirui und Qiu Shufang warb er nachdrücklich für eine Paketreform, deren Kernstück eine marktwirtschaftlich ausgerichtete Preisreform sein sollte.[47] Guo Shuqing berichtete, dass sie Ende 1984 in Changzhou in der Nähe von Shanghai an einem Symposium über Preisbildungstheorien teilnahmen. Dort stellten sie fest, dass sie mit ihrer Forderung nach einer Preisfindung durch den Markt und einer Beschränkung des Plans auf eine bloße Orientierungshilfe allein waren.[48] Guo erwähnte, dass die vorherrschende Meinung zu jener Zeit war, man solle die Güter in verschiedene Kategorien unterteilen und »staatliche Preisvorgaben für bestimmte wichtige Güter sowie eine Preisbildung auf dem Markt für weniger bedeutsame Güter« vorschreiben.[49] Auch andere Reformer wünschten sich eine Ausweitung des Marktes. Aber der entscheidende Unterschied zwischen den Vorstellungen Guos und seiner Mitarbeiter und der in China vorherrschenden Meinung war ihr Argument, dass die Preisbildung auch bei diesen bestimmten wichtigen Gütern dem Markt überlassen werden sollte. In ihren Augen sollte der Markt die wirtschaftliche Kernaktivität Chinas regeln.

Guos Vorstellungen von der Preisreform hatten große Ähnlichkeit mit jener der osteuropäischen Besucher. Im Januar 1985 erklärte Guo, der erste Schritt werde zweifellos darin bestehen, das Zielmodell zu definieren.[50] Er erklärte, »wer den marxistischen Ansatz zum gesellschaftlichen Wert wirklich« verstehe, der begreife, dass »der Marktwert die einzige konkrete und realistische Form des gesellschaftlichen Werts« sei, weshalb die Preisfindung durch den Markt das einzige richtige Ziel für die Reform sei.[51] Die einzige Ausnahme sollten die Preise jener Güter sein, die in der neoklassischen Ökonomik als öffentliche Güter eingestuft werden, darunter Verkehr, Kommunikation und Gesundheit, deren Preis vom Staat festgesetzt werden sollte.[52] Nicht zu diesen Gütern zählen sollten hingegen wichtige Industrieinputs wie Stahl oder grundlegende Konsumgüter wie Reis. Deren Preis sollte ausschließlich auf dem Markt bestimmt werden.

Guos Haltung gegenüber der zweigleisigen Reform war noch radikaler als die Wus. Das zweigleisige Preissystem schien ihm »sogar als Übergangsmodell inakzeptabel«.[53] Ähnlich wie die ausländischen Experten, die an der Weltbank-Konferenz in Moganshan im Jahr 1982 teilgenommen hatten, glaubte Guo, dass es »vollkommen unvereinbar mit der Güterwirtschaft ist, dass ein und dasselbe Produkt mehrere Preise hat«.[54] Im Allgemeinen hatte die Erfahrung der osteuropäischen Länder in seinen Augen bewiesen, dass es »keinen Sinn hat zu versuchen, das alte System zu erhalten, indem man es verbessert«.[55] Guo konnte auch den bisherigen Erfolgen der Wirtschaftsreformen wenig abgewinnen und bezeichnete das chinesische System jener Zeit als »einigermaßen traditionelles Modell«.[56] Sein Ausgangspunkt war eine idealisierte Vision des alten Systems. Das Zielmodell war ein idealisiertes Modell einer Marktwirtschaft. Sein Reformpaket würde einen raschen Übergang von einem Modell zum anderen ermöglichen.

Im April 1985 veröffentlichten Guo, Liu und Qiu ihre Vorstellung von der »umfassenden Reform«, in deren Mittelpunkt eine Preisreform stehen sollte, in der neuen Zeitschrift *Vergleichende Gesellschafts- und Wirtschaftssystemlehre* und legten ihre Empfehlungen in einem Brief an den Staatsrat dar.[57] So wie Wu, der das Wirtschaftssystem als »organisches Ganzes« beschrieb, betonten sie, das Preissystem sei »das ganze Wirtschaftssystem in einem Blickwinkel betrachtet«.[58] Sie erklärten, die »umfassende Reform sei eine gewaltige Aufgabe für gesellschaftliches Systemengineering« und werde als solches einen »Gesamtplan« für den Weg zum »Zielmodell« erfordern.[59] Sie griffen den graduellen experimentellen Ansatz direkt an und bestritten, dass die aus den Pilotprojekten und der ländlichen Reform gezogenen Lehren auf die Industriereform anwendbar seien.[60] Im Mittelpunkt ihrer Kritik stand einmal mehr das zweigleisige Preissystem. Dieses werde lediglich dazu führen, dass die Güter, die Teil des Plans waren, auf den Markt strömen würden, wo sie mehrfach weiterverkauft und jene Parteifunktionäre reich machen würden, welche die im Rahmen des Plans billig zugeteilten Mengen kontrollierten. Dies würde nach Einschätzung von Guo und seinen Mitautoren die Korruption begünstigen und Konflikte im Übergangssystem heraufbeschwören.[61]

Solange das alte System Bestand habe, so ihre Einschätzung, würden darüber hinaus »Investitionshunger« und ein gesamtwirtschaftlicher Nachfrageüberhang vorherrschen, was zu Mangel führe. Eine Reform des Wirtschaftssystems sei nicht mit einem raschen Wirtschaftswachstum vereinbar. Die Reformen in Osteuropa hätten gezeigt, dass die einzige Lösung darin bestehe, die Nachfrage streng zu kontrollieren und anschließend ein »umfassendes« Reformpaket umzusetzen.[62]

Sie ergänzten die Beispiele der Wirtschaftswunder in der Westdeutschland und in Japan, die das »Mantra« von makroökonomischer Ausgabendisziplin plus Preisliberalisierung bestätigen sollten, durch einen negativen Fall: Das Beispiel der polnischen Reformversuche in den siebziger Jahren beweise, dass eine graduelle Reform zum Scheitern verurteilt sei. Die Polen hätten es nicht geschafft, ihren Plan einer umfassenden Preisreform umzusetzen, und deren Geltungsbereich stattdessen auf etwa vierzig Prozent der Industrieprodukte begrenzt. Anfangs habe dies ein sehr schnelles Wachstum ausgelöst, das von einer unkontrollierbaren Nachfrage angetrieben worden sei. Doch als Polen »schließlich gezwungen war, die Preise zu reformieren, kam es zu einer sozialen Krise«.[63] Eine Analyse der polnischen Parteiführung habe gezeigt, dass das Problem war, dass die Reformer »einen experimentellen und irregeleiteten Weg« eingeschlagen hätten.[64] Daher seien sich ausländische Gelehrte wie Šik, Kosta und Brus mittlerweile darin einig, dass der einzige Weg darin bestehe, einen Gesamtplan zu verfolgen. Guo, Liu und Qiu fügten hinzu, dies sei auch die Einstellung János Kornais, der gegenüber chinesischen Auslandsstudenten erklärt habe, wenn sich die chinesischen Reformer »weiterhin auf lokale Erfahrungen konzentrieren und die Gesamtsituation außer Acht lassen, wenn sie weiterhin nur bruchstückhafte Veränderungen vornehmen, dann werden sie schließlich zum alten System zurückkehren müssen«.[65]

Schließlich beriefen sie sich auf die Autorität der Weltbank, um ihrer Forderung Nachdruck zu verleihen, China müsse die graduelle Vorgehensweise aufgeben und einen umfassenden Reformplan umsetzen.

Sie zitierten aus einem Bericht, in dem es hieß: »Obwohl das Risiko falscher Entscheidungen besteht, sollten wir besser eine Reihe einschneidender Reformmaßnahmen gleichzeitig umsetzen.«[66] Die Botschaft Guos, Lius und Qius war klar: Graduelle Reformen, die den Kern des alten Systems unangetastet ließen, würden lediglich Schaden anrichten. Der einzige erfolgversprechende Weg bestehe in einer umfassenden Marktreform, die nur mit einer allgemeinen Preisfreigabe bewerkstelligt werden könne. Was die unmittelbar erforderlichen Maßnahmen anbelangte, so teilten Guo, Liu und Qiu die Einschätzung von Wu Jinglian: Man musste eine strikte makroökonomische Kontrolle ausüben und einen umfassenden Plan entwerfen, um eine allgemeine Preisreform vorzubereiten, die durchgeführt werden musste, sobald die wirtschaftlichen Bedingungen geeignet waren.

Zhao Ziyang las ihren Bericht am 19. Mai 1985 und erklärte, es könne nur vorteilhaft sein, sich genauer mit diesen Überlegungen auseinanderzusetzen.[67] Der Staatsrat gab die Anweisung, bei der Staatlichen Kommission für die Umstrukturierung des Wirtschaftssystems eine Arbeitsgruppe einzurichten, die im Juni 1985 ein Reformprogramm entwarf, das den Vorstellungen von Guo Shuqing, Liu Jirui und Qiu Shufang entsprach.[68]

Die Autoren dieses Programms betraten in mindestens zwei Bereichen Neuland: Nach Aussage von Wu Jinglian war es das erste umfassende chinesische Reformprogramm, das modernen ökonomischen Maßstäben genügte.[69] In den Augen von Guo Shuqing war es auch das erste Programm, in dem ausdrücklich erklärt wurde, dass die »Vermarktlichung« der richtige Weg sei.[70] Lou Jiwei wurde mit der Zusammenstellung der Arbeitsgruppe betraut, und Guo Shuqing und seine Mitautoren schlossen sich den Teilnehmern an.[71] Rückblickend erklärte Lou, während er und seine Mitarbeiter eine computergestützte Program Evaluation and Review Technique angewandt hätten, hätten sich Guo Shuqing und seine Mitautoren auf die marxistischen Klassiker sowie auf Begriffe und Theorien aus der Philosophie und der politischen Ökonomie gestützt. Dennoch identifizierten sie ganz ähnliche Reformprioritäten.[72] Ihr Zusammenschluss und die Kombination dieser beiden Methoden verlieh ihnen sowohl wissenschaftliche als auch ideologische Autorität.

Eine ihrer Prioritäten war die Vereinheitlichung der zahlreichen Preisbestimmungsmethoden zu einem einzigen Verfahren, was in ihren Augen eine unverzichtbare Voraussetzung für die Errichtung einer Marktwirtschaft war.[73] Diese Vereinheitlichung der Preise sollte anhand von drei Strategien bewerkstelligt werden. Erstens konnten die Planpreise schrittweise erhöht werden, um schließlich die Lücke zu den Marktpreisen zu schließen. Diese Vorgehensweise hatte die größte Ähnlichkeit mit dem Vorschlag, den Lou Jiwei bei der Nachwuchskonferenz in Moganshan im Jahr 1984 präsentiert hatte.[74] Aber die Arbeitsgruppe lehnte diesen Reformansatz mit der Begründung ab, das Vorgehen sei zu langsam: Auf diese Art würden andere, von der Preisreform abhängige Maßnahmen zu lange hinausgeschoben. Außerdem werde jede geringfügige Anpassung eines Planpreises eine Vielzahl weiterer Anpassungen von Steuern und öffentlichen Finanzen nach sich ziehen, weshalb diese Methode zu kompliziert sei.

Zweitens konnte als Zwischenschritt auf dem Weg zur Preisliberalisierung ein gemischtes Preissystem eingeführt werden. Die dualen Preise würden entweder zu einem freien Marktpreis oder zu einem Planpreis zusammengeführt. Die Preise aller Güter, bei denen ein Überangebot bestand, würden freigegeben. Die Preise knapper Güter sollten durch eine deutliche Anhebung der Planpreise korrigiert werden, um zunächst die Schere mit den Marktpreisen zu schließen. Im nächsten Schritt würden die Planpreise vollkommen abgeschafft, und die Preisbildung für sämtliche Güter würde dem Markt überlassen. Die Autoren gaben diesem Verfahren den Vorzug vor dem ersten, wiesen jedoch auch auf Nachteile hin: Da die Unternehmen daran gewöhnt seien, ihre Produkte zu Marktpreisen zu verkaufen, würde es kostspielig werden, die Rückkehr zu einem einheitlichen Planpreis durchzusetzen. Die Nachteile des unflexiblen Systems von Planpreisen würden ebenfalls Bestand haben, weshalb die Übergangsphase mit diesem Vorgehen verlängert werde.

Die dritte und von den Autoren des Reformvorschlags bevorzugte

Vorgehensweise bestand darin, sämtliche Preise im zweigleisigen Preissystem auf einen Schlag freizugeben. Das nahm offenkundig einen späteren Vorstoß zu einer Urknall-Preisreform vorweg. Wichtig war, dass der Vorschlag auch die Preise unverzichtbarer und knapper Rohmaterialien beinhaltete. Als Zugeständnis an vorsichtigere Reformer sah der Vorschlag vor, diese Preisliberalisierung mit einer Obergrenze für die Marktpreise bestimmter Güter zu kombinieren, die beseitigt werden sollte, sobald sich die Preise stabilisiert hatten.

Die Autoren räumten ein, dass die zweite und dritte Vorgehensweise Ausgleichssubventionen für Unternehmen erforderlich machen werde, die aufgrund von Preisänderungen Verluste erlitten; zugleich sollten diese Subventionen dazu dienen, die Profitraten anzugleichen. Um zu verhindern, dass sich der Anstieg der Preise von Rohmaterialien auf die Konsumenten auswirkte, sollte darüber hinaus die Mehrwertsteuer gesenkt werden. Dennoch räumten die Autoren ein, dass ein genereller Preisanstieg unvermeidlich sei, und empfahlen deshalb Austerität. Die einzige Möglichkeit, um die Inflation in Schach zu halten, bestand in ihren Augen in einer Politik des knappen Geldes, die Zinserhöhungen und eine Kontrolle über das Kreditvolumen beinhalten musste. Die Autoren gaben zu, dass rasche, gleichzeitige Reformen in einem einzigen großen Schritt schwierig werden würden. Aber von jugendlichem Optimismus erfüllt, erklärten sie, mit einer gewissenhaften wissenschaftlichen Planung könnten die Probleme überwunden werden.[75]

Vom 27. bis 29. Juli 1985 legte die Arbeitsgruppe ihre Ergebnisse dem Staatsrat vor.[76] Wenige Monate nach der offiziellen Einführung des zweigleisigen Preissystems war dies nicht der ideale Zeitpunkt für eine scharfe Kehrtwende und eine schlagartige umfassende Preisreform. Doch mit Unterstützung gleichgesinnter Angehöriger der älteren Generation war es den jungen Intellektuellen gelungen, der Parteiführung die Möglichkeit einer geplanten, umfassenden Reform in einem einzigen Schritt nahezubringen. In den folgenden zwei Monaten wurden Vorbereitungen für die Umsetzung des Plans für die Urknall-Reform getroffen.

Rückenwind aus dem Ausland: Die Bashan-Bootskonferenz

Die Kampagne für makroökonomische Disziplin und eine umfassende Preisreform fand symbolträchtigen Rückhalt bei den Teilnehmern an einer zweiten großen Konferenz, die gemeinsam mit der Weltbank organisiert wurde und vom 2. bis 7. September 1985 auf dem Ausflugsschiff Bashan stattfand.[77] Im Februar 1984, als die Weltbank-Delegation China besucht hatte, um ihren zweiten Bericht vorzubereiten, hatte Liao Jili, einer der hochrangigen Teilnehmer an der Weltbank-Konferenz in Moganshan im Jahr 1982, den Vorschlag gemacht, eine weitere Reformkonferenz zu planen.[78] Als die Weltbank im März 1985 eine zweite Delegation nach China schickte, um ihren Bericht mit den Chinesen zu besprechen, wurde aus dieser Anregung ein konkretes Vorhaben. Die Weltbank-Ökonomen trafen sich mit Dong Fureng, Gao Shangquan und Liao Jili, um zu klären, welche internationalen Experten eingeladen werden sollten. Man einigte sich darauf, dass drei Experten aus sozialistischen Ländern, mindestens zwei Träger des Wirtschaftsnobelpreises und drei weitere ausländische Ökonomen teilnehmen sollten, darunter ein Franzose und ein Japaner.[79] Dass die Organisatoren Nobelpreisträger einladen wollten, deutete darauf hin, dass diese Konferenz anders als die Weltbank-Konferenz in Moganshan von 1982 nicht »unter dem Radar« stattfinden sollte,[80] sondern dass eine Gruppe weltbekannter Experten dabei helfen sollte, die öffentliche Aufmerksamkeit auf die Marktreformen zu lenken und den Reformern Aufwind zu geben. Tatsächlich ist die Bashan-Konferenz bis heute allgemein bekannt und wird von bestimmten Kreisen chinesischer und internationaler Reformer als bedeutsames Ereignis betrachtet.[81]

Der Rahmen für die Bashan-Konferenz unterschied sich deutlich von den Bedingungen, unter denen sich die jungen Intellektuellen in den achtziger Jahren in öffentlichen Parks und leer stehenden Büros in schmucklosen chinesischen Forschungsinstituten getroffen hatten, etwa im Wirtschaftsforschungsinstitut der Akademie der Sozialwissenschaften. (Als ich das ehemalige Gebäude des Instituts im Jahr

2016 besuchte, herrschte dort immer noch die Atmosphäre der alten Zeit.) Der Veranstaltungsort für die Konferenz war ein luxuriöses Ausflugsschiff mit einem Schwimmbecken an Deck. Auf dem Gruppenfoto der Konferenzteilnehmer nimmt der Pool etwa genauso viel Platz ein wie die Ökonomen und Reformer, die überwiegend modische Kleidung westlichen Stils tragen (siehe Abbildung 8). Das Schiff sorgte für Abgeschiedenheit: Von der Außenwelt abgeschnitten, kamen führende internationale Experten und hochrangige chinesische Reformer zusammen, um über die Zukunft des chinesischen Wirtschaftssystems zu diskutieren. Das Schiff brachte die Konferenzteilnehmer zu einem der malerischsten Orte in China: den »Drei Schluchten« entlang des Jangtse. Die modernen, westlichen Annehmlichkeiten, welche die Mitglieder dieses elitären Kreises auf der Bashan genossen, waren ein Symbol für das neue China, das ihnen vorschwebte.

Nach der Ankunft in Peking am 1. September 1985 trafen sich die Mitglieder der ausländischen Delegation zu einem Abendessen mit Ministerpräsident Zhao Ziyang. Neben Edwin Lim, Adrian Wood und Włodzimierz Brus gehörte auch Alec Cairncross der Delegation an, der eine wichtige Rolle beim Übergang Großbritanniens zur Friedenswirtschaft nach dem Zweiten Weltkrieg gespielt hatte. Cairncross hielt an diesem Tag in seinem Tagebuch fest: »Der Besuch beim Ministerpräsidenten war in mehrerlei Hinsicht bemerkenswert. Wir bildeten das übliche Krokodil [eine lange Schlange internationaler Delegierter], wobei ich als ältester Teilnehmer an der Spitze stand, und schüttelten die Hände mit einer Reihe von Chinesen, bevor wir für das übliche Gruppenfoto Aufstellung nahmen« (siehe Abbildung 7).[82]

Weitere Mitglieder des ausländischen »Krokodils«, die wichtige Beiträge zur Frage der Preisreform geleistet hatten, waren der US-amerikanische Nobelpreisträger und Neokeynesianer James Tobin,[83] der ehemalige Bundesbankchef Otmar Emminger, der die auf der Unabhängigkeit der Zentralbank beruhende deutsche Geldpolitik wesentlich geprägt hatte,[84] der jugoslawische Reformökonom Aleksander Bajt, der sich später nachdrücklich für die Privatisierung aussprechen sollte und auch an der Athener Konferenz im Jahr 1981 teilgenommen hatte,[85] sowie János Kornai.[86] Prominente chinesische Teilnehmer waren An Zhiwen, Gao Shangquan, Xue Muqiao, Ma Hong, Liu Guoguang, Zhao Renwei und Wu Jinglian sowie Tian Yuan, Lou Jiwei, Guo Shuqing und Luo Xiaopeng als Vertreter der jüngeren Generation.[87] Bemerkenswert ist, dass kein Vertreter des Systemreforminstituts und kein anderer prominenter Verfechter einer graduellen Vermarktlichung eingeladen worden war.

Cairncross notierte sich in seinem Tagebuch, die »Kardinalfrage« beim Bankett sei die Lohn- und Preisreform gewesen, die der Ministerpräsident zur Sprache gebracht hatte.[88] Tobin mahnte zur Vorsicht: »China sollte es besser machen als wir alle und neue Institutionen entwickeln.« Auf der anderen Seite empfahl Emminger den Chinesen, den deutschen Weg einzuschlagen.[89] Ähnlich wie Friedman und Wu Jinglian verwies Emminger »auf Erhards kühnen Schritt, die Preiskontrollen im Jahr 1948 auf einen Schlag zu beseitigen«.[90] Das sogenannte deutsche Wirtschaftswunder wurde in China ins Feld geführt, um für eine neoliberale Schockdoktrin zu werben, so wie es Jeffrey Sachs, Leszek Balcerowicz und andere später in Polen taten.[91]

Im Verlauf der Konferenz auf dem Ausflugsschiff stellte Cairncross die britische Nachkriegserfahrung unter der Labour-Regierung von Premierminister Clement Attlee dem deutschen Wirtschaftswunder gegenüber und empfahl eine *graduelle* Aufhebung der Preiskontrollen.[92] Cairncross erklärte, eine Kontrolle der Geldmenge zwecks makroökonomischer Regulierung erfordere ein hochentwickeltes Haushalts- und Währungssystem.[93] In China existiere jedoch nur ein rudimentärer Bankensektor und kein entwickelter Geldmarkt. Unter diesen Bedingungen würde die Geldpolitik in Cairncross' Augen »machtlos« sein, und die Wirkung der Budgetdisziplin würde ebenfalls begrenzt sein.[94] Die von Wu Jinglian, Guo Shuqing und anderen geforderten geldpolitischen Beschränkungen zur Vorbereitung eines großen Schritts in der Preisreform würden wirkungslos bleiben.

Nach Ansicht von Cairncross war es unter den spezifischen Bedingungen Chinas unmöglich, die Preise mit makroökonomischen Mitteln generell zu stabilisieren. Zudem eigneten sich Preise kaum als Instrument zur wirtschaftlichen Koordinierung. Die Marktregulierung erfolge durch Mengenanpassungen in Reaktion auf Preisänderungen. Aber wenn Angebot und Nachfrage wie in China »nicht elastisch auf Preisänderungen reagieren«, erklärte Cairncross, »dann kann man mit der administrativen Kontrolle erreichen, was mit dem Preismechanismus nicht zu bewirken ist«.[95] Daher werde eine Freigabe der Preise kein Gleichgewicht zwischen Angebot und Nachfrage herstellen. Solange die institutionellen Veränderungen, die Unternehmen und Konsumenten in die Lage versetzen sollten, besser auf Preisänderungen zu reagieren, in den Kinderschuhen steckten, bedurfte es nach Ansicht von Cairncross der administrativen Kontrolle über Mengen und Preise. Er warnte: »Damit eine indirekte Kontrolle funktionieren kann, bedarf es eines Marktes, auf dem ein vollkommener Wettbewerb herrscht. Gibt es keinen vollkommenen Wettbewerb oder ist der Markt nicht wettbewerbsfähig, so bedarf es administrativer Maßnahmen [wie Preiskontrollen].«[96]

Mit diesen geradlinigen Argumenten widersprach Cairncross der Vorstellung, China könne unter den gegebenen institutionellen Bedingungen zu einer indirekten makroökonomischen Marktkontrolle übergehen, sowie der These, eine rasche Preisfreigabe werde das Problem des Nachfrageüberhangs lösen. Cairncross warnte, Korrekturen an der Lohnstruktur könnten leicht zu einer von steigenden Löhnen ausgelösten Kosteninflation führen: »Wenn die Preise einiger Güter steigen, führt das nicht *zwangsläufig* zu einem allgemeinen Preisanstieg bei allen Gütern, aber wenn die Löhne in einem Sektor angehoben werden, wird sich das sehr rasch auf andere Sektoren auswirken. Die Einkommensangleichung wird zu einem generellen Lohnanstieg führen.«[97]

Włodzimierz Brus, dessen Argumente während seiner früheren Besuche häufig von Wu, Guo und anderen Befürwortern einer umfassenden Preisreform zitiert wurden, nahm nun eine etwas entgegenkommendere Haltung ein als auf der Weltbank-Konferenz in Moganshan im Jahr 1982. Brus erklärte, dass er und andere osteuropäische Refor-

Abbildung 7: Abendessen mit Ministerpräsident Zhao Ziyang vor der Bashan-Konferenz, September 1985. Erste Reihe von links: János Kornai, Ma Hong, James Tobin, An Zhiwen, Alec Cairncross, Zhao Ziyang, Otmar Emminger, Xue Muqiao, Włodzimierz Brus, Liu Guoguang, Aleksander Bajt. Edwin Lim ist der Zweite von links in der zweiten Reihe. Adrian Wood ist der Zweite von rechts in der zweiten Reihe, Gao Shangquan der Dritte von rechts.

mer im Gespräch über das Scheitern ihrer Reformen zu dem Schluss gelangt seien, nur eine Reform sämtlicher Bestandteile des Wirtschaftssystems einschließlich der Unternehmensorganisation und der Preise in einem entschlossenen Schritt könne zum Erfolg führen.[98] Aber seine Besuche in China und insbesondere die Erfolge im riesigen chinesischen Agrarsektor hätten ihm die Augen dafür geöffnet, dass es Spielraum für graduelle Reformen gebe. Darüber hinaus hätten die osteuropäischen Länder die Reformen »infolge der Änderung der politischen Umstände auf halbem Weg aufgegeben«. Brus zufolge existierte in China »eine solche Gefahr nicht«.[99]

Brus räumte auch ein, dass China das erste Land sei, das ein zweigleisiges Preissystem für Rohmaterialien eingeführt habe. In anderen sozialistischen Ländern habe es zahlreiche Preise für Konsumgüter gegeben, aber das zweigleisige Preissystem für industrielle Produktionsgüter sei eine chinesische Erfindung.[100] Brus war derart beeindruckt

Abbildung 8: Die Konferenzteilnehmer an Bord der Bashan auf dem Jangtse, September 1985. Alle Teilnehmer ohne Ehefrauen.

vom Erfolg der chinesischen Reformen und so enttäuscht von den osteuropäischen Versuchen in den fünfziger und sechziger Jahren, dass er den chinesischen Ökonomen davon abriet, Anregungen in seinen Schriften zu suchen.[101] Dennoch warnte er in seinem Vortrag auf der Konferenz, das zweigleisige Preissystem könne nur ein Übergangsmechanismus sein und dürfe keinesfalls zu lange Bestand haben, weil ansonsten schädliche Auswirkungen drohten.[102] Was die nächsten Schritte in der Preisreform anbelangte, so schloss sich Brus schließlich Kornais und Emmingers Einschätzung an, dass sie auf einen Schlag durchgeführt werden sollten und eine Freigabe der Rohmaterialpreise beinhalten müssten.

Mit seiner etwas moderateren Haltung stand Brus im Schatten Kornais, der sich selbst als »radikalen Reformer« beschrieb.[103] Rund dreißig Jahre später traf ich Edwin Lim in einem gemütlichen Londoner Pub. Lim, der zum Zeitpunkt der Konferenz der leitende Weltbank-

Volkswirt in China war, erklärte mir, dass Kornai die Aktivitäten der Weltbank in China in den achtziger Jahren kritisch gesehen habe, weil sich die Institution nicht auf die Politik, sondern auf die Wirtschaft konzentrierte. Tatsächlich ist es bemerkenswert, dass die Weltbank inmitten der globalen Hinwendung zum Neoliberalismus in China einen relativ ausgewogenen Ansatz wählte und die Chinesen mit unterschiedlichen Vorstellungen konfrontierte, damit sie sich selbst ein Urteil bilden konnten. Diese Praxis war in der berühmten Bashan-Konferenz deutlich zu sehen. Cairncross, Tobin, Kornai und Emminger – um nur einige ausländische Teilnehmer zu nennen – waren bezüglich der chinesischen Systemreform unterschiedlicher Meinung. Lim erklärte, Kornai habe die Weltbank für naiv gehalten, weil diese zu Wirtschaftsreformen in China beitragen wollte, ohne für eine Änderung des politischen Systems zu werben.[104] Nach Aussage Lims war Kornai der Meinung, Wirtschaftsreformen ohne politische Veränderungen würden ins Stocken geraten.

Ein Jahr nach der Bashan-Konferenz äußerte Kornai seine Zweifel an den in seinen Augen »naiven Reformern« in einem Artikel über die ungarische Reformerfahrung im *Journal of Economic Literature*, der Ähnlichkeit mit seinem Vortrag an Bord des Schiffs hatte. Die Reformer seien in einem »halsstarrigen inneren Widerspruch« gefangen, weil sie hofften, »ebenjene Personen, die einen Teil ihrer Macht verlieren werden, wenn der Prozess [der Marktreformen] erfolgreich ist, zur aktiven Beteiligung zu bewegen«.[105] Dieser naive Reformansatz sei in den offiziellen chinesischen Texten vorherrschend. Kornai äußerte Zweifel an dem »Glauben an die harmonische, wechselseitig korrigierende Dualität von ›Plan‹ und ›Markt‹«.[106]

An Bord der Bashan machte Kornai keinen Hehl aus seinen Zweifeln an dieser Dualität von Plan und Markt. Er warnte seine Zuhörer, dass »der graduelle Reformstil wahrscheinlich zu uneinheitlichen ›Verkehrsregeln‹ führen wird«, die »Konfusion in den wirtschaftlichen Abläufen« auslösen würden.[107] Eine ähnliche Metapher führte Jeffrey Sachs später in seiner Argumentation gegen graduelle Reformen an, die er mit einem Versuch verglich, »in Großbritannien vom Links- zum Rechtsverkehr überzugehen, indem man zunächst anordnet, nur Lastwagen sollten auf der rechten Straßenseite fahren«.[108] Auf der Bashan-Konferenz räumte Kornai ein, dass in einigen Bereichen wie dem Eigentumssystem eine graduelle Reform angebracht sei.[109] Doch er bestand darauf, dass es notwendig sei, »den Modus der umfassenden Reform *auf einen Schlag* anzuwenden, das heißt die verschiedenen Reformmaßnahmen synchronisiert, koordiniert und im Gleichschritt durchzuführen«.[110]

Die Preisreform bildete das Kernstück von Kornais »umfassender Reform auf einen Schlag«. Sowohl Emminger als auch Kornai erklärten: »Es wird nicht möglich sein, Chinas gesamten Reformprozess innerhalb kurzer Zeit abzuschließen, aber die Implementierung flexibler Marktpreise sollte nicht hinausgezögert werden.« Guo Shuqing und Zhao Renwei hielten in ihrem Bericht über die Konferenz fest, der Rat laute, »für die möglichst rasche Durchführung einer allumfassenden Preisreform zu kämpfen«.[111] Oder um Kornais Worte zu zitieren, nachdem er die ungarische Regierung dafür kritisiert hatte, dass sie dreißig Jahre für eine Preis- und Lohnreform gebraucht hatte, anstatt diese Maßnahmen in einem einzigen Paket durchzudrücken: »Ich persönlich glaube, dass sich [Ungarn] sehr viel besser entwickelt hätte, wenn das Preissystem einem mutigen ›chirurgischen Eingriff‹ unterzogen worden wäre.«[112] Kornai ging in seiner Argumentation für eine radikale Liberalisierung so weit, dass Cairncross in seinem Tagebuch festhielt: »Mir schien Kornais beharrlich vorgebrachte Einschätzung, jeglicher staatliche Eingriff in die Wirtschaft und insbesondere in die Preisbildung sei schädlich und müsse unterdrückt werden, sehr unrealistisch.«[113]

Der US-amerikanische Historiker Julian Gewirtz hat kürzlich erklärt, Kornais Empfehlungen auf der Bashan-Konferenz hätten »subtile, aber bedeutsame Unterschiede« zu den Ansichten aufgewiesen, »für die er weltweit bekannt war«.[114] Das deute darauf hin, dass Kornai ein Reformökonom mit zwei Gesichtern war, mit »einem Gesicht für Ungarn und einem anderen für China«.[115] Kornais intellektuelle Reise war von radikalen Kurswechseln gekennzeichnet, die den verschiedenen Phasen seines Lebens und des sozialistischen Experiments in Ungarn entsprachen.[116] Aber aus den zuvor zitierten Berichten über die Bashan-Konferenz geht hervor, dass er in Bezug auf China ein radikaler Reformer war, dessen Empfehlungen seiner Position im Jahr 1990 entsprachen.

Die von Gewirtz angedeuteten Ansichten, für die Kornai weltweit bekannt war, formulierte dieser in seinem Buch *The Road to a Free Economy*.[117] Kornai bezeichnete den Titel seines Buchs als »Widerhall« von Hayeks Titel *Der Weg zur Knechtschaft*.[118] Das Buch ist ein neoliberales Manifest für die Schocktherapie. Kornai verspricht nicht weniger als zu erklären, wie die Hindernisse auf dem Weg zu einer »freien Gesellschaft« nach Jahrzehnten der zentralen Planung und einer »überwältigenden Macht des Staates« überwunden werden können. Kornais Bestrebungen gingen weit über sein Heimatland Ungarn hinaus. Ihm schwebte eine universelle Anleitung dazu vor, wie sich Gesellschaften aus der Knechtschaft befreien konnten. Im Vorwort erklärte er: »Ich bin zuversichtlich, dass die zentralen Ideen in diesem Buch nicht nur auf Ungarn, sondern auf *alle* Länder anwendbar sind, die von einem sozialistischen Regime zu einer freien Wirtschaft übergehen.«[119]

Das Kernstück von Kornais Reformanleitung ist ein »chirurgischer Eingriff zur Stabilisierung«.[120] Diese Operation ist der wesentliche Bestandteil der Schocktherapie, die in vielen sozialistischen Ländern angewandt wurde. So wie auf der Bashan-Konferenz warnte Kornai, dass »die Umsetzung einiger der erforderlichen Maßnahmen nicht hinausgezögert werden sollte und nicht mit einer Reihe kleiner Schritte erreicht werden kann. Vielmehr müssen diese Maßnahmen *auf einen Schlag* durchgeführt werden.«[121] Aber im Einklang mit seiner Position auf der Bashan-Konferenz erklärte Kornai, dass die Durchführung einiger Maßnahmen länger dauern werde. Beispielsweise äußerte er die Überzeugung, dass die Privatisierung, in der er neben der Preisreform das Schlüsselelement der Systemreform sah, »nur in einem organischen Prozess von Entwicklung und sozialem Wandel verwirklicht werden kann« und daher schrittweise erfolgen müsse.[122]

Im Gegensatz dazu äußerte er im Einklang mit dem Rat, den er den

Chinesen gab, die Überzeugung, dass die Preisreform zu den Maßnahmen gehöre, die auf einen Schlag durchgeführt werden müssten. Notwendig sei eine »*völlige Liberalisierung der Preise* im Staatssektor«. Und: »*Je früher die Operation dieses Ziel erreicht, desto besser.*«[123] Der »chirurgische Eingriff« musste sowohl in den Augen des »chinesischen« Kornai als auch in denen des weltweit gefeierten Kornai vorbereitet werden, indem man geeignete makroökonomische Bedingungen schaffe, die Inflation stoppe, das Budget ausgleiche und die Makronachfrage steuere.[124] Alles in allem waren sich die beiden Kornais einig. Mit anderen Worten: Was die Marktreformen ab Mitte der achtziger Jahre anbelangt, gab es nur einen János Kornai. Dieser Kornai war ein Schocktherapeut. Die Bewunderung, die Kornai bei einigen chinesischen Reformökonomen mit seinen Empfehlungen auf der Bashan-Konferenz weckte, zeigt auch, dass die Schocktherapie in China durchaus »auf der Tagesordnung« stand.

Der Reformmodus, der sich Mitte der achtziger Jahre in China durchgesetzt hatte und von den Befürwortern einer schlagartigen Reform kritisiert wurde, beruhte auf einer Vermarktlichung durch Wachstum. Ich bezeichne diesen Prozess als »in den Markt hineinwachsen« im Gegensatz zum »aus dem Plan herauswachsen«,[125] weil der wichtigste Aspekt des zweigleisigen Preissystems kein absoluter Rückgang des Plananteils, sondern das Wachstum des relativen Anteils des Marktes war. Die Vermarktlichung von den Rändern her löste eine grundlegende Verwandlung der Planwirtschaft aus. Aber anfangs wuchs die chinesische Wirtschaft in den Markt hinein. Hohe Wachstumsraten deuteten darauf hin, dass der wachsende Anteil des Marktes an der Wirtschaft nicht zwangsläufig auf Kosten der Planwirtschaft ging. Dieser Reformmodus beruhte also auf Wachstum und Entwicklung.

In deutlichem Gegensatz dazu betrachteten jene, die eine Paketreform von der Art befürworteten, die in einer Schocktherapie durchgeführt wird, die Wirtschaft als Nullsummenspiel. Die Planwirtschaft musste herausgeschnitten werden, um Raum für den Markt zu schaffen. Der Patient musste wie bei einer Operation anästhesiert werden. Das bedeutete, dass für eine Weile auf Wachstum verzichtet werden musste, während die schmerzhaften, aber unumgänglichen Anpassungen vorgenommen wurden. Auf der Bashan-Konferenz warnte Kornai vor einer Abwägung zwischen Reformen und hohem Wachstum – so wie es auch Wu in Anlehnung an Kornai zu einem früheren Zeitpunkt im Jahr 1985 getan hatte.[126]

Aleksander Bajt unterstützte dieses Vorgehen und erklärte, das Problem Jugoslawiens sei gewesen, dass man dort auf makroökonomische Kontrollen verzichtet habe.[127] Kornai erklärte, man dürfe keine »Überhitzung« der Wirtschaft zulassen, da dies normalerweise zu einer erneuten Zentralisierung und letzten Endes zu einer Umkehrung der Reformen führen werde. Während im Reformparadigma einer von den Rändern ausgehenden Vermarktlichung ein hohes Wachstum ein wirksames Werkzeug zur Umwandlung der Wirtschaft war, warnte Kornai vor der Gefahr einer Überhitzung und eines Rückfalls in die Planwirtschaft. Er empfahl eine strikte Begrenzung der Gesamtinvestitionen und der Geldmenge, um einen allgemeinen Preisanstieg zu vermeiden und die Preisreform abzusichern.[128]

Es ist jedoch nicht klar, ob diese Maßnahmen die Preise tatsächlich stabilisiert und Verwerfungen durch die Preisreform verhindert hätten. Einige Konferenzteilnehmer äußerten sich besorgt über das Problem mikroökonomischer Beschränkungen der makroökonomischen Kontrollen. Beispielsweise erklärte James Tobin, die Erfahrung vieler Entwicklungsländer habe gezeigt, dass makroökonomische Maßnahmen wie die von Kornai vorgeschlagenen wenig wirksam seien, wenn die erforderlichen mikroökonomischen Bedingungen nicht gegeben seien, weshalb sie nicht geeignet seien, die durch eine Preisreform ausgelöste Inflation zu stoppen.[129] Ausgehend von Kornais eigener Logik sei nicht zu erwarten, dass solche makroökonomischen Kontrollen in einem sozialistischen Wirtschaftssystem wirksam sein würden. Auf der Bashan-Konferenz zeigte sich in Kornais Argumentation eine ähnliche Widersprüchlichkeit wie in Wu Jinglians Äußerungen in Athen.

Kornai brachte implizit Argumente dafür vor, dass eine Kontrolle über die Investitionen und über das allgemeine Preisniveau kaum mit der raschen Preisliberalisierung vereinbar war, die er den Chinesen unter den gegebenen institutionellen Bedingungen nahelegte. Eine von Kornais bekanntesten Erkenntnissen betrifft das Problem »schwacher Budgetbeschränkungen«: Aufgrund der »paternalistischen« Beziehung zwischen den staatseigenen Betrieben und den »übergeordneten Autoritäten« können sich die Unternehmen im Sozialismus darauf verlassen, dass sie eine »Handreichung« erhalten werden, wenn sie – zum Beispiel durch hohe Investitionskosten – in finanzielle Schwierigkeiten geraten. Auf der Bashan-Konferenz fügte Kornai dieser Beobachtung hinzu, dass die Unternehmen, wenn strikte Kontrollen diese »Handreichung« verhinderten, »die Budgetprobleme auslagern, indem sie die Preise erhöhen«.[130] Je größer die Macht der Unternehmen zur Festsetzung der Preise, desto eher würden sie sich ihren Schwierigkeiten entziehen, indem sie die Preise erhöhten. Die von Kornai empfohlene Preisliberalisierung würde die Entscheidung über die Preise vollkommen den Unternehmen überlassen. In Anbetracht der Tatsache, dass sich Kornai darüber im Klaren war, dass die Reform der Unternehmen ein langsamer Prozess sein musste, würde die Preisliberalisierung daher zu steigenden Preisen führen. Da die Unternehmen im sozialistischen System nicht Konkurs anmelden konnten, bestand angesichts steigender Preise und strenger Budgetbeschränkungen die einzige Lösung darin, die Preise zu erhöhen. Wenn man das berücksichtigt, schienen die von Kornai empfohlenen Maßnahmen nicht der Stabilisierung, sondern der Destabilisierung zu dienen.

Kornai selbst wies nicht auf diesen Widerspruch zwischen seiner Vorhersage des Verhaltens der Unternehmen und dem Gesamtergebnis der Preisreform hin, und dasselbe gilt für die Konferenzberichte. Aber sämtliche Elemente einer solchen Kritik an einer radikalen Preisreform wurden vorgelegt. Dieser Widerspruch in Kornais Empfehlung stand im Mittelpunkt der Warnung vor einer schlagartigen Preisreform, die das Systemreforminstitut kurze Zeit später aussprach.

Ungeachtet dieser logischen Fallstricke nahmen jene Konferenzteilnehmer an Bord der Bashan, die sich seit Langem für makroökonomische Ausgabendisziplin und eine rasche Preisreform aussprachen, Kornais Empfehlung für einen »chirurgischen Eingriff« für bare Münze und waren erfreut zu hören, dass Emminger das deutsche Wirtschaftswunder pries. Edwin Lim erinnert sich daran, dass die chinesischen Ökonomen nach der Bashan-Konferenz und den zahlreichen von der Weltbank organisierten Gesprächen mit osteuropäischen Reformökonomen »begriffen, dass eine einschneidende Reform des Systems erforderlich war«.[131] Nach Aussage Lims verstanden sie jetzt, dass sie »das zentrale Planungssystem beseitigen« mussten, anstatt daran herumzubasteln.

Die chinesischen Konferenzteilnehmer waren im Wesentlichen mit den Argumenten vertraut, die auf der Konferenz von den ausländischen Experten vorgebracht wurden. Cairncross notierte in seinem Tagebuch, Brus, der eng mit der Weltbank zusammengearbeitet hatte und zu diesem Zeitpunkt schon mehrfach in China gewesen war, habe erklärt, »dass sie alles wussten und keine Diagnose, sondern Rezepte wollten«.[132] Die westliche Ökonomik hatte durchaus einige neue Erkenntnisse über die Praktiken der makroökonomischen Regulierung in den westlichen Volkswirtschaften gewonnen, und die Beschreibung von Maßnahmen der indirekten Wirtschaftslenkung erhöhte die Erfolgsaussichten der Vermarktlichung. Doch die unmittelbare Wirkung der Konferenz bestand darin, dass sie den Verfechtern der sogenannten Paketreform Aufwind gab. In den folgenden Monaten konnten die Anhänger einer einschneidenden Preisreform ihren Anspruch, den richtigen Weg zu kennen, mit dem Hinweis auf die Gespräche mit Experten von Weltruf begründen. Luo Xiaopeng, ein junger Konferenzteilnehmer, der eine rasche Preisreform ablehnte, ist der Meinung, diese Gruppe habe die alte chinesische Strategie angewandt, »einen Ausländer einzusetzen, um die eigene Position zu festigen (挟洋自重)«.[133]

Das Programmbüro von 1986

Kurz nach der Bashan-Konferenz trat Ende September 1985 die nationale Konferenz der Parteidelegierten zusammen, um den »Vorschlag für den 7. Fünfjahresplan« zu beschließen, der im Jahr 1986 in Kraft

Abbildung 9: Nobelpreisträger James Tobin und Reformökonom Gao Shangquan während der Bashan-Konferenz.

treten würde.[134] Teile des Plans beruhten auf dem Konzept der Paketreform. Darin hieß es, ein Übergang von der direkten Kontrolle über die Unternehmen zu einer indirekten Makrokontrolle sei notwendig, um »ein neues System für die sozialistische Wirtschaft zu errichten«.[135]

Wu Jinglian sah darin ebenso wie einige seiner Widersacher einen Hinweis darauf, dass die Paketreform wachsenden Rückhalt fand.[136] Die Parteiführung entschloss sich, die strikte Kontrolle über die Kreditquoten und die disziplinierte Finanzpolitik fortzusetzen, die früher im selben Jahr in Reaktion auf das hohe Wirtschaftswachstum und steigende Preise beschlossen worden war.[137] Diese Fortsetzung der makroökonomischen Disziplin entsprach der Vorstellung, dass es einen Zielkonflikt zwischen Reformen und Wachstum gab und dass die Nachfrage gebremst werden musste, um die Reformen vorzubereiten.

Anfang des Jahres 1986 wurde unübersehbar, dass Vorbereitungen für eine Neuausrichtung der Reformpolitik getroffen wurden. Ministerpräsident Zhao Ziyang war seit Langem hin- und hergerissen zwischen seiner Erfahrung mit den Reformen in der Landwirtschaft und der Reform der Unternehmen in Sichuan, die ihn gelehrt hatten, »nach Steinen tastend den Fluss zu überqueren«, und dem Wunsch, mithilfe der Magie der Wirtschaftswissenschaft den Sprung zu einer modernen Marktwirtschaft zu schaffen.[138] Nun traten die mit den Reformbemühungen verbundenen Herausforderungen deutlicher zutage, und das Versprechen einer einfachen Lösung begann, verlockender zu wirken. Das ging so weit, dass China einer Urknall-Reform sehr nahe kam.

In den Vorträgen über die Aufgaben für das kommende Jahr, die Zhao im Januar 1986 vor der wirtschaftlichen Führung und dem Staatsrat hielt, betonte er noch, dass in der Preisreform keine zu großen Schritte unternommen werden sollten und dass man bis auf Weiteres insbesondere am zweigleisigen Preissystem für Stahl festhalten müsse.[139] Gleichzeitig solle jedoch die makroökonomische Kontrolle gestärkt werden, um geeignete Voraussetzungen für den nächsten Reformschritt zu schaffen.[140] Das Jahr müsse genutzt werden, um gestützt auf gründliche Forschung ein Programm für diesen nächsten Schritt auszuarbeiten.[141]

Im März 1986 hatte Zhao eine klare Vision für diesen nächsten Schritt entwickelt: »Die Paketreform ist der aus individuellen Maßnahmen bestehenden Reform überlegen«, sagte Zhao zu seinen Privatsekretären Bao Tong und Bai Meiqing.[142] Die wichtigste Aufgabe bestehe darin, die Preise für 66 wichtige Produktionsgüter zu regeln.[143] Dazu werde man das Steuersystem – und folglich das System öffentlicher Finanzen – anpassen müssen, was sich auf den Außenhandel und das Finanzsystem auswirken werde.[144] All diese Reformen miteinander zu verknüpfen, werde »ein großer Kampf« werden, da sie sich augenblicklich auf die Interessen von Unternehmen, lokalen Verwaltungen und Zentralregierung sowie Konsumenten auswirken würden.[145] Aber in Übereinstimmung mit den osteuropäischen Reformern und ihren chinesischen Partnern warnte Zhao ähnlich wie Kornai, das

Abbildung 10: Verschnaufpause während der Bashan-Konferenz.
Von links nach rechts: Xue Muqiao, Ma Hong, Li Kemu, Wu Jinglian.

Grundproblem sei die Koexistenz von neuem und altem System. Sie verursache erhebliche Spannungen. Wenn China weiterhin nur graduelle Fortschritte mache, würden die Widersprüche zwischen den beiden Systemen gravierende Auswirkungen haben, erklärte Zhao. Insbesondere äußerte er so wie Brus auf der Bashan-Konferenz die Einschätzung, man könne nicht lange an zwei ganz unterschiedlichen Preisen für dasselbe Produkt festhalten. Wenn die Bedingungen günstig seien, solle China »in den nächsten zwei Jahren einen entscheidenden Schritt tun und dem neuen System Vorrang einräumen«.[146] Doch obwohl er sich für die Paketreform aussprach, warnte Zhao auch: »Dies könnte die Vorgehensweise [bei den weiteren Reformen] sein, aber wir können auch andere Lösungen in Erwägung ziehen.« Entscheidend sei es, »ein gutes, durchdachtes und umfassendes Programm zu entwerfen«.[147]

Vier Tage nach dem Gespräch mit seinen Sekretären äußerte sich Zhao am 15. März 1986 auf der Nationalen Arbeitskonferenz für die Reform des urbanen Wirtschaftssystems in ähnlicher Weise. Eine Paketreform sei der richtige Weg, erklärte er, aber in diesem Paket sei die Reform der Preise von Rohmaterialien, Energie und anderen wichtigen Produktionsgütern die zentrale Maßnahme, die als Erstes erfolgen und entschlossen umgesetzt werden müsse.[148] Um den Erfolg zu garantieren, erklärte Zhao, müsse eine Schmälerung der Realeinkommen verhindert werden. Wenn die Preise zu stark stiegen, könne man einen Kaufkraftverlust vermeiden, indem man die Lohnentwicklung an die des Verbraucherpreisindex kopple. Selbst wenn der Inflationsausgleich mit kurzfristigen finanziellen Einbußen einhergehe, müsse die Preisreform entschlossen vorangetrieben werden, erklärte Zhao seinen Zuhörern. So wie die Verfechter makroökonomischer Disziplin als Voraussetzung für eine Paketreform schlug Zhao vor, die Investitionen müssten strikt begrenzt werden, um die Reform der Produzentenpreise vorzubereiten. Für kurze Zeit starke Schmerzen zu haben, sei besser, als an den »chronischen Krankheiten« des alten Systems zu leiden.[149] Um das kurzfristig schmerzhafte Reformpaket mit dem Versprechen langfristiger Vorteile durchzusetzen, war es in Zhaos Augen notwendig, »das kollektive Wissen von Praktikern und Theoretikern, Genossen in den zentralen Abteilungen und örtlichen Behörden, Alten und Jungen zu nutzen, um ein gutes Programm zu entwerfen«.[150]

Es gelang Zhao, sich die benötigte politische Unterstützung für die Vorbereitung eines »entschlossenen Schritts« zu sichern. Am 25. März 1986 richtete der Staatsrat das Büro für die Gestaltung des Programms zur Reform des Wirtschaftssystems ein (normalerweise als 方案办 bezeichnet, im Folgenden »Programmbüro«), das einen Reformplan entwerfen sollte.[151] Wenige Tage später gab Deng Xiaoping der Preisreform seinen Segen. Gegenüber einer Delegation aus Hongkong erklärte er:

> Die Reform birgt zweifellos Risiken und kann einige Turbulenzen verursachen, aber ohne entschlossenes Vorgehen wird sie nicht gelingen. Wenn wir reformieren wollen, müssen wir bereit sein, Risiken einzugehen. In den letzten Jahren haben unsere Reformen dank sorgfältiger Prüfung Früchte getragen. Wenn es uns jetzt gelingt, die Preise anzupassen, werden wir einen Engpass in der Reform des Wirtschaftssystems hinter uns lassen.[152]

Diese Aussagen Zhao Ziyangs und Deng Xiaopings zeigen, dass die Vorstellung, man müsse zwischen kurzfristigen und langfristigen Schmerzen wählen und für eine bessere Zukunft Opfer in Kauf nehmen, Mitte der achtziger Jahre in der chinesischen Führung verbreitet war. Die Methode, unverzüglich schmerzhafte Maßnahmen zu ergreifen, um auf lange Sicht ein besseres Wirtschaftssystem zu errichten, steht im Mittelpunkt der Schocktherapie.

Im Programmbüro waren zwar alle Parteiebenen und alle betroffenen Ministerien vertreten, um zu gewährleisten, dass drastische Maßnahmen ausreichende Legitimität hatten. Die intellektuelle Vorherrschaft lag jedoch in den Händen der langjährigen Befürworter der Paketreform. Geleitet wurde das Büro von Zhao Ziyangs Schützling und Vertrautem Tian Jiyun, der mit Zhao aus Sichuan gekommen war und zu jener Zeit das Amt eines stellvertretenden Ministerpräsidenten bekleidete.[153] Der Geschäftsführer war Gao Shangquan, ein stellvertretender Leiter der Systemreformkommission,[154] der auch bevollmächtigter Leiter des Systemreforminstituts gewesen war, bevor Chen Yizi und Wang Xiaoqiang dort die Verantwortung übernommen hatten. Er hatte entscheidend dazu beigetragen, die Unabhängigkeit des Instituts zu wahren.[155] Doch da Gao Shangquan mit der Leitung einer Delegation des Systemreforminstituts betraut worden war, die Ungarn und Jugoslawien besuchen sollte, wurde Wu Jinglian gemeinsam mit anderen die Aufgabe übertragen, zeitweilig Gaos Funktion als stellvertretender Leiter zu übernehmen.[156] Weitere namhafte Mitglieder waren An Zhiwen, Cheng Zhiping, Ma Hong, Tian Yuan, Xu Jingan, Zhang Jinfu sowie Zhu Rongji, der 1993 stellvertretender Ministerpräsident und 1998 Ministerpräsident wurde und für seine neoliberalen Reformvorhaben bekannt ist.[157] Zhu, ein Ingenieur, war stellvertretender Leiter der Staatlichen Wirtschaftskommission sowie Gründer und Leiter der den amerikanischen Business Schools nachempfundenen School of Economics and Management der Tsinghua-Universität und arbeitete seit der ersten Weltbank-Mission in China mit dieser Institution zusammen.[158]

Zu den prominenten Befürwortern einer Paketreform im Programmbüro zählten Lou Jiwei, der sich zuvor mit Guo Shuqing zusammengetan hatte, um einen Vorschlag für eine radikale Preisreform zu entwerfen, Zhou Xiaochuan, Lous Mitautor auf der Nachwuchskonferenz in Moganshan, sowie Liu Guoguang, der eng mit der Weltbank zusammengearbeitet hatte, um in den ersten Reformjahren osteuropäische Ökonomen wie Włodzimierz Brus und Ota Šik nach China zu holen.[159]

Wu zufolge war dies der Beginn einer engen Zusammenarbeit dieser Gruppe, die unter der Präsidentschaft von Jiang Zemin und in der Amtszeit von Ministerpräsident Zhu Rongji in den neunziger Jahren und zu Beginn des 21. Jahrhunderts Früchte trug, als die meisten neoliberalen Wirtschaftsreformen in China durchgeführt wurden.[160] Zhou Xiaochuan beschrieb die Mitglieder der Gruppe treffend als »radikale Reformökonomen, die sich auf die marktwirtschaftliche Theorie stützen«, und erklärte, da diese Ökonomen aus dieser Theorie marktorientierte Reformen abzuleiten versuchten, würden ihnen oft »eine ›Trennung von Theorie und Praxis‹ sowie ›Idealismus‹ und ›Bücherverehrung‹ vorgeworfen«.[161]

Der erste Reformvorschlag des Programmbüros vom 25. April 1986, der den Titel »Grundzüge der Reform in den nächsten zwei Jahren« trug, wurde innerhalb von 22 Tagen fertig gestellt.[162] In dem Text wurde der Vorschlagsentwurf aus dem Jahr 1985 erweitert. Der Vorschlag entsprach den Vorstellungen von Wu, Guo, Lou und anderen[163] sowie den Vorschlägen der osteuropäischen Reformer und den Anhängern von Friedmans Interpretation des deutschen Wirtschaftswunders. Der Inhalt des Programms deckte sich vollkommen mit Zhao Ziyangs Rede vom 15. März, in der er die Notwendigkeit kurzfristiger Opfer als Voraussetzung für langfristige Erträge betont hatte.

In dem Programm war die Rede von der »Notwendigkeit und Möglichkeit eines großen Schritts« in den Reformbemühungen der kommenden zwei Jahre. Die Autoren erklärten, die Entscheidung über Erfolg oder Misserfolg der Reformen werde im Zeitraum des 7. Fünfjahresplans (1986-1990) fallen.[164] Der Reformansatz wurde einmal mehr als »Paket« (配套) bezeichnet. Es wurde hervorgehoben, die Maßnahmen müssten koordiniert werden, um Synergien zwischen den einzelnen Bestandteilen der Reformen zu erzeugen, aber die Umsetzung sollte in separate, geplante Schritte unterteilt werden.[165] In den vergangenen Jahren sei die Autonomie der Unternehmen erheblich gestärkt worden, aber es seien keine ergänzenden Maßnahmen ergriffen worden, um einen wettbewerbsfähigen Markt zu schaffen.[166] Ein Markt mit echtem Wettbewerb wurde als ein Markt mit rationaler Preisstruktur definiert, der gleiche Profitraten für die Marktteilnehmer und damit einen fairen Wettbewerb garantieren würde. Daher sollte der »große Schritt« in den Jahren 1987/88 in einer Preisreform bestehen, die durch eine Reform des Steuersystems und der Staatsfinanzen ergänzt werden müsse.[167]

Konkret hieß es in dem Vorschlag: »Die Reform der Preise von Energie und Rohmaterialien ist Ausgangspunkt und zentraler Bestandteil dieser Paketreform.«[168] Die verzerrten Preissignale sollten mit einer einzigen großen Aufwärtsanpassung korrigiert werden. Abhängig von den konkreten Bedingungen der Güter würde dies entweder eine einzige große Anpassung oder eine von mehreren kleinen gefolgte große Korrektur sein.[169] Wesentlich ist, dass in dem Vorschlag davon ausgegangen wurde, dass dieser Eingriff relativ rasch stabile Marktbedingungen erzeugen würde. Daher sollten die Preise innerhalb kurzer Zeit freigegeben werden, wobei die zweigleisigen Preise zu einem einzigen zusammengefasst werden sollten.[170] Mit Steuersenkungen sollten die Einzelhandelspreise stabilisiert werden, während wichtige Investitionsvorhaben subventioniert werden sollten, um den Anstieg der Inputpreise zu kompensieren.[171] Im Jahr 1988 sollte dann auf die Reform der Produktionsgüterpreise und der Steuern eine Reform des Systems öffentlicher Finanzen sowie des staatlichen Zuteilungs- und Investitionssystems folgen, die beide direkt von den vorausgegangenen zwei Reformmaßnahmen beeinflusst würden.[172] Später sollten eine Lohnreform und eine Reform des internationalen Handelssystems folgen.

Wu Jinglian, einer der Architekten dieses Vorschlags, erklärte, dass dieser auf der Preisreform beruhende Plan Ota Šiks Modell folge, »zuerst anzupassen und dann loszulassen« (先调后放).[173] Doch das Programm wich auch in wesentlichen Punkten von Šiks Empfehlungen ab. Šik zufolge sollten auf Berechnungen beruhende Preisanpassungen die Liberalisierung absichern – aber nur in Kombination mit bestimmten Beschränkungen. Erstens hatte Šik ausdrücklich darauf hingewiesen, dass die Preise grundlegender Produktionsgüter weiterhin vom Staat geplant werden sollten, sofern diese Güter sehr knapp waren, und das war in China zu jener Zeit noch der Fall, was sich an der sehr großen Kluft zwischen den Plan- und Marktpreisen dieser Güter zeigte. Zweitens sah Šik eine Vorbedingung für die Reform darin, dass das staatliche Zuteilungssystem im Rahmen des Plans vor der Freigabe der Preise beseitigt wurde, da das alte System in seinen Augen nicht mit dem Marktmechanismus vereinbar war. Hingegen war die Reform des staatlichen Zuteilungs- und Investitionssystems im Programm von 1986 erst der zweite Schritt nach der Preisliberalisierung.[174] Drittens warnte Šik, dass neben der Erzeugung eines Käufermarkts – auf dem ein Überangebot herrschte, was das Programmbüro durch eine weitere makroökonomische Drosselung zu erreichen hoffte, so wie Kornai und andere auf der Bashan-Konferenz empfohlen hatten[175] – vor der Preisfreigabe die monopolistischen Staatsbetriebe zerschlagen werden müssten. Šik hatte auf das Beispiel Jugoslawiens verwiesen, um zu zeigen, dass eine Preisfreigabe zu Inflation und gesellschaftlicher Unruhe führte, wenn die Monopole Bestand hatten.

Die Pläne des Programmbüros stießen auf heftigen Widerstand der Befürworter gradueller Reformen. Gestützt auf die Ergebnisse von Feldstudien in Jugoslawien und Ungarn warnten die Reformökonomen am Institut für die Erforschung der Reform des Wirtschaftssystems vor der Gefahr gesellschaftlicher Instabilität infolge der Preisanstiege, die durch eine Urknall-Reform der Preise heraufbeschworen würde. Diese Ökonomen befürworteten durchaus Reformen, lehnten jedoch eine schlagartige Lösung ab. Ihre Wortmeldungen nährten Zweifel bei staatlichen Funktionären und Managern von Staatsunternehmen, die über die hohen Kosten und politischen Risiken des vom Programmbüro vorgelegten Plans besorgt waren.

Als die kritischen Stimmen lauter wurden, bemühten sich die Ökonomen im Programmbüro einmal mehr um »Rückenwind aus dem Ausland«. Am 21. Juni 1986 traf sich Edwin Lim mit Zhao Ziyang und drängte diesen zu entschlossenem Handeln: »Ich denke, Sie können die Reform beschleunigen, insbesondere die Preisreform.«[176] Lim wiederholte einmal mehr die Einschätzung, die Brus auf der Bashan-Konferenz geäußert hatte, und erklärte, das zweigleisige Preissystem sei eine Übergangslösung und dürfe nicht zu lange aufrechterhalten werden. Lim äußerte die Überzeugung, die bei der Reform der Landwirtschaft angewandte Methode könne nicht einfach auf die Städte übertragen werden; stattdessen sollten die Chinesen ein Programm durchführen, das eine Preisreform mit einer Reform des Steuersystems und der Staatsfinanzen kombiniere.[177]

Im selben Monat sprach sich einer der wichtigsten älteren Reformökonomen Chinas für den vom Programmbüro vorgelegten Plan aus: Auf Anregung von Wu Jinglian schrieb Xue Muqiao einen Brief an Zhao Ziyang und Tian Jiyun, in dem er das Vorhaben einer radikalen Preisreform befürwortete.[178] Xue schrieb: »Man hat mir gesagt, dass das, was geschieht, keine einzelne Reform, sondern eine völlige Neugestaltung von Preisen, Steuereinnahmen, Finanzen und Kredit ist. Das halte ich für einen ermutigenden Fortschritt.«[179] Xue sprach sich auch dafür aus, der Reform der Preise von Produktionsmitteln Vorrang einzuräumen, und äußerte die Überzeugung, dass man die Risiken auf ein angemessenes Maß verringern könne, indem man die Investitionen strikt begrenze.[180] An anderer Stelle erklärte Xue den wesentlichen Unterschied zwischen seinen und Kornais Vorstellungen. Xue wies darauf hin, dass er Kornais Einschätzung,[181] die Budgetbeschränkungen seien im Sozialismus zwangsläufig schwach und der »Investitionshunger« sei »eine unheilbare chronische Krankheit der sozialistischen Wirtschaft«, nicht teile.[182] In seinen Augen konnten die Investitionen unter Kontrolle gebracht werden, und die Preisreform musste nicht zwangsläufig zu Inflation führen. Xue vermied also die Widersprüche in Kornais Argumentation. Es ist jedoch bemerkenswert, dass der über achtzigjährige Xue eine solche intellektuelle Kehrtwende von einem vorsichtigen Reformer, der die Lehren aus jahrzehntelanger Erfahrung in der praktischen ökonomischen Arbeit gezogen hatte, zu einem Befürworter der Paketreform vollzog.

Die Urknall-Lösung wird widerlegt

> Theoretisch steigt der Nutzen jedes Produkts, wenn man Preisverzerrungen beseitigt. Doch in der Praxis könnte die Natur der Güter entscheidend sein, wenn man nach dem Big Bang auf die Reaktionen von Angebot und Nachfrage wartet. [...] Wären die Preisverzerrungen in erster Linie auf Konsumgüter wie Bikinis und Miniröcke beschränkt, so wäre der Big Bang ein kleiner Knall. Umgekehrt wäre er wirklich ein großer Knall, wenn die Preisverzerrungen insbesondere bei Energie und Materialien wie Erdöl und Stahl auftreten würden.
>
> *Wang 1998: 25*

Als die Befürworter der Urknall-Lösung an Einfluss gewannen und die Vorbereitungen für die Paketreform voranschritten, schlossen sich mehrere Gruppen reformwilliger Ökonomen zusammen, um sich diesem drastischen Eingriff zu widersetzen. Die Gegner der Schocktherapie waren unterschiedlicher Meinung in der Frage, welches der richtige nächste Schritt in der Reform des Wirtschaftssystems war, aber sie waren sich darin einig, dass eine Urknall-Reform katastrophale Folgen für die Wirtschaft und die Bevölkerung haben und damit die Erfolgsaussichten der Reformbemühungen schmälern würde.

Einige junge Ökonomen, die seit der Nachwuchskonferenz in Moganshan im Jahr 1984 beträchtlichen Einfluss erlangt hatten, darunter Hua Sheng, He Jiacheng und Luo Xiaopeng, aber auch Zhou Qiren, Zhang Weiying und andere,[183] sahen den entscheidenden Gegensatz zwischen dem alten und dem neuen System nicht im Fortbestehen von zwei verschiedenen Preisen, sondern in den unklar definierten Eigentumsverhältnissen.[184] Beispielsweise empfahlen Hua Sheng und seine Gruppe, im nächsten Reformschritt die Eigentumsrechte an den Vermögenswerten der Unternehmen in einem »Assetmanagementverantwortungssystem« klar zu definieren.[185] Einer der angesehensten

Ökonomen Chinas, Li Yining, sprach sich für die Einrichtung einer sozialistischen Börse aus.[186] Wieder andere, darunter Wang Xiaoqiang, der Leiter des Wirtschaftsreforminstituts, und Ji Xiaoming, befürworteten eine Unternehmensreform, waren jedoch der Meinung, China solle »über die Logik des Privateigentums hinausgehen«, anstatt einfach die westliche kapitalistische Organisationsform nachzuahmen, die der Situation Chinas und seinem sozialistischen Weg nicht angemessen sei.[187]

Die Debatte zwischen den Anhängern verschiedener Versionen der Unternehmensreform und den Befürwortern einer Urknall-Preisreform wird üblicherweise als Auseinandersetzung zwischen jenen Ökonomen, die zuerst die Unternehmen und die Eigentumsverhältnisse reformieren wollten, und denen dargestellt, die zuerst die Preise reformieren wollten.[188] Aber die Konfrontation zwischen den verschiedenen Standpunkten war nicht auf die Frage der Reihenfolge beschränkt. Jene, die einen Big Bang forderten, wandten in der Tradition von Oskar Lange die Gleichgewichtstheorie des französischen Ökonomen Léon Walras an. In ihren Augen wurde der Markt im Wesentlichen von einem Preisvektor repräsentiert, und wenn China eine Marktwirtschaft einführen wollte, musste es vor allem »die Preise in Ordnung bringen«. Jene, die diese Einschätzung ablehnten, waren mit der institutionellen Realität ihres Landes und den komplexen historischen Prozessen vertraut, die zur Entstehung der Marktwirtschaft in der kapitalistischen Welt geführt hatten. In ihren Augen war der Markt sehr viel mehr als Preissignale und konnte nur aus dem vom Staat ermöglichten Wechselspiel zwischen angemessen strukturierten Unternehmen hervorgehen. In ihren Augen würde die Freigabe der Preise grundlegender Produktionsgüter – sei es mit oder ohne vorhergehende Anpassung – nicht zu einem Gleichgewicht, sondern zu Chaos, Inflation und politischer Instabilität führen.

Eine Urknall-Preisreform ist keine Lösung für ein strukturelles Ungleichgewicht: Li Yinings Gegenangriff

Im Jahr 1986 nutzte Li Yining eine Rede anlässlich des 67. Jahrestags der Gründung der Bewegung des 4. Mai an der Universität Peking, um die Argumente für eine Urknall-Reform theoretisch zu entkräften.[189] Die US-amerikanische Historikerin Rebecca Karl hat die Bewegung des 4. Mai treffend als antiimperialistischen Rundumschlag beschrieben, ein »intellektuelles und aktivistisches Programm für den Widerstand gegen das korrupte heimische Regierungssystem [der republikanischen Ära von 1912 bis 1949], gegen globale Institutionen und lokale Organisationen«.[190] Das Programm der Bewegung gestaltete die chinesische politische und intellektuelle Landschaft des 20. Jahrhunderts neu. Wichtige Beiträge zu der Bewegung leisteten die Studenten der Universität Peking. Rund dreißig Jahre nach ihrer Gründung, in den fünfziger Jahren, wurde Li Yining an der Universität Peking von Chen Daisun und Luo Zhiru, die 1925 beziehungsweise 1937 Doktortitel in Harvard erlangt hatten, in die westliche Wirtschaftswissenschaft eingeführt. Chen und Luo zählten zu den führenden chinesischen Experten für ausländisches ökonomisches Denken.[191] Während einige Ökonomen der mittleren Generation, die jetzt eine radikale Preisreform forderten, ehemals Verfechter der orthodoxen marxistischen Wirtschaftstheorie sowjetischer Prägung gewesen waren, hatte Li stets eine kritische Distanz gewahrt und während der gesamten Mao-Zeit an seinem Interesse an der westlichen Wirtschaftswissenschaft festgehalten.[192] Wegen seines Forschungsinteresses wurde Li in der Kulturrevolution mehrfach für mehrere Jahre als Zwangsarbeiter aufs Land verbannt.[193]

Als die Reformära anbrach, erhielt er im Jahr 1979 im Alter von 49 Jahren endlich einen Lehrstuhl an der Universität Peking. Im Jahr 1984 trat er in die Partei ein.[194] Im Jahr 1979 organisierte Li eine wöchentliche Vortragsreihe über westliche Wirtschaftswissenschaft an seiner Universität.[195] Die Vorträge fanden großes Interesse und wurden von jungen Intellektuellen besucht, die vom Land zurückgekehrt waren und mit dem Studium der ausländischen Ökonomik begonnen hatten.[196] Die Verfechter der Paketreform wurden von den osteuropäischen Reformern inspiriert und standen in der intellektuellen Tradition von Oskar Langes neoklassischer Vision des Marktsozialismus. Li Yining hatte in den siebziger Jahren mit Lange gebrochen, weil dieser in seinen Augen das menschliche Verhalten und die institutionellen Realitäten außer Acht ließ.[197]

In seiner akademischen Tätigkeit an der Universität Peking schöpfte Li aus zwei Jahrzehnten der Lektüre und Reflexion und veröffentlichte eine Reihe von Büchern, in denen er sich mit den zeitgenössischen Strömungen im ökonomischen Denken beschäftigte.[198] In seiner ersten Monografie, *Galbraiths Institutionenökonomik*, kritisierte er John Kenneth Galbraiths bürgerlichen konzeptuellen Rahmen.[199] In China war es zu jener Zeit noch üblich, in der Auseinandersetzung mit der westlichen Ökonomik eine kritische Haltung einzunehmen. Aufgrund seiner eingehenden Auseinandersetzung mit Galbraiths Leben und Werk ist klar, dass Li mit der Einstellung von Galbraith zu den amerikanischen Preiskontrollen und zum Monopolkapitalismus vertraut war. Lis zweite wichtige Arbeit war *Die britische Wirtschaft im 20. Jahrhundert*.[200] Er hatte es sich zur Aufgabe gemacht, den Ursachen der »britischen Krankheit« auf den Grund zu gehen, und nahm eine kritische Haltung gegenüber der britischen Wirtschaftsregulierung und Sozialpolitik nach dem Zweiten Weltkrieg ein. Aber Li war ein Experte für den Übergang Großbritanniens von der Kriegs- zur Friedenswirtschaft und dürfte mit den Argumenten für die Aufrechterhaltung einer gewissen Kontrolle über die Preise in der Übergangszeit, die Cairncross auch auf der Bashan-Konferenz vertrat, vertraut gewesen sein. Seine Bücher schufen die Grundlage für seine theoretische Kritik an der Durchführbarkeit einer umfassenden Preisreform, deren Ergebnis die Abhandlung war, die Li als seinen wichtigsten akademischen Beitrag betrachtete:[201] *Die chinesische Wirtschaft im Ungleichgewicht*.[202]

In seiner Rede am Jahrestag der Bewegung des 4. Mai im Jahr 1986 sprach Li Yining die Worte aus, die der US-amerikanische Politikwissenschaftler Joseph Fewsmith als »vielleicht bekanntesten Satz in der

Debatte über die Wirtschaftsreform« bezeichnet hat:[203] »Die Wirtschaftsreform kann immer noch scheitern, wenn die Preisreform scheitert, aber ihr Erfolg hängt nicht von der Preisreform, sondern ausschließlich von der Reform der Eigentumsverhältnisse ab.«[204] Die Befürworter eines »großen Vorstoßes« hatten versprochen, dass eine rasche Reform wichtiger industrieller Inputpreise einen Durchbruch ermöglichen würde, aber Li warnte, dass ein Scheitern dieser Preisreform das gesamte Reformvorhaben zunichtemachen könne und dass selbst ihr Erfolg nicht geeignet sein würde, die Reform der Wirtschaft insgesamt entscheidend voranzubringen. Indem die politische Führung erklärte, für den langfristigen Erfolg müssten kurzfristig Rückschläge in Kauf genommen werden, räumte sie ein, dass die Risiken und Kosten einer einschneidenden Preisreform hoch sein würden. Nun fügte Li hinzu, obwohl der Weg gewiss sei, werde der Nutzen der Paketreform anders als von ihren Befürwortern versprochen selbst im günstigsten Fall gering sein. Anders als von Milton Friedman, Wu Jinglian und vielen anderen angenommen, konnte China nach Einschätzung Lis nicht darauf hoffen, das deutsche Wirtschaftswunder zu wiederholen.[205] Eine solche Schocktherapie in der Hoffnung auf ein Wunder werde lediglich die sozialen und wirtschaftlichen Fundamente für erfolgreiche Reformen untergraben.

Lis zentrales Argument lautete, dass China unter einem strukturellen Ungleichgewicht leide – das erinnerte an das von John Kenneth Galbraith beschriebene »System des Ungleichgewichts«.[206] Li stellte seine Idee vom Ungleichgewicht der Gleichgewichtstheorie von Walras gegenüber. Li betrachtete ein Walras'sches *Un*gleichgewicht als Abweichung vom Walras'schen *Gleichgewicht*. Das Walras'sche Ungleichgewicht ist ein Zustand, in dem die automatische Anpassung von Preisen und Mengen noch nicht abgeschlossen ist. Hier wird die Existenz vollkommen entwickelter Märkte mit vollkommenem Wettbewerb, vollkommenen Informationen und vollkommen flexiblen Preisen angenommen. Damit ist das Ungleichgewicht in diesem Konzept kein stabiler, sondern ein Übergangszustand auf dem Weg zum Gleichgewicht.

China befand sich nach Einschätzung Lis zu jener Zeit jedoch in einem Zustand des Ungleichgewichts, definiert als »Schwebezustand, in dem weder ein vollkommen entwickelter Markt noch ein flexibler Preismechanismus existiert«.[207] Li warnte, zur Beseitigung des Nachfrageüberhangs bedürfe es unter den in China herrschenden Bedingungen keiner Preisanpassung, sondern der Entwicklung der Wettbewerbsfähigkeit der Unternehmen. In einem Galbraith'schen Modus, erklärte Li, könne dies nicht durch die Zerschlagung der Monopole erreicht werden. Stattdessen forderte er, die Managementfähigkeiten zu verbessern und die sozialistischen Staatsunternehmen in Aktiengesellschaften umzuwandeln.

Li sah die wichtigste Aufgabe darin, horizontale Marktbeziehungen zwischen den Unternehmen herzustellen und die Fähigkeiten des Staates zur wirtschaftlichen Regulierung zu professionalisieren.[208] Li war überzeugt, dass die Beseitigung der Planwirtschaft und die Freigabe der Preise nicht automatisch einen Markt hervorbringen würden. Stattdessen sollte der Staat einen langsamen Prozess des institutionellen Wandels einleiten, um Märkte zu schaffen. Sofern dieser institutionelle Wandel, dessen Zweck im Grunde darin bestand, die Funktionsweise der kapitalistischen Unternehmen nachzuahmen, nicht abgeschlossen war, musste man seiner Meinung nach an einem zweigleisigen Preissystem und der wirtschaftlichen Regulierung festhalten.

Darüber hinaus warnte er, China werde eine Weile unter einem absoluten Mangel an bestimmten Inputs leiden. Diese Knappheit könne nicht durch eine Freigabe der Preise überwunden werden. Stattdessen bedürfe es weiterhin einer direkten staatlichen Regulierung einschließlich der Kontrolle bestimmter Preise. Dabei müssten die Preise auf dem Marktgleis des zweigleisigen Systems der Ausgangspunkt sein. Das bedeute nicht, dass der Staat die Plan- und Marktpreise auf das gleiche Niveau bringen müsse; vielmehr solle er den Markt mittels der Abweichung zwischen den beiden Preisen regulieren. In Lis Augen war es für den Erfolg der chinesischen Marktreformen unverzichtbar, dass man über einen langen Zeitraum hinweg am zweigleisigen Preissystem festhielt.[209] Li räumte ein, dass das zweigleisige Preissystem Spannungen verursachen könne, aber er war der Meinung, dass China angesichts seiner Bedingungen keine andere Wahl habe, als bis auf Weiteres an dieser »zweitbesten Lösung« festzuhalten.[210]

Wesentlich ist, dass Li das Gleichgewicht nicht als Selbstzweck, sondern als Analysewerkzeug betrachtete, anhand dessen man die Bedingungen der chinesischen Wirtschaft beurteilen könne. Man könne leicht ein niedriges Gleichgewicht herstellen, indem man die Nachfrage auf das niedrige Niveau des Angebots drücke. Aber auf diese Art werde man lediglich ein Gleichgewicht der Armut schaffen. Selbst wenn makroökonomische Sparsamkeit und eine Preisfreigabe ein stabiles Gleichgewicht erzeugen würden – was die Anhänger der Paketreform zu glauben schienen –, wäre dies kein gesellschaftlich und wirtschaftlich erstrebenswerter Zustand. Ein solcher niedriger Gleichgewichtszustand stellte in Lis Augen keine geeignete Bedingung für Reformen dar. Er erwartete nicht, dass die von der Paketreform verursachten kurzfristigen Schmerzen langfristig die wirtschaftliche Entwicklung Chinas fördern würden.

Li erklärte, die Reformmaßnahmen sollten keinen Schock auslösen, sondern so gestaltet werden, dass sie Kontinuität und Stabilität förderten und die Bevölkerung zuversichtlich stimmten. Wenn Bürger und Unternehmen die plötzlichen Veränderungen infolge einer umfassenden Preisfreigabe spüren würden, würden sie mit übereilten Vorsichtsmaßnahmen reagieren, die politische Unruhe auslösen könnten.[211] Ein rascher, großer Schritt in der Preisreform würde das gesamte Reformprojekt sozialen und politischen Bedrohungen aussetzen, ohne die wirtschaftlichen Probleme zu lösen, mit denen China auf dem Weg zu einer wohlhabenden Marktwirtschaft konfrontiert sei. Der Vorschlag, der Preisreform Vorrang zu geben, klinge theoretisch sehr verlockend, aber in der Praxis bestehe der einzig gangbare Weg angesichts der Realität Chinas darin, am zweigleisigen Preissystem festzuhalten und die Reform der Eigentumsverhältnisse schrittweise fortzusetzen.[212]

Lehren aus der Reformpraxis: Die Studien des Systemreforminstituts in China, Ungarn und Jugoslawien

Li Yinings Kritik am Programm für eine Paketreform fand Gehör, weil er einer der renommiertesten chinesischen Experten für ausländische Ökonomik war. Das Ansehen des Systemreforminstituts beruhte auf seinen bahnbrechenden empirischen Studien und seinen scharfsinnigen Analysen. Mit ihrer Arbeit hatten die jungen Forscher an diesem Institut seit den Reformen in der ländlichen Wirtschaft das Vertrauen und die Unterstützung der Parteiführung und insbesondere Zhao Ziyangs gewonnen. Im Jahr 1985 hatte das neu gegründete Institut unter der Leitung von Chen Yizi und Wang Xiaoqiang eine große Studie durchgeführt,[213] um die Fortschritte der Reform in der urbanen Industriewirtschaft zu beurteilen und mögliche Entwicklungslinien aufzuzeigen.[214] Dies war vermutlich die bis dahin »außergewöhnlichste empirische Studie in China im 20. Jahrhundert«.[215] An der Qualität der Studie gab es keine Zweifel, und sie beeindruckte den Staatsrat, insbesondere Zhao Ziyang, und viele Ökonomen. Selbst jene, die mit den Ergebnissen der Studie nicht einverstanden waren, darunter Wu Jinglian, bestätigten die hohe Qualität der Forschungsarbeit.[216]

Im Vorwort zur Veröffentlichung dieser bahnbrechenden Studie fasste Chen Yizi den Forschungsansatz des Systemreforminstituts zusammen. Er erklärte, mit fortschreitender Reform werde es immer schwerer werden, die Wirtschaft zu steuern, weshalb es schwieriger werden würde, am Reformkurs festzuhalten. In deutlichem Gegensatz zu den Anhängern der Paketreform, welche die Planwirtschaft zum Ausgangspunkt ihrer Analyse machten, beobachtete Chen, dass sich das chinesische Wirtschaftssystem zu diesem Zeitpunkt »deutlich sowohl vom sowjetischen Modell als auch von der westlichen Marktwirtschaft unterscheidet«.[217] China müsse von anderen Ländern lernen, könne diese jedoch nicht einfach kopieren: »Die Antwort finden wir nicht in Büchern oder in den Modellen anderer Länder.« Nur »durch praktische Erfahrung können wir den besten Weg finden, um ein sozialistisches Land chinesischer Prägung zu errichten«.[218] In Chens Augen war es die Aufgabe von Forschern aus allen sozialwissenschaftlichen Disziplinen, gemeinsam »Theorie und Praxis miteinander zu integrieren«, um eine »systematische Untersuchung der tatsächlichen Situation« zu bewerkstelligen.[219]

Ministerpräsident Zhao Ziyang las die Studie des Systemreforminstituts und forderte Wang Xiaoqiang auf, ihn auf einer weiteren Studienreise zu begleiten.[220] Auf dieser Reise hatten die beiden Gelegenheit, zu einer Zeit, als die Paketreform bereits breite Zustimmung fand, über die Forschungsergebnisse des Instituts zu diskutieren. Wang und seine Kollegen am Systemreforminstitut teilten die Bestrebung zur Vermarktlichung und waren mit der im Jahr 1985 bereits eingeleiteten Freigabe der Preise von Gütern einverstanden, bei denen ein Überangebot bestand. Keine Einigkeit, erklärte Wang dem Regierungschef, bestand jedoch in der Frage, *wie* eine Marktwirtschaft errichtet werden konnte: Sollte man die Preise knapper Schlüsselinputs ungeachtet hoher Risiken und Kosten auf einen Schlag freigeben, oder sollte man so lange am zweigleisigen Preissystem festhalten, bis sich die Marktbeziehungen weit genug entwickelt hatten, die Unternehmen unabhängiger geworden waren und das Angebot ausreichend erhöht worden war, um die Engpässe zu beseitigen? Wang sprach sich nachdrücklich für den zweiten Weg aus. Er und seine Kollegen sahen durchaus die Mängel des zweigleisigen Preissystems, das Inputs aus der Planwirtschaft zum Markt umleitete, was die Planerfüllung erschwerte, sowie das Problem der Korruption. Trotzdem hielten sie das zweigleisige Preissystem für eine bessere Lösung als den Versuch, die Planwirtschaft durch eine Preisliberalisierung über Nacht abzuschaffen. Sie warnten Zhao, dass die Paketreform den Kern des chinesischen Industriesystems zerschlagen würde, ohne jedoch einen Markt zu errichten.

Die Befürworter der Paketreform verwiesen oft auf deren umfassenden Charakter und auf die notwendige Koordinierung der Reform von Preisen, Steuern und Staatsfinanzen. Aber in den Augen der Forscher des Systemreforminstituts war es nicht der umfassende Charak-

Abbildung 11: Wang Xiaoqiang begleitet Ministerpräsidenten Zhao Ziyang zum ersten Mal auf einer Studienreise, Huang Shan, September 1984.

ter dieses Ansatzes, der die beiden Seiten voneinander trennte. Unter den Marktreformern bestand Einigkeit darüber, dass Änderungen am Preissystem auch Eingriffe in das Steuer- und Lohnsystem und folglich in die öffentlichen Finanzen erforderlich machen würden. Wang Xiaoqiang sah den entscheidenden Unterschied in der Antwort auf die Frage, ob der Kern der Planwirtschaft auf einen Schlag reformiert werden sollte, wobei eine Preisreform der erste »große Schritt« sein würde, oder ob man am zweigleisigen Preissystem festhalten und der Wirtschaft erlauben sollte, schrittweise und experimentell in einen sozialistischen Markt hineinzuwachsen.

Die Studie des Systemreforminstituts zeigte, dass die Resultate des zweigleisigen Preissystems nur wenige Monate nach seiner offiziellen Einführung im Jahr 1984 bemerkenswert waren, aber die Forscher wiesen auch darauf hin, dass Korrekturen am System nötig seien. Ein Teil der Studie bestand aus einer Umfrage zur Reaktion der Bevölkerung auf die Preisreform. Im Februar und Juli 1985 – also vor und nach der Abschaffung des einheitlichen Kauf- und Verkaufssystems für Getreide und der Freigabe der Preise verschiedener nicht grundlegender landwirtschaftlicher Erzeugnisse – hatten mehr als 2000 Haushalte im ganzen Land Fragebögen ausgefüllt.[221] Die Umfrage hatte gezeigt, dass die große Mehrheit der Befragten über einen steigenden Lebensstandard und über einen erhöhten oder konstanten Lebensmittelkonsum berichtete und trotz steigender Preise eine partielle Regulierung der Preise durch den Markt befürwortete.[222] Die Botschaft der Umfrage war klar: Das zweigleisige Preissystem war in den Augen der Öffentlichkeit ein Erfolg.

In einem anderen Teil der Studie wurden anhand einer Umfrage unter 429 Industrieunternehmen die wirtschaftlichen Ergebnisse des zweigleisigen Preissystems für Rohmaterialien bewertet.[223] Wie sich herausstellte, wirkte sich die Freigabe der Preise marginaler Rohmaterialien erheblich auf das Verhalten der Unternehmen aus, sobald die Preise eine bestimmte Schwelle erreichten. Die Produzenten von Rohmaterialien erhöhten die Produktion, um die Nachfrage zu befriedigen, und die nachgelagerten Unternehmen setzten das Material sparsamer ein.[224] Das zeigte, dass die Unternehmen im zweigleisigen Preissystem begonnen hatten, ihre Aktivitäten den Marktbedingungen anzupassen.

Aber neben diesen erfreulichen Ergebnissen der Ausweitung des zweigleisigen Preissystems auf den industriellen Sektor warnten die Autoren der Studie auch vor makroökonomischen Ungleichgewichten infolge einer strukturellen Lohninflation. Die Aufwärtsspirale der Löhne werde zu einer versteckten Expansion des in den Konsum fließenden Einkommens, zu einem übermäßigen Wachstum der Leichtindustrie und zu einer Lockerung der Kreditbeschränkungen führen.[225]

Die Forscher des Systemreforminstituts sahen das Problem im »Mikromechanismus«.[226] Die Unternehmen arbeiteten unter »extrem ungleichen Betriebsbedingungen«, zum Beispiel was das Anlagevermögen betraf.[227] Arbeitsproduktivität und Gewinne hingen weniger von den Anstrengungen der Belegschaft als von diesen ungleichen Bedingungen ab. Unternehmen mit guten Ausgangsbedingungen erzielten hohe Gewinne und nutzten diese, um ihren Beschäftigten höhere

Löhne und Bonusse zu zahlen. Das führte zu einem Lohnanstieg. In Ermangelung eines Arbeitsmarkts und aufgrund der im Sozialismus lebenslangen Verbindung zwischen Unternehmen und Arbeitern drängten die Arbeiter in anderen Unternehmen und Sektoren ebenfalls auf Lohnerhöhungen.[228] Das Ergebnis war ein rasches Wachstum der in den Konsum fließenden Einkommen. Das wiederum erhöhte den Inflationsdruck, löste aber auch eine rasche Ausbreitung von kleinen, auf den Konsum zielenden Investitionen in die Leichtindustrie aus, wodurch Ressourcen von Investitionen in vorgelagerte Projekte abgelenkt wurden, die für die langfristige industrielle Entwicklung Chinas benötigt wurden. Diese Investitionen wurden nicht nur durch den traditionellen »Investitionshunger« genährt, wie die Verfechter der Paketreform erklärten, sondern auch durch eine »Aufweichung« der »Kreditbeschränkung«.[229]

Eine Umfrage unter Fabrikleitern zeigte, dass sie mit strikteren Budgeteinschränkungen konfrontiert waren, jedoch aufgrund der laxen Haltung der Banken leichten Zugang zu Krediten hatten. Diese lockere Kreditvergabe, erklärte das Systemreforminstitut, stelle eine noch größere Gefahr dar als die von Kornai beschriebene schwache Budgetbeschränkung. In sehr keynesianischem Ton erklärten die Autoren der Studie:

> Die Banken haben unbeschränkte Macht, Geld zu erzeugen. [...] Mittlerweile ist es eine übliche Praxis der Unternehmen, Bonuszahlungen und Sozialleistungen aus ihren eigenen Mitteln zu bestreiten und Bauvorhaben mit geliehenem Geld voranzutreiben. Der vom Unternehmen einbehaltene Gewinn ist im Wesentlichen für den Konsum bestimmt, was durch den Beschleunigungsmechanismus zusätzliche Investitionsnachfrage erzeugt. Der daraus resultierende Mangel an produktiven Investitionen wiederum [...] übt einen doppelten Druck auf die Bankfinanzierung aus und bewegt die Banken dazu, Kredite zu vergeben, wodurch die Zentralbank schließlich dazu veranlasst wird, Geld zu drucken.[230]

Nach Einschätzung des Systemreforminstituts lag die erhöhte Kreditvergabe der Banken der Mitte der achtziger Jahre zu beobachtenden inflationären Tendenz zugrunde. Um den allgemeinen Preisanstieg zu bremsen, würde es nach Ansicht der Forscher jedoch nicht genügen, einfach auf eine indirekte makroökonomische Kontrolle von der Art zurückzugreifen, wie sie die Verfechter der Paketreform empfahlen. Die Wirksamkeit einer solchen indirekten Kontrolle hing nach Einschätzung des Systemreforminstituts vom Zustand der mikroökonomischen Basis ab.[231] Eine solche indirekte makroökonomische Kontrolle sei daher nicht zur Vorbereitung der Reform geeignet, sondern erfordere eine Reform der mikroökonomischen Basis. Die Interviews mit Unternehmensleitern hatten gezeigt, dass Budgetbeschränkungen nicht funktionierten, wenn die Unternehmen Zugang zu praktisch unbegrenzten Bankkrediten hatten. Aber so wie James Tobin auf der Bashan-Konferenz argumentierten die Forscher, die Geldpolitik sei unter den spezifischen Bedingungen Chinas ebenfalls relativ unwirksam. Das Problem der geringen Beschränkung der Kreditvergabe liege in der Natur des chinesischen Bankensystems, und da das Geld endogen erzeugt werde, könne dieses Problem nicht einfach aus der Welt geschafft werden, indem man die Geldmenge verringere.

Die Hauptursachen für den Preisauftrieb waren nach Ansicht der Forscher des Systemreforminstituts ein übermäßiges Lohnwachstum und kleine konsumorientierte Investitionen in der Leichtindustrie, die durch die Geldschöpfung der Banken ermöglicht wurden. Um den Reformprozess zu stabilisieren und die Grundlagen für eine langfristige Entwicklung zu schaffen, die große koordinierte Investitionen in die chemische und Schwerindustrie, Infrastruktur und Ähnliches erforderten, sprachen sich einige der radikalsten Reformer Chinas daher für eine zeitweilige Rezentralisierung aus. Der Staat müsse die Löhne wieder unter Kontrolle bringen, Investitionsprioritäten schaffen und die Kreditvergabe der Banken durch Planvorgaben einschränken.[232] In der Zwischenzeit sollten schrittweise ein Arbeitsmarkt und ein Kapitalmarkt aufgebaut werden, um durch Wettbewerbsdruck eine übermäßige Expansion von Löhnen und Investitionen zu verhindern.[233] Sobald diese Marktbeschränkungen funktionierten, könne die vorübergehend verstärkte Zentralisierung wieder gelockert werden.

Parallel zu dieser partiellen Rezentralisierung, erklärten die Autoren der Studie, sollte das zweigleisige Preissystem in ein System umgewandelt werden, in dem mit den Unternehmen feste Lieferquoten vereinbart würden, anstatt die Quoten wie üblich regelmäßig mit Blick auf die Produktion der Unternehmen anzupassen. Eine feste Quote werde die Unternehmen dazu bringen, sich bei ihren Investitionsentscheidungen auf Rentabilitätsüberlegungen zu stützen, und die Unternehmen würden die Verantwortung für ihre langfristige Entwicklung übernehmen. Wenn die Produktion über die festgelegte Quote hinaus wachse, würden die Unternehmen zusehends auf den Markt angewiesen sein. Dieser Prozess sollte durch das graduelle Wachstum des Arbeits- und Kapitalmarkts gefördert werden.[234]

Die Methode der festen Quoten, bei der die Größe des Plans konstant bleiben sollte, während die Unternehmen ermutigt würden, in den Markt hineinzuwachsen, stand im Mittelpunkt der Reformstrategie des Systemreforminstituts. Die als erster Schritt eines »großen Vorstoßes« vorgeschlagene »Preisanpassung« wurde als zwangsläufig willkürlich abgelehnt. Die Befürworter einer Paketreform erklärten, eine solche Preisanpassung solle durch Berechnungen vorbereitet werden. Dem hielten die Forscher des Systemreforminstituts entgegen, solche Berechnungen würden zwangsläufig auf einer statischen Analyse der Situation zu einem bestimmten Zeitpunkt beruhen. Ein vollständiges Preisgefüge könne nur anhand eines »Standbilds« der Wirtschaft berechnet werden. Doch infolge der laufenden Reformbemühungen entwickle sich das chinesische Wirtschaftssystem dynamisch. Eine solche Preisanpassung wäre daher im Grunde eine erzwungene Rückkehr zum alten einheitlichen System »irrationaler« geplanter Preise. Das Systemreforminstitut empfahl stattdessen, die Preiskontrollen abhängig von den spezifischen Bedingungen der einzelnen Güter »Schritt für Schritt aufzuheben«.[235]

Als zu Jahresbeginn 1986 klar wurde, dass Zhao Ziyang ernsthaft darüber nachdachte, in der Preisreform einen »großen Schritt« zu wagen, gerieten die Forscher des Systemreforminstituts in ein politisches Dilemma. Auf der einen Seite beruhte der Einfluss des Instituts darauf, dass es »Zhaos Institut« war. Auf der anderen Seite zeigten die umfangreichen Studien den Forschern immer deutlicher, wie gefährlich eine schlagartige Reform der Preise von Rohmaterialien und anderen wichtigen Produktionsinputs war. Obwohl die Reformökonomen, die sich darin einig waren, dass die Vermarktlichung der richtige Weg war, jedoch sehr unterschiedlicher Meinung darüber waren, *wie* die chinesische Wirtschaft reformiert werden sollte, Zhaos Vorhaben nicht öffentlich kritisierten, brach in der Forschergemeinde eine erbitterte Debatte aus.[236]

Wang Xiaoqiang kritisierte die Urknall-Lösung mit besonders deutlichen Worten.[237] Beunruhigt angesichts der Gefahren der Schocktherapie suchte Wang zu Jahresbeginn 1986 persönlich Zhaos Sekretär Bao Tong zu Hause auf. Bao schätzte Wang sehr und freute sich über die Gelegenheit, den nächsten Reformschritt mit ihm zu diskutieren.[238] In der Hoffnung, den Ministerpräsidenten über dessen loyalen Sekretär beeinflussen zu können, warnte Wang vor den großen Risiken und geringen Erfolgsaussichten des geplanten »großen Schritts« in der Preisreform. Auch in Diskussionen mit Befürwortern des Plans des Programmbüros machte er keinen Hehl aus seinen Bedenken.[239] Rückblickend erklärte er mir, sein Argument gegen die Urknall-Reform sei sehr einfach gewesen: »Es steht außer Zweifel, dass eine Reform von Unternehmen ein sehr langsamer Prozess ist. Aber wenn bei der Unternehmensreform kein Big Bang möglich ist, kann man auch bei der Reform der Preise keinen Erfolg mit einem Big Bang haben.« Preis- und Unternehmensreform sind zwei Seiten einer Medaille und müssen als solche behandelt werden.

Wangs zentrale These lautete, dass die großen chinesischen Industrieunternehmen immer noch sozialistische Produktionseinheiten und damit Teil des staatlichen Planungsapparats seien. Sie seien nicht dafür gemacht, auf Preissignale zu reagieren, und sie seien von Natur aus Monopolisten oder Oligopolisten. Diese Unternehmen könnten nicht mit anderen Unternehmen konkurrieren, sondern seien dafür gemacht, Anweisungen übergeordneter Planer zu befolgen. In Anbetracht dieser institutionellen Struktur werde eine Freigabe der Preise nicht dazu führen, dass diese sich einem Gleichgewichtsniveau annäherten. Es gebe auch keine Kräfte, die berechnete Gleichgewichtspreise stützen könnten, so gut definiert diese Preise auch sein mochten.

Unter den gegebenen institutionellen Bedingungen könne ein Verzicht auf die Preiskontrolle keinen gleichberechtigten Wettbewerb hervorbringen, wie die Befürworter einer Urknall-Reform versprachen. Horizontale Verbindungen zwischen den Produzenten entstünden nur im zweigleisigen Preissystem. Die meisten Transaktionen zwischen Anbietern und Käufern würden über das administrative Verteilungssystem abgewickelt, und oft wüssten die Unternehmen überhaupt nicht, wer ihre Lieferanten oder ihre Kunden waren.[240]

Wang wies darauf hin, dass dieses System auf administrativen Beziehungen und staatlich festgesetzten Preisen beruhe und nicht dafür geeignet sei, auf Marktsignale zu reagieren – gleichgültig, ob diese »korrekt« oder »verzerrt« seien. Darüber hinaus könnten die Staatsbetriebe weder Arbeiter entlassen noch in Konkurs gehen. Wang brachte ein ähnliches Argument über die Fähigkeit zur Reaktion auf Preise vor wie Kornai auf der Athener Konferenz. Wenn die Preise von Inputs wie grundlegenden Rohmaterialien infolge einer Korrektur oder Liberalisierung stiegen, während die Budgetbeschränkungen verschärft würden – wie die Anhänger der Paketreform empfahlen –, dann bliebe den Unternehmen keine andere Wahl, als ihre Monopolposition zu nutzen und ebenfalls ihre Outputpreise zu erhöhen. Wang warnte, in der gegebenen institutionellen Struktur der chinesischen Wirtschaft könnten die Unternehmen nur so ausreichende Einnahmen erzielen und die Löhne ihrer Beschäftigten zahlen. Da es keinen Wettbewerb gebe, würden nachgelagerte Unternehmen die höheren Preise bezahlen und diese Preiserhöhungen aus denselben Gründen an die Konsumenten weitergeben. Das Resultat würde also weder ein vollkommener Wettbewerb noch ein Gleichgewicht, sondern Inflation sein.[241] Unter den gegebenen institutionellen Bedingungen würde eine Freigabe der Preise knapper Industriegüter – mit oder ohne vorhergehende Preisanpassungen – zu einer beschleunigten Inflation führen und die Reformbemühungen untergraben.

Diese Debatte war keine akademische Auseinandersetzung, in der die Verfechter eines »einzigen entschlossenen Schritts« in der Preisreform bereit gewesen wären, sich durch die auf empirischen Tatsachen oder theoretischen Analysen beruhende Kritik an ihrem Plan überzeugen zu lassen – und dasselbe galt für die Gegner der Urknall-Reform. Vielmehr wurde hier ein Kampf um Einfluss in der Parteiführung ausgetragen. Das Konzept der Paketreform beruhte auf den Erkenntnissen der osteuropäischen Reformökonomen und den Lehren, die sie aus den Reformversuchen ihrer Länder gezogen hatten. Die Ökonomen des Systemreforminstituts ihrerseits wollten selbst herausfinden, was China aus den oft angesprochenen Fällen Ungarns und Jugoslawiens lernen konnte, und wandten dazu ihre Untersuchungsmethoden vor Ort an.[242]

Ende des Jahres 1984 hatte sich Chen Yizi mit Márton Tardos getroffen. Tardos hatte im Jahr 1968 in Ungarn zu den Architekten des »Neuen Ökonomischen Mechanismus« gehört und leitete mittlerweile am Wirtschaftsforschungsinstitut der ungarischen Akademie der Wissenschaften die Abteilung für den Ökonomischen Mechanismus. Tardos war zu einem Besuch nach China gekommen.[243] Er eröffnete Chen, sein Freund George Soros habe großes Interesse an den chinesischen Reformen und wolle eine chinesische Delegation einladen. Soros, der 1930 als György Schwartz in eine jüdische Familie in Budapest geboren wurde, hatte den Zweiten Weltkrieg in Ungarn überlebt. Nach dem Krieg ging er nach Großbritannien, wo er an der London School of Economics Philosophie studierte, bevor er im Finanzsektor zu arbeiten begann. In den fünfziger Jahren zog er schließlich nach New York und wurde zu einem der weltweit erfolgreichsten Finanzinvestoren. Zu seinen spektakulärsten Geschäften zählt eine Wette gegen das Britische Pfund im Jahr 1992. Als die britische Währung kollabierte und die Bank of England sich zum Rückzug aus dem Wechselkursmechanismus des Europäischen Währungssystems gezwungen sah, strich er enorme Gewinne ein. Soros ist darüber hinaus als einer der großzügigsten Philanthropen unter den Milliardären bekannt. Seine Open Society Foundations sind nach Karl Poppers Konzept einer »offenen Gesellschaft« benannt. Seit den siebziger Jahre unterstützte Soros Dissidenten und reformorientierte Ökonomen in Osteuropa. Nach Aussage von Tardos war Soros unzufrieden mit dem Verlauf der ungarischen Reformen und glaubte, Veränderungen in einem großen Land wie China würden weltweit größere Beachtung finden als die Reformversuche seines kleinen Geburtslandes.[244] Möglicherweise hoffte Soros, wenn China radikale Marktreformen vorantriebe, werde »der Damm brechen« und andere sozialistische Länder würden diesem Beispiel folgen. He Weiling, ein alter Freund Chens, der in den Vereinigten Staaten studierte, wiederholte die von Soros ausgesprochene Einladung, und schließlich beschloss die Leitung des Systemreforminstituts, die Gelegenheit zu nutzen.[245]

Von Mai bis Mitte Juni 1986 bereiste eine Delegation unter der Leitung von Gao Shangquan, dem Leiter des Programmbüros, dem Chen Yizi und Wang Xiaoqiang als Stellvertreter zur Seite standen, Ungarn und Jugoslawien. Finanziert wurde die Reise von George Soros (siehe Abbildung 12).[246] Der Delegation gehörten neben den Leitern mehrerer Abteilungen des Systemreforminstituts auch Ma Kai, der Leiter der Pekinger Preisbehörde (stellvertretender Ministerpräsident von 2013 bis 2018), Lu Mai vom Zentrum für die Erforschung der ländlichen Entwicklung beim Staatsrat (gegenwärtig Generalsekretär der China Development Research Foundation), der im Namen von Wang Qishan (heute Vizepräsident) teilnahm, Li Jiange vom Forschungszentrum für technologische und soziale Entwicklung beim Staatsrat, der ein Coautor von Wu Jinglian, Zhou Xiaochuan und Lou Jiwei war und als Befürworter der Paketreform galt, sowie Zhao Ming vom Staatlichen Planungskomitee und weitere Forscher an.[247]

Die Delegation traf sich in Ungarn und Jugoslawien zu insgesamt 111 Besprechungen mit führenden Köpfen der Reformprogramme aus Partei, Regierung und Wissenschaft. Darüber hinaus sprachen die Chinesen mit Vertretern von Unternehmen und Ministerien, die von den Reformen betroffen waren, um sich ein Bild von »Spannungen, Widersprüchen und Problemen« zu machen, die »beim Übergang vom alten zum neuen System auftraten«.[248] Zu ihren Gesprächspartnern zählten beispielsweise mehrere stellvertretende Ministerpräsidenten, Rezsö Nyers, der »Vater der ungarischen Wirtschaftsreformen«, Soros selbst, die Ökonomen Tardos und Kornai sowie hochrangige Planer.[249]

Die Delegation kehrte mit der grundlegenden Erkenntnis heim, dass die ungarischen und jugoslawischen Parteiführungen die Reformen als »schwierigen graduellen Prozess« bezeichneten, »in dem es unmöglich war, ein Ziel mit einem einzigen Schritt zu erreichen«.[250] Ungarn bemühe sich seit zwanzig Jahren um Reformen, Jugoslawien gar seit vierzig Jahren, und ein entscheidender Durchbruch sei beiden Ländern immer noch nicht gelungen. Eine Reform sei ein einzigartiger historischer Prozess und könne nur als solcher in Angriff genommen werden.[251] Die Botschaft der Reformpolitiker widerspreche der Interpretation von Wirtschaftswissenschaftlern wie Brus, Šik, Kornai und anderen. Anstatt zu erklären, graduelle Reformen würden zwangsläufig scheitern, sähen die Verantwortlichen in Ungarn und Jugoslawien in dieser Vorgehensweise den einzig gangbaren Weg. Aus Sicht der praktischen Reformer gebe es keine Alternative zu einem graduellen Vorgehen. Alle ihre Versuche, Reformen in einer einzigen großen Anstrengung durchzusetzen, seien gescheitert. Diese Erkenntnis wecke grundlegende Zweifel an der Methode des »einen entschlossenen Schritts«. Ganz im Gegenteil hätten die Untersuchungen in Ungarn und Jugoslawien spezifisch gezeigt, dass der »eine entschlossene Schritt« in der Preisreform, der in China vorbereitet werde, eher Schwierigkeiten verursachen als einen Durchbruch bringen werde.

Die Untersuchung war ergebnisoffen gestaltet, und zwar so offen, dass Zhou Xincheng, ein Professor an der Chinesischen Volksuniversität in Peking, Chen Yizi vorhielt, warum die Delegation in ihrer Untersuchung von derart allgemein gehaltenen Fragen ausgehe.[252] Die ergebnisoffene Untersuchung beförderte wichtige Beweise hervor, die die Zweifel des Systemreforminstituts an einer schlagartigen Durchsetzung der Preisliberalisierung in China bestätigten.

Die Autoren der Studie gelangten zu dem Ergebnis, dass sowohl Ungarn als auch Jugoslawien ein »goldenes Reformzeitalter« erlebt hatten, das große Ähnlichkeit mit den ersten Reformjahren in China hatte.[253] Als man den Unternehmen erstmals größere Autonomie zugestanden und die Preise von verarbeiteten und Konsumgütern weitgehend freigegeben hatte, während die Preise von Rohmaterialien und

Abbildung 12: Wang Xiaoqiang trifft George Soros in Ungarn, 1986. Wang Xiaoqiang (links, stehend) begrüßt George Soros (Mitte) im Namen des Systemreforminstituts.

Energie auf einem niedrigen Niveau fixiert geblieben waren, entfaltete das Gewinnmotiv seine Wirkung, und die Wirtschaft wuchs rasch. In diesem Stadium erreichte Jugoslawien in den Jahren 1956 bis 1964 sogar das weltweit dritthöchste Wirtschaftswachstum.[254] Vor Beginn der Reformen war die Industriestruktur unausgewogen gewesen, und die Schwerindustrie hatte ein klares Übergewicht gehabt. Nun wuchs die Leichtindustrie rasant, die dank der geringen Investitionserfordernisse und dem hohen Güterumschlag rasch ein Sektor mit intensivem Wettbewerb wurde. Aufgrund der hohen Preise industrieller Konsumgüter war das verarbeitende Gewerbe traditionell sehr rentabel, während die hohe Nachfrage ein Ergebnis des jahrelangen chronischen Mangels war.[255] Industrieproduktion und Lebensstandard wuchsen rasant.

Die Kombination von Preisliberalisierung und Profitanreizen eignete sich jedoch nicht als Methode zur Reform der kapital- und technologieintensiveren Schwerindustrie und des Bergbaus. Die hohen Investitionserfordernisse und die ausgeprägte Konzentration, die langen Ausreifungszeiten von Investitionen und die zentrale Position im Ver-

Abbildung 13: Delegation des Systemreforminstituts vor dem jugoslawischen Unabhängigkeitsdenkmal, 1986. Erste Reihe (von links): Li Jun, Cui Hewu, Zhao Yujiang, Zhang Shaojie, Übersetzer, Sun Faming, Übersetzer, Li Jiange, Übersetzer. Zweite Reihe (von links): Bai Nanfeng, Ma Kai, Zhou Xinchen, Gao Liang, jugoslawischer Funktionär, Gao Shangquan, jugoslawischer Funktionär, Vertreter der chinesischen Botschaft in Jugoslawien, Chen Yiz, Liu Zepeng, Zheng Hongqing, Ehefrau des Botschaftsvertreters, Zhao Ming.

teilungssystem der Planwirtschaft führten dazu, dass diese grundlegenden Sektoren unflexibel auf die Marktsignale reagierten.[256] Die Angebotselastizität bei kritischen Inputs wie Energie und Rohmaterialien war sehr gering; gleichzeitig war auch die Nachfrage der verarbeitenden Industrien relativ unelastisch. Da die Möglichkeit eines Konkurses im sozialistischen System nicht existierte, mussten alle Unternehmen unabhängig von ihrer Rentabilität den Betrieb aufrechterhalten, Inputs kaufen und ihre Produkte zu jedem Preis verkaufen, der es ihnen erlaubte, die Löhne ihrer Arbeiter zu bezahlen.[257] Da weder Nachfragende noch Anbieter in der Lage waren, sich den Preissignalen anzupassen, mussten sowohl Ungarn als auch Jugoslawien die Erfahrung machen, dass die Freigabe der Preise für diese kritischen Güter nicht geeignet war, die Industriestruktur umzugestalten. Beide Länder traten in eine Inflationsspirale ein, »in der Güterpreise und Löhne abwechselnd in die Höhe schossen«.[258]

Wie Kornai gegenüber der chinesischen Delegation in seiner Analyse der ungarischen Erfahrung dargelegt hatte, würde eine Anhebung der Preise von Produktionsgütern zur Rückkehr zu den ursprünglichen relativen Preisen auf einem höheren allgemeinen Preisniveau führen. Aufgrund des unelastischen Angebots von Produktionsgütern würde mehr oder weniger dieselbe Menge zum höheren Preis angeboten, wodurch die Inputkosten des verarbeitenden Gewerbes steigen würden. Dieses würde die Preiserhöhungen ihrerseits an die Konsumenten weitergeben. Im »goldenen Reformzeitalter« hatten sich die Arbeiter an einen steigenden Lebensstandard gewöhnt, weshalb sie auf die Preiserhöhungen mit der Forderung nach höheren Löhnen reagieren würden. Die Lehre, welche die chinesische Delegation aus den Erfahrungen Ungarns und Jugoslawiens zog, widersprach den Schlüssen, welche die Verfechter der Paketreform aus den Schriften der osteuropäischen Reformökonomen gezogen hatten. Infolge eines »großen Schritts« in der Preisreform, warnte die Delegation, würde die Wirtschaft in eine Spirale von Preis- und Lohnerhöhungen geraten, was die innere Stabilität und die äußere Wettbewerbsfähigkeit Chinas gefährden würde.[259]

Zhao Ziyang wird gewarnt

Die Delegation schickte ein Telegramm an Ministerpräsident Zhao Ziyang, in dem sie ihre Warnung aussprach.[260] Die Studie über die beiden sozialistischen Vorreiter von Wirtschaftsreformen habe gezeigt, dass ein Big Bang in der Reform der Produktionsgüterpreise Inflation und eine Bedrohung der sozialen Stabilität heraufbeschwören werde.[261] Um Fortschritte auf dem Weg zu einer Marktwirtschaft zu machen, müsse China einen langsamen und schwierigen Prozess der

»Reindustrialisierung« beginnen, um die Fabriken, die im sozialistischen System untergeordnete Produktionseinheiten waren, in wettbewerbsfähige Unternehmen zu verwandeln.[262] Eine Urknall-Preisreform hingegen würde die institutionellen Fundamente für eine solche graduelle Reform erschüttern.

Das Telegramm hatte großes Gewicht, erstens, weil es von den jungen Ökonomen stammte, denen Zhao vertraute, und zweitens, weil ihre Empfehlung auf historischen Daten und einer klaren Analyse beruhte. Noch wichtiger war, dass der Leiter der Delegation und federführende Unterzeichner des Telegramms, Gao Shangquan, auch das Programmbüro leitete.[263] Dieses war eingerichtet worden, um einen Plan für einen entschlossenen Vorstoß in der Preisreform in Kombination mit einer Lohn- und Steuerreform zu planen, einen Vorstoß, der Ähnlichkeit mit dem ersten Schritt einer Schocktherapie gehabt hätte. Doch jetzt warnte ebenjener Kader, der mit der Leitung des Programms für einen »entschlossenen Schritt« betraut worden war, die Parteiführung vor der Umsetzung eines solchen Plans.[264] Zwei Tage nach der Rückkehr der Delegation nach Peking trafen sich die Forscher mit Zhao Ziyang.[265] Zhao war verzweifelt.[266]

Kurz vor dem Treffen mit der Delegation hatte sich Zhao mit hochrangigen Verantwortlichen für die Reformen sowie mit den Ökonomen An Zhiwen, Ma Hong, Tian Jiyun und Yao Yilin zu einer zweitägigen Sitzung über den Plan des Programmbüros getroffen.[267] Ma Hong hatte erläutert, wie er das Dilemma bewertete. Es gab zwei Pläne für die Anpassung der Preise von Rohmaterialien. Da war zunächst ein umfassender Plan, in dem Preisanpassungen auf die Niveaus vorgesehen waren, auf denen den Berechnungen zufolge ein Gleichgewicht zwischen Angebot und Nachfrage erreicht werden würde. Dieser Plan würde Kosten von schätzungsweise sechzig Milliarden RMB für Subventionen verursachen, mit denen Unternehmen und Bürger für die Preisanstiege kompensiert werden müssten. Nach einer groben Schätzung basierend auf Daten der Weltbank, hätte das rund vierzig Prozent der chinesischen Staatsausgaben ausgemacht. Diese Zahl ist vermutlich aufgrund des verwendeten kontrollierten Wechselkurses zu hoch, aber in jedem Fall hätte dieser Plan einen gewaltigen Anteil des Staatshaushaltes in Anspruch genommen. Ein bescheidenerer Plan, dessen Kosten auf dreißig Milliarden RMB geschätzt wurden, sah nur kleinere Anpassungen vor. Die Argumentation des Programmbüros, der Ma Hong im Wesentlichen zustimmte, lautete, dass es keinen Sinn habe, den kleineren Plan umzusetzen, da der Zweck der Anpassungen darin bestehe, die Liberalisierung vorzubereiten, für die ohnehin die berechneten Preisanpassungen in vollem Umfang erforderlich sein würden. Doch das Finanzministerium hielt dem entgegen, dass die Wirtschaft nur den kleineren Plan bewältigen könne. Yao Yilin stimmte Ma Hong zu und sprach sich für den größeren Plan aus.[268]

Im Gegensatz dazu empfahl An Zhiwen, der bis dahin die Paketreform unterstützt hatte, den Plan einer sorgfältigen Neubewertung zu unterziehen. An stellte klar, dass er mit dieser Einschätzung nicht allein war. Er berichtete, dass die Systemreformkommission sehr besorgt über den Plan des Programmbüros sei. Je direkter die Genossen mit der praktischen Umsetzung in Berührung kämen, desto größer würden ihre Zweifel an diesem Plan. Und An wies darauf hin, dass nicht nur die für die wirtschaftliche Arbeit Verantwortlichen von dem Vorhaben abrieten. Li Yining, einer der führenden theoretischen Ökonomen Chinas, halte eine Preisreform ebenfalls nicht für eine geeignete Grundlage der Systemreform.[269]

Auch Zhao Ziyang berichtete über verschiedene Einwände und alternative Pläne, die an ihn herangetragen worden waren.[270] Unter anderem hatte Hua Sheng einen Plan für ein Assetmanagementverantwortungssystem vorgelegt, den Zhao allerdings für übermäßig idealistisch und nicht praktikabel hielt. Zhao machte sich vor allem über die Erfolgsaussichten des Plans des Programmbüros Sorgen. Das entscheidende Problem sah er nicht darin, dass der Plan Risiken mit sich brachte, sondern darin, dass es schwierig war, das Ergebnis dieses Plans realistisch einzuschätzen. Die kurzfristigen Kosten und Risiken des Plans hielt Zhao für beherrschbar, aber wenn er keinen Durchbruch bei der Systemreform bringe, müsse er verworfen werden.[271]

Zhao stand bereits vor dem Treffen mit der Delegation kurz vor einem Meinungsumschwung und zweifelte am langfristigen Nutzen einer Paketreform. Nun konfrontierte ihn die aus Ungarn und Jugoslawien zurückgekehrte Delegation mit einer gründlichen Analyse der Erfolgsaussichten eines »großen Schritts« in der Preisreform. Ihre Einschätzung stützte sich auf die konkreten Lehren, welche die beiden Länder, die am meisten Erfahrung mit der Reform des sozialistischen Systems besaßen, aus ihren Versuchen gezogen hatten. Die Delegation war zu dem Schluss gelangt, die Erfahrung habe gezeigt, dass der Plan des Programmbüros nicht geeignet sei, einen Durchbruch in der Reform des Wirtschaftssystems herbeizuführen, und wahrscheinlich mehr schaden als nutzen werde. Die Erkenntnisse aus der Studie in Ungarn und Jugoslawien, die eine klare, auf praktischen Erfahrungen beruhende Antwort auf Zhaos Frage nach den Erfolgsaussichten lieferten, trugen entscheidend dazu bei, Zhao dazu zu bewegen, den Plan für eine schlagartige Preisfreigabe, den er unter Einsatz seines gesamten politischen Einflusses vorangetrieben hatte, aufzugeben.[272]

Wenn es noch weiterer Belege dafür bedurfte, dass die Vorteile einer raschen Liberalisierung insbesondere der Preise von Schlüsselinputs ungewiss waren, so lieferte sie der deutsche Ökonom Hans-Karl Schneider bei einem Besuch in Peking im Oktober 1986. Schneider, ein Ordoliberaler, der sich in seiner von Walter Eucken inspirierten Dissertation mit der Preisbildung im Gassektor beschäftigt hatte, leitete zu jener Zeit den Sachverständigenrat zur Begutachtung der gesamtwirtschaftlichen Entwicklung und hatte in den fünfziger Jahren unter Ludwig Erhard in dessen Ministerium gearbeitet.[273] Nun warnte Schneider die Chinesen nachdrücklich vor einer abrupten Liberalisierung der Preise von Energie und Rohmaterialien, die immer noch knapp waren. Er wies darauf hin, dass diese Preise von Erhards schlagartiger Liberalisierung nach dem Krieg nicht betroffen gewesen waren. Die Preise von Stahl und Kohle waren in Deutschland bis in die siebziger Jahre kontrolliert worden.[274]

Schneider wiederholte eine Warnung, die der schweizerische Ordoliberale Wilhelm Linder von der Universität Zürich einen Monat früher gegenüber den führenden chinesischen Reformern ausgesprochen hatte. Linder hatte auf denselben Welleneffekt hingewiesen, der in der Studie über Ungarn und Jugoslawien beobachtet wurde. Er empfahl mit Blick auf die Erfahrung der Bundesrepublik, die Preise von Produktionsgütern erst freizugeben, wenn das Angebot nicht länger hinter der Nachfrage hinterherhinkte.[275] Dies widerlegte die Deutung des deutschen Wirtschaftswunders durch Milton Friedman und seine chinesischen Anhänger. Wie erwähnt, machte Friedman während seines ersten Chinabesuchs die berüchtigte Aussage, das Wirtschaftswunder sei etwas sehr Einfaches gewesen und habe mehr oder weniger augenblicklich zum Erfolg geführt. Jetzt wiesen Linder und Schneider, die eine genaue Kenntnis des westdeutschen Falls für sich in Anspruch nehmen konnten, darauf hin, dass Erhards Preisreform keine Freigabe der Preise essenzieller Produktionsgüter wie Energie beinhaltet habe. Das dürfte Zhaos Zweifel am Nutzen der kurzfristigen Rückschläge genährt haben, die er der chinesischen Wirtschaft für langfristigen Wohlstand zumuten wollte.

Im Spätsommer 1986 war die ursprüngliche »koordinierte, umfassende Paketreform« auf eine Anpassung des wichtigen und symbolischen Preises von Stahl in Kombination mit einer partiellen Steuer- und Finanzreform reduziert worden. Im Herbst wurden die letzten Bestandteile der Schocktherapie aufgegeben.[276] Am 15. September 1986 wiederholte Li Yining in einer Rede an der Universität Peking über den »Vergleich zwischen den beiden Schulen des Reformdenkens (两种改革思路的比较)« seine Warnung, eine Preisreform sei ungeeignet, die Herausforderung einer Reform des Wirtschaftssystems zu bewältigen. Er erklärte einmal mehr, die Erfolgsaussichten seien gering.[277]

Die entscheidende Frage lautete weiterhin, ob es sich lohnte, für die Chance auf einen Erfolg des vom Programmbüro entworfenen Plans der Preisliberalisierung die ungewissen Auswirkungen auf das allgemeine Preisniveau und die Volkswirtschaft als ganze in Kauf zu nehmen. Zhao bat An Zhiwen erneut um eine Beurteilung der widersprüchlichen Inflationsschätzungen. An räumte ein, es sei unmöglich, die von einer Preiserhöhung ausgehenden Welleneffekte zu berechnen – selbst wenn man diese Berechnungen nur für den Stahlpreis anstellen müsse. Die einzige einschlägige Erfahrung Chinas sei jene mit der Anpassung der Textilpreise, aber Textilien seien Halbfertigprodukte, weshalb es in diesem Fall sehr viel einfacher gewesen sei, Prognosen zur inflationären Wirkung der Preiserhöhung anzustellen. Hingegen sei es bei einem essenziellen vorgelagerten Produkt wie Stahl, der obendrein knapp sei, unmöglich, die Auswirkungen eines plötzlichen Preisanstiegs vorherzusehen.[278]

Im Jahr 1986 entkam China nur knapp einer Urknall-Reform. Angesichts verschiedener begründeter Warnungen vor den unvorhersehbaren Risiken einer abrupten Preisfreigabe und der Ungewissheit bezüglich ihres Nutzens gab Zhao Ziyang das Vorhaben einer Paketreform schließlich auf. Dieser Plan hatte theoretisch wie eine umfassende Lösung gewirkt, erwies sich in der Praxis jedoch als nicht durchführbar. Zhao schloss sich der Meinung an, die größte Herausforderung in der Wirtschaftsreform bestehe darin, den Unternehmen Leben einzuhauchen. Und er begriff, dass dies unvereinbar mit einer radikalen Preisreform war, welche die Stabilität von Wirtschaft und Gesellschaft bedrohte und wenig Aussicht auf Erfolg hatte.[279] Das erste und schockierendste Element der Schocktherapie, die schlagartige Freigabe der Preise, wurde zu den Akten gelegt. Stattdessen setzte sich die Reformmethode der Vermarktlichung vom Rand her durch, die den Kern des alten industriellen Systems intakt ließ, jedoch seinen Umfang nicht vergrößerte. In einer Sitzung im Januar 1985, in der über den Fünfjahresplan diskutiert wurde, hatten Wang Xiaoqiang und Song Guoqing Zhao Ziyang einen Plan für eine Unternehmensreform vorgelegt, in deren Mittelpunkt die Produktion auf Auftrag stand.[280] Nun wurde ein umfassendes Vertragsverantwortungssystem eingeführt, das den Erkenntnissen der Umfrage des Systemreforminstituts aus dem Jahr 1985 entsprechend das zweigleisige Preissystem ergänzen sollte.[281] Damit war die erbitterte Auseinandersetzung zwischen den konkurrierenden Fraktionen der chinesischen Reformökonomen fürs Erste beigelegt. Aber der Kampf um die Reformmethode war keineswegs beendet.

8

Schock ohne Therapie

Ursachen und Folgen der Inflation von 1988

> In der Diskussion über die Preisreform sagte Deng Xiaoping: »Wir müssen hier ein großes Risiko eingehen, aber wir können es schaffen. [...] Wir müssen von der Möglichkeit großer Risiken ausgehen und von Anfang an Gegenmaßnahmen vorbereiten. Dann wird der Himmel nicht einstürzen, wenn wir auf ein großes Problem stoßen.«
>
> Volkstageszeitung, *4. Juni 1988a: 1*

Im Jahr 1986 wurde eine umfassende Preisfreigabe von den Reformökonomen, die an die Vermarktlichung glaubten, aber eine Urknall-Reform ablehnten, als ungeeignete Methode widerlegt. Nachdem Zhao Ziyang das Reformvorhaben aufgegeben hatte, sah sein Programm im Jahr 1987 und Anfang 1988 vor, Produktionsvereinbarungen mit Unternehmen und eine neue Entwicklungsstrategie für die Küstenregionen miteinander zu verbinden. Es handelte sich um eine internationalisierte Version der graduellen Vermarktlichung von den Rändern her und des zweigleisigen Preissystems. Aber im Frühsommer 1988 stand eine radikale Preisreform plötzlich wieder auf der Tagesordnung. China kam einmal mehr einem Big Bang sehr nahe. Diesmal war der Preis dafür sehr hoch. Zum ersten Mal seit den vierziger Jahren geriet die Inflation außer Kontrolle. Die Chinesen reagierten auf die Ankündigung eines entschlossenen Vorstoßes in der Preisreform mit Hamsterkäufen, einem Sturm auf die Banken und lokalen Protesten. Der Widerstand der Bevölkerung gegen die Marktreformen war beispiellos. Die Parteiführung hatte keine andere Wahl, als die Pläne für die Preisfreigabe im Jahr 1988 zu stoppen. Anstatt die Reform voranzutreiben, ging China zu einer strikten Sparpolitik über.

Die Ereignisse der Jahre 1988/89 führten dazu, dass viele Protagonisten der Reformen, von denen ich einige interviewt habe, ins Gefängnis gesteckt oder ins Exil gezwungen wurden. Einige Reformökonomen, die relativ unversehrt aus den Wirren hervorgingen, beeilten sich, ihre Deutung der Ereignisse im Jahr 1988 vorzulegen. Vielen von denen, die ins Exil gingen, im Gefängnis landeten oder sich in die Privatwirtschaft zurückzogen, fiel es indes schwer, sich mit ihrer Version der Geschichte Gehör zu verschaffen. Angesichts widersprüchlicher Darstellungen und in Ermangelung zuverlässiger Belege ist es schwierig, sich ein Bild davon zu machen, wie genau es im Jahr 1988 zum Bruch in der Reform kam.[1]

Chinas schmerzhafter Rückzug aus der Urknall-Reform im Jahr 1988 ist Teil der Entwicklungen, die zu den Bürgerbewegungen und zum Massaker auf dem Tiananmen-Platz führten. In der englischsprachigen Literatur werden im Wesentlichen zwei Deutungen dazu angeboten, warum im Jahr 1988 eine radikale Preisreform in Angriff genommen wurde. Eine Interpretation hebt die Bedeutung von Deng Xiaoping hervor. Nach dieser Darstellung übernahm Deng persönlich die Initiative und drängte auf die Preisreform, da er unbedingt einen Durchbruch in der Wirtschaftsreform erzielen wollte, bevor seine Macht schwinden würde.[2] Die andere Interpretation legt den Fokus auf die politischen Empfehlungen, die Zhao Ziyang von einer aus Lateinamerika zurückgekehrten Delegation erhielt; diese Delegation war angeblich zu dem Ergebnis gelangt, dass die Inflation keine Gefahr sei. Dieser Darstellung zufolge führten die politischen Empfehlungen dieser Delegation zu einem gewagten Vorstoß in der Preisreform.[3] Diese Interpretation deckt sich mit dem in den neunziger Jahren unter den chinesischen Intellektuellen verbreiteten Eindruck (der auch bei den Anhängern der Paketreform in den achtziger Jahren vorherrschte), die westliche Wissenschaft stelle die einzige legitime Wissensquelle dar.[4] In dieser Perspektive war der tiefere Grund für den Fehler, dass man dem Beispiel eines »rückständigen« Landes folgen wollte.

Diese beiden widerstreitenden Deutungen entsprechen im Prinzip den entgegengesetzten Positionen bezüglich des richtigen Ansatzes für eine Marktreform in den achtziger Jahren. Beispielsweise erklären Chen Yizi und Zhu Jiaming, Deng Xiaoping habe den Anstoß zu den Bemühungen gegeben, die Preisreform entschlossen voranzutreiben; Zhao Ziyang habe sich ihm anschließen müssen.[5] Wu Jinglian vertritt hingegen die Ansicht, Zhao Ziyang habe die Führungsrolle übernommen und den Rat der aus Lateinamerika zurückgekehrten Delegation unter der Führung von Chen Yizi und Zhu Jiaming befolgt.[6] Abschließend geklärt werden kann diese Frage vermutlich erst, wenn die Historiker Zugang zu den betreffenden Archiven erhalten.

Ich werde beide Interpretationen berücksichtigen. Insgesamt neige ich eher der ersten Deutung zu, aber anstatt mich auf Deng Xiaoping individuell zu konzentrieren, ordne ich die Entscheidung für eine umfassende Preisreform in den Kontext der Auseinandersetzung innerhalb der chinesischen Führung und der infolge der Vermarktlichung wachsenden gesellschaftlichen Spannungen ein.

Reform in der Sackgasse

Der XIII. Parteitag der KPCh im Oktober 1987 bestätigte formal die Reformpolitik. Auf dem Parteitag trat aber auch eine wachsende Spannung zwischen Reformern wie Zhao Ziyang und Deng Xiaoping, die alles tun wollten, um das chinesische Wirtschaftssystem zu erneuern, und Politikern wie Chen Yun zutage, die der Meinung waren, die Reformen dürften die Vorrangstellung der sozialistischen Planung nicht gefährden. Zu Beginn der chinesischen Reformära wurde der historische Fortschritt einer Neubewertung unterzogen. Unter Mao war die Revolution als andauernder politischer Kampf betrachtet worden. Die Entwicklung sozialistischer Produktionsbeziehungen galt sowohl als Ziel an sich als auch als Mittel zur materiellen Entwicklung. Im Gegensatz dazu wurde die wirtschaftliche Entwicklung in der Reformära zum übergeordneten Ziel. Das Urteil über die sozialen Produktionsbeziehungen hing nun davon ab, wie viel sie dazu beitrugen, dieses Ziel zu erreichen – und zwar weitgehend unabhängig davon, ob sie sozialistisch oder kapitalistisch waren. Die Entwicklung der Produktivkräfte war von da an das vorrangige Projekt Chinas. Als die Auseinandersetzung über die Grenzen der Reformen in der Parteiführung in der zweiten Hälfte der achtziger Jahre hitziger wurde, begann die alte Debatte über die Natur des chinesischen Sozialismus und die Rolle der wirtschaftlichen Entwicklung von Neuem. Auf dem XIII. Parteitag entschieden die Befürworter von Wirtschaftsreformen um jeden Preis die Auseinandersetzung für sich.[7]

Zhao Ziyang, der im Januar 1987 Generalsekretär wurde, erklärte in seinem politischen Bericht an den Parteitag: »Da die Produktivkräfte weit hinter denen der entwickelten kapitalistischen Länder herhinken, werden wir zwangsläufig sehr lange die erste Stufe [des Sozialismus] durchlaufen. In diesem Stadium werden wir jene Industrialisierung und Kommerzialisierung, Sozialisierung und Modernisierung der Produktion erreichen, die viele andere Länder unter kapitalistischen Bedingungen erreicht haben.«[8] Zhao erklärte, was es für die Vorhaben der Partei bedeute, dass sich das Land im Frühstadium des Sozialismus befinde: »Alles, was das Wachstum [der Produktivkräfte] fördert, ist im grundlegenden Interesse des Volkes und damit für den Sozialismus erforderlich, weshalb es existieren darf. Umgekehrt widerspricht alles, was dieses Wachstum behindert, dem wissenschaftlichen Sozialismus und darf daher nicht existieren.«[9]

Das war gleichbedeutend mit einer neuen Art von »Was-auch-immer«, die in deutlichem Gegensatz zu dem von Maos designiertem Nachfolger Hua Guofeng stand. Hua hatte im Jahr 1977 die berühmten Worte gesagt: »Wir werden unerschütterlich an allen politischen Entscheidungen des Vorsitzenden Mao festhalten, wie auch immer diese aussehen, und alle Anweisungen des Vorsitzenden Mao getreu befolgen, worin auch immer sie bestehen.«[10] Solange sich China auf dieser als wirtschaftliche Unterentwicklung definierten ersten Stufe befand, sollte entsprechend der von Zhao auf dem XIII. Parteitag verkündeten Logik alles, was dem Wirtschaftswachstum diente, als notwendig für den Fortschritt zum Sozialismus betrachtet werden. Dies war ein »Anything goes«-Paradigma der Marktreformen. Seit den späten siebziger Jahren wurden verschiedene Versionen des Konzepts des sozialistischen Frühstadiums diskutiert. Im Jahr 1979 hatten der Politikwissenschaftler Su Shaozhi und die Ökonomin Feng Lanrui mit einem Artikel für Furore gesorgt, in dem sie erklärten, China befinde sich noch immer in einem Stadium des »nicht entwickelten Sozialismus« (不发达的社会主义).[11] Zu jenem Zeitpunkt war die Partei der Meinung, diese Formulierung würdige den chinesischen Sozialismus herab. In einem 1986 verabschiedeten »Beschluss über bestimmte Fragen der Geschichte unserer Partei« wurde eingeräumt, dass sich das sozialistische System Chinas »noch in einer frühen Entwicklungsphase« befinde. Zugleich wurde jedoch betont, dass »China zweifellos ein sozialistisches System errichtet und in das Stadium der sozialistischen Gesellschaft eingetreten ist« (Abschnitt 33). Jetzt wurde dieses Konzept zur Staatsdoktrin erhoben. Das bedeutete, dass alle Einschränkungen für Reformen beseitigt werden sollten. Im »sehr langen Frühstadium des Sozialismus« sollte China alles Nötige tun, um jenes Leistungsniveau der modernen Produktion zu erreichen, das in kapitalistischen Ländern bereits Realität war.

Dengs Einschätzung deckte sich vollkommen mit dem Konzept des sozialistischen Frühstadiums, das Zhao auf dem Parteitag formuliert hatte. Einige Monate früher, im April 1987, hatte Deng im Gespräch mit dem tschechoslowakischen Ministerpräsidenten Lubomír Štrougal erklärt:

> Armut ist nicht Sozialismus. Wir müssen den Sozialismus fördern, aber wir müssen voranschreiten und einen Sozialismus errichten, der dem Kapitalismus wirklich überlegen ist. Zuerst müssen wir den Sozialismus der Armut (*pinkun shehuizhuyi*) hinter uns lassen; obwohl alle Welt sagt, dass wir den Sozialismus errichten, werden wir erst Mitte des nächsten Jahrhunderts, wenn wir das Niveau der moderat entwickelten Länder erreichen, mit Gewissheit sagen können, dass der Sozialismus dem Kapitalismus wirklich überlegen ist und dass wir wirklich den Sozialismus errichten.[12]

In Dengs Augen musste um jeden Preis an der alleinigen Führung der Kommunistischen Partei festgehalten werden, um China auf ein wirtschaftliches Entwicklungsniveau zu heben, auf dem eine vollständigere Version des Sozialismus errichtet werden konnte. Damit zog er eine klare Grenze für das neue »Was-auch-immer«. Aber um auf diesem

Weg voranzukommen, bedurfte es Deng zufolge unerschrockener Marktreformen, selbst wenn dazu fürs Erste zentrale sozialistische Institutionen aufgelöst werden mussten. In Reaktion auf die ersten großen Studentenproteste in der Reformära im Jahr 1986 hatte Deng gezeigt, dass er bereit war, die Macht des kommunistischen Staates mit allen Mitteln zu verteidigen. Er forderte die Politiker aus der jüngeren Generation, darunter Hu Yaobang, Zhao Ziyang, Wan Li und Li Peng, dazu auf, angesichts der Proteste »entschlossen und klar Stellung zu beziehen«, weil sich »andernfalls eine bürgerliche Liberalisierung unkontrolliert ausbreiten wird«. Er hielt es nicht für den richtigen Weg, die westliche Demokratie zu kopieren.[13] Dies war eine unmissverständliche Botschaft an Hu Yaobang. Hu war von 1980 bis 1987 Generalsekretär der KPCh und hatte sich frühzeitig an die Spitze der Reformen gesetzt. Im Jahr 1978 hatte Hu in einem Essay mit dem Titel »Die Praxis ist das einzige Kriterium für die Beurteilung der Wahrheit« ein Grundprinzip für die Wirtschaftsreform dargelegt. Im Jahr 1987 beschuldigte Deng ihn, eine »Laisser-faire-Haltung gegenüber der bürgerlichen Liberalisierung einzunehmen«, und zwang ihn zum Rücktritt.[14] Nach Dengs Dafürhalten konnte eine Demokratisierung angesichts von Chinas Entwicklungsstadium erst in einem halben Jahrhundert ins Auge gefasst werden.[15] Deng lehnte die westliche Demokratie und die Gewaltenteilung entschieden ab, befürwortete gleichzeitig jedoch Marktreformen um jeden Preis.

Dengs Vorstellungen waren unvereinbar mit denen von Chen Yun, der nicht bereit war, bei der Demontage des existierenden Staatssozialismus so weit zu gehen wie Deng.[16] In der zweiten Hälfte der achtziger Jahre setzte sich Dengs Ansatz durch. Im Jahr 1984 hatte die Vermarktlichung den Kern des urbanen Industriesystems erreicht. Die Einordnung Chinas in der ersten Stufe des Sozialismus widersprach Chen Yuns berühmter »Vogelkäfig«-Logik.[17] Chen Yun hatte zu Beginn der Reformjahre wichtige Beiträge zum Marktaufbau geleistet. Er hatte seit dem Revolutionskrieg Erfahrung damit, den Markt als Waffe im Kampf für die Sache des Kommunismus einzusetzen. Chen verstand die Dynamiken, die der Markt in der Praxis in Gang setzen konnte. Doch während er den Markt als Werkzeug einsetzen wollte, wollte Chen nicht zulassen, dass der Markt zur beherrschenden Kraft wurde. Obwohl er ein Reformer war, glaubte Chen nicht, dass die Reformen den bisherigen Erfolgen des Sozialismus widersprachen – doch genau das besagte das Konzept der »ersten Stufe«. Für Chen Yun musste der Markt innerhalb der Grenzen einer sozialistischen Planwirtschaft funktionieren, wie ein Vogel, der in einem Käfig flog. Ende der achtziger Jahre befürchtete Chen, China sei auf dem besten Weg, den Vogel aus dem Käfig zu lassen.

In der Doktrin, die Zhao auf dem XIII. Parteitag formulierte, war die Entfaltung der Marktkräfte willkommen, solange dies der wirtschaftlichen Entwicklung diente. Zu beachten ist jedoch, dass auch Zhaos Ziel nicht die Vermarktlichung an sich, sondern die Entwicklung war. Auf dem Parteitag wurde der Markt zum dominanten wirtschaftlichen Mechanismus erhoben, aber er sollte nicht frei sein, sondern vom Staat gelenkt werden. Das kommt in Zhaos berühmtem Slogan zum Ausdruck: »Der Staat greift in den Markt ein, und der Markt treibt die Unternehmen an.«[18] Um bei der Vogelmetapher zu bleiben: Zhao und Deng wollten den Käfig öffnen, aber sie glaubten dennoch, wie ein Falkner den Vogel lenken und trainieren zu können. Vom freien, uneingeschränkten Markt wurde kein überlegener Beitrag zur wirtschaftlichen Entwicklung erwartet. Gleichzeitig wurden einige der grundlegenden wirtschaftlichen Institutionen des Staatssozialismus als verzichtbar betrachtet, wenn dies dem ökonomischen Fortschritt diente. In seinem Bericht an den XIII. Parteitag rief Zhao dazu auf, »die Errichtung und Vervollkommnung des sozialistischen Marktsystems zu beschleunigen«. Dazu müsse der Markt auf Produktionsmittel, Technologie, Arbeit und Finanzen ausgeweitet werden.[19] Die Einbeziehung der Produktionsfaktoren in das Kommodifizierungsvorhaben war ein entscheidender Schritt weg von der Planwirtschaft. Chen Yun, ein hochrangiges Mitglied der Parteiführung, das die ersten Wirtschaftsreformen geleitet hatte, brachte seine Ablehnung offen zum Ausdruck: Als Zhao auf dem Parteitag zu sprechen begann, stand Chen auf und verließ den Saal.[20]

Vor dem XIII. Parteitag hatten Veteranen der Revolution, die sich mit einem unterschiedlichen Maß an Überzeugung und Pragmatismus an den Reformen beteiligt hatten, ihren partiellen Rückzug aus der Parteiführung angekündigt. Deng Xiaoping, Chen Yun und Li Xianian traten offiziell zurück, stritten jedoch auf informeller Ebene weiter darüber, welchen Weg China einschlagen sollte.[21] Als die Reformbemühungen im Jahr 1988 in eine Sackgasse gerieten, übernahmen diese Veteranen, die sich aus dem Rampenlicht zurückgezogen hatten, die Führung in der Auseinandersetzung innerhalb der Parteispitze. Auf der Suche nach einem Ausweg aus der Sackgasse entschloss sich Deng, die Preisreform voranzutreiben. Um sein Vorhaben zu verteidigen, erklärte Deng, die entscheidende Aufgabe für die Reformer bestehe darin, »die Preisbarriere zu durchbrechen« (闯价格关).[22]

Drohende Inflation, Korruption und konkurrierende Reformparadigmen

Die politische Auseinandersetzung verschärfte sich zu einem Zeitpunkt, als die Stimmung in der Bevölkerung zu kippen drohte. Infolge der Vermarktlichung breitete sich die Korruption aus. Die sozialen Spannungen nahmen zu und verschärften die Auseinandersetzung zwischen den beiden Lagern in der Parteiführung. Gemessen an den Zahlen, an die China seit der Revolution gewöhnt war, litt das Land schon vor dem Sommer 1988 unter einer hohen Inflation; nun geriet sie außer Kontrolle. Im Jahr 1987 und zu Jahresbeginn 1988 wuchs die Produktion deutlich um 11 Prozent, aber das historische Privileg der städtischen Bevölkerung, die mit grundlegenden Gütern zu niedrigen Preisen versorgt wurde, begann zu bröckeln. Der Anstieg des Verbraucherpreisindex erreichte im Jahr 1985 mit 8,8 Prozent einen neuen Höhepunkt, bevor er im Jahr darauf infolge von Chen Yuns Sparpolitik auf 6 Prozent zurückging. Doch in der zweiten Jahreshälfte 1987 beschleunigte sich die Inflation wieder; der Verbraucherpreisindex stieg im Dezember um 9,1 gegenüber dem Vorjahr (siehe Schaubild 8.1 für monatliche Teuerungsraten).[23]

Das Volumen der von den Staatsbanken gewährten Kredite wuchs seit Mitte 1986 jährlich um 20 bis 25 Prozent, was den Anstieg der Produktion deutlich überstieg.[24] Die wichtigste Frage war nicht, ob es ein Überangebot an Geld gab. Die Antwort war offensichtlich. Vielmehr ging es um die Frage, was das Wachstum der Geldmenge und die Inflation antrieb. Lag es an der Politik der Zentralbank und den Staatsausgaben – an der Haushalts- und Geldpolitik im herkömmlichen makroökonomischen Sinn? Oder brachte eine in den wirtschaftlichen Abläufen verwurzelte Dynamik endogen Geld hervor, was bedeuten würde, dass es weiterer institutioneller Innovationen, ein graduelles Ausbalancieren der Wirtschaft und zusätzlicher Reformen bedurfte? Die konkurrierenden und komplementären Erklärungen für die Inflation der Jahre 1987 und 1988 entsprechen im Wesentlichen den gegensätzlichen Reformansätzen, mit denen ich mich in den vorangegangenen Kapiteln beschäftigt habe.

Wu Jinglian und andere Anhänger einer Paketreform erklärten, die Inflation sei das Resultat eines Nachfrageüberhangs.[25] Sie sahen die tiefere Ursache der Inflation in der »beschleunigten Ausweitung der Geldmenge ab 1986«.[26] Wus Mitarbeiter Zhou Xiaochuan, der später von Zhu Rongji zum Gouverneur der Chinesischen Volksbank ernannt wurde, stimmte im Wesentlichen der makroökonomischen Einschätzung zu, die sich auf die Budget- und Geldpolitik konzentrierte. Sein Augenmerk galt Problemen im Bankensektor, die in seinen Augen eine effektive Geldpolitik verhinderten. Zhou erklärte, China habe noch keine unabhängige Zentralbank:[27] Die Rolle der Chinesischen Volksbank bestehe darin, den vom Staatsrat beschlossenen Kreditplan umzusetzen, während die Geschäftsbanken auf direkte Ansuchen von lokalen Regierungen und Behörden reagieren mussten. Aus dieser Einschätzung folgt, dass die Geldmenge nur angepasst werden konnte, indem man die Forderungen von Zentralregierung und lokalen Behörden an den Bankensektor änderte. In Zhous Augen bedurfte es also der Haushaltsdisziplin in Kombination mit einer Bankenreform, welche die Unabhängigkeit der Zentralbank gewährleisten würde. Zhous Einschätzung entsprach im Großen und Ganzen dem übergeordneten

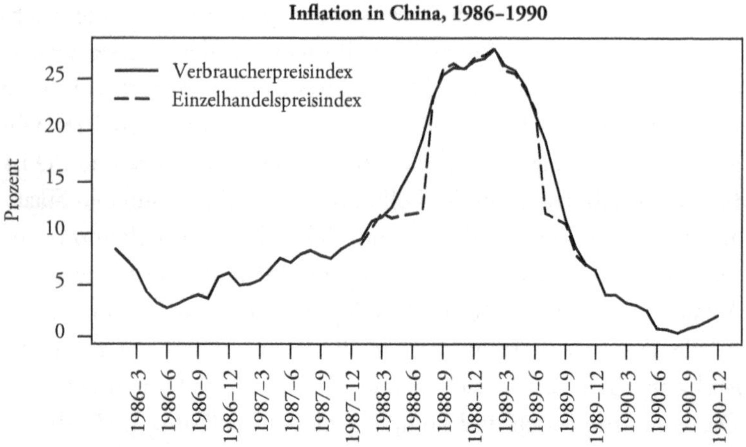

Schaubild 8.1: Inflation in China, 1986-1990.
Quelle: Der Einzelhandelspreisindex beinhaltet die Einzelhandelspreise von Gütern, Dienstleistungen und Produktionsgütern (Burdekin und Hu 1999: 69, 81). Verbraucherpreisindex nach Geng und Zhou (1998: 543).

Paradigma der Paketreform, das die wirtschaftlichen Probleme des Reformprozesses auf bruchstückhafte Reformen und eine unzureichende Trennung von Staat und Markt zurückführte.

Das zweigleisige Preissystem führte nicht direkt zur Beseitigung der vorhandenen Planungsinstitutionen. Aber als es den Kern der chinesischen Wirtschaft erfasste, setzte es eine starke Marktdynamik frei, welche die vorhandenen Institutionen des Staatssozialismus sowohl verwandelte als auch aushöhlte. Das zweigleisige Preissystem sollte aus sozialistischen Produktionseinheiten marktorientierte Unternehmen machen. Es brachte eine neue wirtschaftliche Denkweise mit sich: Gewinnstreben und individuelle Leistungsanreize waren von nun an willkommen. Die Befürworter von Marktreformen, die eher einer Schocktherapie ähnelten, führten die Ausbreitung von Korruption und Gewinnsucht der Staatsbeamten (官倒) nicht auf den Markt an sich, sondern auf die vom zweigleisigen Preissystem verursachte Spannung zwischen altem und neuem System zurück. In Wahrheit würde die Beseitigung der Spannung zwischen den beiden Systemen durch eine schlagartige Vermarktlichung später zum Beispiel in Russland der Korruption kein Ende machen, sondern sie verschärfen.[28]

Die chinesischen Befürworter der Schocktherapie griffen auf die von US-Ökonomen in Virginia in den sechziger Jahren entwickelte Public Choice Theory und den Neoinstitutionalismus, insbesondere auf das Konzept des Rentseeking, zurück, um gegen die zweigleisigen Reformen zu argumentieren. »Rentseeking« beschreibt staatliche Eingriffe in den Markt, die darauf abzielen, bestimmten Akteuren einen künstlichen Vorteil zu verschaffen. Die chinesischen Reformökonomen schlossen sich damit dem jüngsten Angriff der Wirtschaftswissenschaft auf staatliche Interventionen an. Die neoklassische Wohlfahrtsökonomie betrachtete den Staat als wohlmeinenden Agenten, der Fehler des Marktes korrigieren konnte. Die Public Choice Theory hielt dem entgegen, dass der Staat aus Politikern und Bürokraten bestehe, die Sonderinteressen dienten und durch Korruption und Rentseeking ihren eigenen Vorteil suchten.[29] Nicholas Lardy führte die Rentseeking-Theorie im Jahr 1988 in der neuen Zeitschrift *Vergleichende Gesellschafts- und Wirtschaftssystemlehre* in die chinesische Reformdebatte ein.[30] Die Zeitschrift veröffentlichte im Lauf des Jahres 1988 eine Reihe von Beiträgen, um der Rentseeking-Theorie in der chinesischen Marktreformdebatte zum Durchbruch zu verhelfen. Wu Jinglian und Rong Jinben, die treibenden Kräfte, sammelten diese Artikel in dem Buch *Korruption: Der Austausch von Geld und Macht*.[31]

Rong Jingbens Vorwort zu dem Band veranschaulicht, wie die Rentseeking-Theorie gegen das zweigleisige Preissystem eingesetzt wurde. Aus Sicht der Public Choice Theory ist die Korruption kein Resultat der Vermarktlichung, sondern hat ihre Ursache darin, dass auf dem Markt kein vollkommener Wettbewerb herrscht. Rong führte aus, manche würden die ausufernde Korruption mit dem Vordringen des Marktes erklären.[32] Dem hielt er entgegen, es sei offensichtlich, dass die Geschäftemacherei von Funktionären in Wahrheit das Resultat der Unterschiede zwischen Plan- und Marktpreisen im zweigleisigen Preissystem sei, die Möglichkeiten zum Rentseeking schaffe. Das wiederum erzeuge einen Teufelskreis, in dem sich Partei- und Staatsfunktionäre, die das zweigleisige Preissystem zu ihrem Vorteil nutzten, wirklichen Reformen widersetzten.

Rong rief ein weiteres Mal zu einer umfassenden Preisliberalisierung auf, in der er die einzige Möglichkeit sah, die Reformen voranzubringen:

> Wenn wir aus diesem Teufelskreis ausbrechen wollen, dürfen wir die Wirtschaft nicht länger kontrollieren und müssen exklusive Verkäufe (im Rahmen des Plans) und Preiskontrollen aufgeben. Wir können nur für einen fairen Wettbewerb sorgen, indem wir die Unternehmen von der staatlichen Bürokratie trennen und die Preise freigeben, um eine vollständige Vermarktlichung zu erreichen.[33]

Die politischen Implikationen der auf der Rentseeking-Theorie beruhenden Analyse deckten sich vollkommen mit den Maßnahmen, die in der abgeblasenen Urknall-Reform des Jahres 1986 vorgesehen gewesen waren. In Einklang mit der monetaristischen Analyse der Gründe für die steigende Inflation betonten Wu Jinglian und andere Anhänger der Paketreform nun noch nachdrücklicher die Notwendigkeit makroökonomischer Disziplin, um die Nachfrage unter das Angebot zu drücken, was in ihren Augen eine notwendige Voraussetzung für die Preisliberalisierung war. Der Slogan der sogenannten Paketreformer lautete »Die Geldmenge begrenzen, die Preise freigeben« (管住货币, 改革价格).[34] In einem Vorschlag für die nächsten sieben Reformjahre (1988-1995), welcher der Systemreformkommission im Mai 1988 vorgelegt wurde, erläuterten Wu Jinglian und seine Gruppe – Zhou Xiaochuan, Li Jiange, Lou Jiwei, Guo Shuqing und andere – erneut ihre Vorstellung von einer Reform in zwei Schritten: Kontrolle der Geldmenge, gefolgt von einer umfassenden Preisliberalisierung, die unbedingt die Preise grundlegender Rohmaterialien und industrieller Inputs beinhalten müsse. Einmal mehr verwiesen sie auf die Liberalisierung in Westdeutschland und Japan nach dem Zweiten Weltkrieg, um ihre Strategie zu legitimieren.[35] Sie forderten, besser früher als später einen entschlossenen Schritt zu tun, und bedienten sich dabei der typischen Rhetorik der Schocktherapie:

Weder die Kontrolle der Geldmenge noch die Liberalisierung der Preise sind leicht umzusetzen. Sie sind mit beträchtlichen Risiken verbunden. [...] Obwohl es schwierig ist, den richtigen Zeitpunkt für eine Preisreform zu wählen, führt kein Weg daran vorbei, und je länger man damit wartet, desto schwieriger und riskanter wird sie. [...] Wenn wir ein umfassendes Paket von Reformmaßnahmen durchsetzen, können wir die Barriere (d. h. die Preisreform) durchbrechen.[36]

Nach Einschätzung Wus und seiner Mitautoren erhöhte der Inflationstrend in der ersten Jahreshälfte 1988 nur die Dringlichkeit entschlossener Reformmaßnahmen:

Wenn die Inflation beginnt, beschleunigt sie sich normalerweise. Es gibt in der Welt nur sehr wenige Beispiele dafür, dass eine Inflation schrittweise unter Kontrolle gebracht werden kann; normalerweise muss man irgendwann eine Vollbremsung machen. Wir müssen diesen Pass schließlich überqueren, also besser früher als später. Ein lang anhaltender Schmerz ist schlimmer als ein kurzer starker Schmerz. Deshalb ist es wichtig, rasch zu entscheiden.[37]

Die grundlegenden Ziele des Vorschlags von 1988 waren dieselben wie im Plan des Programmbüros aus dem Jahr 1986. Aber der Ton war noch radikaler, und neben einer Kombination von Preis-, Steuer-, Lohn- und Finanzreform sollten nun auch die Eigentumsverhältnisse reformiert, das Regierungssystem einer Marktwirtschaft angepasst, der Finanzmarkt liberalisiert und Boden und Arbeit kommodifiziert werden. Wie Wu später in jenem Jahr in einem Artikel klarstellte, strebte er ein »vollkommen neues Wirtschaftssystem« an, das in seinen Augen der einzige Weg war, um die Effizienz zu erhöhen.[38] Dazu bedürfe es »harter Maßnahmen«, um das zweigleisige Preissystem »in relativ kurzer Zeit zu überwinden«. Kleine Staatsbetriebe sollten veräußert werden, größere sollten in Aktiengesellschaften umgewandelt werden. Diese Privatisierungsstrategie diene dazu, »die gesetzliche Führungsstruktur staatseigener Unternehmen zu reformieren«, um den Staat auf das »übergeordnete Management von Gesellschaft und Wirtschaft« zu beschränken. Er sollte nicht länger »der direkte Agent der öffentlichen Eigentümerschaft sein, geschweige denn, dass er sich in die inneren Angelegenheiten der Unternehmen einmischen« sollte. Dieser Artikel enthielt das komplette Drehbuch für die Schocktherapie. Chinas radikale Marktreformer beschränkten sich nicht mehr darauf, einen ersten entschlossenen Schritt der Schocktherapie zu fordern, das heißt eine schlagartige und umfassende Preisliberalisierung. Jetzt verfochten sie die umfassende Schockdoktrin, die zu jener Zeit in den Entwicklungsländern und in der sozialistischen Welt auf dem Vormarsch war.

In einer alternativen Betrachtung des wachsenden Inflationsdrucks und des Nachfrageüberhangs lag das Augenmerk auf der alten Frage der Beziehungen zwischen landwirtschaftlicher Expansion, Investitionen und städtischem Konsum. Dies war im Wesentlichen Zhao Ziyangs Ansatz. Anfang 1988 legten auch die für die Preissetzung Verantwortlichen das Hauptaugenmerk auf die Lebensmittelpreise und die Landwirtschaft. Beispielsweise erklärte Cheng Zhiping, der damalige Direktor der Hauptverwaltung für Güterpreise, in einer Rede im Februar 1988, die Lebensmittelpreise seien für etwa zwei Drittel des Verbraucherpreisanstiegs im Jahr 1987 verantwortlich gewesen. Das grundlegende Problem sei der Anstieg der Nachfrage aufgrund steigender Einkommen, und ein zu knappes Angebot an landwirtschaftlichen Erzeugnissen. Cheng drückte es so aus: »Wenn Getreide, Fleisch und Gemüse im Überfluss vorhanden sind, ist es leicht, die Preise zu stabilisieren.«[39] Diese Bedingung war Ende der achtziger Jahre nicht gegeben.

Die Agrarreform hatte in den ersten Jahren rasche Fortschritte ermöglicht, aber jetzt geriet sie ins Stocken. Als die Getreideproduktion Anfang der achtziger Jahre ein bis dahin ungeahntes Niveau erreicht hatte, war das altbekannte Problem, dass man die Industrialisierung kaum vorantreiben konnte, ohne einen Nachfrageüberhang zu provozieren, für eine Weile in den Hintergrund getreten. Im Jahr 1988 hatte die Getreideproduktion noch nicht das Niveau des Jahres 1984 überschritten, das zur Abschaffung des einheitlichen Kauf- und Verkaufssystems für Getreide geführt hatte.[40] Im Jahr 1984 hatte der Staat noch die Preise von 67,5 Prozent der Agrarerzeugnisse festgesetzt. Bis 1988 war dieser Anteil auf 24 Prozent gesunken.[41] Aber wie Song Guoqing und andere gewarnt hatten, stellte sich heraus, dass der Staat infolge des Übergangs zu freiwilligen Haushaltsverträgen nicht genug Getreide beschaffen konnte, um die Preise stabil zu halten. Das einheitliche System für Kauf und Verkauf war abgeschafft worden, weil es ungeeignet war, hohe Getreideüberschüsse zu bewältigen.[42] Angesichts eines knappen Getreideangebots ging der Staat wieder dazu über, den Bauern Verträge aufzuzwingen.[43]

Aber der Staat musste auch für diese verpflichtenden Getreidelieferungen höhere Beschaffungspreise zahlen, um mit dem neuen Angebot in der wachsenden ländlichen Industrie und in der Nebenproduktion konkurrieren zu können. Mit höheren Beschaffungspreisen für Getreide wurde es schwieriger, den Preis für die städtische Bevölkerung niedrig zu halten. Seit 1985 bewerkstelligten die Behörden dies mit einer Kombination von niedrigen Einzelhandelspreisen und Subventionen. Diese Konsumsubventionen für die Städte erhöhten die Lohnsumme. Die Anhebung dieser Subventionen setzte eine Aufwärtsspirale bei zahlreichen Preisen in Gang. Die höheren Lohnkosten trieben die Industriepreise weiter hinauf, und der Preisanstieg bei Industriegütern wiederum verringerte die Erträge, welche die Bauern mit ihren Erzeugnissen erzielen konnten, und bewegte eine wachsende Zahl von Landbewohnern dazu, in die ländliche Industrie zu wechseln, was die Preise für Agrarerzeugnisse weiter in die Höhe trieb. Da die Subventionen erhöht werden mussten, um die landwirtschaftlichen Beschaffungspreise hoch und die Einzelhandelspreise niedrig zu halten, wuchs das Staatsdefizit. Aufgrund des beschränkten Zugangs zu internationalen und inländischen Krediten finanzierte China sein Budgetdefizit in erheblichem Maße, indem es die Geldpresse anwarf. Das so geschöpfte Geld ging in Form von höheren Beschaffungspreisen an die Bauern und in Form von Subventionen an die städtische Bevölkerung.[44] Die Folge war, dass die gesamtwirtschaftliche Nachfrage das Angebot überstieg, weshalb die Preise stiegen. Wenn man die Ursachen der steigenden Inflation so interpretierte, würde es nicht genügen, einfach die Geldpolitik zu straffen. Die Lösung lag vielmehr darin, das Verhältnis zwischen Stadt und Land einmal mehr ins Gleichgewicht zu bringen.

Auch das Ungleichgewicht zwischen den verschiedenen Industriesektoren trug zur Kosteninflation bei. Die Forscher des Systemreforminstituts erklärten das Ungleichgewicht mit dem Verhalten der Unternehmen und drängten weiter auf eine Unternehmensreform. In ihrer Studie aus dem Jahr 1986 hatten sie den zugrunde liegenden Mechanismus der Kreditexpansion als »schwache Kreditbeschränkung« bezeichnet, die zu übermäßigen Investitionen oder überhöhten Löhnen führe. In dieser Studie hatten sie auch darauf hingewiesen, dass der Großteil der Investitionen nicht in Rohmaterialien, Energie und Schwerindustrie, sondern in die sehr rentable Leichtindustrie und in die Produktion von Verbrauchsgütern fließe. Dieser Trend setzte sich im Jahr 1987 fort. Die Produktion der Leichtindustrie wuchs schneller als die wichtiger Industrieinputs wie Energie, was die Knappheit verschärfte.[45] In den ersten Reformjahren ging China von einem auf die Schwerindustrie fixierten Entwicklungsmodell zu einem auf der Leichtindustrie beruhenden über. Dies führte im Lauf der Zeit zu Engpässen in vorgelagerten Industrien. Die Kombination von Engpässen und steigender Nachfrage infolge des raschen Wachstums der Leichtindustrie hatte zur Folge, dass sich die Marktpreise grundlegender Inputs wie Kohle, Erdöl und Stahl immer weiter von den im staatlichen Plan vorgegebenen Preisen entfernten.[46] Zwischen 1984 und 1987 sank die Zahl der vom Zentralstaat rationierten Produktionsgüter von 256 auf 26 Kategorien, und die rationierten Güter wurden ebenfalls im zweigleisigen Preissystem auf dem Markt gehandelt.[47] Im Jahr 1987 gab die Regierung bekannt, dass mittlerweile 50 Prozent aller Produktionsgüter vom Markt zugeteilt würden.[48]

Wie sich herausstellte, löste der rasche und chaotische Anstieg der Preise von Produktionsgütern in den Randbereichen des Marktes eine begrenzte Version jener Kosteninflation aus, vor der das Systemreforminstitut, Li Yining und andere Zhao Ziyang im Jahr 1986 gewarnt hatten, als sie eingeschritten waren, um eine generelle Preisfreigabe zu verhindern. Die Marktpreise stiegen rasch in Relation zu den Planpreisen. Im Jahr 1987 lagen die Marktpreise von 13 grundlegenden Produktionsgütern um 115 Prozent über den im Plan vorgegebenen Preisen. Die Verteuerung der Produktionsgüter erhöhte den Aufwärtsdruck auf die Preise aller anderen Güter.

Gleichzeitig eröffneten sich aufgrund der großen Kluft zwischen Plan- und Marktpreisen in hochgradig konzentrierten vorgelagerten Industriesektoren wie dem Energiesektor zahlreiche Chancen für Geschäftemacherei und Korruption.[49] Viele Kader, die Zugang zu knappen Ressourcen hatten, verwalteten diese nicht im Interesse der nationalen oder lokalen Wirtschaft oder ihrer Produktionseinheiten. Stattdessen missbrauchten sie ihre Macht und strichen einen Teil der Einnahmen ein, die dank der rasant steigenden Marktpreise erzielt wurden. Wie aus zahlreichen Berichten hervorgeht, ließen sie sich mit Zigaretten und Alkohol bestechen oder schanzten die kostbaren Ressourcen Verwandten und Freunden zu.[50] Die Korruption war einer der Gründe für die Unzufriedenheit der Studenten, die im Jahr 1986 auf die Straße gingen. Einer der Anführer der Protestbewegung, ein brillanter Physiker namens Fang Lizhi, forderte eine »umfassende Modernisierung« und »vollständige Verwestlichung«, um die Probleme in den Griff zu bekommen.[51] Die Anhänger der Paketreform sahen in der verbreiteten Geschäftemacherei von Parteikadern und Beamten einen weiteren Grund, eine umfassende Vermarktlichung voranzutreiben.

In deutlichem Gegensatz dazu lehnten die Forscher des Systemreforminstituts die Schocktherapie weiterhin entschieden ab. Nach der landesweiten Einführung des Vertragssystems für Staatsbetriebe im Jahr 1987 führten sie eine weitere große Studie zu den Fortschritten der Reformen durch.[52] Sie waren besorgt über die Korruption, vertraten jedoch einmal mehr die Einschätzung, dass eine umfassende Preisreform und ein schlagartiger Übergang zum freien Markt nicht geeignet seien, um das grundlegende Problem der Knappheit von Rohmaterialien, Energie und Erzeugnissen der Schwerindustrie zu lösen.[53]

Nach Meinung der Ökonomen des Systemreforminstituts war der Staat angesichts des niedrigen Entwicklungsstands Chinas der einzige Akteur, der in der Lage war, diese für den wirtschaftlichen Fortschritt unverzichtbaren vorgelagerten Industrien zu organisieren. In ihren Augen war eine Trennung zwischen Verwaltung und Unternehmen in diesen grundlegenden Sektoren nicht mit den Entwicklungszielen

Chinas vereinbar. Stattdessen bedurfte es einer Neustrukturierung dieser Industrien; dazu sollten unter Wahrung des öffentlichen Eigentums Fusionen durchgeführt werden, um die Produktion zu erhöhen und die Technologie weiterzuentwickeln, damit eine höhere Produktion angeregt und die Knappheit überwunden werden konnte. Das Problem der Geschäftemacherei im Staatsapparat konnte nach Einschätzung dieser Ökonomen nicht gelöst werden, indem man einfach die Planwirtschaft beseitigte. Stattdessen bedurfte es neuer Organisationsstrukturen und institutioneller Innovationen, um die Bündelung übermäßiger Macht in den Händen individueller Kader zu beseitigen und ein System der Rechenschaftspflicht zu errichten, das Korruption verhindern konnte.[54]

Nach 1986 folgte Zhao in seinem Reformansatz im Wesentlichen den Vorstellungen des Systemreforminstituts. Er wollte die Reformen durch Entwicklung vorantreiben. Dieses Vorhaben war nicht länger auf die Vermarktlichung Chinas beschränkt, sondern beinhaltete auch eine graduelle Wiedereingliederung des Landes in den globalen Kapitalismus. Im Mittelpunkt von Zhaos Ansatz stand das Unternehmensvertragssystem, das mit einer Strategie zur Entwicklung der Küstenregionen kombiniert werden sollte. Bei der Ausarbeitung dieser politischen Maßnahmen stützte Zhao sich auf die Studien des Systemreforminstituts.[55]

Die Strategie für die Entwicklung der Küstenregionen ist nicht mit dem Programm für die Sonderwirtschaftszonen zu verwechseln, die ganz zu Beginn der Reformen als Inseln der Offenheit gegenüber der Weltwirtschaft dienten.[56] Zhao erklärte, seine neue Strategie bestehe darin, »den 100 bis 200 Millionen Einwohnern der Küstenregionen sowie den Unternehmen dort die Möglichkeit zu geben, sich in den Weltmarkt zu integrieren«.[57] Ab Herbst 1987 bereiste Zhao Ziyang, dessen Karriere in den sechziger Jahren in Guangdong begonnen hatte, diese Küstenprovinz sowie die Provinzen Jiangsu, Zhejiang und Fujian.[58] Begleitet wurde er auf diesen Studienreisen, die im Lauf eines Jahres stattfanden, einmal mehr von Du Runsheng und Wang Xiaoqiang, auf deren Forschungsergebnisse sich Zhao seit der Reform der Landwirtschaft Anfang der achtziger Jahre stützte.[59] Bei ihren Besuchen in den Küstenregionen führten sie lange Gespräche mit den örtlichen Parteikadern auf Bezirks- und Provinzebene, um herauszufinden, ob die exportorientierte Entwicklungsstrategie der »asiatischen Tigerstaaten« – Hongkong, Singapur, Südkorea und Taiwan – auf die chinesischen Küstengebiete übertragen werden konnte.[60]

Nach Beendigung ihrer Studienreisen fasste Zhao die Strategie für die Küstenentwicklung im Januar 1988 für die Parteiführung zusammen.[61] »Arbeitsintensive Industrien siedeln sich immer dort an, wo die Arbeitskosten am niedrigsten sind«, erklärte er. »In der Asien-Pazifik-Region sehen wir, dass diese Industrien zuerst aus den Vereinigten Staaten nach Japan abwanderten und von dort nach Taiwan, Südkorea, Hongkong und Singapur weiterzogen.« Er erklärte, die chinesische Wirtschaft habe sich in diesen beiden großen Umsiedlungswellen noch nicht geöffnet gehabt. Doch gegenwärtig finde »eine weitere große Verschiebung« statt. Dies sei der geeignete Moment, um diese Produktion nach China zu holen: »Die chinesischen Küstenregionen sollten jetzt sehr attraktiv sein.«

Man kann die Küstenentwicklungsstrategie als eine Internationalisierung der graduellen zweigleisigen Vermarktlichung betrachten. Die Strategie sah keineswegs vor, ganz China auf einen Schlag in den globalen Kapitalismus zu integrieren oder die staatliche Kontrolle über wichtige vorgelagerte und technologieintensive Industrien zu lockern. Wie Zhao erklärte, sollte die Entwicklung der Küstenregionen so vollzogen werden, dass die heimischen Ressourcen Chinas nicht aufgezehrt würden.[62] Die Parole »beide Enden ins Ausland erweitern« (两头在外) bedeutete, dass aus dem Ausland importierte Rohmaterialien von den billigen chinesischen Arbeitskräften zu Produkten verarbeitet werden sollten, die exportiert werden konnten.

Diese Strategie sollte die umfangreichen Leichtindustrieinvestitionen örtlicher Unternehmen in den Export lenken. Zhao schwebte vor, kleine Unternehmen, die in Exportsektoren tätig waren, zu privatisieren, um Mittel freizumachen, die in technologieintensive vorgelagerte Industriezweige investiert werden konnten. Die Expansion die-

Abbildung 14: Die von Ministerpräsident Zhao Ziyang geleitete Delegation, welche die Möglichkeiten einer Strategie für die Küstenentwicklung sondierte. Zhao Ziyang (vorne links), Wang Xiaoqiang (hinten in der Mitte), Du Runsheng (vorne in der Mitte), Zhaos Sekretär Li Shuqiao (vorne rechts) bei einer Rundreise durch Guangdong, Jiangxi, Shanghai und Jiangsu im Winter 1987.

ser Industriezweige wiederum würde dabei helfen, den Mangel an industriellen Inputs zu beheben, der entscheidend zur Kosteninflation beitrug. Mit den Einnahmen aus den Exporten der Leichtindustrie konnte auch der Import industrieller Inputs finanziert und der Preisdruck weiter verringert werden. Eine Verschuldung bei ausländischen Kreditgebern wollte Zhao vermeiden. Stattdessen sollten die Unternehmen in den Küstenregionen ausländische Direktinvestitionen anlocken. Das würde nicht nur das Risiko der Abhängigkeit von ausländischen Kreditgebern verringern, sondern obendrein den Erwerb neuer Managementtechniken ermöglichen und damit zur Reform der Unternehmen beitragen.[63]

Die inländische Version des zweigleisigen Preissystems verwandelte sozialistische Produktionseinheiten in marktorientierte Unternehmen. Die Küstenentwicklungsstrategie weitete diesen Ansatz auf den Weltmarkt aus. Die chinesischen Unternehmen sollten nicht nur fit für den Markt gemacht werden, sondern den Rückstand zum globalen Kapitalismus aufholen. Die an der Entwicklung dieser Strategie beteiligten Reformer und Ökonomen sahen darin einen weiteren Schritt in der graduellen Vermarktlichung von den Rändern aus. Wang Xiaoqiang, der Zhao bei der Entwicklung dieser Strategie beriet, erinnerte mehr als zwei Jahrzehnte später, dass »wir nie auf den Gedanken gekommen wären, die Wirtschaft der Küstenregionen könnte zum Motor des chinesischen Wirtschaftswachstums werden«.[64]

Es muss darauf hingewiesen werden, dass viele der jungen Reformökonomen, die in der Debatte über die Marktreform das zweigleisige Preissystem verfochten hatten, Ende der achtziger Jahre von der graduellen Reformmethode abgerückt waren. In diesem Zusammenhang ist ein Artikel in Chinas führender ökonomischer Fachzeitschrift *Wirtschaftsforschung* erwähnenswert, der sowohl in China als auch im Ausland große Beachtung fand. Die Autoren waren Hua Sheng, einer der Ökonomen, die für sich in Anspruch nahmen, das zweigleisige Preissystem erfunden zu haben, sowie Zhang Xuejun und Luo Xiaopeng. In dem Artikel wurde das erste Jahrzehnt der Wirtschaftsreformen beschrieben. Die Autoren erklärten, das zweigleisige Preissystem habe sich als geeignet erwiesen, Märkte zu öffnen und das alte Planungssystem zu desintegrieren, sei jedoch ungeeignet gewesen, eine funktionierende Marktwirtschaft zu errichten.[65]

Hua, Zhang und Luo hielten an ihrem Widerstand gegen eine radikale Preisreform fest und begründeten dies damit, dass dieser Schritt nicht zu Marktwettbewerb führen werde. Stattdessen erklärten sie, die Reformen in den sozialistischen Ländern gerieten »in eine Sackgasse, wenn man nicht das System des Staatseigentums zerschlägt und die Eigentums- und Bürgerrechte wiederherstellt«.[66] Hua und seine Mitautoren sahen den Grund für das Scheitern des zweigleisigen Preissystems darin, dass dieses die Macht der Parteifunktionäre reproduziere und vergrößere. In ihren Augen konnte die Autorität der Staatsbeamten nicht gebrochen werden, indem man die Planpreise abschaffte – wie jene behaupteten, welche die Wurzel des Übels im Rentseeking sahen. Nach Meinung von Hua, Zhang und Luo konnte der Aufbau einer Marktwirtschaft nur gelingen, wenn man die Macht von Partei und Staat schwächte, indem man den Chinesen Eigentums- und Bürgerrechte zugestand. Die drei Autoren legten einen ersten Vorschlag für eine Kuponprivatisierung vor und forderten de facto, das politische System vollkommen umzukrempeln.

Man könnte meinen, dass Hua Sheng und seine Gruppe mit Wu Jinglian und anderen Befürwortern der Paketreform einer Meinung in der Frage der umfassenden Vermarktlichung waren und mit dem Systemreforminstitut den Wunsch teilten, China wieder in die kapitalistische Weltwirtschaft zu integrieren. Doch in Wahrheit blieben die getrennten Gruppen von Reformökonomen erbitterte Gegner. Sie waren unterschiedlicher Meinung in der Frage, wie der Marktaufbau gelingen konnte. Tatsächlich stellt der Artikel von Hua, Zhang und Luo aus dem Jahr 1988 über weite Strecken einen Angriff auf die Reformvorschläge von Wu Jinglian, Lou Jiwei, Zhou Xiaochuan und anderen Anhängern der Paketreform dar. Das zeigt, wie erbittert die Debatte zu jener Zeit geführt wurde. Und während diese zunehmend heftige Auseinandersetzung zwischen den Reformökonomen um die Frage kreiste, *wie* man die Reformen vorantreiben konnte, gaben Inflation und ausufernde Korruption jenen Politikern neuen Auftrieb, die jegliche Reformen ablehnten.

Zhao Ziyangs Haltung und seine Kritiker

Zhao sah sich bereits im Jahr 1987 und Anfang 1988 heftiger Kritik seitens der Anhänger der Planwirtschaft und vorsichtiger Reformer wie Chen Yun ausgesetzt, weil er einen moderaten Preisanstieg in Kauf genommen hatte.[67] Aus demselben Lager kam auch Kritik, weil es ihm nicht gelungen war, die Korruption unter Kontrolle zu bringen.[68] Um sein Reformkonzept sowohl gegen die radikalen Reformer als auch gegen die Gegner von Reformen zu verteidigen, gab Zhao eine Erklärung ab, die später so interpretiert wurde, dass er ein gewisses Maß an Inflation und Korruption für eine unvermeidliche Begleiterscheinung des Reformprozesses hielt.[69] Später schrieb Zhao zu diesem Vorwurf: »Als mich Li Peng und seine Verbündeten nach dem 4. Juni [1988] kritisierten, beschuldigten sie mich, gesagt zu haben, Korruption sei im Reformprozess unvermeidlich, und warfen mir vor, gegenüber der Korruption eine Laisser-faire-Haltung einzunehmen.«[70]

Zhao berichtete, dass er in einem der Schreiben erklärt habe: »Obwohl im Jahr 1988 eine Inflation begann, war ich der Meinung, dass das Problem nicht allzu gravierend und durchaus zu bewältigen war.«[71] Er habe keineswegs behauptet, Inflation oder Korruption könnten ignoriert werden, wie ihm seine politischen Gegner vorwarfen; er sei lediglich überzeugt gewesen, beide Probleme könnten im Verlauf der Reformen gelöst werden und es sei nicht notwendig, das rasche Wirtschaftswachstum zu bremsen. Entwicklung und Stabilität könnten Hand in Hand gehen.[72] Darüber hinaus zeigt die Tatsache, dass Zhao im Jahr 1986 in Reaktion auf die Warnungen vor Inflationsgefahren seinen eigenen Vorstoß zu einer Preisfreigabe abbrach, dass er sich der mit einem raschen Preisanstieg verbundenen Risiken durchaus bewusst war. Doch es wird nicht allgemein anerkannt, dass Zhao die Gefahren der Inflation tatsächlich verstand. In einer der detailliertesten Darstellungen dieses so wichtigen historischen Moments heißt es, dass Zhao im Frühjahr 1988 »anzudeuten begann, dass er in der Inflation keine ernste Gefahr sah«.[73]

Nach dem XIII. Parteitag der KPCh legte Zhao Ziyang im Oktober 1987 sein Amt als Ministerpräsident nieder. In seiner neuen Funktion als Generalsekretär war er danach nicht mehr direkt für die Wirtschaftspolitik zuständig. Als neuer Ministerpräsident folgte ihm Li Peng, ein Ingenieur und Ziehsohn von Zhou Enlai, der als Schützling von Chen Yun und Li Xiannian galt.[74] Im Januar warnten Li Peng und andere führende Vertreter verschiedener Abteilungen des Staatsrats, darunter Yao Yilin, der kurze Zeit später zum stellvertretenden Ministerpräsidenten ernannt wurde, vor einer gefährlichen Verschlechterung der wirtschaftlichen Lage. Sorge bereitete ihnen insbesondere der Preisanstieg. Sie sahen die dringendste Aufgabe für das Jahr 1988 darin, die Preise unter Kontrolle zu bringen.[75] Ministerpräsident Li Peng fasste die Ergebnisse der Konsultationen im Staatsrat zusammen: »Unser Hauptaugenmerk muss der Frage der Preise gelten. Jede [wirtschaftliche] Herausforderung hängt mit den Preisen zusammen, und die Preise wirken sich auf sämtliche Aspekte [unserer Wirtschaft] aus.«[76] Angesichts der sich beschleunigenden Inflation stellte Li Peng fest: »Stabilisiert die Wirtschaft und haltet an der Politik der vertieften Reformen fest. Es gibt keinen Fortschritt ohne Reformen, aber wenn die Reformschritte zu groß sind, ist es unmöglich, Stabilität zu erreichen.«[77] Um die Wirtschaft zu stabilisieren, rief der Staatsrat zu Sparsamkeit auf. Die Ursache der Inflation sah die Parteiführung im Nachfrageüberschuss und in der Überhitzung einer zunehmend exportorientierten Wirtschaft. Nun wollte man das makroökonomische Gleichgewicht wiederherstellen, indem man das Wachstum bremste und die Geldmenge verringerte.[78]

Es fällt auf, dass die politischen Empfehlungen Li Pengs und anderer Reformskeptiker große Ähnlichkeit mit dem Vorbereitungsschritt hatten, den die Anhänger der Paketreform vorschlugen: Sowohl jene, die meinten, die Reform werde übereilt vorangetrieben, als auch jene, die glaubten, die Maßnahmen gingen nicht weit genug, hielten im Jahr 1988 makroökonomische Disziplin für nötig. Allerdings waren sie sehr unterschiedlicher Meinung bezüglich der Schritte, die ergriffen werden sollten, sobald die makroökonomische Stabilität hergestellt wäre. Aber in der Forderung nach makroökonomischen Beschränkungen um jeden Preis waren sie gegen Zhao Ziyang vereint.

Li Peng, Yao Yilin und andere Mitglieder der Parteiführung warnten, China drohe der wirtschaftliche Zusammenbruch, wenn keine strengen Stabilisierungsmaßnahmen ergriffen würden. Zhao hielt ihnen entgegen, sie sähen »den Wald vor lauter Bäumen nicht«.[79] Er war überzeugt, dass der wirtschaftliche Druck, der sich in den vergangenen Jahren aufgestaut hatte, langsam nachlasse und dass die Wirtschaftslage im Allgemeinen gut sei und die Preisanstiege nicht bedrohlich seien. Zhao wollte an der im Jahr 1987 verfolgten Strategie festhalten. In seinen Augen waren Stabilität und rasche Entwicklung nicht unvereinbar. Er sah keinen Grund, beides voneinander zu trennen. Zhao sah die Notwendigkeit einer makroökonomischen Stabilisierung, glaubte jedoch, Stabilität dürfe nicht mit einer Sparpolitik oder einer wirtschaftlichen Kontraktion verwechselt werden.[80] Stattdessen sprach er sich für eine »weiche Landung aus«, eine Methode, die seiner Meinung nach der von Li Peng vertretenen traditionellen Anpassungspolitik vorzuziehen war. Zhao teilte die Einschätzung, dass die Errichtung von Infrastrukturen und der Konsum unter Kontrolle gebracht werden mussten, sprach sich jedoch dagegen aus, die Gesamtproduktion zu verringern.

In Zhaos Augen bestand die Herausforderung darin, das Gleichgewicht über verschiedene Wirtschaftssektoren hinweg wiederherzustellen, anstatt einfach wahllos die Gesamtnachfrage zu verringern. Anstatt plötzlich »auf die Bremse zu treten«, schwebte ihm ein gradueller Ausgleich über mehrere Jahre hinweg vor.[81] Die Hauptursache der Inflation sah er im Anstieg der Agrarpreise und in der Notwendigkeit, die städtischen Konsumenten mit Subventionen für die höheren Ausgaben zu entschädigen. Das hatte in Zhaos Augen mit der Frage, wie man in der Agrarreform voranschreiten sollte, sowie mit dem Wandel der urbanen Konsummuster zu tun. In seinem geheimen Tagebuch schreibt Zhao, dass zusätzlich zum Anstieg der Getreidepreise die lokalen Regierungen die Ausweitung der Geldmenge vorantrieben, indem sie ihre Kreditquoten für ihre bevorzugten Projekte wie Bauvorhaben aufzehrten.[82] So wurde der Zentralstaat gezwungen, zusätzliche Kredite bereitzustellen, um grundlegende Funktionen wie die Getreidebeschaffung zu finanzieren. Zhao glaubte, dass diese inflationären Einflüsse mit sorgfältigen empirischen Studien und Experimenten bewältigt werden könnten. Einfach die Nachfrage zu drosseln, war in seinen Augen nicht geeignet, um das Ungleichgewicht zu beheben. Vielmehr bestehe die Lösung darin, das Angebot zu erhöhen, insbesondere das Angebot an jenen Gütern, deren Preise stiegen.[83]

Zhaos Strategie zur Entwicklung der Küstenregionen stieß auf Widerstand bei denselben Gruppen, die das zweigleisige Preissystem ablehnten. Chen Yun war besorgt darüber, dass China anfangs Rohmaterialien importieren müsse. Sollte es dem Land nicht gelingen, seinerseits verarbeitete Produkte zu exportieren, so drohe ihm ein Außenhandelsdefizit. Yao Yilin und Li Peng warnten, eine Exportorientierung werde eine wirtschaftliche Überhitzung auslösen. Dem hielt Zhao entgegen, die asiatischen Tigerstaaten hätten bewiesen, dass diese Strategie funktioniere. Sie hatten in einer Hochinflationsphase begonnen, arbeitsintensive Güter zu exportieren, wodurch es ihnen gelungen sei, das Wirtschaftswachstum anzukurbeln und das allgemeine Preisniveau zu senken. Zhao hob die Bedeutung der Preisstabilität hervor. In seinen Augen hing das Ausmaß der Inflation jedoch nicht von der Geschwindigkeit des Wirtschaftswachstums ab, sondern vom Gleichgewicht zwischen den Wirtschaftssektoren.[84] Nachdem Deng Xiaoping Zhaos Bericht aus dem Januar 1988 gelesen hatte, erklärte er: »Ich stimme ihm vollkommen zu. Lasst uns das mutig und rasch umsetzen.«[85] Das Politbüro beschloss die Küstenentwicklungsstrategie.

Die von Zhao propagierte »weiche Landung« war die ursprüngliche Strategie der Partei für das Jahr 1988. Sie beinhaltete eine graduelle Stabilisierung, eine Intensivierung der Unternehmensreform und die Entwicklung der Küstenregionen. Im Januar hatte sich Zhao einmal mehr in der Frage der Preise positioniert. Er verwies darauf, dass sechzig Prozent der Konsumausgaben auf Lebensmittel entfielen. Daher werde eine Beseitigung der Inflation bei den Lebensmittelpreisen entscheidend dazu beitragen, den Anstieg der Verbraucherpreise insgesamt unter Kontrolle zu bringen. Die Preise landwirtschaftlicher Erzeugnisse müssten schrittweise angehoben und die relativen Preise von Gemüse, Getreide, Fleisch und Eiern angepasst werden. Der Anstieg der Beschaffungspreise müsse durch Subventionen für die städtischen Konsumenten ausgeglichen werden. In Zhaos Augen war dies ein langfristiger Plan, der möglicherweise Jahrzehnte in Anspruch nehmen würde. Er riet dazu, den Plan langsam umzusetzen, um die Bevölkerung nicht zu belasten.[86]

Mitte März äußerte sich Zhao ähnlich und fügte hinzu, graduelle Preisanpassungen könnten nur wirksam sein, wenn man sie durch Maßnahmen zur Ausweitung der Produktion von Agrarerzeugnissen ergänze. Einmal mehr hob er die entscheidende Rolle der staatlichen Handelsaktivitäten beim Ausgleich von Marktschwankungen hervor. Das Handelssystem für landwirtschaftliche Erzeugnisse müsse verbessert und es müssten Fonds eingerichtet werden, die der Staat nutzen könne, um die Preise auszugleichen, indem er seine eigene Nachfrage erhöhe oder verringere und die Exporte anpasse. Die Lösung des Problems der Agrarpreise sei der Schlüssel zur Lösung des übergeordneten Preisproblems.[87] Zhaos Ansatz für eine Stabilisierung der Preise war zu diesem Zeitpunkt auch die offizielle Politik der Preisbehörde: Cheng Zhiping berichtete auf dem Nationalen Volkskongress, der vom 25. März bis zum 13. April 1988 tagte, die Kontrolle über die Preise für subsidiäre Agrarprodukte sei eine unerlässliche Voraussetzung für eine Stabilisierung des gesamten Preisniveaus. Wenn nötig, müssten auch die Preise landwirtschaftlicher Erzeugnisse, die bereits freigegeben worden waren, wieder vom Staat gesteuert werden, um die Preisstabilität zu gewährleisten.[88]

Doch auf demselben Volkskongress bezeichnete Deng Xiaoping die Preisreform als drängendste Aufgabe und forderte die Partei auf, das Tempo zu erhöhen.[89] Die von Zhao bevorzugte Vorgehensweise wurde an den Rand gedrängt. In scharfem Gegensatz zu Zhaos Warnung vor ungeordneten Preiserhöhungen bei landwirtschaftlichen Erzeugnissen gab der Staatsrat am 5. April bekannt, dass die Preise von Schweinefleisch, Eiern, Zucker und Gemüse freigegeben und die Preiskontrollen durch Subventionen ersetzt würden.[90] Dieses Vorgehen entsprach Deng Xiaopings Vorstellungen.[91] Die Folge war ein augenblicklicher starker Anstieg der Preise dieser Produkte; am höchsten fiel er bei Schweinefleisch mit einem Plus von fünfzig bis sechzig Prozent aus.[92] Diese vier Produkte waren keineswegs »leichte« oder unwesentliche Güter, sondern gehörten zur täglichen Nahrung und machten etwa ein Drittel der Ausgaben des chinesischen Durchschnittshaushalts aus.[93]

In den ersten Monaten des Jahres 1988 stieg der Verbraucherpreisindex so stark wie nie zuvor in der Reformära (siehe Schaubild 8.1). Die Preise von nicht grundlegenden Lebensmitteln stiegen schneller als die durchschnittlichen Preise anderer Konsumgüter. In einer früheren Episode erhöhter Inflation im Jahr 1985 waren die Preisanstiege bei Konsumgütern durch entsprechende Lohnerhöhungen ausgeglichen worden. Doch obwohl die städtischen Arbeitskräfte im Jahr 1988 Zuschüsse erhielten, um ihren Kaufkraftverlust auszugleichen, sanken die Reallöhne.[94] An mehreren Orten kam es zu sporadischen Panik- und Hamsterkäufen.[95] Außerdem kam die wachsende Gruppe von ländlichen Industriearbeitern, die weiterhin den Status von Bauern hatten, nicht in den Genuss der Konsumsubventionen. Am meisten litten Wanderarbeiter unter der neuen Politik. Es kam zu Streiks und Protestkundgebungen. Beispielsweise legten die Arbeiter in den Fabriken von Tianjin, die früher Fischer gewesen waren, aber seit Jahren in der Stadt lebten, bis 1988 mehr als 5700 lokale Unternehmen lahm.[96]

Die Niederlage in der Auseinandersetzung über die Frage, wie die Preise landwirtschaftlicher Nebenerzeugnisse unter Kontrolle gebracht werden konnten, war ein schwerer Rückschlag für Zhao, weil er diesen Preisen große Bedeutung für die übergeordnete Preisstabilität beimaß. Gleichzeitig sah sich Zhao immer schärferer Kritik seitens führender Paketreformer wie Liu Guoguang und Wu Jinglian ausgesetzt, die Unterstützung vom legendären Ökonomen Xue Muqiao erhielten. Wu und Liu waren bezüglich des Zeithorizonts unterschiedlicher Meinung, aber beide warnten Zhao, dass es dringend strikter makroökonomischer Disziplin und einer härteren Geldpolitik bedürfe, um die Inflation wieder unter Kontrolle zu bringen und geeignete Bedingungen für die Preisliberalisierung zu schaffen. In ihren Augen gab es keine andere Möglichkeit, als dem Wertgesetz endlich in China Geltung zu verschaffen. Die kurzfristigen Wachstumseinbußen, die ein solches Sparprogramm mit sich bringen würde, schienen ihnen unbedeutend verglichen mit dem langfristigen Schaden, den die Überhitzung der Konjunktur verursachen würde.[97] Angesichts der sowohl von Paketreformern als auch von Verfechtern der Planwirtschaft erhobenen Forderung nach einer strikten Sparpolitik und von Dengs Schritt zur Preisliberalisierung war Zhaos Kampf für eine Korrektur durch Wachstum und für Reformen durch Entwicklung aussichtslos.

In diesem Kontext gewann die Erfahrung der lateinamerikanischen Länder mit wirtschaftlicher Öffnung, Industrialisierung und Inflation an Bedeutung für die chinesische Reformdebatte. Diese Verbindung zu Lateinamerika ist so interpretiert worden, dass Zhao Ziyang im Jahr 1988 vorgeschlagen habe, »China auf den Weg der brasilianischen Hyperinflation zu führen«.[98] Das ist ein schwerer Vorwurf. Deshalb sollten wir uns diese Vorgänge genauer ansehen.

Die Lateinamerika-Connection

Wir müssen uns in Erinnerung rufen, dass die chinesischen Reformer die erfolgreiche Modernisierung Lateinamerikas nach dem Zweiten Weltkrieg bewunderten und ein ähnliches Maß an Infrastrukturentwicklung, Industrialisierung und Urbanisierung anstrebten.[99] Als die Spannungen über den richtigen Reformkurs zunahmen, organisierte Zhu Jiaming eine Informationsreise nach Brasilien, Venezuela, Chile, Mexiko und Argentinien.[100] Erneut half George Soros bei der Finanzierung der Reise. Seine Open Society Foundations hatten mittlerweile unter Beteiligung von He Weiling, Li Xianglu und Zhao Ziyangs Sekretär Bao Tong und mit Unterstützung des Systemreforminstituts einen Ableger namens China Reform and Opening Up Foundation gegründet. In der neueren englischsprachigen Literatur über die Reformkrise von 1988 findet man häufig die Interpretation, die von der Delegation aus Lateinamerika in die Heimat geschickten Berichte hätten die Inflationsepisode von 1988 ausgelöst, die den Boden für die gesellschaftliche Aufruhr von 1989 bereitete.[101]

Im Jahr 1988 war Zhu Jiaming gerade aus der Systemreformkommission der Provinz Henan in das Internationale Büro der China International Trust Investment Corporation (CITIC) gewechselt, wo er mit Zhaos früherem Sekretär Li Xianglu zusammenarbeitete. Beide waren auch für die chinesische Niederlassung der Open Society Foundations tätig. Das Internationale Büro des CITIC war eingerichtet worden, um im Auftrag des Staatsrats informelle Diplomatie zu betreiben. Eines der Hauptziele dieser neuen Einrichtung war es, Beziehungen zu Ländern im Nahen Osten und Lateinamerika zu knüpfen, um Rohstoffe zu importieren, insbesondere Erdöl.[102] Die Preise dieser Industrieinputs waren deutlich gestiegen. Sie waren unverzichtbar für die Umsetzung der Strategie zur Küstenentwicklung und für die Industrialisierung Chinas insgesamt. Zhu forderte Chen Yizi auf, sich der Delegation des Systemreforminstituts anzuschließen, der Song Guoqing angehörte, der Leiter der Abteilung für Makroökonomie.[103] Von besonderem Interesse für die Teilnehmer der Studienreise war Brasilien. Der wirtschaftliche Aufschwung unter der Militärdiktatur Ende der sechziger Jahre hatte das Interesse der Chinesen geweckt, die Lehren für den heimischen Reformprozess daraus zu ziehen hofften.[104]

Das sogenannte brasilianische Wirtschaftswunder (*milagre econômico*) in den Jahren 1968-1973 war durch eine heterodoxe, entwicklungsorientierte Politik herbeigeführt worden.[105] Das rasante Wirtschaftswachstum Brasiliens in diesem Zeitraum wurde durch eine Kombination von niedrigen Löhnen, Kapitalzuflüssen aus dem Ausland und rasch steigenden Exporten ermöglicht. Der grundlegende Mechanismus ähnelte dem der chinesischen Küstenentwicklungsstrategie, aber die Kapitalzuflüsse hatten in Brasilien in erster Linie die Form von ausländischen Krediten, nicht von ausländischen Direktinvestitionen, wie es Zhao vorschwebte. Ein Beobachter erklärte: »Im Prinzip war das System wunderbar: Ausländisches Kapital trieb die Industrieproduktion an, und es wurde ein ausreichender Teil dieser Produktion exportiert, um Zinszahlungen und Schuldentilgung zu bestreiten.«[106] So wurde ein hohes Wirtschaftswachstum in Gang gesetzt, und zwischen 1965 und 1980 wuchs das Bruttoinlandsprodukt Brasiliens real um mehr als das Dreifache. Die Industrieproduktion vervierfachte sich, und die Exporte stiegen um mehr als das Zehnfache.[107] In Brasilien wird dieser Wachstumserfolg Antônio Delfim

Netto zugeschrieben, dem jungen Minister, der für die Entwicklungsstrategie verantwortlich war. Delfim Netto formulierte eine Theorie, die gemeinhin als »Kuchentheorie« bezeichnet wird,[108] eine brasilianische Version von Deng Xiaopings Slogan »Lasst einige Leute zuerst reich werden«. Diese Theorie besagte, dass der Kuchen erst wachsen musste, bevor er verteilt werden konnte. Tatsächlich wuchs der Kuchen, aber er wurde auch später nicht gleichmäßig verteilt.

Chen Yizi beschreibt in seinen Memoiren die Faszination, die der »große Kuchen« Brasiliens auf die chinesische Delegation ausübte: die modernistische Hauptstadt Brasilia, Autobahnen, elegante Gebäude, moderne Fabriken, gute Wohnungen und kleine Autos für Massen von Menschen.[109] Chen verweist darauf, dass das Pro-Kopf-BIP Brasiliens zu jenem Zeitpunkt bei etwa 3000 Dollar lag, etwa das Zehnfache des chinesischen. Er ist sich der großen Einkommensungleichheit bewusst, erklärt jedoch, dass sie durch das brasilianische Armutsbekämpfungsprogramm abgemildert wurde. Die Armen erhielten Sozialleistungen, die ihre Grundbedürfnisse deckten.

Höhepunkt der Reise war ein Treffen mit Delfim Netto, dem einstigen Architekten des brasilianischen Wirtschaftswunders. In den achtziger Jahren, als Brasilien unter einem hohen Zahlungsbilanzdefizit und galoppierender Inflation litt, wurde Delfim Netto in die Regierung zurückgeholt, um einen Ausweg aus der Krise zu finden, aber er konnte seinen Erfolg aus den späten sechziger Jahren nicht wiederholen.[110] Dennoch ließ er es sich nicht nehmen, der chinesischen Delegation einen Vortrag über den brasilianischen Wirtschaftsaufschwung zu halten. Vor Beginn des Wirtschaftswunders, erklärte Delfim Netto, habe Brasilien unter Kapitalmangel gelitten. Die Gegner einer Öffnung für ausländisches Kapital hatten erklärt, dieses werde das Land von imperialistischen Mächten abhängig machen – ein Argument, das den chinesischen Gegnern von Zhaos Küstenentwicklungsstrategie gefallen hätte. Hingegen waren die Befürworter dieser Strategie der Meinung, das Fremdkapital werde die Entwicklung Brasiliens beschleunigen. Im Fall Brasiliens, erklärte Delfim Netto, habe sich das bewahrheitet.[111]

Auf die Frage nach der Inflation erklärte Delfim Netto, diese sei in Phasen des raschen Wachstums und der Industrialisierung unvermeidlich. Die Inflation könne das Wachstum anregen, müsse jedoch innerhalb bestimmter Grenzen gehalten werden.[112] Es überrascht nicht, dass Delfim Netto die Notwendigkeit einer Inflationskontrolle betonte. Schließlich war er im Jahr 1979 in die Regierung zurückgekehrt, um die doppelte Krise von Auslandsverschuldung und Inflation zu überwinden. Aber er versuchte, die Lage ohne Sparmaßnahmen unter Kontrolle zu bringen. Diese Vorgehensweise kommentiert Zhu Jiaming in seinem Bericht: Die lateinamerikanische Erfahrung zeige, dass eine antiinflationäre Geldpolitik, die in entwickelten Ländern funktionieren könne, ungeeignet für arme Länder sei.[113] Aufgrund ihres niedrigen Entwicklungsstands seien diese nicht imstande, einen heftigen Wirtschaftseinbruch abzufangen. Die Lehre daraus sei nicht, dass die Inflation unerheblich sei, sondern dass sie mit anderen Mitteln als Sparmaßnahmen und einer Verknappung der Geldmenge unter Kontrolle gebracht werden müsse.

Im Verlauf der Reise schickte die Delegation Telegramme nach Peking.[114] Nach der Rückkehr begab sich Chen sofort zu Zhao Ziyang, um ihm über Delfim Nettos Meinung zu Auslandskapital und Inflation zu berichten. Chen erklärte Zhao: »In einer Phase rasanten Wachstums wird es in jedem Land Inflation geben. In den sozialistischen Ländern wird es im Verlauf der Marktreformen ebenfalls Inflation geben.« Er erklärte, dass »eine durch die Ausweitung sowohl des Konsums als auch der Investitionen ausgelöste Inflation unvermeidlich ist, vor allem, wenn die Unternehmen nicht reformiert worden sind.« Doch Chen warnte: »Selbstverständlich befürworten wir die Inflation nicht, aber wir müssen diese objektive Wahrheit anerkennen und der Inflation bestimmte Grenzen setzen.«

Chens Stimme hatte Gewicht. Als Leiter des Systemreforminstituts hatte er im Jahr 1986 vor einer umfassenden Preisliberalisierung gewarnt und dies damit begründet, dieser Schritt könne eine hohe Inflation auslösen. Ministerpräsident Zhao hatte sich 1987 und 1988 im Wesentlichen an die vom Institut befürwortete Vorgehensweise gehalten. Aber China litt trotzdem an steigenden Preisen. Delfim Nettos Einschätzung, während einer raschen Industrialisierung sei ein gewisses Maß an Inflation unvermeidlich, deckte sich also mit der Erfahrung, die Zhao und das Systemreforminstitut gemacht hatten. Sie hielten die Inflation für gefährlich, glaubten jedoch, das Problem sei beherrschbar, sofern man die Reform schrittweise durchführte.

Nachdem die Demokratiebewegung auf dem Tiananmen-Platz am 4. Juni 1989 gewaltsam niedergeschlagen worden war, kam es in den Reihen der politischen Führung zu Säuberungen. Die Anhänger der Planwirtschaft beschuldigten Zhao und seinen sogenannten Beraterstab (智囊团), das Systemreforminstitut, die Inflation zu verharmlosen.[115] Aus Lateinamerika meldete die Delegation in die Heimat, dass die brasilianische Bevölkerung an eine hohe Inflation gewöhnt sei und dass den Brasilianern die Realeinkommen wichtiger seien als die nominalen Löhne.[116] Aber die Forscher warnten auch, dass die Toleranz für hohe Inflationsraten in China nach Jahrzehnten weitgehender Preisstabilität sehr viel geringer sei.[117]

Nicht nur die Gegner weiterer Marktreformen erhoben Vorwürfe gegen Zhao und die jungen Reformer. Auch die Anhänger der Paketreform verbreiteten die Anschuldigungen, die bald zur vorherrschenden Interpretation wurden. Xue Muqiao erklärt in seinen Memoiren, Zhao Ziyang sei »von den falschen Ideen beeinflusst« worden und habe »davor zurückgeschreckt, die Inflation unter Kontrolle zu bringen«.[118] Wu Jinglian behauptet in seinem Lehrbuch über die chinesischen Wirtschaftsreformen:

> Ausgehend von ihrer Einschätzung der wirtschaftlichen Lage in Lateinamerika gelangten diese Ökonomen zu der Überzeugung, dass selbst Inflationsraten von 1000 Prozent oder mehr das Wachstum des wirtschaftlichen Wohlstands nicht zwangsläufig behindern würden. Daher gelangten die Regierungsführer zu dem Schluss, dass man den Engpass in der Preisreform trotz Hyperinflation und hohen Wachstumsraten überwinden könne.[119]

Zunächst einmal muss darauf hingewiesen werden, dass die Inflation erst nach dem Versuch, die Preisreform zu erzwingen, außer Kontrolle geriet. Aber wir müssen uns auch den Kampf um die Deutung der achtziger Jahre vor Augen halten, der in Wus Aussage und ähnlichen Darstellungen zum Ausdruck kommt. In seiner Auseinandersetzung mit der Reformphase spricht Zhu Jiaming direkt Wu Jinglians Interpretation an. Er schreibt: »Nach dem 4. Juni büßten wir das Recht zu sprechen ein, und die Geschichte wurde von denen geschrieben, die das Monopol auf ihre Auslegung hatten. Wu Jinglian ist ein klassisches Beispiel dafür.« Zhu erklärt, Wu und andere hätten zu Beginn des 21. Jahrhunderts große Anstrengungen unternommen, um die Geschichte der achtziger Jahre so zu erzählen, dass sie ihren Interessen diente.[120] Diejenigen, die sich wie Zhu mit den Protestierenden am Platz des Himmlischen Friedens solidarisierten, sahen dagegen ihre Stimme im Kampf um die Deutung der Inflation von 1988 stark geschwächt.

Zhu argumentiert wie Chen, um sich gegen die Anschuldigung zu verteidigen, er habe die potenziell schädliche Wirkung der Inflation heruntergespielt: »Wir behaupteten nicht, die Inflation sei harmlos. Wir wiesen darauf hin, dass Inflation in neuen Marktwirtschaften und in Ländern wie China, die sich in einer Übergangsphase befanden, unvermeidlich sei. Die Schlüsselfrage lautete in unseren Augen, wie man mit der Inflation umgehen sollte.«[121] Zhu und Chen mussten nach der Niederschlagung der Proteste am 4. Juni 1989 ins Exil. Ihre Memoiren wurden von kleinen Verlagen in Taiwan und Hongkong veröffentlicht, die in Festland-China kein großes Publikum fanden und von der englischsprachigen Forschung kaum wahrgenommen wurden. Hingegen wurde Wu Jinglians Einschätzung von der Oxford University Press, von der MIT Press und von führenden chinesischen Verlagen veröffentlicht und von angesehenen Wissenschaftlern im Westen empfohlen.[122] Die Auseinandersetzung um die Deutungshoheit in dieser Frage ist nicht vorüber. Ich versuche hier, beide Seiten zu berücksichtigen und die Argumente Zhus und Chens in den politischen und wirtschaftlichen Kontext einzuordnen.[123]

Zhu und Chen gehörten beide der Bewegung junger Reformintellektueller an, aber sie waren in zahlreichen Fragen unterschiedlicher Meinung. Im Jahr 1988 waren aus einer ursprünglich großen, losen Bewegung junger Reformer, die sich in Parks und leeren Büros versammelt hatten, um über die Zukunft Chinas zu diskutieren, etablierte Institutionen und klar gegeneinander abgegrenzte Gruppen hervorgegangen. Ausgehend von seinen frühen gemeinsamen Wortmeldungen mit Weng Yongxi, Wang Qishan und Huang Jianan beschäftigte sich Zhu Jiaming mit dem Wesen der Volkswirtschaft. Seit Mitte der achtziger Jahre hatte Zhu die Vorstellung entwickelt, dass im Verlauf des Übergangs von der Plan- zur Marktwirtschaft die Prozesse der Monetarisierung und Kommodifizierung zwangsläufig mit einem gewissen Maß an Inflation einhergehen würden.[124] Nun stellte er fest, dass die Erfahrungen der lateinamerikanischen Länder diese Einschätzung bestätigten. Im Gegensatz dazu wählte Chen Yizi einen pragmatischeren Ansatz und suchte nach praktikablen Lösungen für die nächste Reformphase. Im Jahr 1988 reisten die beiden gemeinsam nach Lateinamerika. Aber ihre Einschätzung unterschied sich in Bezug auf die entscheidende Frage, ob China die Preisliberalisierung vorantreiben sollte oder nicht. Zhu Jiaming befürwortete im Jahr 1988 eine Urknall-Reform.[125] In seinem Bericht über die Studienreise durch Lateinamerika hob er die Lehren hervor, die aus der Entwicklung in Chile unter der autoritären Herrschaft von General Augusto Pinochet gezogen werden konnten. Paradoxerweise hatte Zhu sich Wu Jinglians Vorstellung von der Reform angenähert, obwohl sie unterschiedlicher Meinung bezüglich des geeigneten zeitlichen Ablaufs und der Notwendigkeit von Sparmaßnahmen waren. Zhu berichtet: »Die Lehre aus der chilenischen Erfahrung ist, dass Preise, Wechselkurs und Löhne ohne übermäßige Inflation liberalisiert werden können, sofern diese Eingriffe Teil eines geeigneten Maßnahmenpakets sind, das ein stabiles Wirtschaftswachstum und eine Erhöhung der Exporte gewährleistet.«[126]

Die Vorstellungen von Chen Yizi hatten sich seit seinen ersten Beiträgen zur Verbesserung der kollektiven Landwirtschaft in der Provinz Henan erheblich weiterentwickelt. Chen bewunderte ebenfalls den wirtschaftlichen Erfolg Pinochets, die soziale Stabilität Chiles und die Nutzung der wirtschaftlichen Sachkenntnis der »Chicago Boys« –

einer Gruppe chilenischer Ökonomen, die in Chicago studiert hatten und von den Ideen Friedrich Hayeks und Milton Friedmans beeinflusst waren – durch das Militärregime. Salvador Allendes Politik von Verstaatlichung und zentraler Wirtschaftslenkung war nach Ansicht Chens gescheitert und hatte breite Unzufriedenheit in der chilenischen Gesellschaft ausgelöst. Hingegen erklärten ihm seine chilenischen Gesprächspartner, es könne »Pinochets Wirtschaftsprogramm nicht ohne Pinochet geben«.[127] Nach seiner maoistischen Jugend Ende der achtziger Jahre hatte sich Chens Weltbild weitgehend an den Neoliberalismus angenähert. Dennoch war er kein Befürworter der Schocktherapie.[128]

Die Preisreform wird verkündet

Einige Wochen vor der Rückkehr der Delegation aus Lateinamerika Ende Mai 1988 hatte Deng Xiaoping begonnen, für eine radikale Preisreform zu werben. Am 7. Mai rief Deng in einer Besprechung in seinem Privathaus dazu auf, »das Tor zur Preisreform aufzustoßen«.[129] China befinde sich »in einer kritischen Phase der Reform und sollte geradewegs in die stürmischen Wellen segeln und versuchen, die Preisreform in drei bis fünf Jahren abzuschließen«.[130] Am 15. Mai traf sich Deng Xiaoping mit Rául Alfonsín, dem ersten demokratisch gewählten Präsidenten Argentiniens nach dem Ende der Militärdiktatur.[131] Deng, der sich 1987 aus seinen offiziellen Ämtern zurückgezogen hatte, nutzte dieses Treffen, um sein Bekenntnis zum Reformkurs zu bekräftigen. Er sagte zu Alfonsín, die zehn Jahre der Reformen und der Öffnung in China seien im Großen und Ganzen ein Erfolg. Es klang wie ein Signal an die konkurrierende Fraktion in der chinesischen Führung, die der Meinung war, die Reform sei über das Ziel hinausgeschossen, dass Deng erklärte, die chinesische Reformpolitik werde nicht zum Stillstand kommen, sondern das Land bereite sich auf den nächsten Schritt vor: »Dies ist ein riskantes Unterfangen, und es wird Richtungswechsel entlang des Weges geben. Vielleicht begehen wir sogar Fehler. Aber wir müssen uns auf das stürmische Meer hinauswagen und dabei jegliche Anstrengung unternehmen, um große Fehler zu vermeiden. Wenn wir das tun, gibt es Hoffnung für unseren Reformkurs.«[132]

Deng hatte klargestellt, dass er die Flucht nach vorn antreten wollte, um aus der Reformsackgasse herauszukommen. Manche Kommentatoren haben die Vermutung geäußert, dass Deng von Li Tieying beeinflusst wurde, der im selben Monat der Systemreformkommission, deren Leiter Li zu jener Zeit war, Dengs Botschaft zur Preisreform übermittelt hatte.[133] Li war der Sohn von Jin Weiying, einer Veteranin der Revolution und Exfrau Dengs, und sollte kurze Zeit später das jüngste Mitglied des Politbüros werden.[134] Li hatte im April erklärt, die Inflation sei ein akzeptabler Preis für die Preisreform und die politischen Risiken würden umso größer werden, je länger man am zweigleisigen Preissystem festhalte.[135] Es ist möglich, dass Li Einfluss auf Deng nahm, aber viel Neues schien er nicht zu sagen. Im Jahr 1988 war Deng zweifellos über die Paketreform im Bilde, mit der auf einen Schlag ein Markt ins Leben gerufen werden sollte. Er war mit der Meinung der bekannten Ökonomen vertraut, die seit Jahren für diese Lösung warben.

Wu Jinglian, der führende Vertreter dieser Reformmethode, erhielt Glückwünsche von anderen Ökonomen, als das Politbüro Dengs Vorstoß zur Preisreform offiziell absegnete.[136] Aber obwohl die Anhänger der Paketreform ihrem Projekt treu blieben, ermahnten sie die Parteiführung von April bis Juni 1988 auch, vor einer umfassenden Preisreform bedürfe es makroökonomischer Straffung.[137] Wie gesagt, waren die Paketreformer bezüglich der Austerität als dem nötigen nächsten Schritt einer Meinung mit jenen, die vor weiteren Reformen warnten. Aus Dengs Sicht wäre eine Umsetzung des gesamten Reformpakets gleichbedeutend damit gewesen, Chen Yun nachzugeben. Es wäre kein klares Signal für eine Ausweitung der Reformen gewesen, und es ließ die Möglichkeit offen, einige Reformschritte rückgängig zu machen. Ein alternativer gradueller Ansatz erlaubte es, das alte System wieder zu stärken. Dass man weiterhin nach Steinen tasten musste, war kein Signal dafür, dass der Kampf um den richtigen Weg zugunsten von Dengs Vermarktlichungsstrategie entschieden war. In diesem Kontext sprach sich Deng für eine entschlossene Preisreform aus, selbst wenn man damit Inflation und soziale Unruhe riskierte. Zhao schloss sich Deng an. Hu Yaobangs Fall nach Meinungsverschiedenheiten mit Deng dürfte ihm eine Warnung gewesen sein.

In seinen Memoiren äußert sich Zhao zu seinem Kurswechsel: »Deng Xiaoping hatte uns wiederholt gedrängt, in der Preisreform entschlossene Schritte zu unternehmen, weil es in seinen Augen eines Durchbruchs bedurfte. Er sagte, ein kurzer starker Schmerz sei besser als lang anhaltende Schmerzen.«[138] Das bewegte Zhao dazu, sich »von den inkrementellen Schritten zu lösen und die Vorstellung zu übernehmen, dass alles auf einen Schlag gelöst werden musste. Obwohl die festgelegten Preise gestiegen waren, hatte sich nichts daran geändert, dass sie falsch waren, weshalb es vielleicht besser war, auf einen Schlag eine große Korrektur vorzunehmen.«

In der Sitzung des Ständigen Ausschusses des Politbüros vom 16. bis 19. Mai stellte sich Zhao Ziyang hinter Dengs Forderung nach einer Preisreform. Er erklärte, man müsse nun alle Kräfte sammeln, um die Preisreform durchzusetzen. Wenn die Preise endlich Angebot und Nachfrage richtig widerspiegelten, könne man weitere Reformschritte einleiten. In Anklang an die Rhetorik Kornais und anderer osteuropäischer Reformökonomen warnte Zhao, China müsse es vermeiden, dass die Reformen wie in Jugoslawien, Polen und Ungarn zum Stillstand kämen. Die Preise sollten im Lauf von fünf Jahren korrigiert werden. Das werde eine geplante Inflation von etwa zehn Prozent mit sich bringen, für die alle Lohnempfänger entschädigt werden sollten. Es bedürfe eines umfassenden Pakets für die folgenden Jahre; dies müsse nicht nur eine Preis-, sondern auch eine Lohn- und Steuerreform beinhalten und solle geplant Schritt für Schritt umgesetzt werden.[139] Dies war offenkundig dasselbe Vorgehen, das im Plan des Programmbüros von 1986 vorgeschlagen worden war.

Zhaos Rede zeigt, dass er sich des Widerstands gegen ein solches Reformpaket und der zu seiner Durchsetzung erforderlichen Repression vollkommen bewusst war. Schließlich hatte er sich im Jahr 1986 nicht zuletzt wegen dieser Gefahr gegen ein solches Paket entschieden. In seiner Rede im Jahr 1988 stellte Zhao klar, dass zur Wahrung der politischen Stabilität ein neues Gesetz über die öffentliche Sicherheit benötigt werde, das der Staatsrat im Notfall anwenden könne. Er erklärte, die Erfahrung Polens mit Erhebungen der Bevölkerung habe gezeigt, dass man ein solches Gesetz brauche.[140] Nur elf Tage vor der Sitzung des Ständigen Ausschusses, am 5. Mai, hatten Sondereinheiten des polnischen Innenministeriums eine große Streikwelle niedergeschlagen, die das Land aufgrund sinkender Realeinkommen erfasst hatte.[141] Zhao hielt die Inflation also nicht für ungefährlich. Er sah die Möglichkeit weitreichender Konsequenzen eines Preisanstiegs. Aber im Frühjahr 1988 war er anscheinend bereit, gegebenenfalls Gewalt anzuwenden, um die Vermarktlichung durchzusetzen.

Yao Yilin stimmte Zhaos Plan zu. Es wurde ein Komitee unter Leitung von Yao gebildet, das die Details der Durchführung ausarbeiten sollte. Chen Yun meldete sich zu Wort und warnte vor den Reaktionen der Öffentlichkeit auf die Bekanntgabe des Plans. Er wies auch darauf hin, dass die Koppelung der Löhne an die geplanten Preiserhöhungen keine angemessene Kompensation für die Kaufkrafteinbußen der ländlichen Mehrheitsbevölkerung sein werde.[142] Einigen Darstellungen zufolge arbeitete Yao Yilin während der Planung der Preisreform auch insgeheim mit Chen an Maßnahmen, die man im Fall des Scheiterns der Preisreform ergreifen konnte.[143] Aber für den Augenblick gab Deng die Richtung vor.

Trotz der Inflation infolge der Preisfreigaben im Frühjahr 1988 warb Deng Xiaoping in seinen öffentlichen Erklärungen nachdrücklich für einen Durchbruch in der Preisreform.[144] Er berief sich auf eine Strategie, die in *Geschichte der Drei Reiche* beschrieben ist, einem der Klassiker der chinesischen Literatur.[145] In diesem Roman aus dem 14. Jahrhundert sind mündliche Überlieferungen über die turbulente Übergangszeit zwischen dem Zusammenbruch des Han-Reichs und der Wiedervereinigung unter der Jin-Dynastie (220-280) zusammengefasst. Die chinesischen Herrscher einschließlich Mao Zedongs beriefen sich über die Jahrhunderte auf den Roman.[146] Am 19. Mai 1986 erklärte Deng gegenüber einer Delegation aus Nordkorea:

> Erst wenn die Preise angepasst sind, werden wir imstande sein, die Reformen zu beschleunigen. [...] Hat China nicht die Geschichte von Guan Yu, der »sechs Generäle schlachtete, um seinen Vormarsch über fünf Pässe zu erzwingen« (过五关斩六将)? Wir werden möglicherweise noch mehr »Pässe« bezwingen und noch mehr »Generäle« schlachten müssen als Guan Yu. Einen Pass zu bezwingen, ist nicht leicht, dafür muss man große Risiken in Kauf nehmen. Wir müssen bei jedem Schritt zugleich vorsichtig und pflichtbewusst, kühn und gewissenhaft sein. Wir müssen die Erfahrungen zusammenführen, unser Vorgehen korrigieren, wenn wir auf Probleme stoßen, und uns den tatsächlichen Umständen anpassen. Aber wir können nicht auf die Preisreform verzichten, wir müssen uns den Risiken und Schwierigkeiten stellen. [...] Ich sage meinen Kameraden immer, dass wir uns nicht vor den Risiken fürchten dürfen und sogar noch mutiger sein müssen. Wenn wir Wölfe vor uns und Tiger in unserem Rücken fürchten, werden wir nichts erreichen.[147]

Das chinesische Publikum, das mit der berühmten Geschichte von Guan Yu vertraut war, konnte nicht daran zweifeln, dass Deng fest entschlossen war, eine radikale Preisreform voranzutreiben. Jedermann wusste, dass General Guan sämtliche Generäle getötet hatte, die sich ihm auf einem Bergpass in den Weg gestellt hatten.[148]

Am 4. Juni 1988 berichtete das Parteiorgan *Volkstageszeitung* nach einem erneuten Aufruf Dengs zur Preisreform in unverblümter Sprache über den Reformvorstoß.[149] Mit einer Wortwahl, die große Ähnlichkeit mit der Kornais und anderer hatte, die wenige Jahre später der Sowjetunion und einigen osteuropäischen Ländern eine Urknall-Reform verschrieben, erklärte Deng bezüglich der Preisreform: »Chronische Schmerzen sind schlimmer als ein kurzer heftiger Schmerz.« Wenn die Preisbeziehungen nicht sofort in Ordnung gebracht würden, erklärte Deng, dann sei Chinas langfristiges Ziel gefährdet, bis zur Mitte des 21. Jahrhunderts mit den entwickelten Ländern gleichzuziehen. Deng räumte erneut beträchtliche Risiken ein, aber er war zuversichtlich, dass sie unter Kontrolle gebracht werden könnten: Sofern »die Gegenmaßnahmen[150] gut vorbereitet würden, wird der Himmel selbst angesichts großer Risiken nicht einstürzen«.[151] Deng wiederholte den Aufruf, sich auf die Risiken vorzubereiten und die Preisreform durchzudrücken, in Gesprächen mit ausländischen Besuchern, zum Beispiel mit dem äthiopischen Präsidenten Mengistu Haile Mariam am 22. Juni.[152]

Das Systemreforminstitut beteiligte sich nicht an diesem Vorstoß zu einer Schocktherapie, wie einige Beobachter behauptet haben, sondern sprach sich erneut gegen dieses Reformprogramm aus. In einem letzten Versuch, die Umsetzung des Plans zu verhindern, nahmen Chen Yizi und Wang Xiaoqiang eine Einladung der sozialdemokratischen Friedrich-Ebert-Stiftung an. Am 12. Juni brachen sie nach Deutschland auf. Aber sie konnten den Erfolg ihrer Studienreise nach Ungarn und Jugoslawien im Jahr 1986 nicht wiederholen.[153] Die Rechtfertigung für den Vorstoß zur Preisreform im Jahr 1988 beruhte auf dem Konzept der Paketreform – obwohl Wu Jinglian, Liu Guoguang und andere Anhänger der Paketreform kritisierten, sie beinhalte keine ausreichend strikten Sparmaßnahmen. Der Verweis auf das deutsche Wirtschaftswunder hatte spätestens seit Milton Friedmans Chinabesuch im Mittelpunkt der Rhetorik der Paketreformer gestanden.[154] Jetzt reiste die Delegation des Systemreforminstituts in die Bundesrepublik, um sich anzuhören, wie deutsche Ökonomen den wirtschaftlichen Übergang des Landes nach dem Zweiten Weltkrieg einschätzten und welche Lehren China aus der westdeutschen Erfahrung ziehen konnte.[155]

Wang sprach sich gegen den Vorschlag aus, in China ein »Wirtschaftswunder« nach deutschem Vorbild anzustreben. Er begründete seine Ablehnung damit, dass die Bedingungen in Westdeutschland in den vierziger Jahren und in China in den achtziger Jahren zu verschieden seien.[156] Rückendeckung erhielten Wang und Chen ausgerechnet von Herbert Giersch, dem damaligen Präsidenten der globalen neoliberalen Mont Pèlerin Society und Direktor des Kieler Instituts für Weltwirtschaft. Giersch hatte so wie Wu und Kornai an der Athener Konferenz im Jahr 1981 teilgenommen.[157] Sein Doktoratsstudium bei Alfred Müller-Armack, der als einer der geistigen Väter der ordoliberalen Idee der sozialen Marktwirtschaft gilt, wies Giersch als Kenner des Wiederaufbaus nach dem Zweiten Weltkrieg aus.[158] Als Chen die Möglichkeit ansprach, nach dem Vorbild von Ludwig Erhards Politik in China eine strikte makroökonomische Kontrolle mit einer Preisliberalisierung zu verbinden, hielt ihm Giersch entgegen, das werde zu einer Katastrophe führen und sei selbstmörderisch. Die Währungs- und Preisreform in Westdeutschland habe sich auf marktorientierte Unternehmen und ein Rechtssystem gestützt, das die Marktwirtschaft stabilisierte. Beide Bedingungen seien in China nicht gegeben.[159]

Wang Xiaoqiang und Chen Yizi kehrten am 28. Juni nach China zurück.[160] Zusätzlich zu der Studienreise in die Bundesrepublik hatte das Systemreforminstitut Feldstudien in China durchgeführt, um die möglichen Konsequenzen einer Preisreform zu beurteilen. Sie legten der Parteiführung sechs Berichte vor, aus denen hervorging, dass die Preisreform zu einer Katastrophe führen würde.[161] Wie schon im Jahr 1986 erklärten sie, eine Freigabe der Preise ohne vorhergehende institutionelle Reformen werde das Problem, wie die relativen Preise und die Mechanismen der endogenen Geldschöpfung korrigiert werden konnten, nicht lösen.[162] Die Funktionsweise der Unternehmen, des Bankensektors und des Wohlfahrtssystems könne nur schrittweise korrigiert werden, und die Eingriffe müssten Hand in Hand mit einer graduellen Preisreform gehen.[163] Eine Freigabe der Preise könne zu Panikkäufen und sozialer Unruhe führen. Sie werde die Probleme des Reformprozesses nicht lösen, sondern vielmehr die Bedingungen für die Entwicklung geeigneter Lösungen zerstören.

Auch Li Yining warnte erneut vor einer umfassenden Preisliberalisierung.[164] Er erklärte, in China gebe es nur zwei konkurrierende Paradigmen für eine Marktreform: eine umfassende Preisliberalisierung oder eine langsame Reform von Eigentumsverhältnissen und Unternehmen. Das Grundkonzept, auf dem der erneute Versuch einer einschneidenden Preisreform beruhte, war folglich das der Paketreform – die von denselben Ökonomen verfochten wurde, die im Jahr 1986 die Pläne des Programmbüros entworfen hatten. Li schreibt die ökonomischen Begründungen für Preisreformen ausdrücklich János Kornai und der westlichen Mainstream-Ökonomik zu. In Lis Augen klammerten sie sich an das Ideal des vollkommenen Wettbewerbs und waren blind für die wirtschaftliche Realität Chinas. In China, so wiederholte Li, herrsche ein Ungleichgewichtssystem. Unter diesen Bedingungen könne eine Freigabe der Preise lediglich Schaden anrichten und werde zwangsläufig eine hohe Inflation heraufbeschwören. Wilhelm Linder, der ordoliberale Ökonom, der die Chinesen im Jahr 1986 vor einer Preisreform gewarnt hatte, riet Zhao Ziyang in einem Gespräch am 30. Juli 1988 erneut von einer Schocktherapie ab und verwies auf die möglichen Auswirkungen einer übereilten Preisliberalisierung auf die soziale und wirtschaftliche Stabilität.[165]

Die Warnungen der Gegner der Schocktherapie vor der Preisliberalisierung sowie die Ermahnungen der Paketreformer, jeder Preisreform müssten Sparmaßnahmen und eine Politik des knappen Geldes vorausgehen, verhallten im Sommer 1988 ungehört. Yao Yilin, Li Peng und Chen Yun bemühten sich ebenfalls, die Pläne für die Preisreform abzuschwächen.[166] Aber letzten Endes gab Deng mit Zhaos loyaler Unterstützung den Takt vor. Es folgten weitere produktspezifische Preisderegulierungen. Zunächst wurden die Preise von Farbfernsehgeräten freigegeben, im Juli folgten Markenspirituosen und Zigaretten, was augenblicklich zu exorbitanten Preiserhöhungen führte.[167] Dies waren Luxusgüter, aber aufgrund des steigenden Lebensstandards waren sie für eine wachsende Zahl von Chinesen erschwinglich geworden. Jetzt fanden sich die Bürger nur schwer mit diesen Preisanstiegen ab. Dennoch wurde die Preisreform fortgesetzt.

Vom 15. bis 17. August diskutierte das Politbüro in einer Plenarsitzung in Beidaihe, rund 250 Kilometer westlich von Peking, einen »Vorläufigen Plan für eine Preis- und Lohnreform« (关于价格、工资改革的初步方案).[168] Die Parteiführung beschloss, das zweigleisige Preissystem de facto abzuschaffen und die Preise wichtiger Industrieerzeugnisse wie Stahl und Energie sowie sämtlicher Konsumgüter schrittweise freizugeben.[169] Der Plan sah einen Anstieg der Verbraucherpreise um siebzig Prozent in den folgenden fünf Jahren vor, wofür die Lohnempfänger entschädigt werden sollten. Diese Entscheidung stellte einen Versuch dar, die Strategie der Vermarktlichung vom Rand und die staatliche Kontrolle über den Kern der Wirtschaft aufzugeben. Am 19. August 1988 meldeten das Staatsfernsehen und die *Volkstageszeitung*, das Politbüro habe im Prinzip einen Plan für eine Preis- und Lohnreform beschlossen.[170] Die Ankündigung enthielt weder Informationen über den Zeitpunkt noch Details des Plans, aber sie genügte, um das Vertrauen der Bevölkerung in die Stabilität der Wirtschaft, die Sicherheit von Einkommen und Ersparnissen und den Geldwert zu erschüttern.

Innerhalb kürzester Zeit breiteten sich Panikkäufe, Bankenstürme und Arbeiterproteste von den Städten über das ganze Land aus. Der Anstieg der Einkommen in den achtziger Jahren hatte die Chinesen in die Lage versetzt, Ersparnisse zurückzulegen. Jetzt eilten die Leute zur Bank, um ihr Geld abzuheben und gegen langlebige Güter einzutauschen. Mancherorts brachen Unruhen aus.[171]

Zum ersten Mal seit 1978 sank in China die Sparquote.[172] Auch in der Vergangenheit waren einzelne Produkte nach der Ankündigung einer Preisanpassung oder -freigabe gehortet worden. Aber im Sommer 1988 begannen die Chinesen, an der Austauschbarkeit des Geldes an sich zu zweifeln. Die Menschen kauften alle möglichen langlebigen Güter unabhängig von ihrem unmittelbaren Nutzen oder ihrer Qualität.[173] Beispielsweise begannen die Einwohner von Kunming, das aufgrund seines ganzjährig milden Klimas den Beinamen »Stadt des Frühlings« trägt, Klimaanlagen zu horten.[174] Je mehr Güterpreise stiegen, desto verzweifelter kauften die Menschen alles, was sie in die Finger bekamen. Die Panikkäufe trieben die Preise weiter in die Höhe.[175]

Zum ersten Mal seit dem Ende der Revolution 1949 geriet die chinesische Wirtschaft in eine sich beschleunigende Inflationsspirale. Der Anstieg des Einzelhandelspreisindex, der Konsumgüter, Dienstleistungen und Produktionsgüter umfasst, schoss von 12 Prozent im Juli auf 23 Prozent im August 1988 und erreichte im April 1989 mit 28 Prozent einen Höhepunkt.[176] Im Jahr 1988 überstieg der Anstieg des Verbraucherpreisindex das Wachstum des realen Bruttoinlandsprodukts – eine im ersten Jahrzehnt der Reformen beispiellose Entwicklung.[177]

David Lipton und Jeffrey Sachs, die Architekten der russischen Schocktherapie erklärten: »Der Zusammenbruch der kommunistischen Einparteienherrschaft war die unabdingbare Voraussetzung für einen effektiven Übergang zur Marktwirtschaft.«[178] Hingegen war die Herrschaft der KPCh für Deng Xiaoping ein unumstößliches Prinzip, das in seinen Augen unverzichtbar war, damit China zu den reichen Ländern aufschließen und eines Tages den Sozialismus realisieren konnte. Nachdem er sich am 12. September den Bericht von Li Peng und Zhao Ziyang über die explosiven Reaktionen auf die Ankündigung der Pläne für eine Preisreform angehört hatte, erklärte Deng, das Zentralkomitee müsse seine Autorität unter Beweis stellen. Es sei unmöglich, ohne Autorität zu regieren. Jetzt bedürfe es sowohl wirtschaftlicher als auch politischer Kontrollmaßnahmen.[179] Als der Vorstoß zu einer radikalen Preisreform die politische und soziale Stabilität gefährdete, brach die Partei das Programm ab, begann mit einer erneuten Zentralisierung der Macht, führte die Preiskontrollen bei wichtigen Gütern wieder ein und ging zu einer Politik strikter Beschränkungen über, um die Kontrolle wiederzuerlangen.[180]

Im selben Monat wurden die Ökonomen, die eine Urknall-Reform befürworteten, erneut aktiv. Sie hofften, ein weiteres Treffen zwischen Milton Friedman und Zhao Ziyang könne ihnen helfen, ihr radikales Reformvorhaben wieder in Gang zu bringen (siehe Abbildung 15 für ein Foto von Zhao und Friedman mit Wu Jinglian und Zhou Xiaochuan im Hintergrund). Friedman rief zu derselben Schocktherapie auf, die den chinesischen Anhängern der Paketreform vorschwebte. Er empfahl Zhao, weniger Geld zu drucken, um die Geldmenge zu begrenzen, und anschließend die Preise freizugeben, was dabei helfen werde, die Inflation unter Kontrolle zu bringen.[181]

Im Oktober traf sich Chen Yizi mit dem früheren ungarischen Ministerpräsidenten Jenő Fock, der dieses Amt von 1967 bis 1975 bekleidet hatte. Fock hatte die Bemühungen zur Einführung von Marktelementen im Rahmen des Neuen Ökonomischen Mechanismus geleitet. Er warnte Chen, die wirtschaftlichen Ungleichgewichte müssten im Verlauf der Reformen behoben werden, anstatt zu versu-

Abbildung 15: Milton Friedman trifft Ministerpräsident Zhao Ziyang, Oktober 1988. Zhao Ziyang, begleitet von Wu Jinglian (links) und Zhou, begrüßt Milton Friedman. Rechts im Hintergrund Xiaochuan, an Friedmans Seite seine Frau Rose.

chen, erst ein makroökonomisches Gleichgewicht herzustellen und dann zu reformieren – eine Einschätzung, die Ähnlichkeit mit Zhao Ziyangs Haltung vor dem Mai 1988 hatte. Chen informierte Zhao über Focks Einschätzung, aber Zhao äußerte sich nicht dazu.[182]

Die Zeit, in der beide Seiten von ausländischem Rückenwind hatten profitieren können, war vorüber. Zhao blieb fürs Erste Generalsekretär, verlor jedoch jeglichen Einfluss auf die Wirtschaftspolitik, die nun von Li Peng und Yao Yilin bestimmt wurde. Chen Yun und Li Xiannian erlangten erneut Einfluss.[183] Die vorrangige Aufgabe bestand aus ihrer Sicht nicht länger darin, die Reformen voranzutreiben, sondern darin, die Wirtschaft wieder unter Kontrolle zu bringen.

Cheng Zhiping, der Leiter der Preisbehörde, betonte, dass Ende des Jahres 1988 die Lehren aus den Erfahrungen der vierziger Jahre und den Nachwirkungen des Großen Sprungs nach vorn entscheidend dazu beitrugen, die Kontrolle über die Wirtschaft wiederzuerlangen.

Nach Aussage Chengs orientierten sich die Stabilisierungsbemühungen an Chen Yuns Einschätzung, das Maß der staatlichen Kontrolle über den Markt hänge von der staatlichen Kontrolle über die wichtigsten Güter auf dem Markt ab.[184] Cheng bediente sich einer Logik, die auffällige Ähnlichkeit mit den Schwer-Leicht-Prinzipien des *Guanzi* für die Preisstabilisierung hatte: Entscheidend sei, dass man sich bei der Festlegung der Preise auf die wichtigen oder »schweren« (重) Punkte konzentriere.

In der Preisstabilisierung der vierziger Jahre waren »die zwei Weißen und das eine Schwarze« (两白一黑) – das heißt Reis, Baumwolle und Kohle – die grundlegenden Güter für die Ernährung und die Kleidung der Bevölkerung und für die Industrie gewesen. In den sechziger Jahren war die Liste der Preise aufgrund der Diversifizierung der chinesischen Wirtschaft auf 18 essenzielle Güter ausgeweitet worden. Die Preisstabilisierung von 1988 umfasste 383 Güter. Diese Güter wurden gestützt auf Umfragen als für den Lebensunterhalt der Chinesen sowie für die landwirtschaftliche und industrielle Produktion essenziell eingestuft. Die Preise dieser Güter wurden in einer konzertierten Anstrengung stabilisiert: Die Produktion wurde ausgeweitet, um das Angebot zu erhöhen; das Handelssystem wurde verbessert, um Versorgungsengpässe zu beseitigen; das Preiskontrollsystem wurde eingesetzt, um die Preise wieder zu fixieren; und das makroökonomische Regulierungssystem wurde genutzt, um den übergeordneten Plan sowie das Wachstum von Kreditvolumen und Investitionen zu korrigieren.[185] Diese Maßnahmen wurden mit einer weiteren Taktik kombiniert, die schon in den vierziger Jahren im Kampf gegen die Inflation angewandt worden war: Um das Vertrauen in die monetären Vermögenswerte wiederherzustellen, wurden Staatsanleihen herausgegeben, die an die Preise grundlegender Güter gekoppelt waren.[186]

Der Staat übernahm wieder die Kontrolle über die wirtschaftlichen Kernaktivitäten. Die Inflation wurde innerhalb eines Jahres überwunden (siehe Schaubild 8.1), aber die politischen Folgen der abgebrochenen Urknall-Reform von 1988 wirkten sich auf das weitere Schicksal Chinas und der Welt aus. In Kombination miteinander vergrößerten der radikale Reformvorstoß und der folgende abrupte Kurswechsel und Konservatismus die sozialen und politischen Spannungen, die sich in der zweiten Hälfte der achtziger Jahre aufgebaut hatten. So entstand eine explosive Lage. Die galoppierende Inflation im Jahr 1988 untergrub das Vertrauen der städtischen Bevölkerung in die Beziehung zwischen Geld und Markt und schürte die von einer zunehmenden Kommodifizierung des Lebens geweckten Ängste. Auf der anderen Seite fühlten sich jene, die von den wachsenden Profitmöglichkeiten und der Marktentstehung profitierten, durch die Verschärfung der Kontrolle bedroht. Dies war der Nährboden für das Wachstum der umfassenden und vielgestaltigen gesellschaftlichen Bewegung, die 1989 neben demokratischen Freiheitsrechten auch ein Ende der Korruption, soziale Sicherheit und Preisstabilität forderte.[187]

Die Meinungen darüber, was die kurzfristigen Schmerzen mit ihren langfristig schädlichen Auswirkungen verursachte und welche Lehren aus der Krise von 1988 gezogen werden sollten, gehen weiterhin auseinander. Lou Jiwei, der so wie Guo Shuqing, Zhou Xiaochuan und andere in den neunziger Jahren in eine Machtposition aufstieg, hat kürzlich nach seinem Ausscheiden aus dem Amt des Finanzministers erklärt:

> Die Inflationsrate war im Jahr 1988 zweifellos hoch. Später schrieben manche diese Inflation dem Versuch des Genossen Deng Xiaoping zu, »die Preisbarriere zu durchbrechen« (价格闯关), aber damit verdrehten sie die Tatsachen. Der Genosse Xiaoping wollte der vom zweigleisigen Preissystem heraufbeschworenen Korruption und wirtschaftlichen Unordnung entgegenwirken, und das erforderte eine Zusammenführung der beiden Gleise und eine Unterwerfung unter die Gesetze des Marktes. Daran ist nichts falsch. Damit der Markt die richtigen Preise finden kann, bedarf es einer strengen Ausgaben- und Geldpolitik, und die Inflation muss mit allen Mitteln unterbunden werden. Doch selbst wenn diese Bedingungen gegeben sind, wird es infolge der Korrektur der Preisverzerrungen zu geringfügigen Preisanstiegen kommen. Wenn etwas ein Fehler war, so liegt die Ursache in der Unterdrückung der Inflation in der Zeit [1987], in der ein umfassendes Vertragssystem in Kraft war.[188]

Adrian Wood gelangte zu einem ähnlichen Schluss wie Lou Jiwei. Im Oktober 1990 schrieb er in einem Artikel für die *Financial Times*:

Die chinesischen Wirtschaftsreformen in der zweiten Hälfte der achtziger Jahre gerieten auf das falsche Gleis. Die Kontrolle über die Ausgaben der Staatsunternehmen wurde verfrüht gelockert, und die zweigleisige Preisgestaltung (staatlich festgesetzte Preise sowie Preisbildung auf dem Markt) wurde auf die gesamte Wirtschaft ausgeweitet. Die Resultate waren eine beschleunigte Inflation und massive Korruption, die auf Ablehnung in der Bevölkerung stießen. […] Die meisten Demonstranten im Mai 1989 wurden nicht von einem Wunsch nach Demokratie, sondern von Wut über die wirtschaftliche Lage angetrieben.[189]

Wood sah in der strengen Sparpolitik, die im Herbst 1988 eingeführt wurde, das Potenzial zu »echten Fortschritten«. In seinen Augen schuf »eine schwere Inflation von der Art, die China in jüngster Zeit erlebt hat, ideale Bedingungen für eine Preisliberalisierung«. Wood sah auch einen »Silberstreif am Horizont« im »politischen Konservatismus Chinas«, denn dieser werde es erleichtern, die für weitere Wirtschaftsreformen erforderlichen schmerzhaften Maßnahmen zu ergreifen.

Zhao Ziyang gelangte zu einer ganz anderen Einschätzung der Ursachen der Krise von 1988. In seinem Tagebuch hielt er später fest:

Die vorgeschlagene Preisreform stimmte nicht mit der graduellen Reformstrategie überein, sondern stützte sich auf umfassende staatliche Preisanpassungen. Das entsprach der zu jener Zeit vorherrschenden Stimmung: Man wollte die Preisreform rasch hinter sich bringen und das zweigleisige Preissystem beseitigen, um die Kluft zwischen staatlich festgesetzten Preisen und Marktpreisen zu schließen oder zumindest zu verringern. Das war nicht die richtige Methode zur Durchführung einer Preisreform, denn letzten Endes ermöglichte sie keinen Übergang von Preiskontrollen zu Marktmechanismen. Die Preise wurden anhand planwirtschaftlicher Methoden angepasst. Es war nach wie vor die alte Art der Preisplanung. Mittlerweile ist klar, dass das Problem auch nicht gelöst worden wäre, wenn es nicht zu einer hohen Inflation gekommen und die geplante Preisreform durchgeführt worden wäre.[190]

Meine Gesprächspartner waren sehr unterschiedlicher Meinung über die Ursachen und den Verlauf der Krise von 1988. Aber sie waren sich darin einig, dass der katastrophale Fehlschlag des Vorstoßes zur Preisreform im Jahr 1988 wesentlich zu der politischen Krise beitrug, die ihren Höhepunkt am 4. Juni 1989 mit dem Massaker auf dem Platz des Himmlischen Friedens erreichte. Im Jahr 1988 hatte Zhao ein Gesetz über öffentliche Sicherheit gefordert, um die Reform durchsetzen zu können. Im Jahr darauf versuchte Zhao, die Logik der staatlichen

Repression hinter sich zu lassen, die schließlich zu seinem Sturz und seiner Verhaftung führte. Die jungen Ökonomen, die Zhao gefördert hatte, bekundeten offen ihre Solidarität mit den Demonstranten. Sie wussten, dass Truppen auf dem Weg zum Tiananmen waren und dass die Verhängung des Kriegsrechts unmittelbar bevorstand. Sie ahnten, dass es zur Katastrophe kommen würde.

Am frühen Morgen des 18. Mai, dem letzten Tag von Michail Gorbatschows Besuch in China, als die Augen der Welt auf Peking gerichtet waren, begab sich Zhao Ziyang auf den Tiananmen, um sich an die Studenten im Hungerstreik zu wenden. Gorbatschow war am 15. Mai in der chinesischen Hauptstadt gelandet und war aufgrund der Proteste im Zentrum schmucklos ohne roten Teppich und ohne Staatsempfang begrüßt worden, und das, obwohl er der erste sowjetische Parteichef war, der seit dem Bruch zwischen Peking und Moskau 1959 die Volksrepublik besuchte. Gorbatschow, der Mitte der achtziger Jahre mit seiner Politik von Glasnost und Perestroika die Öffnung und Modernisierung der Sowjetunion eingeleitet hatte, war sich über die Bedeutung des historischen Augenblicks seiner Reise im Klaren. In einer Rede ließ er seine chinesischen Genossen wissen: »Wirtschaftliche Reformen werden nicht funktionieren, solange sie nicht von einer radikalen Transformation des politischen Systems unterstützt werden.«[191]

Während Zhaos Besuch auf dem Tiananmen entstand eines der bekanntesten Bilder aus jenen Tagen. Es zeigt Zhao mit einem Megafon in der Hand umringt von Demonstranten bei dem Versuch, die Studenten zur Beendigung ihres Hungerstreiks zu bewegen (siehe Abbildung 16). Der Generalsekretär der Kommunistischen Partei entschuldigte sich bei den Demonstranten dafür, dass die Führung so lange gezögert hatte, auf die Proteste einzugehen. Die Studenten sollten erleben, wie China die »Vier Modernisierungen« abschloss, sagte Zhao. »Wenn ihr den Hungerstreik beendet, wird die Regierung nie die Tür zum Dialog schließen, nie.«[192] Am Tag darauf kehrte Zhao auf den Platz zurück und wiederholte seinen Aufruf zur Beendigung des Hungerstreiks.[193] Er wusste, dass Deng Vorkehrungen für die Verhängung des Kriegsrechts traf und bereit war, die Armee einzusetzen, um die Protestbewegung niederzuschlagen. Zhao machte sich bereit für seinen Rücktritt. Ihm war klar, dass dies das Ende seiner Karriere war.[194]

Die jungen Ökonomen, die unter Zhao Einfluss erlangt hatten, hinderte die drohende Repression nicht daran, am 19. Mai eine eigene Erklärung abzugeben. Diese Ökonomen waren im Systemreforminstitut, im Landwirtschaftlichen Forschungszentrum des Entwicklungsforschungsinstituts und im Internationalen Büro des CITIC stationiert und gehörten dem Pekinger Verband junger Ökonomen an – den »drei Instituten und einer Vereinigung« (三所一会). Im Namen ihrer Einrichtungen begrüßten sie die Bürgerbewegung als strahlendstes Kapitel in der Geschichte der demokratischen Bewegungen Chinas und antworteten damit für ihre Institutionen auf die Forderung der Demonstranten, der Staat müsse die Legitimität der Demokratiebewegung anerkennen. Die jungen Ökonomen erklärten, seit der Gründung der Volksrepublik sei die Kluft zwischen Partei und Regierung auf der einen und dem Volk auf der anderen Seite nie so groß gewesen wie in diesem Moment. Die Parteiführung habe sich nie zuvor so weit vom Volkswillen entfernt. Mit Blick auf Zhaos Dialog mit den Studenten forderten sie die Parteiführung auf, eine außerordentliche Versammlung des Nationalen Volkskongresses einzuberufen, der das legitime Gremium sei, um die Krise zu überwinden. Sie riefen die Bevölkerung auf, die Demonstranten zu unterstützen, und legten diesen nahe, ihren Hungerstreik zu beenden, weil sie gebraucht würden, um Chinas Zukunft aufzubauen. Sie schickten ihre Erklärung an Medien, Universitäten und die Demonstranten. Zehntausende Kopien wurden überall in der Hauptstadt ausgehängt.[195]

Am 28. Mai wurde Zhao unter Hausarrest gestellt. Bis zu seinem Tod im Jahr 2005 blieb er im Gefängnis seines eigenen Hauses. Am 4. Juni schlug die Armee die Kundgebungen nieder. Das Blutbad, das die jungen Reformintellektuellen zu verhindern versucht hatten, machte auch ihrer Beteiligung an den chinesischen Reformen ein Ende. Viele dieser jungen Ökonomen mussten aus dem Land fliehen oder wurden ins Gefängnis gesteckt. Viele arbeiteten nie wieder in politi-

Abbildung 16: Zhao Ziyang spricht zu Demonstranten auf dem Platz des Himmlischen Friedens, Mai 1989.

schen oder Forschungseinrichtungen. Einige wurden in der Privatwirtschaft reich, viele verschwanden in der Wirtschaft, ohne Wohlstand zu erlangen. Einige kehrten nach China zurück, andere, darunter Chen Yizi, starben im Exil.[196]

Liu Guoguang, Xue Muqiao und Zhou Xiaochuan hingegen, die sich in der zweiten Hälfte der achtziger Jahre den Befürwortern der Schocktherapie angeschlossen hatten, entschieden sich, die Proteste nicht öffentlich zu unterstützen, sondern wandten sich augenblicklich von Zhao Ziyang ab. Am 14. Juni stellte Wu einen ersten Entwurf ihrer Kritik an Zhao fertig, die im August unter dem Titel »Unsere Sorgen und Vorschläge – Standpunkte mehrerer Ökonomen« (我们的忧思和建议:几位经济学者的意见) in der Aufsatzsammlung *Wesentliche Berichte* (要报) von der Akademie der Sozialwissenschaften veröffentlicht wurde.[197] Diese Berichte wurden der Parteiführung zur Beurteilung vorgelegt. Darin beschuldigten Wu und seine Mitarbeiter Zhao, die Entscheidung über die Ausrichtung der Reformen und der Entwicklung aus dem Jahr 1978 verraten zu haben. Zhao habe schwere Fehler begangen, die wirtschaftliches Chaos ausgelöst hätten. Vor allem habe er ein zweigleisiges Preissystem und andere wirtschaftliche

Mechanismen eingeführt, die eine Verzerrung der volkswirtschaftlichen Gesamtrechnung und Korruption zur Folge gehabt hätten.[198] Viele Anhänger der Paketreform machten in den neunziger Jahren Karriere und sind bis heute erfolgreich, während die meisten jener Ökonomen, die in den achtziger Jahren gegen eine Schocktherapie argumentierten, sowohl in China als auch außerhalb seiner Grenzen weitgehend vergessen sind.

Schluss

Wanderer, deine Spuren sind der Weg, und sonst nichts; Wanderer, es gibt keinen Weg, der Weg entsteht im Gehen.

Antonio Machado

Als im Jahr 1978 die Reformen begannen, hätte sich niemand vorstellen können, was für eine wirtschaftliche Transformation China durchmachen würde. Hätte man die vorangegangene Periode zum Maßstab einer Prognose gemacht, wäre man kaum auf die Idee gekommen, dass China globale Wachstumsrekorde brechen würde. Im Zeitraum zwischen 1950 und 1980 wuchs die Wirtschaft der meisten Entwicklungsländer sehr viel schneller als die chinesische. Aber von da an wurden die relativen Positionen umgekehrt.[1] Natürlich ist das BIP-Wachstum ein unpräziser Indikator. Es gibt jedoch Aufschluss über die Veränderung der Position eines Landes im Hinblick auf seine Stellung in der Weltwirtschaft. Als die chinesischen Ökonomen nach der Kulturrevolution nach Peking zurückkehrten, um sich den Reformbemühungen anzuschließen, war China ein armes Land, das einen Weg zu wirtschaftlichem Wohlstand suchte. Die vom Maoismus propagierte permanente Revolution wurde durch das Primat der wirtschaftlichen Entwicklung ersetzt.

Der Aufstieg Chinas ist mittlerweile eine Tatsache. Die Ökonomen, die über den richtigen Reformkurs stritten, wagten kaum, auf dieses Ergebnis zu hoffen. Als die jungen Reformintellektuellen, die Jahre in abgelegenen Dörfern verbracht hatten, nach Peking zurückkehrten und sich in leeren Vorlesungssälen versammelten, um über die Zukunft des Landes zu diskutieren, war das explosionsartige Wachstum der folgenden Jahrzehnte unvorstellbar. Ebenso unvorstellbar war, wie schnell die Rückkehr des Kapitalismus und das rasante Wachstum zu massiver Umweltverschmutzung, zu enormer Ungleichheit zwischen Stadt und Land, Arm und Reich, Frau und Mann und zu einer Aushöhlung öffentlicher Versorgungssysteme führen würde. In ihrem Gedankenaustausch über Möglichkeiten zur Reform des Wirtschaftssystems mit emigrierten osteuropäischen Ökonomen und Vertretern der Weltbank sowie anderen internationalen Einrichtungen konnten die Ökonomen, die der revolutionären Generation und dem intellektuellen Establishment Chinas angehörten, nur über den Wohlstand und die Raffinessen der Wirtschaftswissenschaft in anderen Ländern staunen. Die Delegationen des Systemreforminstituts bereisten Ungarn, Jugoslawien, Brasilien und andere Länder in der Hoffnung, von den Erfolgen und Fehlern derer zu lernen, die zu jener Zeit Vorbilder für China waren.

In der chinesischen Reformdebatte der achtziger Jahre stand nicht weniger auf dem Spiel als ein gemeinsames Verständnis der grundlegenden volkswirtschaftlichen Abläufe. Die reformorientierte wirtschaftliche Intelligenzija war sich schnell einig, dass den Marktkräften eine größere Rolle im gesellschaftlichen Leben zugestanden werden musste und dass dazu Preise eine neue Rolle spielen müssten. Doch bald entbrannte unter den chinesischen Ökonomen ein Streit darüber, *wie* diese Reform durchgeführt werden sollte. Die konkurrierenden Reformansätze kamen in Meinungsverschiedenheiten über die Frage zum Ausdruck, ob man am zweigleisigen Preissystem festhalten und die vorhandenen Institutionen des alten Systems zur Errichtung von Märkten einsetzen sollte. Diesem Vorgehen setzten andere eine Schocktherapie entgegen, die eine umfassende, schlagartige wirtschaftliche Liberalisierung beinhalten sollte. Die Tatsache, dass die beiden Lager nicht über die grundlegende Frage nach mehr Markt, sondern über den nächsten Reformschritt stritten, könnte als Hinweis darauf gedeutet werden, dass es sich um eine ausgesprochen technische Frage handelte, die keine tiefere ideologische Bedeutung hatte. Tatsächlich traten wie zuvor in der sowjetischen Industrialisierungsdebatte der zwanziger Jahre – in der es nicht um die Ersetzung des Kriegskommunismus durch die Neue Ökonomische Politik an sich, sondern ebenfalls um Geschwindigkeit und Muster der Entwicklung gegangen war –

»die fundamentalen Unterschiede zwischen zwei ideologischen Lagern« zutage.[2] Diese Meinungsverschiedenheiten schlugen sich in zwei unterschiedlichen Reformansätzen nieder.

Die in diesem Buch porträtierten chinesischen Reformökonomen verfolgten dasselbe Ziel: den wirtschaftlichen Fortschritt. Sie waren sich auch darin einig, dass es für die wirtschaftliche Entwicklung einer Vermarktlichung bedurfte. Aber die beiden Denkschulen konnten sich nicht auf die geeignete Vorgehensweise einigen. Eine Seite plädierte für das, was als Schocktherapie bekannt wurde – ein im Wesentlichen neoliberales Rezept, das in weiten Teilen der ehemals sozialistischen Welt angewandt wurde. Diese Seite wollte von einem theoretisch hergeleiteten Zielmodell ausgehen und nahm an, ein Schock werde das alte System auf einen Schlag verwandeln. Die Verfechter dieses Ansatzes glaubten, das wünschenswerteste zukünftige Wirtschaftssystem sowie die zu seiner Errichtung benötigten Mittel könnten anhand ökonomischer Modelle definiert werden. Sie wollten ein umfassendes Maßnahmenpaket schnüren, das es ermöglichen würde, das gesamte System einem einheitlichen Konzept entsprechend umzugestalten.

Die zweite Denkschule räumte ein, weder das Ziel – die endgültige Gestalt der chinesischen Wirtschaft – noch den geeigneten Weg zu diesem Ziel zu kennen. Die Vertreter dieses Konzepts gingen von der Annahme aus, dass kein einzelner großer Plan eine Antwort auf die Herausforderungen der Reformen geben konnte. Sie waren der Meinung, der Reformmechanismus und die spezifischen Bestandteile des neuen Systems müssten in Experimenten und durch an theoretischen Leitlinien ausgerichtete empirische Forschung Schritt für Schritt entwickelt werden. In ihren Augen war es unmöglich, am Reißbrett ein Bild von Chinas Zukunft zu entwerfen. Jeglicher Versuch, dies zu tun, sei zum Scheitern verurteilt.

Der Idealismus der Paketreform

Die chinesischen Verfechter der sogenannten Paketreform warben so wie die Anhänger der Schocktherapie in aller Welt für einen anfänglichen Urknall in der Preisreform. Das Reformpaket sollte die schlagartige Anpassung der Preise grundlegender Produktionsgüter wie Rohmaterialien und Energie und eine anschließende Freigabe dieser Preise beinhalten. Die Paketreformer wollten zunächst ein Zielmodell für die Reformen wählen und dieses ideale Modell einer schematischen Version der alten Kommandowirtschaft gegenüberstellen. Im Zielmodell würde der Marktmechanismus in erster Linie dank beweglicher Preise funktionieren. Einer der grundlegenden Unterschiede zwischen Zielmodell und altem System war, dass die Preise vor der Reform nicht flexibel waren. Die Paketreformer sahen die gravierendsten Preisverzerrungen im Produktionsgütersektor, dessen Erzeugnisse dem sowjetischen Entwicklungsmodell folgend traditionell mit niedrigen Preisen versehen wurden. Die wirkungsvollste Reformmethode bestand in den Augen der Paketreformer darin, als Erstes diese übertriebenen Abweichungen vom Zielmodell in Angriff zu nehmen und die Verzerrungen bei den Preisen von Rohmaterialien und Energie gleichzeitig zu beseitigen. Allerdings musste man einen derart einschneidenden Reformschritt vorbereiten, indem man zunächst die Wirtschaft »abkühlte«. In der Praxis bedeutete das, eine strikte Austeritätspolitik zu verfolgen, um die makroökonomischen Ungleichgewichte zu beseitigen.

Das Konzept der Paketreform besagte, dass eine Koexistenz des obsoleten alten und des angestrebten neuen Systems schädliche Spannungen verursachen werde, die sowohl die alten als auch die neuen Regulierungsmechanismen wirkungslos machen werde. Aus Sicht der Paketreformer war das zweigleisige Preissystem bestenfalls als Übergangslösung akzeptabel, musste jedoch möglichst rasch beseitigt werden. Die Verfechter der Urknall-Reform brachten ein Argument vor, das strukturelle Ähnlichkeit mit Friedrich Hayeks Warnung vor der

»rutschigen Bahn« zur Planwirtschaft hatte, die das Endergebnis jedweder Preiskontrollen sei. In ihren Augen würde ein Festhalten am zweigleisigen Preissystem neben der von diesem heraufbeschworenen Verwirrung und Korruption zu einer schädlichen Umkehr der Vermarktlichung führen. Solange die Kernelemente des alten Systems – darunter die zentrale Kontrolle über die Preise wichtiger Produktionsgüter – Bestand hatten, würde die Möglichkeit eines Rückfalls bestehen. Mit dem Argument, nur durch die Zerstörung des Kerns des alten Systems könne das Zielmodell verwirklicht werden, empfahlen sie, ein rein marktbasiertes Preissystem rasch und universell einzuführen. Sie räumten ein, dass dieser Ansatz vorübergehend schmerzhaft sein würde, aber in ihren Augen war die einzige Alternative lang anhaltendes Leiden.

Den Verfechtern einer solchen radikalen Preisreform war bewusst, dass ihr Vorschlag die Gefahr eines allgemeinen Preisanstiegs barg. Doch wie bei Milton Friedmans Metapher vom überhitzten Ofen, aus dem der Druck nur verringert werden kann, indem man seine ganze Hitze auf einmal ablässt, argumentierten sie, die unterdrückte Inflation könne nur durch eine universelle Beseitigung der direkten Preiskontrollen überwunden werden.[3] Sie sahen ein notwendiges Übel darin, die Preisreform schlagartig in Angriff zu nehmen. Wie es Włodzimierz Brus ausdrückte: »Der Tag des Jüngsten Gerichts« ließ sich nicht vermeiden. Deshalb sollte man die Herausforderungen besser früher als später angehen. Solange man die Staatsausgaben und die Geldmenge strikt begrenze, werde ein einmaliger Preisanstieg zur Korrektur der unterdrückten Inflation keine galoppierende Inflation auslösen. Um zu Friedmans Metapher zurückzukehren: Nachdem der überhitzte Ofen die aufgestaute Hitze abgegeben hatte, würde er von allein abkühlen. So wie eine schmerzhafte, aber lebensrettende Operation war die Beseitigung der Preiskontrollen für die Gesundung der Wirtschaft notwendig, und die Operationsschmerzen würden vorübergehend sein. In dieser Perspektive war die Inflation kein strukturelles, sondern ein monetäres Problem, das der Staat unter Kontrolle bringen konnte; der Nachfrageüberhang war lediglich ein Resultat der

Mängel des Sozialismus. Dieses Denken kommt am deutlichsten in Konzepten wie dem von János Kornai beschriebenen »Investitionshunger« und den »schwachen Budgetbeschränkungen« zum Ausdruck. Die chinesische Inflation von 1988 war demnach nicht auf Deng Xiaopings fehlgeschlagenen Versuch einer Schocktherapie, sondern darauf zurückzuführen, dass der Staat nicht in der Lage war, die makroökonomischen Bedingungen strikt genug zu kontrollieren.

Wie ich in den Kapiteln 4, 5 und 6 ausgeführt habe, fanden die Anhänger der Paketreform Anregungen bei den osteuropäischen Exilökonomen, deren Denken vom Marktsozialismus, von der neoklassischen Ökonomik und vom Monetarismus geprägt worden war. Die jüngere Generation stützte sich auch auf die Konzepte des optimalen Designs und der Steuerung aus der Ingenieurswissenschaft.[4] Die meisten Paketreformer waren Wirtschaftswissenschaftler, und viele von ihnen waren in den ersten Jahren der Volksrepublik Anhänger der sowjetischen Orthodoxie gewesen. Tatsächlich mag man eine Parallele erkennen zwischen der Idealisierung der Planwirtschaft im sowjetischen Marxismus, der sich die gesamte Volkswirtschaft als eine einzige zentral geplante Fabrik vorstellte, und der Idealvorstellung von der Marktwirtschaft, die der Schocktherapie zugrunde lag. Diese beiden theoretischen Konzepte widersprechen einander in der Frage, ob der Plan oder der Markt der überlegene Regulierungsmechanismus ist, aber beiden liegt das Streben nach einer optimalen, rationalen Wirtschaft zugrunde. Diese methodologische Gemeinsamkeit zwischen denen, die an die Allmacht der sichtbaren Hand glauben, und jenen, die von der Allmacht der unsichtbaren Hand überzeugt sind, beobachtete Frank Hahn, einer der bedeutendsten Theoretiker der allgemeinen Gleichgewichtstheorie: »[Beide Seiten] betrachten es als selbstverständlich, dass es irgendwo eine Theorie, das heißt ein Gefüge von logisch miteinander verbundenen Aussagen gibt, das auf nicht vollkommen mit den Tatsachen unvereinbaren Postulaten beruht und die von ihnen verfochtene Politik unterstützt.«[5]

Dieses Streben, die gesamte Volkswirtschaft in einem in sich schlüssigen Modell darzustellen, war auch eine Gemeinsamkeit zwischen den Verfechtern von Plan- und Marktwirtschaft in der Debatte über die Wirtschaftsrechnung im Sozialismus. Beide Seiten gingen von einem technokratischen Standpunkt aus und sahen die vorrangige Aufgabe darin, ein rationales Preisgefüge zu finden. Oder wie Paul Samuelson beobachtete: »Es ist eigentlich unwichtig, ob das Kapital die Arbeit oder die Arbeit das Kapital beschafft oder ob beide von einem zentralen Planer zugeteilt werden: Das wesentliche Ziel besteht darin, die Produktionsressourcen und Fertigerzeugnisse so zuzuteilen, dass Grenzkosten und Grenzertrag im Gleichgewicht sind.«[6]

Die chinesischen Paketreformer hielten sich an eine ähnliche ökonomische Theorie. In ihren Augen bestand das Ziel der Marktentwicklung darin, einen umfassenden politischen Plan zu entwerfen, der vor allem rationale Preise gewährleisten sollte. Aus Sicht dieser Reformer konnte es nur rationale Preise geben, wenn man entweder den Markt oder den Plan in Reinform anwandte, weshalb sie das zweigleisige Preissystem als inkohärente Hybridform ablehnten. Während des Übergangs zur Marktwirtschaft würde das zweigleisige Preissystem ein notwendiges Übel sein, aber es musste so rasch wie möglich wieder abgeschafft werden. Zu Beginn der Reformen betrachteten die Paketreformer ihre Aufgabe als exaktes Gegenteil der Herausforderung, die China in den Jahren hatte bewältigen müssen, als es das sowjetische Modell übernahm: Jetzt musste die Preisbildung vollkommen dem Markt überlassen werden.

Gemeinsamkeiten zwischen den Paradigmen der Orthodoxie der reinen Marktwirtschaft und jener der reinen Planwirtschaft findet man auch in den konkreten Schritten, die das Programmbüro im Jahr 1986 vorschlug, um der Preisreform zum Durchbruch zu verhelfen. Gemäß diesem Vorhaben sollten die Preise zunächst zu geplanten, berechneten Gleichgewichtspreisen vereinheitlicht werden, um sie anschließend vollkommen freizugeben. Dieser Reformvorschlag beruhte auf der Annahme, dass Kalkulation und Marktkräfte dieselben oder zumindest weitgehend ähnliche Gleichgewichtspreise hervorbringen würden. Die kalkulationsgestützte Planung und der Markt wurden also als Mittel zum selben Zweck betrachtet. Entsprechend der Argumentation von Friedrich Hayek und von Lionel Robbins in der Debatte über die Wirtschaftsrechnung im Sozialismus bestand das Problem bei der Berechnung der Preise entsprechend dem Vorschlag des Programmbüros darin, dass diese Berechnung zu zeitaufwändig war, um eine nachhaltige Regulierung zu ermöglichen.[7] Dennoch glaubten die Ökonomen des Programmbüros, eine zentrale Preisberechnung sei geeignet, um den Übergang zu einem überlegenen Marktmechanismus vorzubereiten. Die Bestimmung der Preise grundlegender Inputs erforderte demnach keinen Aufbau von Institutionen. Die Marktpreise, die als *natürliche* Ordnung der Dinge betrachtet wurden, würden sich augenblicklich spontan herausbilden, sobald die *künstliche* Kontrolle über die Preise beseitigt war. Statt eine langsame, historische Entwicklung zu einer neuen politischen Ökonomie anzustreben, befürworteten die Anhänger der Schocktherapie einen raschen Übergang zu einem idealen Markt in Schritten, die in einem theoretisch begründeten Plan festgelegt werden sollten.

Die Preis- und Währungsreform unter Ludwig Erhard wurde als Beleg dafür ins Feld geführt, dass die Theorie anwendbar war. Doch die Ökonomen, die empfahlen, das deutsche Beispiel nachzuahmen, verzichteten auf eine eingehende Analyse der tatsächlichen Wirtschaftsgeschichte. Sie fragten nicht, ob diese Maßnahmen geeignet sein würden, die Herausforderungen zu bewältigen, mit denen China in den achtziger Jahren konfrontiert war. Stattdessen schlossen sie sich der von Milton Friedman eingebrachten Mystifizierung von Erhards Preisreform an und betrachteten sie als eine Art »Wunderwaffe«.[8] Aus den osteuropäischen Erfahrungen zogen sie die Lehre, dass der Gradualismus zum Scheitern verurteilt war. Sie beriefen sich auf die Autorität berühmter Ökonomen. Doch eine systematische historische Untersuchung hätte die Frage aufgeworfen, warum die Versuche mit schlagartigen Preisliberalisierungen sowohl im Nachkriegsdeutschland als auch im sozialistischen Osteuropa soziale und politische Verwerfungen ausgelöst hatten und schließlich teilweise rückgängig gemacht werden mussten. In jedem Fall wurde diese Geschichte spätestens seit den Besuchen bundesrepublikanischer Ordoliberaler in den späten siebziger Jahren und der Weltbank-Konferenz in Moganshan im Jahr 1982 in China diskutiert.[9]

Der Idealismus der Wirtschaftswissenschaftler, die ein umfassendes Reformpaket befürworteten, hatte auffällige Ähnlichkeit mit dem der gelehrten Beamten in der *Debatte über Salz und Eisen*, obwohl der wirtschaftliche und historische Kontext vollkommen verschieden war und zwei Jahrtausende zwischen den beiden Reformdebatten lagen. In der antiken Debatte waren die Gelehrten nicht von den konkreten Herausforderungen, die der neue Kaiser in einer tiefen Wirtschaftskrise bewältigen musste, sondern von der Vorstellung eines vergangenen Idealstaates ausgegangen, zu dem sie zurückkehren wollten. Sie erklärten, wenn man nur die rituelle Ordnung und die Rechtschaffenheit der Vergangenheit wiederherstelle, könne der Staat auf direkte Eingriffe in die Wirtschaft verzichten, insbesondere auf die Salz- und Eisenmonopole sowie auf die Regulierung der Preise grundlegender landwirtschaftlicher Erzeugnisse mittels Abfederung der Schwankungen von Angebot und Nachfrage. Sofern moralische Grundsätze befolgt würden, könnten die staatlichen Eingriffe auf ein Mindestmaß reduziert werden, und der Rückzug der Bürokraten aus den wirtschaftlichen Aktivitäten werde Korruption verhindern.

Die Befürworter einer Urknall-Reform in den achtziger Jahren sprachen sich ebenfalls für einen Rückzug des Staates aus seiner Rolle als aktiver Teilnehmer am Markt aus, weil sie in der staatlichen Aktivität als Marktakteur im zweigleisigen Preissystem die Hauptquelle der Korruption sahen. Auch ihnen schwebte ein minimalistischer, aber durchaus autoritärer Staat vor, der allerdings die Gesellschaft nicht durch Rechtschaffenheit, sondern indirekt mit makroökonomischen Mitteln und Regeln lenken sollte. Hier enden die Parallelen. In deutlichem Gegensatz zu den Gelehrten des Altertums wollten die modernen Reformer die Herrschaft der Moral durch den freien Wettbewerb zwischen den Individuen ersetzen. Wenn sich dieser Wettbewerb spontan entfalten könne, werde das eigennützige Verhalten das beste Ergebnis für die Gesellschaft bringen. Die Gelehrten des Altertums hatten den Markt der moralischen Ordnung der Gesellschaft unterwerfen wollen. Nach Meinung der Anhänger der Schocktherapie sollten alle gesellschaftlichen Aktivitäten einem universellen Markt untergeordnet werden.

Der Pragmatismus des zweigleisigen Preissystems

So wie einst in der *Debatte über Salz und Eisen* stellten praktisch denkende Gelehrte und für den Handel verantwortliche Beamte den idealistischen Ansatz in der Debatte über die Preisreform in den achtziger Jahren in Frage. Anstatt zu versuchen, ein theoretisch abgeleitetes Zielmodell auf einen Schlag zu verwirklichen, führten sie eingehende empirische Studien durch, die eine theoretische Grundlage hatten, aber nicht auf die Suche nach einem allumfassenden Wirtschaftsmodell beschränkt waren. Sie wollten einen Weg finden, um die Leistungsfähigkeit der chinesischen Wirtschaft schrittweise zu erhöhen, und untersuchten, wie die Märkte zu diesem Unterfangen beitragen konnten. Sie strebten keinen Idealzustand an. Die Befürworter des zweigleisigen Preissystems identifizierten und nutzten transformative Kräfte, die bereits in der kommerziellen und industriellen Aktivität zutage traten. Mit Blick auf die Preisreform bedeutete das, dass das zweigleisige Preissystem nicht beseitigt, sondern verbessert werden musste. In ihren Augen konnte eine umfassende Liberalisierung die Probleme des chinesischen Preissystems nicht lösen. Beispielsweise zeigten eine Studie über zahlreiche chinesische Staatsbetriebe sowie eine Umfrage zur Reformerfahrung in Jugoslawien und Ungarn, dass eine Urknall-Reform letzten Endes nicht zur angestrebten Korrektur des Preisgefüges, sondern zu einer Rückkehr zu den anfänglichen relativen Preisen führen werde.

Ihre Auseinandersetzung mit der Geschichte der wirtschaftlichen Transition Deutschlands nach dem Zweiten Weltkrieg verstärkte die Zweifel der Gradualisten an der Möglichkeit, das deutsche Wirtschaftswunder in China zu wiederholen. Die bloße Beseitigung der Preiskontrollen konnte die chinesischen Staatsbetriebe nicht in markttaugliche

Unternehmen verwandeln. Sie würden insofern sozialistische Produktionseinheiten bleiben, als sie keinen Einfluss auf den Umfang ihres Kapital- und Arbeitseinsatzes hatten. Die Arbeiter konnten nicht entlassen werden, und die staatseigenen Unternehmen beschafften sich das Geld für ihre Investitionen nicht auf einem Kapitalmarkt; sie konnten nicht Konkurs anmelden. Die Staatsbetriebe hatten keine andere Wahl, als ihre Monopolposition zu nutzen und ungeachtet der Umstände den Betrieb aufrechtzuerhalten. Der Logik der Urknall-Reform entsprechend würde ein Anstieg der Inputpreise zur Anpassung der Produktionstechnologie führen oder sogar die Produktion bestimmter Güter zum Stillstand bringen. Aber in Wahrheit konnten die Staatsbetriebe auf steigende Inputpreise nur reagieren, indem sie diese Erhöhungen an die nachgelagerten Produzenten weitergaben. Das Endresultat würde eine Verbraucherpreisinflation sein, die wiederum Lohnerhöhungen auslösen würde. Die Gegner einer Urknall-Reform warnten, dass die Schocktherapie keine Bewegung hin zu einem Gleichgewicht, sondern eine galoppierende Inflation auslösen werde. Auf diese Art werde der Kern der alten Volkswirtschaft zerstört, ohne dass eine funktionierende Marktwirtschaft entstehen werde. Eine solche Entwicklung werde die soziale und politische Stabilität Chinas und damit das gesamte Reformprojekt gefährden.

Die Verteidiger des zweigleisigen Preissystems führten ins Feld, eine rasche Preisfreigabe werde scheitern. In ihren Augen waren weder eine umfassende zentrale Lenkung noch eine schlagartige Liberalisierung geeignet, die Herausforderung zu bewältigen, den Rückstand zur kapitalistischen Welt wettzumachen und den Lebensstandard der Chinesen zu erhöhen. Daraus schlossen sie jedoch nicht, dass Reformen aussichtslos waren. Stattdessen erklärten die Gradualisten, das bestehende mehrgleisige Preissystem – sowie bestimmte praktische Anpassungen – seien gut geeignet, um die chinesische Preisstruktur und das Preisbildungssystem schrittweise umzuwandeln und damit den wirtschaftlichen Koordinierungsmechanismus insgesamt effektiver zu machen.

In den Augen der Verfechter des graduellen und experimentellen

Vorgehens genügte eine Abschaffung der Preiskontrollen nicht, um den Markt in die Lage zu versetzen, die richtigen Preise zu finden. Wie die Preise bestimmt wurden, hing vom Operationsmodus auf der Mikroebene ab. Die Inflation betrachteten sie insbesondere unter Bedingungen wie in China nicht als rein monetäres Phänomen. Aus Sicht dieser pragmatischen Ökonomen, die mit den Lebensbedingungen der überwiegend ländlichen Bevölkerung Chinas vertraut waren, konnte man den gesamtwirtschaftlichen Nachfrageüberschuss nicht beseitigen, indem man die Nachfrage unterdrückte; stattdessen musste man das Angebot erhöhen.

Für die Befürworter des zweigleisigen Preissystems stand die chinesische Wirtschaft vor der Herausforderung einer »Reindustrialisierung«. Diese erforderte, dass bestimmte Engpässe beseitigt wurden, zum Beispiel der Mangel an essenziellen Produktionsgütern und Energie. Dazu musste die Produktion ausgeweitet werden, ohne jedoch die Preise zu erhöhen. Dieser komplexe Prozess erforderte behutsame Eingriffe. Er konnte nicht in einem einzigen Schritt bewältigt werden. Die Geschichte seit der chinesischen Revolution hatte gezeigt, dass man eine Industrialisierung nicht einfach staatlich anordnen konnte. Die gradualistischen Reformer erklärten, auch der Glaube an ein Marktwunder sei eine Illusion. Die einzig vernünftige Methode bestand in ihren Augen in einem graduellen, experimentellen Vorgehen, in dem der Staat die Marktkräfte kontrolliert erzeugen und einsetzen konnte. In ihren Augen war das zweigleisige Preissystem, das aus der bürokratischen Praxis und der Erfahrung der Agrarreform hervorgegangen war, gut geeignet, um dies zu erreichen, und konnte auf wichtige Produktionsgüter wie Stahl und Kohle ausgeweitet werden.

Das Wesen des zweigleisigen Preissystems kommt im *Guanzi*-Prinzip zum Ausdruck, das »Schwere« oder Unverzichtbare zu steuern und die Kontrolle über das »Leichte« oder Unwichtige aufzugeben. Es ist wichtig zu verstehen, dass das relative Gewicht der Güter nicht nur von ihren physischen Merkmalen, sondern auch von den spezifischen lokalen Bedingungen ihrer Märkte und vom sozialen Kontext ihrer Produktion abhing. Entscheidend war, ob ein Produkt von einer großen, zentral gesteuerten Produktionsanlage oder von einem kleinen lokalen Unternehmen erzeugt wurde. Selbst innerhalb der Produktion eines wichtigen Produzenten war die staatlich vorgegebene Quote entscheidend, um die Funktionstüchtigkeit der Industriewirtschaft zu erhalten. Hingegen konnte die Anpassung der Überschussproduktion dem Unternehmen überlassen werden. Das Grundprinzip des zweigleisigen Preissystems bestand daher darin, die Kontrolle über die Preise nicht essenzieller Güter, die von kleinen Unternehmen erzeugt wurden, aufzugeben. Daher wurde anfangs am System des Materialausgleichs sowie an den geplanten Preisen festgehalten. Gleichzeitig gaben die hohen Preise für die Überschussproduktion von knappen Rohmaterialien und Energie, die an Produzenten außerhalb des industriellen Kommandosystems – darunter die lokalen Verwaltungen unterstehenden Unternehmen und andere Staatsbetriebe – verkauft wurden, den Betrieben erhebliche Anreize, bei der Produktion für den Plan sparsamer zu arbeiten und einen Überschuss für den Markt zu produzieren. So wuchsen die Staatsbetriebe in den Markt hinein, während der Kern der chinesischen Wirtschaft langsam vermarktlicht wurde. Das staatliche Handelssystem wurde ebenfalls nicht abgeschafft, sondern eingesetzt, um den nationalen Markt zu integrieren und die Preise über die Regionen hinweg anzugleichen.

Wer genau als Urheber des zweigleisigen Preissystems zu betrachten ist, ist nach wie vor umstritten. Im zweiten Teil dieses Buchs habe ich argumentiert, dass der Reformmechanismus tatsächlich nicht von einer einzelnen Person erfunden wurde. Vielmehr entstand das zweigleisige Preissystem durch die graduelle Lockerung der Aufsicht in den Bereichen, die keinen Einfluss auf das Funktionieren der gesamten Wirtschaft hatten. Die Lockerung der Kontrolle erfolgte in einem Prozess vorsichtiger Experimente, auf die eine systematische Beurteilung der neuen Praxis anhand empirischer Studien folgte. Die graduelle Lockerung der Preisaufsicht reflektierte die vorherige Logik des maoistischen Preissystems, in dem die Preise von Gütern, die für die Industrialisierung und den Lebensunterhalt der Bevölkerung essenziell waren, besonders streng überwacht wurden. Wichtig ist, dass das zweigleisige Preissystem mit unorthodoxen Reformlösungen verteidigt wurde, die auf einer theoretischen Auseinandersetzung und Verfeinerung der bestehenden Reformpraxis beruhten. Die entscheidende Marktreformfrage Mitte der achtziger Jahre lautete daher, ob man das zweigleisige Preissystem aufrechterhalten und verbessern oder ob man es beseitigen sollte. Die Anhänger des Systems räumten ein, dass die Korruption ein Problem war, sahen in der Abschaffung des Systems jedoch keine akzeptable Lösung. Im Streben nach Reformen sprachen sie sich stattdessen für systematische interdisziplinäre, sozialwissenschaftliche Studien aus. Diese Anhänger einer graduellen Reform glaubten, dass es unmöglich sei, aus einer ausschließlich theoretischen Analyse eine einfache Lösung für die gewaltige Herausforderung der wirtschaftlichen Transformation Chinas abzuleiten. China könne einen eigenen Weg finden, indem es sich vorsichtig vortaste und sich dabei auf verschiedene in- und ausländische Theorien und Erfahrungen stütze, um die Fortschritte und den Entwicklungspfad zu beurteilen.

Hier stoßen wir auf eine überraschende Parallele zur *Debatte über Salz und Eisen*. Die Grundhaltung der Verteidiger des zweigleisigen Preissystems hat eine gewisse Ähnlichkeit mit der Song Hongyangs, einem Teilnehmer an der Debatte. Beide konzentrierten sich auf die gegebenen Bedingungen, darunter die (natürlichen) Monopole, die jahreszeitlichen Angebotsschwankungen und die Strukturen einer Kommandowirtschaft, und suchten nach Wegen, um diese Gegebenheiten für die Verbesserung der wirtschaftlichen Abläufe zu nutzen. Ein vermeintlicher Idealzustand oder ein Zielmodell sollte nicht Teil der Überlegungen sein. Die Konzentration auf das Machbare anstatt auf das Ideale könnte als Bestrebung missverstanden werden, grundlegende Veränderungen zu vermeiden. Doch das zweigleisige Preissystem führte zu einem historischen Wandel von ungewöhnlichem Ausmaß. Dieses System ermöglichte die Verwandlung Chinas von einem armen Agrarland mit revolutionären Ambitionen in eine der treibenden Kräfte des globalen Kapitalismus.

Diese pragmatische Einstellung zur Wirtschaftspolitik ist zweifellos keine chinesische Besonderheit. Und wie die hier beschriebenen intensiven Debatten zeigen, ist die chinesische Denkweise alles andere als einheitlich. Die wichtigsten kriegführenden Länder im Zweiten Weltkrieg wählten einen pragmatischen Ansatz für die Kriegswirtschaft, der Ähnlichkeit mit dem hat, den die chinesischen Befürworter gradueller Reformen Jahrzehnte später wählten. Wie John Kenneth Galbraith gezeigt hat, stützten sich die Vereinigten Staaten bei der Preiskontrolle im Wesentlichen auf bestehende wirtschaftliche Praktiken wie die Kundenbeziehungen monopolistischer oder oligopolistischer Lieferanten. Die allgemeine Preisbremse funktionierte in den USA, weil sie nicht auf theoretisch abgeleiteten, sondern auf empirisch beobachteten Preisen beruhte. Beim Übergang von der Planwirtschaft im Krieg zur Marktwirtschaft nach dem Krieg mussten ähnliche strukturelle Herausforderungen bewältigt werden wie bei einer Marktreform in einer sozialistischen Kommandowirtschaft. Der pragmatische graduelle Ansatz Großbritanniens, den Alec Cairncross während seines Besuchs in China beschrieb, stellte eine Alternative zur schlagartigen Liberalisierung von der Art dar, die gegen den Rat einiger der prominentesten Ökonomen in den Vereinigten Staaten durchgeführt worden war. Auch in der Bundesrepublik konkurrierte die ordoliberale Methode der umfassenden Preisliberalisierung mit einem zweigleisigen Ansatz, der Ähnlichkeit mit dem in den achtziger Jahren in China gewählten hatte und im Jedermann-Programm umgesetzt wurde.

Wie ich gezeigt habe, wurde die gradualistische und pragmatische Wirtschaftspolitik Chinas von denen, die einen plötzlichen Sprung in eine nicht regulierte Marktwirtschaft befürworteten, wiederholt heftig kritisiert. Es stand keineswegs von vornherein fest, dass sich die chinesische Führung für ein schrittweises und experimentelles Vorgehen entscheiden würde. Dieses setzte sich in einer erbittert geführten intellektuellen und politischen Auseinandersetzung durch. China entkam der Schocktherapie in den achtziger Jahren. Anstatt wie Russland und mehrere andere Länder im Übergang vom Sozialismus zum Kapitalismus einen deutlichen Wirtschaftseinbruch und eine Deindustrialisierung zu erleben, schuf China mit zweigleisigen Reformen die institutionellen und strukturellen Grundlagen für einen wirtschaftlichen Aufstieg unter der allumfassenden politischen Kontrolle des Einparteienregimes.

Eine folgenschwere Entscheidung

In den achtziger Jahren begann die Vermarktlichung der chinesischen Wirtschaft. Viele der jungen Ökonomen, die sich in diesen Jahren zu Verteidigern des zweigleisigen Vorgehens bei der Anpassung an den Markt aufschwangen, fielen gemeinsam mit Zhao Ziyang im Jahr 1989 in Ungnade. Nach der Niederschlagung der Demokratiebewegung auf dem Tiananmen und der Gefangennahme Zhaos, der zu diesem Zeitpunkt Generalsekretär der KPCh war, verschwanden einige der brillantesten chinesischen Reformökonomen von der Bildfläche. Der Reformansatz, zu dessen Gestaltung und Verteidigung sie beigetragen hatten, überlebte, wurde jedoch weiterhin mit allen Mitteln herausgefordert. In den neunziger Jahren wurde die Wirtschaftswissenschaft in China am neoklassischen Mainstream ausgerichtet.[10] Neoliberale Reformer machten große Fortschritte mit ihrem Projekt der Umgestaltung des chinesischen Systems unter anderem in den Bereichen Eigentumsrecht, Arbeitsmarkt und Gesundheitswesen. Aber der Kern des chinesischen Wirtschaftssystems wurde nie auf einen Schlag zerstört. Stattdessen wurde die Volkswirtschaft durch Wachstum und Globalisierung unter aktiver staatlicher Lenkung umgewälzt.

Nachdem Deng Xiaoping das Reformprojekt mit seiner »Südtour« Anfang des Jahres 1992 – nach seiner 180-Grad-Wende im Jahr 1988 und der brutalen Niederschlagung der Proteste am Platz des Himmlischen Friedens – in wirtschaftlichen Belangen wieder in Gang gebracht hatte, fiel im Oktober desselben Jahres auf dem XIV. Parteitag der KPCh die offizielle Entscheidung für die Errichtung einer »sozialistischen Marktwirtschaft chinesischer Prägung«. Jiang Zemin, Zhao

Ziyangs Nachfolger als Generalsekretär der Partei, erklärte dieses neue sogenannte Leitprinzip:

> Der wesentliche Unterschied zwischen Sozialismus und Kapitalismus bestand nicht in der Betonung von Planung oder Marktregulierung. Diese brillante These hat uns geholfen, uns von der einschränkenden Vorstellung zu befreien, dass Planwirtschaft und Marktwirtschaft zu grundverschiedenen Gesellschaftssystemen gehören, und hat uns einen Durchbruch in unserem Verständnis der Beziehung zwischen Planung und Marktregulierung ermöglicht.[11]

Diese Entscheidung schuf die politische Voraussetzung für einen entschlossenen Neubeginn der Vermarktlichung. Die offizielle Verkündigung einer sozialistischen Marktwirtschaft signalisierte, dass die chinesische Führung in den neunziger Jahren bereit war, im Namen des wirtschaftlichen Fortschritts alle verbliebenen Hindernisse für die Entfaltung der Marktkräfte zu beseitigen und den Kapitalismus im Namen des Sozialismus wieder zu errichten. Der erste Schritt in diese Richtung war die weitreichende Preisliberalisierung in den Jahren 1992/93. Bei oberflächlicher Betrachtung hatte diese Preisfreigabe Ähnlichkeit mit der Urknall-Reform, die in den achtziger Jahren vermieden worden war. Die Preisvorgaben für wesentliche Konsum- und Produktionsgüter wurden Schritt für Schritt beseitigt. Die Liberalisierung erfasste unter anderem grundlegende Güter wie Getreide, Stahl, Kohle und Erdöl. Sie führte auch zu dem bis dato größten Inflationsschub der Reformgeschichte. Doch aufgrund der selbst gegenüber den späten achtziger Jahren mittlerweile anderen Beschaffenheit der chinesischen Wirtschaft waren die relativen Auswirkungen dieser Urknall-Preisreform sehr viel geringer, als sie noch wenige Jahre früher gewesen wären.

Wie Barry Naughton in seiner klassischen Darstellung der chinesischen Wirtschaftsreformen erklärt, war die Wirtschaft zu dem Zeitpunkt, als die geplanten Preise einiger grundlegender Güter beseitigt wurden, bereits weitgehend vermarktlicht: »Der Plan war eine Insel in einem Ozean von Transaktionen zu Marktpreisen.«[12] Im Jahr 1986 – und sogar im Jahr 1988 – hätte eine Urknall-Reform katastrophale Auswirkungen gehabt. Im Jahr 1992 hatte dieselbe Liberalisierung Ähnlichkeit mit einem Sprung von einem niedrigen Felsen am Fuß eines Berges, von dem man gerade herabgestiegen ist.

Die Preisliberalisierungen in den Jahren 1992/93 lösten die einzige Episode in der chinesischen Reformära aus, in der die Inflation das Wirtschaftswachstum überstieg (siehe Schaubild 0.4 in der Einleitung). Aber es war keine Hyperinflation von der Art, die Russland heimsuchte (siehe Schaubild 0.3 in der Einleitung). Die tiefgreifende und graduelle Vermarktlichung, die der Liberalisierung vorausgegangen war, sowie die Zementierung der Macht des kommunistischen Staates mit allen Mitteln im Jahr 1989 gewährleisteten, dass der »kleine Knall« im Jahr 1992 die wirtschaftlichen Schlüsselinstitutionen nicht gefährdete. Der Staat wahrte die Kontrolle über die »Kommandohöhen der Wirtschaft«, als er von der direkten Planung zur indirekten Regulierung mittels Marktbeteiligung überging.[13] China wuchs in den globalen Kapitalismus hinein, ohne dass die Kommunistische Partei die Kontrolle über die Binnenwirtschaft verlor. Das ist bis heute von gewaltiger politischer Bedeutung.

Wichtige chinesische Reformökonomen*

An Zhiwen (安志文, 1919-2017)

An Zhiwen studierte an der Antijapanischen Universität in Yan'an, wo er sich der Kommunistischen Partei anschloss. Nach der Revolution bekleidete er Führungspositionen im Politischen Forschungsbüro und im Industrieministerium in Dongbei. Im Jahr 1956 wurde er zum stellvertretenden Leiter der Staatlichen Planungskommission ernannt und kehrte als Führer der Wirtschaftsreform in den achtziger Jahren zunächst ins Ministerium für Maschinerie und Industrie und anschließend ins Institut für die Reform des Wirtschaftssystems zurück. Als sich An dem inneren Kreis der Wirtschaftsreformer anschloss, die für die Gestaltung der Maßnahmen verantwortlich waren, besaß er bereits langjährige praktische Erfahrung in den Bereichen Industriepolitik und Wirtschaftsplanung. Im Jahr 1984 schlug er Zhao Ziyang die Einrichtung eines mit jungen Intellektuellen besetzten Forschungsinstituts vor, was Aufschluss über den wichtigen Beitrag der Ländlichen Entwicklungsgruppe zur Agrarreform gibt. So entstand das Chinesische Institut für die Erforschung der Reform des Wirtschaftssystems (Systemreforminstitut). An nahm im Jahr 1986 an der Bashan-Konferenz teil und spielte eine führende Rolle im Programmbüro. Obwohl er anfangs die sogenannte »Paketreform« unterstützte, deren Kernstück eine plötzliche umfassende Preisliberalisierung war, warnte An im Jahr 1986 mit dem Hinweis, die inflationäre Wirkung einer schlagartigen Preisfreigabe sei unvorhersehbar, vor der Durchführung einer solchen Reform.

* Ich habe nur chinesische Ökonomen in diese Liste aufgenommen, weil ihre biografischen Daten außerhalb Chinas schwer zugänglich sind. Ich beanspruche keine Vollständigkeit, sondern die Liste soll dem Leser einen Eindruck von den Lebensläufen der in diesem Buch vorkommenden Ökonomen vermitteln.

Bai Nanfeng (白南风, 1952-)

Bai Nanfeng gehörte der Ländlichen Entwicklungsgruppe und dem Systemreforminstitut an. Er war einer der führenden jungen Reformintellektuellen der achtziger Jahre. In der Kulturrevolution war er nach Shaanxi aufs Land geschickt worden und kannte das Problem der ländlichen Armut und die Herausforderung der Armutsbekämpfung. In unseren Gesprächen im Jahr 2016 erklärte er, dass seine Ernährungsgewohnheiten und sein Lebensrhythmus in seinen Jugendjahren auf dem Land geprägt worden seien. Gemeinsam mit seinem älteren Bruder Bai Nansheng, einem weiteren wichtigen Forscher in der Generation der jungen Reformer, nahm er 1980 ein Studium an der Renmin-Universität in Peking auf. Bai hatte breit gefächerte Interessen, besuchte Vorlesungen über höhere Mathematik und Philosophie und nahm an Li Yinings Studiengruppe über westliche Ökonomie teil. In der Ländlichen Entwicklungsgruppe leistete er wichtige Beiträge zu Studiendesign und Methodologie. Er bereicherte die Arbeit der Gruppe an der Reform der ländlichen Wirtschaft auch um eine umfassende Perspektive der vergleichenden Zivilisationsforschung. Bai war Mitverfasser einiger wichtiger Berichte über die urbane und die Industriereform, nahm an der Nachwuchskonferenz in Moganshan 1982 sowie an Studienreisen nach Japan und Osteuropa teil. Gemeinsam mit Wang Xiaoqiang führte er Feldstudien in Tibet durch und veröffentlichte 1986 das Buch *Poverty of Plenty*, in dem er seiner Sorge über die ungleichmäßige wirtschaftliche Entwicklung der chinesischen Küstenregion und der Provinzen im westlichen Hinterland Ausdruck verlieh. Bai leistete Pionierarbeit in der Meinungsforschung zur Reformpolitik und war 1988/89 für kurze Zeit einer der Produzenten einer Fernsehsendung über die Reformen. Nach dem 4. Juni 1989 wurden beide Bai-Brüder ins Gefängnis gesteckt. Sie kehrten nicht in die Forschung zurück, sondern gingen in den neunziger Jahren privaten geschäftlichen Aktivitäten nach.

Bao Tong (鲍彤, 1932-)

Bao Tong trat im Jahr 1949 als Schüler in die Kommunistische Partei ein. Zwischen 1954 und 1966 leitete er eine Abteilung des Zentralkomitees der KPCh und arbeitete als Forscher, stellvertretender Teamleiter und stellvertretender Direktor der Forschungsabteilung. Während der Kulturrevolution wurde er zur Umerziehung an die »Kaderschule 7. Mai« geschickt, wo er bis 1975 arbeitete. Von 1980 bis 1989 war er als Sekretär von Ministerpräsident Zhao Ziyang für politische Fragen zuständig. Im Jahr 1986 betraute Zhao ihn mit der Aufgabe, Pläne für die Paketreform zu entwerfen. Er war auch stellvertretender Leiter der Nationalen Kommission für die Reform des Wirtschaftssystems und arbeitete eng mit den jungen Reformintellektuellen in der Ländlichen Entwicklungsgruppe zusammen. Er war am Aufbau der von George Soros finanzierten China International Cultural Exchange Foundation in Peking beteiligt. Von Dezember 1987 bis Juli 1989 leitete Bao das Büro für die Erforschung der Politischen Systemreform des ZK der KPCh. Er wurde im Jahr 1989 verhaftet und blieb bis 1996 im Gefängnis.

Chen Yizi (陈一谘, 1940-2014)

Chen, der einer Intellektuellenfamilie entstammte, studierte von 1959 bis 1969 an der Universität Peking Physik und chinesische Literatur und leitete den Kommunistischen Jugendverband. Während der Kulturrevolution wurde er als »antirevolutionäres Element« eingestuft, fiel einer Säuberung zum Opfer und wurde aufs Land nach Henan geschickt (1969-1978). In dieser Zeit studierte Chen die Lebensbedingungen der Landbevölkerung und wurde als Parteikader an einem landwirtschaftlichen Ausbildungsinstitut tätig, wo er mit Deng Liquns Sohn Deng Yingtao zusammenarbeitete. Während der Kulturrevolution diskutierte er mit Deng Liqun und Hu Yaobang über die Mängel der kollektivierten Landwirtschaft. Mit ihrer Unterstützung stieg er in den achtziger Jahren zum Führer der jungen Reformintellektuellen auf, die sich der Agrarreform widmeten, und übernahm die Leitung der Ländlichen Entwicklungsgruppe. An der Spitze der Ländlichen Entwicklungsgruppe steuerte Chen wichtige Forschungsbeiträge zum erfolgreichen Haushaltsverantwortungssystem bei. Zhao Ziyang ernannte ihn zum Leiter des Systemreforminstituts, das direkt dem Staatsrat unterstand. Chen war einer der energischsten Gegner einer schlagartigen Preisliberalisierung und befürwortete stattdessen eine Marktreform durch Kommerzialisierung und Reindustrialisierung. Gemeinsam mit Wang Xiaoqiang leitete er die Studie über den Stand der urbanen Industriereform im Jahr 1985 und die Delegation zur Untersuchung der Reformmaßnahmen in Ungarn und Jugoslawien im Jahr 1986. Im Jahr 1988 reiste er in die Bundesrepublik, um das deutsche Wirtschaftswunder zu studieren. Während der Proteste auf dem Tiananmen im Jahr 1989 organisierte Chen öffentliche Unterstützung für Zhao Ziyang. Er verbrachte den Rest seines Lebens im Exil in den Vereinigten Staaten.

Cheng Zhiping (成致平, 1926-2015)

Cheng trat im Jahr 1949 in die Kommunistische Partei ein und arbeitete in den staatlichen Handelsorganisationen, darunter in der Handelsgesellschaft von Gansu und der Seidengesellschaft des Südwestens, bevor er ein Preisadministrator wurde. Im Jahr 1955 wurde er zum Leiter sowohl des Nationalen Preiskomitees als auch der Finanz- und Handelspreisgruppe der Staatlichen Planungskommission ernannt. Nach der Kulturrevolution kehrte er 1977 in führende Positionen in der Preisverwaltung zurück, wo er bis zu seiner Pensionierung im Jahr 2003 tätig war. In den achtziger Jahren war Cheng als führender reformwilliger Parteikader für die Preissetzung verantwortlich. Er war stellvertretender Generaldirektor der staatlichen Preisverwaltung, Geschäftsführer des Wirtschaftsforschungszentrums beim Staatsrat und vor allem Leiter der staatlichen Preisbehörde. Als Direktor machte er im Staatsfernsehen folgende nationale Ankündigung, um für das zweigleisige Preissystem zu werben: »Im Jahr 1985 besteht die Grundausrichtung der Preisreform darin, die Anpassung mit der Freigabe und Fortschritten in kleinen Schritten zu kombinieren.« Cheng war auch stellvertretender Leiter der Preisgruppe des Staatsrats und im Jahr 1986 Mitglied des Programmbüros, das die Aufgabe hatte, einen Plan für eine rasche umfassende Preisliberalisierung zu entwerfen.

Deng Liqun (邓力群, 1915-2015)

Deng Liqun begann ein Wirtschaftsstudium an der Universität Peking, das er jedoch noch im ersten Studienjahr abbrach, um sich der Kommunistischen Partei anzuschließen. Im Bürgerkrieg wurde er ins nordöstliche Basisgebiet geschickt, wo er Chen Yun kennenlernte. Im Jahr 1965 fiel er als »kapitalistischer Wegbereiter« einer Säuberung zum Opfer, weil er Liu Shaoqis Sekretär gewesen war, und wurde zur Umerziehung durch körperliche Arbeit aufs Land geschickt. In seiner Zeit auf dem Land machte er über seinen Sohn Deng Yingtao die Bekanntschaft Chen Yizis, mit dem er über die Mängel der kollektiven Landwirtschaft diskutierte. Im Jahr 1975 kehrte er nach Peking zurück, wo er unter Deng Xiaoping im Politischen Forschungsbüro des Staatsrats arbeitete. Er war vor allem für Bildung, Wissenschaft und wirtschaftliche Fragen zuständig. Als Deng Xiaoping im Jahr 1977 ins Machtzentrum zurückkehrte, schloss sich Deng Liqun ihm an und schrieb einige Reden für Deng Xiaoping. Deng Liqun trug zur Wiedereinführung der Hochschulaufnahmeprüfungen im Jahr 1977 bei, die viele aufs Land geschickte junge Leute in die Lage versetzten, ein Hochschulstudium zu beginnen. In seiner Funktion als stellvertretender Leiter der Chinesischen Akademie der Sozialwissenschaften und Leiter des Politischen Forschungsbüros des Zentralsekretariats stellte Deng Liqun entscheidende Mittel für die Finanzierung der Ländlichen Entwicklungsgruppe bereit. Er hörte sich die Ergebnisse der jungen Forscher an und leitete ihre Berichte an Chen Yun und Deng Xiaoping weiter. Deng war am Entwurf wichtiger Reformdokumente wie der *Resolution über einige Fragen zur Geschichte der KP Chinas seit 1949* beteiligt. Von April 1982 bis Juli 1985 war er als Minister der Propagandaabteilung des ZK der KPCh tätig, und von September 1982 bis Oktober 1987 war er Sekretär des ZK-Sekretariats. In diesen Funktionen war Deng für die Parteipropaganda sowie für die ideologische und kulturelle Arbeit verantwortlich und spielte eine wichtige Rolle in den Kampagnen gegen die »geistige Verschmutzung«. Nach dem Massaker auf dem Tiananmen rief Deng erneut zum Kampf gegen die »bürgerliche Liberalisierung« auf und sprach sich für eine »demokratische Diktatur des Volkes« aus, womit er Stellung gegen Zhu Rongji und andere bezog, die sich für eine friedliche Entwicklung sowie für eine weitere Öffnung und weitere Reformen einsetzten. Dennoch berichten mehrere Mitarbeiter der Ländlichen Entwicklungsgruppe, dass sie nach dem 4. Juni Hilfe von Deng Liqun erhielten, obwohl sie die Protestbewegung öffentlich unterstützt hatten.

Dong Fureng (董辅礽, 1927-2004)

Nachdem er ein Volkswirtschaftsstudium an der Universität Wuhan abgeschlossen hatte, ging Dong im Jahr 1953 nach Moskau, wo er 1957 einen Doktortitel des Nationalen Instituts für Wirtschaftswissenschaft erhielt. Nach seiner Heimkehr trat Dong ins Wirtschaftsforschungsinstitut der Akademie der Sozialwissenschaften ein. Anfang der achtziger Jahre wurde er Leiter der Graduiertenschule der Akademie. 1957/58 war Dong als Dozent in der Wirtschaftswissenschaftlichen Abteilung der Universität Wuhan tätig und fungierte bis 1976 als stellvertretender Leiter der Nationalen Gruppe für wirtschaftlichen Ausgleich. Nach dem Großen Sprung nach vorn kritisierte er die stalinistische Entwicklungsstrategie. Während der Kulturrevolution fiel er als einer der »Acht Stellvertreter« Sun Yefangs einer Säuberung zum Opfer. Zwischen 1977 und 1988 stieg Dong in der Hierarchie des Wirtschaftsforschungsinstituts der Akademie der Sozialwissenschaften auf und übernahm 1985 die Leitung des Instituts. Ende der siebziger Jahre fiel er mit seinen radikalen Vorstellungen von einer Reform des Eigentumsrechts auf. Dong arbeitete mit der Weltbank-Mission nach China zusammen und nahm an der Bashan-Konferenz teil. Zwischen 1988 und 1993 war er stellvertretender Vorsitzender des Finanz- und Wirtschaftskomitees des Nationalen Volkskongresses. Von 1989 bis zu seinem Tod im Jahr 2004 war Dong Direktor ehrenhalber des Wirtschaftsforschungsinstituts der Akademie der Sozialwissenschaften.

Du Runsheng (杜润生, 1913-2015)

Du beschrieb sich einmal als »Intellektuellen vom Land«. Er gilt als »Vater der ländlichen Reformen« in China. Du nahm im Jahr 1934 ein Studium in der Fakultät für Literatur und Geschichte der Pädagogischen Universität Peking auf und trat zwei Jahre später in die Kommunistische Partei ein. Während des Bürgerkriegs engagierte er sich in der wirtschaftlichen Kriegführung und unterstützte Deng Xiaopings Truppen, indem er sich an die Spitze von Bauernbewegungen setzte, um die Landreform umzusetzen. Nach der Gründung der Volksrepublik im Jahr 1949 arbeitete Du weiter an der Landreform und wurde 1952 in die für die ländliche Wirtschaft zuständige Abteilung des ZK der KPCh versetzt. Nach dem Beginn der Kulturrevolution im Jahr 1966 wurde er zum Ziel einer Säuberung und wurde später an die »Kaderschule 7. Mai« der Akademie der Wissenschaften in Qianjiang (Provinz Hubei) geschickt, wo er körperliche Arbeit verrichtete. In der Reformära konnte Du die Arbeit an der Agrarpolitik wieder aufnehmen, und im Jahr 1981 wurde er zum Direktor des Zentralbüros für Ländliche Politik ernannt. So wie Deng Liqun leistete Du wichtige Beiträge zur Arbeit der Ländlichen Entwicklungsgruppe und förderte den Aufstieg junger Reformintellektueller. Das ZK betraute ihn mit dem Entwurf einer Zusammenfassung der Nationalen Konferenz für ländliche Arbeit. Diese Arbeit wurde das sogenannte

»Dokument Nr. 1«, in dem die Legitimität des Haushaltsverantwortungssystems in der Landwirtschaft offiziell festgehalten wurde, womit eine fast dreißig Jahre lange Debatte über die Agrarfrage beendet wurde. Im Jahr 1983 wurde Du Leiter des Forschungsbüros für Agrarpolitik beim ZK-Sekretariat und Leiter des Zentrums für die Erforschung der ländlichen Entwicklung beim Staatsrat. Da er Zhao Ziyang unterstützt hatte, musste er diese Positionen im Jahr 1989 aufgeben, setzte seine Forschungsarbeit auf dem Gebiet der ländlichen Wirtschaft und der Agrarpolitik jedoch fort.

Gao Shangquan (高尚全, 1929-)

Gao schloss im Jahr 1952 sein Studium der Wirtschaftswissenschaft an der St. John's University in Shanghai ab. Er hat sein Leben lang wirtschaftspolitische Forschung betrieben. Von 1950 bis in die achtziger Jahre widmete er sich im Ersten Ministerium für Maschinenindustrie, im Ministerium für landwirtschaftliche Maschinen und in der Staatlichen Maschinenindustriekommission dem Studium wirtschaftspolitischer Maßnahmen. Nach dem Beginn der Reformen und der wirtschaftlichen Öffnung beteiligte sich Gao an der Arbeit an mehreren wichtigen Dokumenten des ZK, darunter die Beschlüsse der 3. Plenarsitzung des 12. Zentralkomitees von 1984, mit denen die Ausweitung der Reformen auch auf die städtische Industrie abgesegnet wurde, und die Entscheidung des 14. Zentralkomitees im Jahr 1993, eine sozialistische Marktwirtschaft zu errichten. Ab 1982 arbeitete Gao in der Staatlichen Kommission für die Umstrukturierung der Wirtschaft, deren stellvertretender Vorsitzender er von 1985 bis 1993 war. Er beriet die Weltbank-Mission in China, nahm an der Bashan-Konferenz teil und war später Gastdozent bei der Weltbank, der Universität Harvard und der Universität Stanford. Gao war geschäftsführender Leiter des Programmbüros, das einen Plan für eine umfassende Preisliberalisierung sowie eine Steuer- und Lohnreform entwarf. Außerdem leitete er die Delegation des Systemreforminstituts, die im

Jahr 1986 Ungarn und Jugoslawien besuchte, und schickte in dieser Funktion ein Telegramm an die Parteiführung, in dem er davor warnte, den Reformplan des von ihm selbst geleiteten Programmbüros umzusetzen. Gao war auch in den neunziger Jahren an den Wirtschaftsreformen beteiligt und wurde 1999 Präsident der Vereinigung für die Erforschung der Reform des Wirtschaftssystems.

Guo Shuqing (郭树清, 1956-)

Guo studierte von 1978 bis 1982 Philosophie an der Nankai-Universität in Tianjin und erwarb einen Masterabschluss für Wissenschaft und Sozialismus der Graduiertenschule der Akademie der Sozialwissenschaften. Im Jahr 1985 schlug Guo gemeinsam mit Liu Jirui und Qiu Shufang in einem Brief an den Staatsrat eine Paketreform vor, deren Kernstück eine Preisliberalisierung sein sollte. Der Staatsrat wies daraufhin eine Arbeitsgruppe an, ein Reformprogramm zu entwerfen. Anregungen holten sich die Autoren bei osteuropäischen Exilökonomen. Von Februar 1985 bis September 1988 war Guo als Forschungsassistent am Institut für Marxismus-Leninismus der Chinesischen Akademie der Sozialwissenschaften tätig, wo er einen Doktortitel in Rechtswissenschaften erwarb. Im Jahr 1986 trat er in das Programmbüro ein, wo er sich am Entwurf eines Plans für eine umfassende Preisliberalisierung in Kombination mit einer Lohn- und Steuerreform beteiligte. Guo nahm an der Bashan-Konferenz teil und war dank einer auf Empfehlung der Weltbank von Alec Cairncross arrangierten Einladung von 1986 bis 1987 als Gastdozent an der Universität Oxford tätig. Von 1988 bis 1993 war Guo stellvertretender Gruppenleiter im Wirtschaftsforschungszentrum der Staatlichen Planungskommission. Von April 1993 bis September 1995 leitete er die Abteilung für Planung und Pilotprojekte der Nationalen Kommission für die Reform des Wirtschaftssystems. Von 2013 bis 2017 war er Gouverneur von Shandong, und gegenwärtig leitet er die Bankenaufsichtsbehörde in China.

He Weiling (何维凌, 1944-1991)

He studierte technische Physik mit dem Fachgebiet Atomphysik an der Universität Peking und machte 1968 seinen Abschluss. In der Kulturrevolution gehörte er zu den Autoren des »Manifests der kommunistischen Jugendgesellschaft«. Er wurde wegen »konterrevolutionärer Aktivitäten« ins Gefängnis und anschließend zwecks »Umerziehung durch körperliche Arbeit« in ein Arbeitslager in Qinzhe geschickt. Er war ein enger Freund von Chen Yizi, mit dem er in der Kulturrevolution von der Parteilinie abweichende Vorstellungen vom geeigneten Entwicklungspfad austauschte. Ende der siebziger Jahre kehrte er an die Universität Peking zurück, um zu unterrichten. Er war einer der Gründer der Forschungsgruppe Ländliche Entwicklung, die er leitete, als Chen Yizi erkrankte, und unterstützte die Gruppe mit methodologischer Schulung und systemumfassendem Denken. Aus nicht geklärten politischen Gründen musste er die Gruppe verlassen, blieb jedoch in engem Kontakt zu ihren Mitgliedern. Von 1985 bis 1987 studierte er an der Universität Princeton, an der Johns Hopkins University und bei der Atlantic Commission und bereitete die Gründung der von George Soros finanzierten China Reform and Opening Up Foundation vor. Er trug dazu bei, einen Kontakt zwischen George Soros und Chen Yizi herzustellen, um die Studienreise des Systemreforminstituts nach Ungarn und Jugoslawien zu organisieren. Er verschmolz sein Interesse an Wirtschaftsreformen mit seiner wissenschaftlichen Ausbildung und leistete in den achtziger Jahren wichtige Beiträge zu Kontrolltheorie, Systemtheorie, Kybernetik und dem Studium dynamischer Wirtschaftssysteme. Er starb 1991 bei einem Autounfall in Mexiko. Sein Studienkollege Deng Pufang, der Sohn von Deng Xiaoping, hielt die Grabrede.

Hua Sheng (华生, 1953-)

Während der Kulturrevolution verbrachte Hua zehn Jahre in Huai'an im Norden der Küstenprovinz Jiangsu. Er absolvierte ein Studium der Wirtschaftswissenschaft am Technologischen Institut in Nanjing und studierte von 1982 bis 1985 Finanzwirtschaft in der Graduiertenschule der Chinesischen Akademie der Sozialwissenschaften. Im Jahr 1984 nahm Hua an der Nachwuchskonferenz in Moganshan teil und begann eine langjährige Zusammenarbeit mit He Jiacheng, Luo Xiaopeng, Jiang Yue, Zhang Shaojie und Gao Liang. Diese Gruppe setzte sich für ein zweigleisiges Preissystem und später für eine Reform der Eigentumsverhältnisse in Form eines Verantwortungssystems ein. Nach der Konferenz von Moganshan wurde Hua eingeladen, an einer Sitzung des Staatsrats teilzunehmen und seine Vorstellungen von der Reform der städtischen Industrie darzulegen. Im Jahr 1985 nahm er eine Tätigkeit am Wirtschaftsforschungsinstitut der Akademie der Sozialwissenschaften auf. Er leitete das Büro für mikroökonomische Forschung und war Mitglied des Chinesischen Jugendverbandes. Er beteiligte sich an der Arbeit des Büros für die Reform des Wirtschaftssystems beim Staatsrat. Er erwarb einen Doktortitel der Universität Wuhan, wo er von Dong Fureng beraten wurde. Im Jahr 1987 nahm er ein Studium an der Universität Oxford auf. Gemeinsam mit Zhang Xuejun und Luo Xiaopeng veröffentlichte er 1988 einen Artikel mit dem Titel »Zehn Jahre Reformen in China: Überblick, Bewertung und Aussichten«, in dem die Autoren zu dem Schluss gelangten, dass die Reformen in eine Sackgasse geraten seien, da das sozialistische Eigentumssystem nicht beseitigt und keine bürgerlichen Freiheitsrechte eingeführt worden seien. Anfang der neunziger Jahre war Hua an der Universität Cambridge tätig.

Huang Jiangnan (黄江南, 1949-)

Im Jahr 1978 studierte Huang Wirtschaftswissenschaft an der Graduiertenschule der Chinesischen Akademie der Sozialwissenschaften. Im Jahr 1980 gaben mehrere Artikel über die systemische Krise der Planwirtschaft, die er gemeinsam mit Weng Yongxi, Wang Qishan und Zhu Jiaming verfasste, den Anstoß zu einem ersten Gespräch zwischen jungen Reformintellektuellen und der Parteiführung, darunter Ministerpräsident Zhao Ziyang. Huang und seine Mitautoren wurden von da an als »die vier Gentlemen« der Reform bezeichnet. Sie organisierten Treffen mit mehr als tausend Teilnehmern, die überwiegend Universitätsstudenten waren. Im Jahr 1984 organisierten Huang Jiangnan, Zhu Jiaming, Liu Youcheng und Zhang Gang die Nachwuchskonferenz in Moganshan, die wesentlich zum Aufbau von Netzwerken junger Reformintellektueller beitrug und ihnen dabei half, einflussreiche Positionen zu erreichen. Zu jener Zeit war Huang als Ökonom und Forschungsassistent im Technologie- und Wirtschaftszentrum des Staatsrats tätig. 1989 musste er seine Tätigkeit als wirtschaftspolitischer Forscher aufgeben. Später ging er in die Privatwirtschaft.

Li Jiange (李剑阁, 1949-)

Li studierte von 1982 bis 1984 an der Graduiertenschule der Akademie der Sozialwissenschaften und erwarb einen Master in Wirtschaftswissenschaft. Aufgrund seiner mathematischen Kenntnisse interessierte er sich für mathematische Ökonomie. Auf der Nachwuchskonferenz in Moganshan schlug Li eine auf Berechnungen beruhende, geplante Anpassung der Preise vor. Von Dezember 1984 bis Juni 1988 war er im Entwicklungsforschungszentrum des Staatsrats tätig. Gemeinsam mit Zhou Xiaochuan und Lou Jiwei veröffentlichte Li Artikel, und in Zusammenarbeit mit Wu Jinglian und erfahreneren Ökonomen warb er für eine Paketreform. Er gehörte jedoch der Delegation an, die im Jahr 1986 Ungarn und Jugoslawien besuchte und vor der Umsetzung des vom Programmbüro entworfenen Plans für eine umfassende Preisliberalisierung warnte. Zwischen 1988 und 1992 war Li stellvertretender Leiter der Abteilung für Reform und Regulierung der Staatlichen Planungskommission und stellvertretender Direktor des Politischen Forschungsbüros. Anschließend war er zunächst stellvertretender Direktor und später Direktor der Abteilung für Maßnahmen und Vorschriften der Staatlichen Wirtschafts- und Handelskommission. Von 2003 bis 2008 war Li stellvertretender Leiter des Entwicklungsforschungszentrums beim Staatsrat.

Li Xianglu (李湘鲁, 1949-)

Nach seinem Schulabschluss in Peking im Jahr 1968 trat Li in der nordöstlichen Provinz Hebei in die Armee ein. Deng Liqun holte ihn ins Forschungsbüro beim Staatsrat, als Deng Xiaoping zeitweilig nach Peking zurückgekehrt war. Im Jahr 1978 begann Li ein Wirtschaftsstudium an der Volksuniversität in Peking, setzte seine Arbeit im Forschungsbüro jedoch fort. Von 1980 bis 1984 war er der jüngste Sekretär von Ministerpräsident Zhao Ziyang. Li spielte eine wichtige Rolle als Vermittler des Gesprächs zwischen Zhao Ziyang, der Ländlichen Entwicklungsgruppe und den jungen Reformintellektuellen im Allgemeinen. Im Jahr 1984 nahm er an der Nachwuchskonferenz in Moganshan teil und gab die Erkenntnisse der jungen Forscher an Zhao weiter. Li war an der Gründung des Systemreforminstituts und an der Wahl von Chen Yizi und Wang Xiaoqiang als Leiter der Einrichtung beteiligt. In der zweiten Hälfte der achtziger Jahre leitete er die von George Soros finanzierte China Reform and Opening Up Foundation. Im Jahr 1987 ging er in die Vereinigten Staaten, um an der Columbia University zu studieren, und kehrte anschließend im Januar 1989 nach China zurück. Seit den neunziger Jahren arbeitet Li für Investmentfirmen.

Li Yining (厉以宁, 1930-)

Li Yining studierte von 1951 bis 1955 Wirtschaftswissenschaft an der Universität Peking. Dort machten ihn Chen Daisun und Luo Zhiru, die 1925 beziehungsweise 1937 jeweils einen Doktortitel an der Universität Harvard erlangt hatten, mit der westlichen Ökonomie vertraut. Li nahm eine kritische Haltung gegenüber der orthodoxen sowjetischen Ökonomie ein und zeigte ein reges Interesse an der westlichen Wirtschaftstheorie. Aufgrund seiner Forschungsarbeit wurde Li vor und während der Kulturrevolution wiederholt für längere Zeiträume aufs Land verbannt, wo er Schwerarbeit leisten musste. Als die Reformära anbrach, erhielt er schließlich im Jahr 1979 mit 49 Jahren einen Lehrstuhl an der Universität Peking. 1984 trat er in die Partei ein. Ab 1979 organisierte Li eine wöchentliche Vortragsreihe über westliche Ökonomie an der Universität Peking, die zahlreiche junge Reformintellektuelle anlockte. Er leistete wichtige Beiträge zur Verbreitung der Erkenntnisse der westlichen Ökonomie in China. Im Jahr 1980 hielt er seine erste Vorlesung über westliche Ökonomie an der Universität Peking, und im selben Jahr veröffentlichte er sein Buch *Makroökonomie und Mikroökonomie*. Die Vorlesung fand großen Anklang und wurde schließlich zu dem 1983 erschienenen Lehrbuch *Einführung in die moderne westliche Ökonomie* verarbeitet. Von 1985 bis 1992 war Li erster Dekan der Guanghua-Betriebswirtschaftsschule der Universität Peking. Von 1988 bis 2002 gehörte er dem Ständigen Ausschuss des Nationalen Volkskongresses an. Er war stellvertretender Vorsitzender des Finanz- und Wirtschaftsausschusses des Nationalen Volkskongresses und stellvertretender Vorsitzender des Rechtsausschusses des Nationalen Volkskongresses. Li war ein erklärter Gegner einer umfassenden Preisliberalisierung und befürwortete ein Eigentumsrecht, in dessen Mittelpunkt ein »sozialistischer Aktienmarkt« stehen sollte; das brachte ihm den Spitznamen »Börsen-Li« ein. Li Keqiang, seit 2013 amtierender Ministerpräsident, zählt zu den bekanntesten Schülern Li Yinings.

Liao Jili (廖季立, 1915-1993)

Liao war ab den vierziger Jahren an der Gestaltung der chinesischen Wirtschaftspolitik beteiligt und kehrte in den achtziger Jahren als führender Wirtschaftsreformer ins Rampenlicht zurück. Im Jahr 1936 begann er ein Publizistikstudium an der Fudan-Universität in Shanghai. Im Jahr darauf schloss er sich der kommunistischen Revolution an, und 1938 ging er nach Yan'an, um an der Antijapanischen Universität zu studieren. Im Jahr 1940 trat Liao ins Finanz- und Wirtschaftsministerium des ZK der KPCh ein und trug im Bürgerkrieg zur wirtschaftlichen Kriegführung bei. Nach der Gründung der Volksrepublik im Jahr 1949 übernahm er die Leitung des Sekretariats der Finanz- und Wirtschaftskommission des ZK, der Finanz- und Handelsabteilung und des Nationalen Statistikamts. Im Jahr 1954 trat er in das Planungsbüro der Staatlichen Planungskommission ein. In der Reformära zählte Liao gemeinsam mit Xue Muqiao und Lin Zili zu den frühen Befürwortern einer Güterwirtschaft. Im Jahr 1979 übernahm er eine führende Rolle in der Umstrukturierungsgruppe, die in der Finanz- und Wirtschaftskommission des Staatsrats eingerichtet worden war, um die Reform des Wirtschaftssystems zu erforschen. Im Jahr 1980 richtete der Staatsrat das Büro für die Reform des Wirtschaftssystems ein, dessen stellvertretender Leiter Liao wurde. Nach der Gründung der Nationalen Kommission für die Reform des Wirtschaftssystems im Jahr 1982 war Liao dort als Mitglied und Berater tätig. Später arbeitete er als stellvertretender Generaldirektor des Forschungszentrums für wirtschaftliche und technologische Entwicklung beim Staatsrat und war Vizepräsident der Chinesischen Vereinigung für die Erforschung der Reform des Wirtschaftssystems. Bei der Weltbank-Konferenz in Moganshan im Jahr 1982 nahm Liao an Diskussionsrunden mit Ota Šik teil, und er war an der Planung der Bashan-Konferenz beteiligt.

Liu Guoguang (刘国光, 1923-)

Während des Kriegs mit Japan studierte Liu Wirtschaftswissenschaft an der im Krieg aus dem Zusammenschluss der Universitäten Tsinghua, Peking und Nankai hervorgegangenen Vereinigten Südwest-Universität, an der zahlreiche führende chinesische Ökonomen unterrichteten. Im Jahr 1951 zählte Liu zu den ersten Forschern aus der Volksrepublik China, die in der Sowjetunion studierten, und 1955 erlangte er einen Doktortitel der Wirtschaftsuniversität Moskau. Nach seiner Rückkehr nach China begann er am Wirtschaftsforschungsinstitut der Chinesischen Akademie der Wissenschaften zu arbeiten. Nach dem Großen Sprung nach vorn sprach sich Liu gemeinsam mit Dong Fureng, Chen Yun und anderen öffentlich gegen das stalinistische Entwicklungsmodell aus. Sun Yefangs Auseinandersetzung mit der Planwirtschaft machte einen tiefen Eindruck auf Liu. Im Jahr 1979 gab Liu gemeinsam mit Zhao Renwei den Anstoß zu einer Neubewertung der Beziehung zwischen Plan und Markt in der sozialistischen Wirtschaft. Von 1981 bis 1982 war Liu stellvertretender Leiter des Nationalen Statistikamts, und von 1982 bis 1993 war er Vizepräsident der Chinesischen Akademie der Sozialwissenschaften. Er war ein einflussreicher Befürworter eines Gedankenaustauschs mit westlichen Ökonomen und der Weltbank und beteiligte sich an der Organisation der Besuche von Włodzimierz Brus und Ota Šik. Er regte die Weltbank-Konferenz in Moganshan an, nahm an der Bashan-Konferenz teil und förderte die Einführung der mathematischen Ökonomie und des wirtschaftlichen Systemvergleichs als wissenschaftliche Teilgebiete in China. In den achtziger Jahren zählte Liu Guoguang zu den namhaften Befürwortern einer Kombination von makroökonomischer Sparpolitik und umfassender Preisliberalisierung.

Liu Zhuofu (刘卓甫, 1911-1993)

Liu begann 1936 ein Biologiestudium an der Pädagogischen Universität Peking. Im selben Jahr nahm er als Mitglied des chinesischen Basketballteams an den Olympischen Spielen in Berlin teil. Zwei Jahre später trat er in die Kommunistische Partei ein, im Bürgerkrieg beteiligte er sich an der wirtschaftlichen Kriegführung. Er fungierte unter anderem als stellvertretender Manager der Shanxi-Suiyuan-Handelsgesellschaft, als Vizepräsident der Bauernbank des Nordwestens und stellvertretender Direktor des Industrie- und Handelsministeriums für das nordwestliche Grenzgebiet Shaanxi-Gansu-Ningxia. Liu trug im entscheidenden Jahr des Bürgerkriegs und in der Zeit unmittelbar nach der Befreiung zur Preisstabilisierung in den strategisch bedeutsamen Provinzen Shaanxi, Gansu und Ningxia bei. In der Phase der höchsten Inflation in maoistischer Zeit, die das Ergebnis der Katastrophe des Großen Sprungs war, unterstützte er in der Staatlichen Preisregulierungskommission Xue Muqiao bei der Stabilisierung der Preise. Liu war zunächst stellvertretender Handelsminister und anschließend stellvertretender Minister für Agrarprodukte und Beschaffung. Von 1979 bis 1982 leitete er die staatliche Preisverwaltung und beeinflusste in dieser Funktion die frühen Bemühungen um eine Preisreform. Liu nahm an den Gesprächen mit der Weltbank und an der Konferenz in Moganshan 1982 teil.

Lou Jiwei (楼继伟, 1950-)

Während der Kulturrevolution diente Lou als Soldat in der Marine und arbeitete am Pekinger Institut für Automation. Später besuchte er die Tsinghua-Universität und machte im Februar 1982 seinen Abschluss in Informatik. Er setzte seine Ausbildung in der Abteilung für technologische und Mengenökonomie an der Graduiertenschule der Akademie für Sozialwissenschaften fort und erlangte im Dezember

1984 einen Master in ökonomischer Systemanalyse. In jenem Jahr veröffentlichte Lou gemeinsam mit Zhou Xiaochuan und Li Jiange einen vielbeachteten Artikel über die Preisreform, über den auch auf der Nachwuchskonferenz in Moganshan im Jahr 1984 diskutiert wurde. Von Dezember 1984 bis Juni 1986 war Lou zunächst Mitglied und später stellvertretender Leiter der Finanzgruppe des Forschungsbüros beim Staatsrat, wo er sich mit der Reform des Finanzsystems beschäftigte. Als einer der jungen Befürworter der Paketreform schloss er sich 1986 dem Programmbüro an, wo er die Finanz- und Steuergruppe leitete. Von Februar 1989 bis Januar 1992 war Lou, der zu den Schützlingen des späteren Ministerpräsidenten Zhu Rongji zählte, stellvertretender Leiter des Büros für die Reform des Wirtschaftssystems in Shanghai; Zhu war zu jener Zeit Bürgermeister der Stadt. In den neunziger Jahren stieg Lou als für Reformen zuständiger Beamter in der Hierarchie auf und beschäftigte sich in erster Linie mit Finanzen und Steuern. Von 2013 bis 2016 war er Finanzminister.

Lu Mai (卢迈, 1947-)

Lu studierte an der Wirtschaftshochschule in Peking und gehörte der Ländlichen Entwicklungsgruppe an. Er beteiligte sich an der Organisation der Nachwuchskonferenz in Moganshan und war in den Kreisen der jungen Reformintellektuellen aktiv. Ende der achtziger Jahre wurde er im Forschungszentrum für ländliche Entwicklung beim Staatsrat mit der Leitung des Büros für experimentelle ländliche Reformen betraut. Im Jahr 1986 nahm er in Vertretung von Wang Qishan an der Studienreise des Systemreforminstituts nach Ungarn und Jugoslawien teil und zählte zu den federführenden Autoren des Berichts, in dem angesichts der Erfahrungen dieser beiden Länder vor einer umfassenden Preisliberalisierung gewarnt wurde. Im Jahr 1989 verließ er China und begann auf Einladung des US-amerikanischen Ökonomen Dwight Perkins ein Studium an der John F. Kennedy School of Government der Universität Harvard. Nach Forschungsaufenthalten in Harvard und Hongkong kehrte Lu nach China zurück. Seit 1998 leitet er die Entwicklungsforschungsstiftung beim Staatsrat, eine der wichtigsten chinesischen Einrichtungen für die Erforschung von Reformen.

Luo Xiaopeng (罗小朋, 1947-)

Luo Xiaopeng ist der Sohn von Luo Peng, einem Revolutionär der ersten Generation, der im Jahr 1959 einer Säuberung zum Opfer fiel und nach Jiangxi verbannt wurde. Deng Xiaoping wurde in der Kulturrevolution an denselben Ort geschickt und machte die Bekanntschaft Luo Pengs. Nach einem Grundstudium in Peking arbeitete Luo Xiaopeng als Techniker im Ministerium für die Luftfahrtindustrie in Jiangxi. Aufgrund seiner technischen Ausbildung wurde er während der Kulturrevolution nicht aufs Land geschickt, entschloss sich jedoch aus freien Stücken, sich seinen Freunden Chen Yizi und Deng Yingtao im Landwirtschaftlichen Ausbildungsinstitut in der Präfektur Chumaodian in der Provinz Henan anzuschließen. Nach der Wiedereinführung der Hochschulaufnahmeprüfungen im Jahr 1977 studierte Luo an der Renmin-Universität in Peking Industrieökonomie und gründete gemeinsam mit anderen die Ländliche Entwicklungsgruppe. Er leitete die Forschungsarbeiten zur Reform des einheitlichen Beschaffungs- und Verkaufssystems in der Landwirtschaft und Experimente mit der Preisfreigabe in der ländlichen Wirtschaft. Luo beteiligte sich an der Organisation der Nachwuchskonferenz in Moganshan und war der einzige Teilnehmer an der Bashan-Konferenz der Weltbank im Jahr 1985, der auch der Ländlichen Entwicklungsgruppe angehört hatte. In der zweiten Hälfte der achtziger Jahre trat er in das von Du Runsheng geleitete Zentrum für die Erforschung der ländlichen Entwicklung beim Staatsrat ein. Er arbeitete mit Zhang Xuejun, Hua Sheng, He Jiacheng und anderen an Vorschlägen für ein zweigleisiges Preissystem und später an einer radikalen Unternehmensreform. Im Jahr 1989 ging Luo für kurze Zeit nach Großbritannien, bevor er ein Doktoratsstudium in den Vereinigten Staaten begann. Später arbeitete er im Auftrag einer internationalen Nichtregierungsorganisation im Bereich der Armutsbekämpfung, war als Berater der Weltbank tätig und unterrichtete als Gastprofessor an der Zhejiang-Universität.

Ma Hong (马洪, 1920-2007)

Ma stammte aus einer verarmten Familie und eignete sich selbst den Mittelschullehrstoff an. Nachdem er sich autodidaktisch in progressive politische Literatur eingelesen hatte, trat er im Alter von 17 Jahren in die Kommunistische Partei ein, nachdem er an einem antijapanischen Studentenprotest teilgenommen und sich an der Organisation einer Gewerkschaft bei der Eisenbahn beteiligt hatte. Als 18-Jähriger reiste er nach Yan'an, wo er an der ZK-Parteischule und am Institut für Marxismus-Leninismus politische Ökonomie studierte. Im Jahr 1941 trat er in das Politische Forschungsbüro des Zentralen Forschungsinstituts ein. Ma arbeitete direkt mit mehreren Führern der Revolution zusammen, darunter Mao Zedong, Chen Yun, Deng Xiaoping und Hu Yaobang. Er nahm an groß angelegten Studien in den nordwestlichen Basisgebieten der Kommunisten teil. Nach der Gründung der Volksrepublik trug Ma zum Entwurf des ersten Fünfjahresplans bei und war an der Gestaltung des Planungssystems und der Industrialisierungsstrategie beteiligt. Nachdem er das Nordöstliche politische Forschungsbüro geleitet hatte, wechselte er als Mitglied des Generalsekretariats des Nationalen Planungsausschusses in das Zentralkomitee. Er war in die Säuberung verwickelt, der Anfang 1954 Gao Gang, der Vorsitzende der Staatlichen Planungskommission, zum Opfer fiel, und wurde zum stellvertretenden Manager der Pekinger Baugesellschaft degradiert. Im Jahr 1956 wurde er zum Leiter des Forschungsbüros der Staatlichen Wirtschaftskommission ernannt, wo er für große Umfragen zuständig war. Während der Kulturrevolution bekleidete Ma Posten im Ministerium für die Chemische Industrie und in der

Petrochemischen Anlage von Peking. Im Jahr 1978 wurde er beauftragt, das Institut für Industrieökonomie der Chinesischen Akademie der Sozialwissenschaften aufzubauen. Im Jahr darauf wurde er Vizepräsident und im Jahr 1982 Präsident der Akademie. Im Jahr 1985 wurde Ma zum Generaldirektor des Forschungszentrums für wirtschaftliche, technologische und soziale Entwicklung beim Staatsrat ernannt. Gemeinsam mit Xue Muqiao leitete er das neu gegründete Preisforschungszentrum; Ma und Xue berieten den Staatsrat und die Zentrale Finanz- und Ökonomielenkungsgruppe zu Preisen und Reformplänen. Ma war ein überzeugter Förderer junger Intellektueller und zählte in den achtziger und neunziger Jahren zu den einflussreichsten chinesischen Reformintellektuellen. Er verband einen Blick für das wirtschaftliche Gesamtbild mit gewissenhafter empirischer Arbeit. Er war ein wichtiger Ansprechpartner ausländischer Ökonomen, darunter japanische, koreanische und amerikanische Kollegen, sowie der Weltbank. Ma war einer der Vorreiter des Konzepts der sozialistischen Marktwirtschaft, die im Jahr 1992 offiziell zum chinesischen Wirtschaftsmodell erklärt wurde.

Song Guoqing (宋国青, 1954-)

Song entstammte einer Bauernfamilie und war Brigadeführer, bevor er ein Studium an der Universität Peking aufnahm, wo er im Jahr 1977 seinen Abschluss machte. Er spezialisierte sich auf Geometrie, verband seine mathematischen Kenntnisse jedoch mit einem Interesse an der politischen Ökonomie und studierte moderne Mikroökonomie. Anfang der neunziger Jahre wurde er in die Ländliche Entwicklungsgruppe aufgenommen, nachdem deren Mitglieder einen Artikel gelesen hatten, in dem er eine Agrarreform vorgeschlagen hatte. Später wurde Song der Architekt der Experimente der Ländlichen Entwicklungsgruppe mit einer Preisliberalisierung in der ländlichen Wirtschaft. Er nahm an mehreren Forschungsprojekten der Gruppe auf dem Land teil. Anschließend wechselte er ins Systemreforminstitut, wo er die Abteilung für Makroökonomie leitete. Mit Zhang Weiying arbeitete er in den Bereichen Preisreform, Geldpolitik und Wirtschaftswachstum, und mit Wang Xiaoqiang forschte er zur Reform der Staatsbetriebe. Von 1991 bis 1995 absolvierte Song ein Doktoratsstudium an der University of Chicago und wurde dann Professor für Wirtschaftswissenschaft an der Nationalen Schule für Entwicklung der Universität Peking.

Sun Yefang (孙冶方, 1908-1983)

Sun Yefang war einer der einflussreichsten Ökonomen Chinas im 20. Jahrhundert. In den zwanziger Jahren engagierte er sich sowohl in der Studenten- als auch in der Arbeiterbewegung. Im November 1925 trat er in die Kommunistische Partei ein und wurde an die Zhongshan-Universität in Moskau geschickt. Nach seinem Abschluss im Sommer 1927 übersetzte er an der Kommunistischen Universität der Werktätigen des Ostens in Moskau Vorlesungen über politische Ökonomie. Nach seiner Rückkehr nach China im Jahr 1930 stieg er in die Forschung zur ländlichen Wirtschaft ein. In den vierziger Jahren arbeitete Sun an der Zentralen Parteischule, in der Regionalen Gütermanagementbehörde Jiangsu Anhui und in der Finanzbehörde für Ostchina in Shandong. Nach der Gründung der Volksrepublik war er stellvertretender Industrieminister der Ostchinesischen politischen und Militärkommission, bevor er Dekan des Shanghai-Instituts für Finanzen und Ökonomie wurde (heute Universität Shanghai für Finanzen und Wirtschaft). Er war stellvertretender Direktor des Nationalen Statistikamts und Leiter des Wirtschaftsforschungsinstituts der Chinesischen Akademie der Wissenschaften. Im Jahr 1955 erhielten Sun Yefang, Xue Muqiao und Yu Guangyuan den Auftrag, ein Lehrbuch über politische Ökonomie zu schreiben. Alle drei hatten sich in den fünfziger und sechziger Jahren in den Debatten über das Wertgesetz hervorgetan. Sun Yefang erklärte, das Wertgesetz gelte im Sozialismus, und schlug vor, statt physischer Zielvorgaben die Gewinne einzusetzen, um die Tätigkeiten der Unternehmen zu leiten. Während der Kulturrevolution wurde er als »Chinas größter Revisionist in wirtschaftswissenschaftlichen Kreisen« gebrandmarkt. Im April 1968 wurde er verhaftet. Er wurde ins Gefängnis Qincheng geschickt, wo er bis 1975 blieb. Die Roten Garden brachten seine Schriften in Pamphleten in Umlauf, in denen seine revisionistische Interpretation von Marx kritisiert wurde. Die Jahre der Haft hielten Sun nicht vom Schreiben ab. Er entwickelte seine Reformvorschläge und eine um die Knappheit kreisende Interpretation des Werts. Ende der siebziger Jahre wurden seine Schriften zum Ausgangspunkt für die Debatte über Marktreformen. Sun spielte auch eine Vorreiterrolle bei der Veröffentlichung von Sterblichkeitsdaten zur großen Hungersnot. Nach 1977 war er Leiter ehrenhalber des Wirtschaftsforschungsinstituts der Akademie der Sozialwissenschaften und Berater des Wirtschaftsforschungszentrums beim Staatsrat. Im Jahr 1979 wurde bei Sun Leberkrebs diagnostiziert. Er starb im Jahr 1983. Der wichtigste chinesische Preis auf dem Gebiet der Ökonomie ist nach ihm benannt.

Tang Zongkun (唐宗焜, 1933-)

Tang studierte Wirtschaftswissenschaft an der Universität Peking und begann 1957 als Redakteur am Wirtschaftsforschungsinstitut zu arbeiten. Im Jahr 1979 nahm er an der bahnbrechenden Konferenz von Wuxi teil. Zwischen 1983 und 1989 spielte er als geschäftsführender stellvertretender Herausgeber von *Wirtschaftsforschung* eine Schlüsselrolle bei der Reform dieser führenden Wirtschaftszeitschrift. Tang erkannte, dass die Artikel entweder wenig originell, übermäßig praktisch und theoretisch nicht anspruchsvoll genug oder zu allgemein gehalten und für die Praxis von geringem Nutzen waren. Unter seiner Leitung wurde die Zeitschrift zu einem wichtigen Sprachrohr für die Reformer und veröffentlichte zahlreiche konkurrierende Ansichten. Außerdem wurden neue Kolumnen eingeführt, in denen ausländische Forschungsergebnisse und Fallstudien zu Reformen veröffentlicht wurden. In der Vergangenheit war der Großteil der wirtschaftswissenschaftlichen Forschungsergebnisse von derselben etablierten Gruppe älterer chinesischer Ökonomen vorgelegt worden. Tang bemühte sich, neue, jüngere Forscher zu Wort kommen zu lassen. Er wurde aufgefordert, die Meinungen der jungen Ökonomen zu zensieren, bekannte sich jedoch 1986 in einem Artikel zur Veröffentlichung ihrer Arbeiten. In seiner Forschungsarbeit konzentrierte sich Tang auf die Unternehmensreform, und er arbeitete mit der Weltbank zusammen. Als ich ihn im Jahr 2016 traf, arbeitete er immer noch mit dem Wirtschaftsforschungsinstitut zusammen.

Tian Yuan (田源, 1954-)

In der Kulturrevolution wurde Tian zur Landarbeit nach Henan geschickt. Anschließend war er Soldat in der politischen Abteilung der Militärregion Kunming. Im August 1975 nahm er ein Wirtschaftsstudium an der Universität Wuhan auf. Nach seinem Abschluss im Jahr 1981 blieb er als Fakultätsmitglied in der Wirtschaftswissenschaftlichen Abteilung. Zwischen 1983 und 1991 war Tian Yuan geschäftsführender Direktor des Entwicklungsforschungszentrums beim Staatsrat. Als junger Forscher machte er Zhao Ziyang auf sich aufmerksam. Er nahm als Vertreter des Preisforschungszentrums an der Nachwuchskonferenz in Moganshan im Jahr 1984 teil. Tian Yuan nahm auch an der Bashan-Konferenz ein Jahr später teil und gehörte dem Programmbüro an. Von 1990 bis 1991 studierte er an der University of Colorado. Nach seiner Rückkehr nach China im Jahr 1992 wurde er zum Leiter der Abteilung für ausländische Wirtschaftskooperation des Materialministeriums ernannt, schied jedoch kurze Zeit später wieder aus dem Ministerium aus, um sich der privaten Vermögensverwaltung zu widmen.

Wang Qishan (王岐山, 1948-)

Wang wurde in seiner Jugend zum Arbeitsdienst nach Yan'an in der Provinz Shaanxi geschickt, bevor er Geschichte an der Universität Nordwestchinas studierte und im Provinzmuseum von Shaanxi arbeitete. Im Jahr 1979 nahm er eine Tätigkeit am Historischen Institut der Akademie der Sozialwissenschaften auf und schloss sich dem Kreis junger Intellektueller an, die sich mit der Agrarreform beschäftigten. Im Jahr 1980 verfasste er gemeinsam mit Weng Yongxi, Huang Jiangnan und Zhu Jiaming einen Artikel, in dem die Autoren erklärten, die Krise der Planwirtschaft sei ein Resultat der Natur dieses Wirtschaftssystems. Der Artikel fand das Wohlwollen von Ministerpräsident Zhao Ziyang, und die sogenannten »vier Gentlemen der Reform« konnten eines der ersten Gespräche zwischen der jüngeren Generation und der Parteispitze führen. Dieses Schlüsselereignis ebnete den Weg für die Beteiligung der jüngeren Ökonomen an den Wirtschaftsreformen der achtziger Jahre. Wang wurde mit der Leitung des Zentrums für die Erforschung der ländlichen Entwicklung beim Staatsrat betraut. Im Jahr 1988 wurde er General Manager der China Rural Trust and Investment Corporation, und in den neunziger Jahren machte er Karriere in den großen chinesischen Staatsbanken. Wang war stellvertretender Gouverneur der Provinz Guangdong und Bürgermeister von Peking, bevor er stellvertretender Ministerpräsident wurde. Seit 2018 ist er stellvertretender Staatspräsident.

Wang Xiaolu (王小鲁, 1951-)

In der Kulturrevolution wurde Wang zum Arbeitsdienst nach Fenyang in der Provinz Shanxi geschickt. Wie Wang Xiaoqiang gehörte er der Redaktionsleitung der von der Akademie der Sozialwissenschaften herausgegebenen Artikelreihe »Unvollendete Entwürfe« an. Wang war Teil der Reformbewegung junger Intellektueller und arbeitete eng mit der Ländlichen Entwicklungsgruppe zusammen. Er gehörte dem Organisationsteam der Nachwuchskonferenz in Moganshan an. Im Jahr 1985 wechselte er in das neu gegründete Systemreforminstitut und übernahm die Leitung des Entwicklungsforschungsbüros. Wang verließ China vor dem 4. Juni 1989, um ein Doktoratsstudium an der Australian National University in Canberra zu beginnen. Nach seiner Heimkehr wurde er Assistenzprofessor an der Universität Peking. Später wurde er stellvertretender Leiter des Nationalen Wirtschaftsforschungsinstituts und geschäftsführender Direktor der Nationalen Vereinigung für die Erforschung der Wirtschaftsreform.

Wang Xiaoqiang (王小强, 1952-)

Wang wurde in seiner Jugend aufs Land nach Yan'an in der Provinz Shaanxi geschickt, bevor er Maschinentechnik an der Universität für Wissenschaft und Technologie in Henan studierte. Im Jahr 1978 gehörte er der Autorengruppe der Chinesischen Akademie der Sozialwissenschaften an. Im Jahr 1979 arbeitete er als Mechaniker in einer Nachbarschaftsfabrik in Peking und verbrachte jede freie Minute mit der Lektüre. Er schrieb einen Essay mit dem Titel »Kritik des Agrarsozialismus«, in dem er die Volkskommunen einer Neubewertung unterzog. Der Artikel wurde in wissenschaftlichen Kreisen intensiv diskutiert. Wang schloss sich der Redaktionsleitung der Artikelreihe »Unvollendete Entwürfe« der Akademie der Sozialwissenschaften an, die ein wichtiges Sprachrohr für unorthodoxe Beiträge war. Er war ein Gründungsmitglied der Ländlichen Entwicklungsgruppe, einer der stellvertretenden Leiter der Gruppe während Chen Yizis Krankheit und das intellektuelle Rückgrat der Gruppe. Als Teil der Gruppe führte er Studien im Landkreis Chuxian, in der Provinz Anhui, im Landkreis Ji'an, in der Provinz Jiangxi, in der Gemeinde Wuzhou und in der Provinz Guangxi durch und beschäftigte sich theoretisch mit dem Haushaltsverantwortungssystem. Wang war ein führender Autor von Berichten und Artikeln, die den Weg für die Haushaltsverträge ebneten. Im Jahr 1984 nahm er an der Seite von Ministerpräsident Zhao Ziyang an einer Studienreise teil. Gemeinsam mit Bai Nanfeng führte er umfangreiche Feldstudien in Guizhou und Tibet durch, die er zu dem Buch *The Poverty of Plenty* verarbeitete. Wang wurde stellvertretender Direktor des Systemreforminstituts und führte im Jahr 1985 gemeinsam mit Chen Yizi eine große Studie zur Beurteilung der Reform der städtischen Industrie durch. Im Auftrag des Systemreforminstituts schlug er Ministerpräsident Zhao Ziyang im Jahr 1986 eine Reform des Unternehmensauftragssystems vor. Im selben Jahr war er stellvertretender Leiter einer Delegation, die den Reformprozess in Ungarn und Jugoslawien studierte. Die Delegation warnte Zhao Ziyang vor einer umfassenden Preisliberalisierung. Wang war einer der Pioniere des Studiums des Wenzhou-Modells für Privatunternehmen, sprach sich jedoch für eine Unternehmensreform aus, die über die Logik des Privateigentums hinausging. Ende 1987 und Anfang 1988 schloss er sich zum letzten Mal einer Studienreise von Zhao Ziyang an, um die Machbarkeit einer Strategie zur Küstenentwicklung zu beurteilen. Im Jahr 1988 reisten Wang und Chen Yizi in die Bundesrepublik Deutschland, um die dortige Preisreform nach dem Zweiten Weltkrieg zu studieren, und warnten einmal mehr vor einer umfassenden Preisliberalisierung. Nach dem 4. Juni 1989 verließ Wang China und nahm ein Englischstudium in Boulder im US-Bundesstaat Colorado auf. Später erwarb er einen Doktortitel an der Universität Cambridge. Nach seiner Rückkehr nach China arbeitete er für kurze Zeit als Forscher am Institut für Managementstudien bei der Nationalen Reformkommission und zog später nach Hongkong.

Weng Yongxi (翁永曦, 1948-)

In der Kulturrevolution wurde Weng Yongxi zum Arbeitsdienst in die Innere Mongolei geschickt. Ende der siebziger Jahre ging er nach Peking, um für die *Bauernzeitung* zu arbeiten. Weng war einer der Organisatoren der Bewegung junger Reformintellektueller. Im Jahr 1980 wurden Weng, Wang Qishan, Huang Jiangnan und Zhu Jiaming zu den »vier Gentlemen der Reform« und führten als erste Reformökonomen ein Gespräch mit Ministerpräsident Zhao Ziyang. Im Mai 1984 wurde Weng Sekretär des Parteikomitees des Landkreises Fengyang. Er nahm an der Nachwuchskonferenz in Moganshan im Jahr 1984 teil. Du Runsheng beförderte ihn zum stellvertretenden Direktor des Agrarforschungsbüros beim Staatsrat, wobei Weng mehrere Ränge übersprang. Später gründete Weng sein eigenes Unternehmen.

Wu Jinglian (吴敬琏, 1930-)

Wu stammt aus einer Familie, die seit Generationen Industrielle und Intellektuelle hervorbringt. Er machte im Jahr 1954 seinen Abschluss an der Jinling-Universität in Nanjing und wurde mit einem umkämpften Posten im Wirtschaftsforschungsinstitut der Akademie der Wissenschaften betraut. Im Jahr 1957 geriet er während der Anti-Rechts-Bewegung ins Visier und versuchte sich zu schützen, indem er sich ein orthodoxes linkes Weltbild aneignete. Das ging so weit, dass er in den sechziger Jahren einen Angriff auf Sun Yefang unterstützte, seinen Vorgesetzten am Institut, der wegen seiner wirtschaftlichen Thesen in die Kritik geraten war. Während der Kulturrevolution schloss sich Wu der Gruppe Kritikhauptquartier an. Später wurden Wu und der gesamte Mitarbeiterstab des Wirtschaftsforschungsinstituts zur Umerziehung in die »Kaderschulen 7. Mai« gesteckt. Anschließend wurde Wu als »Konterrevolutionär« angeprangert. Bei der Zwangsarbeit lernte er Gu Zhun kennen, einen der führenden chinesischen Reformökonomen der Mao-Zeit. Zu Beginn der Reformära kehrte Wu ins Wirtschaftsforschungsinstitut zurück und wurde einer der eifrigsten Studenten der westlichen Ökonomie. Er war bereits über fünfzig, als er Englisch lernte, mit der Weltbank-Mission zusammenarbeitete, von den osteuropäischen Exilökonomen Włodzimierz Brus und Ota Šik sowie von Milton Friedman bei ihren Chinabesuchen lernte und als einer der ersten chinesischen Ökonomen Wirtschaftswissenschaft in den Vereinigten Staaten studierte. An der Universität Yale beschäftigte er sich im Jahr 1983 mit Makro- und Mikroökonomie. Er studierte wirtschaftlichen Systemvergleich bei Michael Montias. Mitte der achtziger Jahre hatte sich Wu in einen begeisterten Befürworter der Paketreform und einen der Architekten des 1986 vom Programmbüro vorgelegten Vorschlags für eine umfassende Preisliberalisierung samt Steuer- und Lohnreform verwandelt. Wu ging unversehrt aus der politischen Repression im Jahr 1989 hervor und blieb unter Jiang Zemin und Zhu Rongji ein einflussreicher Befürworter von Reformen. Seit Beginn des Jahrtausends hat er sich in einen prominenten Anhänger der Marktwirtschaft verwandelt und tritt häufig im Fernsehen auf.

Xue Muqiao (薛暮桥, 1904-2005)

Xue Muqiao ist einer der bekanntesten chinesischen Ökonomen des 20. Jahrhunderts. In seiner Zeit in nationalistischer Gefangenschaft (er hatte sich in der Bewegung der Eisenbahnarbeiter engagiert) wurde er zum historischen, philosophischen und ökonomischen Autodidakten. In den dreißiger Jahren beteiligte sich Xue an der Durchführung von Studien der wirtschaftlichen Bedingungen auf dem Land und war Herausgeber von *Chinas ländlicher Raum*. Seine Schriften wurden wichtiges Anleitungsmaterial für Soldaten und Kader. In den vierziger Jahren wurde Xue zu einem bedeutenden Strategen der wirtschaftlichen Kriegführung und schaffte es, im kommunistischen Basisgebiet Shandong die Preise zu stabilisieren und konkurrierende Währungen zu verdrängen. Das festigte seinen Ruf als Autorität in finanziellen und wirtschaftlichen Fragen. Im Jahr 1948 begann Xue unter der Führung von Zhou Enlai, an Strategien für den Aufbau eines planwirtschaftlichen Systems zu arbeiten. Nach der Gründung der Volksrepublik im Jahr 1949 wurde er Generalsekretär des Finanz- und Wirtschaftsausschusses des Staatsrats, Direktor der Behörde für Privatunternehmen, des Nationalen Statistikamtes, der Nationalen Preiskommission und des Wirtschaftsforschungszentrums beim Staatsrat. Außerdem war er stellvertretender Leiter der Nationalen Planungskommission. Nach dem Scheitern des Großen Sprungs nach vorn trug Xue zur erneuten Preisstabilisierung bei. In den fünfziger und sechziger Jahren leistete er auch wichtige Beiträge zur Debatte über das Wertgesetz und arbeitete gemeinsam mit Yu Guangyuan und Sun Yefang an einem neuen Lehrbuch über politische Ökonomie, das jedoch nicht veröffentlicht wurde. Im Jahr 1969 wurde Xue zwecks »Umerziehung durch körperliche Arbeit« aufs Land geschickt. Ende der siebziger Jahre veröffentlichte er seine Vorstellungen von der Reformpolitik. Im Jahr 1979 wurden seine Forschungsergebnisse unter dem Titel *Chinas sozialistische Wirtschaft* veröffentlicht; das Buch hatte großen Einfluss auf die Reformdebatte. Als einer der führenden Ökonomen Chinas und Leiter des Preisforschungszentrums war Xue auch ein wichtiger Ansprechpartner für ausländische Besucher. Er tauschte sich mit osteuropäischen Exilökonomen und der Weltbank aus und nahm unter anderem an der Konferenz in Moganshan im Jahr 1982 und an der Bashan-Konferenz im Jahr 1985 teil. Anfangs warb Xue für einen graduellen Marktaufbau durch den Staat, aber später unterstützte er die Paketreform und das Programmbüro. Nach 1989 half Xue dabei, die Marktreform wieder zum Gegenstand der Debatte zu machen. Er war bis zum Ende seines langen Lebens, das mehr als ein Jahrhundert dauerte, ein herausragender Ökonom.

Yu Guangyuan (于光远, 1915-2013)

Yu stammte aus einer Familie von Intellektuellen und Beamten und war einer der produktivsten chinesischen Ökonomen und Philosophen des 20. Jahrhunderts. Er schloss im Jahr 1936 ein Physikstudium an der Tsinghua-Universität in Peking ab. Nachdem er im Jahr 1935 an der Studentenbewegung des 9. Dezember teilgenommen hatte, trat er in die Kommunistische Partei ein. Im Jahr 1939 wurde er Leiter der Yan'an Zhongshan-Bibliothek und zählte zu den Gründern der Antijapanischen Universität. Anschließend leitete er die Bibliothek des ZK der KPCh und war Professor in der Bibliotheksabteilung der Universität Peking. Ab 1941 studierte Yu die Wirtschaft des Grenzgebiets zwischen Shaanxi, Gansu und Ningxia. Später unterrichtete er in der Abteilung für Finanzen und Ökonomie der Yan'an-Universität. Von 1948 bis 1975 arbeitete er in der Propagandaabteilung des ZK der KPCh. Im Jahr 1955 wurde er in die Abteilung für Philosophie und Sozialwissenschaften der Akademie der Wissenschaften aufgenommen. Gemeinsam mit Sun Yefang und Xue Muqiao schrieb Yu ein Wirtschaftslehrbuch und nahm in den sechziger Jahren weitere Buchprojekte in Angriff. Im Jahr 1957 wurde Yu im Rahmen der Anti-Rechts-Bewegung angegriffen. 1958 nahm er seine Forschungsarbeit wieder auf und veröffentlichte den ersten Band von *Politische Ökonomie und sozialistische Erkundung*, ein Lehrbuch, das später um sechs weitere Bände erweitert wurde. Er war ein enger Verbündeter von Deng Xiaoping und wurde gegen Ende der Kulturrevolution rehabilitiert und 1975 zum Direktor des Wirtschaftsforschungsinstituts der Staatlichen Planungskommission ernannt. Yu zählte zu den frühen Reformern, befürwortete die Verteilung entsprechend des Arbeitseinsatzes und hielt den Sozialismus für vereinbar mit einer Güterwirtschaft. Im Jahr 1978 war er stellvertretender Leiter einer Delegation, die Jugoslawien besuchte und wesentlich dazu beitrug, die Anerkennung nichtstalinistischer Modelle des Sozialismus in China zu fördern. Im selben Jahr leistete Yu Beiträge zu dem Artikel, in dem Hu Qiaomu die Parteiführung aufrief, »entsprechend den wirtschaftlichen Gesetzmäßigkeiten zu handeln«. Beides half, im Jahr 1978 den Weg für Reformen zu ebnen. Gemeinsam mit Lin Zili betonte Yu die Bedeutung der Produktivkräfte und befürwortete eine Pluralität von Eigentumsverhältnissen. Im Jahr 1979 wurde er zum Leiter des Instituts für Marxismus-Leninismus und Mao-Zedong-Denken der Akademie der Sozialwissenschaften ernannt und zum Vizepräsidenten der Akademie befördert. Von 1982 bis 1992 war Yu Berater des ZK der KPCh.

Zhang Musheng (张木生, 1948-)

Zhang Musheng wurde in eine Familie kommunistischer Revolutionäre hineingeboren. Sein Vater war Sekretär von Zhou Enlai, seine Mutter eine Parteiintellektuelle. Zu Beginn der Kulturrevolution im Jahr 1965 ging Zhang Musheng (der zu diesem Zeitpunkt erst 17 Jahre alt war) mit Chen Xiao, dem Sohn von Maos Weggefährten Chen Boda, in den Bezirk Linhe in der Inneren Mongolei. Die beiden veröffentlichten gestützt auf ihre Erfahrungen und Nachforschungen eine Reihe von Artikeln über die Geschichte der landwirtschaftlichen Entwicklung und legten Ideen für eine Reform der ländlichen Wirtschaft vor. Dort blieb Zhang, bis ihn eine Studie, die als interne Publikation in Umlauf gebracht wurde und in der er erklärte, die Agrarproduktion könne nur durch Verträge mit den individuellen bäuerlichen Haushalten erhöht werden, im Jahr 1972 ins Gefängnis brachte. Nach seiner Freilassung im Jahr 1973 studierte Zhang Philosophie an der Universität der Inneren Mongolei und unterrichtete anschließend bis 1980 an der Wirtschaftshochschule der Inneren Mongolei. Zhang zählte zu den Gründungsmitgliedern der Landwirtschaftlichen Entwicklungsgruppe und arbeitete von 1980 bis 1984 als Forscher am Institut für Agrokulturelle Ökonomie der Chinesischen Akademie der Sozialwissenschaften. Anschließend wurde er ins Agrarpolitische Forschungsbüro des ZK versetzt, wo er bis 1990 als Forscher tätig war. Von 1990 bis 1993 war er Präsident und Chefredakteur der Zeitung *China Baiye*, die später in *China Tax News* umbenannt wurde. In den neunziger Jahren ging Zhang nach Tibet, wo er den Bezirk Linzhi leitete.

Zhang Weiying (张维迎, 1959-)

Zhang Weiying stammt aus einer Bauernfamilie und besuchte von 1979 bis 1984 die Universität des Nordwestens, wo er einen Masterabschluss erwarb. Er erhielt eine Einladung zur Teilnahme an der Nachwuchskonferenz in Moganshan im Jahr 1984, nachdem das Organisationsteam seine Arbeit über die Preisreform ausgewählt hatte. Auf der Konferenz tat sich Zhang mit Argumenten für ein zweigleisiges Preissystem hervor. Sein Beitrag zur Konferenz und die folgende Publikation seiner Arbeit öffneten ihm die Tür des Systemreforminstituts, wo er in erster Linie an makroökonomischen Fragen arbeitete. Im Jahr 1989 ging Zhang an die Universität Oxford, wo er unter der Aufsicht des Nobelpreisträgers James Mirrlees einen Doktortitel in Wirtschaftswissenschaft erwarb. Nach seiner Heimkehr war Zhang Mitgründer des Chinesischen Zentrums für Wirtschaftsforschung an der Universität Peking. Später arbeitete er an der Managementhochschule Guanghua und an der Nationalen Hochschule für Entwicklung, wo er einen Lehrstuhl für Wirtschaftswissenschaft innehat. Nach seiner eigenen Darstellung wurde Zhang irgendwann bewusst, dass seine Denkweise der der Österreichischen Schule ähnelte, und er begann, sich für Friedrich Hayek zu interessieren. Im Jahr 2014 nahm er am Jahrestreffen der Mont Pèlerin Society teil.

Zhu Jiaming (朱嘉明, 1950-)

Zhu Jiaming stammt aus Peking und wurde als junger Mann zuerst nach Heilongjiang in Tibet und dann nach Shandong geschickt. Im Jahr 1978 nahm er ein Studium am Institut für Industrieökonomie der Chinesischen Akademie der Sozialwissenschaften auf, wo er einen Doktortitel erwarb. Gemeinsam mit Huang Jiangnan, Wang Qishan und Weng Yongxi bildete er die Gruppe der »vier Gentlemen der Reform«, die ein Gespräch mit der chinesischen Führung begann und den jungen Reformintellektuellen Gehör verschaffte. Zhu gab den Anstoß zur Nachwuchskonferenz in Moganshan im Jahr 1984 und war einer der Organisatoren der Pekinger Vereinigung junger Ökonomen. Er war an der Gründung des Forschungszentrums für Technologie und Wirtschaftsforschung beim Staatsrat beteiligt. Zhu war stellvertretender Leiter der Wirtschaftsreformkommission von Henan, bevor er ins

Internationale Forschungsinstitut der China International Trust and Investment Corporation wechselte. Als stellvertretender Leiter dieses Instituts organisierte er zahlreiche Studienreisen und Projekte für internationale Beziehungen, darunter eine Forschungsreise nach Lateinamerika im Jahr 1988. Im Mai 1989 zählte Zhu zu den Intellektuellen, die eine Erklärung formulierten, in der zum Dialog mit der Protestbewegung auf dem Tiananmen aufgerufen wurde. Im selben Jahr musste Zhu ins Exil gehen und ließ sich in den Vereinigten Staaten nieder, wo er die demokratische Bewegung der Auslandschinesen organisierte. Er war Gastdozent am Fairbank Center der Universität Harvard und erwarb einen Master of Business Administration an der Sloan School of Management des Massachusetts Institute of Technology. Später ging er nach Österreich, wo er an der Universität Wien Wirtschaftswissenschaft unterrichtete und sich in Nichtregierungsorganisationen und in der Privatwirtschaft in Umweltfragen engagierte.

Anmerkungen

Einleitung

1 Für eine eingehende Diskussion vgl. Weber 2018, 2020a.
2 Fukuyama 1989: 3.
3 Wang 2009.
4 Nolan 1995.
5 Jessop 2002, 2018.
6 Stiglitz 2014: 37.
7 Nach Einschätzung des Observatory of Economic Complexity (2018) waren im Jahr 2017 75 Prozent der russischen Exporte mineralische Stoffe und Metalle, während sich China zu diesem Zeitpunkt in das größte Exportland der Welt verwandelt hatte, was es in erster Linie seiner Wettbewerbsfähigkeit im verarbeitenden Gewerbe verdankte.
8 Vgl. Novokmet, Piketty und Zucman (2017) für eine Analyse der Entwicklung der Ungleichheit in Russland und für einen Vergleich mit den osteuropäischen Ländern und China.
9 Notzon et al. 1998. Für Untersuchungen der Zusammenhänge zwischen dem dramatischen Rückgang der Lebenserwartung und den sozialen Auswirkungen der Schocktherapie vgl. z. B. Leon und Shkolnikov 1998; Murphy et al. 2006, sowie Stuckler et al. 2009.
10 Rodrik 2010: 34.
11 Vgl. z. B. Bonefeld 2013, 2017; Chang 2002; Davies 2018.
12 Slobodian 2019: 22f.
13 Stiglitz 1999: 132.
14 Amsden et al. 1998; Klein 2007.
15 Åslund 1992; Kornai 1990; Sachs und Lipton 1990; Sachs 1992a, b.
16 Lipton und Sachs 1990.
17 Ebd.: 127.
18 Ebd.
19 Ebd.: 130, Hervorhebung ergänzt.
20 International Monetary Fund et al. 1990: 26.
21 Ebd.: 29.
22 Chang 2002; Stiglitz 1994: 102, 195, 202, 249f.
23 Weber 2018, 2022.
24 Lipton und Sachs 1990: 82.
25 International Monetary Fund et al. 1990: 25.
26 Ebd.: 19.
27 Lipton und Sachs 1990: 100.
28 Ebd.: 98.
29 Ebd.: 89.
30 International Monetary Fund et al. 1990: 19, 22.
31 Reddaway und Glinski 2001: 179.
32 Fuhrmann 2017: 167-170; Weber, 2020b, 2021.
33 Lipton und Sachs 1990.

34 Burawoy 1996; Hamm et al. 2012.
35 Smith 2013 [1778]: 16.
36 Ebd.: 19.
37 Ebd.: 19-22.
38 Sachs 1994a.
39 Kornai 1990: 20.
40 Lipton und Sachs 1990: 87.
41 Belik 1998; Medvedev 1998; Miller 2016; Yun 1998. Andere Fälle, darunter die Preis- und Währungsreform in Westdeutschland im Jahr 1948, die im selben Jahr in Japan umgesetzte Dodge Line und zahlreiche Beispiele für die Anwendung ähnlicher Reformpakete in Entwicklungsländern als Gegenleistung für Kredite deuten ebenfalls darauf hin, dass eine eingeschränkte Souveränität eine Voraussetzung für die Durchsetzung derart radikaler Maßnahmen ist.
42 Für eine eingehende Analyse von Durchführung und Ergebnissen der Schocktherapie in Russland vgl. Kotz und Weir 1997: 161-199. Diese Untersuchung beinhaltet eine Analyse der wirtschaftlichen Auswirkungen sowie des Einbruchs zahlreicher Indikatoren des menschlichen Wohlergehens.
43 Vgl. z. B. Kornai 1994; Popov 2000, 2007; Roland und Verdier 1999. Ein Fall, der Zweifel an dieser Einschätzung aufwirft, ist der Vietnams, das im Jahr 1989 eine umfassende Preisliberalisierung durchführte, ohne dass es zu Hyperinflation oder einer tiefen Rezession gekommen wäre (Wood 1989). In Anbetracht der Tatsache, dass fast alle anderen Länder andere Erfahrungen machten, ist jedoch nicht klar, wie China dasselbe Ergebnis hätte erzielen können. Es wird oft argumentiert, Vietnam und China hätten sich gemessen an Bruttoinlandsprodukt, Industrialisierungsgrad und Natur der Reformen bis 1989 in einer ähnlichen Ausgangslage befunden (vgl. z. B. Popov 2000, 2007). Es gab jedoch zwei wesentliche Unterschiede zwischen Vietnam und China. Südvietnam war erst 1976 Teil der zentralen Kommandowirtschaft geworden, weshalb die Reformen dort begannen, bevor das neue Wirtschaftsmodell vollkommen institutionalisiert war (Wood 1989). Zu bedenken ist auch, dass Chinas Pro-Kopf-Wachstum (gemessen in konstanten US-Dollar von 2010) trotz eines ähnlichen BIP zu Beginn der Reformen das Wachstum Vietnams im Zeitraum 1990-2018 stets überstieg, und zwar teilweise um das Doppelte (World Bank 2019a).
44 European Bank for Reconstruction and Development 1999; UNICEF 2001.
45 Burawoy 1996; Hamm et al. 2012; Roland und Verdier 1999.
46 Bockman 2011, 2012.
47 Chen 2013; Dong 1986; He 2015; Hua et al. 1993; Nolan und Dong 1990; Lim 2008, 2014; Lu und Feng 2012; Sun 2011; Wang 1998. Wang 2019; Wu 2012, 2013; Wu und Fan 2012; Wu und Ma 2016, sowie Zhu 2013. Alle diese Darstellungen dienten mir als wertvolle Quellen.
48 Weber 2020b, 2021.

1
Der Staat als Marktteilnehmer
Das *Guanzi* und die *Debatte über Salz und Eisen*

1 Eine Suche in der CNKI-Datenbank (China National Knowledge Infrastructure), die Ähnlichkeit mit dem Web of Science hat, zeigt, dass von 1978 bis 1992 jährlich zwischen zwei und

sieben Artikel veröffentlicht wurden, in denen die *Debatte über Salz und Eisen* (盐铁论) erwähnt wurde. Dazu kamen ein bis zwei Artikel, in denen die Leicht-Schwer-Prinzipien (轻重) aus dem *Guanzi* (管子) erwähnt wurden.

2 Bai 2016; Sun 2011: 204.
3 Zhao 2014: 68.
4 Hymes und Schirokauer 1993: 2f.; Rowe 2001.
5 Chin 2014; Huan 1931; Loewe 1974.
6 Dazu vgl. auch Dunstan 1996: 293f., 327-333.
7 Will und Wong 1991: 3.
8 Diese Zeit ist in den *Frühlings- und Herbstannalen* beschrieben, die manchmal Konfuzius zugeschrieben werden. Die Autorenschaft von Konfuzius ist umstritten, aber diese Chronik wurde zu seinen Lebzeiten verfasst (Li 2013: 161).
9 Hu 2009: 19.
10 Pines 2009: 220.
11 Pines 2018.
12 Milburn 2007: 19.
13 Ich stütze mich auf die Übersetzung des *Guanzi* von Rickett (1998) sowie auf einschlägige Sekundärquellen.
14 Rickett 1993: 244.
15 von Glahn 2016: 77.
16 Chin 2014: 32; Hu 2009: 100.
17 Rickett (1998) beschäftigt sich in den Kommentaren zu seiner Übersetzung des *Guanzi* eingehend mit der Datierung der einzelnen Abschnitte. Vgl. auch Chin 2014: 32f., sowie von Glahn 2016: 77f.
18 Chin 2014: 33; von Glahn 2016: 77.
19 Hu 2009: 100.
20 von Glahn 2016: 44; Hu 2009: 100; Rickett 1998: 341.
21 Graham 1964: 29.
22 von Glahn 2016: 82.
23 Li 2013: 182.
24 von Glahn 2016: 44, 82.
25 Li 2013: 182.
26 Li 2013: 182; von Glahn 2016: 46.
27 Li 2013: 194f.; von Glahn 2016: 45f.
28 Hu 2009: 19; von Glahn 2016: 46.
29 Li 2013: 189; von Glahn 2016: 46, 82.
30 Wagner und Needham, 2008.
31 Hu 2009: 19; von Glahn 2016: 65, 82.
32 Hu 2007: 7f.
33 Ebd.: 10.
34 Hu 2009: 19.
35 von Glahn 2016: 46, 64.
36 Ebd.: 46.
37 Hu 2009: 120.
38 Chin 2014: 31.
39 *Guanzi* nach Hu 2009: 102.
40 Rickett 1998: 338.

41 Ye 2014: 98.
42 *Guanzi* nach Hu 2009: 127.
43 Chin 2014: 42; *Guanzi* nach Rickett 1998: 389-395; Hu 2009: 155-157; von Glahn 2016: 87f.
44 *Guanzi* nach Rickett 1998: 384.
45 *Guanzi* nach Hu 2009: 124.
46 Ebd.
47 Ebd.
48 Ebd.: 127f.
49 Ebd.: 41.
50 Ebd.: 104.
51 *Guanzi* nach Rickett 1998: 367.
52 Hu (2009: 180) erklärt, dass »Li Kui nicht nur ein angesehener Staatsmann, sondern auch der erste Denker war, der die Landwirtschaft in den Vordergrund rückte«.
53 *Han Shu* nach Swann 1950: 139f., Einfügungen im Original. Für Einzelheiten zu diesem Abschnitt vgl. Rickett 1998: 340.
54 *Guanzi* nach Rickett 1998: 361.
55 Ebd.: 384, 77.
56 *Guanzi* nach Hu 2009: 105.
57 Ebd.: 365.
58 Ebd.: 381f.
59 Ebd.: 380.
60 Ebd.: 387.
61 Die Grundprinzipien der Politik der Getreidepreisstabilisierung werden in fast allen *Qingzhong*-Dialogen im *Guanzi* wiederholt. Hier handelt es sich um eine Zusammenfassung der Grundprinzipien durch die Autoren. Zu den Abwandlungen der Politik zählen (1) der Einsatz von im Frühling an die Bauern vergebene Darlehen in Getreide, dessen Wert an den hohen Preis gekoppelt war, wobei diese Darlehen im Herbst zurückzuzahlen waren, wenn der Getreidepreis niedrig war (*Guanzi* nach Rickett 1998: 343f., 377-380), sowie (2) staatliche Textilkäufe zu einem Zeitpunkt, zu dem Kleidung aufgrund des hohen Getreidepreises billig war, sowie der Verkauf der Textilien im Herbst, wenn sie sich aufgrund des niedrigen Getreidepreises verteuerten (*Guanzi* nach Rickett 1998: 362, 367, 384, 391). Ähnliche, aber weniger umfassende politische Vorschläge hatten zuvor Fan Li (Chen 1911b: 568; Hu 2009: 35-41; von Glahn 2016: 64) und Li Kui gemacht (Chen 1911b: 568; Hu 2009: 179-184; Li 2013: 190; Spengler 1964: 228; von Glahn 2016: 55).
62 Diese Erkenntnis macht das *Guanzi* zu einem der frühesten Beiträge zur Geldmengentheorie (Hu 2009: 131; Nolan 2004: 129; Rickett 1998: 4). Angesichts der später in diesem Abschnitt behandelten Vorschläge zu kontrazyklischen Staatsausgaben, der Auseinandersetzung mit dem Hamstern sowie der Einordnung der verschiedenen Arten von Geld abhängig von ihrer Liquidität stellt sich eine Frage für die weiterführende Forschung: Enthält das *Guanzi* möglicherweise nicht nur die früheste Auseinandersetzung mit der Geldmengentheorie, sondern ist es aufgrund seiner Konzentration auf Übergangseffekte auch ein Vorläufer einer reinen Mengentheorie wie in Keynes' *Allgemeiner Theorie*?
63 *Guanzi* nach Rickett 1998: 377f.
64 Ebd.: 377f.
65 Ebd.: 308.
66 Ebd.: 392.
67 Ebd.: 362.

68 Ebd.: 367.

69 Oder wie es Hu (2009: 111) ausdrückt: »Der Autor des *Guanzi* stellte fest, dass diese Ungleichheit zwischen Reich und Arm eine objektive gesellschaftliche Realität war, aber seine Lösung für das Problem bestand lediglich darin, die Kluft zu verringern, anstatt sie vollkommen zu beseitigen.«

70 *Guanzi* nach Rickett 1998: 379.

71 Ebd. Ausgeprägte Ungleichheit wurde dem *Han Shu* zufolge zum Beispiel im Zeitraum 246-207 v. Chr. beobachtet. Nachdem Kauf und Verkauf von Land erlaubt worden waren, wurden einige Personen sehr reich und brachten sowohl Land als auch Bodenschätze unter ihre Kontrolle. Die Armen mussten die Felder der Reichen bestellen und fünf Zehntel ihrer Ernte als Pacht (*shui*) abtreten (*Han Shu* nach Swann 1950: 182). Die Reichen übertrafen die staatlichen Institutionen »an Verschwendungssucht und Ausschweifung« und »überboten sich gegenseitig an Extravaganz« (*Han Shu* nach Swann 1950: 181). Daher trugen die Armen nur Kleidung, deren Qualität geeignet war, »um Rinder und Pferde warmzuhalten«. Ihre Nahrung war bestenfalls geeignet, »um Hunde und Schweine zu füttern«. »Die notleidenden Menschen konnten ihren Lebensunterhalt nicht bestreiten und wurden zu Dieben und Räubern« (*Han Shu* nach Swann 1950: 182).

72 *Guanzi* nach Rickett 1998: 219.

73 Ebd.: 379.

74 Ebd.: 366.

75 Ebd.: 379.

76 Ebd.: 380.

77 Ebd.: 366.

78 Hu 2009: 116.

79 *Guanzi* nach Rickett 1998: 319.

80 Ebd.: 415. Dieser Vorschlag kontrazyklischer Staatsausgaben kam zwei Jahrtausende früher als Mandevilles 1724 erschienene *Bienenfabel* (Mandeville 1980), Malthus' Briefe an Ricardo (nach Keynes 2000: 307f.) sowie Keynes' Nachfragetheorie. Im Licht von Keynes' Rezension von Chen Huanchang (1911b) aus dem Jahr 1912, die eine Auseinandersetzung mit der Stabilisierung des Getreidepreises beinhaltet (568-585), stellt sich die Frage, ob Keynes möglicherweise von frühen chinesischen Vorstellungen über die Wirtschaftspolitik beeinflusst wurde.

81 Hu 2009: 157.

82 Wagner (2001: 4-8) wertet archäologische Belege und Texte von der Zeit der Streitenden Reiche bis zur Han-Zeit aus, die auf staatliche Eingriffe oder Monopole in der Eisen- und Salzproduktion hindeuten.

83 *Guanzi* nach Rickett 1998: 372f., 382f.

84 Ebd.: 373.

85 Gale 1930.

86 Gale 1931: xxv.

87 *Guanzi* nach Rickett 1998: 374f.

88 Ebd.

89 Ebd.: 374.

90 Hu 2009: 150.

91 Ebd.: 157.

92 *Guanzi* nach Rickett 1998: 427.

93 Ebd.

94 Ebd.
95 Ebd.
96 Ebd.: 424.
97 Ebd.: 469.
98 Ebd.
99 Ebd.
100 Wagner 2001: 4-21.
101 von Glahn 2016: 113f.
102 Gale 1931: xxv.
103 Wagner 2001: 8.
104 von Glahn 2016: 114.
105 *Debatte über Salz und Eisen* nach Wagner und Needham 2008: 174.
106 Wagner und Needham 2008: 174f.
107 Hu 2009: 263.
108 Gale 1931: xxv; Hu 2009: 259; von Glahn 2016: 114.
109 Der Zusammenhang zwischen den politischen Empfehlungen im *Guanzi* und der Wirtschaftspolitik von Sang Hongyang unter Wu tritt in den zahlreichen nachgewiesenen und nicht nachgewiesenen Bezugnahmen auf das *Guanzi* in der *Debatte über Salz und Eisen* zutage. Vgl. z. B. Gale 1931: 85f.; Hu 2009: 225, 260, 268, 271; Kroll 1978; Loewe 1985: 253; sowie Wagner und Needham 2008: 185, 189.
110 Wagner und Needham datieren die Errichtung des Eisenmonopols durch die Han-Dynastie auf das Jahr 117 v. Chr. (2008: 172). Vgl. Wagner und Needham (2008: 172-174) für eine Diskussion der staatlichen Beteiligung an der Eisenproduktion in der Prä-Han-Zeit. Ihrer Darstellung zufolge engagierten sich mehrere Streitende Reiche an der Eisenproduktion, insbesondere das Qin-Reich, das später als administrative Grundlage für das Kaiserreich diente. Vgl. dazu auch Swann 1950: 63. Hu erklärt, die Salzproduktion habe sich vor 117 v. Chr. »im Wesentlichen in den Händen von Privatpersonen befunden« (2009: 264). Der Staat war in diesem Sektor aktiv, hatte jedoch kein Monopol.
111 Dieses System erforderte relativ komplexe Berechnungen der proportionalen Verteilung, die in der *Debatte über Salz und Eisen* teilweise dokumentiert sind (Wagner und Needham 2008: 191).
112 Hu 2009: 264-273; Gale 1931: xxv; Loewe 1985: 259; von Glahn 2016: 114-116, 120; Wagner und Needham 2008: 178f.
113 Hu 2009: 269-279; *Han Shu* nach Swann 1950: 271f.; Loewe 1985: 240; Wagner und Needham 2008: 171.
114 von Glahn 2016: 116.
115 Ebd.
116 Hu 2009: 265.
117 Wagner und Needham (2008: 188) verweisen darauf, dass es vor der Errichtung des staatlichen Monopols wahrscheinlich zwei Produktionsmethoden gab, eine für die Produktion in kleinem Maßstab zur Befriedigung der nationalen Bedürfnisse in abgelegenen Gebieten und eine für die Produktion in großen Mengen für die Versorgung von weit entfernten Abnehmern.
118 Hu 2009: 266f.
119 Ebd.
120 Ebd.
121 Gale 1931: xxvi; Hu 2009: 263f.; von Glahn 2016: 117f.

122 Gale 1931: xxv.
123 Wagner und Needham 2008: 178.
124 Gale 1931: xxv; von Glahn 2016: 123; Loewe 1974: 91; Wagner und Needham 2008: 179.
125 Wagner und Needham 2008: 179.
126 Hu 2009: 274.
127 Chin 2014: 49.
128 Gale 1931: xxi.
129 Z.B. Hu 2009.
130 Gale 1931.
131 Ebd.: xix.
132 Ebd.: xx f. Diese Gruppe wurde im Nachhinein oft als »legalistische Denkschule« bezeichnet. Ich übernehme diese Bezeichnung nicht, weil sich die wirtschaftspolitischen Vorstellungen der verschiedenen Denker, die dieser Schule zugerechnet werden, voneinander unterschieden. Das Augenmerk liegt hier auf dem Ansatz, der im *Guanzi* gewählt und von Sang Hongyang weiterentwickelt wurde.
133 Wagner und Needham 2008: 18. Huan Kuan erklärt, es habe tatsächlich eine Versammlung stattgefunden, an der etwa sechzig Gelehrte und angesehene Personen sowie der kaiserliche Berater Sang Hongyang teilgenommen hätten. Auch der Kaiser und Huo Guang seien anwesend gewesen. Quellen außerhalb der *Debatte über Salz und Eisen* beschreiben keine solche Begegnung, sondern gehen davon aus, dass die Debatte schriftlich geführt wurde (Wagner und Needham 2008: 186).
134 Loewe 1974: 111.
135 Guo Moruo nach Wagner 2001: 18.
136 Kroll 1978.
137 Wagner und Needham 2008: 186. In dieser Debatte äußerten einige derer, die den politischen Aktivismus kritisierten, auch Zweifel an der dominanten Rolle des Marktes und der Technologie im Allgemeinen. Wagner und Needham sind der Ansicht, dass der Staatsmann Gong Yu die Abschaffung des Geldes und eine Rückkehr zur natürlichen Wirtschaft ohne Eisenproduktion forderte, sei sie privat oder staatlich (2008: 186).
138 Gale (1931) untersucht verschiedene Ausgaben der *Debatte über Salz und Eisen* von der Song-Zeit bis zu einer Edition aus dem Jahr 1891, auf die er sich bei seiner Übersetzung im Wesentlichen stützt. Vgl. Loewe (2001) für einen Überblick über Übersetzungen und spätere chinesische Ausgaben.
139 Loewe 1974: 93f.
140 Ebd.: 94, 106.
141 Ebd.: 94.
142 Hu 2009: 278; Gale 1931: xxviii; Loewe 1974: 95, 100.
143 Gale 1931: xxvi-iii; Loewe 1974: 94f.
144 Loewe 1974: 105.
145 Huan Kuan nach Hu 2009: 277.
146 Ebd.
147 Hu 2009: 279.
148 Gale 1931: xx.
149 Loewe 1974: 94.
150 Vgl. Huan Kuan (nach Gale 1931: 20f.) für eine eingehende Auseinandersetzung mit den Vorzügen des interregionalen Handels, der durch die unterschiedliche Ausstattung mit Bodenschätzen nötig wird.

151 Hu 2009: 260.
152 Huan Kuan nach Hu 2009: 261.
153 Hu 2009: 276; Loewe 1974: 98.
154 Hu 2009: 267; Loewe 1974: 102; Wagner und Needham 2008: 187f.
155 Loewe 1974: 102.
156 Wagner und Needham 2008: 188.
157 Hu 2009: 267.
158 Huan Kuan nach Hu 2009: 267.
159 Loewe 1974: 92; Wagner und Needham 2008: 179.
160 *Han Shu* nach Swann 1950: 321; Wagner und Needham 2008: 179-183.
161 Wagner und Needham 2008: 183.
162 *Han Shu* nach Swann 1950: 321; Wagner 2001: 15.
163 Wagner und Needham 2008: 183. Zu diesem Punkt vgl. Wagner 2001: 15.
164 Ebd.
165 Loewe 1974: 112.
166 Zhao und Drechsler (2018) betrachten diese Eingriffe als eine Form von Protokeynesianismus.
167 Eberhard 1971: 262; Vandermeersch 1985: 8; Wagner und Needham 2008: 171.
168 Ebd.; Smith 1993: 83; Bol 1993.
169 Wu und Ma 2016: 93, 152f.
170 Smith 1993: 83.
171 Ebd.: 84.
172 Dunstan 1996: 31.
173 Smith 1993: 93f.
174 Li C. 2016: 213f.
175 Ebd.: 96.
176 Dunstan 1996, 2006; Will und Wong 1991: 14f.; Hymes und Schirokauer 1993: 2; Hymes 1993.
177 Dunstan 1996: 19, 330f.
178 Z. B. Dunstan 1996, 2006; Lin 2006; Rowe 2001, 2018; Zanasi 2020.
179 Dunstan 1996: 31, 163; 2006: 55.
180 Dunstan (1996) enthält eine kommentierte Übersetzung von Dokumenten zur politischen Ökonomie aus der Qing-Zeit, die Einblicke in die Diskussion über diese Fragen liefert.
181 Rowe 2001: 2.
182 Wemheuer 2014: 30.
183 Rowe 2001: 3.
184 Dunstan 1996: 34, 63-68; 2006, 149-306; Will und Wong 1991: 494f.
185 Dunstan 1996: 331; Will und Wong 1991: 501. Für eine eingehende Untersuchung der Funktionsweise und der politischen Steuerung des Getreidespeichersystems unter der Qing-Dynastie im 18. Jahrhundert vgl. die bahnbrechende Arbeit von Will 1990.
186 Wemheuer 2014: 30; Will und Wong 1991: 501f.
187 Edgerton-Tarpley 2008: 92-99.
188 Ebd.: 114-130.
189 Mallory 1926: 67f.
190 Chen 1911b: 585.
191 Fuller 2019.
192 Li 2016: 213.

193 Wagner 1997: 7.
194 Ebd.
195 Ebd.
196 Wagner 1997: 8.
197 King 1965: 9.
198 Ebd.: 242.
199 Lai 2011: 160f.
200 Will und Wong 1991: 495.

2
Von der Marktwirtschaft zur Kriegswirtschaft und zurück
Preiskontrollen und Inflationsdruck in den USA im Zweiten Weltkrieg und in der Nachkriegszeit

1 Samuels 2008; Schumpeter 1997 [1952]: 220.
2 Taussig 1919: 238f.
3 Ebd.: 240.
4 Ebd.
5 Ebd.: 240f.
6 Ebd.
7 Cottrell und Cockshott 1993; Hoff 1949; Lavoie 1985; Levy und Peart 2008.
8 Den ersten Angriff leitete Ludwig von Mises (1920: 86) in der Zwischenkriegszeit ein, die er als Zeit bezeichnete, »in der wir uns dem Sozialismus immer mehr und mehr nähern«. Von Mises behauptete, eine rationale sozialistische Wirtschaft könne es nicht geben, da das Preisproblem nicht gelöst werden könne (ebd.: 91). Hingegen zogen sich Robbins (1934) und Hayek (1935) auf eine »zweite Verteidigungslinie« zurück (Lange 1936: 36) und reduzierten das Problem auf die theoretische Durchführbarkeit, nicht auf eine abstrakte Möglichkeit. In ihren Augen war das Problem der Preisbestimmung anhand eines Systems von Gleichungen im Prinzip lösbar; die Berechnungen würden jedoch zu viel Zeit in Anspruch nehmen, um von praktischem Nutzen zu sein. Oskar Lange, einer der Vorreiter einer formalen Vision des Marktsozialismus, sah »keinen Grund, warum ein Verfahren von Versuch und Irrtum ähnlich dem auf einem Markt mit freiem Wettbewerb in einer sozialistischen Wirtschaft nicht funktionieren sollte« (ebd.: 67). In seinen Augen gab es keinen theoretischen Grund dafür, dass eine sozialistische Wirtschaft mit Gemeineigentum bei der Festlegung optimaler Preise der Marktwirtschaft mit Privateigentum unterlegen sein sollte.
9 Dobb 1933: 589.
10 Robbins 1945 [1932]: 16.
11 Ebd.
12 Dobb 1933: 589f.
13 Galbraith 1980: 1.
14 Taussig 1919: 238.
15 Galbraith 1980: 45.
16 Keynes 1940.
17 Das widerspricht der Einschätzung des kaiserlichen Wirtschaftsberaters Sang Hongyang, der auch im Krieg erhöhte Staatsausgaben für vorteilhaft hielt (siehe Kapitel 1).
18 Keynes 1940: 4.

19 Ebd.
20 Ebd.: 30.
21 Keynes 2000 [1936]: 5.
22 Hayek 1940: 322.
23 Keynes 1940: 2.
24 Ebd.: 8.
25 Ebd.: 58.
26 Keynes 1940: 9, 28, 69.
27 Ebd.: 58.
28 Ebd.: 69, Hervorhebung im Original.
29 Ebd.: 74.
30 Ebd.: 51.
31 Ebd.
32 Ebd.: 52.
33 Ebd.
34 Ebd.
35 Ebd.: 53.
36 Ebd.: 58.
37 Ebd.: 74.
38 Ebd.: 53.
39 Ebd.: 54.
40 Ebd.
41 Galbraith 1980: 5f.
42 Hansen 1941; Musgrave 2008. Zu beachten ist, dass Hansen nicht einfach Keynes' Gedanken verbreitete: Einige seiner Vorstellungen, die später als »keynesianisch« eingestuft wurden, hatte er unabhängig von Keynes entwickelt. Für einen systematischen Vergleich zwischen Hansen und Keynes vgl. Mehrling (1998: 130-136).
43 Hansen 1941.
44 Ebd.: 6.
45 Ebd.
46 Hansen kritisierte auch Keynes' Plan für erzwungene Ersparnisse und erklärte, dieser sei »wahrscheinlich für Lohnempfänger nicht akzeptabel«. Stattdessen schlug er ein staatlich gefördertes freiwilliges Sparprogramm vor, das durch Verbrauchssteuern ergänzt werden sollte (1941: 6). Im Gegensatz zu Keynes hielt Hansen entschlossene Eingriffe zur Abschöpfung der Kaufkraft erst nach Erreichen der Vollbeschäftigung für notwendig. Anscheinend übersah er Keynes' wichtiges Argument des schrittweisen Wachstums der Lohnsumme.
47 Ebd.: 1.
48 Galbraith 1941.
49 Galbraith 1982: 133.
50 Galbraith 1941: 83.
51 Ebd.: 84.
52 Ebd.: 83.
53 Galbraith 1982: 135.
54 Ebd.: 130.
55 Bartels 1983: 8.
56 Ebd.: 7f.
57 War Records Section Bureau of the Budget 1946: 239f.

58 Galbraith 1982: 130.
59 Rockoff 1984: 85.
60 Ebd.: 86.
61 Ebd.
62 Bartels 1983: 9.
63 Galbraith 1982: 141.
64 Bartels 1983: 9.
65 Galbraith 1982: 164.
66 Ebd.: 142.
67 Ebd.: 10-12.
68 Li 2016.
69 Barkley 1942; War Records Section Bureau of the Budget 1946: 249.
70 Für eine detaillierte chronologische Darstellung der Bemühungen der OPA um eine Preisstabilisierung, die angewandten Techniken und die Probleme der Preiskontrollen vgl. Mansfield (1947).
71 Rockoff 1984: 109.
72 Laguerodie und Vergara 2008: 574.
73 Galbraith 1982: 167.
74 Baruch 1962; Coit 1958: 201-203; *Encyclopædia Britannica* 2011.
75 War Records Section Bureau of the Budget 1946: 237f.
76 Galbraith 1982: 168; Rockoff 1984: 89, 91; Bartels 1983: 13.
77 War Records Section Bureau of the Budget 1946: 43.
78 Galbraith 1982: 169.
79 Rockoff 1984: 92.
80 Galbraith 1982: 169.
81 Rockoff 1984: 109.
82 Mansfield 1947: 51.
83 Parker 2005: 151; Rockoff 1984: 92; War Records Section Bureau of the Budget 1946: 266.
84 Bartels 1983: 15f.
85 War Records Section Bureau of the Budget 1946: 387.
86 Für einen Brief für Galbraith an Henderson anlässlich seines Rücktritts vgl. Holt (2017: 38f.).
87 Roosevelt 1943, nach Rockoff 1984: 85.
88 Mansfield 1947: 56f.
89 Galbraith 1982: 190-192; Parker 2005: 150-152.
90 Parker 2005: 152.
91 Sandler 1943.
92 Galbraith 1982: 131.
93 Harris 1945: 10.
94 Mansfield 1947: 82.
95 Harris 1945.
96 Ebd.: 11.
97 Die Analyse von Harris deckt sich im Wesentlichen mit Simon Kuznets' (1945) sehr viel detaillierterer statistischer Analyse von Preis- und Outputindikatoren.
98 Katona 1945: 225.
99 Für eine eingehende vergleichende Untersuchung der Einschätzungen der amerikanischen Produktionsmöglichkeiten sowie von Umstrukturierung und Wachstum des BIP während des Zweiten Weltkriegs vgl. Edelstein (2015).

100 Brunet 2018: 33; Goldsmith 1955: 62-65.
101 Goldsmith 1955: 63; Mansfield 1947: 57.
102 Harris 1945: 267; Galbraith 1982: 176; Mansfield 1947: 44f.
103 Kalecki 1949: 37, 40.
104 Harris 1945: 27.
105 In seiner Kritik an Galbraith gesteht Friedman Galbraith zu, dieser sei »der Einzige, der in einem Buch mit dem Titel *A Theory of Price Control*, das er nicht lange nach Kriegsende schrieb, ernsthaft versucht hat, seine Position [in der Frage der Preiskontrollen] mit einer theoretischen Analyse zu begründen. Ich halte seine Analyse für falsch, aber sie ist zumindest ein ernstzunehmender Versuch, einen Standpunkt zu begründen« (1977: 12). Colander (1984) hat gezeigt, dass Galbraith dieses Buch für seine beste Arbeit hielt, jedoch glaubte, es habe nur eine extrem kleine Leserschaft gefunden.
106 Galbraith 1943: 258.
107 Galbraith 1980: 17.
108 Ebd.: 25.
109 Galbraith 1943.
110 Ebd.: 17.
111 Keynes 1940; Galbraith 1980: 28.
112 Galbraith 1980: 32f.
113 Ebd.: 36.
114 Ebd.: 39; Galbraith 1982: 177.
115 Galbraith 1980: 52.
116 Mansfield 1947: 82.
117 Kalecki 1947: 8f.
118 Galbraith 1980: 54.
119 Ebd.: 55.
120 Truman 1945b.
121 Ebd.
122 Rockoff 1984: 99.
123 Truman 1955: 423f.
124 Ebd.: 423.
125 Rockoff 1984: 100.
126 Baruch 1962: 393f.
127 *New York Times* 1946.
128 Rockoff 1984: 101. Zu jener Zeit war die Abschaffung der Kontrollen eine Frage von derart großem öffentlichem Interesse, dass sie von Rex Stout in dem Detektivroman *The Silent Speaker* (1946, deutsch 1952 als *Der Mord im Waldorf Astoria*) thematisiert wurde. Der Inhalt des Romans orientiert sich an dem Konflikt zwischen der Preisbehörde OPA und der amerikanischen Handelskammer sowie der National Association of Manufacturers. Der Leiter der fiktiven Preisbehörde wird vermeintlich im Auftrag von Wirtschaftsführern ermordet.
129 Truman 1955: 425.
130 Truman 1946.
131 Mansfield 1947: 100f.
132 Truman 1955: 424.
133 Kalecki 1947, 1949; Krock 1946.
134 Mansfield 1947: 101; Truman 1955: 426.

135 Rockoff 1984: 109.
136 Ebd.
137 Ebd.; Mansfield 1947: 98-102.
138 Harris 1945: 34.
139 Kalecki 1947, 1949. Ich danke Michael Kuczynski, der mich auf diese beiden wichtigen Analysen der Inflation in der unmittelbaren Nachkriegszeit und auf die Tatsache aufmerksam gemacht hat, dass diese Forschungsarbeit von Michał Kalecki durchgeführt wurde. Ich habe diese Berichte, die in der Piero-Sraffa-Sammlung des Trinity College in Cambridge aufbewahrt werden, herangezogen. Sie enthalten eine Notiz, die darauf hindeutet, dass Kalecki die Berichte Sraffa schickte. Für einen Überblick über Kaleckis Beiträge zur Debatte über den Übergang von der Kriegs- zur Friedenswirtschaft – insbesondere in Großbritannien, Kanada und Polen – siehe Kapitel 9 des zweiten Bandes von Toporowskis intellektueller Biografie (2018).
140 Kalecki 1949: 38.
141 Ebd.: 39.
142 Ebd.: 40.
143 Hibbs 1976: 160; Richter und Montgomery 1994: 48-50.
144 Hibbs 1976: 160. Hibbs (ebd.: 156) definiert das Streikaufkommen als »verlorene Arbeitstage pro tausend zivile Arbeitskräfte außerhalb der Landwirtschaft«.
145 Rockoff 1984: 109; Kalecki 1947: 1, 16f.
146 *The Economic Report of the President* 1950.
147 NBER 2012.
148 Cairncross 1985: xiii, 333.
149 Kalecki 1949: 29.
150 Ebd.: 300.
151 Ebd.: 335.
152 Ebd.: 31.
153 Cairncross 1985: 333.
154 Ebd.: 343.
155 Ebd.
156 Ebd.: 344.
157 Ebd.: 345.
158 Kalecki 1949: 29.
159 Ebd.: 30.
160 Cairncross 1985: 40.
161 Kalecki 1949: 30.
162 Hibbs 1976: 160.
163 Weber 2020b, 2021.
164 Für eine detaillierte Analyse der Rolle des deutschen Wirtschaftswunders in der chinesischen Reformdebatte vgl. Weber (2020, 2021).
165 Fuhrmann 2017.
166 Vgl. z. B. Abelshauser 2004; Nicholls 2000 und Zündorf 2006a, b.
167 Fuhrmann 2017: 244-252, 264-296.
168 Dieser duale Zugang zur Wirtschaftslenkung wurde von Kromphardt (1947) theoretisch untersucht.
169 Vgl. z. B. Tower (1946) in der *New York Times* (19. Februar). Tower berichtete, Bowles, der neue Leiter der Preisbehörde, habe die National Association of Manufacturers als »unver-

antwortliche Gruppe« bezeichnet, während diese Bowles beschuldigt habe, »eine Vereinigung Tausender Unternehmen aus allen Staaten der Union, die 85 Prozent der Produktionsgüter und verarbeiteten Güter im Land bereitstellen«, zu diskreditieren.

170 Phillips-Fein 2009: 281; Slobodian 2019: 183-185.

171 Hayek 1943. Das Buch erschien erstmals in England und wurde später in *Reader's Digest* veröffentlicht. Für eine eingehende Schilderung der Publikations- und Rezeptionsgeschichte vgl. Burgin (2012: 87-94).

172 Pigou erklärt in seiner Rezension von Hayek: »Für einen Staat, der an einem modernen Krieg teilnimmt, ist diese Methode [der zentralen Planung] unvermeidlich. Ohne sie kann man unmöglich effektiv einen Krieg führen, weshalb die damit verbundenen Übel akzeptiert werden müssen, wenn man das größere Übel der militärischen Niederlage vermeiden will. Aber in Friedenszeiten besteht kein solcher Zwang« (Pigou 1944: 218).

173 Hayek 1971: 65.

174 Keynes 1980 [1944]: 386f., Hervorhebung ergänzt.

175 Hayek 1971: 59.

176 Ebd.: 59f.

177 Ebd.: 168.

178 Ebd.: 172f.

179 Ebd.: 245.

180 Mises Institute 2005.

181 Von Mises 1974a [1945].

182 »In der freien Wirtschaft [...] erfolgt die Koordinierung der Aktivitäten der Individuen und ihre Integration in ein harmonisches System, das die Konsumenten mit den von ihnen gewünschten Gütern und Dienstleistungen versorgt, durch den Marktprozess und die von ihm erzeugte Preisstruktur« (von Mises 1974a: 72).

183 Ebd.: 74.

184 Ebd.

185 von Mises 1974b [1950], 22-24.

186 Mihm 2017; Mills 1975; Rockoff 1984.

187 Z.B. Friedman 1952, 1977; Friedman und Friedman 1980; Friedman und Schwartz 1963.

188 Friedman 1966: 17f.

189 Ebd.: 18.

190 Ebd.: 29.

191 Ebd.: 20.

192 Galbraith 1980.

193 Friedman 1966: 20.

194 Ebd.: 31.

195 Friedman 1973: 65.

196 Friedman 1983: 153.

197 Ebd.: 483. Galbraiths Biograf Richard Parker erklärt, das Gewicht dieser Anschuldigung sei dadurch relativiert worden, dass Friedman auch die Sozialversicherung und die Einkommenssteuer als »sozialistisch« betrachtete (2005: 483).

198 Friedman 1977.

199 Galbraith 1990. Für eine Kritik der Schocktherapie und einen alternativen Vorschlag für die Transformation, der teilweise auf Galbraiths Erfahrungen in der Preiskontrolle beruht, vgl. Galbraith (1992).

200 Hahn 1981: 2.

201 Ebd.: 27.
202 Galbraith 1980: ii.

3
Sieg über die Hyperinflation
Kommunistische Revolution, Markterschaffung und Preisstabilisierung

1 Zur Einschätzung des Ausmaßes der deutschen und chinesischen Hyperinflation merkt Simkin (1978: 113) an, das Urteil hänge davon ab, welche Maßstäbe man anlege: »Akzeptiert man Cagans zugegebenermaßen willkürliche Bestimmung des Ausgangspunkts der Hyperinflation in dem Monat, in dem der allgemeine Preisanstieg erstmals die Schwelle von 50 Prozent überstieg (Cagan 1956: 25), so begann die chinesische Hyperinflation erst im Januar 1948. Von da an stiegen die Großhandelspreise in Shanghai bis zur Machtübernahme der Kommunisten im April 1949 um den Faktor 1,80 (10^7) (Chou 1963: 34, 264). Demgegenüber kommt Cagan auf einen Wert von 1,02 (10^{10}) für die deutsche Hyperinflation der Jahre 1922-1923. […] Betrachtet man die Hyperinflation hingegen als letztes Stadium eines sich verstärkenden Inflationsprozesses, so fällt der Vergleich anders aus. Zwischen dem Ausbruch des Kriegs mit Japan im Dezember 1937 und April 1949 stiegen die Preise in China um den Faktor 4,79 (10^{12}). Das übersteigt den Faktor 1,26 (10^{12}) des deutschen Preisanstiegs zwischen 1914 und 1924 sowie den Faktor 1,71 (10^{10}) des Anstiegs in Russland im selben Zeitraum; und die russische Hyperinflation überstieg nach dem Ersten Weltkrieg jene in Österreich, Ungarn und Polen (Cagan 1956: 26; Chou 1963: 261).« An diesem Maßstab gemessen, war die chinesische Hyperinflation die schlimmste.
2 Bresciani-Turroni (1937 [1931]); Robbins (1937: 5).
3 Chou Shun-hsin 1963: xi.
4 Ebd.
5 Fairbank 1983: 346; Hsia 1953: 25; Tsakok 1979: 865; Pepper 1999: 95-131.
6 Ling und Lei, 1959: 34.
7 Chang 1958: 3; Eckstein 1977: 160f.; Fairbank 1983: 80-105.
8 Wu 1956: 64.
9 Heilman und Perry 2011: 15.
10 Mitter 2020.
11 Lai 2011: xviii.
12 Xue 1979.
13 Campbell und Tullock 1954: 227f.
14 Ebd.: 226f.; Eckstein 1977: 162; Pepper 1986: 741f.; US Department of State 1949: 394, 781; van de Ven 2018: 183.
15 Chang 1958: 371-375.
16 Hsia 1953: 23.
17 Ebd.
18 Eckstein 1977: 161f.; Riskin 1987: 33; Lai 2011: 161; van de Ven 2003: 259, 263f.
19 Adler 1957: 10f.
20 Ebd.: 11, 13f.; Liu und Wu 1986: 10, 16; van de Ven 2003: 268.
21 Myers 1986: 269-275.
22 van de Ven 2003: 270; Trescott 2007: 288.
23 Chou 1963: 1-7; Lai 2011: 158.

24 Adler 1957: 13; Liu und Wu 1986: 10; Myers 1986: 257-268. Liu und Wu (1986: 17) stellen eine Schätzung zum Produktionsrückgang zur Zeit der kommunistischen Machtübernahme an: »Verglichen mit dem Spitzenjahr vor 1937 sank die landwirtschaftliche Produktion bis 1949 um mehr als 20 Prozent, wobei die Getreideproduktion um 22,1 Prozent, [...] die Baumwollproduktion um 48 Prozent [...] und die Zahl der Schweine um 26,1 Prozent fiel. [...] Der Wert der Industrieproduktion stürzte um 50 Prozent ab, wobei die Produktion der Schwerindustrie um 70 Prozent und die der Leichtindustrie um 30 Prozent schrumpfte.« Für eine Diskussion des Rückzugs aus dem nationalen Markt und der Produktion für Subsistenz oder örtliche Märkte im Baumwollsektor vgl. Kraus (1980: 42f.).

25 Myers 1986: 257.

26 van de Ven 2003: 258f.

27 van de Ven 2003: 275.

28 Pepper 1986: 743.

29 Adler 1957: 13.

30 Trescott 2007: 69.

31 Trescott 2007: 117, 226.

32 van de Ven 2003: 259.

33 Young 1965: 145-149.

34 Wu 1956: 51f.; Pepper 1986: 743-747.

35 Eckstein 1977: 164; US Department of State 1949: 569, 781.

36 Campbell und Tullock 1954: 227f.

37 Wu 1956: 52; US Department of State 1949: 278.

38 Pepper 1986: 744.

39 Young 1965: 37.

40 Chang 1958: 136f.

41 Young 1965: 37.

42 Arthur N. Young gab seinen Posten im amerikanischen Außenministerium im Jahr 1929 auf, um in China als Finanzberater für die nationalistische Regierung und die Zentralbank zu arbeiten. Dieser Tätigkeit ging er bis 1947 nach (Fuchs 1974). In einem Bericht des amerikanischen Außenministeriums (1949: 377f., 788) wurde ihm attestiert, dass er der nationalistischen Regierung verglichen mit anderen amerikanischen Beratern »loyale und nützliche Dienste« erwiesen habe. Young nahm auch als Mitglied der chinesischen Delegation an den Gesprächen in Bretton Woods im Jahr 1944 teil (Fuchs 1974).

43 Fuchs 1974: 7. Young nimmt nur einen in Harvard ausgebildeten Beamten von diesem Urteil aus.

44 Young 1965: 37.

45 Chang 1958: 137; Young 1965: 38.

46 Chang 1958: 347.

47 Chang 1958: 347f.; Donnithorne 1967: 224; Hsia 1953: 21f.

48 Riskin 1987: 34; US Department of State 1949: 567-569; Eckstein 1977: 163-166; Pepper 1986: 741.

49 Adler 1957: 12.

50 Für eine bahnbrechende Untersuchung der monetären Experimente und Debatten der zwanziger und dreißiger Jahre vgl. Cole 2018.

51 Huang 2013: 3f.; Lai 2011: 148-160.

52 Zhu et al. 2000: 387.

53 Für einen Überblick über die verschiedenen Währungen vgl. Ling und Lei 1959: 11f.

54 Zhu et al. 2000: 392.
55 Lai 2011: 145-163; Xue 1981: 1-6.
56 Lai 2011: 151; Xue 1996: 1-7.
57 China Development Research Foundation 2011.
58 Lai 2011: 151-154; Cole 2018: 159-161. Für eine theoretische Analyse dieser Debatte vgl. Karl 2017: 113-140.
59 Lai 2011: 150-154.
60 Fan Shitao (noch nicht erschienen). Für einen detaillierten Überblick über die Entwicklung der Maßnahmen zur Herstellung eines stabilen Währungsregimes und zur Rolle von Xue Muqiaos Vorgehen in Shandong vgl. Huang 2013.
61 Ähnliche Vorstellungen von einem Warenstandard für den Geldwert stellte Xu Qingfu in der chinesischen Debatte der dreißiger Jahre dem Bullionismus gegenüber (Cole 2018: 245-255).
62 Xue nach Lai 2011: 159.
63 Die chinesische Ausgabe von Xues Buch *China's Socialist Economy* erschien 1979.
64 Yue 1981: 3.
65 Lai 2011: 160.
66 Lai 2011: 159-164.
67 Liu und Wu 1986: 27f.
68 Ling und Lei 1959: 38, 44.
69 Mao 1979: 4.
70 Donnithorne 1978: 2; Ling und Lei 1959: 34.
71 Hsia 1953: 25. Einige Schlüsselbestandteile dieses Programms waren die Agrarreform, die Verstaatlichung von Unternehmen, die »für das wirtschaftliche Leben des Landes« wichtig waren, die Ausweitung der Kooperativen und die Eigentumskoexistenz als Grundprinzip (The Common Program of the CPPCC 1949).
72 Common Program of the CPPCC 1949.
73 Burdekin und Wang 1999.
74 Sargent 1982.
75 Hsia 1953: 25, 29, 33, 41.
76 Die Listenpreise wurden auf der Grundlage von Kosten und Gewinnberechnungen festgelegt (Hsia 1953: 38f.).
77 Hsia (1953) ist nach wie vor die beste englischsprachige Quelle zu den frühen Bemühungen der Kommunisten um eine Stabilisierung der Preise. Er beschreibt die Entwicklung und institutionelle Struktur der staatlichen Handelsagenturen im Detail: »Obwohl es schon vor der Gründung der Zentralen Volksregierung mehrere Handelsagenturen gab, entstanden die landesweit tätigen spezialisierten Handelsgesellschaften erst nach dem 10. März 1950. An diesem Tag verabschiedete der Zentrale Beratungsausschuss der Zentralen Volksregierung eine Richtlinie mit dem Titel ›Entscheidung über die Verfahren zur Vereinheitlichung des staatlichen Handels‹, die den organisatorischen Rahmen für den staatlichen Handel schuf. Es gibt zwei Kategorien von spezialisierten staatlichen Handelsgesellschaften: Die einen widmen sich dem Binnenhandel, die anderen dem Außenhandel. In die erste Kategorie fallen (1) die Chinesische Getreidehandelsgesellschaft, (2) die Chinesische Handelsgesellschaft für Baumwolle, Garn und Textilien, (3) die Chinesische Salzhandelsgesellschaft, (4) die Chinesische Handelsgesellschaft für allgemeine Güter, (5) die Chinesische Kohlehandelsgesellschaft, (6) die Chinesische Erdölhandelsgesellschaft, (7) die Chinesische Handelsgesellschaft für Native Nahrungsmittel, (8) die Chinesische Handelsgesellschaft für Industrieausrüstung und Materialien, (9) die Chinesische Baugesellschaft [...] und (10) die Chinesische Handels-

gesellschaft für medizinisches Zubehör« (Hsia 1953: 33f.). Diese erste Kategorie von Handelsagenturen trug entscheidend zur Preisstabilisierung bei.

78 Hsia 1953: 34f.

79 Anfang der fünfziger Jahre kontrollierten die staatlichen Handelsagenturen mehr als 90 Prozent des landesweiten Salzangebots, 70 bis 80 Prozent der Kohle, 40 Prozent der Baumwollstoffe, 30 Prozent des Angebots an Baumwollgarn und Reis und 20 Prozent des Mehls (Hsia 1953: 35). In den folgenden Monaten stiegen diese Anteile rasch. Beispielsweise erwarb die Chinesische Handelsgesellschaft für Baumwolle, Garn und Textilien in den ersten neun Monaten des Jahres 1950 75 Prozent der gesamten Produktion von Baumwollstoffen (Hsia 1953: 35).

80 Ling und Wu 1986: 28.

81 Ling und Lei 1959: 32, 56.

82 Liu und Wu 1986: 19.

83 Ling und Lei 1959: 52.

84 Liu und Wu 1986: 25.

85 Hsia 1953: 39f.

86 Die Produktion war deutlich unter das Vorkriegsniveau gesunken. Ling und Lei (1959) schätzten, dass die Agrarproduktion im Jahr 1949 nur etwa 75 Prozent des Vorkriegsniveaus erreichte. Was die wichtigsten Industriegüter anbelangt, so schätzten sie, dass die Produktion von Roheisen auf 10,9 Prozent, die von Stahl auf 15,8 Prozent, die von Kohle auf 44,5 Prozent und die von Baumwollstoffen auf 72,5 Prozent der vor dem Krieg erreichten Spitzenniveaus gesunken war.

87 Liu und Wu 1986: 35-37.

88 van der Sprenkel 1951: 37f.

89 Bodde (1951), ein weiterer Beobachter aus erster Hand, erklärt, wie das System funktionierte: »Die Bank legte einen ›Einheitspreis‹ fest, den sie täglich in den Zeitungen veröffentlicht. Er beruht auf der Gesamtsumme der durchschnittlichen Marktpreise von drei grundlegenden Gütern – Weizen, Maismehl (pro Pfund) sowie Baumwollstoff – an den fünf vorangegangenen Tagen. Nehmen wir an, dass sich diese Summe an einem gegebenen Tag auf 100 Dollar beläuft und dass eine Person an diesem Tag ein Sparkonto mit einer Einlage in dieser Höhe eröffnet. Damit kauft diese Person de facto eine ›Spareinheit‹ von der Volksbank. Nehmen wir des Weiteren an, dass die Person drei Monate später ihr Sparguthaben abheben möchte und feststellt, dass der Wert ihrer Ersparnisse infolge eines Anstiegs der Preise dieser drei grundlegenden Güter auf 150 Dollar gestiegen ist. Das bedeutet, dass die Bank der Person jetzt nicht die ursprünglich eingezahlten 100 Dollar, sondern den neuen Wert der Einheit auszahlt, der bei 150 Dollar liegt. Gleichzeitig werden die aufgelaufenen Zinsen proportional berechnet« (Bodde 1951: 138). Für eine weitere zeitgenössische Darstellung von Ausländern in China vgl. Lapwood und Lapwood 1954: 55-59.

90 Schaubild 3.1; Rostow 1954: 244f.

91 CIA 1952.

92 Das deckt sich im Wesentlichen mit Schrans Ergebnis: »Der Index der Großhandelspreise stieg anfangs rasch von 47,7 im Dezember 1949 auf einen Höchstwert von 108,0 im März 1950. Aber im folgenden Quartal sank er fast ebenso viel und erreichte im Juni 1950 einen Tiefstwert von 68,8. Dann stieg der Inflationsdruck infolge des Koreakriegs erneut zeitweilig: Der Index begann zu steigen und erreichte im Oktober 1951 einen neuen Spitzenwert von 106,2, um anschließend im Lauf des Jahres 1952 wieder auf den Durchschnittswert 100 des Basisjahrs zu sinken. Von da an stabilisierte er sich fast vollkommen und blieb unweit der Parität« (1977: 368).

93 Liu und Wu 1986: 20.
94 Ling und Lei 1959: 52.
95 Wu 1956.
96 Burdekin und Wang 1999.
97 Heilman und Perry 2011: 33.

4
Ausbruch aus der alten Ordnung
Preise in der maoistischen Wirtschaft und die Notwendigkeit von Reformen

1 Clark 1940: 39; Cooper 2005: 4.
2 Maddison 2001.
3 Wemheuer 2014: 11.
4 Vgl. Schmalzer (2016) für eine umfassende Darstellung der »grünen Revolution« und der maoistischen Vorstellung von der revolutionären Wissenschaft.
5 Weltbank 1983.
6 Maddison 2007: 100.
7 Johnson und Papageorgiou 2020: 140.
8 World Bank 1983: 78.
9 Maddison 2001.
10 World Bank 1983: 10, 81f.
11 Bramall 2004: 119; Ash 2006: 968.
12 Burdekin 2000: 223; Burdekin 2008: 59; Donnithorne 1978; Nationales Statistikamt 2010: 21; Perkins 1966: 227; Tsakok 1979; Zheng und Huang 2018: 342f.; Huang 2013: 1.
13 Perkins 1964: 360; Tsakok 1979: 865.
14 Ash 2006.
15 Xue 2011 [1984]: 109.
16 Ebd.
17 Riskin 1969.
18 Xue 1960: 48-54.
19 Der Begriff »Bauer« wird nicht in einem abwertenden Sinn verwendet. Auch entspricht er nicht dem deutschen Sprachgebrauch, in dem der Begriff zur Beschreibung von Haushalten verwendet wird, die ihre Felder bestellen, um ihren Lebensunterhalt zu verdienen. Stattdessen halte ich mich an die in der chinesischen Forschung übliche Praxis, den Begriff zur Beschreibung jeder Person zu verwenden, »die nach Maßgabe des Haushaltsregistrierungssystems im ländlichen Raum lebt« (Yang 1996: 8). In maoistischer Zeit arbeitete ein großer Teil dieser Bevölkerung in der Landwirtschaft.
20 Brødsgaard 1983a.
21 Ash 2006: 968.
22 Eyferth 2009: 10.
23 Ash 2006: 960, 969; Schran 1977: 371.
24 Oi (1989: 68) betrachtet das System der lokalen Reserven als Fortsetzung des in der Kaiserzeit genutzten Systems.
25 Ebd.: 68-70. Vgl. Wemheuer (2014: 87-89) für eine detaillierte Beschreibung und Illustration der Funktionsweise dieses Systems.
26 Ash 2006: 96; Walker 1984: 42-44.

27 Wemheuer 2014: 89-91.
28 Perkins 1966: 56-60.
29 Vor der Kollektivierung waren rund 30 Prozent des Bruttowerts der landwirtschaftlichen Produktion auf die subsidiäre Agrarproduktion entfallen, die von Haushaltsmitgliedern bestritten wurde, die ansonsten keinen produktiven Tätigkeiten nachgingen oder diese Arbeit zwischen ihren Schichten auf den Feldern verrichteten. Die subsidiäre Produktion umfasste Schweine- und Hühnerzucht, Gemüse- und Obstanbau sowie die Anfertigung von Kleidung und kleinen landwirtschaftlichen Geräten (Perkins 1966: 74).
30 Für Reden von Li Xiannian, dem damaligen stellvertretenden Ministerpräsidenten und Finanzminister, und Chen Yun, dem stellvertretenden Ministerpräsident und Handelsminister, bei dieser Veranstaltung vgl. Chen Yun (1956, 1983a) und Li Xiannian (1956).
31 Perkins 1966: 71.
32 Ebd.: 96.
33 Wemheuer 2014: 91f., 96f.
34 Solinger 1984: 23f.; Xue 1982a: 29f.
35 Leung und Kau 1992: 44. Da diese Rede eine »beispiellose Kritik am sowjetischen Entwicklungsmodell« enthielt, wurde sie erst später veröffentlicht (Leung und Kau 1992: 44).
36 Mao 1979 [1956]: 29.
37 Ebd.
38 Brødsgaard 1983a: 45f.
39 Wemheuer 2014: 107-111.
40 Vogel 2005.
41 Yang 1996: 33. Vgl. Chen Yun 1983b.
42 Ash 2006: 971.
43 Wemheuer 2014: 122.
44 Wemheuer 2014: 120-145; Yang 1996: 37-39.
45 Vogel 2005: 755.
46 Ash 2006: 967, 971, 981; Walker 1984: 786.
47 Ash 2006: 982.
48 Brødsgaard 1983a: 59-67.
49 Der »Große Sprung nach vorn«, mit dem die Parteiführung innerhalb weniger Jahre die Industrialisierung Chinas erreichen wollte, ist das extremste Beispiel für dieses Vorgehen und hatte zur Folge, dass China in den Jahren 1959-1961 »fraglos die schlimmste Hungersnot des 20. Jahrhunderts erlebte« (Nolan 1993: 4). Ein Ziel des »Großen Sprungs« war es, die Stahlproduktion von 5,35 Millionen Tonnen im Jahr 1957 auf 10,7 Millionen Tonnen im Jahr 1958 zu verdoppeln und im selben Zeitraum die Getreideproduktion von 390 Milliarden *jin* auf 700 Milliarden *jin* zu erhöhen. Obwohl tatsächlich nur eine Produktionsmenge von 8 Millionen Tonnen Stahl und 400 Milliarden *jin* Getreide erreicht wurde, wurden für die Jahre 1959 und 1960 noch anspruchsvollere Ziele ins Auge gefasst (Xue 1982a: 31).
50 Ash 2006: 983; Brødsgaard 1983a; Donnithorne 1967: 337; Perkins 1966: 56-98.
51 Schmalzer 2016.
52 Xue 1981: 181. Perkins (1966: 81) berichtete, dass 1956 und 1957, in den ersten Jahren der zentralisierten Kontrolle über die Landwirtschaft, die landwirtschaftliche Produktion um 4,9 bzw. 3,5 Prozent stieg. Nolan (1995: 51) gelangte zu dem Ergebnis, dass der Nettowert der Pro-Kopf-Produktion der Landwirtschaft zwischen 1957 und 1975 lediglich um 0,3 Prozent pro Jahr stieg. Xue (1981: 180) beobachtete Ähnliches: »Die Pro-Kopf-Getreideproduktion

war im Jahr 1977 im Wesentlichen unverändert gegenüber dem Jahr 1957, und die gesamte Baumwollproduktion blieb auf dem Niveau von 1965.« Xue (1982a: 32f.) stellte ebenfalls fest, dass die Agrarproduktion im Jahr 1967 stagnierte und dass die Produktion von Getreide für den menschlichen Verzehr im Jahr 1968 um 4 Prozent sank. Hätten Mao Zedong und Zhou Enlai im Jahr 1969 den Befehl zur Beendigung des bewaffneten Konflikts gegeben, so hätte dieser Trend umgekehrt werden können.

53 Ash 2006: 961-965.

54 Nolan (1995: 51) erklärte, dass der Anteil der Schwerindustrie an den gesamten staatlichen Investitionen von 36 Prozent im ersten Fünfjahresplan auf etwa die Hälfte im dritten und vierten Plan stieg. Der Anteil der Leichtindustrie stagnierte bei nur 5 bis 6 Prozent. Teilweise war diese Bevorzugung der Schwerindustrie auf die Erfordernisse des Militärs im Koreakrieg, im Kalten Krieg insgesamt und auf den Bruch mit der Sowjetunion zurückzuführen. Wie es Mao im Jahr 1956 in der Rede »Zu den zehn großen Beziehungen« im Politbüro ausdrückte: »Ohne Landesverteidigung geht es nicht. Wäre es gut, jetzt all unsere Truppen zu demobilisieren? Nein, denn es gibt immer noch Feinde. Sie sorgen für unsere ›Ausrichtung‹, und wir werden von ihnen weiterhin umzingelt!« (Mao 1979: 32) Mao warnte jedoch auch, der Anteil des Staatshaushalts, der während des ersten Fünfjahresplans in Militär- und Verwaltungsausgaben floss (fast ein Drittel), sei »zu hoch«. Er forderte: »Im zweiten Fünfjahresplan sollten wir nach Mitteln und Wegen suchen, um ihn [den Anteil] zu senken, damit mehr Kapital für Investitionen im wirtschaftlichen und kulturellen Aufbau frei wird« (ebd.: 33).

55 Solinger 1984: 17.

56 Ash 2006: 964; Donnithorne 1978: 10. Für eine eingehende Auseinandersetzung mit Preisen und Transfers zwischen ländlicher und urbaner Wirtschaft vgl. Lardy 1983: 98-128.

57 Der Begriff der »Preisschere« wurde von Trotzki in den zwanziger Jahren geprägt, als die Sowjetunion im Rahmen der Neuen Ökonomischen Politik eine marktgestützte Industrialisierungsstrategie verfolgte (Mandel 1995: 61-64). So wie in China in den dreißiger und vierziger Jahren hatten niedrige Agrarpreise zu einem Rückzug der Bauern vom Markt geführt. Die wirtschaftliche Kriegführung der Kommunisten diente dazu, den ländlichen Raum unter Einsatz von Märkten und Geld wieder in die Wirtschaft zu integrieren (siehe Kapitel 3). Dazu gehörte eine Schließung der Preisschere (Cole 2018: 179f.).

58 Lardy 1984: 3.

59 Doch die »Scherenbeziehung«

$$\frac{\text{Index des Einzelhandelspreises von Industriegütern in ländlichen Gebieten}}{\text{Index des Beschaffungspreises von Agrarerzeugnissen}} \times 100$$

mit dem Zeitraum 1930-1936 als Basiswert der ländlichen Handelsbeziehungen verbesserte sich zumindest bis 1964 (Donnithorne 1967: 448f.) und stagnierte vermutlich, da die meisten Preise während der Kulturrevolution eingefroren wurden (Xue 2011).

60 Lardy 1984: 8.

61 Gao 2011: 274-278; Oi 1989: 229.

62 Lin 1981.

63 Chen 1966: 48-50.

64 Ebd.

65 Lardy 1983: 218f.; Sun 1978.

66 Lardy 1984: 2.

67 Donnithorne 1978: 3; Schran 1977: 368; Wang 1980: 127. Perkins (1964) und Wang Tongeng (1980: 4-10) beschäftigen sich eingehend mit den chinesischen Preisindizes. Während die

amtlichen Indizes tendenziell zu geringe Anstiege ausweisen und die Datenlage für die sechziger und siebziger Jahre schlecht ist, gibt es kaum Zweifel daran, dass die Preisanstiege – zumindest bei wichtigen Gütern im internationalen Vergleich und insbesondere für ein Entwicklungsland – gering waren.

68 Keynes 1940.

69 Die Weltbank (World Bank 1983: 79) erklärte, sämtliche inländischen Investitionen Chinas seien mit heimischen Spareinlagen finanziert worden. Im Gegensatz zu anderen einkommensschwachen Ländern, die mehr als ein Viertel ihrer Investitionen mit ausländischem Kapital finanzierten, exportierte China auch Kapital in Form von Auslandshilfe in andere Entwicklungsländer.

70 Eyferth 2012.

71 Donnithorne (1978: 8) schätzt, dass der Anteil der wirtschaftlich aktiven Bevölkerung, die ein Lohneinkommen erzielten, im Jahr 1964 bei weniger als 10 Prozent lag.

72 Perkins (1964: 363) erklärte, dass Ende der fünfziger Jahre rund 70 Prozent der Konsumausgaben des durchschnittlichen Arbeitnehmers für Güter auf landwirtschaftliche Erzeugnisse entfielen. In Anbetracht des stagnierenden Lebensstandards dürfte dieser Anteil im Wesentlichen konstant geblieben sein.

73 Donnithorne 1978: 6. Die Löhne wurden zwischen 1956 und dem Jahresende 1977 nie nennenswert erhöht, obwohl die Arbeitsproduktivität deutlich stieg (ebd.).

74 Ebd.: 10; Solinger 1984: 25-27.

75 Perkins 1966: 137f.

76 Wemheuer 2014: 43.

77 Wu und Treiman 2004.

78 Solinger 1984: 24f.; Peebles 1991: 86. Die Bedeutung der Demonetisierung des ländlichen Raums wurde mir in einer privaten Korrespondenz mit Jacob Eyferth klar.

79 Lowenstein 2019; Solinger 1984: 23f.

80 Hsiao 1971: 178-182.

81 Vgl. Hsiao (1971: 51-61, 172-183) für eine eingehende Beschreibung der Funktionsweise der ländlichen Kreditkooperativen.

82 Lowenstein 2019: 54.

83 Ebd.: 53.

84 Ebd.: 53f.

85 Solinger 1984: 24f.; Peebles 1991: 86.

86 Donnithorne 1967: 442.

87 Lardy 1984: 2.

88 Chen Nai-ruenn 1966: 38f.

89 Wang 1980: 127.

90 Ebd.: 127-129.

91 Lardy 1984: 4; Solinger 1984: 28.

92 Solinger 1984: 285.

93 Lardy 1984: 4.

94 Diese zweite Kategorie umfasste im Jahr 1959 293 Produkte, während die erste Kategorie lediglich 38 enthielt (Donnithorne 1967: 285). Die Listen wurden regelmäßig überarbeitet.

95 Lardy 1984: 4; Schran 1977: 371. Gelegentlich bot der Staat möglicherweise höhere Preise für über die Quote hinausgehende Lieferungen und noch höhere Verhandlungspreise für zusätzliche Lieferungen von Gütern aus der ersten und zweiten Kategorie an (Lardy 1984: 5).

96 Donnithorne 1967: 284; Lardy 1984: 5; Schran 1977: 371. Nachdem diese Märkte in den ersten Jahren der zunehmenden staatlichen Kontrolle über den Handel beinahe verschwunden waren, wurden sie 1956 wiedereröffnet, um dem Inflationsdruck zu begegnen, und dasselbe geschah nach der verheerenden Hungersnot infolge des Großen Sprungs nach vorn (Perkins 1966: 291f.).
97 Donnithorne 1967: 285.
98 Chen 1966: 39.
99 Zu beachten ist, dass es aufgrund der weitreichenden Kontingenzen und historischen Pfadabhängigkeiten bei der Preissetzung fast unmöglich war, sich ein Bild von den Produktionskosten zu machen, das nicht auf den empirisch beobachteten Inputpreisen beruhte (Wang 1980: 86).
100 Donnithorne 1967: 439-442.
101 N. Chen 1966: 39.
102 Chen 1966: 37f., 40, 48. In einer persönlichen Mitteilung beschrieb Alexander F. Day, gestützt auf seine Archivarbeit über einen staatlichen landwirtschaftlichen Betrieb im Landkreis Meitan im nördlichen Guizhou, ein erhellendes Beispiel für die Bestimmung des Preises von Tee. Aus dem Archivmaterial geht hervor, dass angesichts der Unmöglichkeit, die Preise gestützt auf den Wert zu berechnen, der historische Preisunterschied zwischen unterschiedlichen Güteklassen von Tee und Reis herangezogen wurde, um den Beschaffungspreis festzusetzen. Als sich herausstellte, dass der so ermittelte Preis zu niedrig war, um die Produktionsziele für Tee zu erreichen, wurde der Preis experimentell heraufgesetzt, um die Produktion anzuregen.
103 N. Chen 1966: 37f., 40.
104 Chen 1978: 93f.
105 Die konkurrierenden Positionen behandelt Chen Nai-ruenn (1966). Es gab drei Schulen: Die ersten beiden wollten den Mehrwert im Verhältnis zu den Arbeitskosten beziehungsweise zu den gesamten Produktionskosten berechnen, während die dritte vorschlug, die Marx'schen Produktionspreise zu übernehmen und den Mehrwert ausgehend von der Annahme einer konstanten Kapitalrendite zu definieren.
106 Chen 1966: 37f., 40, 48.
107 Wang 1980: 93f.
108 Lardy 1984: 6.
109 Donnithorne 1978: 9; Schran 1977: 378.
110 Chen 1978: 95; Chang 1969: 148.
111 N. Chen 1966: 51f.
112 Perkins 1966: 100.
113 Ebd.: 101.
114 Diese Kredite waren verzinst, aber die Zinsen konnten als Kosten von den Einnahmen abgezogen werden und verringerten die Gewinnsteuer der Unternehmen. Daher gingen die Zinszahlungen de facto zu Lasten der Staatskasse (Perkins 1966: 105).
115 Perkins 1966: 101-105.
116 Wang 1980: 107f.
117 Donnithorne 1978: 4.
118 Ebd.
119 Xue 1981: 137f.
120 Ebd.: 153.
121 Xue 1982b: 72.

122 Donnithorne 1967: 316; H. Chen 1978: 94.
123 Tsakok 1979: 870.
124 Schran 1977: 378.
125 Wang 1980: 85, 127.
126 Bell 2013: 41.
127 Donnithorne 1978: 9.
128 Perkins 1966: 126
129 Ebd.: 129.
130 Ebd.: 126f.; Donnithorne 1978: 9f.
131 Perkins 1966: 127f.
132 Ebd.: 130.
133 Xue 1982b: 64.
134 Vogel 2011: 157
135 Zhao 2016. Cheek (2016: 221) stellt Ähnliches fest: »Für Parteiführung und Intellektuelle begann eine neue ideologische Phase, in der sich eine neue Schlüsselfrage stellte: Wie konnte das sozialistische System Chinas so reformiert werden, dass sich erstens die Kulturrevolution nie wiederholen würde und zweitens Partei und Sozialismus die Sklerose des Staatssozialismus in der Sowjetunion vermeiden und jenen Wohlstand und kulturellen Reichtum aufbauen konnten, der in Japan, den Vereinigten Staaten und Europa so offenkundig war. Es war klar, dass China einen großen Rückstand auf den Westen hatte. Die Debatte kreiste um die Reform: Was sollte reformiert werden? Wie konnte man es reformieren? Welches Maß an Reformen würde genügen?«
136 Weltbank 1983.
137 Wood 2016.
138 Hu 1978.
139 Fewsmith 1994: 59f.
140 Lardy 1983: 157f.
141 Weng 2016.
142 Tang 2016.
143 Deng 1984a: 153f.
144 Der Handel mit nichtkommunistischen Ländern wuchs zwischen 1970 und 1973 wechselkursbereinigt um 80 Prozent (Riskin 1987: 193). Wen (2012: 72) schätzt, dass China zwischen den späten sechziger Jahren und Mitte der siebziger Jahre Maschinen und Ausrüstung im Wert von 4,24 Milliarden Dollar importierte. Für eine allgemeine Darstellung der Wiederbelebung des Außenhandels vgl. Teiwes und Sun (2007: 50f.).
145 Riskin 1987: 193.
146 Teiwes und Sun 2011: 6.
147 Vogel 2011: 157, 168-171.
148 Teiwes und Sun 2011: 11-13.
149 Lu 2016.
150 Lin 2016; siehe Zitat am Anfang des Kapitels.
151 Wang 2009: 43.
152 Teiwes und Sun 2011, 2013.
153 Teiwes und Sun 2011: 3.
154 Ebd.: 7.
155 Riskin 1987: 192.
156 Vgl. z. B. die Diskussion in Vogel (2011: 184f.) über die zeitgenössischen Beobachter Huas.

157 Vogel 2011: 185.
158 Brødsgaard 1983b: 258-260; Teiwes und Sun 2011: 8-10.
159 Naughton 1995: 67.
160 Ebd.: 69; Fewsmith 1994: 57f.
161 Fewsmith 1994: 58; Naughton 1995: 69.
162 Naughton (1995: 70f.) nennt das Stahlwerk Baoshan als Beispiel für die von einem Unternehmen vorangetriebene Einfuhr von Anlagen: »Die Zentralregierung hatte ursprünglich im November 1977 das Vorhaben bewilligt, einen Hafen zu bauen und eine Eisenschmelzanlage mit einer Kapazität von 5 Millionen Tonnen zu bauen, um die bestehenden Stahlwerke von Shanghai mit Eisen zu versorgen. Mitte September 1978 war das Projekt durch fünf aufeinanderfolgende Änderungen des Designs auf eine Kapazität von 6 Millionen Tonnen sowie für das Stranggießen ausgerüstete Stahlwerke, ein Werk für die Produktion nahtloser Rohre sowie Walzwerke gewachsen. Ein normales Großprojekt war zu einem vollkommen integrierten modernen Stahlwerk angewachsen, dessen Technologie und Ausrüstung fast zur Gänze aus Japan importiert werden musste. Der Devisenbedarf stieg um mehr als das Dreifache von 1,8 Milliarden Dollar in der ursprünglichen Version auf 5,7 Milliarden Dollar in der Version vom September 1978.«
163 Vogel 2011: 185.
164 Meisner 1999: 434.
165 *Resolution über einige Fragen zur Geschichte der KP Chinas seit 1949*, 1986: 610; Liu und Wu 1986: 434; Naughton 1995: 74.
166 Meisner 1999: 434f.
167 Naughton 1995: 74; Luo 2017.
168 Fewsmith 1994: 57f.; Naughton 1995: 69. Meisner (1999: 429) erklärt, dass »Huas Wirtschaftsprogramm im Wesentlichen auf den politischen Leitlinien beruhte, die Deng Xiaoping im Herbst 1975 für den Staatsrat entworfen hatte, obwohl Hua sich nicht auf diese Quelle berief«. Der Zehnjahresplan war eine »leicht abgewandelte Version eines Dokuments, das der Staatsrat 1975 verabschiedet hatte« (als das Gremium von Deng Xiaoping geleitet worden war).
169 Editorial Board *Who's Who in China* 1989: 68f.; Vogel 2011: 719-721. Nach dem »Großen Sprung nach vorn« machte sich Chen Yun mit Unterstützung von Ökonomen des Wirtschaftsforschungsinstituts (经济研究所) – darunter Liu Guoguang und Dong Fureng – daran, zu zeigen, dass die stalinistische Fixierung auf die »Beschränkung des Wirtschaftswachstums durch den Produktionsgütersektor unvollständig war und dass das Wachstum des Konsumgütersektors zu einer Beschränkung des Wachstums der Produktionsgüter führte« (Lardy und Lieberthal 1983: xxxiii).
170 Fewsmith 1994; 58.
171 Deng 1984a: 164.
172 Deng 1984b: 141; Pantsov und Levine 2015: 328.
173 Schwartz 1964: 6f.; Zhu et al. 2000: 376.
174 Communique of the Third Plenary Session 1986: 574.
175 Deng 1984b: 141.
176 Deng 1984a: 153f.
177 Deng 1984a: 165.
178 Communique of the Third Plenary Session 1986: 568.
179 Teiwes und Sun 2011: 5.
180 Mao 1992: 48.

181 Communique 1986: 570.
182 Ebd.
183 Tatsächlich stiegen die Getreidepreise im Jahr 1978 um mehr als 20 Prozent (Bramall 2004: 124).
184 Communique 1986: 571.
185 Ebd.: 571.
186 Donnithorne 1978: 8f.
187 Ebd.: 570.
188 Ebd.: 571.
189 Weber 2020.
190 Hu 1978.
191 Deng 1984a: 162.
192 Ebd.
193 Communique 1986: 569.
194 Hu 1978.
195 Deng 1984a: 164.
196 Xue 1981: 146.

5
Der Markt tritt auf den Plan
Chinesische Ökonomen, die Weltbank, deutsche und osteuropäische Besucher

1 Lin 1981: 3.
2 Riskin 1987: 163.
3 Lin 1981.
4 Vgl. Halpern (1985) für eine detaillierte Analyse der institutionellen Entwicklung der Wirtschaftsforschung in China von 1955 bis 1983. Ich danke Barry Naughton für die Bereitstellung eines Exemplars dieser unveröffentlichten Dissertationsschrift.
5 Mao 1977 [1967]: 50. Für eine Diskussion dieses Textes und Maos Kritik an der sowjetischen Orthodoxie vgl. Meisner (1977) und Gittings (2006).
6 Su 1988: 31.
7 Selden 1979: 142.
8 Ling 1988: 542.
9 Brødsgaard und Rutten 2017: 42-44; Fung 1982; Garms 1980; Xue 1996; siehe auch Kapitel 3 und 4.
10 Brødsgaard und Rutten 2017: 42.
11 Nach Hu 1995: 178.
12 Fewsmith 1994: 62; Zhang Z. 2016.
13 Tang 2016.
14 Fewsmith 1994: 62f.
15 Nach Fewsmith 1994: 62f., ursprünglich Chen 1986b: 221.
16 Tang 2016. Tang Zongkun nahm an der Konferenz in Wuxi teil.
17 Ursprünglich veröffentlicht in *Wirtschaftsforschung*, der zu jener Zeit angesehensten chinesischen Wirtschaftszeitschrift (Mai 1979), Liu und Zhao 1979. Fewsmith 1994: 64; Hsu 1988: 29; Liu und Zhao 1982.

18 Liu und Zhao 1982: 89.
19 Ebd.: 94f., 99.
20 Ebd.: 99.
21 Deng 1984a: 173.
22 Tang 2016; Zhang Z. 2016; Zhao 2016.
23 Anlass der Rede war die Bildung der ursprünglichen drei Gruppen zum Studium des Zustands der chinesischen Wirtschaft und möglicher Reformansätze, die von der Kleinen Gruppe für das Studium der wirtschaftlichen Strukturreform (*Jingji tizhi gaige yanjiu xiaozu*) unter der Leitung von Zhang Jingfu koordiniert wurden (Fewsmith 1994: 70f.; Halpern 1985: 356). Die Gruppen wurden von einigen der produktivsten chinesischen Ökonomen jener Zeit geleitet, darunter Xue Muqiao, dem Leiter des Wirtschaftsforschungsbüros der Staatlichen Planungskommission (Chinesische Wirtschaftsreformgruppe), und Ma Hong, dem stellvertretenden Präsidenten der Akademie der Sozialwissenschaften und Leiter ihres Instituts für Industrieökonomie (Gruppe für die Erforschung der chinesischen Wirtschaftsstruktur). Yu Guangyuan, Vizepräsident der Akademie der Sozialwissenschaften und stellvertretender Vorsitzender der Technologiekommission, fügte später eine Gruppe hinzu, die sich mit Theorie und Methoden beschäftigen sollte (Fewsmith 1994: 72).
24 Deng Liqun in Jingjixue Dongtai, September 1979: 1, nach Halpern 1985: 356.
25 Deng Liqun nach Halpern 1985: 376f.
26 Deng 1984b: 230.
27 Chen Yun im Regierungsverwaltungsrat der Zentralen Volksregierung am 7. April 1950, nach Chen 2000: 44.
28 Chen Yun auf der Zentralen Arbeitskonferenz, 6. Dezember 1980, nach Chen 1986a: 251.
29 Deng 1984c: 335.
30 Nach Hua et al. 1993: 107.
31 Ebd.
32 Xue 1981 [1979]; Fewsmith 1994: 68. Fewsmith (ebd.) erklärt, dass Xue in Zusammenarbeit mit mehreren Kollegen etwa zur Zeit der 3. Plenarsitzung im Dezember 1978 mit der Studie begann. Ein erster Entwurf wurde im August 1979 fertiggestellt, und die chinesische Ausgabe des Buchs erschien im Dezember 1979.
33 Xue 1981: 135.
34 Ebd.: 135f.
35 Ebd.: 137. Xues Interpretation des Wertgesetzes weist eine auffällige Ähnlichkeit mit der des sowjetischen Ökonomen Isaak Iljitsch Rubin (1886-1937) auf. Vgl. Weber (2019b) für eine Diskussion von Rubins Interpretation der marxistischen Wert- und Geldtheorie.
36 Xue 1981: 137.
37 Ebd.: 140.
38 Ebd.: 157.
39 Ebd.: 156.
40 Ebd.: 157.
41 Fewsmith 1994: 68. In seinem Vorwort zur englischen Ausgabe schreibt Xue (1981: xii): »Ich danke Su Xing, He Jianzhang, Yu Xueben und Wu Kaitai für die Teilnahme an der Diskussion und Überarbeitung des gesamten Buchs und Xu He und Wu Shuqing für die Teilnahme an der Diskussion und Verfassung mehrerer Kapitel eines früheren Entwurfs.«
42 Xue 1981.
43 Wood 2016.
44 Mein aufrichtiger Dank geht an Adrian Wood, der mir Zugang zu seinen persönlichen Auf-

zeichnungen gab und sich die Zeit nahm, mir den Kontext zu erklären. Sofern nicht anderes angegeben, beruhen alle Hinweise auf Treffen und Aktivitäten der Weltbank in diesem Kapitel auf diesen Aufzeichnungen. Insbesondere die Notizen zu Gesprächen (alle im Jahr 1980) mit Vertretern der folgenden Institutionen wurden eingehend untersucht: Finanzministerium, stellvertretender Finanzminister Li Peng, 13. Oktober; Planungsabteilung der Staatlichen Planungskommission, stellvertretender Leiter He und weitere Mitarbeiter, 14.-16. Oktober; Planungsbüro des Handelsministeriums, Direktor Chang und andere Mitarbeiter, 6. November; Staatliche Materialbeschaffungsbehörde, stellvertretender Leiter Ma, 8. November; Forschungsabteilung der Staatlichen Preisbehörde, stellvertretender Direktor Guo und weitere Mitarbeiter, 10. November; Preisbehörde von Gansu (kein Datum vorhanden); Preisbehörde von Sichuan, 29. Oktober. Diese Treffen wurden ausgewählt, weil dort eingehende Gespräche über Preispolitik und die Reformen geführt wurden und weil daran verschiedene für die Preise zuständige Beamten des Zentralstaats und der Provinzbehörden teilnahmen.

45 Vgl. dazu auch die Analyse in Kapitel 4.

46 Vgl. Naughton (1995: 112-115) für eine detaillierte Diskussion der Marktausrüstung in der Maschinenbauindustrie vor der Reform und den Auswirkungen der Ausgabenkürzungen auf das Überangebot an bestimmten Produktionsmitteln.

47 Für weitere Informationen zu den Preisanpassungen im Jahr 1978 vgl. Kapitel 4.

48 Nach Xue 1996: 363.

49 Ebd.: 363f.

50 Zhao 2016: 335-338.

51 Ebd.: 335.

52 Ebd.

53 Ebd.

54 Ebd.

55 Zhao 2016.

56 Vgl. z. B. Chow (1994) für eine detaillierte Darstellung des Gedankenaustauschs zwischen der American Economic Association und den chinesischen Forschungsinstituten. Gewirtz (2017) enthält Information über verschiedene Besuche und den akademischen Austausch zwischen Chinesen und »westlichen Ökonomen«.

57 Weber und Semieniuk 2019.

58 Liu 2010: 280.

59 Toporowski 2007; 2018: 204.

60 Toporowski 2018: 159, 209.

61 Ebd.: 255.

62 Toporowski 2007.

63 Lin 2016.

64 Åslund 1989; Åslund 1992; Åslund 1995; Lipton und Sachs 1992; PIIE 2017.

65 Lin 1981.

66 Lin 2016. Die Ähnlichkeit zwischen den von Sun und Brus entwickelten Modellen des Marktsozialismus wurde von zahlreichen chinesischen Ökonomen bestätigt (Liu 2010: 283).

67 Sun 1982: 42.

68 Ebd.: 65.

69 Trescott 2007: 306; Weber 2022.

70 Stiglitz 1994: 102.

71 Fewsmith 1994: 67; Liu 2009a, 2010: 280. Im Anschluss an seine Rückkehr nach China veröffentlichte Dong eine Bewertung seines Gesprächs mit Brus. Darin hob er hervor, dass die

Beziehung zwischen zentralen oder lokalen Behörden und Unternehmen eine Marktbeziehung sein sollte, die mit wirtschaftlichen Mitteln und vor allem mit Preisen gesteuert werden müsse (Dong 1979).

72 Liu 2010: 280f.; Zhao 1982.

73 Zhao 1982: 2-18.

74 Liu 2010: 283; R. Zhao 1980.

75 Zhao 1980.

76 Ebd.

77 Liu 2011: iii.

78 Liu 2010: 283.

79 Lange 1967.

80 Zhao 1980. Dazu zählten das ZK der KPCh, der Staatsrat, der Nationale Volkskongress, die Militärkommission des ZK, der Volksgerichtshof, die Akademie der Wissenschaften, die Politische Konsultativkonferenz des chinesischen Volkes, alle Regionen der Volksbefreiungsarmee, wichtige höhere Bildungseinrichtungen und die Akademie der Sozialwissenschaften (Liu 2010: 284).

81 Liu 2010: 284f.

82 Zhao 2016j.

83 Ebd.

84 Brus beschrieb seine Enttäuschung über den Sozialismus und auf der Modellentwicklung beruhende Reformen in *Von Marx zum Markt* (Brus und Laski 1990). In den Schlussfolgerungen erklärten die Autoren: »Im Gegensatz zu einigen unserer früheren Arbeiten will dieses schmale Buch nicht ein normatives Wirtschaftsmodell – entstanden im Zuge einer Reform des ›realen Sozialismus‹ – untersuchen. Einer der Gründe für diese Zurückhaltung liegt in unserer früher gemachten Erfahrung mit solchen Modellentwürfen, die sich am Ende [...] als wenig nützlich erwiesen haben. Wir teilen daher die in den Reformdebatten in den kommunistischen Ländern geäußerten Zweifel an der Sinnhaftigkeit der Versuche, ein endgültiges Wirtschaftsmodell zu definieren« (ebd. 179). Weiter erklärten sie: »Der Rekurs auf den [Marktsozialismus] bedeutet, daß der Sozialismus tatsächlich überhaupt nicht mehr als ein in sich schlüssiges System zu betrachten ist, über dessen institutionellen, in der Vergangenheit entwickelten Rahmen man hinausgehen könne und dessen vollkommene Ablösung durch institutionelle Neugründungen man daher – wenn nicht sofort, dann jedenfalls langfristig – per definitionem postulieren könne« (180).

85 Zhao 2007.

86 Für eine eingehendere Darstellung des Zusammenhangs zwischen dem deutschen Wirtschaftswunder und der chinesischen Reformdebatte vgl. Weber 2020b, 2021.

87 Wu 2016.

88 Naughton 2013: 107f. Im Kontext der »Hundert-Blumen-Bewegung« schloss sich Wu einem Programm für Wirtschaftsreformen an. Nachdem er als »rechter Abweichler« gebrandmarkt worden war, vollzog Wu in den sechziger Jahren einen Richtungswechsel und versuchte, »sich von seinen bürgerlichen Wurzeln zu distanzieren und sich im Einklang mit den maoistischen Idealen ›ein neues Weltbild anzueignen‹«. Zu dieser Zeit kam es zu einer Konfrontation mit Sun Yefang, der an der Spitze des Wirtschaftsforschungsinstituts ein Reformprogramm entwarf. In der Kulturrevolution schloss sich Wu zunächst dem »Hauptquartier der Kritik« an, einer relativ gemäßigten linken Gruppe, aber später fiel diese Gruppe in Ungnade. Wu wurde zum »Konterrevolutionär« erklärt, von seinen Kollegen isoliert und zu repetitiver manueller Arbeit gezwungen. Schließlich brach Wu endgültig mit dem Maoismus

und schloss sich einer Forschergruppe an, die sich mit der berühmten Dazhai-Kommune beschäftigte (Naughton 2013: 105-115).

89 Ebd.: 116.

90 Ebd.: 108.

91 Wu und Ma 2016: 142.

92 Friedman 1990; Wu 2016.

93 Weber 2020b; 2021.

94 Friedman 1990. Friedman hielt im Verlauf seines Chinabesuchs von September bis Oktober 1980 vier Vorträge. Der Vortrag, in dem er über das »Erhard-Wunder« sprach, trug den Titel »Geld und Inflation« und war eine Einführung in Friedmans Inflationstheorie. Eine chinesische Übersetzung dieses Vortrags erschien in *Kommentare zur internationalen Ökonomik* (Friedman 1981).

95 Ebd.

96 Yang Peixin (1980: 2-4) war zu jener Zeit stellvertretender Leiter der Abteilung für Finanzforschung der Chinesischen Volksbank. Er berichtete über ein Treffen mit Friedman während einer Forschungsreise in die Vereinigten Staaten wenige Monate vor Friedmans Besuch in China. Friedman erklärte der chinesischen Delegation, sowohl der Sozialismus als auch der Keynesianismus seien weltweit gescheitert und es gebe keine andere Wahl als die Rückkehr zum von Adam Smith beschriebenen freien Markt. Es begann eine hitzige Debatte zwischen beiden Seiten. Yang stellte fest, es gebe keine Hoffnung, Friedman vom Sozialismus zu überzeugen. Die Chinesen ihrerseits würden keineswegs Friedmans Einschätzung akzeptieren, dass der Kapitalismus die einzige Lösung sei. Yang wies Friedman darauf hin, dass die Chinesen sehr interessiert an allen Meinungen seien, aber man könne nicht erwarten, sie zu überzeugen. Die Chinesen glaubten, dass die Versuche der Sowjetunion und ein Teil ihrer eigenen Bemühungen gescheitert seien, woraus man jedoch nicht schließen könne, dass der Sozialismus an sich gescheitert sei. Man müsse die Entwicklungen in zwei Blickwinkeln betrachten: Der Kapitalismus neige zu Krisen, Inflation und Arbeitslosigkeit. Die chinesischen Kommunisten hingegen hätten diese Probleme in den ersten Jahren an der Macht gelöst, obwohl das Land bei ihrer Machtergreifung unter hoher Arbeitslosigkeit und Hyperinflation litt. Friedman räumte ein, der chinesische Erfolg im Kampf gegen die Inflation sei beeindruckend und einzigartig im 20. Jahrhundert. (Überraschenderweise zitiert Gewirtz Yang [1980], als hätte es sich um eine Reaktion auf Friedmans Besuch in China gehandelt, und erklärt, die Akademie der Sozialwissenschaften habe Friedman nie als Inflationsexperten eingeladen und habe seine Einstellung zum Sozialismus bis zu seinen Vorträgen nicht gekannt: »Die Chinesen [...] hatten auf schmerzhafte Art Friedmans doppelte Persönlichkeit kennengelernt und herausgefunden, dass seine Kenntnis der Inflation nicht von seiner ideologischen Intensität getrennt werden konnte« [86f.])

97 Siehe Kapitel 2; Weber 2020b, 2021.

98 Wu et al. 1982: 45.

99 Šik war 1962/63 Leiter des Wirtschaftsforschungsinstituts der Tschechoslowakischen Akademie der Wissenschaften und Leiter der Reformkommission (Kosta 1990: 22). Im Jahr 1968 stieg Šik zum stellvertretenden Ministerpräsidenten und Wirtschaftsminister auf und übernahm die Umsetzung seiner theoretischen Pläne (ebd.: 23). Die erste detaillierte Beschreibung seiner Vision für eine Wirtschaftsreform findet sich in Šik (1965); diese Arbeit wurde weiterentwickelt und in mehrere Sprachen übersetzt (deutsch als *Plan und Markt im Sozialismus*, 1967). Eine Zusammenfassung dieses Buchs findet sich in der Festschrift für Maurice Dobb (Šik 1967b).

100 Kosta 1990.
101 Ebd.: 21.
102 Bauer 1990: 247.
103 Ebd.
104 Ebd.: 247-249; Šik 1988: 266-278.
105 Kosta 1990: 23f.
106 Liu 2010: 280, 289.
107 Ebd.: 291.
108 Cai 1981: 56.
109 Liu 2002: 169; Wu 2016.
110 Liu 2002: 170; Wang 2014: xiii-xiv.
111 Wu, Rong und Ma 1982: 54-56. Dieser Abschnitt stützt sich in erster Linie auf die Niederschriften von Šiks Vorträgen durch Wu Jinglian, Rong Jingben, Ma Wenguang und Chai Ye (Wu et al. 1982). Die Veröffentlichung dieses Materials wurde jedoch aufgrund seiner politischen Brisanz gestoppt.
112 Ebd.: 57-61.
113 Ebd.: 95.
114 Ebd.: 95-98.
115 Stiglitz 1994: 102-104.
116 Wu, Rong und Ma 1982: 98-115.
117 Ebd.: 108.
118 Ebd.
119 Šiks Formel für die Berechnung von Preisen beruhte auf dem marxistischen Konzept der Produktionspreise: P = C + V + G, wobei C für den Wertverlust des fixen Kapitals plus Materialkosten, V für die Löhne, und G für die durchschnittliche Profitrate auf der Grundlage von C steht (Šiks Anmerkung, Wu et al. 1982: 110).
120 Wu, Rong und Ma 1982: 151f.
121 Ebd.: 109.
122 Ebd.
123 Ebd.
124 Auf einer grundlegenderen Ebene scheint Šik anzunehmen, dass durch die Angleichung der Gewinne über verschiedene Produkte hinweg und damit die Bestimmung von Preisen, die dem Wert entsprechen, ein Gleichgewichtspreisvektor berechnet werden könnte. Es gibt jedoch keinen Grund für die Annahme, dass sich die Wirtschaft in einem Gleichgewichtszustand befindet. Im Gegenteil: In Anbetracht des großen Ungleichgewichts zwischen den verschiedenen Sektoren befindet sie sich höchstwahrscheinlich im Ungleichgewicht. Wenn das der Fall ist, gibt es jedoch möglicherweise keinen Preisvektor, der den gegebenen Input-Output-Beziehungen entspricht und sie dezentralisiert aufrechterhalten kann.
125 Ebd.: 114f.
126 Ebd.; Lim 2016.
127 Wu, Rong und Ma 1982: 114f.
128 Chen Xikang, ein Vorreiter der chinesischen Input-Output-Forschung in den sechziger Jahren, war ein Schüler von Qian Xuesen, »dem Vater der chinesischen Raketen« (Chen 1979: 52; Polenske 1991: 2). Nach seiner Rückkehr aus den Vereinigten Staaten im Jahr 1956 unterstützte Qian die Input-Output-Forschung an der Chinesischen Akademie der Wissenschaften und ermutigte Chen, Input-Output-Tabellen auf Fabrik- und Provinzebene zu erstellen (ebd.). In der Kulturrevolution zählte die Gestaltung der ersten nationalen In-

put-Output-Tabellen durch Spezialisten des Kalkulationszentrums der Staatlichen Planungskommission, des Mathematischen Instituts der Akademie der Wissenschaften, der Volksuniversität und der Pekinger Wirtschaftshochschule im Jahr 1974 zu den wenigen wirtschaftlichen Forschungsprojekten (Chen 1979: 52; Halpern 1985: 309f.). Chen (1979: 52) berichtet, dass Preisberechnungen in diesem Kontext bereits als mögliche Anwendung in Erwägung gezogen worden seien. Der internationale Austausch begann im Jahr 1979, als Chen zu den ersten chinesischen Forschern zählte, die an der 7. Internationalen Input-Output-Konferenz in Innsbruck teilnahmen. Der Gedankenaustausch wurde in Zusammenarbeit mit der Organisation der Vereinten Nationen für industrielle Entwicklung (United Nations Industrial Development Organization, UNIDO) fortgesetzt (Chen 1979: 46; Polenske 1991: 1; UNIDO-Sekretariat 1984: 47).

129 Cheng 1998: 455; Liu 2002: 171.

130 Liu 2002: 171, 2010: 294f.; Richter 2000: 129; Skolka 1984; Wu 2016.

131 Rong 2008; Liu, 2002: 171.

132 Liu 2010: 294f.

133 Šik, 1982: 56.

134 Liu 2010: 294f.

135 Wu (2016), Liu (2002, 2010) – dessen Darstellung wahrscheinlich auf Wus Erinnerungen beruht – und Lim (2016) erklären, die beabsichtigte Zusammenarbeit mit Šik sei aus politischen Gründen nicht zustande gekommen. Aus Šiks Papieren, die Gewirtz (2017: 107f.) zitiert, geht hervor, dass Šik mehrere Briefe an chinesische Kollegen schrieb, um das während seines Besuchs begonnene Gespräch fortzusetzen. Doch Šik vermeidet in seinen Erinnerungen den Eindruck, er sei in China mundtot gemacht worden, nachdem er seit seiner Emigration aus der Tschechoslowakei kein sozialistisches Land betreten hatte. Über die chinesische Einladung schreibt Šik (1988: 357): »Ich hatte aber starke Bedenken. Wenn ich tatsächlich bei den chinesischen Reformen hätte stärker mithelfen sollen, wäre es nötig gewesen, sich speziell mit der chinesischen Problematik zu befassen, chinesisches Material zu studieren und spezielle Lösungswege zu suchen. Das war für mich zeitlich einfach nicht zu schaffen.« Šik fügte hinzu, dass seine Theorien aus seinen übersetzten Büchern hervorgingen und dass seine Frau Lilli, die ihn beim ersten Besuch in China begleitet hatte, zu jener Zeit nicht wohlauf gewesen sei, was ihn an der Reise gehindert habe (ebd.: 357f.).

136 Die Beschreibung dieses Treffens beruht auf Woods persönlicher Dokumentation.

137 Lim 2008, 2016; Wu 2016.

138 Lim 2016.

139 Wood 2016; Xue et al. 1982. Dass dieser Gedankenaustausch geheim gehalten wurde, zeigt sich daran, dass viele meiner Gesprächspartner, die mit den Reformdebatten jener Zeit vertraut waren, aber nicht direkt an der Konferenz teilnahmen, anscheinend nicht von der Existenz der Veranstaltung wussten. Das schmälert keineswegs die Bedeutung der Konferenz für das Verständnis der Konfrontation zwischen den chinesischen und osteuropäischen Ökonomen und die intellektuelle Entwicklung der neuen Anhänger von Brus und Šik.

140 Lim 2016. In diesem internen Bericht (Xue, Liu und Liao 1982) mit dem Titel »Symposium über die sowjetische und osteuropäische Reform des Wirtschaftssystems« wurden alle Präsentationen und Diskussionen auf der Konferenz zusammengefasst. Unter den Adressaten des Berichts waren Mitglieder der Parteiführung – Zhao Ziyang, Wan Li, Yao Yilin, Gu Mu, Bo Yibo, Zhang Jingfu und andere sowie die für die Wirtschaftsreform verantwortlichen Verwaltungs- und Forschungszentren, darunter die neu gegründete Kommission für Sys-

temreform, die Staatliche Planungskommission, die Staatliche Wirtschaftskommission, das Außenministerium, das Finanzministerium, die Staatliche Preisbehörde, die Staatliche Preiskonferenz, die Akademie der Sozialwissenschaften, das Wirtschaftsforschungszentrum des Staatsrats und das Forschungszentrum für Technologie und Ökonomie des Staatsrats.

141 Lim 2008.

142 Kende 2017; Wood 2016.

143 Gewirtz (2017: 248) bezeichnet Kende fälschlich als »ungarischen Funktionär«.

144 Gewirtz (ebd.) bezeichnet Kosta fälschlich als »früheren stellvertretenden Ministerpräsidenten der Tschechoslowakei«.

145 Kornai 2006: 9; Kosta 1990: 20, 2004: 129-136, 155; Lim 2008; Wood 2016. Eine biografische Gemeinsamkeit von Brus, Kosta und Šik ist, dass alle drei Juden und Opfer sowohl der nationalsozialistischen als auch der stalinistischen Judenverfolgung waren. Diese drei Männer und Kende schlossen sich den Kommunisten teilweise aus Widerstand gegen den Nationalsozialismus an.

146 Kende 2017.

147 Ebd. Finanzielle Anreize könnten zu den Faktoren gezählt haben, welche die osteuropäischen Ökonomen dazu bewegten, sich dieser riskanten Expedition anzuschließen. Kende (2017) erklärt, dass das Honorar, das er von der Weltbank für das einmonatige Engagement erhielt, das höchste in seiner gesamten Berufslaufbahn war.

148 Dieser Abschnitt beruht auf Woods persönlicher Dokumentation.

149 Über die chinesischen Eröffnungsreden schreibt Gewirtz (2017: 248): »Liu Zhuofu, Xue Muqiao und Liao Jili hielten steife Ansprachen, um die Konferenz zu eröffnen.« Aus den Berichten und Notizen, die mir vorliegen, geht nicht hervor, ob die Ansprachen tatsächlich »steif« waren. Klar ist hingegen, dass die chinesischen Ökonomen die konkreten Herausforderungen, mit denen sie sich im Bemühen um Preisanpassungen und Reformen konfrontiert sahen, detailliert beschrieben. Dies waren die Hauptthemen der Konferenz. Ohne den Inhalt der Beiträge der chinesischen Teilnehmer zu berücksichtigen, ist schwer zu beurteilen, wie gewagt die Vorschläge der osteuropäischen Ökonomen waren.

150 Beispielsweise schreibt Wood über seinen Versuch, Liu Zhuofu das neoklassische Konzept des effizienten Preises zu erklären. Die Folge sei ein »langer, frustrierender Dialog« gewesen. In dem Bemühen, dem Konzept einen praktischen Sinn abzugewinnen, fragte Liu wiederholt, ob es konkrete Beispiele für effiziente Preise gebe, worauf Wood mit abstrakten theoretischen Konzepten antwortete, die Liu fremd waren.

151 Cheng 1993.

152 Zitiert nach Woods persönlicher Dokumentation.

153 Die Darstellung der Beiträge der chinesischen Teilnehmer beruht auf Woods persönlichen Notizen. Die Darstellung der Vorträge und Diskussionsbeiträge der ausländischen Delegierten beruht in erster Linie auf dem internen Bericht der chinesischen Delegation und wurde durch Information aus Woods Notizen ergänzt.

154 Später erklärte Liu Wood, der Anstieg der Subventionen sei auf verringerte Beschaffungsquoten zurückzuführen, was dazu führe, dass mehr Getreide zu Preisen an den Staat verkauft werde, die über dem Quotenpreis lägen, und einen Anstieg der Getreideverkäufe zum vom Staat vorgegebenen Einzelhandelspreis und damit Verluste zur Folge habe. Darüber hinaus werde weiterhin Getreide zu den hohen Weltmarktpreisen importiert, und in unter Hunger leidenden Gebieten verteile der Staat Getreide, ohne die Transportkosten auf den Preis aufzuschlagen.

155 Dazu merkt Wood an, dass die Aktivitäten der staatlichen Handelsagenturen denen kapitalistischer Spekulanten ähnelten. Mit Blick auf die Analyse in den Kapiteln 1 und 3 scheint das nur teilweise zuzutreffen. Es stimmt, dass sich die staatlichen Handelsagenturen der Techniken kapitalistischer Spekulanten bedienen, aber sie haben ganz andere Beweggründe. Der kapitalistische Spekulant kann nur Gewinne erzielen, wenn es Preisschwankungen gibt. Daher treibt er oft mittels spekulativer Marktinterventionen die Preise in die Höhe, in der Hoffnung, mit einem hohen Gewinn zu verkaufen, bevor sich das Blatt wendet. Der Staat hingegen will Preisschwankungen eben verhindern und greift ausgleichend ein, wann immer es Hinweise auf steigende oder fallende Preise gibt.

156 Xue schätzt, dass die Industrieproduktion in der ersten Jahreshälfte 1982 um 10 Prozent stieg (um 8 Prozent in der Schwerindustrie und um 12 Prozent in der Leichtindustrie); der Zielwert hatte bei 4 bis 5 Prozent gelegen.

157 Die einbehaltenen Gewinne der Staatsbetriebe stiegen nach Angabe von Xue im Durchschnitt von 10,7 Prozent der Gewinne im Jahr 1978 auf 19,3 Prozent im Jahr 1981. Da einbehaltene Gewinne oft als Bonuszahlungen an die Arbeiter ausgeschüttet wurden, stieg infolgedessen die Lohnsumme.

158 Nach Angabe von Xue stiegen die Löhne im Zeitraum 1978-1981 nominell um 25,7 Prozent und real um 11,9 Prozent. Da die Beschäftigung ebenfalls stieg, wuchs die nationale Lohnsumme in diesem Zeitraum nominell um 44,2 Prozent und real um 28,4 Prozent. Hingegen wuchs die materielle Produktion netto lediglich um 15,9 Prozent.

159 Der Begriff »Bauer« wird hier nicht in einem spezifischen Sinn verwendet und bezieht sich nicht auf ländliche Haushalte, deren Mitglieder die Felder bestellen, um ihren Lebensunterhalt zu bestreiten. Vielmehr folge ich der chinesischen Praxis, den Begriff zur Beschreibung aller Personen zu verwenden, »die nach Maßgabe des Haushaltsregistrierungssystems auf dem Land leben« (Yang 1996: 8).

160 Xue nennt die folgenden Zahlen für die Bauerneinkommen (in Mrd. RMB): 134 im Jahr 1978, 160 im Jahr 1979, 191 im Jahr 1980 und 223 im Jahr 1981. Daher war das Wachstum der Nebenproduktion besonders wichtig, denn vom Gesamtanstieg von 89 Mrd. RMB entfielen 50 Mrd. RMB auf die Nebenproduktion.

161 Xue erklärt, die Staatseinnahmen seien von 112,1 Milliarden RMB im Jahr 1978 auf 106,4 Milliarden RMB im Jahr 1981 gesunken.

162 Die Arbeiten wurden in dieser Reihenfolge präsentiert: »Ein Kommentar zu den jüngsten wirtschaftlichen Entwicklungen in der Sowjetunion und Osteuropa« (Brus), »Plan und Markt: Lenkung der Wirtschaft ohne verpflichtende Planung« (Kende), »Entscheidungsbefugnisse von Industrieunternehmen in den osteuropäischen Ländern« (Granick), »Das Problem der Preisbildung in sozialistischen Wirtschaftssystemen« (Wood [diese Arbeit ist im chinesischen Bericht nicht enthalten, und der Autor besitzt keine Kopie mehr, weshalb die Arbeit hier nicht berücksichtigt werden konnte]), »Sowjetische und osteuropäische Erfahrungen mit der Preissetzung« (Strumiński), »Sowjetische und osteuropäische Erfahrung mit Löhnen, Anreizen und Einkommensverteilung« (Kosta) sowie »Internationale Perspektiven zu Chinas Aufgaben in der Systemreform« (Lim) (CIR).

163 Lim 2008.

164 Zitat aus Woods persönlicher Dokumentation. Woods Notizen über Strumińskis Rede decken sich mit der Beschreibung im chinesischen Bericht.

165 Vgl. Kapitel 4 für eine Diskussion des Problems der »Preisschere«.

166 Dieser Absatz beruht in erster Linie auf dem internen Bericht der Chinesen.

167 Zitat aus Woods persönlicher Dokumentation.

168 Lim 2016.
169 Zitat aus Woods persönlicher Dokumentation; dieser Absatz sowie der vorhergehende und der folgende beruhen auf Woods Notizen.
170 Wu führt aus, die osteuropäischen Ökonomen hätten ihm erklärt, dass »jedes System ein Gebilde von untereinander verbundenen wirtschaftlichen Bindegliedern sei, mit seiner eigenen Logik und seinen Regeln für die Abläufe. Da die wirtschaftliche Strukturreform zur Umwandlung eines Wirtschaftssystems in ein anderes diene, würden bruchstückhafte Reformen lediglich zu wirtschaftlichem Chaos führen« (Wu 2013a: 146).
171 Åslund 1992: 87.

6
Marktaufbau oder Preisfreiheit? Landwirtschaftsreform, junge Intellektuelle und das zweigleisige Preissystem

1 Vgl. »Wichtige chinesische Reformökonomen« im Anhang.
2 Naughton 2013: 98. Ich folge Liu Hongs Definition der Generationen von Intellektuellen (Liu 2010: 27, 189, 405), ergänze sie jedoch durch eine Abgrenzung der jungen Forscher, die sich mit etablierten Intellektuellen mittleren Alters zusammenschlossen. Für einen detaillierten Überblick über die verschiedenen Generationen von Ökonomen vgl. Cohn 2017: 69-76.
3 Li 2016a.
4 Garms 1980: 8.
5 Vgl. Keyser (2003: 19-35) für eine eingehende Auseinandersetzung mit dieser Generation von Reformintellektuellen unter politikwissenschaftlichen Gesichtspunkten.
6 Vgl. Xu (2019) für eine sozialpsychologische Analyse der autobiografischen Darstellungen dieser großen Gruppe der »hinausgeschickten Jugend«.
7 Bai 2016; Lu 2016; Luo 2017.
8 Nolan 1988: 85.
9 Honig und Zhao 2019: 8.
10 Fewsmith 1994.
11 Chen 2013: 71-121.
12 Ebd.: 124-191.
13 Ebd.: 124.
14 Luo 2017; Chen 2013: 310.
15 Vgl. Honig und Zhao (2019) für eine auf lokalen Archivdokumenten beruhende eingehende Analyse, die Aufschluss über die Konflikte zwischen örtlichen Parteikadern und aufs Land geschickten jungen Leute gibt.
16 Luo 2017.
17 Ebd.
18 Ebd.
19 Vogel 2011: 43; Wemheuer 2014: 84, 141f.
20 Vogel 2011: 724.
21 Luo 2017.
22 Vogel 2011: 723f.
23 Fewsmith 1994: 33.
24 Vogel 2011: 727f.

25 Luo 2017.
26 Deng 1992.
27 Fewsmith 1994: 26f.; Pantsov und Levine 2015: 224.
28 Vogel 2011: 736-738.
29 Luo 2017; Zhang M. 2016; Teiwes und Sun 2015.
30 Oi 1986, 1999: 19-34; Walker 1984.
31 Chen 2013: 193-195; Fewsmith 1994: 32f.
32 Honig und Zhao 2019: 1.
33 Liu 2010: 410f.
34 Zhang 2009.
35 Bai 2016; Wang, X. L. 2016; Zhang M. 2016. Dazu zählten sogenannte »Bücher mit grauem Einband« (灰皮书), die nur für einen ausgewählten Personenkreis bestimmt waren und nicht veröffentlicht wurden (ebd.). Diese Personen konnten Übersetzungen der Arbeiten einiger westlicher Ökonomen lesen, darunter Paul Samuelsons berühmtes ökonomisches Lehrbuch, eine Sammlung von Texten von Joan Robinson, die aufgrund ihrer positiven Haltung gegenüber der Kulturrevolution als »Freundin des chinesischen Volkes« betrachtet wurde (Robinson 1969), sowie einige klassische Arbeiten von Keynes und Galbraith (Li 2017). Aber sie hatten sich der Sache des Sozialismus verschrieben, und ihr Hauptinteresse galt zu jener Zeit einer eigenen Deutung der marxistischen Klassiker. Dazu zählten Publikationen, die verboten waren, weil sie gegen die stalinistische und maoistische Orthodoxie verstießen, darunter Maos frühe Schriften einschließlich der Originalausgabe von *Über die neue Demokratie* (1970 [1940]), Bucharins Schriften aus den zwanziger Jahren, in denen er eine Alternative zu Stalins Industrialisierungsmethode vorschlug, die späten Briefe Lenins, Trotzkis *Die verratene Revolution* (1937), aber auch neomarxistische Texte wie *Monopolkapital* von Paul Baran und Paul Sweezy (1973) (Bai 2016; Wang, X. L. 2016; Zhang M. 2016).
36 Zhang M. 2016. Zhang Musheng begleitete Chen Bodas Sohn Chen Xiao auf einer Reise in den Bezirk Linhe in der Inneren Mongolei. Zhangs Vater war bereits 1931 in die Kommunistische Partei eingetreten und diente sowohl Zhou Enlai als auch Dong Biwu als Sekretär. Seine Mutter war eine Intellektuelle, die sich der Partei im Jahr 1936 anschloss (Zhang 2009).
37 Yang 1996: 117; Zhang M. 2009, 2016.
38 Nove 1992: 53.
39 Zhang M. 2009, 2016.
40 Yang 1996: 117.
41 Vgl. Day (2013: 27-29) für eine umfassendere Diskussion dieser Neubewertung der historischen Kräfte und des Fortschritts.
42 Lin 2015.
43 Sun 1995: 186f.; Weber 2020, siehe auch Kapitel 8.
44 Chen 2013: 219; Zhang M. 2016.
45 Chen 2013: 218f.
46 Liu 2010: 414; Luo 2017.
47 Wang 1980.
48 Bai 2016; Lu L. 2016; Wang 2016.
49 Chen 2013: 219.
50 Chen 1986: 226.
51 Fewsmith 1994: 32. Für einen Überblick über die verschiedenen Experimente mit Haushaltsverträgen in Anhui vgl. Chung (2000: 85-109).

52 Fewsmith 1994: 33.
53 Liu 2010: 413.
54 Gottschang 1995: 2; Wang 2014: xiv.
55 Du 2014: xvii; Zhang M. 2016.
56 Bai 2016; Deng 2005: 321.
57 Ebd.; Wang 2017.
58 Fewsmith 1994: 38; Wang 2017.
59 Deng 1981.
60 Du 1981.
61 Zhou 2016.
62 Zhang M. 2016.
63 Ebd.
64 Ebd.
65 Bai 2016.
66 Forschungsgruppe für ländliche Entwicklungsfragen in China et al. 1981: 394.
67 Bai 2016; Luo 2017.
68 Editorial Board of Who's Who in China 1989b, c, e; Vogel 2011: 728f.
69 Luo 2017.
70 Deng 2005: 323.
71 Li 2016b.
72 Ebd.
73 Ebd.
74 Luo 2017. Bis Oktober 1981 hatten Schätzungen zufolge 38 Prozent der Produktionsteams Haushaltsverträge eingeführt. Bis Dezember 1983 stieg dieser Anteil auf 94 Prozent (Bramall 2004: 108).
75 Vgl. Fewsmith (1994: 19-54) für eine eingehendere Darstellung des politischen Prozesses, der zur Verabschiedung des entscheidenden »Dokuments Nr. 1« (1982, 1983) führte, das den Durchbruch des Haushaltsverantwortungssystems brachte, sowie für eine Analyse der Beiträge der Ländlichen Entwicklungsgruppe.
76 Li 2016a.
77 Bai 2016.
78 Vgl. Nolan (1988) für eine systematische Darstellung der Entwicklung und Funktionsweise des Haushaltsverantwortungssystems.
79 Luo 2017.
80 Ebd.; Chen 2013: 311; Editorial Board of Who's Who in China 1989a.
81 Luo 2017.
82 Dies wurde als »Umwandlung der einheitlichen Beschaffung in eine Steuer« (统购改税) bezeichnet (Chen 2013: 311).
83 Zhao (2009: 97f.)
84 Luo 2017, 2008. Design, Durchführung und Auswertung dieses Experiments in der Provinz Hebei sind dokumentiert in: »Umwandlung der einheitlichen Beschaffung in eine Steuer«, Experiment Leading Group (1987), Luo Xiaopeng (1987) sowie Song Guoqing (1987).
85 Luo 2017.
86 Beispielsweise stützte sich Milton Friedman (1988) nach seinem zweiten Besuch in China in einer Rede bei einem Bankett des International Studies Advisory Committee auf diese Interpretation des zweigleisigen Preissystems als Steuer.
87 Für eine englische Übersetzung vgl. Xue (1989).

88 Cheng 2006: 54-59; Zhao 2016j. Cheng Zhiping, der zu jener Zeit die Staatliche Preisbehörde leitete, berichtet, dass dieser Plan auf Betreiben von Zhang Jingfu entworfen wurde, der im Staatsrat für die Preispolitik zuständig war. In dem Plan wurde eine Senkung des Einzelhandelspreises von synthetischen Textilien um 1,1 RMB und eine Anhebung des Preises von Baumwollstoffen um 0,3 RMB pro Meter vorgeschlagen. Der Plan wurde dem Staatsrat erstmals am 5. Oktober 1982 vorgelegt und anschließend in verschiedenen Parteikomitees intensiv diskutiert (Cheng 2006: 54-59).

89 Nach Aussage Chengs (2006: 54) beliefen sich die staatlichen Subventionen für Baumwollstoff im Jahr 1982 auf 460 Millionen RMB.

90 Zhao 2016h.

91 Cheng 2006: 56-59.

92 Adrian Wood notierte sich nach einem Abendessen mit Ma Hong am 4. April 1984, dass Ma ihm berichtet hatte, die Menschen hätten das Ende der Rationierung von Baumwolle als Hinweis auf Preiserhöhungen gedeutet. Daraufhin hätten sich die Lager der Läden geleert, aber als die Preise stabil blieben, hätten viele Leute Baumwollstoffe zurückgebracht.

93 Cheng 2006: 59.

94 Tang 2016.

95 Ebd. Für eine partielle englische Übersetzung vgl. Lou und Zhou 1989.

96 McGregor 2006.

97 Government of the PRoC 2017.

98 China Vitae 2017.

99 Stiglitz 1994: 195, 202, 249f.

100 Lou und Zhou 1984: 20.

101 Deng 2005: 322; Li 2016a; Zhang 2017: 501. Ein früheres Forschungsbüro beim Staatsrat wurde 1982 in die Systemreformkommission umgewandelt, eine nationale Organisation mit Vertretungen auf allen Verwaltungsebenen. Die Kommission beschäftigte sich mit vier zentralen Fragen. Dies waren das Zielmodell für die Systemreform, das geeignete Vorgehen in der Preisreform, die geeignete Methode für die Eigentumsreform und die Definition der Rolle des Staates im Reformprozess (Wang H. 2016).

102 Li 2016a.

103 Wang 2017.

104 Li 2016a, b; Wang 2017.

105 Lou und Zhou 1984; Wang 2017.

106 Wang 2017.

107 Ebd. Wang (1998) veröffentlichte die entsprechenden Diagramme zu den Profitraten der Wirtschaftssektoren im Zeitraum 1980-1989. Es stellte sich heraus, dass die graduelle Preisreform die Variationen der Profitraten tatsächlich deutlich verringert hatte. Vgl. Schaubild 6.1. Schaubild 6.2 zeigt, dass wichtige Rohmaterialien im Jahr 1979 zumeist unterdurchschnittliche Profitraten aufwiesen, während mit Konsumgütern der Leichtindustrie und verarbeiteten Materialien höhere Gewinne erzielt wurden.

108 Die Weltbank hatte unter der Leitung von Gene Tidrick und William Byrd in Zusammenarbeit mit dem Wirtschaftsforschungsinstitut der Akademie der Sozialwissenschaften, insbesondere mit Chen Jiyuan, Xu Lu, Tang Zongkun und Chen Lantong, kurz zuvor eine vielbeachtete Studie über die Uhrenfabrik Chongqing und die Schmiedemaschinenfabrik Qingdao veröffentlicht, zwei Unternehmen, die in diese Kategorie fielen (Byrd et al. 1984; Tang 2016; Wang 2017).

109 Zu beachten ist, dass aus Schaubild 6.2 hervorgeht, dass es im Jahr 1979 keine Unterneh-

men mit annähernd durchschnittlichen Profitraten gab. Im Gegensatz dazu zeigt die zweite Grafik für das Jahr 1980, dass es mehrere Sektoren mit überdurchschnittlichen Profitraten gab. Das ist wahrscheinlich in erster Linie auf die kleine Stichprobe von Produkten in der Grafik für 1979 zurückzuführen, aber es entspricht auch dem Trend zu einer wachsenden Zahl von Sektoren mit überdurchschnittlichen Profitraten.

110 Lou und Zhou 1984.

111 Wang 2017.

112 Ebd.

113 Wang 1998, 2017.

114 Li 2016a, b; Zhang M. 2016.

115 Li 2016a; Wang 2017.

116 Reynolds 1987: xvi.

117 Liu 2016; Zhu 2016.

118 Ebd.; Huang et al. 1981; Huang 2016; Weng 2016; Zhu 2016.

119 Secretariat of the Meeting of Young Adult Economic Workers 2003: 158; siehe Abbildung 6 für die Teilnehmer.

120 Zhang 2017: 440, 447.

121 Liu 2010: 427-443.

122 Hua 2016; Luo 2017; Zhang W. 2016; Wang X. 2016.

123 Lu und Li 1991. Lu Nan und Li Mingzhe, die beide am Preisforschungsinstitut gearbeitet hatten und an den Gesprächen mit der Weltbank teilnahmen, berichteten: »Im Jahr 1981 wählten wir 1200 Produktkategorien aus, darunter 100 landwirtschaftliche Erzeugnisse, 40 mineralische Produkte, 600 Fertigerzeugnisse, 100 Produkte der Leichtindustrie und 100 Textilprodukte, 200 Großhandels- und Einzelhandelsgüter sowie 50 Arten von öffentlichen Dienstleistungen. Im Jahr 1983 verringerten wir die Zahl der Kategorien in Anbetracht des tatsächlichen Bedarfs an Daten und der Schwierigkeiten bei der Datenverarbeitung auf 750« (1991: 83). Sie zeigten auch, dass gestützt auf die folgenden Preissysteme vier Arten von theoretischen Preisen berechnet wurden: ein Wertpreissystem, ein Produktionspreissystem, ein Kostenpreissystem und ein Zwei-Kanal-Preissystem (ebd.: 84f.).

124 Zitiert nach Adrian Woods Gesprächsnotizen.

125 Li 2016b.

126 Hua 2016; Zhang W. 2016.

127 Tian und Chen 1984. Die Zeitung *Economic Daily* veröffentlichte kurz nach der Konferenz die am intensivsten diskutierten Arbeiten zur Preisreform. Dazu zählten Tian und Chen (1984), Zhang (1984a) sowie Zhou, Lou und Li (1984). In meiner Darstellung der auf der Konferenz verfochtenen Positionen stütze ich mich auf Interviews mit Teilnehmern, den offiziellen Konferenzbericht (Konferenz wissenschaftlicher Arbeiter mittleren Alters und junger Wissenschaftler, 1985a, b [für eine englische Übersetzung vgl. Keyser 2003: 158-176 sowie Hua et al. 1993: 126-131]) sowie im Vorfeld der Konferenz veröffentlichte Artikel von Lou und Zhou (1984) sowie Zhang (1984b) (für eine englische Übersetzung siehe Zhang [2015: 265-282]) und die Artikel in *Economic Daily*.

128 Tian und Chen 1984.

129 Konferenz wissenschaftlicher Arbeiter mittleren Alters und junger Wissenschaftler 1985a, b.

130 Hua 2016.

131 Konferenz wissenschaftlicher Arbeiter mittleren Alters und junger Wissenschaftler 1985a, b.

132 Zhou et al. 1984.

133 Zhang W. 2016. Zhang las Friedman in der frei zugänglichen chinesischen Übersetzung. Er

berichtet, dass die Nationale Wirtschaftswissenschaftliche Konferenz im Jahr 1984 (全国数量经济学会) von der Universität des Nordwestens veranstaltet wurde und dass er an der Organisation der Veranstaltung beteiligt war. Es war ein Schock für ihn. Insbesondere Mao Yushi und Yang Xiaokai öffneten ihm die Augen dafür, dass das, was er in seinem Studium der marxistischen Ökonomie gelernt hatte, nicht nützlich war. Er entwickelte großes Interesse für die neoklassische Ökonomie (Zhang W. 2016). Yang Xiaokai studierte zu jener Zeit in Princeton bei Gregory Chow, einem Schüler Friedmans, der wesentlich dazu beitrug, die Mainstream-Ökonomie in China einzuführen und das dortige Wirtschaftsstudium gestützt auf das amerikanische Beispiel neu zu gestalten (Chen 2013: 311; Chow 1994; Perkins 2016). Für eine Diskussion von Zhang Weiyings intellektueller Ausbildung vgl. Zhang Shuguang (2017: 444-446).

134 Lu L. 2016.
135 Zhang 1984b.
136 Keyser 2003: 159.
137 Ebd.: 160.
138 Ebd.: 160.
139 Ebd.: 169.
140 Ebd.
141 Ebd.
142 Ebd.
143 Chen 2013: 311.
144 Hua 2016; Luo 2017.
145 Hua, Zhang und Luo 1993: 129.
146 Zhang 2017: 453.
147 Zhang 2017: 444, 457. In China wird intensiv darüber diskutiert, wer der eigentliche Erfinder des zweigleisigen Preissystems war (vgl. Zhang 2017: 455-457 für einen Überblick über diese Debatte). In meinen Augen erfand keine einzelne Person das zweigleisige Preissystem, sondern es entstand in Experimenten mit praktischen Maßnahmen, die auf vorrevolutionäre Praktiken der Preisregulierung zurückgingen und kollektiv theoretisch verarbeitet wurden.
148 Diao 1987: 35.
149 Hua et al. 1993: 129f.
150 Cheng 2006: 89.
151 Hua, Zhang und Luo 1993: 130.
152 Ebd.
153 Ebd.
154 Ebd.
155 Ebd.: 131.
156 Editorial Board of Who's Who in China 1989d; Hua 2005: 23.
157 Li 2016a.
158 Research Department of Party Literature 1991: 406.
159 Ebd.: 407.
160 Ebd.: 408.
161 Zhao 2016e.
162 Ebd.: 541.
163 Ebd.: 535, 539f.
164 Ebd.: 540.

165 Ebd.: 541.
166 Ebd.: 540.
167 Ebd.: 540f.

7
Die Schocktherapie im Kreuzfeuer
Der Zusammenprall von zwei Paradigmen der Marktreform und das Gespenst der Inflation

1 Cheng 2006: 89f.
2 Ebd.
3 Ebd.: 90.
4 Ebd.; siehe Schaubilder 0.5, 0.6 und 0.7 in der Einleitung.
5 Ebd.: 76.
6 Oi 1986.
7 Cheng 2006: 76.
8 Ebd.
9 Luo 2017.
10 Lin 1992: 35.
11 Ich verwende »in den Markt hineinwachsen« statt »aus dem Plan herauswachsen« (Byrd 1988; Naughton 1995), weil nicht die Verringerung des absoluten Anteils der Planwirtschaft, sondern das Wachstum des absoluten Anteils des Marktes an der Wirtschaft der wichtigste Aspekt des zweigleisigen Preissystems war. Die Veränderung bestand zunächst darin, dass die Unternehmen in den Markt hineinwuchsen, ohne dass etwas am Plan geändert wurde. Da die chinesische Wirtschaft zu jener Zeit rasch wuchs, musste das Wachstum der Marktwirtschaft nicht zwangsläufig auf Kosten der Planwirtschaft gehen, damit die relative Bedeutung des Marktes rasch wachsen konnte. Die terminologische Umkehrung des Konzepts des »Herauswachsens aus dem Plan« in ein »Hineinwachsen in den Markt« trägt also der Tatsache Rechnung, dass die Reform in den ersten Jahren von Wachstum und Entwicklung vorangetrieben wurde.
12 Das Wachstum des realen Bruttoinlandsprodukts erhöhte sich von 4,5 Prozent im Jahr 1981, dem Jahr der ersten großen Einschränkung in der Reformära, auf 14,7 Prozent im Jahr 1984 und 12,8 Prozent im Jahr 1985 (Naughton 1995: 329). Das Wachstum des Industriesektors überstieg 15 Prozent im Jahr 1984 und 20 Prozent im Jahr 1985 (Zinser 1991: 113).
13 Zhang 2017: 530.
14 Trotz der erbitterten Auseinandersetzung über den richtigen Reformansatz waren sich meine Interviewpartner darin einig, dass die entscheidende Kontroverse jener Zeit nicht über die Frage geführt wurde, *ob* das System reformiert werden sollte, sondern darüber, *wie* es reformiert werden sollte. Zu diesem Punkt vgl. auch Zhang S. 2017: 440, 530.
15 Huang 2004; Wu 2016.
16 Naughton 2013: 116f.
17 Csikós-Nagi et al. 1984: i-ii.
18 Gewirtz 2017: 98-100; Kornai 2006: 250.
19 Kornai 2006: 243.
20 Ebd.: 244.
21 Ebd.: 250f.
22 Ebd.: 250.

23 Kornai 2010.
24 Das Konferenzsymposium erklärt: »Auf der Konferenz kam es zu einem ungewöhnlichen Ereignis, einer Intervention eines chinesischen Ökonomen bei einer Konferenz der International Economic Association« (Csikós-Nagy et al. 1984: 530).
25 Kornai 1980, 1984.
26 Kornai 1984: 67.
27 Ebd.: 69.
28 Wu 1984: 82.
29 Csikós-Nagi, Hague und Hall 1984: 531.
30 Ebd.
31 Klein 2007: 167f.
32 Vgl. Hirschman (1985: 71f.) für eine Liste weiterer Fälle, in denen einem Regimewechsel eine Hyperinflation vorausging, darunter Brasilien im Jahr 1964, Ghana und Indonesien im Jahr 1966, Chile im Jahr 1973 und Argentinien im Jahr 1975.
33 Bockman 2011. Für eine Analyse dieses »Akteur-Netzwerks« entsprechend Latour vgl. auch Bockman und Eyal 2002.
34 CIA 1986.
35 Der erste große Forschungsbericht erschien im Jahr 1984 in 中国社会科学, der führenden sozialwissenschaftlichen Zeitschrift Chinas, unter dem Titel »Zur Frage des Zielmodells für die Reform des chinesischen Wirtschaftssystems (关于我国经济体制改革的目标模式问题)«. Ihr Autor war Liu Guoguang, und sie stützte sich auf die unter seiner Leitung von der Forschungsgruppe Wirtschaftssysteme am Wirtschaftsforschungsinstitut der Chinesischen Akademie der Sozialwissenschaften gemeinsam mit Cheng Jiyuan, Rong Jingben und Wu Jinglian durchgeführte Forschung. Die zentrale Aussage dieser und der folgenden Studien, in denen für die Entwicklung eines Zielmodells der Reform geworben wurde, lautete, dass zuerst ein makroökonomisches Gleichgewicht hergestellt werden müsse, um anschließend alle wirtschaftlichen Hebelkräfte zu deregulieren, um eine flexible Anpassung zu gewährleisten und Verzerrungen zu überwinden. Vgl. Zhang S. (2017: 531-537) für einen Überblick über dieses Forschungsprojekt.
36 Fewsmith 1994: 161f.; Liu Hong 2002: 248.
37 Chen 2013: 347f.
38 Wu 1985a, 1985b.
39 Wu 1985a.
40 Friedman 1990; Weber 2020; Wu 1985a: 4.
41 Für eine eingehende Diskussion der Rolle des sogenannten deutschen Wirtschaftswunders in der chinesischen Reformdebatte vgl. Weber 2020b, 2021.
42 Die Betonung der makroökonomischen Beschränkung war teilweise eine Reaktion auf Zhu Jiamings Argument, das hohe Wachstum Chinas und die verglichen mit früheren Zeiträumen relativ hohe Inflationsrate seien keine Hinweise auf eine »Überhitzung«, sondern Resultate der Umwandlung Chinas von einer im Grunde nichtmonetären in eine monetäre Volkswirtschaft, ein tiefgreifender Wandel, der sich einer statischen Analyse anhand der Konzepte der modernen Mainstream-Ökonomik entziehe (Zhu 2016; Zhu 1989 [englische Übersetzung des 1985 erschienenen Originals]; dieselbe Ausgabe von *Chinese Economic Studies* enthält auch Übersetzungen anderer wichtiger Beiträge zur Debatte über die »Überhitzung«).
43 Weber 2020.
44 Wu 2016; Xiao 1985. Joseph Dodge, »ein Detroiter Bankier mit liberalen Ansichten« (Galbraith 1982: 253), tat sich mit den amerikanischen Ökonomen Raymond Goldsmith und

Gerhard Colm zusammen, um einen Plan für eine Währungsreform in Westdeutschland auszuarbeiten, der – mehr oder weniger infolge eines historischen Unfalls – später Ludwig Erhard zugeschrieben wurde (Hagemann 1999). Anschließend wurde Dodge in Japan »Finanzberater des Oberkommandierenden der alliierten Mächte« (Thorsten und Sugita 1999: 297). In dieser Funktion erlegte er der japanischen Nachkriegswirtschaft strenge Sparmaßnahmen auf (ebd.).

45 Vogel 2011: 462f.

46 Huang 2004; Peng 2016.

47 Wu 2016; Zhang 2017: 537f.; Zhang 2015: 375.

48 Guo 2012a: xxii.

49 Ebd.

50 Guo 1985: 30. Für eine englische Übersetzung dieses Artikels vgl. Guo Shuqing 2012b. Die folgenden Quellenangaben beziehen sich auf diese Übersetzung.

51 Guo 2012b: 24.

52 Ebd.: 23.

53 Ebd.: 26.

54 Ebd.: 25.

55 Ebd.

56 Ebd.: 22.

57 Guo 2012a: xxiii; Guo et al. 1985: 21. Für eine englische Übersetzung dieses Artikels vgl. Guo et al. 2012. Die folgenden Quellenangaben beziehen sich auf diese Übersetzung.

58 Guo et al. 2012: 29.

59 Ebd.: 28.

60 Ebd.: 31f.

61 Ebd.: 29f.

62 Ebd.: 31.

63 Ebd.: 33.

64 Ebd.

65 Ebd.

66 Ebd.

67 Guo et al. 2012: 28; Wu 2016.

68 Guo et al. 2012: 28; Lou 2011. Die Niederschrift von Lou Jiweis Vortrag über das Programmbüro im September 2011 wurde der Autorin von Peng Xiaomeng zur Verfügung gestellt.

69 Wu 2016.

70 Guo 2012a: xxiii.

71 Guo, Liu und Qiu 2012: 28. An der Zusammenstellung der Gruppe war auch Gong Zhuming beteiligt. Weitere Teilnehmer waren Xu Meizheng, Jia Heting, Li Hong und Wang Qin (Guo et al. 2012: 28; Luo 2011).

72 Lou 2011.

73 Research Group for an Overall Plan 1986. Der Hauptautor des im Juni 1985 entworfenen Berichts war Guo Shuqing (Guo et al. 2012: 28). Der Bericht wurde im März 1986 veröffentlicht (Research Group for an Overall Plan 1986).

74 Lou und Zhou 1984; Zhou et al. 1984.

75 Research Group for an Overall Plan 1986.

76 Guo et al. 2012: 28.

77 Liu und Zhang 1985: 3; Guo 1985.

78 Wood 1984.

79 Ebd. Die für dieses Treffen in Betracht gezogenen Teilnehmer waren Goodhart als Zentralbankvertreter, Giersch vom Institut für Weltwirtschaft in Kiel, Gutowski (der China 1979 als Regierungsberater besucht hatte [Kulke 2007; Merklein 1980]), Tobin, Schultz, Meade und Mason (Wood 1985). Gewirtz (2017: 139), der die Bashan-Konferenz in den Mittelpunkt seiner Argumentation rückt, erklärt bezüglich der Liste der Eingeladenen, Lim habe »sofort an seinen Freund Cairncross gedacht«. Doch Cairncross wird in Adrian Woods Aufzeichnungen nicht erwähnt. Aus den an der Universität Glasgow aufbewahrten Cairncross-Papieren (Akte DC106/2/14) geht darüber hinaus hervor, dass Cairncross zuerst nicht von Edwin Lim selbst, sondern von dessen Bruder Cyril kontaktiert wurde. Noch wichtiger ist Folgendes: Gewirtz berichtet: »Lim wollte nicht nur Ökonomen mit Erfahrung in den sozialistischen Ländern berücksichtigen«, während aus Woods Notizen hervorgeht, dass dies nicht Lims persönliches Anliegen, sondern das Resultat der Gespräche mit der chinesischen Seite war. Die Darstellung von Gewirtz enthält noch mehrere andere unglückliche Aussagen. Beispielsweise schreibt Gewirtz: »Im Jahr 1982 hatten mehrere der Ökonomen [die jetzt an der Bashan-Konferenz teilnahmen], darunter Xue Muqiao, Wu Jinglian und Zhao Renwei, an der sehr viel kleineren Weltbank-Konferenz mit Osteuropa teilgenommen« (2017: 330). Aber wie in Kapitel 5 dargelegt, entschied sich Wu Jinglian gegen eine Teilnahme an der Konferenz (Lim 2016; Wu 2016; Wood 2016).

80 Lim 2016.

81 Gewirtz 2017; Kornai 2006; Lim 2008. Im Jahr 2015 veranstalteten die Chinesische Vereinigung für die Erforschung der Reform des Wirtschaftssystems, die Nationale Entwicklungs- und Reformkommission und die Weltbank anlässlich des 30. Jahrestags der Konferenz ein prominent besetztes Treffen.

82 Cairncross 1985.

83 Tobin hatte China zuvor im September 1972, nur sieben Monate nach Nixons Besuch, gemeinsam mit John Kenneth Galbraith und Wassily Leontief besucht. Galbraith war zu jener Zeit Präsident der American Economic Association, und Leontief und Tobin schlossen sich der Delegation als seine Amtsvorgänger an (Galbraith 1973: 3f.; Tobin 1973).

84 *Der Spiegel* 1986.

85 Bajt, 1992.

86 China Economic System Reform Research Conference 1986. Die weiteren internationalen Experten waren Michel Albert, der ehemalige Leiter der nationalen Planungsbehörde Frankreichs, Leroy Jones, ein amerikanischer Koreaexperte, und Kobayashi, der dem Board der Industrial Bank of Japan angehörte (China Economic System Reform Research Conference 1986; Liu 2009b).

87 Luo Xiaopeng war der einzige Teilnehmer, der zuvor der Ländlichen Entwicklungsgruppe angehört hatte. Er und seine Mitarbeiter, insbesondere Hua Sheng, arbeiteten in der Forschung zur Unternehmensreform mit der Weltbank zusammen (Luo 2017).

88 Cairncross 1985.

89 Ebd.

90 Ebd.

91 Weber 2020.

92 Liu et al. 1987: 14. Zur Rolle von Cairncross in der Transformation Großbritanniens nach dem Zweiten Weltkrieg vgl. Kapitel 3. Cairncross hatte China zuvor im Jahr 1979 als Mitglied einer Mission der British Academy besucht (Cairncross 1979, 1998: 282-287).

93 Ebd.: 24.

94 Ebd.

95 Ebd.
96 Ebd.
97 Ebd.: 34, 24f. Hervorhebung ergänzt.
98 Guo 1985: 9; Guo und Zhao 1986: 19.
99 Liu et al. 1987: 13.
100 Ebd.: 16.
101 Lim 2008.
102 Guo und Zhao 1986: 21.
103 Kornai 1986: 1733.
104 Lim 2016.
105 Kornai 1986: 1729.
106 Ebd.: 1728f.
107 Liu et al. 1987: 13.
108 Sachs 1992: 36.
109 Ebd.: 14, 15.
110 Ebd.
111 Guo und Zhao 1986: 21.
112 Kornai 1986: 93.
113 Cairncross 1985.
114 Gewirtz 2017: 149.
115 Kornai in Gewirtz 2017: 149. Zu der Frage, ob Kornai zwei Gesichter hatte, vgl. auch meine Rezension von Gewirtz (2017) für *China Quarterly* (Weber 2019: 2021).
116 Kornai 2006.
117 Kornai 1990.
118 Ebd.: 17; Hayek 1944.
119 Kornai 1990: 13.
120 Ebd.: 102.
121 Ebd., erste Hervorhebung ergänzt.
122 Ebd.: 80.
123 Ebd.: 126, zweite Hervorhebung ergänzt.
124 Ebd.: 105-113, 114-137, 138-144.
125 Byrd 1988; Naughton 1995.
126 Wu 1985a, 1985b.
127 Cairncross 1985; Liu et al. 1987: 33.
128 Guo 1985: 9f.; Liu et al. 1987: 19-21.
129 Liu et al. 1987: 38f.
130 Ebd.: 40.
131 Lim 2016.
132 Cairncross 1985.
133 Xiaopeng 2017.
134 Wu und Ma 2016: 215.
135 Hua, Zhang und Luo 1993: 132.
136 Ebd.; Wu 2016.
137 Zhao 2009: 127f.
138 Diese widersprüchliche Haltung Zhao Ziyangs gegenüber der Reform wurde der Autorin von vielen Gesprächspartnern bestätigt.
139 Zhao 2016a: 250; 2016b: 262.

140 Zhao 2016a: 251.
141 Zhao 2016f: 263.
142 Zhao 2016a: 305; Zhang S. 2017: 538.
143 Zhao 2016a: 304.
144 Ebd.
145 Ebd.
146 Ebd.
147 Ebd.
148 Zhao 2016g: 313.
149 Ebd.: 314f.
150 Ebd.: 314.
151 Wu 2005: 78; Zhang 2017: 538.
152 Cheng 2006: 93.
153 Fewsmith 1994: 149, 177, 185.
154 Wu 2016.
155 Wang 2017.
156 Wu 2016; Zhang 2017: 543. Für Einzelheiten der institutionellen Struktur des Programmbüros vgl. Fewsmith 1994: 185; Hua, Zhang und Luo 1993: 133, sowie Zhang S. 2017: 539-543. Zhang erklärt, die Bedeutung von Wu Jinglian im Fanganban sei häufig übertrieben worden (ebd.).
157 Zhang 2017: 540.
158 Andreas 2009: 229, 244; Weltbank 1983.
159 Lou 2011; Wu 2016; Zhang 2017: 541-543. Als das Programmbüro im Jahr 1986 den Betrieb aufnahm, war Guo Shuqing Gastdozent in Oxford. Auf der Bashan-Konferenz war Lim an Cairncross herangetreten, um einen Aufenthalt Guos in Oxford zu arrangieren (Cairncross 1985). Guo war der erste Teilnehmer an einem Volkswirtschaftlichen Ausbildungsprogramm für junge chinesische Funktionäre, das von der Ford Foundation und dem Entwicklungsprogramm der Vereinten Nationen finanziert und von Cyril Lin unter der Schirmherrschaft von Cairncross geleitet wurde (Chen Xindong 2013; 2016).
160 Wu 2016.
161 Zhou 1992: 180.
162 Program Office 1986: 1.
163 Zwei weitere in jenem Jahr veröffentlichte Artikel, in denen ähnlich argumentiert wurde, waren Zhou Shulian (1986) und Dai Yuanchen (1986). Dai Yuanchen hatte in den fünfziger und sechziger Jahren wichtige Beiträge zur Debatte über das Wertgesetz geleistet und die buchhalterische Interpretation des Wertgesetzes angezweifelt. Vgl. Brødsgaard und Rutten (2017: 43) sowie Lin (1981: 27).
164 Program Office 1986.
165 Ebd.: 4, 15.
166 Ebd.: 12f.
167 Ebd.: 14f.
168 Ebd.: 6.
169 Ebd.
170 Ebd.: 6f.
171 Ebd.: 14.
172 Ebd.: 14f.
173 Ebd.: 6; Wu 2016.

174 Program Office 1986: 15.
175 Ebd.: 18.
176 Zhao und Lim 2016: 415. Die Echtheit dieser Niederschrift wurde der Autorin von Edwin Lim bestätigt.
177 Ebd.
178 Xue M. 2011a: 115.
179 Xue M. 2011a: 115.
180 Ebd.: 115-117.
181 Kornais 1980.
182 Xue M. 2011b: 119.
183 Zhou Qiren und Luo Xiaopeng zählten zu denen, die nach der Gründung des Systemreforminstituts und der Auflösung der Ländlichen Entwicklungsgruppe in das von Du Runsheng geleitete Forschungszentrum für ländliche Entwicklung beim Staatsrat wechselten (Luo 2017; Zhou 2016). Hua Sheng und He Jiacheng waren am Wirtschaftsforschungsinstitut der Akademie der Sozialwissenschaften tätig (Hua 2016). Zhang Weiying war nach der Nachwuchskonferenz in Moganshan ins Systemreforminstitut eingetreten, aber seine Haltung in der Eigentumsfrage widersprach jener der Institutsleitung (Zhang M. 2016; Wang 2017).
184 Hua, He, Zhang et al. 1986. Für eine englische Übersetzung vgl. Hua Sheng, He Jiacheng, Zhang Xuejun, Luo Xiaopeng und Bian Yongzhuang (1987). Luo 2017; Zhang M. 2016; Zhou 2016.
185 Hua, He, Zhang et al. 1986.
186 Li 1989.
187 Wang 1989, 1998; Wang und Ji, 1985. Für eine englische Übersetzung vgl. Wang und Ji 1988.
188 Brødsgaard und Rutten 2017: 81; Fewsmith 1994: 184; Naughton 1995: 188; Hsu 1988: 1225; Stiglitz 1994: 262.
189 Li Yining hielt seinen Vortrag am 25. April 1986, veröffentlicht wurde die Rede am 19. Mai in *Beijing Daily* (Li 1986) und später in einer Aufsatzsammlung, die Peng Xiaomeng parallel zu einer Sammlung der konkurrierenden Schriften von Wu Jinglian und seinen Mitarbeitern herausgab (Li 1989; Peng 2016; Wu und Zhou 1989).
190 Karl 2019: 379.
191 Li Yining 2012: vi; Trescott 2012: 343, 357.
192 Fewsmith 1994: 185f.
193 Li 2012: vi.
194 Fewsmith 1994: 186.
195 Gewirtz 2017: 79-81.
196 Bai 2016; Wang 2017.
197 Lu 2002: 53f.
198 Ebd.: 56f.
199 Li 1979: 18.
200 Luo und Li 1978.
201 Li 2014: vi, x.
202 Li 1990. Für eine englische Übersetzung vgl. Li 2014.
203 Fewsmith 1994: 186.
204 Li 1986. Für eine englische Übersetzung vgl. Fewsmith 1994: 186.
205 Li 2014: x.
206 Galbraith 1982: 543f.

207 Ebd.: 1.
208 Li 1986.
209 Ebd.; Li 2014: 104.
210 Li 1986.
211 Ebd.
212 Li 2014: 114.
213 Wang Xiaoqiang und Zhang Gang berichteten: »Es beteiligten sich 21 Einheiten, darunter Ministerien, Forschungsinstitute sowie Hochschulen an der Untersuchung. 447 Personen nahmen an der Arbeit teil, darunter Statistiker und Studenten. Im Rahmen der Untersuchung wurden 14 Millionen Daten erhoben und 156 Berichte mit einem Gesamtumfang von 1,3 Millionen Worten verfasst« (1987: xxv).
214 CESRRI 1986. Die Studie liegt in Reynolds (1987a) in englischer Übersetzung vor. Alle folgenden Quellenhinweise beziehen sich auf die englische Ausgabe. Reynolds machte auf einer von den Ford- und Rockefeller-Stiftungen finanzierten Konferenz, die im Oktober 1986 unter Beteiligung von bekannten chinesischen, amerikanischen und europäischen Wissenschaftlern im Arden House Conference Center im US-Bundesstaat New York stattfand, die Bekanntschaft von Chen Yizi, Wang Xiaoqiang und Cao Yuanzheng. Thema der Konferenz waren die chinesischen Reformen. Bruce Reynolds war beeindruckt von der qualitativ hochwertigen Analyse und der Menge an Daten, die in dieser Studie erhoben worden waren, und entschloss sich, eine Übersetzung herauszugeben (Cao 2016; Reynolds 1988).
215 Reynolds 1987b: xv.
216 Bai 2016; Cao 2016; CESRRI 1986; Wu 1987.
217 CESRRI 1986.
218 Ebd.
219 Chen Yizi 1987: xxiii.
220 Wang 2017.
221 Yang, Yang und Xuan 1987: 59.
222 Ebd.: 59-75.
223 Diao 1987: 35.
224 Ebd.: 35-46.
225 Chen et al. 1987.
226 Ebd.: 3.
227 Chen et al. 1987: 9.
228 Ebd.: 9f.
229 Ebd.: 13.
230 Ebd.: 14.
231 Ebd.: 27f.
232 Ebd.: 19.
233 Ebd.: 19-27.
234 Diao 1987: 45f.
235 Ebd.: 45.
236 Die Debatte spaltete teilweise auch die Ökonomen innerhalb des Systemreforminstituts – insbesondere in der Frage der Reform der Eigentumsverhältnisse.
237 Bai 2016; Lu 2016; Zhang M. 2016; Wang 2016.
238 Li 2016.
239 Wang 2017.

240 Vgl. dazu auch Wang 1998: 38f.
241 Ebd.
242 Zhang 2008: 261.
243 Chen 2013: 348.
244 Ebd.
245 Ebd. Die Unterstützung von Soros war wichtig für den weiteren Verlauf der chinesischen Reformen. Die Zusammenarbeit zwischen dem Systemreforminstitut und Soros, die sich nach seinem Besuch im Jahr 1986 entwickelte, förderte jedoch schon bald unterschiedliche Vorhaben zutage. Im Jahr 1987 verlagerte die China Reform and Opening Up Foundation (改革开放基金会), die Soros eingerichtet hatte, um Projekte in China zu finanzieren, seine Unterstützung zur China International Cultural Exchange Foundation in Peking (Keyser 2003: 78). Soros war zu dem Schluss gelangt, dass sich seine chinesischen Partner zu sehr wie Bürokraten verhielten, die der Regierung zu dienen versuchten (Li 2016). Dennoch war die Annahme ausländischer Gelder eine der Anschuldigungen, die im Jahr 1989 im Kontext der Niederschlagung der Demokratiebewegung auf dem Tiananmen gegen Zhao Ziyang, Bao Tong und Chen Yizi erhoben wurden (Keyser 2003: 78f.).
246 Chen 2013: 348; CESRRI 1987; Zhang 2008: 261.
247 CESRRI 1987; Bai 2016; Lu 2016.
248 Gao et al. 1987: 15. Übersetzung nach Gao Shangquan, Chen Yizi und Wang Xiaoqiang (1989), einer englischen Übersetzung von Teilen des Berichts.
249 Chen 2013: 349.
250 Gao et al. 1987: 16.
251 Ebd.
252 Chen 2013: 349.
253 Gao et al. 1989: 85f.; Wang 2017.
254 Ebd.
255 Ebd.; Wang 1998: 34f.
256 Gao et al. 1989: 86.
257 Wang 1998: 14f.
258 Ebd.: 85.
259 Ebd.: 87f.
260 Bai 2016; Chen 2013: 251; Wang 2017.
261 Bai 2016; Wang 2017; Zhang 2008: 262.
262 Wang 1998: 24f.; Wang 2017.
263 Gao 1987; Lu 2016; Wu 2016.
264 Lu 2016; Wang 2017.
265 Chen 2013: 351f.
266 Wang 2017.
267 Fang 2004; Zhao 2016m.
268 Fang 2004: 72; Zhang 2017: 547.
269 Fang 2004: 73, 79; Zhang 2017: 547.
270 Fang 2004: 73.
271 Ebd.: 77.
272 Bai 2016; Chen 2013: 352; Lu und Feng 2012: 40.
273 Loeffler 2002: 78.
274 Cheng 2006: 97; Zhao 2016l: 460.
275 Zhang 2017: 553f.

276 Cheng 2006: 95f.; Zhang S. 2017: 548-550.
277 Li 1988.
278 Zhang 2017: 550f.
279 Cheng 2006: 97; Zhang S. 2017: 550.
280 Liu 2010: 396f.
281 Brødsgaard und Rutten 2017: 82.

8
Schock ohne Therapie
Ursachen und Folgen der Inflation von 1988

1 Meine Einschätzung, wie China im Jahr 1988 der Schocktherapie entkam, beruht auf zahlreichen Interviews. Es ist unmöglich, meine Darstellung einem einzelnen Gesprächspartner zuzuschreiben. In Anbetracht der Tatsache, dass die Ereignisse im Jahr 1988 ein politisch heikles Thema sind, habe ich mich entschlossen, in diesem Kapitel keine Interviews als Belege anzuführen, sondern stattdessen ausschließlich auf veröffentlichte Texte zu verweisen.
2 Vgl. z. B. Fewsmith 1994: 220-232; Cheng 1995; Vogel 2011: 470f.
3 Vgl. z. B. Gewirtz 2017: 198-200; Shih 2008: 124-135.
4 Wang 2011: 43.
5 Chen 2013: 512-515; Zhu 2013: 44.
6 Wu 2005: 368; Wu und Ma 2016: 216.
7 Schram 1988.
8 Zhao 1987.
9 Ebd.
10 Research Department of Party Literature 1991: 887.
11 Chang 1988; Sun 1995: 185f.
12 *Volkstageszeitung* 1987. Englische Übersetzung in Schram 1988: 180.
13 Vogel 2011: 579.
14 Pantsov und Levine 2015: 401.
15 Schram 1988: 182.
16 Bachman 1986.
17 Ebd.: 297; Vogel 2005.
18 Zhao 2009: 122.
19 Wang 2019: 97.
20 Zhao 2009: 122f.
21 Pantsov und Levine 2015: 403f.
22 Liu 2011.
23 Geng und Zhou 1998: 543; Vogel 2011: 469.
24 Naughton 1989: 270.
25 Wu und Reynolds 1988: 464.
26 Wu und Ma 2016: 217.
27 Zhou und Zhu 1987.
28 Popov 2007: 3.
29 Chang 2002; Madra und Adaman 2010; Fischer 2009: 325f.
30 Lardy 1988; Wu 1988: 1.
31 Editorial Board der Zeitschrift *Vergleichende Gesellschafts- und Wirtschaftssystemlehre* 1989.

Die Sammlung beinhaltete Übersetzungen von Arbeiten führender Neoliberaler wie James Buchanan (1980) sowie von Kenneth Koford und David Colander (1984) und einen Überblick über die neuere englischsprachige Literatur, der zum Beispiel die Beiträge von Anne Krueger besprach.

32 Rong 1989.
33 Ebd.: 6.
34 Lin 1988; Wu, Zhou, Lou et al. 1988.
35 Wu, Zhou, Li et al. 1988: 202.
36 Ebd.: 202f.
37 Wu, Zhou, Li et al. 1988, nach Wu 2013c: 196.
38 Wu 2013b: 200f.
39 Cheng 2006: 284.
40 Han et al. 1998: 519; Naughton 1989: 271.
41 Han et al. 1998: 493.
42 Oi 1986.
43 Naughton 1989: 271.
44 Ebd.; Gang 1990: 40-47.
45 Gang 1990: 52f.
46 Geng und Zhou 1998: 545f.
47 Gang 1990: 36.
48 Han et al. 1998: 496.
49 Ebd.: 496, 499.
50 Vgl. z. B. Myers (1989) für eine Darstellung des Umgangs der chinesischen Medien mit der Frage der Korruption sowie Oi (1989) für eine systematische Analyse der Korruption in der ländlichen Wirtschaft.
51 Pantsov und Levine 2015: 400f.; Vogel 2011: 577f.
52 CESRRI 1986; vgl. Kapitel 7.
53 Wang 2019: 89f.
54 Ebd.
55 Wang 2019: 90.
56 Macfarquhar 2009: xx.
57 Zhao 2009: 150.
58 Ebd.: 149f.; Zhao 2016k.
59 Wang Xiaoqiang in Deng 2017: 195; siehe Abbildung 14 für ein Foto von Zhao und der Delegation.
60 Zhao 2009: 150.
61 Zhao 2016k: 342f.
62 Ebd.: 354.
63 Ebd.; Zhao 2009: 145-147.
64 Nach Deng 2017: 195.
65 Hua et al. 1988: 21.
66 Hua et al. 1993: viii.
67 Vogel 2011: 471.
68 Fewsmith 1994: 220.
69 Ebd.; Cheng 1995: 191.
70 Zhao 2009: 157.
71 Ebd.: 57.

72 Zhao 2016n: 405-407.
73 Gewirtz 2017: 198.
74 Pantsov und Levine 2015: 405.
75 Fang 2014: 281-295.
76 Ebd.: 291.
77 Ebd.: 295.
78 Ebd.: 281-295, 307; Zhao 2009: 146.
79 Zhao 2016i: 358; Fang 2014: 307f.
80 Fang 2014.; Zhao 2016n: 407.
81 Zhao 2009: 128f.
82 Ebd.: 128.
83 Zhao 2016i: 359f.
84 Zhao 2009: 146-148; Zhao 2016k: 354f.
85 Zhao 2016k: 342.
86 Zhao 2016i: 359f.
87 Zhao 2016n: 407f.
88 Cheng 2006: 447f.
89 Yang 1998: 390.
90 Ebd.: 391.
91 Han, Wu, Ding und Geng 1998: 511.
92 Yang 1998: 391.
93 Naughton 1991: 140-146.
94 Geng und Zhou 1998: 546; Naughton 1991: 140-146.
95 Zhang 2017: 575.
96 Yang 1998: 392.
97 Zhang 2017: 568-571; Xue 1996: 411f. Für eine detaillierte Darstellung der Stellungnahmen von Liu Guoguang, Wu Jinglian und anderen Anhängern der Paketreform, die makroökonomische Einschränkungen forderten, vgl. Gewirtz 2017: 197f., 205 und Zhang 2017: 568-571.
98 Shih 2008: 125.
99 Zhu 2009: 524.
100 Chen 2013: 505; Zhu 2009: 524, 2013: 45.
101 Vgl. z.B. Gewirtz 2017: 199f.; Shih 2008: 131-133; Wu 2005: 368; Wu und Ma 2016: 216.
102 Zhu 2013: 41f.
103 Chen 2013: 505.
104 Zhu 2009: 524-528; Chen 2013: 506.
105 Macarini 2000.
106 Frieden 1987: 95.
107 Ebd.
108 Folha de S. Paulo 2008.
109 Chen 2013: 506.
110 Frieden 1987: 117-119.
111 Chen 2013: 506; Zhu 2009: 524-528.
112 Ebd.
113 Zhu 2009: 524-528.
114 Chen 2013: 507; Zhu 2013: 45.
115 Chen 2013: 509; Zhu 2013: 44f.

116 Chen 2013; Zhu 2009: 526.
117 Chen 2013; Zhu 2009.
118 Xue 1996: 411.
119 Wu 2005: 368.
120 Zhu 2013: 45.
121 Ebd.
122 Wu und Ma 2016; 2013.
123 Vgl. auch meine Rezension (Weber 2019a) von Gewirtz (2017) zur Frage, wie die Reformdebatte der achtziger Jahre unter verschiedenen Gesichtspunkten dargestellt werden kann.
124 Zhu 2013: 45; 1985; 1989.
125 Zhu 2013: 44.
126 Zhu 2009: 526f.
127 Chen 2013: 508.
128 Ebd.: 5009-5015; Wang 2019: 90.
129 Fewsmith 1994: 220; Cheng 1995: 192.
130 Cheng 1995: 192.
131 Li 1988.
132 Ebd.
133 Cheng 1995: 191f.; Fewsmith 1994: 222.
134 Vogel 2011: 28f.; Pantsov und Levine 2015: 529.
135 Cheng 1995: 191f.
136 Chuang 1988.
137 Fang 2014: 347
138 Zhao 2009: 18f.
139 Zhao 2016d; Fang 2014: 335-339.
140 Fang 2014: 339.
141 George 1988.
142 Fang 2014: 339f.; Zhang 2017: 573.
143 Chen 2013: 514; Cheng 1995: 194.
144 Cheng 1995; Fewsmith 1994: 220f.
145 Luo 1959.
146 Lam 2011.
147 Deng 2004: 1232f.
148 Luo 1959.
149 *Volkstageszeitung* 1988a; Fang 2014: 343.
150 Mir wurde gesagt, als Gegenmaßnahme sei unter anderem eine Militärregierung in Erwägung gezogen worden, die einer meiner Gesprächspartner mit Pinochets Vorgehen bei der Durchsetzung seiner drastischen »Schocktherapie« verglich.
151 *Volkstageszeitung* 1988a.
152 Yu und Feng 1988.
153 CESRRI 1987; Kapitel 7.
154 Weber 2020a, 2020b, 2021.
155 Weber 2020b, 2021.; Chen 2013: 509-512.
156 Wang 1998: 148.
157 Siehe Kapitel 7; Csikós-Nagy et al. 1984: ix; Giersch 2006: 207-221; Mont Pèlerin Society 2019.
158 Ötsch, Pühringer und Hirte 2018: 146.

159 Chen 2013: 510.
160 Ebd.: 512.
161 Vgl. z. B. CESRRI 1988a, 1988b; Wang 2019: 90.
162 CESRRI 1988a, b; Chen 2013: 514; vgl. Kapitel 7.
163 Chen 2013: 514.
164 Li 1988, 1988b. Vgl. auch Gewirtz (2017: 205) zu Li Yinings Stellungnahme.
165 Zhao 2016b. Vgl. Linder (1990) für eine Diskussion seiner Analyse der Reform, ausgehend von einer Planwirtschaft.
166 Fewsmith 1994: 225f.
167 Ebd.: 392f.; Zhang 2017: 575.
168 Hu 1989; Zhang 2017: 574f.
169 Fang 2014: 355.
170 *Volkstageszeitung* 1988; Yang 1998: 393.
171 Brødsgaard und Rutten 2017: 83; Burdekin und Hu 1999; Burdekin 2000; CIA 1988; Song 1995; Yang 1998: 393f.; Zhang 2017: 575-577; Zhao 2009: 131. Die Auflösung von Spareinlagen war eine beabsichtigte Konsequenz der durch eine Schocktherapie ausgelösten hohen Inflation (International Monetary Fund, World Bank, Organisation for Economic Co-Operation and Development und European Bank for Reconstruction and Development 1990; Reddaway und Glinski 2001: 180).
172 Burdekin und Hu 1999: 67.
173 Zhang 2017: 575.
174 Geng und Zhou 1998: 547.
175 Zhang 2017: 576.
176 Burdekin und Hu 1999: 81.
177 Brødsgaard und Rutten 2017: 89; Burdekin 2000: 224.
178 Lipton und Sachs 1990: 87.
179 Fang 2014: 377.
180 Für eine eingehende Analyse der mit der Inflation von 1988 einhergehenden politischen Dynamik vgl. Holbig 2001.
181 Friedman 1990; Zhao 2016c: 514f. Für eine Auseinandersetzung mit der Frage, was Milton Friedmans Gespräch mit den chinesischen Reformern über die Beziehung Chinas zum Neoliberalismus verrät, vgl. Weber (2020b).
182 Chen 2013: 515.
183 Zhao 2009: 233f.
184 Cheng 2006: 119.
185 Ebd.: 119-121.
186 Burdekin 2000; Burdekin und Wang 1999; siehe Kapitel 3.
187 Wang 2011: 21-30.
188 Lou 2017.
189 Wood 1990: 25.
190 Zhao 2009.
191 Kretschmer 2022.
192 Beijing Television Service 1990.
193 *China Daily* 1990.
194 Zhao 2009: 27-32.
195 Chen 2013: 601-604; Zhu 2013: 46f.
196 Vgl. die Bibliografie für einen detaillierteren Überblick.

197 Wu 1989.
198 Zhang 2017: 612-615.

Schluss

1 Amsden 2007: 6f.
2 Erlich 1967: xvii.
3 Friedman 1966: 20.
4 Dieses Ergebnis deckt sich mit den Erkenntnissen von Bockman (2012, 2011) sowie Bockman und Eyal (2002), die gezeigt haben, dass die neoliberale Transformation ihren Ursprung in der neoklassischen sozialistischen Ökonomie hatte.
5 Hahn 1981: 2.
6 Nach Foley 2011.
7 Hayek (1935a, 1935b) und Robbins (1934) hielten nicht an von Mises' Behauptung fest, eine rationale sozialistische Wirtschaft sei unmöglich, und zogen sich hinter eine »zweite Verteidigungslinie zurück« (Lange 1936: 36). Sie bestritten die *theoretische* Möglichkeit der rationalen Ressourcenzuteilung in einer Planwirtschaft nicht, bezweifelten jedoch, dass es eine befriedigende *praktische* Lösung für das Problem geben konnte.
8 Weber 2020.
9 Moganshan 1982.
10 Cohn 2017.
11 Jiang (1992).
12 Naughton 1995: 289f. Das geht aus den Schaubildern 0.5 bis 0.7 in der Einleitung hervor. Man sieht, dass der Anteil der staatlich festgesetzten Preise für Einzelhandels-, Agrar- und Produktionsgüter einem Bergrücken ähnelt. Der Marktanteil in allen drei Sektoren stieg infolge der Ausweitung des zweigleisigen Preissystems, und die vom Staat vorgegebenen Preise verloren an Bedeutung.
13 Für detaillierte Darstellungen der jüngsten Entwicklung der Beziehungen zwischen Staat und Markt und der Reformpolitik in China vgl. Ang 2016, Eaton 2016 sowie Zheng und Huang 2016.

Dank

Viele Personen haben wichtige Beiträge zu diesem Projekt geleistet. Ich möchte vor allem meinen Interviewpartnern danken, die sich die Zeit nahmen, ihre Erinnerungen und ihre Einschätzung der achtziger Jahre in China mit mir zu teilen, und meinem Doktorvater Peter Nolan. Ich bitte im Voraus um Entschuldigung, sollte ich jemanden vergessen haben, und bedanke mich bei Iwo Amelung, Bai Nanfeng, Tracy Blagden, Adrian Bradshaw, Ha-Joon Chang, Melinda Cooper, Cui Zhiyuan, Chun Xiao, Maxime Desmarais-Tremblay, Sebastian Dullien, Isabel Estevez, Jacob Eyferth, Nancy Folbre, Duncan Foley, Giorgos Galanis, James Galbraith, Julian Gewirtz, Benjamin Hall, Christian Heilbronn, Carol Heim, Lawrence King, David Kotz, János Kovács, Michael Kuczynski, Rebecca Karl, Leon Kunz, Michael Landesmann, Lei Bing, Liang Junshang, Aurelia Li, Edwin Lim, Lin Chun, Cyril Lin, Liu Hong, Liu Kang, Dic Lo, Luo Xiaopeng, Mariana Mazzucato, Maya McCollum, Branko Milanović, John Moffett, Luiza Nassif Pires, Jose Bastos Neves, Ole Nymoen, Terry Peach, George Peden, Dwight Perkins, Stephen Perry, Robert Pollin, Joshua Rahtz, Ole Rauch, Carl Riskin, Eberhard Sandschneider, Mariana Schütt, Leon Semieniuk, Anwar Shaikh, Fan Shitao, Bertram Schefold, Quinn Slobodian, Peter Sowden, Malcolm Thompson, Jan Toporowski, Vamsi Vakulabharanam, Vela Velupillai, Wang Xiaoqiang, Wang Xiaolu, Wei Zhong, Tom Westland, Felix Wemheuer, Adrian Wood, Bin Wong, Wu Jinglian, Zhu Ling und Jean Zimmer.

Ermöglicht wurde meine Forschung für dieses Buch durch die finanzielle Unterstützung des European Recovery Program, des Cambridge Trust, des Suzy Paine Fund, des Cambridge Political Economy Trust, des Universities' China Committee in London, der School of Public Management an der Tsinghua-Universität, des China Center for Economic Studies an der Fudan-Universität, des Greta Burkill Fund, des Bruckmann Fund und des Department of Economics sowie Political Economy Research Institute an der University of Massachusetts in Amherst.

Der Beistand meiner Freunde in Peking, Berlin, Cambridge, London, New York, Nürnberg und Amherst gab mir Kraft, wenn meine Energie schwand. Die Gespräche mit meiner Schwester Anna-Magdalena Schaupp halfen mir in Zeiten der Verzweiflung, meine Einsatzfreude zurückzugewinnen. Gregor Semieniuk stand mir jeden Tag zur Seite und kommentierte das Manuskript kritisch. Und ohne die Liebe, das Vertrauen und die Unterstützung meiner Eltern hätte ich nie eine Dissertation abgeschlossen, geschweige denn dieses Buch geschrieben. Ihnen gelten meine Zuneigung und mein tiefster Dank.

Literatur

Abelshauser, W. (2004). *Deutsche Wirtschaftsgeschichte seit 1945*. München: C. H. Beck.

Adler, S. (1957). *The Chinese Economy*. London: Routledge & Kegan Paul.

Alvaredo, F., L. Chancel, T. Piketty, E. Saez und G. Zucman (2017). »World Wealth and Income Database« (WID); online verfügbar unter: {http://wid.world/data}. Abgerufen am 1. Juli 2017.

Amsden, A. H. (2007). *Escape from Empire: The Developing World's Journey Through Heaven and Hell*. Cambridge: The MIT Press.

Amsden, A., J. Kochanowicz, L. Taylor (1998). *The Market Meets Its Match: Restructuring the Economies of Eastern Europe*. Cambridge/Mass.: Harvard University Press.

Andreas, J. (2009). *Rise of the Red Engineers: The Cultural Revolution and the Origins of China's New Class*. Stanford: Stanford University Press.

Ang Yuen Yuen (2016). *How China Escaped the Poverty Trap*. Ithaca: Cornell University Press.

Ash, R. (2006). »Squeezing the Peasants: Grain Extraction, Food Consumption and Rural Living Standards in Mao's China«. In: *The China Quarterly* 188, 959-998.

Åslund, A. (1989). »Soviet and Chinese Reforms: Why They Must Be Different«. In: *World Today* 45(11), 188-191.

Åslund, A. (1992). *Post-Communist Economic Evolutions: How Big a Bang?*. Washington: Center for Strategic and International Studies.

Åslund, A. (1995). *How Russia Became a Market Economy* (hrsg. von Brookings Institution). Washington, DC: Brookings Institution.

Bachman, D. (1986). »Differing Visions of China's Post-Mao Economy: The Ideas of Chen Yun, Deng Xiaoping and Zhao Ziyang«. In: *Asian Survey* 26(3), 292-321.

Bai Nanfeng (2016). Interview mit der Autorin, Peking.

Bajt, A. (1992). »The Scope of Economic Reforms in Socialist Countries«. In: J. M. Kovács und M. Tardos (Hrsg.), *Reform and Transformation in Eastern Europe Soviet-type Economics on the Threshold of Change* (191-202). London: Routledge.

Baran, P. A., und P. M. Sweezy (1973). *Monopolkapital: Ein Essay über die Amerikanische Wirtschafts- und Gesellschaftsordnung*. Frankfurt a. M.: Suhrkamp.

Barkley, F. R. (1942). »Wickard Blights Farm Group Hope for Higher Prices«. In: *New York Times*, 1. Februar, 1, 43.

Bartels, A. H. (1983). »The Office of Price Administration and the Legacy of the New Deal, 1939-1946«. In: *The Public Historian* 5(3), 5-29.

Baruch, B. (1962). *Die Jahre des Dienens*. München: Kindler.

Bauer, T. (1990). »Success and Failure: Emergence of Economic Reforms in Czechoslovakia and Hungary«. In: K. Dopfer und K.-F. Raible (Hrsg.), *The Evolution of Economic Systems: Essays in Honor of Ota Šik* (245-264). New York: St. Martin's Press.

Beijing Television Service (1990). »Zhao Ziyang und Li Peng Visit Fasting Students at Tiananmen Square«. In: M. Oksenberg, L. R. Sullivan und M. Lambert (Hrsg.), *Beijing Spring, 1989, Confrontation and Conflict: The Basic Documents* (288-289). Armonk: M. E. Sharpe.

Belik, Y. (1998). »Price Reform – The Missing Link? Vox Populi«. In: M. Ellman und V. Kontorovich (Hrsg.), *The Destruction of the Soviet Economic System: An Insiders' History* (159-162). New York; London: Routledge.

Bell, S. (2013). *Rise of the People's Bank of China: The Politics of Institutional Change*. Cambridge/Mass.: Harvard University Press.

Bockman, J. (2011). *Markets in the Name of Socialism: The Left-Wing Origins of Neoliberalism*. Stanford: Stanford University Press.

Bockman, J. (2012). »The Long Road to 1989: Neoclassical Economics, Alternative Socialisms, and the Advent of Neoliberalism«. In: *Radical History Review* 2012 (112), 9-42.

Bockman, J., und G. Eyal (2002). »Eastern Europe as a Laboratory for Economic Knowledge: The Transnational Roots of Neoliberalism«. In: *American Journal of Sociology* 108(2), 310-352.

Bodde, D. (1951). *Peking Diary: A Year of Revolution*. London: Jonathan Cape.

Bol, P. K. (1993). »Government, Society, and State: On the Political Visions of Ssu-ma Kuang and Wang An-shih«. In: R. P. Hymes und C. Schirokauer (Hrsg.), *Ordering the World: Approaches to State and Society in Sung Dynasty China* (128-193). Berkeley: University of California Press.

Bonefeld, W. (2013). »On the Strong Liberal State: Beyond Berghahn and Young«. In: *New Political Economy* 18(5), 779-783.

Bonefeld, W. (2017). *The Strong State and the Free Economy*. London: Rowman and Littlefield.

Bramall, C. (2004). »Chinese Reform in Long-Run Perspective and in the Wider East Asian Context«. In: *Journal of Agrarian Change* 4(1), 107-141.

Bresciani-Turroni, C. (1937). *The Economics of Inflation: A Study of Currency Depreciation in Post-War Germany, 1914-1923*. Northampton: John Dickens & Co. Ltd.

Brødsgaard, K. E. (1983a). »Paradigmatic Change: Readjustment and Reform in the Chinese Economy, 1953-1981, Part I«. In: *Modern China* 9(2), 37-83.

Brødsgaard, K. E. (1983b). »Paradigmatic Change: Readjustment and Reform in the Chinese Economy, 1953-1981, Part II«. In: *Modern China* 9(2), 253-272.

Brødsgaard, K. E., und K. Rutten (2017). *From Accelerated Accumulation to Socialist Marketing Economy in China: Economic Discourse and Development from 1953 to the Present*. Leiden: Brill.

Brunet, G. (2018). *Stimulus on the Home Front: The State-Level Effects of WWII Spending*. Online verfügbar unter: {https://berkeley.box.com/s/5fwkm240m69xvbzowveaepg5jx79yo3c}. Abgerufen am 1. Mai 2019.

Buchanan, J. M. (1980). »Rent Seeking and Profit Seeking«. In: J. Buchanan, R. D. Tollison und G. C. Tullock (Hrsg.), *Toward a Theory of the Rent-Seeking Society* (3-15). College Station: Texas A&M University Press.

Burawoy, M. (1996). »The State and Economic Involution: Russia Through a China Lens«. In: *World Development* 24(6), 1105-1117.

Burdekin, R. C. K. (2000). »Ending Inflation in the People's Republic of China: From Chairman Mao to the 21st Century«. In: *The Cato Journal* 20(2), 223-235.

Burdekin, R. C. K. (2008). *China's Monetary Challenges*. Cambridge: Cambridge University Press.

Burdekin, R. C. K., und F. Wang (1999). »A Novel End to the Big Inflation in China in 1950«. In: *Economics of Planning* 32(3), 211-229.

Burdekin, R. C. K., und X. Hu (1999). »China's Experience with Indexed Government Bonds, 1988-1996: How Credible Was the People's Republic's Anti-Inflationary Policy?« In: *Review of Development Economics* 3(1), 66-85.

Burgin, A. (2012). *The Great Persuasion: Reinventing Free Markets Since the Depression*. Cambridge/Mass.: Harvard University Press.

Brus, W. (1972). *The Market in a Socialist Economy*. London: Routledge & Kegan Paul.

Brus, W., und K. Laski (1990). *Von Marx zum Markt: Die sozialistischen Länder auf der Suche nach einem neuen Wirtschaftssystem*. Marburg: Metropolis.

Byrd, W. A. (1988). »Impact of the Two-Tier Plan/Market System in China«. In: *Journal of Comparative Economics* 11(3), 295-300.

Byrd, W., G. Tidrick, Chen Jiyuan, Xu Lu, Tang Zongkun und Chen Lantong (1984). »Recent Chinese Economic Reforms: Studies of Two Industrial Enterprises«. World Bank Staff Working Papers, 652.

Cagan, P. (1956). »The Monetary Dynamics of Hyperinflation«. In: M. Friedman (Hrsg.), *Studies in the Quantity Theory of Money* (25-117). Chicago: Chicago University Press.

Cai Huimei (1981). »Das Wesen der bürokratischen Herrschaft in der Sowjetunion: ›Das kommunistische Machtsystem‹ – Eine Rezension (苏联官僚统治的实质–»共产主义政权体系«一书简介)«. In: *Angelegenheiten und Themen in der Sowjetunion und in Osteuropa* 1, 56-57.

Cairncross, A. (1979). »Papers of Alec Cairncross. Diary of British Academy Visit to China 1979« (File GB248DC10690/12). Glasgow: University of Glasgow.

Cairncross, A. (1985). »Papers of Alec Cairncross. Typescript of Visit to China in 1985« (File GB248DC1062/14). Glasgow: University of Glasgow.

Cairncross, A. (1985). *Years of Recovery: British Economic Policy 1945-1951*. London: Methuen & Co.

Cairncross, A. (1998). *Living with the Century*. London: Lynx.

Campbell, C. D., und G. C. Tullock (1954). »Hyperinflation in China, 1937-1949«. In: *Journal of Political Economy* 62(3), 236-245.

Central Committee of the CPC Research Department of Party Literature (Hrsg.) (1991). »Decision of the CPC Central Committee on Reform of the Economic Structure« (Adopted at the Third Plenary Session of the Twelfth CPC Central Committee on October 20, 1984). In: *Major Documents of the People's Republic of China: Selected Important Documents Since the Third Plenary Session of the Eleventh Central Committee of the Communist Party of China (December 1978-November 1989)* (395-427). Peking: Foreign Language Press.

Central Intelligence Agency (1952). »Price Control in Communist China, 1950-1951, Price Indexes«. Verteilt im Mai 1954. Gesäuberte, freigegebene Fassung, 19. Oktober 2011: CIA-RDP80-00809A000600150188-7.

Central Intelligence Agency CIA (1986). »China's Economists: Soundings on Reform«. CIA Online Archive. Online verfügbar unter: {https://www.cia.gov/readingroom/document/cia-rdp86t01017r000706920001-6}.

Central Intelligence Agency, CIA (1988). »Memorandum for Director of Central Intelligence«, 18. Oktober 1988. Abgerufen am 21. April 2019.

Chinese Economic System Reform Research Institute (CESRRI) (1986). *Reform: Unsere Herausforderungen und Möglichkeiten* (改革:我们面临的挑战与选择). Peking: China Economics Press.

CESRRI (1987). *Eine schwierige Suche: Erkundung der Reformen in Ungarn und Jugoslawien* (艰难的探索:匈牙利, 南斯拉夫改革考察). Peking: China Economic Management Press.

CESRRI (1988a). »Der erste Einwand gegen den Reformansatz des Gegen-die-Burg-Stürmens und des Durch-die-Barrieren-Brechens: Zur tieferen Bedeutung für die Reform des Wirtschaftssystems (对改革攻坚, 过关的意见之一:过价格关意味着深层次的体制改革攻坚)«. *Interne Dokumente der Systemreformforschung* 23, 30. Juli.

CESRRI (1988b). »Der vierte Einwand gegen den Reformansatz des Gegen-die-Burg-Stürmens und des Durch-die-Barrieren-Brechens: Die Preisreform setzt eine Reform des Zirkulationsprozesses von Gütern und Materialien voraus (对改革攻坚, 过关的意见之四:价格放开的同时必须进行物资流通体制改革)«. *Interne Dokumente der Systemreformforschung* 26, 2. August.

Chang, G. H. (1988). »Interview mit Su Shaozhi, Dezember 1985«. In: *Bulletin of Concerned Asian Scholars* 20(1), 12-17.

Chang, H.-J. (2002). »Breaking the Mould: An Institutionalist Political Economy Alternative to the Neo-Liberal Theory of the Market and the State«. In: *Cambridge Journal of Economics* 26(5), 539-559.

Chang, J. L. Y. (1987). »History of Chinese Economic Thought: Overview and Recent Works«. In: *History of Political Economy* 19(3), 481-499.

Chang Kai-Nagu (1958). *The Inflationary Spiral: The Experience in China, 1939-1950*. New York: The Technology Press of Massachusetts Institute of Technology und John Wiley & Sons, Inc.

Chang Yifei (1969). »Several Problems of Commodity Pricing Under the Socialist System«. In: *Chinese Economic Studies* 3(2), 146-176.

Cheek, T. (2016). *The Intellectual in Modern Chinese History*. Cambridge: Cambridge University Press.

Chen Huanchang (1911a). *The Economic Principles of Confucius and His School*, Bd. I. New York: Columbia University Press.

Chen Huanchang (1911b). *The Economic Principles of Confucius and His School*, Bd. II. New York: Columbia University Press.

Chen Nai-ruenn (1966). »The Theory of Price Formation in Communist China«. In: *The China Journal* 27, 33-53.

Chen Xikang (1979). »Anwendungs- und Entwicklungsrichtung der Input-Output-Technologie in der Wirtschaftsarbeit (投入产出技术在经济工作中的应用情况及发展方向)«. In: *Ökonomische Fragen in China* 4, 46-53.

Chen Xijun (1978). »Lecture 15: Price Planning«. In: N. Lardy (Hrsg.), *Chinese Economic Planning* (89-99). New York: M.E. Sharpe.

Chen Xingdong (2013). »Encounters with Alumni from Greater China«. Online verfügbar unter: {http://www.oxforduchina.org/chen-xingdong.html}. Abgerufen am 10. Juni 2016.

Chen Yizi (1987). »Social Scientific Research Serves Reform«. In: B.L. Reynolds (Hrsg.), *Reform in China – Challenges and Choices: A Summary and Analysis of the CESRRI Survey Prepared by the Staff of the Chinese Economic System Reform Research Institute* (xxii-xxiv). Armonk: M.E. Sharpe.

Chen Yizi (2013). *Erinnerungen von Chen Yizi* (陈一谘回忆录). Hong Kong: New Century Media and Consulting.

Chen Yizi, Wang Xiaoqiang, Zhang Gang, Zhang Xiaojie, Diao Xinshen, Li Jun, … und Liu He (1987). »Summary Report«. In: B.L. Reynolds (Hrsg.), *Reform in China – Challenges and Choices: A Summary and Analysis of the CESRRI Survey Prepared by the Staff of the Chinese Economic System Reform Research Institute* (3-32). Armonk: M.E. Sharpe.

Chen Yun (1956). »Speech by Comrade Chen Yun«. In: Eighth National Congress of the Communist Party of China, Bd. II: *Speeches* (157-176). Peking: Foreign Language Press.

Chen Yun (1983a). »Methods of Solving the Tensions in Supplies of Pork and Vegetables«, September 1956, Rede auf dem 8. Nationalen Parteitag der KPCh. In: *Chen Yun's Strategy for China's Development: A Non-Maoist Alternative* (23-29). Armonk: M.E. Sharpe.

Chen Yun (1983b). *Chen Yun's Strategy for China's Development: A non-Maoist Alternative* (Hrsg. N. Lardy und K. Lieberthal). Armonk: M.E. Sharpe.

Chen Yun (1986). »Das Prinzip der Verhältnismäßigkeit bei der Regulierung der Volkswirtschaft beibehalten«, 21. März 1979 (坚持按比例原则调整国民经济). In: *Ausgewählte Werke von Chen Yun* (1956-1985) (226-234). Peking: People's Publishing House.

Chen Yun (1986a). *Ausgewählte Werke von Chen Yun, 1956-1985* (陈云文选). Peking: People's Publishing House.

Chen Yun (1986b). »Die Frage von Planung und Markt (计划与市场问题)«. In: *Ausgewählte Werke von Chen Yun* (陈云文选) (220-223). Peking: People's Publishing House.

Chen Yun (1999). »Address to the 1978 CPC Work Conference«. In: *Selected Works of Chen Yun*, Bd. III: *1956-1994* (236-241). Peking: Foreign Language Press.

Chen Yun (2000). *Chronik von Chen Yun*, Bd. II (陈云年谱, 中). Peking: Central Document Publishing House.

Cheng Lin, T. Peach, und Wang Fang (Hrsg.) (2014). *The History of Ancient Chinese Economic Thought*. Abingdon: Routledge.

Cheng Lin, T. Peach und Wang Fang (Hrsg.) (2019). *The Political Economy of the Han Dynasty and Its Legacy*. Abingdon: Routledge.

Cheng Xiaonong (1995). »Decision and Miscarriage: Radical Price Reform in the Summer of 1988«. In: C. L. Hamrin und S. Zhao (Hrsg.), *Decision Making in Deng's China: Perspectives from Insiders* (189-207). Armonk: M. E. Sharpe.

Cheng Zhiping (1993). »Für ewig ein Vorbild für den endlosen Kampf – tiefe Trauer um Genosse Liu Zhuofu (奋斗不息 风范长存–深切悼念刘卓甫同志)«. In: *Preis: Theorie und Praxis* 3, 42-44.

Cheng Zhiping (1998). *Fünfzig Jahre Preise in China: 1949-1998* (中国物价五十年: 1949-1998). Peking: Chinese Price Press.

Cheng Zhiping (2006). *30 Jahre Preisreform, 1977-2006* (价格改革三十年: 1977-2006). Peking: China Market Press.

Chin, Tamara (2014). *Savage Exchange: Han Imperialism, Chinese Literary Style, and the Economic Imagination*. Cambridge/Mass.: Harvard University Asia Center.

China Daily (1990). »Zhao, Li Visit Hunger Strikers in Tiananmen«. In: M. Oksenberg, L. R. Sullivan und M. Lambert (Hrsg.), *Beijing Spring, 1989, Confrontation and Conflict: The Basic Documents* (290-291). Armonk: M. E. Sharpe.

China Development Research Foundation (2011). »About the Author«. In: China Development Research Foundation (Hrsg.), *Chinese Economists on Economic Reform – Collected Works of Xue Muqiao* (x-xi). London: Routledge.

China Economic System Reform Research Conference (1986). »Kurze Vorstellung ausländischer Ökonomen, die am Internationalen Symposium zum Makroökonomischen Management teilnehmen (参加宏观经济管理国际讨论会的外国经济学家简介)«. In: China Economic System Reform Research Conference (Hrsg.), *Makroökonomisches Management und Reform: Ausgewählte Vorträge auf dem Symposium zum Makroökonomischen Management* (260-276). Peking: Economic Daily Press.

China Vitae (2017). »Lou Jiwei (楼继伟): Member, 18th CPC, Central Committee; President, National Council for Social Security Fund«. Online unter: {http://www.chinavitae.com/biography/Lou_Jiwei/career}. Abgerufen am 1. Juni 2017.

Chou Shun-hsin (1963). *The Chinese Inflation, 1937-1949*. New York: Columbia University Press.

Chow, G. C. (1994). *Understanding China's Economy*. Singapur: World Scientific Publishing.

Chuang Jae Ho (2000). *Central Control and Local Discretion: Leadership and Implementation During Post-Mao Decollectivization*. Oxford: Oxford University Press.

Chuang, Ming (1988). »Zhao Ziyangs zehn Punkte zur Errichtung einer neuen Ordnung (赵紫阳为建新秩序提出十条)«. in: *Mirror Monthly Newspaper*, 22.-27. Juli.

Clark, C. (1940). *The Conditions of Economic Progress.* London: Macmillan.

Cohn, M. (2017). *Competing Economic Paradigms in China: The Co-Evolution of Economic Events, Economic Theory and Economic Education, 1976-2016.* Abingdon: Routledge.

Coit, M. (1958). *Mr Baruch.* London: Victor Gollancz.

Colander, D. (1984). »Galbraith and the Theory of Price Control«, in: *Journal of Post Keynesian Economics* 7, 77-90.

Cole, R.W. (2018). *»To Save the Village«: Confronting Chinese Rural Crisis in the Global 1930s.* Dissertationsschrift, New York University, Department of History.

Cooper, R. (2005). »A Half-Century of Development«. Harvard Center of International Development Working Paper Nr. 118, März.

»Common Program of The Chinese People's Political Consultative Conference, Adopted by the First Plenary Session of the Chinese People's PCC on September 29, 1949, in Beijing«. (1949). In: *The Important Documents of the First Plenary Session of the Chinese People's Political Consultative Conference* (1-20). Peking: Foreign Language Press.

»Communique of the Third Plenary Session of the Eleventh Central Committee of the Communist Party of China« (Beschlossen am 22. Dezember 1978) (1986). In: *China's Socialist Economy: An Outline History* (1949-1984) (564-577). Peking: *Beijing Review.*

Cottrell, A., und W.P. Cockshott (1993). »Calculation, Complexity and Planning: The Socialist Calculation Debate Once Again«. in: *Review of Political Economy* 5(1), 73-112.

Csikós-Nagy, B., D. Hague und G. Hall (1984). *The Economics of Relative Prices: Proceedings of a Conference Held by the International Economic Association in Athens, Greece.* London: Macmillan Press.

Dai Yuanchen (1986). »Duale Preise im Prozess der Transformation des Wirtschaftsmodells (经济体制模式转换过程中的双重价格)«. In: *Wirtschaftsforschung* (经济研究) 1, 43-48.

Davies W. (2018). »The Neoliberal State: Power Against ›Politics‹«. In: D. Cahill, M. Cooper, M. Konings und D. Primrose (Hrsg.), *SAGE Handbook of Neoliberalism* (273-283). London: SAGE.

Day, A. (2013). *The Peasant in Postsocialist China: History, Politics, and Capitalism.* Cambridge: Cambridge University Press.

Deng Liqun (1981). »Vortrag auf dem Symposium der Forschungsgruppe für ländliche Entwicklungsfragen in China (在中国农村发展问题研究组讨论会上的讲话)«. in: *Periodika zur Agrarökonomie* 3, 4-9.

Deng Liqun (2005). *Deng Liquns zwölf Frühlings- und Herbstperioden (1975-1987)* (邓力群自述十二个春秋). Unveröffentlichtes Manuskript.

Deng Xiaoping (1992). »Restore Agricultural Production«, 7. Juli 1962. In: *Selected Works of Deng Xiaoping (1938-1965)*, Bd. I. Peking: Foreign Languages Press. Online verfügbar unter: {https://dengxiaopingworks.wordpress.com/selected-works-vol-1-1938-1965}.

Deng Xiaoping (1984a). »Emancipate the Mind, Seek Truth from Facts and Unite as One in Looking to the Future. Speech at the Closing Session of the Central Working Conference in Preparation for the Third Plenary Session of the Eleventh Central Committee of the Communist Party«. 13. September 1978. In: *Selected Works of Deng Xiaoping* (1975-1982) (151-165). Peking: Foreign Language Press.

Deng Xiaoping (1984b). »Hold High the Banner of Mao Zedong Thought and Adhere to the Principle of Seeking Truth from Facts«, 16. September 1978. In: *Selected Works of Deng Xiaoping* (1975-1982) (141-144). Peking: Foreign Language Press.

Deng Xiaoping (2004). *Chronik von Deng Xiaoping*, Bd. II: 1975-1997 (邓小平年谱). (Hrsg. vom Office for Research on Documents of the Central Committee of the Communist Party of China). Peking: Central Document Publishing House.

Deng Yingtao (2017). *New Development Model and China's Future*. London: Routledge.

Der Spiegel (1986). »Otmar Emminger †«. In: *Der Spiegel*, 11. August, 80.

Diao Xinshen (1987). »The Role of the Two-Tier Price System«. In: Bruce Reynolds (Hrsg.), *Reform in China – Challenges and Choices: A Summary and Analysis of the CESRRI Survey Prepared by the Staff of the Chinese Economic System Reform Research Institute* (35-46). Armonk: M. E. Sharpe.

Dobb, M. (1933). »Economic Theory and the Problems of a Socialist Economy«. In: *The Economic Journal* 43(172), 588-598.

Dong Fureng (1986). »China's Price Reform«. In: *Cambridge Journal of Economics* 10 (3), 291-300.

Donnithorne, A. (1967). *China's Economic System*. London: C. Hurst & Co.

Donnithorne, A. (1978). »The Control of Inflation in China«. In: *Current Scene XVI* (4 und 5), 1-11.

Du Runsheng (1981). »Vortrag auf dem Symposium der Forschungsgruppe für ländliche Entwicklungsfragen in China (在中国农村发展问题研究组讨论会上的讲话)«. In: *Periodika zur Agrarökonomie* 3, 1-3.

Du Runsheng (2014). »Author's Preface«. In: C. D. R. Foundation (Hrsg.), *Chinese Economists on Economic Reform: Collected Works of Du Runsheng* (xvii-xiv). Oxon: Routledge.

Dunstan, H. (1996). *Conflicting Counsels to Confuse the Age: A Documentary Study of Political Economy in Qing China, 1644-1840*. Ann Arbor: University of Michigan Press.

Dunstan, H. (2006). *State or Merchant? Political Economy and Political Process in 1740s China*. Cambridge/Mass.: Harvard University Asia Center.

Eaton, S. (2016). *The Advance of the State in Contemporary China: State-Market Relations in the Reform Era*. Cambridge: Cambridge University Press.

Eberhard, W. (1971). *Geschichte Chinas: Von den Anfängen bis zur Gegenwart*. Stuttgart: Kröner.

Eckstein, A. (1977). *China's Economic Revolution*. Cambridge: Cambridge University Press.

Economic Report of the President (1950). Washington, DC: United States Government Printing Office.

Economic Report of the President (1958). Washington, DC: United States Government Printing Office.

Edelstein, M. (2015). »The Size of the U.S. Armed Forces During World War II: Feasibility and War Planning«. In: *Research in Economic History* 20, 47-97.

Edgerton-Tarpley, K. (2008): *Tears from Iron: Cultural Responses to Famine in Nineteenth-Century China*. Berkeley: University of California Press.

Editorial Board of Who's Who in China (Hrsg.) (1989). »Chen Yun (b. 1905)«. In: *Who's Who in China Current Leaders* (中国人民大词典现任党政军领导人物卷) (67-70). Peking: Foreign Language Press.

Editorial Board of Who's Who in China (Hrsg.) (1989a). »Gao Yang (b. 1909)«. In: *Who's Who in China Current Leaders* (中国人民大词典现任党政军领导人物卷) (159-160). Peking: Foreign Languages Press.

Editorial Board of Who's Who in China (Hrsg.) (1989b). »Hu Yaobang (b. 1915)«. In: *Who's Who in China Current Leaders* (中国人民大词典现任党政军领导人物卷) (234-235). Peking: Foreign Languages Press.

Editorial Board of Who's Who in China (Hrsg.) (1989c). »Wan Li (b. 1916)«. In: *Who's Who in China Current Leaders* (中国人民大词典现任党政军领导人物卷) (p. 662). Peking: Foreign Languages Press.

Editorial Board of Who's Who in China (Hrsg.) (1989d). »Zhang Jinfu (b. 1914)«. In: *Who's Who in China Current Leaders* (中国人民大词典现任党政军领导人物卷) (930-931). Peking: Foreign Language Press.

Editorial Board of Who's Who in China (Hrsg.) (1989e). »Zhao Ziyang (b. 1919)«. In: *Who's Who in China Current Leaders* (中国人民大词典现任党政军领导人物卷) (986-987). Peking: Foreign Languages Press.

Editorial Board der Zeitschrift *Vergleichende Gesellschafts- und Wirtschaftssystemlehre* (Hrsg.) (1989). *Korruption: Der Austausch von Geld und Macht* (腐败:货币与权力的交换). Peking: China Prospect Book Company.

Encyclopædia Britannica (2011). »Bernard Baruch – United States Government Official«. Online verfügbar unter: {https://www.britannica.com/biography/Bernard-Baruch}.

Erlich, A. (1971). *Die Industrialisierungsdebatte in der Sowjetunion 1924-1928*. Frankfurt a.M.: Europa-Verlag.

European Bank for Reconstruction and Development (1999). *Transition Report 1999. Ten Years of Transition*. Online verfügbar unter: {https://www.ebrd.com/downloads/research/transition/TR99.pdf}.

Eyferth, J. (2009). *Eating Rice from Bamboo Roots: The Social History of a Community of Handicraft*. Cambridge/Mass.: Harvard University Press.

Eyferth, J. (2012). »Women's Work and the Politics of Homespun in Socialist China, 1949-1980«. In: *International Review of Social History* 57(3), 365-391.

Fairbank, J.K. (1983). *The United States and China* (4. Aufl.). Cambridge/Mass.: Harvard University Press.

Fan Shitao (noch nicht erschienen). *Chronik von Xue Muqiao* (薛暮桥年谱). Peking.

Fang Weizhong (2004). »11.-12. Juni: Zhao Ziyangs Anhörung zu allgemeinen Überlegungen zur Reform des Wirtschaftssystems und zur Kombination der Preis-, Steuer- und Fiskalreform« (赵紫阳听取经济体制改革总体思路，价税财改革思路汇报). In: *Vorwärts durch den Sturm: Chronologie von Chinas Reformen und Entwicklung, 1977-1989*, Bd. IX (1986) (在风浪中前进:中国发展与改革编年记事) (72-82). Unveröffentlichtes Manuskript.

Fang Weizhong (2014). *Chronik von 13 Jahren, 1977-1989*, Bd. II (十三年纪事*, 1977-1989*, 下卷). Peking: China Planning Press.

Fewsmith, J. (1994). *Dilemmas of Reform in China: Political Conflict and Economic Debate*. Armonk: M. E. Sharpe.

Filatochev, I., R. Bradshaw und R. O. Y. Bradshaw (1992). »The Soviet Hyperinflation: Its Origins and Impact Throughout the Former Republics«. In: *Soviet Studies* 44(5), 739-759.

Fischer, K. (2009). »The Influence of Neoliberals in Chile before, during, and after Pinochet«. In: P. Mirowski und D. Plehwe (Hrsg.), *The Road from Mont Pèlerin: The Making of the Neoliberal Thought Collective* (305-346). Cambridge/Mass.: Harvard University Press.

Foley, D. (2011). »Socialist Alternatives to Capitalism I: Marx to Hayek«. Vortrag am Havens Institute, University of Wisconsin, Madison, 6.-7. April.

Folha de Paulo (2008). »Antonio Delfim Netto«. Online verfügbar unter: {https://www1.folha.uol.com.br/folha/treinamento/hotsites/ai5/personas/delfimNetto.html}. Abgerufen am 10. Oktober 2019.

Forschungsgruppe für ländliche Entwicklungsfragen in China, Deng Yingtao, He Weiling, Luo Xiaopeng, Sun Fangming, Wang Yan und Chen Xintao (1981). »Über strategische Forschung (论战略研究)«. In: *Ländlicher Raum, Wirtschaft, Gesellschaft: Gesammelte Paper der Forschungsgruppe für ländliche Entwicklungsfragen in China* 1, 386-395.

Frieden, J. A. (1987). »The Brazilian Borrowing Experience: From Miracle to Debacle and Back«. In: *Latin American Research Review* 22(1), 95-131.

Friedman, M. (1952). »Price, Income, and Monetary Changes in Three Wartime Periods«. In: *American Economic Review* 42(2), 612-625.

Friedman, M. (1966). »What Price Guideposts?«. In: George Shultz und Robert Z. Aliber (Hrsg.), *Guidelines, Informal Controls, and the Market Place: Policy Choices in a Full Employment Economy*. Chicago: The University of Chicago Press.

Friedman, M. (1973). »Monumental Folly«. In: *Newsweek*, 25. Juni, 64-65.

Friedman, M. (1977). *Friedman on Galbraith and on Curing the British Disease*. London: Institute of Economic Affairs.

Friedman, M. (1981). »Geld und Inflation (货币与通货膨胀)«. In: *Kommentare zur internationalen Ökonomik* 1, 9-23.

Friedman; M. (1983). *Bright Promises, Dismal Performance: An Economist's Protest*. San Diego: Harcourt Brace.

Friedman, M. (1988). »Friedman Speech at International Studies Advisory Committee (ISAC) Dinner«. Hoover Institution on War, Revolution and Peace Records.

Friedman, M. (1990). *Friedman in China*. Hongkong: Chinese University Press.

Friedman, M., und A.J. Schwartz (1963). *A Monetary History of the United States*. Princeton: Princeton University Press.

Friedman, M., und R. Friedman (1980). *Chancen, die ich meine: Ein persönliches Bekenntnis*. Berlin, Frankfurt, Wien: Ullstein.

Frost, R. (1920). »The Road Not Taken«. In: *Mountain Interval* (9-10). New York: Henry Holt and Company.

Fuchs, J.R. (1974). Oral History-Interview mit Arthur N. Young. Harry Truman Library and Museum, 1-44. Online verfügbar unter: {http://www.aaa.si.edu/collections/interviews/oral-history-interview-john-yeon-12428}.

Fuhrmann, U. (2017). *Die Entstehung der »Sozialen Marktwirtschaft« 1948/9: Eine historische Dispositivanalyse*. Konstanz: UKV Verlagsgesellschaft.

Fukuyama, F. (1989). »The End of History?«. In: *The National Interest* 16 (Sommer 1989), 3-18.

Fuller, P. (2019). *Famine Relief in Warlord China*. Cambridge/Mass.: Harvard University Asia Center.

Fung, K.K. (1982). »Editor's Introduction«. In: *Social Needs Versus Economic Efficiency in China: Sun Yefang's Critique of Socialist Economics* (xiii-xxx). New York: M.E. Sharpe.

Gale, Esson M. (1930). »Public Administration of Salt in China: A Historical Survey«. In: *The Annals of the American Academy of Political and Social Science* 152, 241-251.

Gale, Esson M. (1931). »Introduction«. In: Esson M. Gale (Hrsg.), *Discourses on Salt and Iron* (XV-LI). Leyden: Late E.J. Brill.

Galbraith, J.K. (1941). »The Selection and Timing of Inflation Controls«. In: *The Review of Economics and Statistics* 23(2), 82-85.

Galbraith, J.K. (1943). »Price Control: Some Lessons from the First Phase«. In: *American Economic Review* 33, 253-259.

Galbraith, J.K. (1978). *China: Impressionen einer Reise*. München: Droemer Knaur.

Galbraith, J.K. (1980). *A Theory of Price Control*. Cambridge/Mass.: Harvard University Press.

Galbraith, J.K. (1982). *Leben in entscheidender Zeit: Memoiren*. München: Heyne.

Galbraith, J.K. (1990). »The Rush to Capitalism«. In: *The New York Review of Books*, 25. Oktober.

Galbraith, J.K. (1992). »Revolt in our Time: The Triumph of Simplistic Ideology«. In: G. Prin (Hrsg.), *Spring in Winter: The 1989 Revolutions*. Manchester: Manchester University Press.

Gang Yi (1990). »The Price Reform and Inflation in China, 1979-1988«. In: *Comparative Economic Studies* Winter, 28-61.

Gao Shangquan (1987). »Einsichten durch die Wirtschaftssystemreform Ungarns und Jugoslawiens (匈牙利，南斯拉夫经济体制改革给我们的启示)«. In: CESRRI (China Economic System Reform Research Institute) (Hrsg.), *Eine schwierige Su-*

che: Erkundung der Reformen in Ungarn und Jugoslawien (1-14). Peking: Economic Management Press.

Gao Shangquan, Chen Yizi und Wang Xiaoqiang (1987). »Untersuchungsbericht zu den Reformen in Ungarn und Jugoslawien (匈牙利，南斯拉夫改革考察报告)«. In: CESRRI (Chinese Economic System Reform Research Institute) (Hrsg.), *Eine schwierige Suche: Erkundung der Reformen in Ungarn und Jugoslawien* (15-30). Peking: Economic Management Press.

Gao Shangquan, Chen Yizi und Wang Xiaoqiang (1989). »Investigation of Reforms in Hungary and Yugoslavia«. In: *Chinese Economic Studies* 22(3), 80-88.

Gao Wangling (2011). »A Study of Chinese Peasant ›Counter-Action‹«. In: Kimberley M. und F. Wemheuer (Hrsg.), *Eating Bitterness: New Perspectives on China's Great Leap Forward and Famine* (274-278). Vancouver: University of British Columbia Press.

Garms, E. (1980). »Vorwort«. In: E. Garms und A. Mixius (Hrsg.), *Wirtschaftsreform in China – Chinesische Beiträge zur Theoriediskussion von Sun Yefang u. a.* (7-30). Hamburg: Mitteilungen des Instituts für Asienkunde.

Geng Chongyi, und Zhou Wangjun (1998). »Die verstärkten Preiserhöhungen von 1988 und die Eindämmung von Hamsterkäufen (1988 年物价上涨加剧与平息抢购风经过)«. In: Cheng Zhiping (Hrsg.), *Fünfzig Jahre Preise in China: 1949-1998* (中国物价五十年, *1949-1998*) (542-556). Peking: China Price Publishing House.

George, K. (1988). »1988 Polish Crisis: Worse Than 1980-81«. In: *EIR* 15(20), 32-34.

Gewirtz, J. (2017). *Unlikely Partners: Chinese Reformers, Western Economists, and the Making of Global China*. Cambridge/Mass.: Harvard University Press.

Giersch, H. (2006). *Die offene Gesellschaft und ihre Wirtschaft: Aufsätze und Kommentare aus fünf Jahrzehnten*. Hamburg: Murmann.

Gittings, J. (2006). *The Changing Face of China: From Mao to Market. Journal of Chemical Information and Modeling*. Oxford: Oxford University Press.

Goldsmith, R.W. (1955). *A Study of Saving in the United States*. Princeton: Princeton University Press.

Gottschang, T.R. (1995). »Introduction«. In: Du Runsheng (Hrsg.), *Reform and Development in Rural China* (1-19). New York: St. Martin's Press.

Government of the PRoC (2017). »Zhou Xiaochuan (周小川)«. Online unter: {http://www.gov.cn/guoqing/2013-3/11/content_2583176.htm}. Abgerufen am 1. Juni 2017.

Graham, A. (1964). »The Place of Reason in the Chinese Philosophical Tradition«. In: R. Dawson (Hrsg.), *The Legacy of China* (28-56). Oxford: Oxford University Press.

Guo Shuqing (1985). »International renommierte Wissenschaftler und Experten sprechen über Chinas Wirtschaftsreformen (国际知名学者和专家谈中国经济改革)«. In: *Vergleichende Gesellschafts- und Wirtschaftssystemlehre* 3, 6-11.

Guo Shuqing (2012a). »A Brief Note on Each Article«. In: China Development Research Foundation (Hrsg.), *Chinese Economists on Economic Reform: Collected Works of Guo Shuqing* (xxi-xxxiii). Oxon: Routledge.

Guo Shuqing (2012b). »On the Target Model of Price Reform (January 1985)«. In: China Development Research Foundation (Hrsg.), *Chinese Economists on Economic Reform: Collected Works of Guo Shuqing* (22-27). Oxon: Routledge.

Guo Shuqing, Liu Jirui und Qiu Shufang (2012). »Comprehensive Reform is in Urgent Need of Overall Planning«. In: China Development Research Foundation (Hrsg.), *Chinese Economists on Economic Reform: Collected Works of Guo Shuqing* (28-36). Oxon: Routledge.

Guo Shuqing, und Zhao Renwei (1986). »Zielmodell und Übergangsschritte (目标模式和过渡步骤)«. In: China Economic System Reform Research Conference (Hrsg.), *Makroökonomisches Management und Reform: Ausgewählte Vorträge auf dem Symposium zum Makroökonomischen Management* (16-23). Peking: Economic Daily Press.

Hagemann, H. (1999). »Colm, Gerhard«. In: H. Hagemann und C.-D. Krohn (Hrsg.), *Biographisches Handbuch der deutschsprachigen wirtschaftswissenschaftlichen Emigration nach 1933* (104-113). München: K. G. Sauer.

Hahn, F. (1981). »Reflections on the Invisible Hand«. In: *Fred Hirsch Memorial Lecture*. University of Warwick. Online verfügbar unter: {https://warwick.ac.uk/fac/soc/economics/research/workingpapers/1978-1988/twerp196.pdf}.

Halpern, N. (1985). *Economic Specialists and the Making of Chinese Economic Policy, 1955-1983*. Ann Arbor: University of Michigan.

Halpern, N. (1986). »Making Economic Policy: The Influence of Economists«. In: Joint Economic Committee, Congress of the United States (Hrsg.), *China's Economy Looks Toward the Year 2000*, Bd. 1: *The Four Modernizations* (132-146). Washington, DC: U.S. Government Printing Office.

Halpern, N. (1988). »Social Scientists as Policy Advisers in Post-Mao China: Explaining the Pattern of Advice«. In: *The Australian Journal of Chinese Affairs* 19(20), 215-240.

Halpern, N. (1993). »Review of Economic Theories in China by Robert C. Hsu«. In: *Pacific Affairs* 66(2), 267-268.

Hamm, P., L. P. King, und D. Stuckler (2012). »Mass Privatization, State Capacity, and Economic Growth in Post-Communist Countries«. In: *American Sociological Review* 77(2), 295-324. Online verfügbar unter: {https://doi.org/10.1177/0003122412441354}.

Han Zhirong, Geng Chongyi, He Jianyu, Li Keding und Ye Ruixiang (1998). »›Der Beschluss über die Reform des Wirtschaftssystems‹ und die Aufgabe der Preisreform (»关于经济体制改革的决定« 和价格改革的任务)«. In: *Fünfzig Jahre Preise in China: 1949-1998* (中国物价五十年: 1949-1998) (487-502). Peking: China Price Publishing House.

Han Zhirong, Wu Xiaojiang, Ding Jie und Geng Chongyi (1998). »Der Vollzug der Preisreform für landwirtschaftliche Produkte und landwirtschaftliche Produktionsmittel (农产品和农用生产资料价格改革全面展开)«. In: Cheng Zhiping (Hrsg.), *Fünfzig Jahre Preise in China: 1949-1998* (中国物价五十年: 1949-1998) (503-519). Peking: China Price Publishing House.

Hansen, A.H. (1941). »Defense Financing and Inflation Potentialities«. In: *The Review of Economics and Statistics* 23(1), 1-7.

Harris, E. (1945). *Price and Related Controls in the United States*. New York: McGraw-Hill.

Hayek, F.A. (1935a). »The Nature and History of the Problem«. In: F.A. Hayek (Hrsg.), *Collectivist Economic Planning* (1-40). London: Routledge and Kegan Paul Ltd.

Hayek, F.A. (1935b). »The Present State of the Debate«. In: F.A. Hayek (Hrsg.), *Collectivist Economic Planning* (201-244). London: Routledge and Kegan Paul Ltd.

Hayek, F.A. (1940). »Review: How to Pay for the War by J.M. Keynes«. In: *The Economic Journal* 50(198/199), 321-326.

Hayek, F.A. ([1943] 1971). *Der Weg zur Knechtschaft*. München: Verlag Moderne Industrie.

He Weiling (2015). *Die Legende des Manuskripts von Ho Wai Ling* (传说中的何维凌手稿). Hongkong: Strong Wind Press.

Heilmann, S., und E. Perry (2011). »Embracing Uncertainty: Guerrilla Policy Style and Adaptive Governance in China«. In: Sebastian Heilmann und Elizabeth J. Perry (Hrsg.), *Mao's Invisible Hand: The Political Foundations of Adaptive Governance in China* (1-29). Cambridge/Mass.: Harvard University Asia Center.

Hibbs, D.A. (1976). »On the Political Economy of Long-Run Trends in Strike Activity«. In: *British Journal of Political Sciences* 8, 153-175.

Hirschman, A. (1985). »Reflections on the Latin American Experience«. In: L. Lindberg und C. Maier (Hrsg.), *The Politics of Inflation and Economic Stagnation* (53-57). Washington, DC: Brookings Institution.

Hoff, T.J.B. (1949). *Economic Calculation in the Socialist Society*. London: William Hodge and Company Limited.

Holbig, H. (2001). *Inflation als Herausforderung der Legitimation politischer Herrschaft in der VR China: Wirtschaftspolitische Strategien in den Jahren 1987-1989*. Hamburg: Mitteilungen des Instituts für Asienkunde.

Holt, R.P.F. (Hrsg.) (2017). *The Selected Letters of John Kenneth Galbraith*. Cambridge: Cambridge University Press.

Honig, E., und Zhao Xiaojian (2019). *Across the Great Divide: The Sent-Down Youth Movement in Mao's China, 1968-1980*. Cambridge: Cambridge University Press.

Hsia, Ronald (1953). *Price Control in Communist China*. New York: International Secretariat Institute of Pacific Relations.

Hsiao, K.H. (1971). *Money and Monetary Policy in Communist China*. New York: Columbia University Press.

Hsu, R.C. (1988). »Economics and Economists in Post-Mao China: Some Observations«. In: *Asian Survey* 28(12), 1211-1228.

Hsu, R.C. (1991). *Economic Theories in China*, 1979-1988. Cambridge: Cambridge University Press.

Hu Bading (1989). »Die 10. Plenarsitzung des Politbüros des Zentralkomitees hat den vorläufigen Plan zur Preis- und Lohnreform angenommen (中央政治局第十次

全体会议原则通过价格、工资改革初步方案)«. In: *Chinesisches Jahrbuch der Preise*, 12-13.

Hu Jichuang (2009). *A Concise History of Chinese Economic Thought*. Peking: Foreign Language Press.

Hu Qiaomu (1978). »Im Einklang mit den wirtschaftlichen Gesetzmäßigkeiten handeln und die Umsetzung der Vier Modernisierungen beschleunigen (按照经济规律办事, 加快实现四个现代化)«. In: *Volkstageszeitung*, 6. Oktober, 1.

Hu Qiaomu (1995). »Act in Accordance with Economic Laws, Step Up the Four Modernizations«. In: J.T. Myers, J. Domes und M.D. Yeh (Hrsg.), *Chinese Politics: Documents and Analysis. Volume IV, Fall of Hua Kuo-Feng (1980) to the Twelfth Party Congress (1982)* (169-199). Columbia: University of South Carolina Press.

Hua Sheng (2005). »Die vollständige Geschichte des dualen Preissystems (双轨制始末)«. In: *China Reform* 1, 22-25.

Hua Sheng, He Jiacheng, Zhang Xuejun, Luo Xiaopeng und Bian Yongzhuang (1986). »Umstrukturierung der mikroökonomischen Basis: Weitere Diskussion über die weiteren Reformen in China und einige damit verwandte Gedanken (微观经济基础的重新构造:再论中国进一步改革的问题和思路)«. In: *Wirtschaftsforschung* (经济研究) 3, 21-28.

Hua Sheng, He Jiacheng, Zhang Xuejun, Luo Xiaopeng und Bian Yongzhuang (1987). »A Restructuring of the Microeconomic Foundation: More on China's Further Reform and Some Related Thoughts«. In: *Chinese Economic Studies* XX(4), 3-26.

Hua Sheng, Zhang Xuejun und Luo Xiaopeng (1988). »Zehn Jahre Reformen in China: Rückblick, Reflexion und Aussichten (中国改革十年:回顾, 反思和前景)«. In: *Wirtschaftsforschung* (经济研究) 9, 13-37.

Hua Sheng, Zhang Xuejun und Luo Xiaopeng (1993). *China: From Revolution to Reform*. London: Macmillan Press.

Huan Kuan (1931). *Discourses on Salt and Iron: A Debate on State Control of Commerce and Industry in Ancient China*. Leyden: Late E.J. Brill.

Huang Jiangnan, Zhu Jiaming, Wang Qishan und Weng Yongxi (1981). »Einige Ansichten zur aktuellen Wirtschaftslage in China und zur Anpassung der Volkswirtschaft (关于我国当前经济形势和国民经济调整问题的若干看法)«. Internes Manuskript – *Red Flag Magazine* 1, 1-22.

Huang Peijian (2004). »Vergleichende Volkswirtschaftslehre und Chinas Wirtschaftsreform (比较经济学派和中国经济改革)«. In: *Economic Observer*, 2. August.

Huang Yanjie (2013). »Constructing a National Oikonomia: China's Great Monetary Revolution, 1942-1950«. EAI Working Paper 161, Januar.

Hymes, R.P. (1993). »Moral Duty and Self-Regulating Process in Southern Sung Views of Famine Relief«. In: R.P. Hymes und C. Schirokauer (Hrsg.), *Ordering the World: Approaches to State and Society in Sung Dynasty China* (280-310). Berkeley: University of California Press.

Hymes, R.P., und C. Schirokauer (Hrsg.) (1993). *Ordering the World: Approaches to State and Society in Sung Dynasty China*. Berkeley: University of California Press.

International Monetary Fund, World Bank, Organisation for Economic Co-Operation and Development und European Bank for Reconstruction and Development (1990). *The Economy of the USSR: Summary and Recommendations.* Washington, DC.

International Monetary Fund (2017). »World Economic Outlook Database«. Online unter: {https://www.imf.org/external/pubs/ft/weo/2017/01/weodata/index.aspx}. Abgerufen am 1. Juni 2017.

International Monetary Fund, World Bank, Organisation for Economic Co-Operation and Development und European Bank for Reconstruction and Development (1991). *A Study of the Soviet Economy*, Bd. I. Paris.

Jessop, B. (2002). »Liberalism, Neoliberalism, and Urban Governance: A State-Theoretical Perspective«. In: *Antipode* 34(3), 458-478.

Jessop, B. (2018). »Neoliberalism and Workfare: Schumpeterian or Ricardian?«. In: *SAGE Handbook of Neoliberalism* (347-359). London: Sage.

Johnson, Paul, und Chris Papageorgiou (2020). »What Remains of Cross-Country Convergence?«. In: *Journal of Economic Literature* 58(1), 129-175.

Jiang Zemin (1992). »Full Text of Jiang Zemin's Report at 14th Party Congress«, 1992. Online verfügbar unter: {http://www.bjreview.com.cn/document/txt/2011-03/29/content_363504.htm}.

Kalecki, M. (1947). *Survey of Current Inflationary and Deflationary Tendencies.* New York: United Nations Department of Economic Affairs.

Kalecki, M. (1949). *Inflationary and Deflationary Tendencies, 1946-1948.* New York: United Nations Department of Economic Affairs.

Karl, R. E. (2017). *The Magic of Concepts: History and the Economic in Twentieth-Century China.* Durham: Duke University Press.

Karl, R. E. (2019). »The Shadow of Democracy«. In: *The Journal of Asian Studies* 78 (2), 379-387.

Katona, G. (1945). *Price Control and Business: Field Studies Among Producers and Distributors of Consumer Goods in the Chicago Area, 1942-1944.* Indianapolis: Cowles Commission for Research in Economics.

Keynes, J. M. (1912). »Review: The Economic Principles of Confucius and his School by Chen Huan-Chang«. In: *The Economic Journal* 22(88), 584-588.

Keynes, J. M. ([1936] 2000). *Allgemeine Theorie der Beschäftigung, des Zinses und des Geldes.* 8. Aufl. Berlin: Duncker & Humblot.

Keynes, J. M. (1940). *How to Pay for the War: A Radical Plan for the Chancellor of the Exchequer.* New York: Harcourt, Brace and Company.

Keynes, J. M. (1980). »Letter to Professor F. A. Hayek«, 28. Juni 1944. In: D. Moggridge (Hrsg.), *The Collected Writings of John Maynard Keynes*, Bd. XXVII: *Activities* 1940-1946 *Shaping the Post-War World: Employment and Commodities* (385-388). London: Macmillan Cambridge University Press for the Royal Economics Society.

Keyser, C. H. (2003). *Professionalizing Research in Post-Mao China: The System Reform Institute and Policymaking.* Armonk: M. E. Sharpe.

King, F. H. H. (1965). *Money and Monetary Policy in China 1845-1895*. Cambridge/Mass.: Harvard University Press.

Klein, N. (2007). *Die Schock-Strategie: Der Aufstieg des Katastrophen-Kapitalismus*. Frankfurt a. M.: S. Fischer.

Koford, K., und D. C. Colander (1984). »Taming the Rent Seeker«. In: D. C. Colander (Hrsg.), *Neoclassical Political Economy: The Analysis of Rent-Seeking and DUP Activities* (205-216). Cambridge: Ballinger.

Kornai, J. (1980). *Economics of Shortage*. Amsterdam: North-Holland.

Kornai, J. (1984). »Adjustments to Price and Quantity Signals in a Socialist Economy«. In: B. Csikós-Nagy, D. Hague und G. Hall (Hrsg.), *The Economics of Relative Prices: Proceedings of a Conference Held by the International Economic Association in Athens, Greece* (60-77). London: Macmillan Press.

Kornai, J. (1986). »Einige Lehren aus Ungarn für chinesische Reformer (提供给中国改革者的匈牙利的一些经验教训)«. In: China Economic System Reform Research Conference (Hrsg.), *Makroökonomisches Management und Reform: Ausgewählte Vorträge auf dem Symposium zum Makroökonomischen Management* (61-94). Peking: Economic Daily Press.

Kornai, J. (1990). *The Road to a Free Economy: Shifting from a Socialist System – The Example of Hungary*. New York: W.W. Norton.

Kornai, J. (1994). »Transformational Recession: The Main Causes«. In: *Journal of Comparative Economics* 19, 39-63.

Kornai, J. (2006). *By Force of Thought: Irregular Memoirs of an Intellectual Journey*. Cambridge/Mass.: MIT Press.

Kornai, J. (2010). »Wu Jinglian – Birthday Greetings. 2010. I.5«. Online verfügbar unter: {http://www.kornai-janos.hu/Kornai%20WU%20Jinglian%20Birthday%20greetings%202010.III.3.pdf}. Abgerufen am 10. Mai 2016.

Kosta, J. (1990). »Zum Lebensweg von Ota Šik«. In: H. G. Nutzinger und J. Kosta (Hrsg.), *Ota Šik. Kasseler Universitätsreden* 8 (20-25). Kassel: Boxan Repro und Druck.

Kosta, J. (2004). *Nie aufgeben: Ein Leben zwischen Bangen und Hoffnung*. (2. Aufl.). Berlin: Philo und Philo Fine Arts.

Kotz, D. M., und F. Weir (1997). *Revolution from Above: The Demise of the Soviet System*. London: Routledge.

Kraus, R. A. (1980). *Cotton and Cotton Goods in China, 1918-1936*. New York: Garland Publishing.

Kretschmer, F. (2022). »Er galt als Verräter«. In: *taz*, 31. August.

Krock, A. (1946). »Veto of the OPA Bill Major Political Event«. In: *The New York Times*, 30. Juni.

Kroll, J. L. (1978). »Toward a Study of the Economic Views of Sang Hung-Yang«. In: *Early China* 4, 11-18.

Kromphardt, W. (1947). »Marktspaltung und Kernplanung in der Volkswirtschaft«. In: *Dortmunder Schriften für Sozialforschung* 3.

Kulke, U. (2007). »Ein undiplomatischer Diplomat und die Freiheitsliebe: Ein Interview mit Erwin Wickert«. In: *Die Welt*, 9. April. Online verfügbar unter: {https://www.welt.de/politik/article800571/Ein-undiplomatischer-Diplomat-und-die-Freiheitsliebe.html}. Abgerufen am 20. Mai 2017.

Kuznets, S. (1945). »National Product in Wartime«. In: *Oxford Research Encyclopedia of African History*. New York: National Bureau of Economic Research.

Laguerodie, S., und F. Vergara (2008). »The Theory of Price Controls: John Kenneth Galbraith's Contribution«. In: *Review of Political Economy* 20(4), 569-593.

Lai Xiaogang (2011). *A Springboard for Victory: Shandong Province and Chinese Communist Military and Financial Strength, 1937-1945*. Leiden: Brill.

Lam Lai Sing (2011). *The Romance of the Three Kingdoms and Mao's Global Order of Tripolarity*. Bern: Peter Lang.

Lange, O. (1936). »On the Economic Theory of Socialism: Part One«. In: *Review of Economic Studies* 4(1), 53-71.

Lange, O. (1967). »The Computer and the Marketing«. In: C. H. Feinstein (Hrsg.), *Socialism, Capitalism and Economic Growth* (158-161). Cambridge: Cambridge University Press.

Lapwood, R., und N. Lapwood (1954). *Through the Chinese Revolution*. Letchworth: The Garden City Press.

Lardy, N. R. (1983). *Agriculture in China's Modern Economic Development. Foreign Affairs*, Bd. 62. Cambridge: Cambridge University Press.

Lardy, N. R. (1984). »Agricultural Prices in China«. World Bank Staff Working Paper No. 606. Washington, DC: The World Bank.

Lardy, N. (1988). »Diskussion über Chinas Wirtschaftssystem (中国经济体制再论)«. In: *Vergleichende Gesellschafts- und Wirtschaftssystemlehre* 2, 17-52.

Lardy, N., und K. Lieberthal (1983). »Introduction«. In: N. Lardy und K. Lieberthal (Hrsg.), *Chen Yun's Strategy for China's Development: A Non-Maoist Alternative* (xi-xliii). Armonk: M. E. Sharpe.

Lavoie, D. (1985). *National Economic Planning: What is Left?*. Cambridge: Ballinger Publishing Company.

Leon, D., und V. Shkolnikov (1998). »Social Stress and the Russian Mortality Crisis«. In: *Journal of the American Medical Association* 279(10), 790-791.

Leung, J. K., und M. Y. M. Kau (1992). »Editor's Introduction to On the Ten Major Relationships«. In: J. K. Leung und M. Y. M. Kau (Hrsg.), *The Writings of Mao Zedong* 1949-1976, Bd. II: *January 1956-December 1957* (43-45). Armonk: M. E. Sharpe.

Levy, D. M., und J. Peart (2008). »Socialist Calculation Debate«. In: *The New Palgrave Dictionary of Economics 1961*, 1074-1077.

Li Chaomin (2016). »The Influence of Ancient Chinese Thought on the Ever-Normal Granary of Henry A. Wallace and the Agricultural Adjustment Act of the New Deal«. In: *The History of Ancient Chinese Economic Thought* (210-224). Abingdon: Routledge.

Li Feng (2013). *Early China: A Social and Cultural History*. Cambridge: Cambridge University Press.

Li Jingwei (1988). »Die Dritte Welt ist die größte Kraft für den Frieden, sagt Deng Xiaoping bei einem Treffen mit Alfonsin (邓小平会见阿方辛时说:第三世界是最大的和平力量)«. In: *Volkstageszeitung*, 16. Mai, 1.

Li Xiannian (1956). »Speech by Comrade Li Hsien-Nien, Vice-Premier and Minister of Finance«. In: Eighth National Congress of the Communist Party of China, Bd. II: *Speeches* (206-224). Peking: Foreign Language Press.

Li Xianglu (2016b). »Erinnerungen an einen Ältesten an der Spitze der Reformen (回忆一位站在改革前沿的长者)«. In: *Yanhuang Chunqiu Magazin* 2, 18-24.

Li Yining (1979). *Zur Theorie der Institutionenökonomik von Galbraith* (论加尔布雷思的制度经济学说). Peking: Commercial Press.

Li Yining (1986). »Der Grundgedanke der Reformen (改革的基本思路)«. In: *Beijing Daily*, 19. Mai, 3.

Li Yining (1988). »Vergleich zwischen den beiden Schulen des Reformdenkens (两种改革思路的比较)«. In: *Ausgewählte Werke of Li Yining* (89-94). Xian: Xian People's Press.

Li Yining (1988b). »Preisreform oder Reform der Eigentumsrechte? (价格改革为主还是所有制改革为主)«. In: *Finanzwissenschaft* 2, 86-90.

Li Yining (1989). *Gedanken zu Chinas Wirtschaftsreformen* (中国经济改革的思路). (Peng Xiaomeng). Peking: China Prospect Book Company.

Li Yining (1990). *Die chinesische Wirtschaft im Ungleichgewicht* (非均衡的中国经济). Peking: Economic Daily Press.

Li Yining (2012). »Li Yining: Biographical Note«. In: *Economic Reform and Development in China* (vi-ii). Cambridge: Cambridge University Press.

Li Yining (2014). *Chinese Economy in Disequilibrium*. Berlin: Springer.

Lim, E. (2008). »Vorwort II: Die Öffnung für Ideen aus dem Ausland im Prozess der Reform und Öffnung Chinas (序二:中国改革开放过程中的对外思想开放)«. In: Wu Jinglian, Fan Gang, Liu He, Justin Yifu Lin et al. (Hrsg.), *30 Jahre chinesische Wirtschaft aus der Sicht von 50 Ökonomen: Rückblick und Analyse* (中国经济50人看三十年:回顾与分析) (43-51). Peking: China Economics Press.

Lim, E. (2014). »The Influence of Foreign Economists in the Early Stages of China's Reforms«. In: *The Oxford Companion to the Economics of China* (47-53). Oxford: Oxford University Press.

Lin, C.C. (1981). »The Reinstatement of Economics in China Today«. In: *The China Quarterly* 85(3), 1-48.

Lin Chen (1988). »›Die Geldmenge kontrollieren, die Preise reformieren‹: Ein Interview mit dem Wirtschaftswissenschaftler Wu Jinglian« (»管住货币, 改革价格«: 访经济学家吴敬琏). In: *Besides Hope* 29, 13-16.

Lin Chun (1977). »Über die Rolle der Produktivkräfte in der historischen Entwicklung (论生产力在历史发展中的作用)«. In: *Historische Forschung* 5, 37-53.

Lin Man-houng (2006). *China Upside Down: Currency, Society, and Ideologies, 1808-1856*. Cambridge/Mass.: Harvard University Asia Center.

Lin Yifu (1992). »Rural Reforms and Agricultural Growth in China«. In: *The American Economic Review* 82(1), 34-51.

Linder, W. (1990). »Monetary Aspects of Recent Developments in Eastern Europe: A Summarized Assessment«. In: *Economic Education Bulletin* XXX(8), 14-27.

Ling Huanming (1988). »Intellectual Response to China's Economic Reform«. In: *Asian Survey* 28(5), 541-554.

Ling Tseng und Lei Han (1959). *The Circulation of Money in the People's Republic of China*. Moscow: Gosfinizdat.

Lipton, D., und J. Sachs (1990). »Creating a Market Economy in Eastern Europe: The Case of Poland«. In: *Brookings Papers on Economic Activity* 21(1), 75-147.

Lipton, D., und J. D. Sachs (1992). »Prospects for Russia' s Economic Reforms«. In: *Brookings Papers on Economic Activity* 2, 213-283.

Liu Guoguang, und Zhang Zhuoyuan (1985). »Reform des Wirtschaftssystems und makroökonomisches Management: Kommentare zur ›Internationalen Konferenz für makroökonomisches Management‹ (经济体制改革与宏观经济管理: »宏观经济管理国际讨论会«评述)«. In: *Wirtschaftsforschung* (经济研究) 12, 3-19.

Liu Guoguang et al. (1987). »Economic Reform and Macroeconomic Management: Commentaries on the International Conference on Macroeconomic Management«. In: *Chinese Economic Studies* 20(3), 3-45.

Liu Guoguang, und Zhao Renwei (1979). »Zum Verhältnis von sozialistischer Wirtschaftsplanung und Marktwirtschaft (关于社会主义经济计划与市场的关系问题)«. In: *Wirtschaftsforschung* (经济研究) 7(4), 11-21.

Liu Guoguang, und Zhao Renwei (1982). »Relationship Between Planning and the Market Under Socialism«. In: G. C. Wang (Hrsg.), *Economic Reform in the PRC: In Which China's Economists Make Known What Went Wrong, Why, and What Should be Done About It* (89-104). Boulder: Westview Press.

Liu Hong (2002). *Li Yining – Wissenschaftlich-kritische Biografien zeitgenössischer chinesischer Ökonomen* (吴敬链 – 当代中国经济学家学术评传). Xi'an: Shaanxi Normal University Press.

Liu Hong (2009a). »Dong Fureng: Die Integrität bewahren, um großartig zu werden (董辅礽:守身为大)«. Online verfügbar unter: {http://news.whu.edu.cn/info/1005/24464.htm}.

Liu Hong (2009b). »Reise nach Bashan (巴山论之行)«. In: *Economic Observer*, 4. September.

Liu Hong (2010). *Die Achtziger Jahre: Der Ruhm und die Träume chinesischer Ökonomen* (八O年代: 中国经济学人的光荣与梦想). Guilin: Guanxi Normal University Press.

Liu Suinian, und Wu Qungan (1986). *China's Socialist Economy: An Outline History (1949-1984)*. Peking: Beijing Review.

Liu Wei (2011). »Forschungen zu Chinas ›Die Preisbarriere durchbrechen‹-Reform des Jahres 1988 (1988年中国»价格闯关«研究)«. Zentrale Parteischule.

Loeffler, B. (2002). *Soziale Marktwirtschaft und Administrative Praxis: Das Bundeswirtschaftsministerium unter Ludwig Erhard)*. Wiesbaden: Franz Steiner Verlag.

Loewe, M. (1974). *Crisis and Conflict in Han China, 104 BC to AD 9*. London: George Allen and Unwin.

Loewe, M. (1985). »Attempts at Economic Co-ordination During the Western Han Dynasty«. In: R. Schram (Hrsg.), *The Scope of State Power in China* (237-268). London: School of Oriental and African Studies.

Loewe, M. (2001). »Rezension von Erling v. Mende, Bertram Schefold und Hans Ulrich Vogel, ›Huan Kuan Yantie lun: Vademecum zu dem Klassiker der Chinesischen Wirtschaftsdebatten‹«. in: *Early China* 26, 285-289.

Lou Jiwei (2011). »Das Programmbüro von 1985 – Transkription von Lou Jiweis Vorlesung an der Tsinghua-Universität, 16.-19. September 2011« (1985年方案办 – 楼继伟清华讲课). Unveröffentlichtes Manuskript, Peking.

Lou Jiwei (2017). »Lou Jiwei blickt auf 40 Jahre an der Tsinghua-Universität zurück: Rede zur Graduationsfeier der School of Economics and Management der Tsinghua-Universität im Jahr 2017« (楼继伟回首清华入学40年:清华大学经济管理学院2017毕业典礼演讲). Online unter: {http://www.sohu.com/a/153915867641792}. Abgerufen am 3. Juli 2017.

Lou Jiwei, und Zhou Xiaochuan (1984). »Über die Richtung der Reform des chinesischen Preissystems und damit verbundene Modellierungsmethoden (论我国价格体系改革方向及其有关的模型方法)«. In: *Wirtschaftsforschung* (经济研究) 10, 13-20.

Lou Jiwei, und Zhou Xiaochuan (1989). »On the Direction of Reform in the Price System«. In: *Chinese Economic Studies* 22(3), 14-23.

Lowenstein, M. (2019). »Return to the Cage: Monetary Policy in China's First Five-Year Plan«. In: *Twentieth-Century China* 44(1), 53-74.

Lu Hao (2002). *Li Yining – Wissenschaftlich-kritische Biografien zeitgenössischer chinesischer Ökonomen* (厉以宁 – 当代中国经济学家学术评传). Xi'an: Shaanxi Normal University Press.

Lu Mai, und Feng Minglian (2012). »The Evolution of China's Reform and Development Process«. In: M. Wang (Hrsg.), *Thirty Years of China's Reform* (27-69). Oxon: Routledge.

Lu Nan, und Li Mingzhe (1991). »Use of Input-Output Techniques for Planning the Price Reform«. In: *Chinese Economic Planning and Input-Output Analysis* (81-92). Oxford: Oxford University Press.

Luo Guanzhong (1959). *Romance of the Three Kingdoms* (hrsg. von C. H. Brewitt-Taylor). Adelaide: University of Adelaide.

Luo Guanzhong (2017). *Die drei Reiche*. 2 Bde. Frankfurt a. M.: S. Fischer.

Luo Xiaopeng (1987). »Propagandaskizze für das Pilotprojekt der Umwandlung der einheitlichen Beschaffung in eine Steuer (统购改税试点宣传提纲)«. In: *Forschung zu Getreideangelegenheiten in China* (中国粮食问题研究) (229-243). Peking: Economic Management Press.

Luo Xiaopeng (2008). »Luo Xiaopeng: Ein historischer Rückblick auf die Preisreform (罗小朋:价格改革历史述评)«. Online unter: {http://luo-xiaopeng.blog.sohu.com/107129688.html}. Abgerufen am 1. Juli 2017.

Luo Zhiru und Li Yining (1978). *Die britische Wirtschaft im 20. Jahrhundert: Eine Studie über die »British Krankheit«* (二十世纪的英国经济: »英国病«研究). Peking: People's Publishing House.

Macarini, J. P. (2000). »A Política econômica da ditadura militar no limiar do ›milagre‹ brasileiro: 1967/9«. In: *Texto Para Discussão IE/UNICAMP* 99.

Macfarquhar, R. (2009). »Foreword«. In: Bao Pu, R. Chiang und A. Ignatius (Hrsg.), *Prisoner of the State: The Secret Journal of Premier Zhao Ziyang* (xvii-xxv). New York: Simon & Schuster.

Maddison, A. (2001). *The World Economy: A Millennial Perspective.* Paris: OECD.

Maddison, A. (2007). *Chinese Economic Performance in the Long Run, 960-2030 A. D.* (2. Aufl.). Paris: OECD.

Madra, Y. M., und F. Adaman (2010). »Public Economics After Neoliberalism: A Theoretical-Historical Perspective«. In: *The European Journal of the History of Economic Thought* 17(4), 1079-1106.

Mallory, W. H. (1926). *China: Land of Famine.* Worcester: Commonwealth Press.

Mandel, E. (1992) *Trotzki als Alternative*, Berlin: Dietz.

Mandeville, B. (1980). *Die Bienenfabel oder Private Laster, öffentliche Vorteile.* Frankfurt a. M.: Suhrkamp.

Mansfield, H. C. (1947). *Historical Reports on War Administration: A Short History of OPA.* Washington, DC: Office of Temporary Controls and Office of Price Administration.

Mao Zedong (1970 [1940]). *Über die neue Demokratie.* Peking: Verlag für fremdsprachige Literatur.

Mao Zedong (1977). *A Critique of Soviet Economics.* New York: Monthly Review Press.

Mao Zedong (1979). *Texte*, Bd. II: *1956-1957, Schriften, Dokumente, Reden und Gespräche.* München: Carl Hanser.

McGregor, R. (2006). »Chinese Support of Foreign Investment Put to the Test«. In: *Financial Times*, 15. Januar 2006.

Medvedev, V. (1998). »Price Reform – The Missing Link? Failure of Political Will«. In: M. Ellman und V. Kontorovich (Hrsg.), *The Destruction of the Soviet Economic System: An Insiders' History* (S. 158). New York: Routledge.

Mehrling, P. (1998). *The Money Interest and the Public Interest: American Monetary Thought, 1920-1970.* Cambridge/Mass.: Harvard University Press.

Meisner, M. (1977). »The Maoist Legacy and Chinese Socialism«. In: *Asian Survey* 44 (11), 1016-1027.

Meisner, M. J. (1999). *Mao's China and After* (3. Aufl.). New York: The Free Press.

Merklein, R. (1980). »China ist derzeit ein großes Laboratorium«. *Der Spiegel*, 30. November. Online verfügbar unter: {https://www.spiegel.de/wirtschaft/china-ist-derzeit-ein-grosses-laboratorium-a-3ad76b2f-0002-0001-0000-000014332767}.

Konferenz wissenschaftlicher Arbeiter mittleren Alters und junger Wissenschaftler (1985a). »Bericht Nr. 1: Zwei Arten, über die Preisreform nachzudenken (价格改革的两种思路)«. *Economic Research Reference Material*, 1252.

Konferenz wissenschaftlicher Arbeiter mittleren Alters und junger Wissenschaftler (1985b). »Bericht Nr. 2: Verschiedene mit der Preisreform zusammenhängende Fragen (与价格改革相关的若干问题)«. *Economic Research Reference Material*, 1252.

Mihm, S. (2017). »Milk Wars Curdled U.S.-Canada Relationship Long Ago«. Bloomberg, 29. April 2017. Online verfügbar unter: {https://www.bloomberg.com/view/articles/2017-04-29/milk-wars-curdled-u-s-canada-relationship-long-ago}.

Milburn, O. (2007). »The Book of the Young Master of Accountancy: An Ancient Chinese Economics Text«. In: *Journal of the Economic and Social History of the Orient* 50(1), 19-40.

Miller, C. (2016). *The Struggle to Save the Soviet Economy: Mikhail Gorbachev and the Collapse of the USSR*. Chapel Hill: The University of North Carolina Press.

Mills, D.Q. (1975). »Some Lessons of Price Controls in 1971-1973«. In: *The Bell Journal of Economics* 6(1), 3-49.

Mises Institute (2005). »Introduction – Inflation and Price Control by L. von Mises«. Online verfügbar unter: {https://mises.org/library/inflation-and-price-control}. Abgerufen am 30. April 2017.

Mitter, R. (2020). »Shaped by Conflict: New Writing on China's Wartime Experience in the Early Twentieth Century«. *Twentieth-Century China* 45(1), 113-118.

Mont Pèlerin Society (2019). »Past Presidents«. Online verfügbar unter: {https://www.montpelerin.org/event/429dba23-fc64-4838-aea3-b847011022a4/websitePage:70b9574d-cdec-43a0-920a-c6f74c8f746c}.

Murphy, M., M. Bobak, A. Nicholson, R. Rose und M. Marmot (2006). »The Widening Gap in Mortality by Educational Level in the Russian Federation, 1980-2001«. *American Journal of Public Health* 96(7), 1293-1299. Online verfügbar unter: {https://doi.org/10.2105/AJPH.2004.056929}.

Musgrave, R.A. (2008). Hansen, Alvin (1887-1975). *The New Palgrave Dictionary of Economics*. http://www.dictionaryofeconomics.com/article?id=pde2008H000014. Abgerufen am 30. April 2017.

Myers, J.T. (1989). »China: Modernization and ›Unhealthy Tendencies‹«. In: *Comparative Politics* 21(2), 193-213.

Myers, R. (1986). »The Agrarian System«. In: J. Fairbank und A. Feuerwerker (Hrsg.), *The Cambridge History of China* (230-269). Cambridge: Cambridge University Press.

National Bureau of Economic Research (2012). »US Business Cycle Expansions and Contractions«. Online verfügbar unter: {https://www.nber.org/research/data/us-business-cycle-expansions-and-contractions}. Abgerufen am 30. April 2017.

Nationales Statistikamt (2010). »Eine Zusammenstellung statistischer Daten aus den sechzig Jahren des Neuen China (新中国六十年统计资料汇编)«. Peking: China Statistical Press.

Naughton, B. (1989). »Inflation and Economic Reform in China«. In: *Current History*, September, 269-291.

Naughton, B. (1991). »Inflation in China: Patterns, Causes and Cures«. In: Joint Economic Committee, Congress of the United States (Hrsg.), *China's Economic Dilemmas in the 1990s: The Problems of Reforms, Modernization, and Interdependence* (135-159). Armonk: M.E. Sharpe.

Naughton, B. (1993). »Deng Xiaoping: The Economist«. In: *China Quarterly* 135, 491-514.

Naughton, B. (1995). *Growing out of the Plan: Chinese Economic Reform, 1978-1993*. Cambridge: Cambridge University Press.

Naughton, B. (2013). »Editor's Introduction: Biographical Preface«. In: Barry Naughton (Hrsg.), *Wu Jinglian: Voice of Reform in China* (97-118). Cambridge/Mass.: MIT Press.

New York Times (1946). »Letters to the Times: Price Control Recommended – Economists Favor Continuation of Act for Another Year«. 9. April, 23.

Nicholls, A.J. (2000). *Freedom with Responsibility: The Social Market Economy in Germany 1918-1963*. Oxford: Oxford University Press.

Nolan, P. (1988). *The Political Economy of Collective Farms: An Analysis of China's Post-Mao Rural Reforms*. Cambridge: Polity Press.

Nolan, P. (1993). »The Causation and Prevention of Famines: A Critique of A.K. Sen«. In: *Journal of Peasant Studies* 21(1), 1-28.

Nolan, P. (1995). *China's Rise, Russia's Fall: Politics, Economic and Planning in the Transition from Stalinism*. Basingstoke: Macmillan Press.

Nolan, P. (2004). *China at the Crossroads*. Cambridge: Polity Press.

Nolan, P., und Dong Fureng (Hrsg.) (1990). *The Chinese Economy and its Future: Achievements and Problems of Post-Mao Reform*. Cambridge: Polity in Association with Basil Blackwell.

Notzon, F.C., Y.M. Komarov, P. Ermakov, C.T. Sempos, J. Marks und E.V. Sempos (1998). »Causes of Declining Life Expectancy in Russia«. In: *Journal of the American Medical Association* 279(10), 793-800.

Nove, A. (1992). *An Economic History of the USSR, 1917-1991*. 3. Aufl. London, New York: Penguin Books.

Novokmet, F., T. Piketty und G. Zucman (2017). »From Soviets to Oligarchs: Inequality and Property in Russia 1905-2016«. NBER Working Papers, 23712. Online verfügbar unter: {http://www.nber.org/papers/w23712}.

Observatory of Economic Complexity (2018). »Country Profile Russia«. Online verfügbar unter: {https://oec.world/en/profile/country/rus}. Abgerufen am 1. April 2018.

Oi, J.C. (1986). »Peasant Grain Marketing and State Procurement: China's Grain Contracting System«. In: *The China Quarterly* 106(3), 272-290.

Oi, J.C. (1989). »Market Reforms and Corruption in Rural China«. In: *Studies in Comparative Communism* 22(2-3), 221-233.

Oi, J.C. (1989). *State and Peasants in Contemporary China: The Political Economy of Village Government*. Berkeley: University of California Press.

Oi, J.C. (1999). *Rural China Takes Off: Institutional Foundations of Economic Reform* (19-34). Berkeley: University of California Press.

Ötsch, W.O., Pühringer, und K. Hirte (2018). *Netzwerke des Marktes: Ordoliberalismus als Politische Ökonomie.* Wiesbaden: Springer.

Pantsov, A.V., und I. Levine (2015). *Deng Xiaoping – A Revolutionary Life.* Oxford: Oxford University Press.

Popov, V. (2007). »Shock Therapy Versus Gradualism Reconsidered: Lessons from Transition Economies after 15 Years of Reforms«. In: *Comparative Economic Studies* 49(1), 1-31.

Parker, R. (2005). J.K. Galbraith: *A 20th Century Life.* London: Old Street Publishing.

Peebles, G. (1991). *Money in the People's Republic of China: A Comparative Perspective.* Sydney: Allen & Unwin.

Pepper, S. (1986). »The KMT-CCP Conflict 1945-1949«. In: J. Fairbank und A. Feuerwerker (Hrsg.), *The Cambridge History of China* (723-788). Cambridge: Cambridge University Press.

Pepper, S. (1999). *Civil War in China: The Political Struggle, 1945-1949.* Roman & Littlefield.

Perkins, D.H. (1964). »Price Stability and Development in Mainland China (1951-1963)«. In: *Journal of Political Economy* 72(4), 360-375.

Perkins, D.H. (1966). *Market Control and Planning in Communist China.* Cambridge/Mass.: Harvard University Press.

Perry, E., und S. Heilmann (2011). »Embracing Uncertainty: Guerrilla Policy Style and Adaptive Governance in China«. In: Elizabeth J. Perry und Sebastian Heilmann (Hrsg.), *Mao's Invisible Hand: The Political Foundations of Adaptive Governance in China* (1-29). Cambridge/Mass.: Harvard University Press.

Peterson Institute for International Economics (2017). »Anders Åslund«. Online verfügbar unter: {https://www.piie.com/experts/former-research-staff/anders-aslund?author_id=455}. Abgerufen am 20. Januar 2017.

Phillips-Fein, K. (2009). »Business Conservatives and the Mont Pèlerin Society«. In: P. Mirowksi und D. Plehwe (Hrsg.), *The Road from Mont Pelerin: The Making of the Neoliberal Thought Collective* (280-303). Cambridge/Mass.: Harvard University Press.

Pigou, A.C. (1944). »Review: The Road to Serfdom by F.A. Hayek«. In: *The Economic Journal* 54(214), 217-219.

Pines, Y. (2009). *Envisioning Eternal Empire: Chinese Political Thought of the Warring States Era.* Honolulu: University of Hawai'i Press.

Pines, Y. (2018). »Legalism in Chinese Philosophy«. In: *Stanford Encyclopedia of Philosophy.* Online verfügbar unter: {https://plato.stanford.edu/entries/chinese-legalism/}.

Polenske, K.R. (1991). »Chinese Input-Output Research from a Western Perspective«. In: K.R. Polenske und X. Chen (Hrsg.), *Chinese Economic Planning and Input-Output Analysis* (1-26). Hongkong: Oxford University Press.

Popov, V. (2000). »Shock Therapy Versus Gradualism: The End of the Debate«. In: *Comparative Economic Studies* XLII(1), 1-57.

Popov, V. (2007). »Shock Therapy Versus Gradualism Reconsidered: Lessons from Transition Economies after 15 Years of Reforms«. In: *Comparative Economic Studies* 49(1), 1-31.

Programmbüro (Büro des Staatsrats für die Erforschung eines Reformprogramms) (1986, 25. April). »Grundzüge der Reform in den nächsten zwei Jahren« (明后两年配套改革的基思路). Unveröffentlichtes Dokument.

Provinz Hebei. »Umwandlung der einheitlichen Beschaffung in eine Steuer«. Experiment Leading Group (1987). »Bericht über die Situation und den Fortschritt des Experiments zur Umwandlung der einheitlichen Beschaffung in eine Steuer (关于统购改税试点进行情况的报告)«. In: *Forschung zu Getreideangelegenheiten in China* (中国粮食问题研究) (224-228). Peking: Economic Management Press.

Reddaway, P., und D. Glinski (2001). *The Tragedy of Russia's Reforms: Market Bolshevism Against Democracy.* Washington, DC: United States Institute of Peace.

Research Department of Party Literature (1991). *Major Documents of the People's Republic of China – Selected Important Documents Since the Third Plenary Session of the Eleventh Central Committee of the Communist Party of China (December 1978 and November 1989)* (hrsg. vom Zentralkomitee der Kommunistischen Partei Chinas). Peking: Foreign Languages Press.

Research Group for an Overall Plan under the Economic System Reform Commission (1986). »Konzeption eines Gesamtplans für die Reform des Wirtschaftssystems (经济体制改革总体规划构思)«. In: *Economic Research Reference Material*, 35.

Reynolds, B. L. (Hrsg.) (1987a). *Reform in China: Challenges and Choices – A Summary and Analysis of the CESRRI Survey Prepared by the Staff of the Chinese Economic System Reform Research Institute*. Armonk: M. E. Sharpe.

Reynolds, B. L. (Hrsg.) (1988). *Chinese Economic Reform: How Far, How Fast?*. Boston: Academic Press.

Reynolds, B. L. (1987b). »Introduction to the English Edition«. In: B. L. Reynolds (Hrsg.), *Reform in China – Challenges and Choices: A Summary and Analysis of the CESRRI Survey Prepared by the Staff of the Chinese Economic System Reform Research Institute* (xv-xvii). Armonk: M. E. Sharpe.

Richter, I., und D. Montgomery (1994). *Labor's Struggles, 1945-1950: A Participant's View*. Cambridge: Cambridge University Press.

Richter, J. (2000). »In Memoriam: Dr. Jiri Skolka«. In: *Review of Income and Wealth* 46(1), 129-130.

Rickett, W. A. (1993). »Kuan tzu 管子«. In: M. Loewe (Hrsg.), *Early Chinese Texts: A Bibliographical Guide* (244-251). New Haven: Birdtrack Press.

Rickett, W. A. (1998). *Guanzi: Political, Economic and Philosophical Essays from Early China*. Bd. II. Princeton: Princeton University Press.

Riskin, C. (1969). »Red China Is No Monolith – Review: China's Economic System by A. Donnithorne«. In: *Columbia Journal of World Business* 4(1), 89 f.

Riskin, C. (1987). *China's Political Economy: The Quest for Development Since 1949*. Oxford: Oxford University Press.

Robbins, L. (1934). »Restrictionism and Planning«. In: *The Great Depression* (125-159). New York: Books for Libraries Press.

Robbins, L. (1937). »Foreword«. In: *The Economics of Inflation: A Study of Currency Depreciation in Post-War Germany* (5-6). Northampton: John Dickens & Co. Ltd.

Robbins, L. (1945). *An Essay on the Nature and Significance of Economic Science* (2. Aufl.). London: Macmillan and Co.

Robinson, J. (1969). *The Cultural Revolution in China* (hrsg. von J. Collier). Harmondsworth: Penguin Books.

Rockoff, H. (1984). *Drastic Measures. A History of Wage and Price Controls in the United States.* Cambridge: Cambridge University Press.

Rodrik, D. (2010). »Diagnostics before Prescription«. *Journal of Economic Perspectives* 24(3), 33-44.

Roland, G., und T. Verdier (1999). Transition and the Output Fall. *Economics of Transition* 7(1), 1-28.

Ronan, C. A. (1978). *The Shorter Science and Civilisation in China 1: An Abridgement of Joseph Needham's Original Text.* Cambridge: Cambridge University Press.

Rong Jingben (1989). »Preface«. In: Editorial Board der Zeitschrift *Vergleichende Gesellschafts- und Wirtschaftssystemlehre* (Hrsg.), *Korruption: Der Austausch von Geld und Macht* (腐败:货币与权力的交换) (1-5). Peking: China Prospect Book Company.

Rong Jingben (2008). »Erinnerung an ein vergangenes Ereignis während der dreißig Jahre Reform und Öffnung (忆改革开放三十年中的一段往事)«. In: *Teehaus für Ökonomen* 37, 45-49.

Rostow, W.W. (1954). *The Prospects for Communist China.* New York: The Technology Press of Massachusetts Institute of Technology/John Wiley & Sons.

Rowe, W.T. (2001). *Saving the World: Chen Hongmou and Elite Consciousness in Eighteenth-Century China.* Stanford: Stanford University Press.

Rowe, W.T. (2018). *Speaking of Profit: Bao Shichen and Reform in Nineteenth-Century China.* Cambridge/Mass.: Harvard University Asia Center.

Sachs, J. (1992). »Building a Market Economy in Poland«. In: *Scientific American*, März, 34-40.

Sachs, J. (1992a). »Building a Market Economy in Poland«. In: *Scientific American*, März, 20-26.

Sachs, J. (1992b). »Privatization in Russia: Some Lessons from Eastern Europe«. In: *The American Economic Review* 82(2), 43-48.

Sachs, J. (1994a). *Poland's Jump to the Market Economy* (Lionel Robbins Lecture, 3). Cambridge/Mass.: MIT Press.

Sachs, J. (1994b). »Russia's Struggle with Stabilization: Conceptual Issues and Evidence«. In: *The World Bank Research Observer*, 57-80.

Sachs, J., und D. Lipton (1990). »Poland's Economic Reform«. In: *Foreign Affairs* 69 (3), 47-66.

Samuels, W.J. (2008). »Taussig, Frank William (1859-1940)«. In: *The New Palgrave*

Dictionary of Economics. Online unter: {http://www.dictionaryofeconomics.com/extract?id=pde2008T000016}. Abgerufen am 30. April 2017.

Sandler, C. (1943). »Out Under Fire: Galbraith, OPA's Price Chief, Quits in Midst of Maxon Feud«. In: *Washington Post*, 1. Juni, 1.

Sargent, T. J. (1982). »The Ends of Four Big Inflations«. Indo Robert E. Hall (Hrsg.), *Inflation: Causes and Effects* (41-98). Cambridge: University of Chicago Press.

Schmalzer, S. (2016). *Red Revolution, Green Revolution: Scientific Farming in Socialist China*. Chicago: Chicago University Press.

Schram, R. (1988). »China After the 13th Congress«. In: *The China Quarterly* 114, 177-197.

Schran, P. (1977). »China's Price Stability: Its Meaning and Distributive Consequences«. In: *Journal of Comparative Economics* 1, 367-388.

Schwartz, B. I. (1964). *In Search of Wealth and Power: Yen Fu and the West*. Cambridge/Mass.: Harvard University Press.

Schumpeter, J. A. (1997). *Ten Great Economists: From Marx to Keynes*. London: Routledge.

Secretariat of the Meeting of Young Adult Economic Workers (2003). »The Meeting Report of the Young Adult Economic Science Workers Academic Discussion Meeting«. In: C. H. Keyser (Hrsg.), *Professionalizing Research in Post-Mao China: The System Reform Institute and Policymaking* (157-158). Armonk: M. E. Sharpe.

UNIDO-Sekretariat (1984). »An Input-Output Table for China 1975«. Industry and Development (United Nations Industrial Development Organization) 10, 47-59.

Selden, M. (Hrsg.) (1979). *The People's Republic of China: A Documentary History of Revolutionary Change*. New York: Monthly Review Press.

Shih, V. C. (2008). *Factions and Finance in China: Elite Conflict and Inflation*. Cambridge: Cambridge University Press.

Shirk, S. L. (1993). *Political Logic of Economic Reform in China*. Berkeley: University of California Press.

Šik, O. (1965). *Die tschechoslowakische Wirtschaft auf neuen Wegen*. Prag: Orbis.

Šik, O. (1967a). *Plan und Markt im Sozialismus*. Wien: Molden, 1967.

Šik, O. (1967b). »Socialist Market Relations and Planning«. In: C. H. Feinstein (Hrsg.), *Socialism, Capitalism and Economic Growth: Essays Presented to Maurice Dobb* (133-158). Cambridge: Cambridge University Press.

Šik, O. (1976). *Das kommunistische Machtsystem*. Hamburg: Hoffmann und Campe Verlag.

Šik, O. (1981). *Communist Power System*. New York: Praeger Publishers.

Šik, O. (1982). »Angst vor dem Machtverlust«. In: *Wirtschaftswoche* 35(5), 56-59.

Šik, O. (1988). *Prager Frühlingserwachen: Erinnerungen*. Herford: Busse Seewald.

Simkin, C. G. F. (1978). »Hyperinflation and Nationalist China«. In: A. R. Berstrom, A. J. L. Catt, M. H. Peston und B. D. J. Silverstone (Hrsg.), *Stability and Inflation: A Volume of Essays to Honour the Memory of A. W. H. Phillips* (113-131). Chichester: John Wiley & Sons.

Skolka, J. (1984). »Use of Input-Output Models in the Preparation of Price Reform in China«. Industry and Development (United Nations Industrial Development Organization) 10, 61-73.

Slobodian, Q. (2019). *Globalisten: Das Ende der Imperien und die Geburt des Neoliberalismus.* Berlin: Suhrkamp.

Smith, A. (2013). *Der Wohlstand der Nationen*, 13. Aufl. München: Deutscher Taschenbuch-Verlag.

Smith, P. (1993). »State Power and Economic Activism During the New Policies, 1068-1085: The Tea and Horse Trade and the ›Green Sprouts‹ Loan Policy«. In: R. P. Hymes und C. Schirokauer (Hrsg.), *Ordering the World: Approaches to State and Society in Sung Dynasty China* (76-127). Berkeley: University of California Press.

Solinger, D. J. (1984). *Chinese Business Under Socialism: The Politics of Domestic Commerce in Contemporary China.* Berkeley, Los Angeles: University of California Press.

Song Guoqing (1987). »Regeln und Vorschriften für die Umsetzung der Umwandlung der einheitlichen Beschaffung in eine Steuer im Bezirk Ningjin in der Provinz Hebei (河北省宁晋县统购改税实施细则)«. In: Gao Xiaomeng (Hrsg.), *Forschung zu Getreideangelegenheiten in China* (中国粮食问题研究) (46-55). Peking: Economic Management Press.

Song Guoqing (1995). »Zinssätze, Inflationserwartung und Sparneigung: Die Rolle der Erwartungen in Bezug auf die Sparneigung in zwei Perioden der Hyperinflation (利率、通货膨胀预期与储蓄倾向–从两次高通胀期间的储蓄倾向看预期的作用)«. In: *Wirtschaftsforschung* (经济研究) 7, 3-10.

Spengler, J. (1964). »Ssu-Ma Ch'ien, ›Unsuccessful Exponent of Laissez Faire‹«. In: *Southern Economic Journal* 30(3), 223-243.

Stiglitz, J. E. (1994). *Whither Socialism? Wicksell Lectures.* Cambridge/Mass.: MIT Press.

Stiglitz, J. E. (1999). *Whither Reform? Ten Years of Transition.* Beitrag zur jährlichen Weltbank-Konferenz für Entwicklungsökonomie, Washington, DC, 28.-30. April.

Stiglitz, J. E. (2014). »Transition to a Market Economy: Explaining the Successes and Failures«. In: S. Fan, R. Kanbur, S. Wei und X. Zhang (Hrsg.), *The Oxford Companion to the Economics of China* (36-41). Oxford: Oxford University Press.

Stout, R. (1946). *The Silent Speaker.* New York: Viking Press.

Stout, R. (1952). *Der Mord im Waldorf Astoria.* Stuttgart: Drei Raben.

Stuckler, D., L. King, und M. McKee (2009). »Mass Privatisation and the Post-Communist Mortality Crisis: A Cross-National Analysis«. In: *The Lancet* 373(9661), 399-407.

Su Shaozhi (1988). »Response to Commentary«, 15. Januar 1988. In: *Bulletin of Concerned Asian Scholars* 20(1), 28-35.

Sun Faming (2011). *Die Flut kommt und die Flut geht: Die Forschungsgruppe für ländliche Entwicklungsfragen in China* (潮聚潮散：记中国农村发展问题研究组). Hongkong: Strong Wind Press.

Sun Yan (1995). *The Chinese Reassessment of Socialism, 1976-1992.* Princeton: Princeton University Press.

Sun Yefang (1978). »Sich souverän und selbstbewusst das Konzept von sozialistischen Profiten zu eigen machen (要理直气壮地抓社会主义利润)«. In: *Wirtschaftsforschung* (经济研究) 9, 2-14.

Sun Yefang (1982). »The Role of ›Value‹«. In: K. K. Fung (Hrsg.), *Social Needs Versus Economic Efficiency in China: Sun Yefang's Critique of Socialist Economics* (36-81). Armonk: M. E. Sharpe.

Swann, N. L. (1950). *Food and Money in Ancient China: The Earliest Economic History of China to A. D. 25 (Han Shu 24).* Princeton: Princeton University Press.

Taussig, F.W. (1919). »Price-Fixing as Seen by a Price-Fixer«. In: *Quarterly Journal of Economics* 33(2), 205-241.

Teiwes, F. C. und W. Sun (2007). *The End of the Maoist Era: Chinese Politics During the Twilight of the Cultural Revolution*, 1972-1976. Armonk: M. E. Sharpe.

Teiwes, F. C., und W. Sun (2011). »China's New Economic Policy under Hua Guofeng: Party Consensus and Party Myths«. In: *China Quarterly* 66, 1-23.

Teiwes, F. C., und W. Sun (2013). »China's Economic Reorientation after the Third Plenum: Conflict Surrounding ›Chen Yun's‹ Readjustment Program, 1979-1980«. In: *China Quarterly* 70, 163-187.

Teiwes, F. C., und Warren Sun (2015). *Paradoxes of Post-Mao Rural Reform: Initial Steps Toward a New Chinese Countryside, 1976-1981* (hrsg. von W. Sun). London: Routledge.

Tian Yuan und Chen Desun (1984). »Gedanken zur Idee der Preisreform (关于价格改革思路的思路)«. In: *Economic Daily*, 29. September, 3.

Thorsten, M., und Y. Sugita (1999). »Joseph Dodge and the Geometry of Power in US-Japan Relations«. In: *Japanese Studies* 19(3), 297-314.

Tobin, J. (1973). »The Economy of China: A Tourist's View«. In: *Challenge* 16(1), 20-31.

Toporowski, J. (2007). »Wlodzimierz Brus«. In: *Royal Economics Society Newsletter* 139.

Toporowski, J. (2018). *Michał Kalecki: An Intellectual Biography*, Bd.: *By Intellect Alone, 1939-1970*. Cham: Palgrave Macmillan.

Tower, A. (1946). »Quick Action Urged: New Stabilizer Tells Congress ›Speculative Fever‹ Is Rampant«. In: *New York Times*, 19. Februar.

Trescott, P. B. (2007). *Jingji Xue: The History of the Introduction of Western Economic Ideas into China, 1850-1950*. Hongkong: The Chinese University Press.

Trescott, P. B. (2012). »How Keynesian Economics Came to China«. In: *History of Political Economy* 44(2), 341-364.

Trotzki, L. (1936). *Verratene Revolution: Was ist die Sowjetunion und wohin treibt sie?*. Online verfügbar unter: {https://www.marxists.org/deutsch/archiv/trotzki/1936/verrev/index.htm}.

Truman, H. (1945a). »Radio Address to the American People on Wages and Prices in the Reconversion Period«. (30. Oktober 1945). Online verfügbar unter: {http://www.presidency.ucsb.edu/ws/index.php?pid=12303}. Abgerufen am 30. Juli 2017.

Truman, H. (1945b). Executive Order 9599. (18. August, 1945a). Online verfügbar unter: {http://www.presidency.ucsb.edu/ws/index.php?pid=77920}. Abgerufen am 30. April 2017.

Truman, H. (1946). »Radio Address to the Nation on Price Controls«. (29. Juni 1946). Online verfügbar unter: {https://www.presidency.ucsb.edu/documents/radio-address-the-nation-price-controls}.

Truman, H. (1955). *Memoirs of Harry Truman*, Bd. I: *Year of Decisions 1945*. London: Hodder and Stoughton.

Tsakok, I. (1979). »Inflation Control in the People's Republic of China, 1949-1974«. In: *World Development* 7(8-9), 865-875.

UNICEF (2001). *A Decade of Transition*. Regional Monitoring Report, Bd. VIII. Florenz: UNICEF Innocenti Research Center.

US Department of State (1949). *United States Relations with China – With Special Reference to the Period 1944-1949*. Washington, DC: Department of State Publications.

Vandermeersch, L. (1985). »An Enquiry into the Chinese Conception of the Law«. In: S. R. Schram (Hrsg.), *The Scope of State Power in China* (3-27). London: School of Oriental and African Studies.

Verlag für fremdsprachige Literatur (Hrsg.) (1981). *Resolution über einige Fragen zur Geschichte der KP Chinas seit 1949*. Angenommen am 27. Juni 1981. Peking: Verlag für fremdsprachige Literatur.

von Glahn, R. (2016). *The Economic History of China: From Antiquity to the Nineteenth Century*. Cambridge: Cambridge University Press.

von Mises, L. (1920). »Die Wirtschaftsrechnung im sozialistischen Gemeinwesen«. In: *Archiv für Sozialwissenschaft und Sozialpolitik* 47(1920), 86-121.

von Mises, L. (1974a). »Inflation and Price Control«. In: *Planning for Freedom and Twelve Other Essays and Addresses* (72-82). Illinois: Libertarian Press.

von Mises, L. (1974b). »Middle-of-the-Road Policy Leads to Socialism«. In: *Planning for Freedom and Twelve Other Essays and Addresses* (18-35). Illinois: Libertarian Press.

van der Sprenkel, O. B. (1951). »Part One«. In: O. B. van der Sprenkel, R. Guillain und M. Lindsay (Hrsg.), *New China: Three Views*. London: Turnstile Press.

van de Ven, H. (2003). *War and Nationalism in China, 1925-1945*. London: Routledge.

van de Ven, H. (2018). *China at War: Triumph and Tragedy in the Emergence of the New China*. Cambridge/Mass.: Harvard University Press.

Vogel, E. F. (2005). »Chen Yun: His Life«. In: *Journal of Contemporary China* 14(45), 741-759.

Vogel, E. F. (2011). *Deng Xiaoping and the Transformation of China*. Cambridge/Mass., London: Belknap Press of Harvard University Press.

Volkstageszeitung (1949). »Editorial«, 2. Oktober 1949.

Volkstageszeitung (1987). »Den Kampf gegen die bürgerliche Liberalisierung vertiefen (把反对资产阶级自由化的斗争引向深入)«. 17. Mai, 1.

Volkstageszeitung (1988a). »Bei einem Treffen mit Delegierten der Konferenz ›China und die Welt in den neunziger Jahren‹ betonte Deng Xiaoping, dass wir in der Lage seien, eine vollständige Reform der Preise und Löhne zu riskieren (邓小平会见»九十年代的中国与世界«会议代表时强调我们有条件冒全面改革物价工资风险)«. 4. Juni, 1.

Volkstageszeitung (1988b). »Das Politbüro des Zentralkomitees hat auf seiner 10. Plenarsitzung den vorläufigen Vorschlag für eine Preis- und Lohnreform im Grundsatz angenommen (中央政治局召开第十次全体会议原则通过价格工资改革初步方案)«. 19. August.

Wagner, D. B. (1997). *The Traditional Chinese Iron Industry and Its Modern Fate.* Richmond: Curzon.

Wagner, D. B. (2001). *The State and the Iron Industry in Han China.* Kopenhagen: NIAS Publishing.

Wagner, D. B., und J. Needham (2008). *Science and Civilisation in China*, Bd. V: *Chemistry and Chemical Technology. Part 11: Ferrous Metallurgy.* Cambridge: Cambridge University Press.

Walker, K. (1984). »Chinese Agriculture During the Period of Readjustment, 1978-1983«. In: *China Quarterly* 100, 783-812.

Wang Hui (2009). *The End of the Revolution: China and the Limits of Modernity.* London: Verso.

Wang Mengkui (2014). »About the Author«. In: China Development Research Foundation (Hrsg.), *Chinese Economists on Economic Reform – Collected Works of Ma Hong* (xii-xvi). Oxon: Routledge.

Wang Tong-eng (1980). »Economic Policies and Price Stability in China«. In: *China Research Monograph* 16. Berkeley: Institute of East Asian Studies, University of California, Center for Chinese Studies.

Wang Xiaolu (2019). *Der Weg zur Reform: Unsere vierzig Jahre* (改革之路:我们的四十年). Peking: Social Science Documents Publisher.

Wang Xiaoqiang (1979). »Kritik des Agrarsozialismus« (农业社会主义批判). *Unvollendete Manuskripte* (未定稿), 49.

Wang Xiaoqiang (1980). »Kritik des Agrarsozialismus (农业社会主义批判)«. In: *Fragen der Agrarökonomie* 2, 9-20.

Wang Xiaoqiang (1989). »Transcending the Logic of Private Ownership«. *Chinese Economic Studies* 23(1), 43-56.

Wang Xiaoqiang (1998). *China's Price and Enterprise Reform.* Basingstoke: Macmillan.

Wang Xiaoqiang, und Ji Xiaoming (1985). »Gedanken zu einem Alternativmodell zu aktiengelisteten Unternehmen (企业非股份化模式的思考)«. In: *Economic Daily.*

Wang Xiaoqiang, und Zhang Gang (1987). »An Overview of the CESRRI Survey«. In: R. Bruce (Hrsg.), *Reform in China – Challenges and Choices: A Summary and Analysis of the CESRRI Survey Prepared by the Staff of the Chinese Economic System Reform Research Institute* (xxv-xxxii). Armonk/London: M. E. Sharpe.

Wang Xiaoqiang, und Ji Xiaoming (1988). »Thoughts on the Model of Nonstock Enterprises«. In: *Chinese Economic Studies* 22(2), 38-46.

War Records Section Bureau of the Budget (1946). *The United States at War: Development and Administration of the War Program by the Federal Government.* Washington, DC: United States Government Printing Office.

Weber, I. M. (2018). »China and Neoliberalism: Moving Beyond the China Is/Is not Neoliberal Dichotomy«. In: D. Cahill, M. Cooper, und D. Primrose (Hrsg.), *SAGE Handbook of Neoliberalism* (219-233). London: SAGE.

Weber, I. M. (2019a). »Unlikely Partners: Chinese Reformers, Western Economists, and the Making of Global China«. Rezension von Julian Gewirtz, *Unlikely Partners: Chinese Reformers, Western Economists, and the Making of Global China.* In: *The China Quarterly* 237, 257-259.

Weber, I. M. (2019b). »On the Necessity of Money in an Exchange-constituted Economy: The Cases of Smith and Marx«. In: *Cambridge Journal of Economics* 43(6), 1459-1483.

Weber, I. M. (2020a). »Origins of China's Contested Relation with Neoliberalism: Economics, the World Bank, and Milton Friedman at the Dawn of Reform«. In: *Global Perspectives* 1(1), 1-14.

Weber, I. M. (2020b). »Das westdeutsche und das chinesische Wirtschaftswunder? Der Wettstreit um die Interpretation von Ludwig Erhards Wirtschaftspolitik in Chinas Preisreformdebatte der 1980er«. In: *Jahrbuch für historische Kommunismusforschung* 2020, 55-69.

Weber, I. M. (2021). »Shooting for an Economic ›Miracle‹: German Post-war Neoliberal Thought in China's Market Reform Debate«. In: Q. Slobodian, und D. Plehwe (Hrsg.), *Market Civilizations: Neoliberals East and South* (139-162). New York: Zone Books.

Weber, I. M. (2022). »Neoliberal Economic Thinking and the Quest for Rational Socialism in China: Ludwig von Mises and the Market Reform Debate«. In: *Journal of the History of Ideas* 83(2), 333-356.

Weber, I. M., und G. Semieniuk (2019). »American Radical Economists in Mao's China: From Hopes to Disillusionment«. *Research in the History of Economic Thought and Methodology* 37, 31-63.

Wemheuer, Felix (2014). *Famine Politics in Maoist China and the Soviet Union.* New Haven: Yale University Press.

Wen Tiejun (2012). *Acht Krisen: Lektionen aus China, 1949-2009* (八次危机:中国的真实经验, 1949-2009)«. Peking: People's Eastern Press Media Limited.

Will, P.-E. (1990). *Bureaucracy and Famine in Eighteenth Century China.* Stanford: Stanford University Press.

Will, P.-E., und R. Bin Wong (1991). *Nourish the People: The State Civilian Granary System in China, 1650-1850.* Michigan: University of Michigan Centre for Chinese Studies.

Witzel, M. (2002). »Introduction«. In: Morgen Witzel (Hrsg.), *The Economic Principles of Confucius and His School,* Bd. I (v-xv). Bristol: Thoemmes Press.

Wood, A. (1984). »Papers of Adrian Wood. World Bank Mission In China (February to April 1984) for 1985 Report«. Brighton: Persönliche Papiere.

Wood, A. (1985). »Papers of Adrian Wood. World Bank Visit to China to Discuss Draft 1985 Report (March 1985)«. Brighton: Persönliche Papiere.

Wood, A. (1989). »Deceleration of Inflation with Acceleration of Price Reform: Vietnam's Remarkable Recent Experience«. In: *Cambridge Journal of Economics* 13(4), 563-571.

Wood, A. (1990). »Nominal Pause, but a Degree of Real Progress«. In: *Financial Times*, 4. Oktober, 25.

World Bank (1983). *China: Socialist Economic Development*, Bd. I. Washington, DC. Online verfügbar unter: {https://documents.worldbank.org/en/publication/documents-reports/documentdetail/192611468769173749/the-economy-statistical-system-and-basic-data}.

World Bank (2019a). »GDP (Constant 2010 US$)«. Online verfübgar unter: {https://data.worldbank.org/indicator/N.GDP.MKTP.KD?location s=CN-RU-1W}. Abgerufen am 1. März 2019.

World Bank (2019b). »Life Expectancy at Birth, Total (Years) – Russian Federation, China«. Online verfügbar unter: {https://data.worldbank.org/indicator/SP.DYN.LE00.IN?locations=RU-CN}. Abgerufen am 23. September 2019.

Wu Jinglian (1984). »Discussion«. In: B. Csikós-Nagy, D. Hague und G. Hall (Hrsg.), *The Economics of Relative Prices: Proceedings of a Conference Held by the International Economic Association in Athens, Greece* (82-85). London: Macmillan Press.

Wu Jinglian (1985a). »Erneute Diskussion über die Aufrechterhaltung eines guten wirtschaftlichen Umfelds für Wirtschaftsreformen (再论保持经济改革的良好经济环境)«. In: *Wirtschaftsforschung* (经济研究) 5, 3-12.

Wu Jinglian (1985b). »Entwicklungspolitik und Makrokontrolle in der Anfangsphase der Wirtschaftsreformen (经济改革初战阶段的发展方针和宏观控制问题)«. In: *Volkstageszeitung*, 11. Februar.

Wu Jinglian (1988). »Die Theorie des ›Rent-Seeking‹ und bestimmte negative Phänomene in der Wirtschaft Chinas (»寻租«理论与我国经济中的某些消极现象)«. In: *Vergleichende Gesellschafts- und Wirtschaftssystemlehre* 5, 1-2.

Wu Jinglian (1989). »Unsere Sorgen und Vorschläge – Standpunkte mehrerer Ökonomen (我们的忧思和建议:几位经济学者的意见)«. In: *Wesentliche Berichte* (要报) 9.

Wu Jinglian (2005). *Understanding and Interpreting Chinese Economic Reform*. Mason: Thomson South-Western.

Wu Jinglian (2013a). »A Further Stage of Intellectual Biography«. In: B. Naughton (Hrsg.), *Wu Jinglian: Voice of Reform in China* (145-153). Cambridge/Mass.: MIT Press.

Wu Jinglian (2013b). »The Divergence in Views and the Choice of Reform Strategy« (1988). In: B. Naughton (Hrsg.), *Wu Jinglian: Voice of Reform in China* (199-212). Cambridge/Mass.: MIT Press.

Wu Jinglian (2013c). *Voice of Reform in China* (hrsg. von B. Naughton). Cambridge/Mass.: The MIT Press.

Wu Jinglian, und Fan Shitao (2012). »China's Economic Reform: Processes, Issues and Prospects (1978-2012)«. In: G. C. Chow und D. H. Perkins (Hrsg.), *Routledge Handbook of the Chinese Economy* (54-75). London: Routledge.

Wu Jinglian, und Ma Guochuan (2016). *Whither China? Restarting the Reform Agenda.* Oxford: Oxford University Press.

Wu Jinglian, Rong Jingben und Ma Wenguang (1982). »Über das sozialistische Wirtschaftsmodell – Ota Šik (论社会主义经济模式 – 奥锡克)«. In: Institut für Wirtschaftsforschung der Chinesischen Akademie der Sozialwissenschaften (Hrsg.), *Zur Reform der sozialistischen Wirtschaftsordnung: Transkription der Vorlesungen von Włodzimierz Brus und Ota Šik in China* (论社会主义经济体制改革:[波]弗布鲁斯, [捷]奥锡克) (45-115). Peking: Law Press (unveröffentlichtes Manuskript).

Wu Jinglian, und Zhou Xiaochuan (1989). *Das Gesamtkonzept zur Reform der chinesischen Wirtschaft* (中国经济改革的整体设计) (hrsg. von Peng Xiaomeng). Peking: China Prospect Book Company.

Wu Jinglian, und B. L. Reynolds (1988). »Choosing a Strategy for China's Economic Reform«. In: *American Economic Review* 78(2), 461-466.

Wu Jinglian, Zhou Xiaochuan, Li Jiange, Song Guoqing und Liu Jirui (1988). »Plan für die Mittelfristige Reform des Wirtschaftssystems: Die Forschungsgruppe von Wu Jinglian (经济体制中期改革规划刚要: 吴敬琏课题组)«. In: *Visionen für die Reform Chinas* (中国改革大思路) (197-240). Shengyang: Shengyang Press.

Wu Jinglian, Zhou Xiaochuan, Lou Jiwei, Li Jiange, Liu Liqun und Shi Xiaomin (1988). »A Comprehensive Vision to Carry Reform Forward«. In: *Reform* 1, 67-76.

Wu Yuanli (1956). *An Economic Survey of Communist China.* New York: Bookman Associates.

Wu Xiaogang, und D. J. Treiman (2004). »The Household Registration System and Social Stratification in China: 1955-1996«. In: *Demography* 41(2), 363-370.

Xiao Qiu (1985). »Der ›Dodge Plan‹ und die Transformation des japanischen Wirtschaftssystems (»道奇计划«和日本经济体制的转变)«. In: *Vergleichende Gesellschafts- und Wirtschaftssystemlehre* 2, 25-27.

Xu Bin (2019). »Intragenerational Variations in Autobiographical Memory: China's ›Sent-Down Youth‹ Generation«. In: *Social Psychology Quarterly* (noch nicht erschienen).

Xuan Zhao, und W. Drechsler (2018). »Wang Anshi's economic reforms: proto-Keynesian economic policy in Song Dynasty China«. In: *Cambridge Journal of Economics* 42(5), 1239-1254.

Xue Muqiao (1960). *The Socialist Transformation of the National Economy in China.* Peking: Foreign Languages Press.

Xue Muqiao (1979). *Wirtschaftliche Arbeit in den befreiten Gebieten von Shandong während des Antijapanischen Kriegs und des Befreiungskriegs* (抗日战争时期和解放战争时期山东解放区的经济工作). Peking: People's Press (人民出版社).

Xue Muqiao (1981). *China's Socialist Economy.* Peking: Foreign Language Press.

Xue Muqiao (1982a). »Price Adjustment and Reform of the Price Control System«. In: K. K. Fung (Hrsg.), *Current Economic Problems in China* (63-79). Boulder: Westview Press.

Xue Muqiao (1982b). »Thirty Years of Arduous Efforts to Create an Economy«. In: K. K. Fung (Hrsg.), *Current Economic Problems in China* (29-36). Boulder: Westview Press.

Xue Muqiao (1985). »Einige Fragen zu Preisen (关于物价的几个问题)«. In: *Volkstageszeitung*, 28. Januar.

Xue Muqiao (1989). »Several Problems Concerning Prices« (Übersetzung des chinesischen Originals aus *People's Daily*, 28. Januar 1985). In: *Chinese Economic Studies* 22(3), 24-33.

Xue Muqiao (1996). *Memoiren von Xue Muqiao* (薛暮桥回忆录). Tianjin: Tianjin People's Press (天津人民出版社).

Xue Muqiao (2011). »Advice on Seizing Opportunities to Adjust the Price System«, 20. Juni 1984. In: China Development Research Foundation (Hrsg.), *Chinese Economists on Economic Reform – Collected Works of Xue Muqiao* (108-110). London: Routledge.

Xue Muqiao (2011a). »The Key to ›Price Adjustment‹ with Regard to the Means of Production is to Control Capital Construction«, Juni 1986. In: China Development Research Foundation (Hrsg.), *Chinese Economists on Economic Reform – Collected Works of Xue Muqiao* (115-117). Oxon: Routledge.

Xue Muqiao (2011b). »Strengthen Macro-Control via Economic Measures« (Auszug), September 1986. In: China Development Research Foundation (Hrsg.), *Chinese Economists on Economic Reform – Collected Works of Xue Muqiao* (118-122). Oxon: Routledge.

Xue Muqiao (2011c). »Introduction«. In: C. D. R. Foundation (Hrsg.), *Chinese Economists on Economic Reform – Collected Works of Xue Muqiao* (1-15). Oxon: Routledge.

Xue Muqiao, Liu Zhuofu und Jili Liao (1982). »Bericht zum Symposium über die Reform des Wirtschaftssystems in der Sowjetunion und in Osteuropa (苏联、东欧经济体制改革座谈会简报)«. Unveröffentlicht.

Yang Dali (1996). *Calamity and Reform in China: State, Rural Society, and Institutional Change Since the Great Leap Famine*. Stanford: Stanford University Press.

Yang Guansan, Yang Xiaodong und Xuan Mingdong (1987). »The Public Response to Price Reform«. In: B. L. Reynolds (Hrsg.), *Reform in China – Challenges and Choices: A Summary and Analysis of the CESRRI Survey Prepared by the Staff of the Chinese Economic System Reform Research Institute* (59-75). Armonk: M. E. Sharpe.

Yang Jisheng (1998). *Die Ära Deng Xiaoping: Eine Chronik der Reform und Öffnung Chinas* (邓小平时代:中国改革开放纪实). Peking: Central Translation and Compilation Press.

Yang Peixin (1980). »Über einige aktuelle Fragen der Wirtschafts- und Finanzforschung (关于当前经济金融研究的几个问题)«. Finanzforschung Guangdong (Interne Publikation der Forschungsgruppe Finanzen in Guangdong) 26, 1-26.

Ye Shichang (2014). »On Guanzi Qing Zhong«. In: L. Cheng, T. Peach und F. Wang (Hrsg.), *The History of Ancient Chinese Economic Thought* (98-106). Abingdon: Routledge.

Young, A. N. (1965). *China's Wartime Finance and Inflation, 1937-1945*. Cambridge/ Mass.: Harvard University Press.

Yu Xiafu, und Feng Xiuju (1988). »Die Situation zwingt uns zu weiteren Reformen und zur Öffnung, sagt Deng Xiaoping bei einem Treffen mit Mengistu (邓小平会见门格斯图时说:形势迫使我们进一步改革开放)«. In: *Volkstageszeitung*, 23. Juni, 1.

Yun, O. (1998). »Price Reform – The Missing Link? Passing the Buck«. In: M. Ellman und V. Kontorovich (Hrsg.), *The Destruction of the Soviet Economic System: An Insiders' History* (158-159). New York: Routledge.

Zanasi, M. (2020). *Economic Thought in Modern China: Market and Consumption, c. 1500-1937*. Cambridge: Cambridge University Press.

Zhang Musheng (2009). »Interview mit Zhang Musheng, dem damaligen Herausgeber des *China Taxation Magazine* (杂志社记者专程采访了时任中国税务杂志社社长的张木生)«. In: *Southern Window*, 30. Juni.

Zhang Shaojie (2008). »Postskriptum (校后跋)«. In: *Professionalisierung der Forschung im postmaoistischen China: Das Systemreforminstitut und die Politikgestaltung* (改革与政策制定–毛以后中国的专业化研究) (259-266). Hongkong: Strong Wind Publisher.

Zhang Shuguang (2017). *Eine Geschichte der chinesischen Ökonomik: 60 Jahre Institut für Wirtschaftsforschung*, Bd. II (中国经济学风云史:经济研究所60年, 上卷二). Singapur: World Scientific Publishing.

Zhang Weiying (1984a). »Die Reform des Preissystems als Herzstück für die Reform des gesamten Wirtschaftssystems (以价格体制的改革为中心, 带动整个经济体制的改革)«. In: Technologie- und Wirtschaftsforschungszentrum des Staatsrats (Hrsg.), *Expertenvorschläge*, Bd. III (Internes Material) (3-20).

Zhang Weiying (1984b). »Die Reform des Preissystems ist das zentrale Element der Reform (价格体制改革是改革的中心环节)«. In: *Economic Daily*, 29. September, 3.

Zhang Weiying (2015). *Logic of the Market: An Insider's View of Chinese Economic Reform*. Washington, DC: Cato Institute.

Zhao Jing (2014). »Fu Guo Xue and the ›Economics‹ of Ancient China«. In: Cheng Lin, Terry Peach und Wang Fang (Hrsg.), *The History of Ancient Chinese Economic Thought* (66-81). Abingdon: Routledge.

Zhao Renwei (1980). »Professor Włodzimierz Brus über die Reform des Managementsystems der Wirtschaft (布鲁斯教授谈经济管理体制的改革)«. In: *Bulletin der Chinesischen Akademie der Sozialwissenschaften* 2.

Zhao Renwei (1982). »Zur Reform der sozialistischen Wirtschaftsordnung – Włodzimierz Brus (论社会主义经济体制的改革 – 弗布鲁斯)«. In: Institut für Wirtschaftsforschung der Chinesischen Akademie der Sozialwissenschaften (Hrsg.), *Zur Reform der sozialistischen Wirtschaftsordnung: Transkription der Vorlesungen von Włodzimierz Brus und Ota Šik in China* (论社会主义经济体制改革:[波]弗布鲁斯, [捷]奥锡克) (1-44). Peking: Law Press (unveröffentlichtes Manuskript).

Zhao Renwei (2007). »Diskussion eines Briefes von Sun Yefang«. In: *Einkommensverteilung und andere Themen* (收入分配及其他)« (368-376). Shanghai: Shanghai Far East Press.

Zhao Ziyang (1987). »Advance Along the Road of Socialism with Chinese Characteristics«. In: *Beijing Review* 45, 9-15.

Zhao Ziyang (2009). *Prisoner of the State: The Secret Journal of Zhao Ziyang* (1. Aufl.). New York: Simon & Schuster.

Zhao Ziyang (2016a). »Ein Plan für die Reform des Wirtschaftssystems in den nächsten zwei Jahren, 11. März 1986 (今后两年经济体制改革的设想)«. In: Herausgebergruppe der gesammelten Werke von Zhao Ziyang (Hrsg.), *Die gesammelten Werke von Zhao Ziyang (1980-1989)*, Bd. III: *1985-1986* (赵紫阳文集 *[1980-1989]*: 第一卷 *[1985-1986])* (304-305). Hongkong: The Chinese University Press.

Zhao Ziyang (2016b). »Gespräch mit Professor Willy Lindner von der Universität Zürich, Schweiz(会见瑞士苏黎世大学林德教授的谈话)«. In: Herausgebergruppe der gesammelten Werke von Zhao Ziyang (Hrsg.), *Die gesammelten Werke von Zhao Ziyang* (*1980-1989*), Bd. IV: *1987-1989* (赵紫阳文集 *[1980-1989]:* 第三卷 *[1987-1989])«* (476-483). Hongkong: The Chinese University Press.

Zhao Ziyang (2016c). »Gespräch mit Milton Friedman, 19. September 1988 (同弗里德曼的谈话,一九八八年九月十九日)«. In: Herausgebergruppe der gesammelten Werke von Zhao Ziyang (Hrsg.), *Die gesammelten Werke von Zhao Ziyang* (*1980-1989*), Bd. IV: *1987-1989* (赵紫阳文集 *[1980-1989]:* 第三卷 *[1987-1989])* (510-518). Hongkong: The Chinese University Press.

Zhao Ziyang (2016d). »Rede vor dem Ständigen Ausschuss des Politbüros des Zentralkomitees anlässlich der Erörterung der Preis- und Lohnreformvorschläge, 16. bis 19. Mai 1988 (在中央政治局常委讨论物价和工资改革方案时的讲话,一九八八五月十六日,十九日)«. In: Herausgebergruppe der gesammelten Werke von Zhao Ziyang (Hrsg.), *Die gesammelten Werke von Zhao Ziyang* (*1980-1989*), Bd. IV: *1987-1989* (赵紫阳文集 *[1980-1989]:* 第三卷 *[1987-1989])* (438-441). Hongkong: The Chinese University Press.

Zhao Ziyang (2016e). »Die ›Entscheidung‹ des Zentralkomitees umsetzen und die Preisreform stetig vorantreiben, 21. Oktober 1984 (贯彻中央《决定》稳步推进价格改革)«. In: Herausgebergruppe der gesammelten Werke von Zhao Ziyang (Hrsg.), *Die gesammelten Werke von Zhao Ziyang* (*1980-1989*): Bd. II: *1983-1984* (533-541). Hongkong: The Chinese University Press.

Zhao Ziyang (2016f). »Zur wirtschaftlichen Arbeit im Jahr 1986, 8. Januar 1986 (关于一九八六年的经济工作)«. In: Herausgebergruppe der gesammelten Werke von Zhao Ziyang, *Die gesammelten Werke von Zhao Ziyang* (*1980-1989*): Bd. III: *1985-1986* (赵紫阳文集 *[1980-1989]*:第一卷 *[1985-1986])«* (247-251). Hongkong: The Chinese University Press.

Zhao Ziyang (2016g). »Zur Reform des städtischen Wirtschaftssystems und aktuelle Fragen der industriellen Produktion, 15. März 1986 (关于城市经济体制改革和当前生产问题). In: Herausgebergruppe der gesammelten Werke von Zhao Ziyang, *Die gesammelten Werke von Zhao Ziyang* (*1980-1989*): Bd. III: *1985-1986* (赵紫阳

文集 *[1980-1989]*:第一卷 *[1985-1986]*)« (306-317). Hongkong: The Chinese University Press.

Zhao Ziyang (2016h). »Der richtige Zeitpunkt, um den Preis für synthetische Fasern und Baumwollstoffe anzupassen und die Zusammensetzung des Materials der Kleidung der Bevölkerung zu ändern, 5. Oktober 1982 (适时调整化纤和棉织品价格改变居民衣料结构)«. In: Herausgebergruppe der gesammelten Werke von Zhao Ziyang, *Die gesammelten Werke von Zhao Ziyang (1980-1989)*: Bd. I: *1980-1982* (赵紫阳文集 *[1980-1989]*:第一卷 *[1980-1982]*)« (573). Hongkong: The Chinese University Press.

Zhao Ziyang (2016i). »Rede vor der Zentralen Führungsgruppe für Finanz- und Wirtschaftsfragen zur Anhörung eines Berichts der Staatlichen Planungskommission über die wirtschaftliche Lage, 14. Januar 1988 (在中央财经领导小组听取国家计委汇报经济形势的讲话, 一九八八年一月十四日)«. In: Herausgebergruppe der gesammelten Werke von Zhao Ziyang (Hrsg.), *Die gesammelten Werke von Zhao Ziyang (1980-1989)*, Bd. IV: *1987-1989* (赵紫阳文集 *[1980-1989]*: 第三卷 *[1987-1989]*])« (357-361). Hongkong: The Chinese University Press.

Zhao Ziyang (2016j). »Die Preise müssen grundsätzlich stabil bleiben (物价必须保持基本稳定)«, 25. November 1981. In: Herausgebergruppe der gesammelten Werke von Zhao Ziyang, *Die gesammelten Werke von Zhao Ziyang (1980-1989)*, Bd. I: *1980-1982* (335-338). Hongkong: The Chinese University Press.

Zhao Ziyang (2016k). »Strategische Fragen der wirtschaftlichen Entwicklung von Küstenregionen, Januar 1988 (沿海地区经济发展的战略问题)«. In: Herausgebergruppe der gesammelten Werke von Zhao Ziyang (Hrsg.), *Die gesammelten Werke von Zhao Ziyang (1980-1989)*, Bd. IV: *1987-1989* (赵紫阳文集 *[1980-1980]*: 第三卷 *[1987-1989]*) (341-355). Hongkong: The Chinese University Press.

Zhao Ziyang (2016l). »Den Zusammenhang zwischen Preisreform und der Belebung der Unternehmen richtig handhaben, 14. Oktober und 11. November 1986 (处理好价格改革与搞活企业的关系)«. In: Herausgebergruppe der gesammelten Werke von Zhao Ziyang (Hrsg.), *Die gesammelten Werke von Zhao Ziyang* (*1980-1989*), Bd. III: *1985-1986* (赵紫阳文集 *[1985-1986]*:第一卷 *[1980-1982]*) (460-462). Hongkong: The Chinese University Press.

Zhao Ziyang (2016m). »Ansichten zur allgemeinen Idee der Reform des Wirtschaftssystems und des Preisreformprogramms, 11.-12. Juni 1986 (对经济体制改革总体思路和价格改革方案的看法)«. In: Herausgebergruppe der gesammelten Werke von Zhao Ziyang (Hrsg), *Die gesammelten Werke von Zhao Ziyang (1980-1989)*, Bd. III: *1985-1986* (赵紫阳文集 *[1985-1986]*: 第三卷 *[1980-1982]*) (401-406). Hongkong: The Chinese University Press.

Zhao Ziyang (2016n). »Arbeitsbericht an die 2. Plenarsitzung des 13. Zentralkomitees der Kommunistischen Partei (在中共十三届二中全会上的工作报告)«. In: Herausgebergruppe der gesammelten Werke von Zhao Ziyang (Hrsg.), *Die gesammelten Werke von Zhao Ziyang (1980-1989)*, Bd. IV: *1987-1989* (赵紫阳文集 *[1980-1989]*: 第三卷 *[1987-1989]*) (405-416). Hongkong: The Chinese University Press.

Zhao Ziyang, und E. Lim (2016). »Gespräch mit dem ersten Vertreter der Weltbank in China, Edwin Lim, 21. Juni 1986 (会见世界银行首任驻华代表林重庚时的谈话)«. In: Herausgebergruppe der gesammelten Werke von Zhao Ziyang (Hrsg.), *Die gesammelten Werke von Zhao Ziyang (1980-1989)*, Bd. III: *1985-1986* (赵紫阳文集 *[1985-1986]*: 第一卷 *[1980-1982]*) (415-420). Hongkong: The Chinese University Press.

Zheng Yongnian, und Huang Yanjie (2018). *Market in State: The Political Economy of Domination in China*. Cambridge: Cambridge University Press.

Zhou Xiaochuan (1992). »The Theoretical and Psychological Obstacles to Market-Oriented Reform in China«. In: J. M. Kovacs und M. Tardos (Hrsg.), *Reform and Transformation in Eastern Europe Soviet-type Economics on the Threshold of Change* (178-190). London: Routledge.

Zhou Xiaochuan, Lou Jiwei und Li Jiange (1984). »Die Preisreform darf die finanziellen Belastungen nicht erhöhen (价格改革无需增加财政负担)«. In: *Economic Daily*, 29. September, 3.

Zhou Xiaochuan, und Zhu Li (1987). »China's Banking System: Current Status, Perspective on Reform«. In: *Journal of Comparative Economics* 11(3), 399-409.

Zhu Jiaming (1985). »Über die gegenwärtige Stufe der wirtschaftlichen Entwicklung Chinas (论我国正经历的经济发展阶段)«. In: *Forum für junge Ökonomen* 2 (April), 13-23.

Zhu Jiaming (1989). »On the Current Stage of China's Economic Development – A Typical Development in a Nontypical Country«. In: *Chinese Economic Studies* 23(2), 8-21.

Zhu Jiaming (2009). *Gesammelte Werke von Zhu Jiaming*, Bd. II: *1984-1989* (朱嘉明文集,第二卷, *1984-1989*). Unveröffentlichtes Manuskript.

Zhu Jiaming (2013). *Chinas Reformen am Scheideweg* (中国改革的歧路). Taipei: Linking Books.

Zhu Jiamu, Fu Zhubian und Liu Shukai (Hrsg.) (2000). *Chronik von Chen Yun*, 1905-1995, Bd. I (陈云年谱, 1905-1995, 上). Peking: Central Document Publishing House.

Zinser, L. (1991). »The Performance of China's Economy«. In: C. of the US Joint Economic Committee (Hrsg.), *China's Economic Dilemmas in the 1990s: The Problems of Reforms, Modernization, and Interdependence* (102-118). Armonk: M. E. Sharpe.

Zündorf, I. (2006a). *Der Preis der Marktwirtschaft: Staatliche Preispolitik und Lebensstandard in Westdeutschland 1948 bis 1963*. München: Franz Steiner Verlag.

Zündorf, I. (2006b). »Staatliche Verbraucherpreispolitik und Soziale Marktwirtschaft in Westdeutschland 1948-1963«. In: Andre Steiner (Hrsg.), *Preispolitik und Lebensstandard: Nationalsozialismus, DDR und Bundesrepublik im Vergleich* (129-170). Köln: Böhlau.

Bildnachweise

Abb. 1, 2, 3, 7, 9: Abdruck mit freundlicher Genehmigung von Adrian Wood; Abb. 4: {www.everydaylifeinmaoistchina.org}; Abb. 5, 12, 14: Abdruck mit freundlicher Genehmigung von Wang Xiaoqiang; Abb. 6: Abdruck mit freundlicher Genehmigung von Liu Hong; Abb. 8, 10: Abdruck mit freundlicher Genehmigung von Edwin Lim; Abb. 11, 13: Abdruck mit freundlicher Genehmigung von Bai Nanfeng; Abb. 15: Abdruck mit freundlicher Genehmigung von Hoover Institution Archives, Stanford, Kalifornien; Abb. 16: XINHUA/AFP via Getty Images.

Personenregister